РУССКО-АНГЛИЙСКИЙ
ЮРИДИЧЕСКИЙ
СЛОВАРЬ

RUSSIAN-ENGLISH
LAW
DICTIONARY

I.I. BORISENKO
V.V. SAYENKO

RUSSIAN-ENGLISH LAW DICTIONARY

Approx. 22 000 terms

«RUSSO»
MOSCOW
2000

И.И. БОРИСЕНКО
В.В. САЕНКО

РУССКО-АНГЛИЙСКИЙ ЮРИДИЧЕСКИЙ СЛОВАРЬ

Около 22 000 терминов

«РУССО»
МОСКВА
2000

ББК 67
Б82

Рецензенты:

Коваленко Л.И., кандидат филологических наук, доцент
Кузнецова Н.С., доктор юридических наук, профессор

Борисенко И.И., Саенко В.В.
Б82 Русско-английский юридический словарь. Ок. 22 000 терминов. — М.: РУССО, 2000. — 608 с.

ISBN 5-88721-164-4

Словарь содержит около 22 000 терминов и устойчивых сочетаний, представляющих различные отрасли права, гражданский и уголовный процесс. Наряду с юридической терминологией в словарь включены наиболее употребительные термины из сферы валютно-кредитных отношений, коммерции, банковского дела и страхования.

Словарь предназначен для юристов, бизнесменов, научных сотрудников, преподавателей, аспирантов и студентов юридических вузов, а также лиц, связанных по роду своей деятельности с юридической терминологией.

ISBN 5-88721-164-4   ББК 67+81.2 Англ.-4

© Борисенко И.И.
   Саенко В.В., 2000
© «РУССО», 2000

Репродуцирование (воспроизведение) данного издания любым способом без договора с правообладателями запрещается.

ПРЕДИСЛОВИЕ

Настоящий словарь является стереотипным изданием «Русско-английского юридического словаря», вышедшего в 1999 г. на Украине. Словарь содержит 22 000 терминов и устойчивых сочетаний, представляющих различные отрасли права: административное, конституционное, гражданское, уголовное, финансовое и международное право, а также судоустройство, гражданский и уголовный процесс. Наряду с юридической терминологией в корпус словаря включены наиболее употребительные термины из сферы валютно-кредитных отношений, коммерции, банковского дела и страхования, а также некоторые слова общеупотребительной лексики, встречающиеся в текстах юридических документов.

В словаре принята алфавитно-гнездовая система. В пределах одной словарной статьи слово, входящее в состав устойчивых словосочетаний, не повторяется, а заменяется тильдой (~). Неизменяемая часть слова отделяется знаком ‖ (параллельные линии). После заглавного слова указывается его грамматическая категория.

Различные значения многозначного слова отделяются точкой с запятой. После знака ◊ (ромб) даются устойчивые словосочетания (глагольные, предложно-именные, именные). В случае синонимии частица to перед инфинитивом глагола или глагольным сочетанием употребляется один раз. Английские синонимы при переводе заглавного слова отделяются точкой с запятой, а в словосочетаниях даются в круглых скобках. В отдельных случаях приводятся пояснения, уточняющие значения заглавного слова. Пометы, указывающие на сферу употребления слова, даются в квадратных скобках.

В настоящее время Авторы готовят к выпуску в свет дополненное издание словаря, расширенное в основном за счет коммерческой, банковской и финансовой терминологии.

Словарь предназначен для юристов, бизнесменов, научных сотрудников, преподавателей, аспирантов и студентов юридических вузов, а также лиц, связанных по роду своей деятельности с юридической терминологией.

При создании такого сложного и многопланового словаря Авторы сталкивались со многими трудностями и проблемами, поэтому с благодарностью примут все конструктивные замечания и предложения, направленные на улучшение качества словаря. Замечания просим направлять по адресу E-mail: sayenko@abanet.org, russopub@aha.ru

Авторы

Список условных сокращений

ав – авиационный
авто – автомобильный
амер – американизм
англ – англицизм
аренд – арендный
бирж – биржевой
бухг – бухгалтерский
внешторг – внешнеторговый
воен – военный
гл – глагол
гл обр – главным образом
дип – дипломатический
жарг – жаргонизм
ж/д – железнодорожный
ист – исторический
итал – итальянский
и т. д. – и так далее
кого-л – кого-либо
комм – коммерческий
корр – корреспонденция
кто-л – кто-либо
лат – латинский
мед – медицинский
межд – международный
межд право – международное право
мн – множественное число
мор – морской
мор страх – морское страхование
нареч – наречие
неизм – неизменяемый
нем – немецкий
несоверш – несовершенный (вид глагола)
обыкн – обыкновенно
особ – особенно
отл – отличие

офиц – официальный
парл – парламентский
перен – переносный (о значении слова)
полит – политический
полит эвфем – политический эвфемизм
преим – преимущественно
прил – прилагательное
психол – психология
разг – разговорное слово или выражение
редк – редко встречающийся
рел – религиозный
собир – в собирательном значении
соверш – совершенный (вид глагола)
спорт – спортивный
страх – страхование
стат – статистический
сущ – существительное
тех – технический
тж – также
торг – торговый
филос – философский
фин – финансовый
франц – французский
что-л – что-либо
эл – электроэнергия
юр – юридический

attr – attributively
etc. – et cetera
smb – somebody
smth – something

Русский Алфавит

Аа	Ии	Рр	Шш
Бб	Йй	Сс	Щщ
Вв	Кк	Тт	Ъъ
Гг	Лл	Уу	Ыы
Дд	Мм	Фф	Ьь
Ее, Ёё	Нн	Хх	Ээ
Жж	Оо	Цц	Юю
Зз	Пп	Чч	Яя

А

АБАНДОН, **абандонирование** *сущ* [*мор страх*] (*отказ грузо- или судовладельца от своих прав в пользу страховщика*) abandon; abandonment

АБАНДОНИРОВАТЬ *гл* [*мор страх*] (*отказываться от своих прав в пользу страховщика*) to abandon

АБЕРРАЦИЯ *сущ* (*отклонение от нормы*) aberration

АБЗАЦ *сущ* indention; paragraph; sub-paragraph ◊ **делать** ~ to indent; make a paragraph; **начинать с нового ~а** to begin a new line (paragraph)

АБИТУРИЕНТ *сущ* (*лицо, оканчивающее школу*) leaver; school-leaver; (*лицо, поступающее в учебное заведение*) applicant; entrant

АБОЛИЦИОНИЗМ *сущ* [*ист*] abolitionism

АБОЛИЦИОНИСТ *сущ* [*ист*] (*сторонник аболиционизма*) abolitionist

АБОНЕМЕНТ *сущ* season ticket; subscription

АБОНЕНТ *сущ* subscriber

АБОНИРОВАТЬ *гл* to book (reserve) a seat (*for*); subscribe (*to*)

АБОРТ *сущ* abortion; miscarriage ◊ **покушение на совершение** ~а attempt to procure an abortion;
субъект преступного ~а criminal abortionist

незаконный ~ illegal abortion
преступный ~ criminal abortion

АБРОГАЦИЯ *сущ* (*отмена, упразднение*) abrogation

АБСЕНТЕИЗМ *сущ* [*полит*] (*уклонение избирателей от участия в выборах представительных органов и т.п.*) absenteeism

АБСЕНТЕИСТ *сущ* [*полит*] absentee

АБСТРАГИРОВАТЬ *гл* to abstract

АБСТРАГИРОВАТЬСЯ *гл* to abstract (*from*)

АБСТРАКТНЫЙ *прил* abstract

АБСТРАКЦИЯ *сущ* abstract; abstraction

АВАЛИСТ *сущ* [*фин*] (*поручитель за лицо, обязанное по векселю*) guarantor; surety for (on) a bill; warrantor

АВАЛ ‖ **Ь** *сущ* [*фин*] [*франц*] (*банковское поручительство за лицо, обязанное по векселю*) aval; (bank, banker's) guarantee (security); surety for a bill ◊ **выдавать (предоставлять)** ~ to present a bank guarantee; **гарантировать оплату посредством** ~я to guarantee payment by a bank security; **оформлять** ~ to make out a bank guarantee; **подписывать** ~ to sign a bank guarantee; **совершать** ~ to issue a bank guarantee
дата ~я bank guarantee date; **поручительство в виде** ~я bank guarantee commission;

срок ~я period (term) of a bank guarantee
~ банка bank (banker's) guarantee (security)
~ на определённый срок bank guarantee for a particular period (term)
~ третьего лица bank guarantee of a third person
банковский ~ bank (banker's) guarantee (security)
вексельный ~ bill of exchange guarantee
именной ~ personal guarantee
предъявительский ~ bank guarantee to a bearer
чековый ~ cheque guarantee

АВАНГАРД *сущ* advance-guard; van; vanguard ◊ быть в ~е to be in (lead) the van (vanguard) (*of*)

АВАНГАРДН‖ЫЙ *прил* vanguard (*в значении прилагательного*)
~ая роль vanguard role

АВАНС *сущ* [*фин*] advance; advance payment; prepayment ◊ вносить (выдавать) ~ to make (pay) an advance; погашать ~ to pay off an advance; получать ~ to get (receive) an advance; предоставлять ~ to grant an advance
валюта ~а currency of an advance; выплата ~а payment of an advance; получение ~а receipt of an advance; сумма ~а amount (sum) of an advance; в погашение ~а in repayment of an advance
~ в счёт платежа payment on account
~ в форме поставки advance as a delivery
~ на командировочные расходы travel advance
~ по контракту advance under a contract
~ фрахта advance freight; advance of freight; freight advance
банковский ~ bank advance
денежный ~ cash advance

АВАНСИРОВАНИЕ *сущ* [*фин*] advance

АВАНСИРОВАННЫЙ *прил* [*фин*] advanced
~ капитал advanced capital

АВАНСИРОВАТЬ *гл* [*фин*] to advance (*money*)

АВАНСОМ *нареч* as an advance; by way of an advance

АВАНТЮР‖А *сущ* adventure; gamble; shady enterprise; venture ◊ готовый на любую ~у ready for any venture

АВАНТЮРИЗМ *сущ* adventurism
политический ~ political adventurism

АВАНТЮРИСТ *сущ* adventurer
политический ~ political adventurer

АВАНТЮРИСТИЧЕСК‖ИЙ *прил* adventurist; adventurous
~ая политика adventurist policy; policy of adventure

АВАНТЮРНЫЙ *прил* adventurous; (*неблаговидный*) doubtful; shady; (*опасный, рискованный*) hazardous; risky

АВАРИЙНОСТЬ *сущ* (*собир* – *несчастные случаи на производстве и т.п.*) accidents; accident rate; (*неисправности, поломки и т.п.*) failures; failure rate
АВАРИЙН‖ЫЙ *прил*:
~**ая команда** crash crew
~**ая машина** breakdown van
~**ая** (*вынужденная*) **посадка** crash (emergency) landing
~**ая ситуация** emergency
~**ая служба** rescue service
~ **режим** emergency conditions
~ **сертификат** [*мор страх*] average certificate
~ **сигнал** distress signal
АВАРИ‖Я *сущ* (*несчастный случай на производстве и т.п.*) accident; [*ав*] (air) crash; crash-landing; wreck; [*авто*] (auto/motor) accident; (car) crash; [*ж/д*] derailment; wreck; [*мор*] wreck; (*ущерб, причинённый грузу или судну*) [*мор страх*] average; damages; (*неисправность, поломка и т.п.*) breakdown; damage; failure; trouble ◊ **потерпеть** ~**ю** (*крушение*) to crash; have (meet with) an accident; suffer a wreck; wreck; (*о поломке и т.п.*) to be damaged; fail; **предотвращать** ~**ю** to prevent an accident
включая частную ~**ю** [*мор страх*] with particular average (W.P.A.); **в случае** ~**и** in emergency; **по причине** ~**и** due to an accident (fault *etc*)
возмещение ~**и** average compensation (indemnification);
оговорка об ~**х** [*мор страх*] average clause; **свободно от всякой** ~**и** free of all average (F.A.A.); **свободно от частной** ~**и** free of particular average (F.P.A.); **страхование от** ~**и** insurance against average
~ **с возмещением** [*мор страх*] compensable average
малая ~ [*мор страх*] petty average
общая ~ [*мор страх*] general average
частная ~ [*мор страх*] particular (common, ordinary) average
АВИАКОМПАНИЯ *сущ* air company; airline(s); airway(s)
~ **внутренних перевозок** domestic airline(s)
государственная ~ state-owned airline(s)
частная ~ private airlines
АВИАЛИНИЯ *сущ* airline; air-route; airway
~ **грузовых перевозок** all-cargo (-freight) airline (service)
межконтинентальная ~ intercontinental airline (service)
местная ~ local airline (service)
пассажирская ~ passenger airline
АВИАПЕРЕВОЗКИ *сущ* (*мн*) air carriage (service, traffic); air transport (transportation); carriage by air
внутренние ~ domestic (air) service
грузовые ~ all-cargo (-freight) service; cargo (freight) air

carriage (traffic)
пассажирские ~ passenger air service (transportation)
чартерные ~ charter air service
АВИАПЕРЕВОЗЧИК *сущ* air carrier
грузовой ~ cargo (freight) air carrier
зарегистрированный ~ certificated (certified) air carrier
местный ~ local air carrier
чартерный ~ charter air carrier
АВИАЦИОНН‖ЫЙ *прил* aircraft (*в значении прилагательного*); (*воздушный*) air
~ая база air-base
~ая выставка air show
~ая промышленность aircraft industry
~ завод aircraft factory (plant, works)
АВИАЦИЯ *сущ* aviation; (*собир*) aircraft
военная ~ air force; military aircraft (aviation)
гражданская ~ civil aircraft (aviation)
транспортная ~ transport aircraft (aviation)
АВИЗО *сущ* [*фин*] (*банковское уведомление клиентов о проведённых расчётных операциях*) advice; aviso; letter of advice; note ◊ **высылать (направлять)** ~ **адресату** to forward (send) an advice to an addressee; **получать** ~ to receive an advice; **после получения~** upon receipt of an advice

адресат ~ advice addressee;
адресант (отправитель) ~ addresser; advice sender; **дата получения** ~ date of receipt of an advice; **дебет-~** debit note; **кредит-~** credit note; **оплата** ~ advice payment; payment of an advice; **предъявление** ~ **банку** submission of an advice to a bank
~ аккредитива letter of advice
~ банка bank (letter of) advice
~ об акцепте advice of acceptance
~ об оплате тратты draft payment advice
~ об отгрузке shipping advice
~ об отказе оплаты тратты advice on the refusal of draft payment
~ об открытии аккредитива advice (on the opening) of a letter of credit
~ о выставлении тратты draft drawing advice
~ о платеже advice of payment
~ о поступлении перевода на счёт клиента advice on remittance to a client's account
банковское ~ bank (letter of) advice
входящее ~ incoming (letter of) advice
дебетовое ~ debit (letter of) advice (note)
инкассовое ~ advice of collection
исходящее ~ outgoing (letter of) advice
кредитовое ~ credit (letter of) advice (note)
направленное ~ dispatched

(letter of) advice
полученное ~ received letter of advice
срочное ~ urgent (letter of) advice
АВИЗОВАТЬ *гл* [*фин*] to advise
АВТАРКИЯ *сущ* [*экон*] (*политика экономического обособления отдельной страны*) autarchy; autarky
АВТОБИОГРАФИЧЕСКИЙ *прил* autobiographic(al)
АВТОБИОГРАФИЯ *сущ* autobiography
АВТОКРАТ *сущ* autocrat
АВТОКРАТИЧЕСКИЙ *прил* autocratic
АВТОКРАТИЯ *сущ* autocracy
АВТОМОБИЛ‖Ь *сущ* auto (mobile); (motor-)car; motor vehicle ◊ **управлять ~ем** to drive a car
грузовой ~ lorry; [*амер*] truck
легковой ~ auto(mobile); passenger (motor-)car (vehicle)
АВТОМОБИЛЬН‖ЫЙ *прил*:
~ ая авария (катастрофа) (auto/motor) accident; (car) crash; traffic accident
~ ая промышленность auto (motive) industry; motor-car industry; motor-vehicle industry
~ завод auto(motive) factory (plant, works); motor-car factory (plant, works)
~ спорт motoring
АВТОНАКЛАДНАЯ *сущ* road waybill

АВТОНОМИ‖Я *сущ* [*полит*] autonomy ◊ **предоставлять ~ю** to grant autonomy (*to*)
~ воли сторон (*по договору*) party autonomy
местная ~ local autonomy
политическая ~ political autonomy
АВТОНОМНОСТЬ *сущ* [*экон*] self-sufficiency
АВТОНОМН‖ЫЙ *прил* [*полит*] autonomous; [*тех*] offline
~ая область autonomous region
~ая республика autonomous republic
АВТОР *сущ* author; writer; (*законопроекта и т.п.*) draftsman; (*изобретения*) inventor; (*проекта*) designer; (*предложения и т.п.*) mover
коллективный ~ collective author
АВТОРЕФЕРАТ *сущ* (dissertation) abstract; synopsis (*of one's dissertation / thesis*)
АВТОРИЗОВАННЫЙ *прил* authorized
~ перевод authorized version (*of translation*)
АВТОРИТАРНЫЙ *прил* authoritarian
АВТОРИТЕТ *сущ* authority; (*престиж*) prestige ◊ **завоёвывать ~** to gain (win) authority (prestige); **поддерживать ~** to maintain authority (prestige); **пользоваться ~ом** to have (enjoy) authority (*over, with*) / prestige (*with*); **подры-**

вать ~ to undermine authority (prestige); **укреплять** ~ to strengthen authority (prestige)
международный ~ international prestige

АВТОРИТЕТНОСТЬ *сущ* authoritativeness; (*компетентность*) competence

АВТОРИТЕТН‖ЫЙ *прил* authoritative; (*компетентный*) competent
~ое **заявление** authoritative statement
~ое **мнение** authoritative (competent) opinion
~ **источник** authoritative source
~ **орган** authoritative body (organ)
~ **специалист** (competent) authority

АВТОРСК‖ИЙ *прил* author's; designer's; inventor's ◊ **закон об** ~ом **праве** copyright law; **нарушение** ~ого **права** infringement (violation) of a copyright; piracy; **объект** ~ого **надзора** object of a designer's inspection (supervision); **передача** ~ого **права** assignment (cession, transfer) of a copyright
~ **гонорар** author's fee; (*с тиража*) royalties
~ **договор** author's contract
~ **надзор** designer's inspection (supervision)
~ **экземпляр** author's copy
~ое **право** copyright
~ое **свидетельство** certificate of authorship; copyright certificate; inventor's certificate

АВТОРСТВО *сущ* authorship; (*на изобретение*) inventorship
сомнительное ~ doubtful authorship

АВТОСТРАДА *сущ* highway; motor highway; motor way; (*скоростная автомагистраль*) [*амер*] expressway; freeway

АВТОТРАНСПОРТ *сущ* motor transport; motor-vehicle transport
городской ~ urban motor (-vehicle) transport
грузовой ~ cargo (freight) motor transport

АВУАРЫ *сущ* (*мн*) [*фин*] (*активы*) assets; holdings
~ **в иностранной валюте** foreign exchange assets (holdings)
~ **законного происхождения** legitimate assets
денежные ~ cash assets (holdings)
замороженные ~ frozen (blocked) assets
ликвидные ~ liquid (quick) assets
текущие ~ current assets

АГЕНТ *сущ* (*представитель, уполномоченный*) agent; (*дипломатический представитель тж*) envoy; (*сотрудник спецслужб*) agent ◊ **выступать в качестве** ~а to act as an agent; **заключать договор (соглашение) с** ~ом to conclude an agreement (a contract) with an agent; **обращаться к услугам** ~а to turn to an agent

вознаграждение ~a agent's fee (commission); полномочия ~a authority (power) of an agent; посредничество ~a mediation (mediatory services) of an agent; услуги ~a services of an agent
~ арендодателя lessor's agent
~-аукционист agent-auctioneer
~ в силу необходимости agent of necessity
~ дель-кредере del-credere agent
~, имеющий специальные полномочия special agent
~-комиссионер commission agent
~-консигнатор consignment agent
~-поверенный attorney
~ по доставке (экспедитор) forwarder; forwarding (shipping) agent
~ по закупкам buying (purchasing) agent
~ по инкассо collection agent
~ по клирингу clearing house agent
~-получатель receiving agent
~ по материально-техническому снабжению purchasing agent
~ по найму employment agent
~ по обмену ценных бумаг exchange agent
~ по платежам paying agent
~ по продаже mercantile (selling) agent; (недвижимости) estate agent; [амер] realtor
~ по рекламе advertising (publicity) agent

~ по сбыту sales agent
~ по снабжению supply agent
~-посредник mediator
~ по трансферту акций stock transfer agent
~ по фрахтовым операциям freight agent
~-распорядитель managing agent
~ с исключительными правами agent with exclusive rights; exclusive (sole) agent
~ судовладельца shipowner's agent
генеральный ~ general agent
двойной ~ double agent
дипломатический ~ diplomatic agent (envoy)
зарегистрированный ~ chartered agent
исключительный ~ agent with exclusive rights; exclusive (sole) agent
коммерческий ~ commercial (sales) agent
консульский ~ consular agent
монопольный ~ agent with exclusive rights; exclusive (sole) agent
оптовый ~ distributor; distributing agent
рекламный ~ advertising (publicity) agent
секретный ~ secret (undercover) agent
страховой ~ insurance agent
судовой ~ ship agent
тайный ~ secret (undercover) agent
торговый ~ commercial (sales) agent; [амер тж] salesman; (собир) sales force

транспортный ~ carrier agent
траст-~ fiduciary
уполномоченный ~ authorized agent (person)
финансовый ~ fiscal agent
фрахтовый ~ chartering (freight) agent
экспортный ~ export agent

АГЕНТИРОВАНИ∥Е *сущ* (*агентские услуги*) (ship's) agency service ◊ **заключать соглашение (договор) об ~и** (*судна*) to conclude an agreement (a contract) on (ship's) agency service; **оплачивать ~** (*судна*) to pay for (ship's) agency service; **осуществлять ~** (*судна*) to carry out (perform) (ship's) agency service **порядок ~я** order (procedure) of (ship's) agency service; **срок ~я** period of (ship's) agency service; **стоимость ~я** cost of (ship's) agency service; **условия ~я** conditions (terms) of (ship's) agency service

~ в порядке выполнения (соблюдения) договорных обязательств (ship's) agency service as per (in pursuance of) contractual obligations

~ на основе разового соглашения (ship's) agency service on the basis of a separate agreement

~ пассажирского судна agency service of a passenger ship

~ сухогруза agency service of a dry-cargo ship

~ танкера agency service of a tanker

иностранное ~ foreign (ship's) agency service

морское ~ agency service for ships; maritime agency service

АГЕНТСК∥ИЙ *прил* agent's; (*в значении прилагательного*) agency

~ие операции agent's operations

~ие отношения agency relationship

~ие услуги (*агентирование*) agency service

~ банк agency bank

~ое вознаграждение agent's (agency) fee (commission); broker's fee

~ое соглашение (~ договор) (*между принципалом и агентом*) agency agreement (contract); contract of agency

АГЕНТСТВ∥О *сущ* agency; branch; local office; (*собир*) agents ◊ **пользоваться услугами ~а** to use (make use of) agency service

~ печати press agency

~ по авторским правам copyright agency

~ по материально-техническому снабжению purchasing agency

~ по отправке грузов cargo (freight) forwarder; forwarding agency; shipping agency

~ с исключительными правами exclusive (sole) agency

авиационное ~ air agency

имущественное ~ (~ по недвижимости) estate agency

информационное ~ information (news) agency

морское ~ maritime agency

рекламное ~ advertising (publicity) agency
специальное ~ ad hoc (special) agency
страховое ~ insurance agency
сыскное ~ detective (crime detection) agency
таможенное ~ customs agency
торговое ~ trade agency
транспортно-экспедиционное ~ cargo agents; carrier agency; forwarder; forwarding agency; transportation agency
туристическое ~ travel (tourist) agency
экспедиторское ~ forwarder; forwarding agency; shipping agency

АГЕНТУРА *сущ* agents (*собир*); intelligence (spy) network; secret service

АГИТАТОР *сущ* [*полит*] agitator; (*участник предвыборной кампании*) canvasser; electioneer

АГИТАЦИ||Я *сущ* [*полит*] agitation; (*участие в предвыборной кампании*) canvassing; electioneering ◊ **проводить предвыборную ~ю** to campaign (for); canvass; conduct a campaign (a drive); electioneer

АГИТИРОВАТЬ *гл* [*полит*] to agitate; campaign (*for | against*); (*участвовать в предвыборной кампании тж*) to canvass; electioneer

АГИТПУНКТ *сущ* [*полит*] election campaign centre

АГОНИЯ *сущ* [*мед*] death agony (pangs)

АГРАРИЙ *сущ* agrarian; landowner

АГРАРН||ЫЙ *прил* agrarian
~ая страна agrarian country
~ сектор экономики agrarian sector of the economy

АГРЕМАН *сущ* [*дип*] agrément ◊ **дать ~** to give (an) agrément; **запрашивать ~** to apply (make a formal application) for (an) agrément; **отказывать в выдаче ~a** to refuse to give (an) agrément; **получить ~** to receive (an) agrément
запрос ~a application for (an) agrément; **мотивы отказа в ~е** reasons for a refusal of (an) agrément; **отказ в ~е** refusal of (an) agrément

АГРЕССИВНОСТЬ *сущ* aggressiveness; assaultiveness

АГРЕССИВН||ЫЙ *прил* aggressive; assaultive
~ая акция aggressive action
~ая война aggressive war; war of aggression
~ая политика aggressive policy; policy of aggression
~ые действия acts of aggression
~ые замыслы aggressive designs (schemes)
~ые круги aggressive circles

АГРЕССИ||Я *сущ* aggression ◊ **остановить ~ю** to check (stop) aggression; **отражать ~ю** to rebuff (repel, repulse) aggression; **подвергаться ~и** to be subjected to aggression; **предупреждать ~ю** to prevent aggression; **развязывать ~ю**

to launch aggression; **расширять ~ю** to escalate aggression; **стать жертвой ~и** to fall victim to smb's aggression

акт ~и act of aggression; **запрещение ~и** banning (prohibition) of aggression; **определение ~и** definition of aggression; **очаг ~и** hotbed (seat) of aggression; **подавление актов ~и** suppression of acts of aggression

идеологическая ~ ideological aggression

косвенная ~ indirect aggression

открытая вооружённая ~ overt armed aggression

прямая ~ direct aggression

АГРЕССОР *сущ* aggressor ◊ **обуздать ~а** bridle (curb, restrain) an aggressor; **остановить ~а** to check (stop) an aggressor

потенциальный ~ potential aggressor

АДАПТАЦИЯ *сущ* (*приспособление*) adaptation

АДАПТИРОВАТЬСЯ *гл* (*приспосабливаться*) to adapt (*to | for*)

АДВОКАТ *сущ* counsel; lawyer; [*англ тж*] (*барристер; адвокат высшего ранга, выступающий в суде*) barrister; (*поверенный; солиситор*) solicitor; [*редк*] advocate; [*амер*] attorney (at law); counsel(l)or (at law) ◊ **быть представленным ~ом** to be represented by a counsel (by a lawyer);

вызывать ~а to summon a counsel; **выступать в качестве главного ~а стороны** to lead in the case; **защищать себя (защищаться) через ~а** to defend oneself by a counsel; **консультироваться у ~а** to consult a counsel; take a counsel's opinion; **лишать звания ~а** to disbar; **назначать ~а** to appoint (assign) a counsel (a lawyer); **нанимать ~а** to hire a counsel (a lawyer); **стать ~ом** to be called (to go) to the Bar; become a lawyer; [*амер*] to be admitted to the Bar

коллегия ~ов the Bar; [*амер*] the Bar Association

назначение ~а appointment (assignment) of a counsel (of a lawyer); **право на представительство ~ом** right to a counsel; **судьи и ~ы** the bench and the bar

~, ведущий дела корпораций corporate (corporation) lawyer; (*предпринимателей*) business lawyer

~, выступающий в апелляционном суде appellate lawyer

~, выступающий в суде первой инстанции trial counsel (lawyer)

~ защиты (*защитник*) counsel for the defence; defence (defendant's, defending) attorney (counsel, lawyer)

~ истца counsel for the plaintiff; plaintiff's attorney (counsel, lawyer)

~ короны [*Великобритания*] (*государственный обвини-*

тель в уголовных делах) Crown counsel (lawyer)

~ обвинения (обвинитель) counsel for the prosecution; prosecuting attorney (counsel, lawyer)

~ ответчика counsel for the defence; defence (defendant's, defending) attorney (counsel, lawyer)

~, отстаивающий интересы государства attorney (lawyer) for the government

~ по гражданским делам civil practice lawyer

~ по делам несовершеннолетних juvenile lawyer

~ по делам о наследстве succession lawyer

~ по назначению суда court-appointed attorney (counsel, lawyer)

~ по соглашению arranged (obtained) attorney (counsel, lawyer)

~ по трудовым делам labour lawyer

~ по уголовным делам criminal lawyer

~ противной стороны opposing attorney (counsel, lawyer)

~ семьи family lawyer

~ с правом выступления в любом суде attorney at large
главный ~ Chief Counsel
главный ~ стороны leading (senior) counsel; leader in a lawsuit
королевский ~ [*Великобритания*] King's (Queen's) Counsel

частный ~ private attorney (counsel, lawyer)

А Д В О К А Т С К ‖ И Й *прил* advocatory ◊ быть принятым (вступить) в ~ое сословие (получить право ~ой практики) to be called (to go) to the Bar; join the Bar; [*амер*] to be admitted to the Bar
~ая контора law office; legal advice (aid) agency (office)
~ая практика advocacy; lawyering; practice of law
~ гонорар attorney's (lawyer's) fee; legal fee
А. центр по правам человека Centre for Human Rights Advocacy
~ое сословие the Bar

А Д В О К А Т У Р ‖ А *сущ* (*деятельность адвоката*) advocacy; advocateship; legal practice; practice of law; (*собир* - *коллегия или сословие адвокатов*) the Bar; (*в отл. от* "bench") legal profession ◊ быть принятым (вступить) в ~у (*адвокатское сословие*) to be called (to go) to the Bar; join the Bar; [*амер*] to be admitted to the Bar; готовиться в ~у to prepare (read) for the Bar; заниматься ~ой to practise law; принимать в ~у to admit to the Bar; приём в ~у admission to the Bar

А Д Е К В А Т Н О *нареч* (*соответственно; тождественно*) adequately

А Д Е К В А Т Н О С Т Ь *сущ* (*соответствие; тождественность*) coincidence (*with*);

identity (*to* | *with*); (*что-л надлежащее или соответствующее*) adequacy

АДЕКВАТНЫЙ *прил* (*соответствующий; тождественный*) coincident(al) (*with*); identical (*to* | *with*); (*достаточный; надлежащий; отвечающий требованиям*) adequate

АДЕПТ *сущ* (*приверженец; последователь какого-л учения*) adherent; disciple

АДМИНИСТРАТИВНО-КАРАТЕЛЬНЫЙ *прил* administrative and punitive
~ые органы administrative and punitive agencies (bodies)

АДМИНИСТРАТИВНО-ОТВЕТСТВЕННЫЙ *прил* administratively responsible

АДМИНИСТРАТИВНО-ПРАВОВОЙ *прил* administrative and legal
~ое регулирование administrative and legal regulation

АДМИНИСТРАТИВНО-ТЕРРИТОРИАЛЬНЫЙ *прил* administrative and territorial
~ое деление страны administrative and territorial division of a country

АДМИНИСТРАТИВНО-УПРАВЛЕНЧЕСКИЙ *прил* administrative and managerial
~ аппарат administrative and managerial apparatus

АДМИНИСТРАТИВНО-ХОЗЯЙСТВЕННЫЙ *прил* administrative
~ая единица administrative unit

АДМИНИСТРАТИВНЫЙ *прил* administrative; (*исполнительный*) executive ◊
в ~ом порядке administratively; by administrative means
~ая ответственность administrative responsibility
~ая правоспособность administrative legal capacity
~ая санкция administrative sanction
~ое воздействие administrative pressure
~ое деление administrative division
~ое должностное лицо administrator; (*правоохранительного органа*) law enforcement administrator
~ое здание office building
~ое право administrative law
~ое правонарушение administrative infraction (offence, violation)
~ые меры administrative measures
~ые расходы administration (administrative) charges (expenses)
~ые функции administrative duties (functions)
~ порядок administrative procedure
~ совет board of administration
~ центр administrative centre

АДМИНИСТРАТОР *сущ* administrator; executive; (*ме-*

неджер; *управляющий*) manager
~ **гостиницы** hotel manager
~ **наследства** (*на период рассмотрения дела*) administrator ad litem
младший ~ junior administrator
старший ~ senior administrator

АДМИНИСТРАЦ‖ИЯ *сущ* (*управление делами; дирекция, правление*) administration; management; (*правительство*) Administration ◊ **должностное лицо государственной (правительственной) ~ии** government administrator; **представитель городской ~ии** city administrator (manager); **сотрудник ~ии исправительного учреждения** correctional administrator (manager)
~ **исправительного учреждения** correctional (corrections) administration
~ **предприятия** management (managerial staff) of an enterprise
~ **США** US Administration
местная ~ local authorities

АДРЕС *сущ* address ◊ **направлять (отправлять, переправлять) что-л по ~у** to forward (send) smth to the address; **указание ~а** indication of an address
~ **предприятия** business address; office address
временный ~ current (temporary) address
ложный ~ false address
обратный ~ return address
ошибочный ~ wrong address
постоянный ~ permanent address
почтовый ~ mailing (postal) address
служебный ~ business address; office address
фактический ~ de facto address
юридический ~ de jure (juridical, legal) address

АДРЕСАНТ *сущ* (*отправитель корреспонденции*) sender (*of a letter etc*); (*отправитель груза; консигнант; комитент*) consignor

АДРЕСАТ *сущ* (*корреспонденции*) addressee; (*груза*) consignee; (*оферты*) offeree

АДРЕСН‖ЫЙ *прил*:
~ **ая книга** directory
~ **стол** information bureau

АДРЕСОВАТЬ *гл* to address (*to*); direct (*to*)

АДЮЛЬТЕР *сущ* (*прелюбодеяние; нарушение супружеской верности*) adultery; breach of faith ◊ **лицо, совершившее** ~ adulterer; adulteress

АЖИО *сущ* [*фин*] [*итал*] (*разница между курсами валют; тж между номинальной и биржевой стоимостью товара*) agio; (*комиссия за обмен слабой валюты на сильную тж*) premium

АЖИОТАЖ *сущ* boom; hullabaloo; stir; [*бирж*] stockjobbing

АЗАРТ *сущ* excitement; fervour; heat ◊ **войти в ~** to grow excited (heated)

АЗАРТН‖ЫЙ *прил* excited; heated; venturesome
~ая игра gamble; gambling; game of chance (of luck); (*мошенническая*) crooked gambling; (*запрещённая законом*) illegal gambling
~ игрок gambler; (*профессионал*) professional gambler

АКАДЕМИК *сущ* academician; member of the Academy

АКАДЕМИЧЕСКИЙ *прил* academic(al)

АКАДЕМИЯ *сущ* (*учреждение*) Academy; (*учеб заведение*) academy; college

АКВАТОРИЯ *сущ* area of water

АКВИЗИТОР *сущ* (*агент страховой или транспортной компании*) acquirer

АККРЕДИТАЦИЯ *сущ* [*дип*] accreditation

АККРЕДИТИВ *сущ* [*фин*] letter of credit (L/C) ◊ **аннулировать ~** to cancel a letter of credit; **выдавать ~ to** issue a letter of credit; **отзывать ~** to revoke a letter of credit; **открывать ~** to open (establish) a letter of credit; **подтверждать ~** to confirm a letter of credit
~ в наличной форме cash letter of credit
~ для оплаты неотгруженных товаров anticipatory (packing) letter of credit
~ на имя ... letter of credit in the name of ...
~ с внесённым покрытием paid letter of credit
~ с гарантией оплаты guaranteed letter of credit
~ с оплатой тратты на предъявителя sight letter of credit
~ с платежом в рассрочку instal(l)ment letter of credit
~ с предъявлением срочной тратты time letter of credit
авизованный ~ direct (straight) letter of credit
автоматически возобновляемый ~ revolving letter of credit
банковский торговый ~ banker's letter of credit
безотзывный ~ irrevocable letter of credit
бланковый ~ blank letter of credit
делимый ~ divisible letter of credit
документарный ~ documentary letter of credit
долгосрочный ~ long-term letter of credit
неподтверждённый ~ unconfirmed letter of credit
отзывной ~ revocable letter of credit
переводной ~ transferable letter of credit
подтверждённый ~ confirmed letter of credit
резервный ~ standby letter of credit
товарный ~ commercial (documentary) letter of credit
туристский ~ traveller's letter of credit

чистый ~ clean (open) letter of credit
экспортный ~ export letter of credit

АККРЕДИТОВАНИЕ *сущ [дип]* accreditation
~ **при органах международной организации** accreditation to the agencies (bodies) of an international organization

АККРЕДИТОВАНН‖ЫЙ *прич [дип]* accredited ◊ **быть временно (постоянно) ~ым в стране** to be temporarily (permanently) accredited in a country; **посол США, ~ в Украине** US Ambassador accredited in Ukraine
~ **при главе государства** accredited to the Head of State

АККРЕДИТОВАТЬ *гл [дип]* to accredit
~ **кого-л в качестве...** to accredit smb as...
~ **кого-л при главе государства** to accredit smb to the Head of State
~ **кого-л при правительстве** to accredit smb at (to) a government

АККРЕДИТУЮЩ‖ИЙ *прич [дип]* accrediting
~**ее государство** accrediting state
~**ее лицо** accreditor

АКТ *сущ (действие)* act; *(документ)* act; deed; certificate; instrument; note; record; report; statement ◊ **издавать ~** to issue an act; **оформлять ~** to draw up an act; **предъявлять ~** to present an act; **совершать ~** to commit an act
~ **агрессии** act of aggression
~ **беззакония** act of lawlessness
~ **государственной власти** act (instrument) of a state
~ **гражданского состояния** act of a civil status
~ **доброй воли** act of good will
~ **засвидетельствования** certification
~ **инспекции** inspection report
~ **испытаний** test report
~ **кабинета министров** act of the Cabinet of Ministers
~ **капитуляции** act of capitulation; instrument of surrender
~ **конгресса** congressional act
~ **местного самоуправления** act (instrument) of local self-government
~ **насилия** act of violence
~ **о денонсации договора** act of denunciation of a treaty
~ **о конфискации** seizure note
~ **о недостаче** statement of shortage
~ **о несоответствии качества** substandard quality report
~ **о передаче права (передаточный ~)** deed of assignment (of cession, of transfer); *(права собственности, правового титула)* (deed of) conveyance
~ **о повреждении груза** damage cargo report
~ **о присоединении** *(к договору) [дип]* instrument of accession
~ **осмотра** *(судна и т.п.)*

inspection certificate (report)
~ о списании (*оборудования*) certificate of depreciation
~ отказа от права quitclaim
~ отчуждения (передаточный ~) (deed of) conveyance
~ оценки (*основного капитала и т.п.*) appraisal report
~ парламента parliamentary act (instrument)
~ приёмки acceptance certificate (report)
~ произвола act of arbitrary rule; arbitrary act; (*грубого*) act of outrage
~ распоряжения имуществом (deed of) settlement
~ ревизии certificate of audit
~ судебной власти judicial act
~ таможенного досмотра customs surveyor's report
~ технического состояния technical condition report
~ экспертизы act of expert examination; certificate of appraisal (of examination); examination report; (*судебно-медицинской*) act of forensic medical (expert) examination
аварийный ~ [*мор страх*] general average act (statement)
административный ~ administrative act
враждебный ~ act of hostility; hostile act
двусторонний ~ bilateral act
декларативный ~ declarative act
заключительный ~ final act
законодательный ~ act of legislation (of legislature); enactment; legislative act (instrument)
ипотечный ~ (*закладная*) letter of hypothecation; mortgage deed
исполнительный ~ executive act
международный (правовой) ~ international (legal) act
многосторонний ~ multilateral act
недружественный ~ unfriendly act
неправомерный ~ unlawful act
нормативный ~ enactment; normative (standard) act
обвинительный ~ (bill of) indictment
односторонний ~ unilateral act
официальный ~ official act (record, report)
передаточный ~ deed of assignment (of cession, of transfer); transfer act; (*права собственности, правового титула*) (deed of) conveyance
подзаконные нормативные ~ы subordinate legislation
подзаконный ~ by-law; subordinate act
правительственный ~ act (instrument) of government
правовой ~ legal act (enactment)
правомерный ~ legitimate act
процессуальные ~ы written pleadings
рекламационный ~ claim; certificate of damage; reclamation report
репрессивный ~ act of repres-

sion; repressive act
террористический ~ act of terrorism
учредительный ~ basic (constituent) act (instrument); (*о доверительной собственности*) settlement
юридический ~ juridical (legal) act (document, instrument)

АКТИВИСТ *сущ* [*полит*] activist; active member

АКТИВНОСТЬ *сущ* activity
высокая ~ high (bustling) activity
гражданская ~ (*личности*) civil activity (of the individual)
деловая ~ business (economic) activity
низкая ~ low activity

АКТИВН∥ЫЙ *прил* active; energetic

АКТИВЫ *сущ* (*мн*) [*фин*] (*авуары*) assets; holdings ◊ **превышение актива** (*баланса*) **над пассивом** active (favourable, positive) balance
актив баланса товаров и услуг surplus of goods and services
актив и пассив (*баланса*) assets and liabilities
~ **в иностранной валюте** foreign currency assets
~ **законного происхождения** legitimate assets
~, **находящиеся в доверительном управлении** trust assets
арендуемые ~ rented assets
воспроизводимые ~ augmentable assets
государственные ~ **за границей** government assets abroad
денежные ~ cash assets (holdings)
долгосрочные ~ long-term assets
доходные ~ earning assets
замороженные ~ frozen (blocked) assets
истощающиеся ~ depletable assets
капитальные ~ capital assets
краткосрочные ~ short-term assets
ликвидные ~ liquid (quick) assets
мёртвые ~ dead assets
неликвидные ~ fixed (slow) assets
неосязаемые ~ intangible assets
производственные ~ business (productive) assets
резервные ~ reserve assets
свободные ~ available assets
текущие ~ current (floating) assets

АКЦЕПТ *сущ* [*фин*] **1.** (*согласие на оплату* | *принятие денежных или товарных документов*) acceptance; **2.** (*документ*) bill of acceptance ◊ **обеспечивать** ~ (*акцептовать*) to accept; provide with (an) acceptance; (*векселя*) to honour (*a bill*); **отказать в** ~**e** to refuse to accept; (*векселя*) to dishonour (a bill); **оформлять** ~ to complete (draw up, make out) an acceptance; **погашать** ~ to pay an acceptance; **подписывать** ~ to sign an acceptance; **получать** ~ to obtain (an) acceptance; **предъявлять (представлять) к** ~**у** to present for (an) acceptance; **уточнять срок** ~**а** to specify the date of (an) acceptance **выдача** ~**а** issue of an acceptance; **дата** ~**а** date of an acceptance; **отказ от** ~**а** non-acceptance; refusal to accept; **оформление** ~**а** completion (drawing up, making out) of an acceptance; **погашение** ~**а** payment of an acceptance; **подписание** ~**а** signature (signing) of an acceptance; **срок** ~**а** period (term) of (an) acceptance; **уведомление об** ~**е** notification of (an) acceptance; **учёт** ~**а** discount of an acceptance

~ **без оговорки** acceptance without a provision
~ **векселя** acceptance of a bill
~ **заявки на патент** acceptance of a patent application
~ **опротестованного векселя (опротестованной тратты)** acceptance for honour; acceptance supra protest
~ **оферты** acceptance of an offer
~ **счёта(-фактуры)** acceptance of an invoice
~ **тратты** acceptance of a draft
~ **чека** acceptance of a cheque
~ **против документов** acceptance against documents
~ **с оговорками** qualified (special) acceptance
банковский ~ bank (banker's) acceptance
безусловный ~ absolute (clean, general, unconditional, unqualified) acceptance
бланковый ~ acceptance in blank; blank acceptance
гарантийный ~ collateral acceptance
долгосрочный ~ long-term acceptance
дружеский ~ accommodation acceptance
коллатеральный ~ collateral acceptance
краткосрочный ~ short-term acceptance
недействительный ~ invalid acceptance
ограниченный ~ qualified (special) acceptance
подписанный ~ signed acceptance
подтверждённый ~ confirmed acceptance
полный ~ complete acceptance
полученный ~ obtained acceptance
последующий ~ subsequent acceptance
предварительный ~ preliminary (prior) acceptance
простой ~ ordinary acceptance
условный ~ conditional acceptance
учтённый ~ registered acceptance
частичный ~ partial acceptance
чековый ~ acceptance of a cheque

АКЦЕПТАНТ *сущ* [*фин*] (*лицо, принявшее на себя обяза-*

тельство по оплате ценных бумаг) acceptor

АКЦЕПТНЫЙ *прил [фин]* accepting
~ **банк** accepting bank (house); [*амер*] acceptance house
~ **кредит** acceptance credit

АКЦЕПТОВАНИЕ: *см* **АКЦЕПТ 1**.

АКЦЕПТОВАНН‖ЫЙ *прил [фин]* accepted; honoured; protected; sighted ◊ **быть ~ым** to be accepted (honoured, protected, sighted); meet (with) due honour (protection); **не быть ~ым** to be dishonoured

АКЦЕПТОВАТЬ *гл [фин]* to accept; provide with (an) acceptance; (*вексель, тратту и т.п. тж*) to honour; protect; sight
~ **заявку на патент** to accept a patent application
~ **опротестованный вексель** (*для спасения кредита векселедателя*) to accept a bill for honour (supra protest)
не ~ **вексель (тратту)** to dishonour a bill (a draft)

АКЦИЗ *сущ [фин]* (*вид косвенного налога, включаемого в цену товаров или услуг*) excise; excise duty (tax) ◊ **подлежащий обложению ~ом** excisable

АКЦИЗН‖ЫЙ *прил [фин]* excise ◊ **взимать ~ сбор** to excise
~**ое управление** the Excise
~ **сбор** excise; excise duty (tax)

АКЦИОНЕР *сущ [фин]* (*владелец | держатель акций*) shareholder; stockholder

~, **владеющий контрольным пакетом акций** majority shareholder (stockholder)
зарегистрированный ~ registered shareholder (stockholder); [*амер*] stockholder of record

АКЦИОНЕРН‖ЫЙ *прил [фин]* corporate; joint-stock; (*зарегистрированный в качестве корпорации*) incorporated ◊ **учредить ~ое общество** to float (form, set up) a (joint-stock) company
~**ое общество** joint-stock company; [*амер*] corporation
~ **банк** joint-stock bank
~ **капитал** joint (capital) stock; share (stock) capital; shareholders' (stockholders') equity
~ **сертификат** stock certificate

АКЦИЯ I *сущ* (*действие*) action; move
враждебная ~ act of hostility; hostile act (action)
дипломатическая ~ démarche
карательная ~ punitive action
ответная ~ retaliatory action; retaliation
преступная ~ criminal act (action)
террористическая ~ act of terrorism

АКЦ‖ИЯ II *сущ [фин]* share; stock ◊ **выпускать ~ии** to issue shares (stock); **погашать ~ии** to pay off shares (stock); **приобретать (покупать)** ~ **ии** to acquire (buy, purchase, take up) shares (stock); **продавать ~ии** to sell shares

(stock); **скупать ~ии** to acquire shares (stock)
дробление ~ий stock split;
держатель ~ий shareholder; stockholder; **котировка ~ий** stock quotation; **пакет ~ий** block (parcel) of shares (of stock); (*контрольный*) controlling block of shares; controlling interest; **передача ~ий** transfer of shares (of stock);
приобретение ~ий purchase of shares (of stock); **развёрстка (распределение) ~ий** allocation (allotment) of shares (of stock)
~ии, изъятые из обращения withdrawn shares (stock)
~ии (*ведущих компаний*), **имеющие высокий курс** blue chips
~ии, имеющие номинал par value shares (stock)
~ии, котирующиеся на бирже listed stock; publicly traded shares
~ии, не котирующиеся на бирже unlisted stock
~ на предъявителя bearer share (stock); share (stock) to a bearer
бесплатные ~ии bonus shares (stock); scrip bonus
выпущенные ~ии issued shares (stock)
депонированные ~ии deposited shares (stock)
именные ~ии nominal (registered) shares (stock)
кумулятивные привилегированные ~ии cumulative preference (preferred) shares

(stock)
обыкновенные ~ии common (equity, ordinary) shares (stock); equities
погашенные ~ии shares (stock) without par value
привилегированные ~ии preference (preferred) shares (stock)
учредительские ~ии founders' (promoters') shares (stock); scrip bonus

АЛИБИ *сущ* [*лат*] alibi ◊ **доказывать своё ~** to establish (prove) one's alibi; **заявлять (представлять) ~** to alibi; plead (raise) an alibi; **иметь ~** to have an alibi; **подготовить себе ~** to set up an alibi for oneself; **устанавливать чьё-л ~** to establish (prove) smb's alibi
заявление ~ claim (disclosure, plea) of an alibi; **отказ от ~** withdrawal of an alibi; withdrawn alibi
бесспорное ~ unquestionable alibi
вероятное ~ plausible alibi
доказанное ~ proved alibi
неопровержимое ~ irrefutable (unquestionable) alibi; [*разг*] airtight (ironclad) alibi
неоспоренное ~ unquestioned alibi
оспоренное ~ questioned alibi
подтверждённое ~ corroborated (substantiated) alibi
сомнительное ~ dubious alibi
установленное ~ established (proved) alibi

АЛИМЕНТ‖Ы *сущ* (*мн*) ali-

mony; maintenance; support ◊ **давать (предоставлять) кому-л право на получение ~ов** to entitle smb to alimony; **платить ~** to pay alimony; **подавать на кого-л в суд на ~** to sue smb for alimony; **присуждать ~** to award alimony; **устанавливать ~** to settle alimony
общая сумма присуждённых ~ов alimony in gross; **присуждение ~ов** award of alimony; **сумма ~ов, подлежащих регулярной выплате** (*по суду*) alimony in general

АЛКОГОЛИЗМ *сущ* alcoholism; dipsomania

АЛКОГОЛИК *сущ* alcoholic; dipsomaniac; drunkard
законченный ~ full-fledged alcoholic
клинический ~ down-and-out alcoholic
хронический ~ chronic alcoholic

АЛКОГОЛ‖Ь *сущ* alcohol ◊ **воздерживаться от чрезмерного потребления ~я** to abstain from excessive use of alcohol

АЛКОГОЛЬНЫЙ *прил* alcoholic
~ напиток alcoholic beverage

АЛЛОНЖ *сущ* [*фин*] [*франц*] (*банковская гарантия, прилагаемая к векселю, в виде листа с гарантийной надписью*) allonge; [*амер*] rider ◊ **аннулировать ~** to annul (cancel) an allonge; **оформлять ~** to make out an allonge; **подписывать ~** to sign an allonge
бланк ~а allonge blank (form); **оформление ~а** making out of an allonge; **предъявление ~а** presentation of an allonge; **срок поручительства на ~е** period (term) of guarantee on an allonge
аннулированный ~ annulled (cancelled) allonge
вексельный ~ bill allonge
гарантийный ~ guaranteed allonge
заполненный ~ completed allonge
подписанный ~ signed allonge
просроченный ~ overdue allonge

АЛЬПАРИ *нареч* [*фин*] (*о ценных бумагах – по номинальной стоимости*) at par

АЛЬТЕРНАТ *сущ* [*дип*] (*соблюдение принципа очерёдности, старшинства при подписании международного договора*) alternate

АЛЬТЕРНАТИВ‖А *сущ* alternative ◊ **не иметь ~ы** to have no alternative; **отклонять ~у** to reject (turn down) an alternative; **поставить кого-л перед ~ой** to confront smb with an alternative; **предлагать ~у** to offer (propose) an alternative
конструктивная ~ constructive alternative
многовариантная ~ multiple-choice alternative
нежелательная ~ undesirable alternative
разумная ~ reasonable (sen-

sible) alternative
реалистическая ~ realistic alternative

АЛЬТЕРНАТИВН‖ЫЙ *прил* alternative
~ая возможность alternative possibility
~ая идея alternative idea
~ая подсудность concurrent (coordinate) jurisdiction
~ая политика alternative policy
~ая стратегия alternative strategy
~ое голосование alternative vote
~ое обязательство alternative commitment
~ое решение alternative judgement

АЛЬТРУИЗМ *сущ* altruism
подлинный ~ genuine altruism

АЛЬТРУИСТ *сущ* altruist
АЛЬТРУИСТИЧЕСКИЙ *прил* altruistic

АЛЬЯНС *сущ* (*союз*) alliance; ◊ **заключать ~** to conclude (form) an alliance; **разорвать ~** to break up (dissolve, terminate) an alliance

АМНИСТИРОВАТЬ *гл* to amnesty; pardon; give (grant) an amnesty (a pardon)

АМНИСТИ‖Я *сущ* act of grace; amnesty; pardon; ◊ **давать ~ю** to amnesty; give (grant) an amnesty (a pardon); pardon; **объявлять ~ю** to announce (declare, proclaim) an amnesty; **подпадать под ~ю** to be included in the amnesty; **получать ~ю** to be given (granted) an amnesty (a pardon)
общая ~ general amnesty
полная ~ complete amnesty
частичная ~ partial amnesty

АМОРАЛЬНОСТЬ *сущ* amorality; immorality; moral turpitude

АМОРАЛЬН‖ЫЙ *прил* amoral; immoral
~ое поведение immorality; immoral conduct; moral turpitude
~ поступок immoral act (deed); moral turpitude; (*проступок тж*) amoral offence
~ человек man without morals

АМОРТИЗАЦ‖ИЯ *сущ* amortization; depreciation; sinking ◊ **коэффициент ~ии** amortization coefficient (factor, ratio); **скидка за ~ию** allowance for amortization (depreciation)
~ основного капитала amortization of capital (of fixed assets); capital consumption
~ при чрезвычайных обстоятельствах emergency amortization (depreciation)
нормальная ~ ordinary amortization
прогрессивная ~ accelerated (progressive) amortization (depreciation)

АМОРТИЗИРОВАТЬ *гл* to amortize; charge off

АМФЕТАМИН *сущ* amphetamine

АНАЛИЗ *сущ* (*исследование, подробное рассмотрение*)

analysis ◊ **подвергать глубокому (тщательному)** ~у to analyze carefully (profoundly); **проводить** ~ to carry out an analysis (*of*)
~ **безубыточности** (*производства*) break-even analysis; cost-volume-profit analysis
~ **возможностей сбыта** sales analysis
~ **выполнимости (экономической целесообразности)** feasibility analysis (study)
~ **доходов и расходов** income-expenditure analysis
~ **закономерностей общественного развития** analysis of the laws of social development
~ **издержек** expenses analysis
~ **конечных результатов** end-profit analysis
~ **крови** blood test
~ **международного положения** analysis of the international situation
~ **надёжности** reliability analysis
~ **погрешностей (ошибок)** error analysis
~ **предложения** supply analysis
~ **прибыльности** profitability analysis
~ **спроса** demand analysis
~ **степени риска** risk analysis
~ **тенденций рынка** market trend analysis
~ **технических характеристик** performance analysis
~ **финансового состояния** financial analysis
~ **хозяйственной деятельности** analysis of economic activity (performance)
~ **экономического цикла** business cycle analysis
~ **экономической эффективности** cost-effectiveness analysis
временнóй ~ time analysis
выборочный ~ sampling analysis
глубокий ~ profound analysis
графический ~ graphic(al) analysis
долгосрочный ~ long-run analysis
качественный ~ qualitative analysis
количественный ~ quantitative analysis
контрольный ~ check analysis
краткосрочный ~ short-run analysis
логический ~ logical analysis
макроэкономический ~ macroeconomic analysis
маргинальный ~ marginal analysis
микроэкономический ~ microeconomic analysis
непрерывный ~ continuous analysis
обобщённый ~ generalized analysis
общий ~ general (global) analysis
подробный ~ detailed analysis
полный~ complete analysis
предварительный ~ preliminary analysis
приближённый ~ proximate analysis
причинный ~ analysis of cau-

ses
ретроспективный ~ retrospective analysis
системный ~ systems analysis
сопоставительный ~ comparative analysis
социологический ~ sociological analysis
статистический ~ statistical analysis
структурный ~ structural analysis
формальный ~ formal analysis
ценностно-стоимостный ~ value analysis
частичный ~ partial analysis
экономический ~ economic analysis

АНАЛИЗИРОВАТЬ *гл* to analyze

АНАЛИТИК *сущ* analyst

АНАЛИТИЧЕСК‖ИЙ *прил* analytical
~**ое мышление** analytical thinking

АНАЛОГИЧНЫЙ *прил* analogous

АНАЛОГИ‖Я *сущ* analogy ◊ **по** ~**и** (*с*) by analogy (*with*); on the analogy (*of*); **проводить** ~**ю** (*с*) to draw an analogy (*with*)

АНАРХИЯ *сущ* anarchy
~ **производства** anarchy of production

АНАТОМИРОВАНИЕ *сущ* (*вскрытие трупа*) anatomy; anatomization; dissection; post-mortem (*of a corpse*)
судебно-медицинское ~ (*вскрытие трупа*) autopsy; forensic dissection; post-mortem (examination)

АНАТОМИРОВАТЬ *гл* (*вскрывать труп*) to anatomize; dissect; post-mortem (*a corpse*)

АНАТОМИЯ *сущ* anatomy

АНДЕРРАЙТЕР *сущ* [*фин*] (*гарант при размещении ценных бумаг*); [*страх*] (*страхователь, страховщик*) underwriter

АНДЕРРАЙТИНГ *сущ* [*фин*] (*гарантирование размещения ценных бумаг*); [*страх*] (*морское страхование*) underwriting

АНКЕТА *сущ* questionnaire; (*опрос общественного мнения*) poll; survey

АННЕКСИРОВАТЬ *гл* to annex

АННЕКСИЯ *сущ* annexation

АННОТАЦИЯ *сущ* annotation

АННОТИРОВАННЫЙ *прил* annotated

АННОТИРОВАТЬ *гл* to annotate

АННУИТЕТ *сущ* (*ежегодная выплата, обусловленная договором или иным юридическим актом*) annuity

АННУЛИРОВАНИЕ *сущ* (*расторжение договора и т.п.*) abrogation; annulment; cancellation; repudiation; (*денонсация договора тж*) denunciation; (*отмена закона и т.п.*) abolition; abrogation; cancellation; nullification; repeal; reversal; revocation; (*отмена приговора*) reversal; (*признание документа недействительным*) invalidation; nullification; revocation; withdrawal

АННУЛИРОВАТЬ *гл* (*расторгать договор и т.п.*) to abrogate; annul; cancel; repudiate; void; (*денонсировать договор*) to denounce; (*отменять закон и т.п.*) to abolish; abrogate; annul; cancel; nullify; repeal; reverse; revoke; (*признавать недействительным*) to invalidate; nullify; overrule; revoke; withdraw

АНОМАЛИЯ *сущ* anomaly

АНОМАЛЬНЫЙ *прил* anomalous

АНОНИМ *сущ* anonym; anonymous author

АНОНИМНО *нареч* anonymously

давать свидетельские показания ~ to give evidence anonymously

АНОНИМН‖ЫЙ *прил* anonymous

~ое письмо anonymous letter

АНТАГОНИЗМ *сущ* antagonism

АНТАГОНИСТ *сущ* antagonist

АНТАГОНИСТИЧЕСК‖ИЙ *прил* antagonistic ◊ ~ие противоречия antagonistic contradictions

АНТИВОЕНН‖ЫЙ *прил* anti-war

~ое движение anti-war movement

~ые выступления anti-war actions

АНТИГОСУДАРСТВЕНН‖ЫЙ *прил* anti-state

~ая деятельность anti-state activities

АНТИДЕМОКРАТИЧЕСКИЙ *прил* anti-democratic

АНТИКОЛОНИАЛЬНЫЙ *прил* anti-colonial

АНТИКОНСТИТУЦИОННЫЙ *прил* anti-constitutional; unconstitutional

АНТИМОНОПОЛИСТИЧЕСКИЙ *прил* anti-monopoly

АНТИНАРОДНЫЙ *прил* anti-national; anti-popular

АНТИОБЩЕСТВЕНН‖ЫЙ *прил* anti-social

~ая деятельность anti-social activity

~ое поведение anti-social behaviour

~ поступок anti-social act (deed)

~ проступок anti-social offence

АНТИПРОФСОЮЗН‖ЫЙ *прил* anti-trade-union

~ые законы anti-trade-union laws

АНТИРАБОЧ‖ИЙ *прил* anti-labour

~ее законодательство anti-labour legislation

АПАТРИД *сущ* (*лицо без гражданства*) stateless person

АПЕЛЛИРОВАНИЕ *сущ* appeal; appealing

~ **в высшую инстанцию** appeal to a higher instance
АПЕЛЛИРОВАТЬ *гл* to appeal
АПЕЛЛЯНТ *сущ* (*истец по апелляции*) appellant; appellator
АПЕЛЛЯЦИОНН∥ЫЙ *прил* appellate
~**ая жалоба** appeal
~**ая юрисдикция** appellate jurisdiction
~**ое заявление** application for an appeal
~ **суд** court of appeal; [*амер*] appellate court
АПЕЛЛЯЦИ∥Я *сущ* appeal ◊ **назначать** ~**ю к обсуждению** to set an appeal for argument; **отклонять** ~**ю** to dismiss (reject) an appeal; **подавать** ~**ю** (*апелляционную жалобу*) to appeal; enter (file, lodge, make, submit) an appeal; **рассматривать** ~**ю** to consider (examine, hear) an appeal; **удовлетворять** ~**ю** to allow (satisfy) an appeal
в порядке ~**и** on appeal; **дело по** ~**и** appeal case; **истец по** ~**и** (*апеллянт*) appellant; appellator; **ответчик по** ~**и** appellee; **отклонение** ~**и** dismissal (rejection) of an appeal; **отмена судебного решения по** ~**и** reversal of a case on appeal; **подача** ~**и** filing (lodging, submission) of an appeal; **рассмотрение** ~**и** consideration (examination, hearing) of an appeal; **срок подачи** ~**и** term of an appeal; **существо** ~**и** merit of an appeal; **удовлетворение** ~**и** allowance (satisfaction) of an appeal
встречная ~ cross appeal
первоначальная ~ initial appeal
АПОЛОГЕТ *сущ* advocate; apologist
АППАРАТ *сущ* apparatus; machinery; (*учреждения и т.п.*) personnel; staff
~ **принуждения** apparatus of coercion
~ **управления** (*предприятием и т.п.*) management; managerial personnel (staff); (*собир*) administrative (managerial) machinery
административно-управленческий ~ managerial personnel (staff)
государственный ~ state apparatus; machinery of the state
АПРИОРНЫЙ *прил* [*лат*] a priori
АПРОБАЦИЯ *сущ* approbation; approval
АРБИТР *сущ* arbiter; arbitrator; judge; [*спорт*] referee; umpire ◊ **назначать** ~**а** to appoint an arbitrator (a judge, etc)
беспристрастный ~ impartial (unbiased) arbitrator (judge, etc)
единоличный (единственный) ~ sole arbitrator
АРБИТРАЖ *сущ* arbitrage; arbitration ◊ **обращаться в** ~ to turn to arbitration; **передавать спор в** ~ to refer (submit) a dispute to arbitration;

подлежать рассмотрению в ~e to be subject to arbitration; решать спор путём ~a to settle a dispute by arbitration
время и место проведения ~a time and place of arbitration; заявление в ~ application to arbitration; порядок проведения ~a arbitral order; правила ~a arbitration (arbitral) rules; проведение ~a arbitration; arbitration process; разрешение спора в ~e settlement of a dispute by (in) arbitration; решение ~a arbitration award (decision); состав ~a composition of arbitration; статья об ~e (*арбитражная оговорка в договоре, контракте*) arbitration clause
валютный ~ arbitration (arbitrage) of exchange; currency arbitrage
внешнеторговый ~ foreign trade arbitration
государственный ~ state arbitration
межгосударственный ~ international arbitration
обязательный (принудительный) ~ compulsory arbitration
торговый ~ commercial arbitration
трудовой ~ labour arbitration

АРБИТРАЖН‖ЫЙ *прил* arbitral; arbitration ◊ рассматривать споры в ~ом порядке to arbitrate disputes
~ая комиссия arbitration commission (committee)
~ая оговорка arbitration clause

~ая процедура arbitration procedure
~ое взыскание recovery through arbitration
~ое судопроизводство arbitral justice (proceeding|s)
~ сбор arbitration fee
~ суд arbitration court (tribunal); court of arbitration

АРГУМЕНТ *сущ* argument; reason ◊ опровергать ~ to refute (reject) an argument; dispose of an argument; приводить ~ в пользу чего-л to advance (offer, present, put forward) an argument for (in favour of) smth
важный ~ substantial argument
законный ~ legal argument
неубедительный ~ unconvincing (unsound, weak) argument
основной ~ защиты merit of the defence
убедительный ~ convincing (persuasive, sound) argument

АРГУМЕНТАЦИЯ *сущ* (*действие*) argumentation; reasoning; (*доводы*) arguments; reasoning

АРГУМЕНТИРОВАТЬ *гл* to advance (give) arguments (reasons) (*for, in favour of*); (*доказывать*) to argue; prove

АРЕНД‖А *сущ* demise; lease; tenancy ◊ брать в ~у to lease (rent, tenant) (*from*); take a lease (*of, from*); возобновлять ~у to renew a lease; отказываться от ~ы to reject (surrender) a lease; продлевать ~у

to extend a lease; сдавать в ~у to lease (*out – to*); let (give, grant) on lease (on rent) (*to*); rent (*to*)
договор ~ы lease agreement; (*жилого помещения*) contract of tenancy; на правах ~ы on a leasehold basis; пользование на правах ~ы leasehold; срок ~ы tenancy
бессрочная ~ general (indefinite) lease (tenancy); tenancy at will
долгосрочная ~ long(-term) lease (rent); (*оборудования*) leasing
краткосрочная ~ short(-term) lease (rent)
пожизненная ~ life leasehold

АРЕНДАТОР *сущ* (*наниматель, съёмщик*) leaseholder; lessee; renter; tenant
~ на правах срочной аренды tenant for years
бессрочный ~ tenant at will

АРЕНДН‖ЫЙ *прил* :
~ая плата rent; rental
~ое предприятие lease holding company
~ договор lease contract

АРЕНДОВАННЫЙ *прил* leased; tenanted

АРЕНДОДАТЕЛЬ *сущ* lessor

АРЕНДОВАТЬ *гл* to lease; rent; tenant (*from*); take a lease (*of, from*)

АРЕСТ *сущ* arrest; detention; (*денежного вклада и т.п.*) attachment; (*груза, товара*) arrest; attachment; seizure; sequestration; (*имущества должника у третьего лица*) garnishment ◊ быть (находиться) под ~ом to be held in custody; be under arrest; избегать ~а to evade an arrest; налагать (производить) ~ to arrest; commit to (take into) custody; detain; effect (make) an arrest; place under arrest; (*на денежный вклад и т.п.*) to attach; (*на имущество в обеспечение долга*) to arrest; attach; distrain; distress; seize; sequestrate; содержать под ~ом to keep under arrest
имитация ~а false arrest; причина ~а reason for an arrest; протокол ~а custody record; санкция на ~ approval of an arrest; снятие ~а (*с имущества*) release from attachment
~ без ордера arrest without a warrant
~ на законном основании authorized arrest
~ по обвинению arrest on a charge
~ по ордеру (по приказу судьи) arrest by a warrant
~ по подозрению arrest on suspicion
~ по сфабрикованному обвинению arrest in a frame-up
домашний ~ home (house) arrest
законный ~ lawful (legal) arrest
незаконный ~ illegal (unlawful) arrest
предварительный ~ provisional arrest; custody (detention) pending a trial

произвольный ~ arbitrary (frivolous) arrest
санкционированный ~ authorized arrest
строгий ~ close arrest
АРЕСТАНТ *сущ* incarcerated person; inmate; prisoner
АРЕСТОВАННЫЙ *сущ* arrestee; arrested person
АРЕСТОВЫВАТЬ, арестовать *гл* to arrest; detain; effect (make) an arrest; place under arrest; commit to (take into) custody; (*налагать арест на денежный вклад и т.п.*) to attach; (*налагать арест на имущество в обеспечение долга*) to arrest; attach; distrain; distress; seize; sequestrate
АРХИВ *сущ* (*учреждение*) archives; record office; (*отдел в учреждении*) registry; (*документы и т.п.*) archives; files; records ◊ **сдавать** (*что-л*) **в ~** to file (*smth*) in the archives; hand (*smth*) over to the records (to the archives); **сдавать** (**передавать**) (*договор и т.п.*) **на хранение в ~ Организации Объединённых Наций** to deposit (*a treaty, etc*) in the archives of the United Nations
государственный ~ State Archives; (*в Великобритании*) Record Office
личный ~ personal files
судебный ~ files; public records
АРХИВАРИУС *сущ* archivist; registrar
АСЕССОР *сущ* (*заседатель*) assessor
судебный ~ lay judge

АССАМБЛЕЯ *сущ* assembly ◊ **созывать ~ю** to call (convene, convoke, summon) the assembly
Генеральная А. ООН UN General Assembly
законодательная ~ Legislative Assembly
национальная ~ National Assembly
АССИГНОВАНИЕ *сущ* (*действие*) allocation; appropriation; assignment; earmarking
~я (*средства*) allocations; appropriations
~я на военные нужды military allocations (appropriations)
~я на социальные нужды allocations (appropriations) for social needs
бюджетные ~я budget(ary) allocations (appropriations)
дополнительные ~я additional (supplementary) allocations (appropriations)
АССИГНОВАТЬ *гл* (*средства – на*) to allocate; appropriate; assign; earmark (*money – for*)
АССОРТИМЕНТ *сущ* assortment; choice; line; range; selection ◊ **предлагать широкий ~ товаров** to offer a wide choice (range, selection) of goods
АССОЦИАЦИЯ *сущ* association
~ адвокатов (*с правом выступать в суде*) the Bar Association

~ с правами юридического лица corporate association
банковская ~ bank association
всемирная ~ world association
международная ~ international association
некорпоративная ~ unincorporated association
промышленная ~ industrial association
торговая ~ trade association
АТТАШЕ *сущ* [*дип*] [*франц*] attaché
~ по делам печати press attaché
~ по культуре cultural attaché
военно-воздушный ~ air attaché
военно-морской ~ naval attaché
военный ~ military attaché
торговый ~ commercial attaché
АТТОРНЕ‖Й *сущ* (*прокурор; адвокат; поверенный в суде*) attorney; attorney at law ◊ **помощник** ~**я** assistant attorney
~ **защиты** defence attorney
~ **обвинения** prosecuting attorney
окружной ~ [*в США*] county attorney
АУДИТ *сущ* (*ревизия финансовой отчётности*) audit; auditing
АУДИТОР *сущ* (*ревизор финансовой отчётности*) auditor; (certified) public accountant
внешний ~ external auditor
внутренний ~ internal auditor
выездной ~ field (travelling) auditor
АУКЦИОН *сущ* auction; public sale ◊ **продавать с** ~**а** to sell at (by) auction
АУКЦИОНИСТ *сущ* (*лицо, производящее продажи на аукционе*) auctioneer
АУТЕНТИЧНОСТ‖Ь *сущ* authenticity ◊ **установление** ~**и текста** authentication of a text
~ **текста** (*договора и т.п.*) authenticity of a text
~ **толкования** authenticity of interpretation
АУТЕНТИЧН‖ЫЙ *прил* authentic ◊ **равно** ~ (*о тексте договора и т.п.*) equally authentic
~**ое толкование** authentic interpretation
~ **текст** (*договора и т.п.*) authentic text
АУТОПСИЯ *сущ* (*патологоанатомическое или судебно-медицинское вскрытие трупа*) autopsy; forensic dissection; post-mortem (examination)
АФЕРИСТ *сущ* cheat; con man (confidence man); contrickster; double-dealer; rogue; shark; sharper; speculator; swindler; trickster
АФЁРА *сущ* cheat; cheating; confidence trick; double-dealing; fraud; roguery; sharp practice; speculation; swindle; trickery

АФФЕКТ *сущ* [*психол*] affect; hot blood; passion ◊ **в состоянии ~а** in the heat of passion; **убийство в состоянии ~а** heat-of-passion killing

АФФИДЕВИТ *сущ* [*лат*] (*письменное показание под присягой*) affidavit ◊ **давать ~** to make (swear) an affidavit; **лицо, дающее ~** affiant
~ **в пользу ответчика** (*или* **обвиняемого**) affidavit of defence
~ **об исполнении документа** affidavit of the execution of a deed
~, **подтверждающий вручение документа** affidavit of service

Б

БАЗИС *сущ* (*основа, основание*) base; basis; foundation; (*условия поставки*) terms
~ **и надстройка** [*филос*] basis and superstructure
~ **поставки** terms of delivery

БАЗИСН‖ЫЙ *прил* [*филос*] basic; [*фин*] base; basis
~**ая валюта** base currency
~**ая цена** base (basis) price
~**ые доходы** basis gains
~**ые убытки** basis losses
~**ые явления** basic phenomena
~ **фактор** basic factor

БАКАЛАВР *сущ* (*учёная степень*) bachelor; holder of a Bachelor's degree ◊ **степень** ~**а** Bachelor's degree
~ **гуманитарных наук** Bachelor of Arts (B.A.)
~ **естественных наук** Bachelor of Science (B.S.)
~ **права (прав) (юридических наук)** Bachelor of Law(s) (B.L., LL.B.)

БАЛАНС *сущ* [*фин*] (*балансовый отчёт*) balance; balance sheet; [*амер*] financial statement; statement of assets and liabilities ◊ **подвести ~** to balance; strike a balance; **составлять ~** to make up a balance; **основные статьи** ~**а** balance sheet ratio(s)
~ **движения капитала** capital balance
~ **движения капиталов и кредитов** balance of cash and credit flow
~ **доходов и расходов** balance of income and expenditure
~ **затрат и эффектов** cost-effectiveness balance
~ **оборотных средств** cash flow balance (statement)
~ **основного капитала** fixed assets balance
~ **потребительских товаров** balance of consumer goods
~ **товаров и услуг** balance of goods and services
~ **труда** budget of labour
активный (благоприятный) ~ active (favourable, positive) balance
банковский ~ bank balance sheet; bank returns
бухгалтерский ~ accounting balance sheet

внешнеторговый ~ balance of foreign trade
годовой ~ annual balance sheet
дебетовый ~ debit balance
заключительный ~ summary balance
итоговый ~ overall balance
кредитовый ~ credit balance
отчётный ~ report balance
пассивный (неблагоприятный) ~ adverse (negative, passive, unfavourable) balance
платёжный ~ balance of payments
предварительный ~ preliminary balance
промежуточный ~ interim balance
расчётный ~ balance of payments; balance of claims and liabilities
сводный ~ composite (consolidated, summary) balance sheet
торговый ~ balance of trade; trade balance
финансовый ~ financial balance

БАЛЛОТИРОВАТЬСЯ гл (*о кандидате*) to run; stand for election; (*о предложении и т.п.*) to be voted upon
~ **в парламент** to run for Parliament
~ **на выборах** to run in the election; stand for election
~ **на пост губернатора** to run for governor
~ **на пост президента** to run for president (for the presidency)

БАЛЛОТИРОВКА *сущ* ballot; balloting; poll; polling; vote; voting

БАНДА *сущ* band; gang; mob; ring
преступная ~ criminal gang

БАНДИТ *сущ* bandit; gangster; mobster; outlaw; (*грабитель*) robber; ruffian; (*убийца*) cutthroat; homicide; killer; manslayer; murderer; (*рэкетир, вымогатель*) racketeer
вооружённый ~ armed robber; gunman; (*налётчик тж*) hold-up man

БАНДИТИЗМ *сущ* banditry; gangsterism; (*рэкет*) racket; racketeering

БАНК *сущ* bank ◊ **вносить деньги в** ~ to deposit money in (with) a bank; **получать деньги в** ~**е** to draw money from a bank
~ **данных** data base
~**-заёмщик** borrowing bank
~ **импортёра** importer's bank
~**-инкассатор** collecting bank
~**-корреспондент** [*амер*] correspondent bank
~**-кредитор** lending bank
~**-плательщик** paying bank
~ **экспортёра** exporter's bank
~**-эмитент** issuing bank; [*амер*] bank of issue
акцептный ~ acceptance bank; [*амер*] acceptance house
акционерный ~ joint-stock bank; [*амер*] incorporated bank
ведущий ~ leading (primary) bank
депозитный ~ deposit bank

инвестиционный ~ investment bank; securities bank; [*амер*] bond house
иностранный ~ foreign bank
ипотечный ~ mortgage bank
коммерческий (торговый) ~ business (commercial, trading) bank; [*англ тж*] merchant bank
национальный ~ national bank
промышленный ~ industrial bank
резервный ~ reserve bank
сберегательный ~ savings bank
сельскохозяйственный ~ agricultural bank
ссудный ~ loan bank
торговый (коммерческий) ~ business (commercial, trading) bank; [*англ тж*] merchant bank
транснациональный ~ multinational bank
учётный ~ discount house
частный ~ private bank
БАНКИР *сущ* banker
БАНКНОТА *сущ* bank note; [*амер*] bill
~ крупного достоинства large denomination (bank) note
~ мелкого достоинства small denomination (bank) note
БАНКОВСК‖ИЙ *прил* bank; banker's; banking
~ая гарантия bank (banker's) guarantee
~ая ликвидность bank liquidity
~ая расчётная палата bankers' clearing house
~ая ссуда bank loan
~ая (учётная) ставка bank rate
~ая тратта bank (banker's) draft
~ие операции banking; banking operations (transactions); (*автоматические*) electronic banking
~ие ресурсы bank resources
~ие услуги banking accommodation (facilities, services)
~ акцепт bank (banker's) acceptance
~ кредит bank (banker's) credit (loan)
~ перевод bank remittance (transfer)
~ процент bank interest; (*учётный*) bank rate
~ счёт bank account
~ое дело banking
~ое право banking law
БАНКРОТ *сущ* bankrupt; defaulter; insolvent ◊ объявить себя ~ом to declare oneself bankrupt; file a declaration of bankruptcy; file for bankruptcy; становиться ~ом to become (go, turn) bankrupt; stop payment; лицо, объявленное по суду ~ом adjudged bankrupt; объявление по суду ~ом adjudication in bankruptcy
восстановленный в правах ~ discharged bankrupt
злостный ~ fraudulent bankrupt
невосстановленный в правах ~ undischarged bankrupt
БАНКРОТСТВ‖О *сущ* bankruptcy; failure; insolvency

◊ **быть на грани ~а** to be on the verge of bankruptcy; **дело о ~ё** bankruptcy case; **злостное ~** fraudulent bankruptcy

БАПТИЗМ *сущ* [*рел*] Baptism

БАПТИСТ *сущ* [*рел*] Baptist

БАРАТРИЯ *сущ* (*намеренные действия капитана и/или команды в ущерб судо- или грузовладельцу*) barratry; barratrous conduct

БАРБИТУРАТ *сущ* barbiturate

БАРРИСТЕР *сущ* [*англ*] (*адвокат, имеющий право выступать в высших судах*) barrister; barrister-at-law; counsel

~, не выступающий в суде chamber barrister

БАРТЕР *сущ* (*меновая торговля; товарообменная сделка*) barter

непрямой ~ (*в качестве меры стоимости – третий товар*) indirect barter

прямой ~ (*непосредственный обмен*) direct barter

БАРТЕРН‖ЫЙ *прил* barter

~ая сделка barter transaction

~ое соглашение barter agreement

БАРЬЕР *сущ* barrier ◊ **преодолевать (устранять) ~ы** to overcome (remove) barriers

нетарифные ~ы nontariff barriers

таможенные ~ы customs barriers

тарифные ~ы tariff barriers

торговые ~ы trade barriers

БАСТИОН *сущ* bastion; bulwark

БАСТОВАТЬ *гл* to strike; be (go) on strike: walk out; (*о сидячей забастовке*) to sit-in

БДИТЕЛЬНОСТЬ *сущ* alertness; vigilance; watchfulness; ◊ **проявлять ~** to display vigilance

БДИТЕЛЬНЫЙ *прил* alert; vigilant; watchful

БЕГЛЕЦ *сущ* escapee; fugitive; runaway; (*дезертир*) deserter

БЕГСТВО *сущ* flight; (*побег*) escape; (*с возлюбленным*) elopement ◊ **спасаться ~м** to take to flight

~ водителя с места дорожно-транспортного происшествия hit-and-run driving

~ (*побег*) из тюрьмы breach of prison; break out; escape from prison; jail-break

~ (*вывоз*) капитала capital flight; flight (outflow) of capital

БЕД‖А *сущ* calamity; disaster; misfortune ◊ **накликать ~у на кого-л** to bring disaster on (upon) smb; **~ в том, что** the trouble is that

БЕДНОСТ‖Ь *сущ* misery; need; poverty; want ◊ **жить в ~и** to live in poverty; **за чертой ~и** below the poverty line

БЕДСТВИ‖Е *сущ* calamity; disaster; distress ◊ **сигнал ~я** distress signal; SOS call; **судно, терпящее ~е** ship in distress; **избавить грядущие поколения от ~й войны** to save succeeding generations from the scourge(s) of war

стихийное ~ act of God;

natural calamity (disaster)
БЕЖЕНЕЦ *сущ* refugee
БЕЗАПЕЛЛЯЦИОННЫЙ *прил* categorical; peremptory
БЕЗБРАЧИЕ *сущ* celibacy; single life (state)
БЕЗБРАЧНЫЙ *прил* celibate; single; unmarried
БЕЗВЛАСТИЕ *сущ* anarchy
БЕЗВОЗМЕЗДНО *нареч* free (of charge); gratuitously; [*лат*] gratis
БЕЗВОЗМЕЗДН‖ЫЙ *прил* free (of charge); gratuitous; unpaid
~**ое пользование** free (gratis) use
БЕЗВОЛИЕ *сущ* lack of will; weak will
БЕЗВРЕДНЫЙ *прил* harmless
БЕЗВРЕМЕНН‖ЫЙ *прил* premature; untimely
~**ая кончина** untimely death (decease)
БЕЗВЫХОДН‖ЫЙ *прил* desperate; hopeless ◊ **быть (находиться) в** ~**ом положении** to be in a desperate position
БЕЗГРАЖДАНСТВО *сущ* statelessness
БЕЗГРАМОТНЫЙ *прил* ignorant; illiterate; uneducated
БЕЗГРАНИЧНЫЙ *прил* boundless; infinite; limitless; [*перен*] extraordinary; extreme
БЕЗГРЕШНОСТЬ *сущ* innocence
БЕЗГРЕШНЫЙ *прил* innocent; sinless
БЕЗДЕЙСТВИЕ *сущ* failure (to act); inaction; inactivity;

(act of) omission; omission to act
~ **вследствие небрежности** negligent failure (omission)
~ **органов власти** administrative dereliction (non-feasance)
безответственное ~ wanton failure (omission)
виновное ~ culpable failure (omission)
вынужденное ~ involuntary failure (omission)
намеренное (умышленное) ~ deliberate (intentional, voluntary, wilful) failure (omission)
преступное ~ criminal (culpable) failure (omission)
умышленное (намеренное) ~ deliberate (intentional, voluntary, wilful) failure (omission)
БЕЗДЕЛЬНИК *сущ* idler; loafer
БЕЗДЕЛЬНИЧАТЬ *гл* to idle; loaf
БЕЗДЕТНОСТЬ *сущ* childlessness
БЕЗДЕТНЫЙ *прил* childless
БЕЗДОКАЗАТЕЛЬНОСТЬ *сущ* unprovedness
БЕЗДОКАЗАТЕЛЬНЫЙ *прил* unprovable; unproved; unsubstantiated
БЕЗДОМНЫЙ *прил* homeless
БЕЗЖАЛОСТНЫЙ *прил* cruel; merciless; pitiless; ruthless
БЕЗЗАКОНИ‖Е *сущ* lawlessness; unlawfulness
акт ~**я и произвола** act of lawlessness and arbitrary rule

БЕЗЗАКОННЫЙ *прил* illegal; lawless; ruleless; unlawful

БЕЗЗАЩИТНЫЙ *прил* defenceless; unprotected

БЕЗНАДЗОРНОСТЬ *сущ* neglect
~ **детей** child neglect; neglect of children

БЕЗНАДЗОРН‖ЫЙ *прил* neglected; unsupervised
~**ые дети** neglected children

БЕЗНАКАЗАННОСТЬ *сущ* impunity

БЕЗНАКАЗАНН‖ЫЙ *прил* unpunishable; unpunished ◊ **оставаться** ~**ым** to get away with a crime; escape (go) unpunished

БЕЗНРАВСТВЕННОСТЬ *сущ* amorality; immorality; moral turpitude

БЕЗНРАВСТВЕНН‖ЫЙ *прил* amoral; immoral
~**ое влияние** immoral influence
~**ое поведение** immorality; immoral conduct; moral turpitude
~ **поступок** immoral act (deed); moral turpitude
~ **человек** man without morals

БЕЗОГОВОРОЧНО *нареч* unconditionally; without reserve (reservation, qualification)

БЕЗОГОВОРОЧН‖ЫЙ *прил* outright; unconditional; unreserved; unqualified
~**ая капитуляция** unconditional surrender
~ **отказ** outright refusal

БЕЗОПАСНОСТ‖Ь *сущ* safety; security ◊ **обеспечивать** ~ to ensure safety (security); **принимать особые меры** ~**и** to make special security arrangements; take special security measures; **угрожать** ~**и** to endanger (imperil, jeopardize, menace, threaten) security; pose a threat to security; **укреплять** ~ to strengthen security; **усиливать меры** ~**и** to tighten security
в интересах государственной ~**и** in the interests of national security; **меры по укреплению доверия и** ~**и** confidence-and-security-building measures; **органы государственной** ~**и** state security bodies; **принцип равенства и одинаковой** ~**и** principle of equality and equal security; **система коллективной** ~**и** collective security system; **Совет Безопасности (ООН)** Security Council (UN); **техника** ~**и на производстве** occupational safety; on-the-job safety; prevention of accidents; safety engineering; **упрочение (укрепление) всеобщей** ~**и** strengthening of universal security
~ **воздушного движения** air safety
~ **границ** security of frontiers (of borders)
~ **дорожного движения** traffic safety
~ **на море** safety at sea
~ **персонала** safety (security) of

the personnel
~ **полёта** flight security
~ **труда** job safety
взаимная ~ mutual security
всеобщая ~ universal security
государственная ~ national (state) security
личная ~ personal safety (security)
международная ~ international security
национальная ~ national security
общая ~ public security
региональная ~ regional security
ядерная ~ nuclear security

БЕЗОПАСНЫЙ *прил* safe; secure

БЕЗОРУЖНЫЙ *прил* unarmed

БЕЗОТВЕТСТВЕННОСТЬ *сущ* irresponsibility

БЕЗОТВЕТСТВЕНН‖ЫЙ *прил* irresponsible; wanton
~**ое бездействие** wanton failure (omission)
~**ое отношение** (*к*) irresponsible attitude (*toward*|s)
~**ое поведение** irresponsible behaviour (conduct)
~**ое решение** irresponsible decision
~ **и умышленный** wanton and wilful
~ **поступок** irresponsible act (action)

БЕЗОТЗЫВНЫЙ *прил* (*не подлежащий отмене*) irrevocable; irreversible; [*юр тж*] beyond (past) recall
~ **аккредитив** irrevocable letter of credit

БЕЗОТЛАГАТЕЛЬНО *нареч* immediately; promptly; urgently; without delay

БЕЗОТЛАГАТЕЛЬН‖ЫЙ *прил* immediate; prompt; pressing; speedy; urgent
~**ое принятие** (*закона*) speedy enactment(*of a law*)
~**ое дело** pressing (urgent) matter

БЕЗРАБОТИЦ‖А *сущ* unemployment ◊ **сокращать** ~**у** to bring down unemployment; **пособие по** ~**е** unemployment benefit (relief); **рост** ~**ы** increase (rise) in unemployment; **уровень** ~**ы** unemployment rate
вынужденная ~ involuntary unemployment
массовая ~ mass unemployment
постоянная ~ permanent unemployment
скрытая ~ concealed (disguised, hidden, latent) unemployment
структурная ~ structural unemployment
текучая ~ floating unemployment
хроническая ~ chronic unemployment
циклическая ~ cyclical unemployment
частичная ~ partial unemployment; [*полит эвфем*] redundancy

БЕЗРАБОТНЫЙ *прил* jobless; unemployed; (*в знач. сущ-го*) unemployed (*собир* – the

unemployed)
зарегистрированный ~ registered unemployed
полностью ~ wholly unemployed
частично ~ partially unemployed; redundant; part-time worker

БЕЗРАЗЛИЧИЕ *сущ* indifference (*to*)

БЕЗРАЗЛИЧНЫЙ *прил* indifferent (*to, toward|s*)

БЕЗРАССУДНЫЙ *прил* reckless; (*непредусмотрительный*) heedless

БЕЗРАССУДСТВО *сущ* recklessness

БЕЗРЕЗУЛЬТАТНЫЙ *прил* futile; unsuccessful

БЕЗРОДНЫЙ *прил* without kith or kin; [*перен*] homeless; stateless

БЕЗУДЕРЖН||ЫЙ *прил* impetuous; uncontrollable; unchecked; unrestrained
~ая гонка вооружений frenzied arms (armaments) drive (race)
~ая инфляция runaway inflation

БЕЗУМИ||Е *сущ* aberration; insanity; madness; (*безрассудство*) folly ◊ **доводить кого-л до ~я** to drive smb crazy (mad)

БЕЗУМНЫЙ *прил* crazy; insane; mad

БЕЗУПРЕЧНО *нареч* faultlessly; perfectly

БЕЗУПРЕЧН||ЫЙ *прил* blameless; faultless; impeccable; irreproachable; perfect; spotless; unblemished
~ая репутация impeccable (spotless, unblemished) reputation
~ое поведение irreproachable behaviour (conduct)

БЕЗУСЛОВН||ЫЙ *прил* unconditional; unqualified; (*несомненный, бесспорный*) absolute; indisputable; undoubted
~ое основание absolute (undoubted) reason
~ акцепт general acceptance

БЕЗУТЕШНЫЙ *прил* inconsolable

БЕЗУЧАСТНЫЙ *прил* apathetic; neutral; unconcerned

БЕЙЛИФ *сущ* (*заместитель шерифа, судебный пристав*) bailiff

БЕНЕФИЦИАР *сущ* (*выгодоприобретатель; лицо, в интересах которого осуществляется доверительная собственность*) beneficiary
~ по завещанию beneficiary under the will

БЕСКОМПРОМИССНЫЙ *прил* uncompromising

БЕСКОНТРОЛЬНЫЙ *прил* unchecked; uncontrolled; (*безнадзорный*) neglected; unsupervised

БЕСКОРЫСТНЫЙ *прил* disinterested; selfless; unselfish

БЕСПЕЧНОСТЬ *сущ* carelessness; forgetfulness; unconcern

БЕСПЕЧНЫЙ *прил* carefree; careless; heedless; thoughtless; unconcerned; (*забывчивый*) forgetful; oblivious

БЕСПЛАТНО *нареч* free (of charge); gratuitously; [*лат*] gratis

БЕСПЛАТНЫЙ *прил* free (of charge); gratuitous; unpaid
~ **проезд** free pass

БЕСПОВОРОТНОСТЬ *сущ* immutability; irrevocability
~ **однажды сделанного выбора** estoppel by election

БЕСПОВОРОТНЫЙ *прил* immutable; irrevocable

БЕСПОКОИТЬСЯ, побеспокоиться *гл* to be anxious (worried) (*about*); worry

БЕСПОКОЙН‖ЫЙ *прил* agitated; anxious; inconvenient; uneasy
~**ое состояние** state of agitation

БЕСПОКОЙСТВО *сущ* agitation; anxiety; concern; uneasiness; (*причинение неудобства*) disturbance; harassment; inconvenience ◊ **причинять** ~ to cause inconvenience

БЕСПОЛЕЗНЫЙ *прил* futile; useless; vain; (*тж бесплодный, тщетный*) fruitless; unavailing

БЕСПОМОЩНЫЙ *прил* helpless; powerless; (*немощный*) feeble

БЕСПОРЯД‖ОК *сущ* confusion; disorder; [*полит*] disturbance(s); riot(s); unrest; (*бунт*) upheaval ◊ **вызывать** ~**ки** to cause (make) disturbances; **покушение на массовые** ~**ки** abortive riot(s);

[*амер*] rout; **учинение массовых** ~**ков** riot; rioting
внутренние ~**ки** domestic disturbances (disorders)
гражданские ~**ки** civil unrest and disorders
массовые ~**ки** mass riots
общественные ~**ки** public unrest and disorders
политические ~**ки** political disturbances (disorders)
расовые ~**ки** race (racial) riots
этнические ~**ки** ethnic unrest

БЕСПОШЛИНН‖ЫЙ *прил* duty-free; exempt of duty; free of duty; toll-free
~**ая торговля** free trade
~**ые товары** duty-free goods (commodities); free imports

БЕСПРАВИЕ *сущ* (*беззаконие*) lawlessness; (*правопоражение*) disfranchisement; disqualification; deprivation (extinction) of rights

БЕСПРАВНЫЙ *прил* deprived of rights

БЕСПРЕДЕЛЬНЫЙ *прил* boundless; infinite

БЕСПРЕЦЕДЕНТНЫЙ *прил* unprecedented

БЕСПРИБЫЛЬНЫЙ *прил* [*фин*] non-profit; profitless; unprofitable

БЕСПРИЗОРНИК *сущ* homeless child; waif

БЕСПРИЗОРНЫЙ *прил* neglected; (*бездомный*) homeless; stray

БЕСПРИНЦИПНОСТЬ *сущ* absence of principle; unscrupulousness

БЕСПРИНЦИПНЫЙ

прил unprincipled; unscrupulous

БЕСПРИСТРАСТНОСТЬ *сущ* fairness; impartiality
~ **судьи** impartiality of a judge

БЕСПРИСТРАСТН‖ЫЙ *прил* fair; impartial; unbias(s)ed; unprejudiced ◊ **способность к** ~**ому суждению** ability to judge impartially
~**ое мнение (суждение)** impartial judgement (opinion)
~ **наблюдатель** unbias(s)ed (unprejudiced) observer
~ **судья** unbias(s)ed (unprejudiced) judge

БЕСПРОЦЕНТНЫЙ *прил* [*фин*] bearing (yielding) no interest; interest-free

БЕССМЫСЛЕННЫЙ *прил* absurd; meaningless; senseless

БЕССОЗНАТЕЛЬНЫЙ *прил* unconscious

БЕССПОРНО *нареч* indisputably; indubitably; undoubtedly; unquestionably

БЕССПОРН‖ЫЙ *прил* incontrovertible; indisputable; indubitable; uncontestable; undisputed; undoubted; unquestionable
~**ое взыскание** indisputable (uncontestable) penalty; (*налогов и т.п.*) collection without recourse to the court
~ **факт** incontrovertible (indisputable) fact

БЕССРОЧНО *нареч* at will; indefinitely; perpetually

БЕССРОЧНОСТЬ *сущ* (*бессрочный статус*) perpetuity

БЕССРОЧН‖ЫЙ *прил* indefinite; open-ended; perpetual; without a time-limit
~**ая аренда** tenancy at will
~**ая ссуда** loan for an indefinite term
~ **вклад** demand (sight) deposit
~ **паспорт** permanent passport

БЕСХОЗН‖ЫЙ *прил* ownerless; unowned
~ **ая земля** ownerless (unowned) land
~**ое имущество** ownerless (unclaimed, unowned) property; property in abeyance

БЕСХОЗЯЙНОСТЬ *сущ* ownerlessness

БЕСХОЗЯЙСТВЕННОСТЬ *сущ* bad husbandry; mismanagement

БЕСЧЕЛОВЕЧНОСТЬ *сущ* inhumanity; (*жестокость, зверство*) brutality; cruelty

БЕСЧЕЛОВЕЧН‖ЫЙ *прил* brutal; cruel; inhuman; outrageous; (*негуманный*) inhumane
~**ая жестокость** inhuman (outrageous) cruelty
~**ое наказание** inhuman punishment
~**ое обращение** inhuman (outrageous) treatment

БЕСЧЕСТИТЬ *гл* defame; discredit; dishonour; disgrace; slander

БЕСЧЕСТЬЕ *сущ* disgrace; dishonour

БЕСЧИНСТВО *сущ* out-

rage; rowdiness; (*превышение полномочий и т.п.*) excess
БЕСЧИНСТВОВАТЬ *гл* to commit outrages (excesses)
БИГАМИЯ *сущ* (*двубрачие*) bigamy; bigamous marriage
БИЗНЕС *сущ* business
  большой ~ big business
  законный ~ legitimate business
  игорный ~ gambling business (industry)
  малый ~ small business
  нарко~ drug business (industry)
  незаконный ~ illegal (illicit) business
  нефтяной ~ oil business
  преступный ~ crime (criminal) business (industry)
  частный ~ private business (industry)
БИЗНЕСМЕН *сущ* businessman; (*предприниматель*) entrepreneur
БИЛЛЬ *сущ* (*законопроект*) bill ◊ **вносить** ~ to bring in (initiate, introduce) a bill; **обсуждать** ~ to debate a bill; **откладывать** ~ (класть под сукно, откладывать в долгий ящик) to pigeonhole (shelve, table) a bill; **отклонить** ~ to reject (turn down) a bill; **пересматривать** ~ to reconsider a bill; **принять** ~ to adopt (approve, pass) a bill; **провалить** ~ to defeat (vote down) a bill; **проводить** ~ (*через*) to pass a bill (*through*); **проталкивать** ~ (*через*) to force, [*амер*] railroad a bill (*through*); **разрабатывать** ~ to draft

(draw up, elaborate) a bill; **рассматривать** ~ to consider a bill
  ~ **о правах** [*англ ист*] [*амер* – первые десять поправок к конституции *США*] Bill of Rights
  внесённый ~ initiated (introduced) bill
  предложенный ~ proposed bill
БИОГРАФИЯ *сущ* biography; life history
БИРЖ‖А *сущ* [*фин*] exchange ◊ **играть (спекулировать) на** ~е to gamble in stocks; play the market; speculate; **покупать вне** ~**и** to buy on the kerb [*амер* – curb]; **продавать на неофициальной** ~**е** (*после закрытия* ~**и**) to sell on the kerb [*амер* - curb] (in the street)
  ~ **сельскохозяйственных товаров** agricultural commodity exchange; produce exchange
  ~ **труда** employment agency (exchange); labour exchange; [*англ тж*] job centre
  ~ **ценных бумаг** securities exchange
  валютная ~ exchange; currency market
  зарегистрированная ~ registered exchange
  зерновая ~ corn (grain) exchange (market)
  иностранная фондовая ~ foreign exchange
  неофициальная ~ outside (unofficial) exchange (market); kerb [*амер* – curb] market
  официальная ~ recognized

exchange (market)
срочная ~ futures exchange (market)
товарная ~ commodity (goods) exchange (market)
универсальная ~ universal exchange
фондовая ~ stock exchange; securities exchange
фьючерсная ~ futures exchange (market)
хлопковая ~ cotton exchange
БИРЖЕВИК *сущ* [*бирж*] (*биржевой брокер, маклер*) dealer; exchange broker; speculator; stockbroker; stock-exchange broker (operator); (floor) trader; (*профессиональный биржевик, заключающий сделки за свой счёт*) [*англ*] (stock) jobber
БИРЖЕВ‖ОЙ *прил* [*бирж*]:
~**ая игра (спекуляция)** (exchange) speculation; (stock) jobbery (jobbing); (*на повышение*) bull operation (speculation); (*на понижение*) bear operation (speculation)
~**ая котировка** exchange (market) quotation
~**ая продажа** exchange sale
~**ая сделка** (stock-) exchange deal; (*на срок*) forward (futures) operation (transaction)
~**ая скупка** exchange acquisition
~**ая спекуляция (игра)** exchange speculation; (stock) jobbery (jobbing); (*на повышение*) bull operation (speculation); (*на понижение*) bear operation (speculation)

~**ая ссуда** (stock-)exchange loan
~**ая цена** (stock-)exchange price
~**ые операции** exchange business (transactions); (*с облигациями*) bond trading
~**ые правила** rules of the exchange
~ **бюллетень** (stock-)exchange list
~ **круг (ринг)** ring
~ **курс** market rate
~ **маклер (биржевик)** dealer; exchange broker; speculator; stockbroker; stock-exchange broker (operator); trader; (*профессиональный биржевик, заключающий сделки за свой счёт*) [*англ*] (stock)jobber; (*неофициальный*) outside broker; (*официальный*) inside broker
~ **ринг (круг)** ring
~ **спекулянт** gambler; speculator; (*мелкий*) scalper; (*играющий на повышение*) bull; (*играющий на понижение*) bear
БИРК‖А *сущ* (*этикетка, ярлык*) label; tally; [*амер*] tag ◊
наклеивать ~**у на багаж** to put a label (a tag) on one's luggage (baggage)
багажная ~ luggage label; [*амер*] baggage tag
грузовая ~ cargo label (tag)
опознавательная ~ (*на багаже*) identification label (tag)
БЛАГ‖О *сущ* benefit; good; (*благополучие*) welfare; well-being; (*процветание*) prosperity ◊ **производить мате-**

БЛАГ **БЛОК**

риальные ~а to produce material values; **на общее ~** for (to) the benefit of all; for the public good
духовные ~а spiritual values
культурные ~а benefits of culture
материальные ~а material values (wealth)
общее ~ common (general, public) wealth

БЛАГОПОЛУЧИЕ *сущ* welfare; well-being; (*процветание*) prosperity

БЛАГОСОСТОЯНИЕ *сущ* welfare; well-being; wealth; (*процветание*) prosperity
всеобщее ~ general welfare (well-being)
общественное ~ public welfare (well-being)

БЛАГОТВОРИТЕЛЬНОСТЬ *сущ* benevolence; charity; (*филантропия*) philanthropy

БЛАГОТВОРИТЕЛЬН‖ЫЙ *прил* benevolent; charitable; (*филантропический*) philanthropic(al) ◊ **в ~ых целях** for charity (charitable) purposes
~ое общество (учреждение) charitable (philanthropic) society (institution)
~ые пожертвования gifts to charity
~ спектакль charity performance
~ фонд welfare fund; (*организация*) charitable (philanthropic) foundation

БЛАНК *сущ* form; slip; [*амер тж*] blank ◊ **заполнять ~** to fill in [*амер* - out, up] a form
~ заказа order form; [*амер*] order blank; (*на покупку | продажу ценных бумаг*) order slip; (*книги в библиотеке*) order slip (*for a book*)
~, заполняемый (в банке) при депонировании суммы на текущий счёт deposit slip; paying-in slip
~ заявки на отпуск товарно-материальных ценностей store-room requisition form
~ заявления application form; (*о страховании*) application (proposal) form for insurance; (*ходатайства*) proposal form
~ налоговой декларации tax(-filling) form
~ подписки на заём application form for a loan
~ чека cheque form
анкетный (опросный) ~ questionnaire
переписной ~ census form
телеграфный ~ telegraph form [*амер* - blank]

БЛАНКОВ‖ЫЙ *прил*:
~ая надпись (*индоссамент, передаточная надпись на ценной бумаге в случае её передачи одним лицом другому*) blank endorsement [*амер* - indorsement]; note payable on demand
~ аккредитив blank credit
~ акцепт acceptance in blank

БЛОК *сущ* [*полит*] [*фин*] bloc ◊ **вступить в ~** to enter (into) a bloc; **выйти из ~а** to dissociate oneself (secede) from

a bloc; **создать** ~ to form (create, set up) a bloc; **распустить** ~ to break up (disband) a bloc
агрессивный ~ aggressive bloc
валютный ~ currency bloc
военный ~ military bloc
закрытый ~ restricted bloc
политический ~ political bloc
предвыборный ~ election (electoral) bloc
стерлинговый ~ sterling bloc

БЛОКАД‖А *сущ* blockade ◊ **вводить** ~у to establish (impose) a blockade; **возобновлять** ~у to renew (resume) a blockade; **объявлять** ~у to announce (declare) a blockade; **прорвать** ~у to break through (run) a blockade; **снимать** ~у to lift (raise) a blockade; **прорыв** ~ы breach (breakthrough) of a blockade
военная ~ military (war) blockade
дипломатическая ~ diplomatic blockade
кредитная ~ credit blockade
объявленная ~ announced (declared) blockade
таможенная ~ customs blockade
торговая ~ trade blockade
фактическая ~ de facto blockade
финансовая ~ financial blockade
экономическая ~ economic blockade
эффективная ~ effective blockade

БЛЮСТИТЕЛ‖Ь *сущ* guardian; keeper; ◊ ~**и порядка** law-enforcement officers (personnel); (*полиция*) peace officers; the police

БОГАТСТВ‖О *сущ* riches; wealth; (*состояние*) fortune ◊ **накоплять** ~ to accumulate (acquire) wealth
~, **нажитое нечестным трудом** ill-gotten wealth
воспроизводимое материальное ~ reproducible material (tangible) wealth
духовное ~ intellectual (spiritual) wealth
естественные (природные) ~а natural resources
материальные ~а material (tangible) wealth
минеральные ~а mineral resources (wealth)
накопленные ~а accumulated wealth
национальное ~ national wealth
нематериальные ~а immaterial wealth
природные (естественные) ~а natural resources

БОГАТЫЙ *прил* rich; wealthy; well-off; well-to-do

БОГОХУЛЬНЫЙ *прил* [*церк*] blasphemous

БОГОХУЛЬСТВО *сущ* blasphemous words; (*состав преступления*) blasphemy

БОЙКОТ *сущ* boycott ◊ **прибегать к** ~у to apply a boycott; **призывать к** ~у to call for a boycott; **присоединяться к** ~у to join a boycott; **отменять** ~ to lift a boycott

БОЙКОТИ́РОВАТЬ *гл* to boycott
~ **перегово́ры** to boycott the negotiations (talks)

БОЛЕ́ЗН‖Ь *сущ* disease; illness; sickness ◊ **посо́бие по ~и** sickness benefit
зара́зная (инфекцио́нная) ~ contagious (infectious) disease
тяжёлая ~ grave (serious) illness
у́мственная ~ mental illness
хрони́ческая ~ chronic illness

БОЛЬНО́Й *сущ* sick person; (*пацие́нт*) patient
амбулато́рный ~ out-patient
психи́чески ~ insane; mentally ill; (*как сущ*) mental case (patient); (*неполноце́нный тж*) (mentally) defective (deficient, retarded)
стациона́рный ~ in-patient

БОЛЬШИНСТВ‖О́ *сущ* majority ◊ **быть в ~е** to be in the majority; **быть и́збранным ~м** to be elected by a majority; **получа́ть** ~ **голосо́в** to gain (obtain, receive) a majority of votes; **располага́ть ~м (по́льзоваться подде́ржкой ~а)** to command a majority; **реша́ть ~м в две тре́ти голосо́в** to decide by a two-thirds majority (of votes)
~ **голосо́в** majority vote; majority of votes
~ **прису́тствующих и принима́ющих уча́стие в голосова́нии** majority of those present and voting
абсолю́тное ~ absolute majority
значи́тельное ~ great (large, vast) majority
квалифици́рованное ~ qualified (special) majority
незначи́тельное ~ bare (close, narrow, scant, slight, small) majority; narrow margin
относи́тельное ~ relative majority
подавля́ющее ~ overwhelming majority
просто́е ~ simple (working) majority
тре́буемое ~ competent (required, requisite) majority

БОМЖ *сущ* (*бродя́га*) (street) bum; rogue; tramp; vagabond; vagrant

БОНИФИКА́ЦИ‖Я *сущ* [*внешторг*] (*освобожде́ние от нало́га; тж надба́вка к обусло́вленной догово́ром цене́ в слу́чае, е́сли ка́чество поста́вленного това́ра вы́ше догово́рного*) bonification ◊ **выпла́чивать ~ю** to pay price bonification; **догова́риваться о ~и** to agree on (upon) price bonification; **определя́ть разме́р ~и** to determine (the amount of) price bonification; **предоставля́ть ~ю** to grant price bonification
разме́р ~и amount of price bonification; **усло́вия ~и** conditions of price bonification
~, **обусло́вленная догово́ром** price bonification stipulated by the contract

БО́НУС *сущ* (*дополни́тельное вознагражде́ние, пре́мия*) bonus

БОРОТЬСЯ *гл* to combat; fight (*against* | *for*); struggle (*against* | *for*)
~ **за мир и всеобщую безопасность** to fight (struggle) for peace and universal security
~ **за свободу и независимость** to fight (struggle) for freedom and independence
~ **против всех форм угнетения и эксплуатации** to fight (struggle) against every form of oppression and exploitation
~ **с преступностью** to combat crime
~ **с терроризмом** to combat terrorism

БОРТ *сущ* [*мор*] board ◊ **брать (принимать) на** ~ (*судна*) to embark; take aboard; **выбрасывать за** ~ (*при угрозе аварии*) to jettison; **доставлять на** ~ (*судна*) to deliver aboard (on board) a ship
вдоль ~**a** alongside ship
за ~ (~**ом**) overboard
на ~**у судна** aboard (on board) a ship
погруженный (*о товаре*) **на** ~ **судна** laden aboard (on board) a ship
принято на ~ **судна** received aboard (on board) a ship
франко-~ **судна** (**свободно на** ~**у, фоб**) free on board a ship (FOB)
франко ~ **грузового автомобиля** free on board a truck
франко ~ **и штивка** (*погрузка и укладывание груза*) free on board and stowed
франко вдоль ~**a судна** (**фас**) free alongside ship (FAS)

БОРТОВОЙ *прил* [*мор*]:
~ (**вахтенный**) **журнал** ship's log-book
~ **коносамент** on board bill of lading

БОРТПРОВОДНИ‖**К** *сущ* steward
~**ца** stewardess
~**ки** [*собир*] cabin crew

БОРЬБА *сущ* combat; fight; struggle
~ **за всеобщее и полное разоружение** fight (struggle) for general (universal) and complete (total) disarmament
~ **с преступностью** combatting crime
решительная ~ decisive fight (struggle)

БРАК *сущ* (*женитьба, замужество*) marriage; matrimony; wedlock; (*производственный*) defect(s); defective goods; reject(s); rejection(s); spoilage; waste ◊ **вступать в** ~ (**сочетаться**~ **ом**) to enter into a marriage; get married; marry; wed; **вступать в** ~ **вторично** to remarry; **заключать** ~ to contract a marriage; **разрушать** ~ to destroy a marriage; **расторгать** ~ to divorce; break (discharge, dissolve) a marriage; **регистрировать** ~ to register a marriage
заключение ~**a** celebration of a marriage; **признание** ~**а недействительным** avoidance of a marriage; **разрешение на вступление в** ~ marriage licence; **расторжение** ~**a** di-

vorce; breakup (dissolution) of a marriage; **рождённый вне ~а** born out of wedlock; **свидетельство о ~е** marriage certificate (lines); **состоящий в ~е** married
~ **между кровными родственниками** intermarriage
~ **между представителями различных рас (национальностей)** intermarriage; interracial marriage
~ **по контракту** marriage by a contract
~ **по расчёту** marriage of convenience
вынужденный ~ enforced (forcible) marriage; [*амер разг*] shotgun marriage
гражданский ~ civil marriage; common law marriage (union)
действительный ~ valid marriage
законный ~ lawful wedlock; legal marriage; marriage at law
моногамный ~ monogamous marriage
недействительный ~ invalid marriage
незаконный ~ irregular marriage
незарегистрированный ~ unregistered marriage
оспоримый ~ contestable (questionable, voidable) marriage
поздний ~ late marriage
полигамный ~ polygamous marriage
прежний ~ former (previous) marriage
ранний ~ early marriage
смешанный ~ mixed marriage

фактический ~ de facto marriage
фиктивный ~ sham marriage
церковный ~ religious marriage
юридический ~ de jure marriage

БРАКЕРАЖ *сущ (официальная проверка качества товара и т.п.)* certification; check; grading; inspection; sorting
выборочный ~ selective inspection; spot check

БРАКОНЬЕР *сущ* poacher
БРАКОНЬЕРСТВО *сущ* poaching ◊ **заниматься ~м** to go poaching; poach

БРАКОРАЗВОДН‖ЫЙ *прил* :
~**ое дело** divorce case (suit)

БРАКОСОЧЕТАНИЕ *сущ* marriage; wedding (ceremony)

БРАТ *сущ* brother
двоюродный ~ (first) cousin
сводный ~ stepbrother
троюродный ~ second cousin

БРАТОУБИЙСТВЕН‖ЫЙ *прил* fratricidal
~**ая война** fratricidal war

БРАТОУБИЙСТВО *сущ* fratricide

БРАТОУБИЙЦА *сущ* fratricide

БРАТСКИЙ *прил* brotherly; fraternal

БРАТЬ (*взять*) *гл* to take
~ **в аренду** to lease (rent, tenant) (*from*); take a lease (*of, from*)
~ **верх** to have (gain, get) the

upper hand
~ **взаймы** to borrow
~ **в заложники** to take hostage
~ **взятки** to take bribes; [*амер*] to graft; practice graft
~ **власть** to seize power
~ **в плен** to take prisoner
~ **в свидетели** to call to witness
~ (*снимать*) **деньги со счёта** to draw from an account
~ **за сердце** to move deeply
~ **на буксир** to take in tow
~ **назад (обратно)** to take back; (*о предложении и т.п.*) to recall; revoke; withdraw
~ **на поруки** to bail out; go bail (*for*)
~ **на прокат** to hire; rent
~ **на себя** to take upon oneself; undertake
~ **на себя обязательство** to assume (undertake) a commitment (an obligation); commit oneself; pledge oneself; undertake (*to + inf*)
~ **на себя ответственность** to take charge (*of*); take the responsibility (*for*);
~ **на себя риск** to accept (run, take) a risk
~ **на себя руководство** to take a lead
~ **на службу** to employ; hire
~ **начало** (*в*) to originate (*in*)
~ **пример** to follow the example; follow suit
~ **слово** (*выступать*) to take the floor
~ **слово с кого-л** to get smb's word

~ **такси** to take a taxi
~ **уроки** to take lessons

БРАТЬСЯ *гл* (*за что-л*) to get down to; set about (+ -*ing*); set to work (*on*); tackle; take upon oneself; undertake
~ **за дело** to get down to business
~ **за перо** to take up a pen
~ **за поручение** to undertake a commission

БРАЧН‖ЫЙ *прил* (*матримониальный, супружеский*) conjugal; marital; matrimonial ◊ **заключать ~ договор** to contract a marriage
~**ая правоспособность** marriageability
~ **ое право** law of marriage; marriage law
~**ое совершеннолетие** age of legal consent
~**о-семейное право** matrimonial law; marriage and family law
~**ые отношения** marital relations
~**ые узы** conjugal (matrimonial) bonds (ties)
~ **возраст** age of marriage; marriage (marriageable) age; marriageability
~ **договор (контракт)** marriage contract (settlement)
~ **союз** matrimony; marriage (marital) union
достигший ~ого возраста (обладающий ~ой правоспособностью) marriageable

БРЕМЯ *сущ* (*обязанность, ответственность*) burden; [*перенос*] load; [*лат*] onus ◊

возлагать ~ (*на*) to impose a burden (*on*); нести ~ to bear (carry) a burden (*of*); нести ~ доказывания to hold the affirmative; снимать ~ (*c*) to remove a burden (*from*)

~ внешней задолженности burden of external (foreign) debt

~ военных расходов burden of war (military) expenditures

~ доказывания burden (onus) of evidence (of proof)

~ исполнения договора burden of a contract

~ налогообложения tax burden

~ ответственности burden (load) of responsibility

~ представления доказательств burden of adducing evidence

налоговое ~ tax burden

финансовое ~ financial burden (load)

БРОДЯГА *сущ* (street) bum; rogue; tramp; vagabond; vagrant

неисправимый ~ incorrigible rogue

БРОДЯЖНИЧАТЬ *гл* to live as a tramp; rogue; tramp; vagabond; vagabondize

БРОДЯЖНИЧЕСТВО *сущ* roguery; vagabondage; vagabondism; vagrancy

БРОКЕР *сущ* [*бирж*] (*маклер*) agent; broker

~-комиссионер commission broker

~ по инвестиционным ценным бумагам investment broker

~ по операциям с недвижимостью real estate broker

~ по операциям с ценными бумагами securities broker

~ по покупке buying broker

~ по покупке и продаже иностранной валюты (foreign) exchange broker

~ по продаже selling broker

~ судовладельца shipowner's broker

~ торгового зала (*выполняющий поручения членов биржи за комиссионное вознаграждение*) floor broker

~ фондовой биржи stock-exchange broker (operator); stockbroker; (*профессиональный биржевик, заключающий сделки за свой счёт*) [*англ*] (stock) jobber

биржевой ~ (*биржевик*) dealer; exchange broker; speculator; stockbroker; stock-exchange broker (operator); trader; (*неофициальный*) outside broker; (*официальный*) inside broker

вексельный ~ bill broker; discount broker

кредитный ~ loan broker

страховой ~ insurance broker

судовой ~ ship (shipping) broker

фрахтовый ~ chartering broker

БРОКЕРАЖ *сущ* [*бирж*] (*брокерская комиссия*) brokerage; broker's commission (fee)

БРОКЕРСК‖ИЙ *прил* [*фин*]:

~ая комиссия (*комиссионное вознаграждение*) brokerage; broker's commission (fee)
~ая фирма brokerage office (house)
~ое дело broking
БУЙСТВО *сущ* rampage; (*смятение чувств*) tumult
БУЙСТВОВАТЬ *гл* to rampage
БУМАГ‖А *сущ* paper; [*собир*] (*документы*) papers; (*ценные*) [*фин*] securities
беспроцентные ценные ~и noninterest-bearing securities
гарантированные ценные ~и gilt-edged securities
гербовая ~ stamp(ed) paper
государственные ценные ~и government (public) securities; [*амер*] state securities
именные ценные ~и inscribed (registered) stock
БУНТ *сущ* (*беспорядки*) disturbance(s); (*восстание, мятеж*) insurrection; mutiny; rebellion; revolt; riot; uprising
БУХГАЛТЕР *сущ* accountant; bookkeeper
~ по налогообложению tax accountant
~ промышленного предприятия industrial accountant
~-ревизор (*аудитор*) auditor
главный ~ chief accountant; accountant in charge
дипломированный общественный ~ public accountant
БУХГАЛТЕРИЯ *сущ* (*система учёта*) accounting; bookkeeping; (*отдел*) accounting (accounts) department (office)

БЭЙЛ *сущ* (*передача на поруки, поручительство*) bail ◊ отказывать в ~е to refuse to grant a bail; предоставлять ~ to grant a bail
~ в уголовном процессе criminal bail
~, гарантируемый частно privately secured bail
~-задаток deposit bail
~-залог bail bond
~ за явку (*в суд*) common bail
~ наличными cash bail
негарантируемый ~ unsecured bail
БЮДЖЕТ *сущ* budget; (*мн*) finances ◊ составление ~а budgeting; подготовить ~ to draw up a budget; представлять ~ на рассмотрение to present (submit) a budget for consideration; сокращать ~ to cut (decrease) a budget; увеличивать ~ to increase a budget; утверждать ~ to approve a budget
административный ~ administrative budget
военный ~ military budget
годовой ~ annual budget
государственный ~ national (state) budget; public finance
доходный ~ (budget) revenue
расходный ~ (budget) expenditure
сбалансированный ~ balanced budget
семейный ~ family (household) budget
текущий ~ operating budget
утверждённый ~ approved

budget
федеральный ~ federal budget
БЮДЖЕТН‖ЫЙ *прил* budgetary
~ые **ассигнования** budget(ary) appropriations (provisions)
~ые **предположения** budget estimates
~ые **средства** budget(ary) funds
~ **год** business year; fiscal year
БЮЛЛЕТЕНЬ *сущ* bulletin; list; report; statement
библиографический ~ bibliographic bulletin
биржевой ~ exchange bulletin (list, report); market report
ежемесячный ~ monthly statement
избирательный ~ ballot (voting) paper
информационный ~ information bulletin
классификационный ~ classification bulletin
патентный ~ patent bulletin
торговый ~ trade report
БЮРО *сущ* agency; bureau; office
~ **записи актов гражданского состояния** registry (registration) office
~ **находок** lost and found; lost-property office
~ **обслуживания** service bureau
~ **патентов** patent agency (office)
~ **погоды** weather bureau
~ **по найму (трудоустройству)** employment agency (bureau)
~ **по обмену валюты** (currency) exchange bureau (office)
~ **по регистрации акционерных компаний** registrar of companies
~ **путешествий** tourist (travel) agency
~ **рекламы** advertising agency (office)
~ **технического надзора** technical inspection bureau
патентное ~ patent office
справочное ~ information office [*амер* – bureau]; inquiry office
транспортно-экспедиторское ~ shipping (transportation) agency
БЮРОКРАТИЗМ *сущ* bureaucracy; bureaucratism; red tape

В

ВАКАНСИ‖Я *сущ* (*вакантная должность*) vacancy; vacant position (post) ◊ **замещать (заполнять)** ~**ю** to fill a vacancy
должностная ~ vacancy in office
ВАКАНТН‖ЫЙ *прил* vacant
~**ая должность** vacancy (in office); vacant position (post)
ВАКАЦИИ *сущ* (*мн*) (*каникулы судебные или парламентские*) vacation(s)
судебные ~ judicial vacations
ВАКЦИНА *сущ* vaccine

ВАКЦИНАЦИ‖Я *сущ* vaccination ◊ **проводить ~ю** to vaccinate

ВАЛОВ‖ОЙ *прил* gross
~ая выручка gross proceeds
~ая прибыль gross margin (profit, return)
~ая продукция gross product
~ая сумма gross amount
~ внутренний продукт gross domestic product (GDP)
~ доход gross income
~ национальный продукт gross national product (GNP)

ВАЛЮТ‖А *сущ* [*фин*] currency; exchange; value ◊ **обменивать ~у** to exchange currency; **корзина (набор) валют** currency basket; **обесценение ~ы** currency depreciation (devaluation); **покупательная сила (способность) ~ы** currency purchasing power; **стоимость ~ы** currency value; **цена ~ы** currency price
~ векселя currency of a bill
~ выручки currency proceeds (receipts)
~ договора (контракта) currency of a contract
~ кредита currency of a credit
~ перевода currency of a transfer
~ платежа currency of payment
~, покупаемая (*или* продаваемая) на срок forward exchange
~ расчёта clearing currency; transaction currency
~ сделки bargain currency; currency of a transaction

~ страны-импортёра importer's currency
~ страны-экспортёра exporter's currency
~ счёта currency of an account
~ цены currency of a price
базисная ~ base currency
блокированная ~ blocked currency
иностранная ~ exchange; foreign currency (exchange)
клиринговая ~ clearing currency
конвертируемая ~ convertible (hard) currency
международная ~ international currency
местная ~ domestic (home, local) currency
национальная ~ national currency
неконвертируемая (неустойчивая) ~ inconvertible (soft, unstable) currency
обесцененная ~ depreciated (devalued) currency
падающая ~ falling currency
поддельная ~ counterfeit currency
регулируемая ~ managed (regulated) currency
резервная ~ reserve currency
свободно конвертируемая ~ freely convertible currency
твёрдая (устойчивая) ~ hard (sound, stable) currency

ВАЛЮТН‖ЫЙ *прил* [*фин*] currency; exchange; monetary ◊ **вводить ~ые ограничения** to impose currency (exchange) controls (restrictions); **снимать ~ые ограничения** to lift cur-

rency (exchange) controls (restrictions)
~**ая зона** currency area (zone)
~**ая интервенция** currency intervention
~**ая компенсация** monetary compensation
~**ая корзина** currency basket
~**ая котировка** currency quotation
~**ая оговорка** currency (exchange) clause (reservation)
~**ая окупаемость** currency self-repayment
~**ая позиция** currency position
~**ая сделка** currency transaction
~**ая система** monetary system
~**ое разрешение** (foreign) exchange permit
~**ое соглашение** monetary agreement
~**ые ограничения** currency (exchange) restrictions
~**ые операции** exchange business (transactions)
~**ые поступления** currency proceeds (receipts)
~**ые расчёты** exchange payments
~**ые спекуляции** currency (exchange) speculations
~ **арбитраж** currency arbitrage
~ **клиринг** currency clearing
~ **контроль** currency control
~ **курс** par (rate) of exchange
~ **опцион** (*право выбора альтернативных условий контракта*) option of exchange
~ **паритет** currency parity; par of exchange
~ **резерв** currency (foreign exchange) reserve
~ **риск** risk of currency depreciation (devaluation)
~ **рынок** currency (exchange) market; money market
~ **счёт** currency account

ВАЛЮТЧИК *сущ [разг]* speculator in foreign currency

ВАНДАЛ *сущ* vandal

ВАНДАЛИЗМ *сущ* vandalism

ВАРРАНТ *сущ* (*доверенность, свидетельство*) warrant
складской ~ warehouse warrant
таможенный ~ customs warrant

ВАУЧЕР *сущ [фин]* (*денежный оправдательный документ*) voucher

ВВЕДЕНИЕ *сущ* (*вводная часть документа и т.п.*) introduction; (*к договору и т.п.*) preamble; (*приведение в исполнение закона и т.п.*) enactment
~ **закона в действие** enactment of a law; putting a law into effect (into execution)
~ **в заблуждение** deceit; deception; false representation; misleading; misrepresentation

ВВЕРЯТЬ, **вверить** *гл* (*что-л кому-л*) to confide (*smth in smb*); entrust (*smb with smth; smth to smb*)

ВВОДИТЬ, **ввести** *гл* to bring in; introduce; (*в качестве меры принуждения*) impose
~ **блокаду** to impose a blockade

~ **в дело** to commit to work
~ **в должность** to install in office
~ **в заблуждение** to deceive; mislead; misrepresent
~ **во владение** to put into possession
~ **военное положение** to establish (introduce, impose) martial law
~ **в расход** to put to expense
~ **в строй** (*о заводе и т.п.*) to bring (put) into commission (into operation)
~ **закон в действие** to enact (implement) a law; carry (put) a law into effect (into execution)
~ **комендантский час** to introduce (impose) a curfew
~ **ограничения** to introduce restrictions
~ **санкции** to impose sanctions
~ **чрезвычайное положение** to introduce the state of emergency

ВВОЗ *сущ* (*действие*) import; importation; (*ввозимые товары*) imports; imported goods ◊ **запрещённые к ~у товары** prohibited imports; **разрешение на ~** import licence
беспошлинный ~ (*товаров*) duty-free importation
контрабандный ~ (*товаров*) smuggling

ВВОЗИТЬ, ввезти *гл* to import; (*контрабандным путём*) to smuggle

ВДОВА *сущ* widow

ВДОВЕЦ *сущ* widower
ВДОВСТВО *сущ* widowhood
ВÉДЕНИ‖Е *сущ* (*компетенция*; *сфера полномочий*; *юрисдикция*) authority; charge; competence; jurisdiction ◊ **быть (находиться) в ~и** (*кого-л*) to be in charge (*of*) | under the authority (*of*) | within the jurisdiction (*of*)

ВЕДÉНИЕ *сущ* (*дел*) conduct (*of*); management (*of*)
~ **банковских операций** banking
~ **бухгалтерских книг** bookkeeping
~ **дел** business management; conduct of business
~ **записей** record-keeping; registration
~ **переговоров** bargaining (negotiating) (*for*); conduct of negotiations (talks)
~ **протокола** keeping of the minutes
~ **собрания** conduct of a meeting
~ **судопроизводства** conduct of judicial proceeding(s)
~ **учёта** record-keeping; registration
~ **финансовых дел** financial management

ВЕДОМОСТЬ *сущ* calculation; list; register; roll; schedule; sheet; statement; [*бухг*] account book
~ **выгруженных товаров** outturn report
~ **заработной платы** pay-roll; pay list (sheet); schedule of wages; wage sheet

~ **издержек** cost sheet; (*судебных издержек*) bill of costs
~ **наличных товаров** statement of goods
дефектная ~ (*счёт за ремонт*) repair bill
дополнительная ~ supporting record (schedule)
инвентарная ~ inventory sheet
налоговая ~ tax roll
оценочная ~ appraisal (evaluation) sheet
платёжная ~ pay-roll; pay list (sheet); schedule of wages; wage sheet
рассылочная ~ mailing list

ВЕДОМСТВЕНН‖ЫЙ *прил* departmental
~**ые барьеры** departmental barriers
~**ые интересы** departmental interests
~ **подход** departmental approach

ВЕДОМСТВО *сущ* agency; department; office
~ **по охране авторского права** copyright agency (office)
внешнеполитическое ~ foreign office
военное ~ military (war) department
государственное ~ state department
налоговое ~ fiscal (tax) administration
патентное ~ patent office
полицейское ~ police agency
правоохранительное ~ law enforcement agency (body)

ВЕЖЛИВОСТЬ *сущ* courtesy; politeness; (*любезность*)

civility; (*обходительность*) comity
международная ~ international comity

ВЕКСЕЛЕДАТЕЛЬ *сущ* [*фин*] drawer; drawer (giver) of a bill (of a note); promisor

ВЕКСЕЛЕДЕРЖАТЕЛЬ *сущ* [*фин*] bearer (holder) of a bill (of a note); billholder; drawee; note holder; promisee

ВЕКСЕЛ‖Ь *сущ* [*фин*] bill; bill of exchange; note; promissory note ◊ **авизовать** ~ to advise a bill; **акцептовать (принимать к оплате)** ~ to accept (honour, meet, take up) a bill; **акцептовать** ~ **для спасения кредита векселедателя** to accept a bill for honour; **акцептовать опротестованный** ~ to accept supra protest; **аннулировать** ~ to cancel a bill; **возобновлять** ~ to renew a bill; **выписывать (выставлять)** ~ (*на кого-л*) to address a bill (*to smb*); draw a bill (*on smb*); (*на предъявителя*) to make out a bill to a bearer; **делать** ~ **недействительным** to invalidate a bill; **индоссировать** ~ to endorse a bill; **инкассировать** ~ to collect a bill; **опротестовывать** ~ to protest a bill; **отзывать** ~ to withdraw a bill; **отклонять** ~ to dishonour a bill; **предъявлять** ~ **к акцепту** to present a bill for acceptance; **учесть** ~ to discount a bill
акцепт ~**я** acceptance of a bill; **освобождение от обязатель-**

ств по ~ю discharge for a bill; срок ~я tenor of a bill; уведомление об отказе в акцепте ~я notice of dishonour; учёт ~ей discount ~, которому отказано в акцепте или платеже dishonoured bill

~ на инкассо bill for collection
~ на предъявителя bearer bill; bill to a bearer; demand (sight) draft; draft at sight
~, не подлежащий акцепту non-acceptable bill
~, срок которого истёк expired bill
~я к оплате (*статья учёта*) notes payable
~я к получению (*статья учёта*) notes receivable
акцептованный ~ acceptance bill; bill of acceptance
банковский ~ bank (banker's) bill
бланковый ~ blank bill; bill in blank
внутренний переводной ~ inland bill
встречный ~ counter bill
дружеский ~ accommodation bill
иностранный переводной ~ foreign bill
казначейский ~ exchequer bill; government bill
краткосрочный ~ short-dated (short-term) bill
неоплаченный ~ outstanding bill
опротестованный ~ dishonoured (protested) bill
переводной ~ (*тратта*) bill of exchange; draft
просроченный ~ overdue bill
простой ~ promissory note
срочный ~ time (term) bill
учтённый ~ discounted bill

ВЕКСЕЛЬН‖ЫЙ *прил*[*фин*]:
~ая книга bill book
~ое поручительство (*аваль*) [*франц*] aval; bank guarantee (security); surety for a bill
~ брокер (маклер) bill broker; discount broker
~ курс rate of exchange

ВЕР‖А *сущ* belief; faith; (*доверие*) confidence; credit; trust ◊ ~ой и правдой with good faith and fidelity; исповедовать ~у (*религию*) to profess a belief; принимать на ~у to take on trust

ВЕРБАЛЬН‖ЫЙ *прил* verbal ~ая нота [*дип*] verbal note; [*франц*] note verbale

ВЕРБОВАТЬ *гл* to enlist; recruit; [*амер*] (*призывать в армию*) to draft
~ наёмников to recruit mercenaries

ВЕРБОВКА *сущ* (*привлечение к военной службе и т.п.*) enlistment (recruitment); [*амер*] draft ◊ ~ в армию enlistment (recruitment) into the army

ВЕРБОВЩИК *сущ* recruiter

ВЕРДИКТ *сущ* verdict ◊ выносить ~ (*о присяжных*) to bring in (deliver, find, issue, reach, render, return) a verdict; добиться благоприятного ~а to obtain a favourable verdict; оспаривать ~ to contest (impeach) a verdict; отменять ~

to reverse (revoke, set aside) a verdict
~ об оправдании verdict of acquittal (of not guilty)
~ об осуждении verdict of conviction
~ о виновности verdict of guilty
~ о невиновности verdict of acquittal (of not guilty)
~ присяжных verdict of the jury
неправосудный ~ untrue (wrongful) verdict
обвинительный ~ verdict of guilty
окончательный ~ definitive (final) verdict
оправдательный ~ verdict of acquittal (of not guilty)
ошибочный ~ wrong verdict
правосудный ~ true verdict

ВЕРИТЕЛЬН‖ЫЙ *прил* [*дип*] : ◊ вручать ~ые грамоты to hand in (present, submit) one's credentials
~ые грамоты credentials

ВЕРИТЬ, поверить *гл* to believe; have faith (*in*); (*доверять*) to confide (*in*); give credit (*to*); trust

ВЕРНОСТЬ *сущ* (*преданность чему-л*) commitment (*to*); fidelity (*to*); loyalty (*to*); (*правильность*) accuracy; correctness; truth
~ своему долгу fidelity to one's duty

ВЕРН‖ЫЙ *прил* (*преданный чему-л*) faithful (*to*); loyal (*to*); true (*to*); (*правильный*) accurate; correct; right; true; (*на-дёжный*) reliable ◊ оставаться ~ым своим убеждениям to adhere to (stand by) one's convictions
~ая копия true copy
~ источник reliable source
~ своим принципам true to one's principles

ВЕРОВАНИЕ *сущ* belief; creed

ВЕРОВАТЬ, уверовать *гл* to believe (*in*)

ВЕРОИСПОВЕДАНИ‖Е *сущ* [*рел*] creed; denomination; religion ◊ свобода ~я freedom of religion

ВЕРОЛОМН‖ЫЙ *прил* perfidious; treacherous
~ое нападение treacherous attack

ВЕРОЛОМСТВ‖О *сущ* perfidy; (*предательство*) treachery; treacherousness ◊ совершить акт ~а to commit (make) an act of perfidy

ВЕРОЯТНО *нареч* likely; probably; (*возможно*) possibly

ВЕРОЯТНОСТ‖Ь *сущ* likelihood; probability; (*случайность*) chance; (*возможность*) possibility; (*осуществимость*) feasibility ◊ по всей ~и in all likelihood (probability)
~ вины probability of a guilt
достаточная ~ reasonable probability

ВЕРОЯТН‖ЫЙ *прил* likely; probable; (*возможный*) possible; (*осуществимый*) feasible
~ая презумпция probable as-

sumption (presumption)
~ые последствия probable consequences (repercussions)

ВЕРСИ‖Я *сущ* case; lead; story; version ◊ **выдвигать ~ю** to advance (initiate, set out) a lead; **доказывать ~ю по делу** to prove a case; **опровергать ~ю** to disprove a case
~ **защиты** defence story
~, **не соответствующая материалам дела** inconsistent story
~ **обвинения** prosecution case (story); statement of the prosecution
~ **обвиняемого (подсудимого)** accused's (defendant's) story
~, **основанная на прямых доказательствах** direct case; case of direct evidence
~, **противоречащая материалам дела** contradicting (contradictory) story
~, **соответствующая материалам дела** consistent story
второстепенная (вторичная) ~ secondary lead
ложная ~ false story (version)
основная (первичная) ~ primary lead
официальная ~ official story (version)
правдивая ~ true story (version)
сильная ~ **обвинения** strong prosecution
слабая ~ **обвинения** weak prosecution

ВЕРХОВЕНСТВО *сущ* (*господство, примат*) dominance; rule; supremacy
~ **права** rule-of-law; supremacy of law

ВЕРХОВН‖ЫЙ *прил* supreme
~**ая власть** supreme authority (power)
~**ое командование** high command
~ **комиссар** High Commissioner
~ **орган государственной власти** supreme body (organ) of state power
~ **суд** Supreme Court

ВЕС *сущ* weight; (*авторитет, влияние*) authority; influence; weight; [*амер полит*] clout; (*весомость, обоснованность*) validity ◊ **прибавить в ~е** to put on weight; **убавить в ~е** to lose weight
~ (*сила*) **аргумента (доказательства)** weight of the argument (evidence)
~ **брутто** gross weight
~ **нетто** net weight
допустимый ~ allowable weight
живой ~ live weight
избыточный (излишний) ~ excess weight; overweight
контрольный ~ check weight
общий ~ gross (total) weight
удельный ~ specific gravity (weight); unit weight
фактический ~ actual weight
чистый ~ net weight

ВЕСТИ, провести *гл* to conduct; lead; run; (*направлять тж*) to guide
~ **бухгалтерские книги**

to keep books
~ **войну** to wage (a) war
~ **дела** to conduct (manage) the affairs
~ **дело** to carry on (run, transact) business; (*в суде*) to conduct (plead) a case
~ **переговоры** to carry on (conduct) negotiations (talks); negotiate
~ **переписку** to carry on correspondence; correspond
~ **протокол** to keep the minutes
~ **семинар** to conduct a seminar
~ **собрание** to preside at (over) a meeting
~ **судебное дело** to conduct (plead) a case
~ **судебное заседание** to preside over a court
~ **счета** to keep accounts
~ **тяжбу** to litigate

ВЕТО *сущ* veto ◊ **иметь право** ~ to have veto power (privilege) (the right of veto); **воспользоваться правом** ~ to exercise (use) a veto; **налагать** ~ (*на*) to impose (put, place, set) a veto (*on, upon*); veto; **отклонять** ~ to override a veto; **прибегать к** ~ to resort to a veto; **применять** ~ to apply a veto
~, **налагаемое главой исполнительной власти** [*амер*] executive veto
~, **налагаемое законодательным органом** legislative veto
абсолютное ~ absolute veto
"**карманное** ~" (*косвенное вето президента США, задержка подписания законо*проекта *до закрытия сессии конгресса*) [*амер*] pocket veto
обычное ~ (*в отличие от "карманного вето"*) [*амер*] regular veto
отлагательное (суспензивное) ~ suspensive (suspensory, qualified) veto
президентское ~ [*амер*] presidential veto

ВЕЩН‖ЫЙ *прил* proprietary
~**ое обременение** real obligation
~ **ое право** interest in estate (in property); proprietary interest (right); real right; right in rem
~ **характер** in the nature of a right in rem

ВЕЩ‖Ь *сущ* (*предмет*) article; item; object; thing; (*мн — имущество*) belongings; effects; things
~**и для предъявления** (*на таможне*) things to be declared
~**и личного пользования** personal belongings (effects, things)
~**и, облагаемые пошлиной** things liable to a duty
~**и общего пользования** public property
~ **во владении** chose (thing) in possession
"~ **в себе**" [*филос*] "thing-in-itself"
~ **в требовании** chose (thing) in action
главная ~ principal thing
движимые ~**и** chattels personal; goods and chattels; movables; movable (personal) estate (property, things)

делимые ~и divisible property
заменимые (родовые) ~и fungible things
застрахованные ~и insured things
индивидуально-определённые (незаменимые) ~и non-fungible (specific) things; things in specie; species
личные ~и personal belongings (effects, things)
материальные (телесные) ~и corporeal (tangible) property (things)
недвижимые ~и fixed (real) assets; immovables; immovable (real) estate (property, things); realty
незаменимые (индивидуально-определённые) ~и non-fungible (specific) things; things in specie; species
нематериальные (нетелесные) ~и incorporeal (intangible) things; things incorporeal
осязаемые (материальные, телесные) ~и corporeal (tangible) property (things)
потребляемые ~и expendable things
родовые (заменимые) ~и fungible things
телесные (материальные) ~и corporeal (tangible) property (things)
ценные ~и (*драгоценности*) valuables

ВЗАИМНОСТ‖**Ь** *сущ* mutuality; reciprocity ◊ действовать на началах ~и to reciprocate; отвечать ~ю to reciprocate smb's feelings; в духе ~и и доброй воли in the spirit of reciprocity and good will; на основе ~и on the basis of reciprocity
законодательная ~ legislative reciprocity
основанный на ~и reciprocal

ВЗАИМН‖**ЫЙ** *прил* mutual; (*ответный*) reciprocal ◊ представлять ~ интерес to be of mutual interest
~ая безопасность mutual security
~ая выгода mutual advantage (benefit)
~ая зависимость interdependence
~ая оборона mutual defence
~ая помощь mutual aid (assistance, help)
~ое нападение mutual non-aggression
~ое обязательство mutual commitment (obligation)
~ое согласие mutual consent
~ое соглашение mutual agreement
~ое сотрудничество mutual cooperation
~ое уважение mutual respect
~ые визиты mutual (reciprocal) visits
~ые расчёты clearing
~ые уступки mutual (reciprocal) concessions
~ обмен опытом mutual (reciprocal) exchange of experience

ВЗАИМОВЫГОДН‖**ЫЙ** *прил* mutually advantageous (beneficial) ◊ на ~ой основе on a mutually advantageous (beneficial) basis; on the basis of mutual advantage (benefit)

~ая торговля mutually advantageous (beneficial) trade

ВЗАИМОДЕЙСТВИ‖Е *сущ* interaction; cooperation ◊ во ~и in concert (cooperation) (*with*)

~ общества и природы interaction of society and nature

~ спроса и предложения interaction of demand and supply

ВЗАИМОДЕЙСТВОВАТЬ *гл* to interact; (*действовать по согласованию*) to cooperate

ВЗАИМОЗАВИСИМОСТ‖Ь *сущ* interdependence; interdependency; interrelationship ◊ находиться в тесной ~и to be (stand) in close interdependence

ВЗАИМОЗАВИСИМЫЙ *прил* interdependent

ВЗАИМОЗАМЕНЯЕМЫЙ *прил* interchangeable; substitutional

ВЗАИМООТНОШЕНИЕ *сущ* (*взаимосвязь*) interrelation; interrelationship; relation; relationship

ВЗАИМОПОМОЩЬ *сущ* mutual aid (assistance, help)

ВЗАИМОПОНИМАНИ‖Е *сущ* mutual understanding ◊ добиваться ~я to seek mutual understanding; достигать ~я to arrive at (reach) mutual understanding; содействовать ~ю to promote mutual understanding

в духе ~я in the spirit of mutual understanding

на основе ~я on the basis of mutual understanding

ВЗАИМОПРИЕМЛЕМЫ‖Й *прил* mutually acceptable ◊ поиск ~х решений search for mutually acceptable solutions

ВЗАИМОСВЯЗЬ *сущ* interconnection; interrelation; interrelationship

ВЗИМАНИЕ *сущ* (*налогов, платы и т.п.*) collection; exaction; levy

~ налогов collection (levy) of taxes; tax collection (levy)

~ таможенной пошлины collection (levy) of customs duty

ВЗИМАТЬ *гл* (*налоги, плату и т.п.*) to collect; exact; levy; raise; (*цену*) to charge

~ акцизный сбор to excise a duty (a tax)

~ налоги to collect (levy) taxes

~ плату to collect (exact) payment

~ проценты to collect interest

~ сборы to charge fees

ВЗЛАМЫВАТЬ, взломать *гл* to break open; force; smash

~ дверь to break into a door

~ замок to force a lock

ВЗЛОМ *сущ* (*незаконное вторжение в помещение*) break-in; house-breaking ◊ кража со ~ом (*в ночное время*) burglary; субъект ~а (*помещения*) burglar; house-breaker

ВЗЛОМЩИК *сущ* burglar; house-breaker; picklock; (*сейфов*) cracksman; safecracker; (*компьютерной системы*)

hacker

ВЗНОС *сущ* contribution; share; (*при рассрочке платежа*) instal(l)ment; (*членский*) due; fee; (*пожертвование*) donation ◊ **взимать ~ы** to collect dues (contributions); **выплачивать ~ами** (*при рассрочке платежа*) to pay by instal(l)ments; **определять размеры ~ов** to apportion the contributions; **платить ~ы** to pay one's dues (contributions); **платить ~ за акцию** to pay a call; **возмещение ~ов** reimbursement; **шкала ~ов** [*ООН*] scale of assessments

~ в бюджет contribution to the budget

~ в счёт погашения долга instal(l)ment to redeem (repay) a debt

~ в уставный фонд contribution to the authorized capital (fund)

~ в фонд социального страхования contribution to social insurance

~ инкассо collection instal(l)ment

~ наличными (*при покупке в кредит*) cash down (payment)

аварийный ~ average payment

арбитражный ~ arbitration fee

вступительный ~ admission fee

денежный ~ cash deposit; financial contribution

добровольный ~ voluntary contribution

долевой ~ contribution; share; [*мор страх*](*по общей аварии*) general average contribution

дополнительный ~ additional contribution

единовременный ~ lump-sum contribution (payment)

ежегодный ~ annual (yearly) instal(l)ment

ежемесячный ~ monthly instal(l)ment

еженедельный ~ weekly instal(l)ment

инкассовый ~ collection instal(l)ment

неуплаченные ~ы outstanding (unpaid) dues (contributions)

обязательный ~ obligatory contribution (payment)

очередной ~ instal(l)ment

паевой ~ share

первый (первоначальный) ~ initial instal(l)ment (contribution, payment); (*при покупке в кредит*) cash down (payment)

полугодовой ~ semi-annual instal(l)ment

просроченный ~ overdue instal(l)ment (payment)

профсоюзные ~ы trade-union dues

регистрационный ~ registration fee

символический ~ token contribution

страховой ~ insurance fee (premium)

членские ~ы membership dues (fees)

ВЗРЫВ *сущ* blast; explosion

~ бомбы bomb explosion

ВЗРЫВАТЬ, взорвать гл to blast; blow up; explode

ВЗЫСКАНИ‖Е сущ (*взимание долга и т.п.*) collection; exaction; levy; recovery; (*наказание, особ по суду*) enforcement; penalty; punishment
◊ **добиваться назначения ~я** to seek a sanction; **налагать ~** (*на кого-л*) to impose (inflict) a penalty (punishment) (*on | upon*); penalize (*smb*); **направлять к ~ю** to estreat; **обращать ~** (*на кого-л*) to take recourse (*against | upon*); (*на имущество*) (*взыскивать по исполнительному листу*) to levy execution (*against*); recover; (*на обеспечение*) to enforce a security; **определять ~** to determine (mete out) a penalty (punishment); **подвергаться дисциплинарному ~ю** to be (publicly) disciplined
иск о ~и штрафа action for a penalty; damages; legal action for recovery; **наложение ~я** imposition (infliction) of a penalty (punishment); **не подлежащий ~ю** (*по суду*) irrecoverable; unrecoverable; **обращение ~я** charge; charging order; (*на имущество тж*) claim to property; execution upon property; recovery against property; **объект ~я** object of recovery; **подлежащий ~ю** (*по суду*) recoverable; **право на ~** right to recovery; **размер ~я** amount of recovery; **снятие ~я** remission of a penalty (punishment); **судебный приказ об обращении ~я на имущество** (*должника*) writ of fieri facias
~ в пользу третьего лица exaction (recovery) in favour of a third party
~ в порядке регресса (*предъявление регрессивного иска*) redress
~ в судебном порядке recovery
~ налогов collection (levy) of taxes; taxation; tax collection (levy)
~ неустойки recovery of contractual sanctions
~ пени exaction (recovery) of a fine (of a penal interest)
~ по страхованию recovery on insurance
~ пошлин collection (levy) of duties
~ убытков recovery of damages
~ штрафа exaction (recovery) of a fine (of a penalty)
арбитражное ~ recovery through arbitration
дисциплинарное ~ disciplinary action
законное ~ legal recovery
обоснованное ~ justified recovery
срочное ~ urgent recovery
судебное ~ charge; charging order

ВЗЫСКАНН‖ЫЙ прил (*о долге и т.п.*) collected; exacted; recovered; (*в судебном порядке тж*) enforced
~ая сумма amount collected (recovered)

ВЗЫСКАТЬ, взыскивать *гл* (*взимать долги, налоги и т.п.*) to collect; exact; levy; recover; (*в судебном порядке тж*) to enforce
~ **долг** to recover a debt
~ **издержки** to recover costs
~ **налоги** to collect (levy) taxes
~ **наложенным платежом** to charge forward
~ **платёж** to exact (collect, recover) payment
~ **по исполнительному листу** to levy execution (*against*)
~ **стоимость** (*товаров*) to recover the price
~ **убытки** to recover damages
~ **фрахт** to collect (levy) freight

ВЗЯТК∥А *сущ* (*подкуп*) bribe; subornation; [*амер*] graft; [*амер жарг тж*] payola ◊ **брать** ~**у** to take a bribe; [*амер*] to graft; (*мн*) to practice graft; **вымогать** ~**у** to exact a bribe; **давать** ~**у** (*подкупать*) to bribe; corrupt; give (offer) a bribe; suborn; [*разг*] to buy off; fix; **провокация** ~**и** provocation of bribery

ВЗЯТКОДАТЕЛЬ *сущ* briber; bribe-giver; giver of a bribe; suborner

ВЗЯТКОПОЛУЧАТЕЛЬ *сущ* (*взяточник*) bribe-taker; exactor; taker of a bribe; [*амер*] grafter

ВЗЯТОЧНИЧЕСТВО *сущ* bribery; bribe-taking; corruption; corrupt practice; [*амер*] graft

ВИЗ∥А *сущ* [*дип*] visa; permit ◊ **выдавать** ~**у** to grant (issue) a visa; **запрашивать** ~**у** to apply (make an application) for a visa; **отказывать кому-л в выдаче** ~**ы** to deny (refuse) smb a visa; **получать** ~**у** to get (obtain, receive) a visa; **продлевать** ~**у** to extend (prolong) (the validity of) a visa; **проставить** ~**у в паспорте** to affix a visa to a passport; put a visa on a passport
выдача ~**ы** issuance of a visa;
продление ~**ы** extension of a visa; **просьба о выдаче** ~**ы** request for a visa; **срок действия** ~**ы** validity of a visa
~ **для лиц, приезжающих по программе обмена** exchange visitor visa
ввозная ~ import permit
временная ~ temporary visa
въездная ~ entry visa
вывозная ~ export permit
выездная ~ exit visa
гостевая ~ visitor visa
действительная ~ valid visa
дипломатическая ~ diplomatic visa
иммиграционная ~ immigration visa
многократная ~ multiple visa
обыкновенная ~ ordinary visa
постоянная ~ permanent visa
служебная ~ business (service) visa
транзитная ~ transit visa
туристская ~ tourist visa

ВИЗИРОВАТЬ, завизировать *гл* (*удостоверять подлинность документа*) to authenticate; visa: visé; [*дип .тэс*] to affix a visa (*to*); put a visa (*on*); (*о платёжном документе*) to back; endorse [*амер* – indorse]; (*ставить подпись*) to affix one's signature (*to*)

ВИЗИТ *сущ* (*официальный*) visit; (*неофициальный*) call ◊ **быть (находиться) с ~ом** (*в*) to be on a visit (*to*); **договариваться о дате (назначать дату) ~а** to agree on (fix) the date of a visit; **наносить ~** to make a call (*to*); pay a visit (*to*); visit; **наносить ответный ~** to return a visit; pay a return visit (*to*); **откладывать ~** to adjourn (delay, postpone, put off) a visit; **отменять ~** to call off (cancel) a visit

обмен ~ами exchange of visits; **отмена ~а** cancellation of a visit; **программа ~а** program(me) of a visit; **цель ~а** purpose of a visit

~ вежливости courtesy call (visit)

~ доброй воли good-will visit

взаимные ~ы mutual (reciprocal) visits

деловой ~ business visit

дружеский ~ friendly visit

запланированный ~ scheduled visit

личный ~ personal visit

неофициальный ~ informal (unofficial) visit

ответный ~ return visit

официальный ~ official visit

предстоящий ~ forthcoming visit

частный ~ private visit

ВИН || **А** *сущ* blame; fault; guilt; (*виновная воля*) guilty mind ◊ **брать (принимать) на себя ~у** to incur a guilt; shoulder a blame; **вменять в ~у** (*инкриминировать*) to assign a guilt; (in)criminate; impute; inculpate; **доказывать (устанавливать) чью-л ~у** to determine (establish, find) smb's guilt; **искупать свою ~у** to expiate one's fault; **не брать (не принимать) на себя ~у** to incur no guilt; **признавать свою ~у** to admit (confess) one's fault (one's guilt); **смягчать ~у** to alleviate (extenuate) a guilt; **страдать от (о)сознания (своей) ~ы** to suffer from (one's) guilt; **считаться невиновным, пока ~ не будет доказана в установленном законом порядке** to be presumed innocent until proved guilty according to law

вероятность ~ы probability of a guilt; **вменяемый в ~у** (*инкриминирующий*) imputable; imputative; incriminating; incriminatory; inculpable; inculpatory; **не по ~е** (*кого-л*) through no fault (*of smb*); **(о)сознание (своей) ~ы** conscience (consciousness) of (one's) guilt; guilty conscience; **ответственность за чужую ~у** (*за действия других лиц*) vicarious liability; **отрицание ~ы** denial of a guilt; **по чьей-л ~е** through smb's fault; **признание своей**

~ы admission (confession) of one's fault (of one's guilt); **степень ~ы** degree of a guilt
~ в совершении преступления criminal guilt
~ в соучастии guilt by association
~ в форме небрежности negligent guilt
~ в форме умысла intent; intentional guilt
~ потерпевшего contributory guilt (negligence)
встречная (контрибутивная) ~ contributory guilt (negligence)
личная ~ personal fault (guilt)
неосторожная ~ negligence
неумышленная ~ non-intentional fault
смешанная ~ mutual (mutually) contributory negligence
умышленная ~ intent; intentional guilt
явная ~ open guilt

ВИНДИКАЦИОНН‖ЫЙ *прил* compulsory; vindicatory
~ое притязание compulsory demand
~ иск (*о возвращении владения движимой вещью*) replevin

ВИНДИКАЦИЯ *сущ* (*истребование, взыскание имущества в судебном порядке*) recovery; vindication
~ по нормам общего права common recovery

ВИНДИЦИРОВАТЬ *гл* (*истребовать, взыскивать в судебном порядке*) to recover; vindicate

ВИНОВНИК *сущ* culprit; initiator
~ преступления initiator of a crime

ВИНОВНОСТ‖Ь *сущ* culpability; guilt ◊ **выдавать свою ~** to betray (give away) one's guilt; **доказывать (устанавливать) чью-л ~** (*вину*) to determine (establish, find) smb's guilt; **вердикт о ~и** verdict of guilty

ВИНОВН‖ЫЙ *прил* culpable; guilty (*of*) *сущ* (*лицо, совершившее проступок, преступление*) guilty person; (*сторона, не выполняющая обязательств*) defaulter ◊ **быть признанным ~ым** (*в совершении преступления*) to be found (held) guilty (*of a crime, of an offence*); **не признавать кого-л ~ым** (*признавать невиновным*) to adjudge (return) not guilty; **не признавать себя ~ым** to plead not guilty; **признавать кого-л ~ым** (*устанавливать вину, виновность*) to adjudge (return) guilty; determine (establish, find) smb's guilt; find smb guilty; (*осудить*) to convict the guilty; **признавать себя ~ым** (*в предъявленном обвинении*) to admit one's guilt; plead guilty (*to the charge*)
~ая воля guilty mind
~ая сторона defaulter; guilty party (person); party at fault
~ое действие [*лат*] actus reus
~ ое поведение guilty conduct
~ в прелюбодеянии adulterate
~ в совершении преступления

guilty of a crime (of an offence)
ВИСЕЛИЦ∥А *сущ* gallows; gibbet ◊ **окончить жизнь на ~е** to come to the gallows; die on the gibbet
ВИЦЕ-КАНЦЛЕР *сущ* vice-chancellor
ВИЦЕ-КОНСУЛ *сущ* vice-consul
ВИЦЕ-ПРЕДСЕДАТЕЛЬ *сущ* vice-chairman
ВИЦЕ-ПРЕЗИДЕНТ *сущ* vice-president
ВКЛАД *сущ* [*фин*] (*банковский депозит*) deposit; (*инвестиция*) investment; (*взнос, пожертвование*) contribution; endowment; (*содействие чему-л*) contribution (*to*); (*мн*) [*фин*] (*авуары*) assets; holdings ◊ **вносить ~** (*денежный*) to deposit; make a deposit; (*содействовать чему-л*) to contribute (*to*); make a contribution (*to*): **отзывать ~** to withdraw a deposit (*from*)
~ до востребования call (demand) deposit; non-fixed deposit
~ на срок fixed deposit; time deposit
~ на текущий счёт current account deposit
~ специального назначения specific deposit
банковский ~ bank deposit
бессрочный ~ demand (sight) deposit
благотворительный ~ (*пожертвование*) donation; gift to charity
долгосрочный ~ long-term deposit
краткосрочный ~ short-term deposit
сберегательный ~ savings deposit
специальный ~ specific deposit
срочный ~ fixed deposit; time deposit
ВКЛАДЧИК *сущ* [*фин*] depositor; (*инвеститор, инвестор*) investor
ВЛАДЕЛ∥ЕЦ *сущ* (*собственник*) keeper; owner; possessor; (*недвижимого имущества тж*) proprietor; tenant; (*держатель акций и т.п.*) holder; (*лицо, к которому переходит право собственности*) grantee ◊ **устанавливать ~ьца** to establish ownership
~ авторского права copyright holder (owner, proprietor); holder (owner, proprietor) of a copyright
~ авторского свидетельства holder of the author's certificate
~ аккредитива holder of a letter of credit
~ акций shareholder; stockholder; stock owner
~ арендованного имущества (*арендатор*) leaseholder; lessee; renter; tenant
~ векселя holder (owner) of a bill (of exchange)
~ груза owner of the cargo
~ долгового обязательства debenture holder
~ имущества owner (tenant) of property; (*недвижимости*

тж) holder (owner) of an estate; proprietor
~ **контракта** contract holder; holder of a contract
~ **лицензии** holder of a licence; licence holder
~ **на правах аренды с продлением (пролонгацией) из года в год** tenant from year to year
~ **на правах неограниченной собственности** tenant in fee(-simple)
~ **на правах общего владения** tenant in common
~ **на срок** tenant of the term
~ **неправомерно удерживаемой недвижимости** deforciant
~ **патента** holder (owner) of a patent; patentee; patent holder (owner)
~ **переуступленных прав** grantee (of transference)
~ **предприятия** owner of an enterprise
~ **судна** shipowner
~ **счёта** (*в банке*) account holder (owner); holder (owner) of an account
~ **товара** owner (possessor) of the goods
~ **товарного знака** holder (owner) of a trademark; trademark holder (owner)
~ **частной собственности** owner of private property
бывший ~ former owner
действительный ~ actual (real, true) owner (possessor *etc*)
добросовестный ~ bona fide owner (possessor *etc*)
единоличный (**единственный**) ~ sole owner
законный ~ legal (rightful) owner (possessor *etc*)
зарегистрированный ~ registered owner
недобросовестный ~ mala fide owner (possessor *etc*)
пожизненный ~ (*недвижимости*) tenant for life
предшествующий ~ ancestor; antecessor; predecessor in a title
самостоятельный ~ (*недвижимости*) tenant in severalty
совместные ~**ьцы** (*недвижимости*) joint proprietors (tenants); tenants in common

ВЛАДЕНИ‖Е *сущ* (*обладание чем-л*) possession; (*недвижимостью тж*) seisin; tenement; tenure; (*на правах аренды*) holding; leasehold; tenancy; (*право собственности*) ownership; proprietorship; (*мн*) (*территория*) possessions; (*завладение*) occupancy ◊ **вступать во** ~ to accede to an estate; take possession (*of*); **находиться в чьём-л** ~**и** to be in smb's possession (in the possession of smb); **удерживать во** ~**и** to retain one's possession (*of*)
ввод во ~ livery (of seisin); **лицо, вступившее во** ~ occupant; occupier; **нарушение** ~**я** trespass; **нарушитель** ~**я** trespasser; **передача** ~**я** livery (of seisin); surrender of possession; **срок** ~**я** occupancy; tenancy; tenure; **удержание во** ~**и** retention of one's possession (*of*)
~ **акциями** stock holding(s)

~ **без разрешения собственника** adverse possession
~ **на основе фригольда** freehold tenancy
~ **на правах аренды** holding; leasehold; tenancy; tenure by lease
~ **недвижимостью** seisin; tenement; tenure
~ **с молчаливого согласия собственника** tenancy at sufferance
долевое (совместное) ~ (*недвижимостью*) joint tenancy; tenancy in common
пожизненное ~ (*недвижимостью*) estate for life
совместное ~ unity of possession; (*недвижимостью тж*) joint tenancy; tenancy in common
фактическое ~ actual (de facto) occupation (ownership, tenancy); possession in deed (in fact)
юридически признанное ~ de jure occupation (ownership, tenancy); possession at law (in law)

ВЛАДЕТЬ, завладеть гл to be in possession (*of*); have; hold; possess; (*на праве собственности*) to own; (*завладеть*) to occupy
~ **акциями** to hold shares (*in*)
~ **без разрешения собственника** to hold (*smth*) adversely to the owner
~ **в качестве доверительного собственника** to hold (*smth*) in trust
~ **в качестве залогодержателя** to hold (*smth*) as pledge
~ **собой** to command oneself
~ **средствами производства** to possess the means of production

ВЛАМЫВАТЬСЯ, вломиться гл (*в жилое или иное помещение – особ о вооружённом грабителе*) to break in (*into*); force one's way (*into*)

ВЛАСТ∥Ь *сущ* áuthority; power; (*господство*) domination; rule; (*администрация; должностные лица*) administration; authorities ◊ **быть (находиться) у ~и** to be in power; hold power; **вернуться к ~и** to return to power; **взять** ~ to assume (take) power; **завоевать** ~ to win power; **захватить** ~ to seize power; **иметь** ~ to have authority (power); **облекать кого-л ~ю** to delegate power to smb; endue (vest) smb with authority (power); vest power in smb; **осуществлять** ~ to exercise authority (power); **отстранять кого-л от ~и** to drive smb from power; **поставить кого-л у ~и** to install (put) smb in power; **приходить к ~и** to come to power
борьба за ~ struggle for power; **захват ~и** assumption (seizure) of power; **злоупотребление ~ю** (*служебным положением*) abuse (misuse) of authority (of power); abuse (misuse) of office; malfeasance (in office); mismanagement; **пребывание у ~и**

tenure of office; **разделение ~ей** separation of powers
~ большинства rule of the majority
~ имущие the powers that be
~ принуждения coercive authority
административная ~ administrative authority (power)
верховная ~ supreme authority
военные ~и military authorities
городские (муниципальные) ~и town (municipal) authorities
государственная ~ state authority (power)
гражданские ~и civil authorities
дискреционная ~ discretionary power
законная ~ lawful authority
законодательная ~ legislative authority (power); legislature; [*амер*] legislative branch
исполнительная ~ executive authority (power); [*амер*] executive branch
компетентные ~и competent authorities
королевская ~ regal (royal) authority
местные ~и local authorities
незаконная ~ unlawful (unwarranted) power
неограниченная ~ absolute power
официальные ~и official authorities
родительская ~ parental power

светская ~ temporal power
судебная ~ judicial authority (power); [*амер*] judicial branch
фактическая ~ actual authority

В Л Е Ч Е Н И ||Е *сущ* attraction (*to*); bent (*for*); (*побуждение*) impulse ◊ **следовать своему ~ю** to follow one's bent
~ к самоубийству suicidal impulse
~ к совершению насильственных действий violent impulse
~ к совершению преступления criminal impulse
~ к совершению убийства homicidal impulse

В Л Е Ч Ь, повлечь (*за собой*) *гл* (*вызывать что-л, приводить к чему-л*) to entail; involve
~ за собой взыскание (наказание) to entail (involve) a penalty (punishment)
~ за собой ответственность to entail (involve) liability (responsibility)

В Л И Я Н И Е *сущ* influence; impact; effect ◊ **иметь (оказывать) ~ (на)** to affect; influence; exert an impact (an influence) (*on*); **находиться под чьим-л ~м (подпадать под чьё-л ~)** to be influenced by smb; come (fall) under smb's influence; surrender (oneself) to smb's influence
безнравственное ~ immoral influence
благотворное ~ beneficial (favourable) effect (influence)
недолжное (ненадлежащее) ~

improper (undue) influence
пагубное ~ pernicious influence
разлагающее ~ corrupt influence

ВЛИЯТЬ, повлиять *гл (на кого-л | что-л)* to affect; influence; exert an impact (an influence) (*on*)
~ **отрицательно** to affect adversely

ВМЕНЕНИЕ *сущ*:
~ **в вину** (*инкриминирование; обвинение*) imputation; incrimination; inculpation
~ **в обязанность** imposition as a duty

ВМЕНЁННЫЙ *прич* (*о преступлении и т.п.*) imputed; incriminated; inculpated
~**ая небрежность** imputed negligence

ВМЕНЯЕМОСТЬ *сущ* (*нормальная психика*) (mental) capacity: sanity; (*уголовно-правовая дееспособность*) criminal ability (capacity); liability; responsibility ◊ **обретать** ~ to recover sanity
ограниченная (частичная) ~ diminished (partial) sanity (responsibility)
полная ~ full sanity (responsibility)
частичная (ограниченная) ~ diminished (partial) sanity (responsibility)

ВМЕНЯЕМЫЙ *прил* (*находящийся в здравом уме*) sane; of sound mind; (*дееспособный*) able; capable; liable; responsible ◊ **ограниченно** ~ partially sane
~ **в вину** imputable; imputative; incriminating; incriminatory; inculpable; inculpatory
~ **деликт** alleged tort

ВМЕНЯТЬ, вменить *гл* (*инкриминировать, обвинять*) to impute; incriminate; inculpate
~ **в вину** to impute; incriminate; inculpate; impose as a charge; impute a fault (a guilt) (*on | upon*)
~ **в заслугу** to credit smb (*with*); consider (regard) smth as a merit
~ **в обязанность** to impose (regard) smth as a duty
~ **преступление** to impute (incriminate, inculpate) a crime

ВМЕШАТЕЛЬСТВО *сущ* interference (*in*); intervention (*in*) ◊ **прибегать к военному** ~**у** to resort to military intervention
~ **во внутренние дела** interference (intervention) in internal (domestic, home) affairs
~ **в личную жизнь** interference with one's privacy
~ **государства в экономику** state interference (intervention) in the economy
~ **извне** outside interference (intervention)
~ **полиции** police intervention
~ **третьей стороны** third party interference (intervention)
грубое ~ brazen (gross) interference (intervention)
косвенное ~ indirect interference (intervention)

прямое ~ direct interference (intervention)

ВМЕШИВАТЬСЯ, вмешаться *гл* to interfere (*in*); intervene (*in*)
~ во внутренние дела другой страны to interfere (intervene) in the internal (domestic, home) affairs of another country (nation)

ВНЕБРАЧНЫЙ *прил* (*незаконорождённый*) adulterine; illegitimate; natural; out of wedlock

ВНЕОЧЕРЕДН‖ОЙ *прил* (*о съезде и т.п.*) extraordinary
~ ая сессия extraordinary (special) session
~ съезд extraordinary congress

ВНЕПЛАНОВЫЙ *прил* unplanned

ВНЕСЕНИЕ *сущ* (*документа и т.п.*) introduction; (*в документ*) insertion
~ аванса advance payment
~ законопроекта introduction of a bill (of legislation)
~ изменений introduction of changes
~ поправки introduction of (making) an amendment
~ резолюции introduction of (moving) a resolution

ВНЕСУДЕБН‖ЫЙ *прил* extrajudicial; non-judicial; out-of-court; unjudicial ◊ **во** ~ом порядке extrajudicially; unjudicially

ВНЕШНЕПОЛИТИЧЕСК‖ИЙ *прил* foreign-policy; of foreign policy
~ая деятельность foreign-policy activities
~ие отношения foreign-policy relations (relationship)
~ курс (*государства*) foreign-policy course (*of a state*)

ВНЕШНЕТОРГОВ‖ЫЙ *прил* foreign trade; of foreign trade
~ая арбитражная комиссия foreign trade arbitration commission
~ая операция (сделка) foreign trade operation (transaction)
~ая организация foreign trade organization
~ое соглашение foreign trade agreement
~ые связи foreign trade links (ties)
~ арбитраж foreign trade arbitration
~ баланс balance of foreign trade
~ дефицит foreign trade deficit
~ оборот foreign trade turnover

ВНЕШНЕЭКОНОМИЧЕСК‖ИЙ *прил* foreign economic
~ая деятельность foreign economic activities
~ие связи foreign economic ties
~ий договор (*контракт*) foreign economic contract
~ое сотрудничество foreign economic cooperation

ВНЕШН‖ИЙ *прил* foreign; external; outside
~не сношения foreign relations
~не экономические связи foreign economic ties
~яя торговля foreign trade

ВНЕШТАТНЫЙ *прил* freelance; non-staff

ВНИМАНИ∥Е *сущ* attention; notice; (*забота, предупредительность тж*) consideration; heed ◊ **быть (находиться) в центре ~я** to be in the centre (focus) of attention; be in (hit) the highlight (limelight, spotlight); **не обращать ~я** (*на*) to disregard; pay no attention (*to*); take no notice (*of*); **обращать своё ~** (*на*), **уделять ~** to give heed (*to*); pay attention (*to*); take notice (*of*); **обращать чьё-л ~** (*на*), **привлекать ~** to attract (call, draw) smb's attention (*to*); **отвлекать чьё-л ~** (*от*) to distract (divert) smb's attention (*from*); **принимать во ~** to take into account (into consideration); take note (notice) (*of*); **сосредоточить своё ~** (*на*) to concentrate (focus) one's attention (*on*)
большое ~ great attention
неослабное ~ unabated (unremitting) attention
особое ~ particular (special) attention

ВНОСИТЬ, внести *гл* (*документ*) to bring (put) forward; introduce; (*в документ*) to insert; include; (*делать взнос, платить*) to pay
~ в список to enter on the list
~ законопроект to introduce a bill (legislation)
~ на рассмотрение to submit for consideration
~ поправку to amend; introduce(make) an amendment (*to*)
~ предложение to advance (bring, put forward, make, move, submit) a motion (a proposal); propose a motion
~ резолюцию to introduce a resolution

ВНУТРЕНН∥ИЙ *прил* (*находящийся внутри*) inner; interior; (*внутригосударственный*) domestic; home; internal ◊ **Министерство ~их дел** Ministry of Internal Affairs; [*Великобритания*] Home Office; [*США*] Ministry of the Interior; **министр ~их дел** Minister for Internal Affairs; [*Великобритания*] Home Secretary; [*США*] Secretary of the Interior; **вмешиваться во ~ие дела другой страны** to interfere (intervene) in the internal (domestic, home) affairs of another country (nation)
~ее законодательство internal (national) legislation
~ее море inland sea
~ие источники развития inner sources of development
~ие причины intrinsic causes
~ие противоречия inner (internal) contradictions
~ распорядок internal order
~яя юрисдикция internal jurisdiction

ВНУТРИГОСУДАРСТВЕНН∥ЫЙ *прил* domestic; internal; national
~ое право municipal law; domestic (internal, national) law

ВОДВОРЕНИЕ *сущ* establishment; settlement; (*заклю-*

чеиного под стражу) taking into custody; placement (in detention)

~ (*под стражу*) **лица, объявленного в розыске** return of the wanted person

~ (*под стражу*) **на законном основании** legal placement **повторное ~ заключённого** (*под стражу*) remand in custody; return of a prisoner **условное ~** (*под стражу*) conditional placement

ВОДИТЕЛЬ *сущ* driver; (*грузовика*) lorry driver; [*амер*] trucker; truck driver; [*франц*] (*наёмный шофер*) chauffeur

~, находящийся за рулём в нетрезвом состоянии (в состоянии опьянения) alcohol-impaired (drunken) driver

~, находящийся за рулём в состоянии наркотической интоксикации drug-impaired driver

~, скрывшийся с места дорожно-транспортного происшествия hit-and-run driver

ВОЕННООБЯЗАННЫЙ *сущ* person liable to military service; (*состоящий в запасе*) reservist

ВОЕННОПЛЕНН‖ЫЙ *сущ* prisoner of war (POW) ◊ **обмен ~ыми** exchange of prisoners of war

ВОЕННОСЛУЖАЩИЙ *сущ* military man; serviceman

ВОЕНН‖ЫЙ *прил* military; war ◊ **вводить ~ое положение** to establish (introduce, impose) martial law; **начинать ~ые действия** to open (start) hostilities (military operations); **прекращать ~ые действия** to cease (stop) hostilities (military operations); **законы ~ого времени** war-time laws

~ая авантюра military adventure

~ая база military base

~ая блокада military blockade

~ая истерия war hysteria

~ая необходимость exigency of war; military necessity

~ая оккупация military occupation

~ая опасность war peril

~ая провокация military provocation

~ая промышленность war industry

~ая служба military service

~ая юстиция military justice

~ое время wartime

~ое командование military command

~ое положение martial law; military situation

~ое преступление military (war) crime

~ое столкновение armed (military) clash (conflict)

~ые ассигнования military allocations (appropriations)

~ые действия hostilities; military operations

~ые приготовления war (military) buildup

~ые расходы war (military) expenditures (spending)

~ые учения military exercise

~ атташе military attaché

~ объект military target

~ **переворот** military coup (takeover)
~ **персонал** military personnel (staff)
~ **потенциал** war capability (potential)
~ **преступник** war criminal
~ **режим** military regime
~ **трибунал** court-martial; military tribunal

ВОЗБУЖДАТЬ, возбудить *гл* (*дело и т.п.*) to commence; initiate; instigate; institute; undertake

~ **беспорядки** to incite disorders

~ **(судебное, уголовное) дело** (*предъявлять иск*) to bring (commence, enter, initiate, lay, mount, take, undertake) an action (a suit) (*against*); bring (enter, institute) a case before the court (a criminal charge – *against*); initiate (instigate, institute, take, undertake) proceedings (*against*); institute (undertake) prosecution; take legal steps (*against*)

~ **(уголовное) преследование** см: ~ **(судебное, уголовное) дело**

~ **ходатайство** (*о*) to apply (*for*)

ВОЗБУЖДЕНИЕ *сущ* (*дела и т.п.*) institution; undertaking

~ **(судебного, уголовного) дела** institution of an action (of legal proceedings, of prosecution) (*against*)

~ **(уголовного) преследования** см: ~ **(судебного, уголовного) дела**

~ **ходатайства** application

ВОЗВРАЩАТЬ, возвратить *гл* (*отдавать что-л*) to give back; return; (*долг и т.п.*) to redeem; refund; reimburse; (*деньги*) to pay back; repay; (*имущество*) to restore (property); (*доверие, свободу*) to regain confidence (freedom)

~ (*дело*) **из вышестоящего в нижестоящий суд** to relegate (remand) a case (*to a lower court*)

~ (*дело*) **к прежнему юридическому положению** to revert a case

~ (*дело*) **на доследование (на повторное рассмотрение)** to remit (recommit) a case for further inquiry

ВОЗВРАЩАТЬСЯ, возвратиться *гл* to come back; return

ВОЗВРАЩЕНИЕ *сущ* (*откуда-л*) comeback; return; (*возврат чего-л*) return; (*долга и т.п.*) redemption; refund; reimbursement; repayment; (*имущества*) restoration (*of property*)

~ **в место лишения свободы** remittance

~ **во владение** (*недвижимостью*) regress

~ **дела** (*апелляционным судом*) **в нижестоящий суд** remittitur of a case (of a record)

~ **дела в первоначальную инстанцию** remand (relegation) of a case

~ **дела на доследование (на повторное рассмотрение)** re-

commitment of a case
~ **на поруки** remand on bail
~ **под стражу** remand in custody; return of a prisoner

ВОЗГЛАВЛЯТЬ, возглавить *гл* to be at the head (*of*); be in charge (*of*); direct; head; lead
~ **защиту** (*или* **обвинение**) to lead for the defence (for the prosecution)

ВОЗДЕЙСТВИ‖Е *сущ* (*влияние*) influence; impact; effect
◊ **находиться под чьим-л ~м** to be influenced (*by*); come (fall) under smb's influence; **оказывать ~** (*на*) to affect; exert an impact (an influence) (*on*); influence; **инструмент правового ~я** instrument of legal pressure
активное ~ active influence
безнравственное ~ immoral influence
благотворное ~ beneficial (favourable) effect (influence)
косвенное ~ indirect influence
недолжное (ненадлежащее) ~ improper (undue) influence
пагубное ~ pernicious influence
пассивное ~ passive influence
разлагающее ~ corrupt influence

ВОЗДЕЙСТВОВАТЬ *гл* (*влиять, затрагивать*) to affect; exert an impact (an influence) (*on*); influence; (*манипулировать*) to manipulate
~ **на определение наказания** to affect punishment

~ **отрицательно** to affect adversely

ВОЗДЕРЖИВАТЬСЯ, воздержаться *гл* to refrain (*from*); withhold (*from*); (*особ при голосовании*) to abstain (*from*)
~ **от актов принуждения** to refrain from acts of coercion
~ **от владения огнестрельным или другим опасным оружием** to refrain from possessing a firearm or any other dangerous weapon
~ **от голосования** to abstain from voting
~ **от испытаний ядерного оружия** to refrain from nuclear tests
~ **от любой формы вооружённого вмешательства** to refrain from any form of armed intervention
~ **от применения силы или угрозы силой** to refrain from the threat or use of force
~ **от употребления наркотиков** to refrain from the use of (narcotic) drugs
~ **от чрезмерного потребления алкоголя** to refrain from the excessive use of alcohol

ВОЗМЕЗДИЕ *сущ* (*репрессалия*) reprisal; requital; retaliation; retribution; vengeance; vindictive punishment
◊ **из страха ~я** for fear of retaliation; **орудие ~я** vengeful weapon

ВОЗМЕЩАТЬ, возместить *гл* to compensate (*for*); make up (*for*); recompense (*for*); (*расходы, убытки и т.п. тж*) to indemnify; refund; reimburse; repair; restitute; (*денежную сумму тж*) to repay; (*истребовать*) to recover; [*юр тж*] to recoup; redress

~ **кому-л (понесённые) убытки (расходы)** to compensate (indemnify, recoup) smb for the damages (expenses, losses) (incurred, suffered); refund (reimburse) smb's expenses; repair smb's loss(es)

~ **сумму поручительства** to indemnify a bail

ВОЗМЕЩЕНИ‖Е *сущ* (*компенсация*) compensation (*for*); indemnification (*for*); indemnity (*for*); recompense (*for*); (*расходов, убытков и т.п. тж*) reimbursement; reparation; refund; repayment; restitution; (*убытков тж*) [*юр*] damages; (*истребование*) recovery; [*юр тж*] recoupment; redress ◊ **гарантировать ~ убытков** to guarantee (secure) against loss(es); **давать ~** (*удовлетворение*) to compensate (redress, *etc*) (*for*); **получать ~ по суду** to recover compensation; (*убытков тж*) to be awarded damages; **предлагать ~** to offer compensation; **требовать ~ убытков** to claim damages

в порядке ~я убытков by way of damages; **подлежащий ~ю** recoverable; repayable; **характер и размеры ~я за нарушение международного обязательства** the nature and extent of reparation for the breach of an international commitment (obligation)

~ **в натуре** recovery in kind

~ **денежной суммы** cash settlement; reimbursement

~ **за поломку** compensation for breakage

~ **затрат** indemnification (reimbursement) of expenses

~ **издержек производства** (production) cost recovery

~ **кредита** reimbursement of a credit

~ **убытков (ущерба)** compensation (reimbursement) for damages; [*юр*] damages; indemnification; indemnity; recovery (reparation) of damages (of losses); redress of an injury (of wrong); satisfaction for an injury

денежное ~ (*убытка*) cash indemnity; money (pecuniary) compensation

обязательное ~ (*убытка*) obligatory indemnification

полное ~ (*затрат и т.п.*) full recovery

процентное ~ compensation with interest

страховое ~ insurance compensation (indemnity)

частичное ~ (*затрат и т.п.*) partial recovery

ВОЗМОЖНОСТ‖Ь *сущ* chance; opportunity; possibility; (*выполнимость чего-л*) feasibility; (*потенциал*) potential; potentiality ◊ **воспользоваться ~ю** to avail oneself of (take) the opportunity; **давать (предостав-**

ВОЗМ

лять) кому-л ~ to afford an opportunity; empower (enable) smb (*to* + *inf*); **иметь ~ сделать что-л** to be able (*to* + *inf*); (*приобрести что-л*) to afford; **не иметь ~ и сделать что-л** to be unable (*to* + *inf*); **открывать ~и** to open up possibilities
до последней ~и to the utmost; **по (мере) ~и** as far as possible; **при первой ~и** at the first opportunity; [*корр*] at one's earliest convenience
благоприятная ~ good (favourable) opportunity
инвестиционные ~и investment opportunities
кредитные ~и credit facilities
потенциальные ~и capabilities; potential; potentialities
равные ~и equal opportunities
широкие ~и ample opportunities (*for*)

ВОЗМОЖНЫЙ *прил* (*вероятный*) likely; possible; probable; (*допустимый*) admissible; (*осуществимый*) feasible; possible

ВОЗМУЩАТЬСЯ, возмутиться *гл* to be exasperated (*by*); be indignant (*at*); resent

ВОЗМУЩЕНИЕ *сущ* indignation; resentment; (*озлобление, раздражение*) exasperation

ВОЗНАГРАЖДАТЬ, вознаградить *гл* to remunerate; reward; (*компенсировать*) to compensate; recompense

ВОЗНАГРАЖДЕНИ∥Е *сущ* emolument; remuneration; reward; (*компенсация тж*) compensation; recompense; (*гонорар*) fee; (*авторский тж*) royalty (royalties); (*премия*) bonus; premium ◊ **как ~ за услуги** as remuneration for services
~ за выслугу лет longevity pay
~ за оказание помощи [*мор право*] salvage money
~ за ручательство guarantee (guaranty) commission
авторское ~ (author's) fee; (*с тиража*) royalties
агентское ~ agent's (agency) fee (commission)
брокерское ~ brokerage; broker's fee
денежное ~ cash award; money (pecuniary) remuneration
единовременное ~ lumpsum remuneration
комиссионное ~ commission
лицензионное ~ licence remuneration
материальное ~ material remuneration

ВОЗОБНОВЛЕНИЕ *сущ* recommencement; renewal; reopening; revival; (*особ после перерыва*) resumption ◊ **прекращение и ~ действия** (*судебного решения и т.п.*) abatement and revival
~ аренды renewal of a lease
~ военных действий renewal (reopening) of hostilities (of military operations)
~ (действия) договора renewal (revival) of (the validity of) an agreement (of a treaty)

~ кредита renewal of a credit
~ культурного обмена resumption of cultural exchange
~ переговоров resumption of negotiations (of talks)
~ прений сторон [*юр*] repleader
~ сотрудничества resumption of cooperation
~ судебного дела (производства, разбирательства) (*по вновь открывшимся обстоятельствам*) [*юр*] revivor; re-opening (resumption) of a case (of the proceedings) (*in view of newly discovered facts*)

ВОЗОБНОВЛЯТЬ, возобновить *гл* to renew; reopen; revive; (*особ после перерыва*) to resume
~ деятельность reactivate
~ (*восстанавливать*) дипломатические отношения [*дип*] to re-establish (resume) diplomatic relations
~ договор (*действие договора*) to renew (revive) (the validity of) an agreement (of a treaty)
~ платежи to resume payments
~ подписку to renew one's subscription (*to*)
~ прения сторон [*юр*] to replead
~ судебное дело (производство, разбирательство) to revive (reopen, resume) a case (the proceeding|s)
~ уголовное преследование to reinstate the prosecution

ВОЗРАЖАТЬ, возразить *гл* to be against; disagree (*with*); file an objection (*to*); object (*to*); oppose; raise an objection (*to*); retort; take an exception (*to*); (*по существу тж*) to traverse; [*юр*] to plead; rejoin; reply; (*давать отвод, оспаривать тж*) to challenge
~ (*по существу*) **против иска (требования)** to plead to the merits; traverse an action (a claim)
~ **против фактов** (*как основания иска или обвинения*) to plead to the facts
не ~ to raise no objection(s) (*to*)

ВОЗРАЖЕНИ||Е *сущ* disagreement (*with*); exception (*to*); objection (*to*); retort; (*протест*) deprecation; protest; (*противодействие*) opposition; [*юр*] plea; rejoinder; (*оспаривание, отвод тж*) challenge; demurrer ◊ **выдвигать (заявлять, подавать)** ~ to disagree (*with*); file an objection (*to*); object (*to*); oppose; raise an objection (*to*); set up a defence (a plea); take an exception (*to*); **лишать кого-л права ~я** to estop; **отклонять** ~ to overrule an objection; **поддерживать (принимать)** ~ to maintain (sustain) an objection; **снимать** ~ to waive an objection; **удовлетворять** ~ to meet an objection
лишение кого-л права ~я estoppel; **не встретивший ~й** unopposed; **не вызывающий ~й** unobjectionable; **недопустимость ~я** (*в отношении*

основания иска) cause-of-action estoppel; **при отсутствии ~й** in the absence of objections

~ заявителя [*патентоведение*] objection by an applicant

~ общего характера common traverse

~ о прекращении обязательства plea in discharge

~ ответчика (*в ответ на заявление истца*) rejoinder

~ по заявке [*патентоведение*] objection to an application

~ по существу иска general exception; issuable (peremptory) plea; plea in bar; plea to the merits

~ против иска (*или обвинения*) counter-case; counter-plea; cross-opposition; defensive plea (pleading)

~ против регистрации objection (plea) to registration

~ против юрисдикции objection (plea) to jurisdiction

веское ~ valid objection

встречное ~ counter-case; counter-plea; cross-opposition; defensive plea (pleading)

недопустимое ~ inadmissible objection

необоснованное ~ unfounded objection

обоснованное ~ argumented (well-founded) objection

специальное ~ special traverse

ВОЗРАСТ *сущ* age ◊ **достигать ~а ... лет** to attain (reach) the age of ...(years); **в ~е ... лет** at the age of ... (years); **достигший брачного ~а** marriageable; nubile; **не достигший брачного ~а** unmarriageable

~ вступления в брак age of consent (of marriage); marriage (nubile, nuptial) age; nubility

~ дееспособности (**правоспособности**) age of capacity (of discretion)

~ недееспособности age of incapacity

~, установленный законом legal age

брачный ~ age of consent (of marriage); marriage (nubile, nuptial) age; nubility

зрелый ~ mature age

пенсионный ~ retiring age

подростковый ~ juvenile age

пожилой ~ middle age

предельный ~ age limit; (*продолжительность жизни*) life span

преклонный ~ advanced age; declining years

призывной ~ draft (military) age

производительный ~ productive age

старческий ~ old (senile) age; senility

фактический ~ chronological age

школьный ~ school(-going) age

ВОЗРАСТНОЙ *прил* age

~ минимум minimum age

~ предел age limit

~ ценз age qualification (requirement)

ВОИНСК∥ИЙ *прил* military
 ~ая дисциплина military discipline
 ~ое звание military rank
 ~ое преступление military crime (offence)
 ~ устав army rules; military manual (regulations); (*военно-полевой тж*) field manual; field service regulations

ВОИНСТВЕННЫЙ *прил* bellicose; warlike

ВОЙН∥А *сущ* war; warfare ◊ вести ~у to fight (wage) a war; вступать в ~у to come (enter) into a war; втягивать в ~у to drag into (involve in) a war; выйти из ~ы to withdraw from a war; запретить пропаганду ~ы и подстрекательство к ~е to ban war propaganda and incitement (instigation) to a war; исключить ~у из жизни общества to exclude a war from the life of society; начинать ~у to start a war; объявить ~у to declare a war; объявить ~у вне закона to outlaw a war; подстрекать к ~е to incite (instigate) to a war; предотвратить ~у to avert (prevent) a war; прибегать к ~е to resort to a war; приводить к ~е to lead to a war; проиграть ~у to lose a war; развязывать ~у to trigger off (unleash) a war; во время ~ы in war-time; на грани ~ы on the brink of a war
 выход из ~ы withdrawal from a war; законы и обычаи ведения ~ы laws and customs of a war; объявление ~ы declaration of a war; опасность ~ы war danger; очаг ~ы hotbed of a war; правила ведения ~ы rules of a war (of warfare); состояние ~ы belligerency; state of a war
 ~ не на жизнь, а на смерть life and death war; war to the death
 агрессивная ~ aggressive war
 атомная ~ atomic war
 бактериологическая ~ germ (bacteriological) war
 братоубийственная ~ fratricidal war
 внезапная ~ surprise war
 гражданская ~ civil war
 затяжная ~ protracted (sustained) war
 захватническая (грабительская) ~ plunderous (predatory) war
 колониальная ~ colonial war
 кровопролитная ~ bloody war
 локальная ~ local war
 междоусобная ~ internecine war
 мировая ~ global (world) war
 молниеносная ~ blitzkrieg
 необъявленная ~ undeclared war
 оборонительная ~ defensive war
 освободительная ~ liberation war
 партизанская ~ guerrilla war
 разрушительная ~ destructive war
 справедливая ~ just war
 тайная ~ covert (secret) war
 торговая ~ trade war
 тотальная ~ all-out (total) war

химическая ~ gas (chemical) war
холодная ~ cold war
ядерная ~ nuclear war

ВОЛЕИЗЪЯВЛЕНИ‖Е *сущ* declaration of intention; (expression | declaration of) will ◊ **на основании ~я лица** by a will of a person; **~ стороны** party's will; **торжественное ~** solemn will

ВОЛНЕНИ‖Е *сущ* agitation; emotion; excitement; (*мн*) (*беспорядки*) disorder(s); disturbance(s); riot; unrest ◊ **в состоянии сильного душевного ~я** in the state of strong mental agitation; (*аффекта тж*) in the heat of passion

ВОЛНОВАТЬСЯ, разволноваться *гл* to be agitated (excited, nervous); worry

ВОЛОКИТА *сущ* (*бюрократизм*) bureaucracy; red tape

ВОЛ‖Я *сущ* intention; will; (*свобода*) liberty ◊ **восполнять ~ю сторон** to add to the will of the parties; **выражать чью-л ~ю** to express smb's will; **навязывать свою ~ю** to impose one's will (*on*); **вопреки чьей-л ~e** against (in defiance of) smb's will; **заведомо и по своей ~e** knowingly and wilfully; **по своей ~e** of one's own free will; voluntarily; wilfully; **согласование воль субъектов права** concordance of the wills of subjects of law; **~ завещателя** testator's intention (will)

виновная ~ guilty mind
добрая ~ good will
народная ~ people's (public) will
порочная ~ vicious will
свободная ~ free will

ВООРУЖЕНИ‖Е *сущ* (*оружие*) arms; armaments; weapons ◊ **иметь на ~и** to have in service; **наращивать ~я** to build up arms (armaments); **обуздать (сдерживать) гонку ~й** to check (contain, curb) the arms (armaments) race (drive); **остановить гонку ~й** to end (halt, stop) the arms (armaments) race (drive); **поступать на ~** to go into service; **сокращать расходы на ~** to cut down (reduce) military expenditures (expenses); **ограничение стратегических наступательных ~й** limitation of strategic offensive arms (armaments, weapons); **сокращение ядерных ~й средней дальности** reduction of medium-range nuclear arms (armaments, weapons)

наступательные ~я offensive arms (armaments, weapons)
оборонительные ~я defensive arms (armaments, weapons)
обычные ~я conventional arms (armaments, weapons)
химические ~я chemical arms (armaments, weapons)
ядерные ~я nuclear arms (armaments, weapons)

ВООРУЖЁНН‖ЫЙ *прил* armed ◊ **вооружён и, следовательно, опасен** armed and

therefore dangerous
~ая до зубов полиция armed-to-the teeth police
~ая охрана armed guard
~ое вмешательство armed interference (intervention)
~ое вторжение armed invasion
~ое сопротивление armed resistance
~ое столкновение armed conflict
~ грабитель armed robber
~ преступник armed criminal

ВОПРОС *сущ* issue; problem; question; (*дело*) matter ◊ **задавать** ~ to ask (pose, put) a question; **задавать наводящие ~ы (свидетелю)** to lead (a witness); **обсуждать (рассматривать)** ~ to consider (discuss, examine) a question; **обходить** ~ to bypass (side-step) a question; **передавать** ~ **на рассмотрение** to submit a matter for consideration; **поднимать** ~ to raise a point (a question); **поставить** ~ **на голосование** to put a question to the vote; **решать** ~ to decide (settle, solve) a question
относящийся к делу ~ relevant question; **по интересующему ~у** on a matter of concern; **по широкому кругу ~ов** on a wide range of issues (of questions); **по юридическим ~ам** on legal matters (questions); **решение ~ов войны и мира** settlement of questions of war and peace
~ **доказывания** probative matter (question)
~, **затрагивающий общест-венные интересы** matter of public concern
~ **защиты** matter of defence
~ **материального права** substantive matter
~ **на рассмотрении** matter (question) under consideration
~ **о доверии** matter (question) of confidence; (*вотум доверия*) vote of confidence
~ **первостепенной важности** issue of utmost (vital) importance (significance); top priority issue
~ **права** matter (question) at (of) law
~ **права справедливости** matter of equity
~ **правового регулирования** regulatory matter
~ **правоприменения** (law) enforcement matter
~ **(судебной) практики** matter of (legal) practice
~ **расследования (следствия)** investigative matter
~ **судебного спора** litigated matter
~ **существа (по существу)** issue (matter, point, question) of substance
~ **факта** issue (matter, point, question) of fact
~ **формы** issue (matter, point, question) of form
актуальный (насущный) ~ pressing (topical, urgent) issue (problem)
государственный ~ state matter
дополнительный ~ ancillary (supplementary) matter

(question)
злободневный ~ burning issue (question)
наводящий ~ leading question
нерешённый ~ unsettled (unsolved) question
побочный ~ collateral matter (question)
принципиальный ~ matter (question) of principle
процедурный (процессуальный) ~ matter of procedure; point of order; procedural matter
расследуемый ~ matter under inquiry (under investigation)
расследованный ~ investigated matter
рассматриваемый ~ case in point
спорный ~ controversial (disputable, outstanding) issue (matter, question); matter of argument; matter in controversy (in contest, in dispute); moot point; point (question) at issue

ВОР *сущ* (*жулик*) stealer; thief; (*грабитель*) plunderer; robber; (*воришка*) petty thief; pilferer; sneak-thief
~-**домушник** burglar; housebreaker
~ **карманный** pickpocket
~ **магазинный** shopbreaker; shoplifter

ВОРОВАТЬ, своровать *гл* (*у кого-л*) to steal (*from*); (*грабить*) to rob

ВОРОВСК‖ОЙ *прил* of thieves
~ **язык** (*жаргон, тж* ~**ое арго**) thieves' cant; thieves' Latin

ВОРОВСТВО *сущ* (*кража, похищение имущества*) larceny; stealing; theft; (*мелкая кража*) lesser (minor, petty) larceny; (*крупная кража*) grand (major) larceny; (*грабёж с насилием*) robbery; (*мошенничество*) rip-off

ВОСПИТАНИЕ *сущ* education; upbringing
исправительное ~ correctional education
неправильное ~ improper upbringing
нравственное ~ moral education
правильное ~ good breeding; proper upbringing
трудовое ~ labour education
эстетическое ~ aesthetic education

ВОСПИТАННИК *сущ* pupil; (*бывший* ~ *колледжа или университета*) [*амер*] alumnus (*мн* – ni); (*последователь*) disciple

ВОСПИТАТЕЛЬ *сущ* educator; tutor; (*в исправительном заведении*) reformer

ВОСПИТАТЕЛЬН‖ЫЙ *прил* educational; educative
~**ая мера** educational measure
~**ая работа** educational work
~ **процесс** process of education

ВОСПИТЫВАТЬ, воспитать *гл* to bring up; educate; (*формировать взгляды и т.п. тж*) to mould

ВОСПОМИНАНИЕ *сущ* memory; recollection; (*мн*) reminiscences

ВОСПРЕПЯТСТВОВАНИЕ *сущ* (*затруднение, препятствие, помеха*) hampering; hindrance; impediment; (*предотвращение, предупреждение*) prevention; (*обструкция*) obstruction

~ **действиям полиции** obstruction of the police

~ **отправлению (осуществлению) правосудия** legal obstruction; obstruction of justice

~ **установлению истины** preventing establishment of the truth

~ **явке свидетеля** preventing witness's attendance

ВОСПРЕПЯТСТВОВАТЬ *гл см* **ПРЕПЯТСТВОВАТЬ**

ВОССОЕДИНЕНИЕ *сущ* reunification; reunion

~ **семьи** family reunion (reunification)

~ **страны** reunification of a country

ВОССОЕДИНЯТЬ, воссоединить *гл* to reunify; reunite

ВОССОЕДИНЯТЬСЯ, воссоединиться *гл* to reunite

ВОССТАВАТЬ, восстать *гл* (*против*) to rebel; revolt; rise; rise in insurrection (in revolt); uprise (*against*)

~ **с оружием в руках** to rise in arms

ВОССТАНАВЛИВАТЬ, восстановить *гл* (*в правах и т.п.*) to rehabilitate: restore; (*первоначальное правовое положение тж*) to restitute; (*в должности*) to reinstate; (*возобновлять действие*) to renew; resume; (*реконструировать*) to rebuild; reconstruct; (*здоровье, силу*) to recover; (*в памяти*) to recall; recollect; (*против кого-л*) to set (*against*)

~ **банкрота в правах** to discharge a bankrupt

~ **в должности** to reinstate in office

~ **владение** to resume possession (*of*)

~ **в правах** to rehabilitate; restore (*smb*) in his rights

~ **дипломатические отношения** to re-establish (restore, resume) diplomatic relations

~ **картину несчастного случая** to reconstruct an accident

~ **мир** to restore peace

~ **на работе** to reinstate in a job (of employment)

~ **обстоятельства совершения преступления** to reconstruct a crime scene

~ **осуществление прав и привилегий** to restore the exercise of smb's rights and privileges

~ **уголовное преследование** to reinstate the prosecution

ВОССТАНИЕ *сущ* (*мятеж*) insurrection; mutiny; rebellion; revolt; riot; uprising ◊ **подавлять** ~ to crush down (suppress) a revolt (an uprising *etc*); **поднимать** ~ (*против*) (*восставать*) to rebel; revolt; rise; rise in insurrection (in re-

volt); uprise (*against*)
ВОССТАНОВЛЕНИЕ *сущ* (*прав и т.п.*) rehabilitation; restoration; (*первонач правового положения тж*) restitution; (*в должности*) reinstatement; (*возобновление действия*) renewal; resumption; (*реконструкция*) rebuilding; reconstruction; (*физических сил, здоровья*) recovery

~ **в должности** reinstatement in office

~ **во владении** repossession

~ **в первоначальном правовом положении** legal restitution; restitution in integrum

~ **в правах** rehabilitation; restoration of rights

~ **гражданства** restoration of citizenship

~ **демократических свобод** restoration of democratic freedoms

~ **дипломатических отношений** re-establishment (restoration, resumption) of diplomatic relations

~ **заявки** renewal of an application

~ **на работе** reinstatement in a job (of employment)

~ **несостоятельного должника** (*в правах*) lawful discharge

~ **патента** renewal of a patent

~ **срока действия товарного знака** renewal of a trademark

~ **статус-кво** restoration of a status quo

~ **суверенных прав** restoration of sovereign rights

~ **супружеских прав** restitution (restoration) of conjugal rights

~ **экономики** rehabilitation of the economy

ВОСТРЕБОВАТЬ *гл* to call (*for*); claim; make a call (*for*)

ВОТУМ *сущ* vote ◊ **(про)голосовать за** ~ **недоверия** to vote no confidence

~ **доверия** vote of confidence

~ **недоверия** vote of no confidence

ВОЮЮЩ∥ИЙ *прич* belligerent

~**ая страна** belligerent

~**ие государства (державы)** belligerent states (powers); the belligerents

ВРАГ *сущ* enemy; (*противник*) adversary; opponent

заклятый (злейший) ~ bitter (sworn) enemy

смертельный ~ deadly (mortal) enemy

ВРАЖД∥А *сущ* animosity; enmity; hostility ◊ **покончить с национальной** ~**ой** to do away (to have done) with national hostility; **разжигать (раздувать) национальную** ~**у** to incite (inflate, fan, foment, stir up) national hostility

племенная ~ tribal strife

ВРАЖДЕБНОСТЬ *сущ* hostility; hostile attitude ◊ **проявлять** ~ (*по отношению к кому-л*) to be hostile (display hostility) (*to | towards smb*)

ВРАЖДЕБН∥ЫЙ *прил* hostile ◊ **занимать** ~**ую позицию** to take a hostile attitude (stand)

~ые действия acts of hostility; hostile acts (actions)

ВРАЧ *сущ* (*доктор*) doctor; physician; (*анатом*) anatomist; (*патолог*) pathologist ◊ **вызывать ~а (посылать за ~ом)** to call in (send for) a doctor; **сходить к ~у** to see a doctor; **без предписания ~а** without a doctor's prescription; **освидетельствование ~ом** (*врачебное освидетельствование*) medical examination **~, проводивший осмотр** examining doctor **практикующий ~** medical practitioner **санитарный ~** sanitary inspector

ВРАЧЕБН‖ЫЙ *прил* medical **~ая экспертиза** medical (expert) examination **~ осмотр** medical checkup (examination)

ВРЕД *сущ* (*ущерб*) damage; detriment; harm; injury; prejudice; wrong; (*зло*) mischief ◊ **причинять (наносить) ~** (*ущерб*) to damage; damnify; do (inflict) damage (harm, wrong) (*to*); harm; injure; prejudice **во ~** in prejudice of; harmful to; to the detriment of; **злоумышленное причинение ~а** malicious damage; **причинение ~а личности (частному лицу)** personal injury (tort, wrong); wrong against an individual; **причинение ~а обществу** public mischief (wrong); wrong against the public; **случайное причинение ~а** accidental injury (harm, wrong); injury by accident

гражданский ~ civil (legal) injury (wrong)
длящийся ~ continuing injury (wrong)
личный ~ personal injury (tort, wrong); wrong against an individual
невозместимый ~ permanent injury (wrong)
непосредственно причинённый ~ direct (immediate) injury (harm)
потерпевший ~ (*об интересах, правах и т.п.*) prejudiced
предотвращённый ~ averted injury (harm)
преступно-причинённый ~ criminal damage (injury, mischief)
причинённый ~ caused damage (harm); damage (harm) done
причиняющий (наносящий) ~ injurious; prejudicial
случайный ~ accidental injury (harm, wrong); injury by accident

ВРЕДИТЕЛЬСТВО *сущ* sabotage; subversive (wrecking) activity; wrecking

ВРЕДИТЬ, навредить *гл* (*наносить, причинять вред, ущерб*) to damage; damnify; do damage (harm, wrong) (*to*); harm; injure; prejudice

ВРЕДНОСТЬ *сущ* harm; harmfulness; (*преступность*) maleficence

ВРЕДНЫЙ *прил* harmful; injurious; prejudicial; wrongful; (*зловредный*) malignant; (*опасный*) dangerous; (*пагубный*) unhealthy; (*преступный*) maleficent ◊ **общественно** ~ (*опасный*) injurious to the public

ВРЕМЕННО *нареч* provisionally; temporarily; [*лат*] ad interim; pro tempore

~ **исполняющий обязанности министра** acting minister; minister ad interim

ВРЕМЕНН‖ЫЙ *прил* acting; interim; pro tempore; provisional; temporary; (*преходящий, скоротечный*) temporal; transient; (*предварительный*) tentative

~**ая акция (облигация)** scrip certificate

~**ая конституция** provisional constitution

~**ая нетрудоспособность** temporary incapacity for work

~**ая опека** interim custody (guardianship, trusteeship)

~**ая повестка дня** interim (provisional) agenda

~**ая работа** temporary employment; time work

~**ая расписка** interim receipt

~**ая столица** provisional capital

~ **ое правительство** provisional government

~**ое распоряжение** interim order

~**ое свидетельство** interim certificate

~**ое соглашение** interim agreement; [*лат*] modus vivendi

~**ое условие** temporary condition

~**ые меры** provisional (temporary) measures

~**ые ограничения** temporary restrictions

~**ые убытки** temporary damages

~ **комитет** interim committee

~ **поверенный в делах** [*дип*] chargé d'affaires ad interim

~ **успех** temporary success

~ **фактор** temporary factor

ВРЕМ‖Я *сущ* time; (*года тж*) season; (*работы*) hours; (*эпоха*) age; epoch; era; times ◊ **выгадывать** ~ to save time; **выдержать испытание** ~**енем** to stand the test of time; **иметь (очень) мало** ~**ени** to be (hard) pressed for time; **в данное** ~ at present; at the present moment; **в должное** ~ in due course (time); **в духе** ~**ени** in the spirit of the times; **в мирное** ~ in peace-time; **в ночное** ~ at night; **в последнее** ~ lately; of late; **в самом скором** ~**ени** at the earliest possible date; **в течение приемлемого** ~**ени** within a reasonable time; **в то** ~ **как** whereas; while; **в то же (самое)** ~ at the same time; **в установленное** ~ at a fixed (stated) time; **до настоящего** ~**ени** so far; until now; up to the present; **до поры до** ~**ени** for the time being; **на** ~ for a while; **на определённое** ~ for a certain time; **с незапамятных** ~**ён** from time immemorial; **со** ~**енем** with the lapse of time; **с течением** ~**ени** in the course

of time; **с этого ~ени** henceforth; thereafter; **всё ~** all the time; continually; **отставание во ~ени** time lag; **промежуток ~ени** space of time; **согласование во ~ени** timing; **тем ~енем** in the interim; meanwhile
~ года season
~ движения по расписанию scheduled running time
~ использования usage time
~ на погрузку loading time; time for loading
~ обслуживания service time
~ отбывания наказания term of serving one's punishment
~ от ~ени from time to time; occasionally; periodically
~ отправления (*поезда и т.п.*) departure time; time of departure
~ полной амортизации life span
~ прибытия (*поезда и т.п.*) arrival time; time of arrival
~ работы hours of work; working time
~ стоянки (сталийное ~) lay days (time)
вспомогательное ~ (*простой*) dead time
истёкшее ~ elapsed time
календарное ~ calendar time
нерабочее ~ free time; off hours (time)
нормативное ~ base (standard) time
первое ~ at first
рассчитанный по ~ени timed
сверхурочное ~ overtime
свободное ~ free (leisure, spare) time
среднее ~ average (mean) time
сталийное (стояночное) ~ lay days (time)

В Р У Ч А Т Ь, вручить *гл* (*предъявлять – о документе*) to deliver (*to*); hand in (*to*); [*юр*] to serve (*smth on | upon smb*); (*о награде и т.п.*) to present (*smb with smth*; *smth to smb*); [*перен*] (*вверять*) to entrust (*smb with smth*; *smth to smb*)
~ апелляционную жалобу to serve an appeal
~ верительные грамоты to hand in (present, submit) one's credentials
~ извещение to serve a notice
~ почётную грамоту to present an honorary diploma
~ приз to present a prize
~ состязательную бумагу to serve a pleading
~ судебную повестку (повестку о вызове в суд) to serve a subpoena (summons)
~ судебный приказ to serve a warrant (a writ)

В Р У Ч Е Н И Е *сущ* (*предъявление – о документе*) delivery (*to*); handing in (*to*); [*юр*] service (*on | upon smb*); (*о награде*) presentation (*of smb with smth*; *of smth to smb*); [*перен*] (*вверение*) entrustment (*of smb with smth*; *of smth to smb*)
~ апелляционной жалобы service of an appeal
~ верительных грамот presentation of one's credentials
~ извещения service of a notice

~ **приза** presentation with a prize
~ **состязательной бумаги** service of a pleading
~ **судебной повестки (повестки о вызове в суд)** service of a subpoena (of summons)
~ **судебного приказа (постановления)** service of a warrant (of a writ)

ВСЕМИРНЫЙ *прил* global; universal; world(-wide)

ВСЕНАРОДНЫЙ *прил* national; nation-wide

ВСЕОБЩ‖ИЙ *прил* general; overall; universal
~**ая безопасность** universal security
~**ая воинская обязанность (повинность)** general military duty
~**ая Декларация прав человека** Universal Declaration of Human Rights
~**ее избирательное право** universal suffrage
~**ие выборы** general election(s)
~**ие изменения** overall changes
~ **мир** universal (world) peace

ВСЕОБЪЕМЛЮЩ‖ИЙ *прил* all-embracing; comprehensive; overall; (*всесторонний тж*) all-round
~**ая резолюция** comprehensive resolution
~**ее запрещение испытаний (ядерного оружия)** comprehensive (nuclear weapon|s) test ban
~**ее сотрудничество** all-round cooperation
~**ее урегулирование** comprehensive settlement

ВСПОМОГАТЕЛЬН‖ЫЙ *прил* ancillary; auxiliary; (*второстепенный*) subsidiary; (*подчинённый*) subordinate ◊ **в качестве** ~**ого средства** as a subsidiary means (*for*)
~**ые органы Организации Объединённых Наций (ООН)** subsidiary organs of the United Nations
~ **орган** auxiliary (subsidiary) agency (body)

ВСТРЕЧ‖А *сущ* gathering; meeting; (*совещание тж*) conference ◊ **договариваться (условливаться) о** ~**е** to arrange (for) a meeting; **назначать** ~**у** to make an appointment; **проводить** ~**у** to hold a meeting
~ **в верхах (на высшем уровне)** top-level (summit) meeting
~ **за круглым столом** round-table conference (meeting)
~ **на уровне министров** ministerial meeting
двусторонняя ~ bilateral meeting
консультативная ~ consultative meeting
неофициальная ~ private meeting
многосторонняя ~ multilateral meeting
предварительная ~ exploratory (preliminary) meeting

ВСТРЕЧН‖ЫЙ *прил* cross-; counter-
~**ая вина** (*вина потерпевшего*) contributory negligence

~ая жалоба cross-appeal
~ая лицензия cross-licence
~ое возражение cross-opposition
~ое действие counteraction
~ое исполнение counter-execution
~ое обвинение counter-accusation; counter-charge
~ое требование counterclaim
~ое удовлетворение consideration; inducement; reciprocative performance
~ые процессуальные действия cross-proceedings
~ вопрос counter-question
~ иск counteraction; counterclaim
~ протест cross-opposition

ВСТУПАТЬ, вступить *гл* (*присоединяться*) to enter: join; (*начинать*) to begin; commence; enter (*into*); start

~ в адвокатуру to be called (to go) to the Bar; join the Bar; [*амер*] to be admitted to the Bar

~ в борьбу to enter into (take up) the struggle

~ в брак to marry

~ в должность to assume (come into, enter upon, take) office

~ во владение to come into possession (*of*)

~ в конфликт to come (enter) into a conflict

~ в партию to join a party

~ в переговоры to enter into negotiations (into talks)

~ в преступное сообщество to join in a conspiracy

~ в силу (*о договоре и т.п.*) to come (enter) into force; take effect

~ в соглашение to enter into an agreement

~ на престол to ascend the throne

~ на путь to embark on the course (on the path) (*of*); take the path (*of*)

ВСТУПЛЕНИ‖Е *сущ* (*присоединение*) entry; joining; (*начало*) beginning; entry (*into*); start; (*вводная часть документа и т.п.*) introduction; opening; preamble; prelude ◊ до ~я в силу prior to the entry into force; с момента ~я в силу on the entry into force

~ в войну entry into a war

~ в должность assumption of office; taking office

~ в силу entry into force

~ в союз entry into an alliance

ВТОРГАТЬСЯ, вторгнуться *гл* to encroach (*on* | *upon*); invade; trespass (*on* | *upon*); [*перен*] to intrude (*into* | *upon*)

~ в воздушное пространство государства to intrude into (penetrate, violate) the air space of a state

~ в личную жизнь to break in upon (invade) personal privacy

~ в помещение (*со взломом*) to break in

~ в территориальные воды государства to invade (violate) the territorial waters of a state

~ на территорию государства to encroach on (intrude into, make incursions into | on,

invade) the territory of a state
ВТОРЖЕНИЕ *сущ* (*нападение, посягательство*) incursion (*into* | *on*); invasion (*of*); (*постепенное*) encroachment (*on* | *upon*); (*нарушение*) violation; [*перен*] intrusion (*into* | *upon*)

~ **в дома и личную жизнь граждан** invasion of the home and privacy of citizens

~ **в помещение** (*со взломом*) break-in; (*с причинением вреда*) trespass on the premises

~ **на чужую территорию** encroachment on (intrusion into, invasion of) the other state's territory

вооружённое ~ armed invasion

иностранное ~ foreign invasion

незаконное ~ **в помещение** (*со взломом*) break-in

экономическое ~ economic invasion

ВЪЕЗД *сущ* entry; (*в страну тж*) immigration ◊ **порядок ~а** (*в страну*) immigration procedure(s); procedure(s) for entry

ВЫБИВАТЬ, выбить *гл* to dislodge; knock out

~ **зуб** to knock out a tooth

~ **из колеи** [*перен*] to unsettle; upset

ВЫБИРАТЬ, выбрать *гл* to choose; opt (*for*); pick; select; sort; (*голосованием*) to elect (*to*); vote (*into*)

~ **кого-л в комитет** to vote smb into a committee

~ **по своему усмотрению** to take one's choice

ВЫБОР *сущ* choice; option; selection; (*альтернатива*) alternative; (*ассортимент*) assortment; choice; range; selection ◊ **делать** ~ to make a choice; opt (*for*); **по чьему-л ~у** at smb's option; of smb's choice; **свобода ~а** freedom of choice

~ **времени** timing

~ **гражданства** option of citizenship (of nationality)

~ **профессии** choice of occupation (of profession)

ограниченный ~ narrow (poor) range of choice

потребительский ~ consumer choice

представительный (**репрезентативный**) ~ representative sampling

свободный ~ free choice

широкий ~ (*товаров и т.п.*) large (wide) assortment (choice, range, selection, variety) (*of goods etc*)

ВЫБОРНОСТЬ *сущ* electivity

~ **судей** electivity of judges

ВЫБОРН‖ЫЙ *прил* elective; (*относящийся к выборам*) electoral

~**ая должность** elective office (post)

~**ые органы** elective bodies

~ **бюллетень** ballot paper

ВЫБОР‖Ы *сущ* (*мн ч*) election(s) ◊ **идти на** ~ to go to the polls; **назначать** ~ to call (fix, schedule) the election(s);

одержать победу на ~ах to win the election(s); **признать ~ недействительными** to declare the election(s) null and void; null the election(s); **проводить ~** to conduct (hold) the election(s); **участвовать в ~ах** to participate in the election(s) **год ~ов** election year; **порядок проведения ~ов** election procedure; **результаты ~ов** election results (returns)
~ в Конгресс (*США*) Congressional election(s)
~ в местные органы власти local election(s)
~ губернатора gubernatorial election(s)
~ мэра mayoral election(s)
~ президента Presidential election(s)
~ с несколькими баллотировками successive ballots
~ с одной баллотировкой single ballot
внеочередные ~ off-year election(s)
всеобщие ~ general election(s)
дополнительные ~ [*Великобритания*] by-election(s); [*США*] special election(s)
досрочные ~ early election(s)
местные ~ local election(s)
муниципальные ~ municipal election(s)
очередные ~ regular election(s)
парламентские ~ parliamentary election(s)
первичные ~ [*США*] primaries; primary elections
предстоящие ~ forthcoming election(s)

промежуточные ~ mid-term election(s)
пропорциональные ~ proportional election(s)
прямые, равные и всеобщие ~ при тайном голосовании direct, equal and universal suffrage by secret ballot

ВЫВОД *сущ* (*отвод*) pull-out; withdrawal; (*умозаключение*) conclusion; deduction; inference ◊ **делать ~** to conclude; draw (make) a conclusion; **приходить к ~у** to arrive at (come to) a conclusion
~ в пользу противной стороны [*юр*] adverse inference
допустимый ~ permissible conclusion (inference)
логический ~ deduction; logical conclusion (inference)
недопустимый ~ impermissible conclusion (inference)
необоснованный ~ unfounded conclusion (inference)
поспешный ~ hasty conclusion (inference)
практический ~ practical conclusion (inference)

ВЫВОДИТЬ, вывести *гл* (*отводить*) to pull out; withdraw; (*исключать из состава комиссии и т.п.*) to remove (*from*); (*делать умозаключение*) to deduce (*from*); infer (*from*)
~ войска с территории других стран to pull out (withdraw) troops from other countries' territories

ВЫГОВОР *сущ* (*порицание*) rebuke; reprimand; reproof ◊

объявлять кому-л ~ to administer (give) smb a rebuke (a reprimand); rebuke; reprimand

ВЫГОД‖А *сущ* advantage; benefit; *(прибыль)* gain; interest; profit ◊ **извлекать ~у** to benefit (profit) *(by)*; derive advantage (benefit) *(from)*; turn smth to advantage; **на основе взаимной ~ы** on a mutually advantageous (beneficial) basis; on the basis of mutual advantage (benefit) **взаимная** ~ mutual advantage (benefit)
личная ~ self-interest; self-profit
общественная ~ social benefit

ВЫГОДНЫЙ *прил* advantageous; beneficial; lucrative; profitable

ВЫГОДОПРИОБРЕТА-ТЕЛЬ *сущ* beneficiary

ВЫДАВАТЬ, выдать *гл* (*документ*) to issue; (*зарплату*) to pay; (*преступника - другому государству*) to extradite; hand over; (*себя за другое лицо*) to impersonate; (*вручать, предоставлять*) to deliver; grant; (*разоблачать*) to betray; give away
~ **аккредитив** to issue a letter of credit
~ **визу** to grant (issue) a visa
~ **лицензию** to grant (issue) a licence
~ **патент** to grant (issue) a patent
~ **повестку в суд** to issue a citation (a subpoena)
~ **расписку** to issue a receipt
~ **сертификат** to issue a certificate

ВЫДАЧ‖А *сущ* (*документа*) issue; issuance; (*зарплаты*) payment; (*груза*) release; (*преступника - другому государству*) extradition; handing over; (*себя за другое лицо*) impersonation; (*вручение, предоставление*) delivery; grant; granting ◊ **требовать ~и военного преступника** to demand extradition of a war criminal; **договор о ~е преступников** extradition treaty
~ **аванса** payment of an advance
~ **авторского свидетельства** issue (issuance) of an inventor's certificate
~ **аккредитива** issue (issuance) of a letter of credit
~ **визы** issue (issuance) of a visa
~ **груза** delivery (release) of cargo
~ **документов** issue (issuance) of documents
~ **исполнительного листа** issue (issuance) of a writ of execution
~ **лицензии** issue (issuance) of a licence
~ **патента** issue (issuance) of a patent
~ **преступника, скрывающегося от правосудия** surrender of a fugitive
~ **расписки** issue (issuance) of a receipt

ВЫДВИГАТЬ, выдвинуть *гл* (*предложение и т.п.*) to advance; bring up; move; put forward; submit; (*кандидата на выборах*) to nominate; propose;(*повышать в должности*) to promote

~ **кандидатуру** (*на выборах*) to nominate smb for election; put in a nomination

~ **обвинение** to lay an accusation

~ **предложение** to advance (bring up, make, put forward, submit) a proposal; move a motion (proposal); [*комм*] to file (make) a bid (a tender)

~ **требование** to advance (make, put forward) a claim

~ **условия** to lay down conditions

ВЫДВИЖЕНИЕ *сущ* (*предложения и т.п.*) bringing up; putting forward; submission; (*кандидата на выборах*) nomination; proposal; (*повышение в должности*) promotion

ВЫДВОРЕНИЕ *сущ* (*из страны*) banishment; deportation; expulsion

ВЫДВОРЯТЬ, выдворить *гл* (*из страны*) to banish; deport; expel

ВЫДЕЛЕНИЕ *сущ* (*средств и т.п.*) allocation; appropriation; assignment; earmarking; [*юр*] (*разделение*) separation; severance

~ **дел в особое производство** separation (severance) of cases (*for trial*)

ВЫДЕЛЯТЬ, выделить *гл* (*средства и т.п. на что-л*) to allocate; appropriate; assign; earmark (*for*); [*юр*] (*разделять*) to separate; sever

ВЫЕЗД *сущ* departure; leaving (*for*); (*из страны тж*) exit ◊ **упрощение порядка ~а** (*из страны*) easement (facilitation, simplification) of exit formalities (procedure|s)

ВЫЕЗДН||ОЙ *прил*:

~**ая сессия суда** assizes; circuit session

~ **суд** circuit court

ВЫЕМК||А *сущ* (*изъятие документов и т.п.*) seizure ◊ **производить ~у** to seize; conduct (perform) a seizure

~ **доказательств** seizure of evidence

~ **документов** seizure of documents

~ **корреспонденции** seizure of correspondence

~ **при аресте** seizure incidental to an arrest

ВЫЗОВ *сущ* call; [*юр*] (*требование явиться в суд*) citation; subpoena; summons; (*на соревнование и т.п.*) challenge ◊ **являться по ~у** to appear when summoned; **не явившийся по ~у в суд** contumacious

~ **в качестве свидетеля** [*юр*] citation (subpoena, summons) to appear as a witness

~ **на офферту** [*комм*] invitation to make an offer

ложный ~ (*полиции*) false alarm

повторный ~ в суд [*юр*] resummons

срочный ~ [*юр*] short summons

ВЫЗЫВАТЬ, вызвать *гл* to call; [*юр тж*] to cite; subpoena; summon (to appear); (*на соревнование и т.п.*) to challenge

~ **адвоката** [*юр*] to summon a counsel

~ **в качестве свидетеля** [*юр*] to subpoena (summon) as a witness

~ **для дачи свидетельских показаний** [*юр*] to call to testify

ВЫКУП *сущ* (*кого-л*) ransom; (*имущества, ценных бумаг и т.п.*) reacquisition; redemption; repayment; repurchase ◊ **требовать ~а** (*за*) to hold (*smb*) to ransom; **не подлежащий ~у** irredeemable; **подлежащий ~у** callable; repayable; redeemable

~ **акций** redemption of shares (of stocks)

~ **закладной** redemption of a mortgage

~ **страхового полиса** redemption of an insurance policy

ВЫКУПАТЬ, выкупить *гл* (*кого-л*) to ransom; (*имущество, ценные бумаги и т.п.*) to buy back; reacquire; repay; repurchase

~ (*имущество*) **из заклада** to redeem a pledge; take out of a pledge

ВЫМОГАТЕЛЬ *сущ* (*взятки*) exactor; extorter; extortioner; extortionist; (*рэкетир*) racketeer; (*шантажист*) blackmailer

ВЫМОГАТЕЛЬСТВО *сущ* exaction; extortion; (*рэкет*) racket; racketeering; (*шантаж*) blackmail ◊ **заниматься~** *м* to exact; extort **покушение на ~ с угрозой** attempted extortion by threats

~ **посредством угроз** exaction (extortion) by threats

~ **посредством шантажа** exaction (extortion) by blackmail

ВЫМОГАТЬ *гл* (*взятку*) to exact; extort; (*посредством рэкета*) to racketeer; (*посредством шантажа*) to blackmail

ВЫМЫШЛЕННЫЙ *прил* imaginary; (*фиктивный*) fictitious

ВЫНЕСЕНИЕ *сущ* (*решения и т.п.*) delivery; passing; pronouncement; rendering

~ **решения суда** delivery (passing; pronouncement; rendering) of a judgement (of a court's decision, ruling)

~ **приговора** adjudgement; adjudication; adjudicature; delivery (imposition, pronouncement) of a sentence; sentencing

ВЫНОСИТЬ, вынести *гл* (*вопрос и т.п. – на обсуждение*) to put; submit (*to – for consideration, discussion*)

~ **вердикт** to bring in (deliver, find, issue, reach. render, return) a verdict

~ **приговор** to adjudge; adjudicate (*in | upon a case*); deliver (give, impose, pass, pronounce,

render) a judgement (a sentence)
ВЫНУЖДАТЬ, вынудить *гл* (*принуждать*) to coerce; compel; force; get (*smb to* + *inf*); make (*smb* + *inf*); (*добиваться посредством принуждения*) to exact
~ **признание** to coerce (exact) a confession
ВЫНУЖДЕНН‖ЫЙ *прил* bound; coerced; compelled; exacted; forced; obliged
~**ое признание** coerced (exacted) confession
~ **заход в порт-убежище** forced entry into a port of refuge
ВЫПИСК‖А *сущ* (*из документа*) abstract; excerpt; extract; (*копия*) copy ◊ **делать** ~**у из протокола** to take an excerpt from the minutes
~ **из больницы (госпиталя)** discharge from a hospital
~ **из документа о праве собственности** abstract of a title
~ **из протокола** (*дела*) abstract of a record
нотариальная ~ notarially certified copy
ВЫПИСЫВАТЬ, выписать *гл* (*вексель, квитанцию и т.п.*) to make (write) out; (*коносамент, тратту, чек*) to draw; (*исполнительный лист, ордер и т.п.*) to issue; (*делать выписку из документа и т.п.*) to abstract; copy out; excerpt; extract; make an extract; write out; (*заказывать товары и т.п.*) to order; (*подписываться на газеты, журналы и т.п.*)

to subscribe (*to*);(*пациента из больницы*) to discharge
~ **счёт** to draw up (make out) an account; (*счёт-фактуру*) to invoice; draw (make out) an invoice; (*в гостинице и т.п.*) to make out a bill
ВЫПЛАТ‖А *сущ* payment; [*юр*] disbursement ◊ **приостанавливать** ~**у** to suspend payment
~ **авансом** advance payment
~ **в рассрочку** payment by instal(l)ments
~ **дивидендов** distribution (payment) of dividends
~ **жалования** payroll payment
~ **займа** redemption of a loan
~ **процентов** payment of interest
~ **страховой суммы** payment of an insured amount
~**ы по социальному обеспечению** social security payments
дополнительная ~ additional (supplementary) payment
единовременная ~ lump sum payment
задержанная ~ back pay
ВЫПОЛНЕНИ‖Е *сущ* (*работы и т.п.*) execution; carrying out; performance; (*обязанности и т.п.*) discharge; exercise; performance; (*программы, плана и т.п.*) execution; carrying out; fulfilment ◊ **обеспечивать** ~ **обязательств** to secure the fulfilment of one's commitments (obligations); **прерывать** ~ **обязательств** to default on one's commitments (obliga-

tions); **проверка ~я** (*исполнения*) control (verification) of execution; **при ~и** (*исполнении*) **служебных обязанностей** when (while) on duty; in the performance of one's duty
~ контракта execution (implementation, fulfilment, performance) of a contract
~ обязательств execution (fulfilment, performance) of one's commitments (obligations); compliance with one's commitments (obligations)
~ положений договора adherence to (compliance with, fulfilment of, observance of) the provisions of a contract (of a treaty)
~ служебных обязанностей discharge (exercise) of one's duties
беспрекословное (безукоснительное) ~ unquestionable (unwavering) execution (fulfilment, performance)
добросовестное ~ обязательств по международному праву fulfilment in good faith of one's commitments (obligations) under international law
ВЫПОЛНЯТЬ, выполнить гл (*работу и т.п.*) to carry out; do; execute; perform; (*обязанности и т.п.*) to discharge; exercise; fulfil; perform; (*программу, план и т.п.*) to execute; carry out; perform
~ обещание to keep one's promise (word)

~ положения договора to adhere to (to comply with, honour, observe) the provisions of a contract (of a treaty)
~ свои обязанности to attend to one's duties
~ свои обязательства to comply (*with*) (execute, fulfil, meet, perform) one's commitments (obligations)
~ судебное решение to execute (satisfy) a judgement
ВЫПУСК сущ (*акций, ценных бумаг и т.п.*) issuance; issue; (*продукции*) output; turnout; manufacture; production; (*газеты, журнала и т.п.*) issue; (*издание*) edition
~ акций issuance (issue) of shares (of stock)
~ в продажу release for sale
~ денег (*в обращение*) issuance (issue) of currency (of money)
~ займа issue of a loan
~ оборудования manufacture (production) of equipment
~ ценных бумаг issuance (issue) of securities
ВЫПУСКАТЬ, выпустить гл (*акции, ценные бумаги и т.п.*) to issue; (*продукцию*) to produce; put out; manufacture; turn out; (*в продажу*) to release; (*газету, журнал и т.п.*) to issue; (*освобождать из-под стражи и т.п.*) to release; set free
~ акции to issue shares (stock|s)
~ банкноты to issue banknotes
~ в продажу to release for sale
~ заём to issue a loan
~ (*освобождать*) **из-под стра-**

жи to release from custody
~ (*освобождать*) **на поруки** to release on bail
~ **ценные бумаги** to issue securities

ВЫСЕЛЕНИЕ *сущ* (*изгнание*) dispossession; ejection; ejectment; eviction; ouster; (*выдворение из страны*) banishment; deportation; expulsion
~ **в судебном порядке** dispossession proceedings
~ **из квартиры** eviction from an apartment
принудительное ~ forced ejection (eviction *etc*)

ВЫСЕЛЯТЬ, выселить *гл* (*изгонять*) to dispossess; eject; evict; oust; (*высылать из страны*) to banish; deport; expel

ВЫСЛЕЖИВАТЬ, выследить *гл* to track down; trace; (*несов вид*) to be on the track (*of*); shadow

ВЫСМЕИВАТЬ, высмеять *гл* to deride; gibe; jeer; mock; ridicule; scoff

ВЫСОК‖ИЙ *прил* high; (*о человеке*) tall
~**ая честь** great honour
~**ие договаривающиеся стороны** the High Contracting Parties
~ **суд** high court

ВЫСОКОКВАЛИФИ-ЦИРОВАННЫЙ *прил* highly skilled
~ **специалист** highly skilled specialist

ВЫСОКООПЛАЧИВА-ЕМ‖ЫЙ *прил* highly (well) paid
~**ая работа** highly (well) paid job

ВЫСОКОПОСТАВЛЕН-Н‖ЫЙ *прил* highly placed; high-ranking; of high standing
~**ое должностное лицо** high (top)-ranking official

ВЫСТАВК‖А *сущ* exhibition; exposition; show; ◊ **закрывать** ~**у** to close an exhibition; **открывать** ~**у** to open (*торжественно* – to inaugurate) an exhibition; **устраивать** ~**у** to arrange an exhibition; **участвовать в** ~**е** to take part (participate) in the exhibition
международная ~ international exhibition (exposition, show)
торгово-промышленная ~ trade and industrial exhibition

ВЫСТРЕЛ *сущ* shot ◊ **производить** ~ to fire a shot
смертельный ~ fatal shot

ВЫСТУПАТЬ, выступить *гл* (*действовать*) to act; (*отстаивать, поддерживать*) to argue (be) in favour (*of*); come out (*for*); stand up (*for*); support; work (*for*); (*делать заявление*) to make a statement; (*с речью и т.п.*) to address; speak; take the floor
~ **в печати** to write for the press
~ **за мир** to advocate peace
~ **на собрании** to address (to speak at) a meeting
~ **по телевидению** to appear on TV
~ **с докладом (с сообщением)**

to make a report
~ **с призывам** to appeal; make an appeal

ВЫСТУПЛЕНИ‖Е *сущ* (*действие, в том числе – кампания и т.п.*) action; campaign; [*амер*] drive; (*заявление*) statement; (*речь*) address; speech; (*доклад*) report; (*в чью-л поддержку*) support
~ **в качестве стороны по делу** standing in court
~ **на торгах** bidding
публичное ~ public appearance (speaking)
устные ~**я** oral arguments

ВЫСШ‖ИЙ *прил* highest; superior; (*верховный*) supreme
~**ая судебная инстанция** court of the last resort; highest court (tribunal)
~**ее образование** higher education
~**ее учебное заведение** higher educational establishment (institution); higher school; institution of higher education (of higher learning)
~**ие должностные лица** high (top)-ranking officials
~**ие национальные интересы** supreme national interests
~ **орган государственной власти** supreme body of state power
~ **суд** superior court

ВЫСЫЛАТЬ, выслать *гл* (*из страны*) to banish; deport; expel; (*отправлять, посылать*) to dispatch; send

ВЫСЫЛКА *сущ* (*выдворение из страны*) banishment; deportation; expulsion; (*ссылка*) exile
~ **дипломата** [*франц*] renvoi
~ **иностранцев** deportation of aliens (of foreigners)

ВЫХОД *сущ* exit; (*из положения*) way out (*of*); (*из организации и т.п.*) withdrawal (*from*); (*из союза, федерации и т.п.*) secession (*from*); (*продукции*) output; (*газеты и т.п.*) issue; publication
~ **в отставку** resignation
~ **из гражданства** abandonment (renunciation) of citizenship (of nationality)
~ **из войны** withdrawal from a war
~ **из договора** withdrawal from a treaty
~ **из кризиса** recovery from recession
~ **из организации** disaffiliation with (withdrawal from) an organization
~ **на пенсию** retirement

ВЫХОДИТЬ, выйти *гл* to go out; leave; (*из организации и т.п.*) to withdraw (*from*); (*из союза, федерации и т.п.*) to secede (*from*); (*о газете и т.п.*) to come out

ВЫШЕИЗЛОЖЕННЫЙ *прил* above-mentioned; aforementioned; afore-said; foregoing; the above

ВЫШЕСТОЯЩИЙ *прил* of a higher rank; superior
~ **орган** superior body
~ **суд** (next) higher court

ВЫЯСНЯТЬ, выяснить *гл* to clear out; elucidate; find out;

(*прояснять*) to clear up; (*устанавливать*) to ascertain; (*наводить справки*) to inquire (*about* | *after*)

Г

ГАНГСТЕР *сущ* gangster; mobsman; mobster

ГАНГСТЕРИЗМ *сущ* gangsterism

ГАРАНТ *сущ* guarantor; warrantor; (*поручитель за лицо, обязанное по векселю*) surety

~ **займа** sponsor for a loan

ГАРАНТИРОВАТЬ *гл* to guarantee; (*ручаться*) to warrant; (*обеспечивать, защищать и т.п.*) to safeguard; secure

~ **право на последнее слово** to secure the last word

ГАРАНТИ∥Я *сущ* guarantee; guaranty; (*поручительство*) surety; warranty; (*обеспечение, защита*) protection; safeguard; security ◊ **давать ~ю** to guarantee; issue a guarantee; warrant; **получать ~ю** to obtain a guarantee; **предоставлять ~ю** to grant a guarantee

в виде ~и as a safeguard (*against*); **под ~ю** against security; on a security (*of*); **с ~ей соответствия образцу** warranted equal to a sample; **соблюдение процессуальных ~й** due process of law

~ **от убытков** indemnity

~ **подлинности** warranty of genuineness

~ **правового титула** warranty of a title

~ **против необоснованности выселения** security of tenure

~ **явки в суд** guarantee to appear for a trial

взаимные ~и mutual guarantees

договорные ~и contractual (treaty) guarantees

конституционная ~ constitutional protection

надёжные ~и reliable (secure) guarantees

процессуальная ~ procedural protection

ГАУПТВАХТА *сущ* [*воен*] guardhouse; guardroom

ГЕНЕРАЛ-ГУБЕРНАТОР *сущ* governor-general

ГЕНОЦИД *сущ* genocide

ГЕРБ *сущ* coat of arms

государственный ~ national (state) emblem; state coat of arms

ГЕРБОВ∥ЫЙ *прил* bearing a coat of arms; heraldic

~ая бумага stamped paper

~ая марка duty (revenue) stamp

~ **сбор** stamp duty (tax)

ГЕРОИН *сущ* (*наркотик*) heroin

ГИБЕЛЬ *сущ* (*полное уничтожение*) destruction; ruin; (*падение, крах государства и т.п.*) downfall; ruin; [*страх*] (*потеря*) loss

~ **груза** loss of cargo

~ **судна** wreck of a ship

~ **товаров** destruction (loss, perishing) of goods
абсолютная полная ~ [страх] absolute total loss
действительная (фактическая) полная ~ [страх] actual total loss
конструктивная полная ~ [страх] constructive total loss
полная ~ [страх] total loss

ГИБНУТЬ, погибнуть *гл* to perish; [страх] (*о товаре*) to be destroyed (lost); perish

ГИГИЕНА *сущ* hygiene
~ **труда** labour hygiene

ГИЛЬЗА *сущ* (*патрона, снаряда*) case; shell
патронная ~ cartridge case
снарядная ~ shell case

ГИМН *сущ* anthem; [церк] hymn
государственный ~ national (state) anthem

ГИПНОЗ *сущ* hypnosis (*мн - ses*) ◊ **поддающийся ~у** hypnotic

ГИПНОТИЗИРОВАТЬ, загипнотизировать *гл* to hypnotize

ГЛАВ‖А *сущ* (*руководитель*) chief; head; (*книги и т.п.*) chapter ◊ **стоять во ~е** (*чего-л*) to be at the head (in charge) (*of*); head; lead; **во ~е** (*чего-л*) at the head (*of*); (*с кем-л*) headed (led) (*by*)
~ **ведомства** head of a department
~ **государства** head of state
~ **делегации** head of a delegation; (*на переговорах*) chief negotiator
~ **дипломатической миссии** head of a diplomatic mission
~ **исполнительной власти** (*например, президент США*) Chief Executive
~ **правительства** head of government

ГЛАВАРЬ *сущ* leader; ringleader

ГЛАВНОКОМАНДУЮЩИЙ *сущ* Commander-in-Chief

ГЛУМИТЬСЯ *гл* (*высмеивать, насмехаться*) to deride; gibe; jeer; mock; ridicule; scoff; (*делать посмешищем тж*) to bring smb into (expose smb to) derision; hold smb up to mockery (to ridicule); make a laughing-stock (*of*); (*надругаться, оскорблять*) to outrage; (*осквернять святыни*) to desecrate

ГЛУМЛЕНИЕ *сущ* (*высмеивание, осмеяние*) derision; jeer; jeering; ridicule; scoff; scoffing; (*надругательство, оскорбление*) outrage; (*осквернение святыни*) desecration
~ **над могилами** (*осквернение могил*) desecration of the graves

ГЛУХОЙ *прил* deaf

ГЛУХОНЕМОЙ *прил* deaf and dumb

ГОЛОВОРЕЗ *сущ* bandit; cut-throat; ruffian

ГОЛОС *сущ* vote ◊ **подавать** ~ (*за*) (*на выборах*) to ballot (vote) (*for*); cast a vote (*for*); **производить подсчёт ~ов** to count (tell) votes; **собрать**

(получить) ~á to gain (collect, poll, receive) votes; **без права решающего ~а** without the right to vote; **с правом решающего ~а** with the right to vote
большинством ~ов by a majority (vote); **подсчёт ~ов** counting of votes; poll; **потеря ~ов** loss of votes; **право ~а** franchise; right to vote; suffrage; voting right; **число ~ов** number of votes
~á "за" и "против" affirmative and negative votes; the ayes and the nays; votes "for" and "against"
поданные ~á votes cast
решающий ~ casting (deciding) vote
совещательный ~ deliberative vote
совпадающие ~á concurring votes

ГОЛОСОВАНИ‖**Е** *сущ* ballot; vote; voting ◊ **воздерживаться от ~я** to abstain from voting; **выступать по мотивам ~я** to explain one's vote; **зарегистрироваться для ~я** to register to vote; **объявлять ~ недействительным** to cancel a vote; **объявлять о прекращении ~я** to declare the vote closed; **объявлять результаты ~я** to declare the results of the vote; **откладывать ~** to defer (postpone) a vote; **поставить вопрос на ~** to put a question to the vote; take the ballot; **приступать к ~ю** to proceed to a vote (voting); **проверять результаты ~я** to check the results of the vote; **участвовать в ~и** (*голосовать*) to cast a vote; take part in the vote; vote
порядок ~я voting procedure; **результаты ~я** election results (returns)
~ без обсуждения vote without a debate
~ вставанием vote by sitting and standing; [*амер*] vote by rising
~ мандатом vote by cards
~ несколькими турами successive ballots
~ поднятием рук vote by a show of hands
~ по доверенности vote by proxy
~ по каждой кандидатуре vote for a single candidate
~ списком vote for a list of candidates
всенародное ~ national vote
дополнительное ~ additional ballot (voting)
единогласное ~ unanimous vote
открытое ~ open vote
первый тур ~я first ballot
поимённое ~ (vote by) roll-call
постатейное ~ vote article by article
раздельное~ separate vote
тайное ~ secret ballot (vote)

ГОЛОСОВАТЬ, проголосовать *гл* to ballot (*for*); cast a vote (*for*); vote (*for*); (*ставить на голосование*) to put to the vote; take a vote (*on*)
~ вставанием to vote by sit-

ting and standing; [*амер*] to vote by rising
~ **единогласно** to vote unanimously
~ **"за"** to vote "aye" ("for")
~ **за список кандидатов** to vote for a list (of candidates)
~ **поднятием рук** to vote by a show of hands
~ **по доверенности** to vote by proxy
~ **по предложению в целом** to vote on the motion as a whole
~ **"против"** to vote "nay" ("against")

ГОНОРАР *сущ* fee; royalty
авторский ~ author's fee; (*с тиража*) royalties
адвокатский ~ attorney's fee; solicitor's costs

ГОРЯЧКА *сущ* fever

ГОСПОДСТВ‖О *сущ* (*верховенство*) domination; rule; supremacy; (*преобладание*) predominance ◊ **стремление к мировому** ~**у** striving for world supremacy
~ **на мировом рынке** domination in the world market
колониальное ~ colonial rule
мировое ~ world supremacy

ГОСПОДСТВОВАТЬ *гл* to dominate (*over*); rule; (*преобладать*) to predominate; prevail

ГОСПОДСТВУЮЩИЙ *прил* (*находящийся у власти*) ruling; (*преобладающий*) dominant; predominant; prevailing

ГОСУДАРСТВЕННО-ПРАВОВ‖ОЙ *прил* state legal
~**ые институты** state legal institutions
~**ые отношения** state legal relations

ГОСУДАРСТВЕННО-РЕПРЕССИВНЫЙ *прил*:
~ **аппарат** state apparatus (machinery) of repression

ГОСУДАРСТВЕННОСТЬ *сущ* statehood; state system ◊ **обретать** ~ to acquire one's own statehood

ГОСУДАРСТВЕНН‖ЫЙ *прил* state; state-owned (-managed, -organized); (*общественный*) public; (*национальный*) national; (*в ведении правительства*) governmental; government-owned
~**ая безопасность** state security
~**ая власть** state authority (power)
~**ая граница** state border (boundary, frontier)
~**ая компания** government (state)-owned company
~**ая монополия** state monopoly
~**ая пошлина** state duty
~**ая служба** public service
~**ая собственность** public domain; state ownership
~**ое предприятие** government (state)-owned enterprise
~**ое устройство** state structure
~**ое учреждение** government(al) (state) agency (institution)
~**ые доходы** public (state)

revenues
~ **долг** public (state) debt
~ **переворот** coup d'état
~ **служащий** civil (public) servant; government employee
ГОСУДАРСТВ‖О *сущ* state; (*страна*) country; (*нация*) nation ◊ **глава** ~а head of state; **доходы** ~а public (state) revenues; **конфедерация государств** confederated states; **основные функции** ~а principal functions of a state; **принадлежащий** ~у government-owned; public-owned; state-owned; **рост и становление** ~а growth and development of a state
~**а, не являющиеся членами** (*организации и т.п.*) states non-members (*of*)
~**а с различными социально-политическими системами** states with different social and political (socio-political) systems
~**а-члены Организации Объединённых Наций (ООН)** UN member countries (nations, states); states members of the United Nations (Organization)
~**а-члены Совета Европы** member states of the Council of Europe
~**-агрессор** aggressor state
~**-арендатор** lease-holder state
~**-арендодатель** grant-on-lease state
~**-архипелаг** archipelagic state

~ **Ватикан** state of the Vatican City; (*в международных договорах*) Holy See
~**-гарант** guarantor state
~**-город** city-state
~ **в** ~**е** state within a state
~**, возбудившее дело** (*против другого государства*) applicant state
~ **всеобщего благосостояния** welfare nation (state)
~ **в стадии становления** emerging nation (state)
~**-депозитарий** depositary state
~**-должник** debtor state
~**-донор** (*предоставляющее финансовую помощь*) donor state
~**-кредитор** creditor state; lending state
~ **места события (происшествия)** state of occurrence
~**, нарушившее договор** defaulting state
~**, находящееся в состоянии войны** belligerent state; state at war
~**, не имеющее выхода к морю** inland (land-locked) state
~**, не имеющее континентального шельфа** shelfless state
~**, не подписавшее договор** non-signatory state
~**, обладающее ядерным оружием** nuclear state; state in possession of nuclear weapons
~**-опекун** trustee (tutelary) state
~**-(право)нарушитель** delinquent state; transgressing

(transgressor) state
~ пребывания host country; receiving country (state)
~, предоставляющее обслуживание (*напр. диспетчерское*) provider (providing) state
~, предоставляющее убежище asylum state
~, претендующее на членство в организации prospective member state
~-протектор protecting (protector) state
~-регистрации воздушного судна aircraft registry state
~-сигнатарий (*подписавшее договор*) signatory (state)
~, совершившее противоправное действие offending state
~-субъект международного права state of international law
~- транзита intervening state; state of transit
~-участник member nation (state); (*международной конференции, совещания и т.п.*) participating state; (*переговоров*) negotiating state; (*договора*) party to a treaty
~-учредитель founder (founding) nation (state)
~ флага flag state; state of the flag
~-член (*организации и т.п.*) member nation (state)
авторитарное ~ authoritarian state
аккредитующее ~ accrediting (sending) state

буржуазное ~ bourgeois state
буржуазно-демократическое ~ bourgeois-democratic state
буржуазно-парламентарное ~ bourgeois-parliamentary state
буферное ~ buffer state
воюющее ~ belligerent state; state at war
враждебное ~ hostile state
демократическое ~ democratic state; democracy
дружественное ~ friendly state
зависимое ~ dependent state
заинтересованное ~ interested party (state); party (state) concerned
империалистическое ~ imперialist state
иностранное ~ foreign state
капиталистическое ~ capitalist state
карликовое ~ diminutive state; micro-state
конституционное ~ constitutional state
корпоративное ~ corporate state
литоральное (прибрежное) ~ coastal (littoral) state
марионеточное ~ puppet state
материковое ~ hinterland state
многонациональное ~ multinational state
молодое (недавно возникшее) ~ emerging nation (state)
молодое независимое ~ newly-independent state
монархическое ~ (*монархия*) monarchy; monarchical state
морское ~ maritime state
направляющее (посылающее) ~ sending state

невоюющее ~ non-belligerent state
независимое ~ independent state
нейтральное ~ neutral state
неприбрежное ~ non-coastal state; non-littoral state
несамостоятельное ~ subject nation (state)
неядерное ~ non-nuclear state
околоядерное ~ near-nuclear state
окружающие ~a circumjacent states
островное ~ island state; sea-locked state
пограничное ~ border (bordering) state
полицейское ~ police state
помещичье ~ landowner state
пострадавшее (*от стихийного бедствия*) ~ affected state
посылающее (направляющее) ~ sending state
правовое ~ law-governed state; rule-of-law state; (*конституционное*) constitutional state
прибрежное (литоральное) ~ coastal (littoral) state
принимающее ~ host country; receiving country (state)
рабовладельческое ~ slave (-owning) state
светское ~ secular state
соседнее ~ adjoining (neighbouring) state
социалистическое ~ socialist state
спорящие ~a contesting states
суверенное ~ sovereign state
унитарное ~ unitary state
федеративное ~ federal (federated, federative) state
феодальное ~ feudal state
эксплуататорское ~ exploiting state
экстрадирующее ~ extraditing state
ядерное ~ nuclear(-weapon) state

ГРАБЁЖ *сущ* plunder; plundering; (*с насилием*) robbery (*with violence*); (*мародёрство*) pillage ◊ заниматься ~ом to plunder; rob
вооружённый ~ armed robbery

ГРАБИТЕЛЬ *сущ* plunderer; robber
вооружённый ~ armed attacker (robber); (*жилого помещения тж*) armed home invader
ночной ~ burglar

ГРАБИТЬ, ограбить *гл* to plunder; rob

ГРАЖДАН‖ИН *сущ* citizen; national; (*подданный*) subject ◊ равноправие граждан equality of citizens' rights
иностранные ~е aliens; foreign nationals
натурализованные ~е naturalized citizens (nationals)

ГРАЖДАНСК‖ИЙ *прил* civil; (*о долге*) civic; (*невоенный*) civilian; ◊ запись (регистрация) актов ~ого состояния civil registration
~ая власть civilian authority
~ая война civil war
~ая ответственность civil responsibility (*в отличие от*

"*уголовной ответственности*")
~ая служба civil service
~ая смерть civil death
~ая юрисдикция civil jurisdiction
~ие права civil rights
~ие свободы civil liberties
~ брак civil marriage
~ деликт (civil) tort
~ долг civic (civil) duty
~ иск (*в уголовном процессе*) civil action (claim, suit)
~ истец civil claimant
~ кодекс civil code
~ процесс civil procedure
~ процессуальный кодекс code of civil procedure
~ суд civil court
~ое дело civil case
~ое лицо civilian
~ое население civilian population
~ое право civil law
~ое правонарушение (civil) tort
~ое правоотношение relationship of civil law (*или* – of private law)
~ое правопритязание civil demand
~ое судопроизводство civil justice

ГРАЖДАНСКО-ПРАВОВ‖ОЙ *прил* civil law
~ые отношения civil law relations (relationship)

ГРАЖДАНСКО-ПРОЦЕССУАЛЬН‖ЫЙ *прил* of civil procedure
~ое право civil procedure law; law of civil procedure

~ кодекс civil procedure code; code of civil procedure

ГРАЖДАНСТВ‖О *сущ* citizenship; nationality ◊ **быть лишённым ~а** to be deprived of one's citizenship; **восстанавливать в ~е** to restore one's citizenship; **выходить из (отказываться от) ~а** to abandon (renounce, secede from) citizenship; **изменить ~** to change one's citizenship; **лишать ~а (права ~а)** to denaturalize; deprive of citizenship; terminate (withdraw) citizenship; **подавать заявление о принятии в ~** to apply for citizenship; **получать права ~а** to be admitted to (be granted) citizenship; **предоставлять право ~а** to grant citizenship; naturalize; **утрачивать ~** to forfeit (lose) citizenship
восстановление в ~е restoration of citizenship; **выбор ~а** option of citizenship; **выход из (отказ от) ~а** abandonment (renunciation) of citizenship; secession from citizenship; **лицо без ~а** stateless person; **лишение ~а** denaturalization; deprivation (termination, withdrawal) of citizenship; **права ~а** civic rights; **предоставление права ~а** granting citizenship; naturalization; **приобретение ~а** acquisition of citizenship; **утрата ~а** loss of citizenship
двойное ~ double (dual) citizenship (nationality)

ГРАМОТ‖А *сущ* charter; cre-

dentials; instrument; letter(s) ◊ **вручать верительные ~ы** to hand in (present, submit) one's credentials; **сдавать ратификационные ~ы** to deposit the instruments of ratification **вручение верительных грамот** delivery (presentation) of one's credentials; **обмен ратификационными ~ми** exchange of instruments of ratification (of ratifications) **~ о предоставлении привилегий** letter of privilege **~ о присвоении статуса корпорации** charter of incorporation **верительные ~ы** credentials; letters of credence **отзывные ~ы** letters of recall **охранная ~** (*охранное свидетельство*) safe conduct **почётная ~** certificate of honour; (honorary) diploma **ратификационная ~** (instrument of) ratification
ГРАНИЦ‖А *сущ* border; boundary; frontier; (*предел*) bound; limit (*мн*); (*масштаб*) scope ◊ **нарушать ~у** to assault (violate) the border (frontier); **переходить ~у** to cross the border (frontier) **за ~ей** abroad; **из-за ~ы** from abroad; **восстановление границ** restoration of frontiers; **демаркация ~ы** demarcation of a boundary; **нерушимость границ** inviolability of frontiers; **охрана государственной ~ы** safeguarding the state borders (frontiers)

~ бедности poverty line **государственная ~** state border (boundary, frontier) **естественная ~** natural boundary **исторически сложившиеся ~ы** historically established boundaries (frontiers) **международно признанные ~ы** internationally recognized borders (boundaries, frontiers)
ГРАФИК *сущ* (*расписание и т.п.*) schedule; time-table ◊ **нарушать ~** to disrupt a schedule; **опережать ~** to be ahead of schedule; **отставать от ~а** to be behind schedule; **работать по ~у** to work on schedule; **вне ~а** not as scheduled; **по ~у** according to (on) schedule; as scheduled **~ движения поездов** train schedule **~ дежурств** duty chart (table) **~ затрат** cost chart (map)
ГРАФОЛОГ *сущ* graphologist; handwriting analyst
ГРАФОЛОГИЯ *сущ* graphology
ГРАФОЛОГИЧЕСК‖ИЙ *прил* graphological **~ая экспертиза** handwriting expertise
ГРАФСТВ‖О *сущ* county ◊ **полиция ~а** county police; **совет ~а** county council; **суд ~а** county court; **тюрьма ~а** county jail
ГРУБ‖ЫЙ *прил* coarse; rude; (*вопиющий, недопустимый*) gross; flagrant; (*приближённый*) rough

~ая небрежность gross negligence
~ая ошибка gross error (blunder, mistake)
~ое нарушение договора gross (flagrant) violation of a contract (of a treaty)

ГРУЗ *сущ* cargo; freight; (*партия*) consignment; shipment; (*товары*) goods ◊ **брать ~** to take in cargo (freight); **выгружать ~** to discharge (unload) cargo (freight); **доставлять ~** to deliver cargo (freight); **перевозить ~** to carry (transport) cargo (freight); **страховать ~** to insure cargo (freight)
~, перевозимый по воздуху air freight
беспошлинный ~ (duty-)free cargo (freight)
застрахованный ~ insured cargo (freight)
наливной (насыпной) ~ bulk cargo (freight); cargo (freight) in bulk
невостребованный ~ unclaimed cargo (freight)
незастрахованный ~ uninsured cargo (freight)
отправляемый ~ outbound (outgoing) cargo (freight)
палубный ~ deck cargo
повреждённый ~ damaged cargo (freight, goods)
скоропортящийся ~ perishable cargo (freight, goods); perishables
срочный ~ high priority shipment
сухой ~ dry cargo (freight, goods)
транзитный ~ transit cargo (freight); cargo (freight) in transit
ценный ~ valuable cargo (freight, goods)
экспортный ~ export cargo (freight)

ГРУЗОВЛАДЕЛЕЦ *сущ* cargo (freight) owner

ГРУЗООТПРАВИТЕЛЬ *сущ* consignor; sender of cargo (of freight, goods); shipper

ГРУЗОПОЛУЧАТЕЛЬ *сущ* consignee; receiver of cargo (of freight, goods)

ГРУППА *сущ* group; (*категория*) bracket; category; (*класс*) class; (*комплект*) set
возрастная ~ age bracket (group)
поисковая ~ search party

ГРУППИРОВК∥А *сущ* (*объединение государств*) alignment; grouping; (*классификация*) classification; ◊ **воздерживаться от вхождения в ~у** to refrain from joining an alignment (a grouping); **входить в ~у** to join an alignment (a grouping); **расширять ~у** to expand an alignment (a grouping)
замкнутая военная ~ closed (restricted) military alignment (grouping)

ГУБЕРНАТОР *сущ* governor ◊ **выборы ~a** gubernatorial election(s)

ГУБИТЕЛЬНЫЙ *прил* destructive; pernicious; ruinous

ГУМАНИЗМ *сущ* humanism

ГУМАНИСТ *сущ* humanist
ГУМАНИТАРН‖ЫЙ *прил* humanitarian
~ая помощь humanitarian aid
ГУМАННОСТЬ *сущ* humaneness; humanity
ГУМАНН‖ЫЙ *прил* humane; humanitarian
~ое обращение humane treatment

Д

ДАВАТЬ, дать *гл* to give
~ взаймы to lend; loan
~ доход to yield a profit
~ обещание to give a promise; promise
~ основание для иска to give rise to an action
~ распоряжения to instruct; give instructions; order
~ свидетельские показания to give evidence; testify (as a witness)
~ (*предоставлять кому-л*) слово to give (*smb*) the floor
ДАВЛЕНИ‖Е *сущ* pressure; (*воздействие*) influence ◊
оказывать ~ (*на*) to bring pressure to bear (*on* | *upon*); exert pressure (*on* | *upon*); (*о воздействии*) to influence; exert influence (*on*|*upon*); подвергаться ~ю (*со стороны кого-л*) to be subjected to pressure (*from*); под ~м under the pressure (*воздействием* – influence) (*of*)

~ извне outside pressure
~ на свидетелей pressure on witnesses
политическое ~ political leverage (pressure)
экономическое ~ economic leverage (pressure)
ДАВНОСТ‖Ь *сущ* (*античность, древний мир*) antiquity; (*о времени*) long standing; [*юр*] limitation; prescription ◊
приостанавливать течение срока исковой ~и to save (stay) the statute of limitations; ссылаться на истечение срока исковой ~и to set up the statute of limitations
основанный на праве ~и prescriptive; срок ~и [*юр*] period (time) of limitation (of prescription); period of the statute of limitations; time limitation
~ исполнения приговора limitation for execution of a judgement (of a sentence)
истечение срока исковой ~и expiration of the limitation period
~ уголовного преследования limitation (prescription, statute of limitations) in a criminal case
исковая ~ limitation of action(s)
погасительная ~ extinctive (negative) limitation (prescription)
приобретательная ~ acquisitive limitation (prescription)
ДАКТИЛОСКОПИРО-ВАТЬ *гл* (*снимать отпечатки пальцев*) to dactylo-

graph; lift (take) fingerprints

ДАКТИЛОСКОПИЧЕС-КӤИЙ *прил*:

~**ая экспертиза** fingerprint identification

~ **отпечаток** (*пальца*) dactylogram; fingermark; fingerprint

ДАКТИЛОСКОПИЯ *сущ* dactylography; fingerprint identification; identification of fingerprints

ДАННЫӤЕ *сущ* (*мн*) (*сведения*) data; (*информация*) information; (*факты*) facts; (*цифры*) figures ◊ **обрабатывать** ~ to process data; **получать** ~ to get (obtain, receive) data; **распространять** ~ to distribute data; **собирать** ~ to collect data; **устанавливать** ~ to establish data

базы ~**х** data bases; **методы сбора, хранения и обработки собранных** ~**х** methods of storing, retrieving and processing the collected data; **обработка полученных** ~**х** processing of the data received; qualification of findings; **точность** ~**х** accuracy of information

~, **включающие номер дела, вид преступления** *и т.п.* case identification

~ **для исследования** data for study

~ **лабораторного исследования** laboratory report

~ **наблюдения** observations

~ **переписи населения** population census data

~ **по результатам обследования** survey data

~ **служебного пользования** restricted data

библиографические ~ bibliographic(al) data

биографические ~ biographic(al) data

входные ~ input data

выборочные ~ sample data

выходные ~ output data

годовые ~ annual data

документальные ~ documentary data

достоверные ~ authentic data; reliable information

исходные ~ basic (initial, original, primary) data; benchmark

качественные ~ qualitative data

количественные ~ quantitative data

контрольные ~ check (control) data

научные ~ scientific data

необработанные ~ raw (unprocessed) data

неполные ~ incomplete data

новейшие ~ up-to-date information

обработанные ~ processed data

окончательные ~ final data

основные ~ basic (main) data

отчётные ~ reported data

полные ~ complete data

предварительные ~ preliminary (provisional, tentative) data

разведывательные ~ intelligence; intelligence (recon-

naissance) data
расчётные ~ calculated data
сводные ~ summary data
статистические ~ statistic(al) data
технические ~ technical data
фактические ~ actual (factual) data
цифровые ~ figures

ДАР *сущ* donation; gift; (*пожертвование*) endowment

ДАРЕНИ‖**Е** *сущ* gift ◊ **договор ~я** (*дарственная*) deed of a gift
 ~ **на случай смерти** gift causa mortis (in view of death)
 прижизненное ~ absolute (simple) gift

ДАРИТЕЛЬ *сущ* donor

ДАРСТВЕННАЯ *сущ* (*договор дарения*) deed of a gift

ДАРСТВЕНН‖**ЫЙ** *прил* commemorative; dedicatory; [*юр*] deed (*attr*)
 ~ая запись deed of a gift

ДАТ‖**А** *сущ* date ◊ **поставить ~у** (*на*) to date; **к требуемой ~е** by the required date
 ~ **вступления в силу** (*договора и т.п.*) date of entry into force; effective date
 ~ **выдачи** (*документа*) date of issue (of issuance)
 ~ **вызова** (*в суд*) citation day
 ~ **вынесения вердикта** date of a verdict
 ~ **вынесения судебного решения** date of a judgement
 ~ **выпуска** (*ценных бумаг и т.п.*) date of issue (of issuance); (*изделия*) manufacturing (release) date
 ~ **закрытия** (*конференции и т.п.*) closing date
 ~ **изобретения** date of invention
 ~ **исполнения** (*контракта и т.п.*) date of performance
 ~ **истечения срока действия** expiration date
 ~ **начала работы** (*конференции и т.п.*) opening date
 ~ **начала судебного разбирательства** date of a trial
 ~ **освобождения** (*из заключения и т.п.*) release date
 ~ **осуждения** date of conviction
 ~ **отгрузки** date of shipment; shipping (shipment) date
 ~ **отклонения** (*заявки и т.п.*) date of rejection
 ~ **отправления** (*транспортного средства*) date of departure
 ~ **патентования** date of patenting
 ~ **подачи заявки** date of application
 ~ **поставки** date of delivery; delivery date
 ~ **почтового штемпеля** date of a post-mark (of a post-office stamp)
 ~ **предоставления (выдачи) лицензии** date of licensing
 ~ **уплаты** (*пошлины и т.п.*) due date
 ~ **установления авторского права** copyright date
 ~ **явки** (*в суд*) date of appearance

ДАТИРОВАННЫЙ *прил* bearing a date; dated; under

the date (*of*)
~ **более поздним числом** postdated
~ **более ранним числом** antedated
~ **сегодняшним числом** of this date
ДАТИРОВАТЬ *гл* to date
~ **более поздним числом** to afterdate; postdate
~ **более ранним числом** to antedate
~ **прошедшим числом** to backdate
ДВИЖИМОСТЬ *сущ* (*движимое имущество*) movable estate (property); movables; personalty; personal assets (chattels, estate, property)
ДВОЕБРАЧИЕ *сущ* (*бигамия*) bigamy
ДВОЕЖЁНЕЦ *сущ* bigamist
ДВОЕЖЁНСТВО *сущ* (*бигамия*) bigamy
ДВОЕМУЖИЕ *сущ* (*бигамия*) bigamy
ДВУСТОРОНН||ИЙ *прил* (*о договоре и т.п.*) bilateral; (*взаимный тж*) reciprocal; (*о движении*) two-way
~**яя сделка** reciprocal contract (deal)
ДВУХПАЛАТНЫЙ *прил* (*о парламенте*) bicameral
ДЕБЕТ *сущ* debit ◊ **вносить в** ~ to debit
~ **и кредит** debit and credit
~**-нота** debit note
~ **счёта** debit (side) of an account
ДЕБЕТОВ||ЫЙ *прил* debit
~**ая запись** debit entry
~**ая карточка** debit card
~**ое авизо** debit note
~**ое сальдо** debit (debtor) balance
ДЕБИТОР *сущ* debtor
~**ы** (*дебиторская задолженность, счета дебиторов*) accounts (debt) receivable; outstandings; receivables
ДЕВАЛЬВАЦИЯ *сущ* devaluation
ДЕВЕРЬ *сущ* (*брат мужа*) brother-in-law
ДЕЕСПОСОБНОСТ||Ь *сущ* (*правоспособность*) (legal) ability (capacity, competence); ability (capacity) to act (to perform); capacity for rights (for legal relations) ◊ **иметь завещательную право- и дееспособность** to be testable; **иметь процессуальную** ~ to have (legal) capacity to sue; stand in court; **обладать брачной** ~**ю** to be marriageable; **ограничивать в** ~**и** to incapacitate
лишение ~**и** interdiction; **ограничение** ~**и** disqualification; (legal) incapacity (incapacitation); special disability; **ограничение** ~**и по признаку вероисповедания** religious disqualification; **ограничение** ~**и по признаку возраста** age disqualification; **ограничение** ~**и по признаку половой принадлежности** sex disqualification; **ограничение** ~**и по признаку расовой принадлежности** race disqualification; **установление право- и | или** ~**и**

identification of capacities;
утрата ~и loss of legal ability (capacity)
брачная ~ marriageability; (legal) ability (capacity) to marry
гражданская ~ legal ability (capacity)
договорная ~ contractual (treaty-making) capacity
завещательная ~ testability; testamentary capacity
лишённый право- и | или ~и disabled; incapacitated
международная ~ international capacity to act
процессуальная ~ ability (capacity) to sue
свидетельская право- и ~ competence of a witness
уголовно-правовая ~ criminal ability (capacity); liability (responsibility) (*to punishment*)

ДЕЕСПОСОБН⏐⏐ЫЙ *прил* (*правоспособный*) (legally) able (capable); competent; personable ◊ **становиться ~ым** to acquire discretion
~ое лицо legal man (person)

ДЕЗЕРТИР *сущ* deserter; (*беглец тж*) fugitive; runaway

ДЕЗЕРТИРСТВО *сущ* desertion

ДЕЗИНФОРМАЦИЯ *сущ* misinformation

ДЕЙСТВЕННОСТЬ *сущ* effectiveness; efficacy; efficiency ◊ **придавать ~ чему-л** to give effect to smth; make smth effective

ДЕЙСТВЕНН⏐⏐ЫЙ *прил* effective; efficacious; efficient **~ые меры** effective measures

ДЕЙСТВИ⏐⏐Е *сущ* act; action; operation; (*воздействие, результат*) effect; (*деятельность*) activity; (*функционирование*) functioning; performance ◊ **вводить в ~** to put into operation; (*о договоре*) to bring into effect (into force); (*о законе*) to bring into effect (into force); enact; enforce; give effect (*to*); implement; **вступать в ~** (*о заводе и т.п.*) to be commissioned; come into operation; (*о законе*) to be enacted (enforced); come into effect (into force); **иметь обратное ~** to relate back; **контролировать свои ~я** to control one's actions; **лишать юридического ~я** to invalidate; override; **оказывать ~** (*воздействие*) (*на*) to exert an influence (*on | upon*); have an effect (*on*); influence; **подпадать под ~ закона** to come within the purview of law; **получить свободу ~й** to have a free hand; **предоставлять свободу ~й** to give smb a carte blanche; **предпринимать ~я** to take steps; **предпринимать ~я превентивного или принудительного характера** to take preventive or enforcement action; **прекращать ~** (*договора и т.п.*) to terminate (*a treaty etc*); **приостанавливать ~** (*закона и т.п.*) to suspend (*a law etc*); **продлевать ~** (*договора и т.п.*) to extend (prolong) the validity (*of a treaty*

etc); **совершать** ~ to perform an act
воздержание от ~**я** act of omission; **оскорбление** ~**м** battery; **протокол следственных** ~**й** record(s) (report) of investigative actions
~ **договора** force of a treaty
~ **закона** operation of a law
~ **закона во времени** operation of a law in time
~ **закона в пространстве** operation of a law in space
~ **или бездействие** act or omission
~, **нарушающее право** infringing act
~ **непреодолимой силы** act of God; force-majeure effect (circumstances)
~, **опасное для жизни** act endangering life
~, **предписанное законом** act warranted by law
~ **принудительного характера** enforcement action
~ **публичного характера** act of public nature
~, **совершённое в осуществление преступления** act in furtherance of a crime
~**я** (*поведение*) **сторон** conduct of the parties
агрессивные ~**я** acts of aggression
военные ~**я** hostilities
встречное ~ counter-action
встречные процессуальные ~**я** cross-proceedings
дальнейшее ~ further effect
доказуемое ~ provable act
мятежные ~**я** (acts of) mutiny

недозволенные (недопустимые) ~**я** inadmissible (impermissible) action (acts)
незаконные (противоправные) ~**я** illegal (unlawful) action (acts); malpractice; wrong(ful) acts
неправомерные ~**я** illegal (injurious) acts; misconduct; wrong(ful) acts
несанкционированные ~**я** unauthorized action
обратное ~ back action; retroaction; relation back
обязывающее ~ (*договора и т.п.*) binding effect
оспоримое ~ voidable act
ответные ~**я** reprisals; retaliatory action (acts)
отлагательное ~ delaying effect
побочное ~ by-effect
правомерные ~**я** lawful (legal) action (acts)
превентивные ~**я** preventive action (acts)
преступные ~**я** criminal action (acts)
принудительные (насильственные) ~**я** enforcement (forcible) action (acts)
противоправные (незаконные) ~**я** illegal (unlawful) action (acts); malpractice; wrong(ful) acts
процессуальные ~**я** (*сторон*) pleadings
розыскное ~ search activity
санкционированные ~**я** authorized action
скрытое (тайное) ~ covert act
следственное ~ investigative

action
совместные ~я joint action
согласованные ~я concerted action (acts)
тайное (скрытое) ~ covert act
юридическое ~ act in law; juristic (legal) act (operation)
явное ~ overt act
ДЕЙСТВИТЕЛЬНО *нареч* actually; indeed; really; (*остаётся в силе – об оферте и т.п.*) firm
ДЕЙСТВИТЕЛЬНОСТ‖**Ь** *сущ* (*реальность*) reality; (*законная сила – о договоре и т.п.*) force; validity ◊ **в ~и** actually; as a matter of fact; in effect; in (point of) fact; in reality; **оспаривать ~ документа** to challenge (dispute) the validity of a document
~ (договора и т.п.) во времени temporal validity
~ по существу essential (intrinsic, substantial) validity
формальная ~ (*договора и т.п.*) formal validity
юридическая ~ validity (in law)
ДЕЙСТВИТЕЛЬН‖**ЫЙ** *прил* (*реальный*) actual; real; true; (*имеющий законную силу – о договоре и т.п.*) effective; good; valid; (*тж в постпозиции*) in effect; in force
~ая военная служба active military service
~ член (*организации и т.п.*) full member
ДЕЙСТВОВАТЬ *гл* to act; function; operate; (*иметь законную силу – о договоре, законе и т.п.*) to be effective (operative); be in effect (in force); (*о документе*) to be valid
~ в соответствии с общественным мнением to act in agreement with public opinion
~ добросовестно to act in good faith
~ на началах взаимности to reciprocate
~ неправильно to act improperly
ДЕЙСТВУЮЩ‖**ИЙ** *прил* (*настоящий, реальный*) acting; actual; current; existing; (*имеющий законную силу – о договоре, законе и т.п.*) effective; (*тж в постпозиции*) in effect; in force; (*о документе*) valid
~ договор treaty in force
~ закон current (effective, existing, working) law (statute); law (statute) in effect (in force); law for the time being; operative (standing) law
~ее законодательство active (continuing, continuous) legislation; current (effective, existing, working) legislation; legislation in effect (in force)
~ее право good law
ДЕКЛАРАЦИ‖**Я** *сущ* declaration; manifest; (*таможенная тж*) entry ◊ **заполнять ~ю** to fill in [*амер* – out, up] a declaration; **подавать (предъявлять) ~ю** to produce a declaration; (*налоговой декларации*) to file a tax declaration (return); **подавать**

таможенную ~ю о судне to enter a ship at customs (at the custom-house); подписать ~ю to sign a declaration; подписание ~и signing of a declaration
~ авиагруза plane's manifest
~, имеющая обязательную (юридическую) силу legally binding declaration
~ капитана captain's (master's) declaration (entry)
~ о доходах income declaration (statement)
~ о предъявлении товара к сдаче tender
~ прав declaration of rights
~ судового груза manifest of cargo; ship's manifest
валютная ~ currency declaration
ввозная таможенная ~ bill of entry
Всеобщая ~ прав человека Universal Declaration of Human Rights
импортная таможенная ~ import declaration (entry)
налоговая ~ tax declaration (return)
односторонняя ~ unilateral declaration
политическая ~ political declaration
предварительная таможенная ~ bill of sight; pre-entry; prime (sight) entry
санитарная ~ declaration of health
совместная ~ joint declaration
таможенная ~ customs declaration (entry)
торжественная ~ solemn declaration
экспортная таможенная ~ export declaration (entry)

ДЕКРЕТ *сущ* decree ◊ согласно ~у under the decree; издать ~ to decree; issue a decree

ДЕЛЕГАТ *сущ* delegate

ДЕЛЕГИРОВАТЬ *гл* (*направлять*) to delegate; send as a delegate; (*передавать полномочия*) to delegate one's powers (*to*)

ДЕЛИКТ *сущ* (*правонарушение*) delict; tort; (legal) wrong
~ против личности personal tort
вменяемый ~ alleged tort
гражданский ~ civil tort
имущественный ~ property tort
международно-правовой ~ international delict (delinquency, tort); internationally wrongful act
публично-правовой ~ public tort
частноправовой ~ private tort

ДЕЛИНКВЕНТ *сущ* (*правонарушитель*) delinquent; tortfeasor; trespasser
агрессивный ~ aggressive (violent) delinquent
закоренелый ~ hard-core (persistent) delinquent
несовершеннолетний ~ juvenile delinquent
потенциальный ~ potential delinquent
предполагаемый ~ alleged delinquent

прирождённый~ delinquent by birth

ДЕЛ||О *сущ* affair; (*занятие*) business; work; (*начинание, предприятие*) business; undertaking; (*предмет, цель*) cause; [*юр*] case; (*досье*) record of the proceeding(s) ◊ **вести ~а** to do (carry on, transact) business; (*возглавлять фирму и т.п.*) to conduct (handle, run) a business; **вести ~** [*юр*] to conduct (plead, prosecute) a case (an action); **возбуждать ~** (*против*) to bring (commence, enter, file, initiate, lay, start) an action (a suit) (*against*); bring (initiate) a case before the court; initiate (institute, take) a legal action (the proceeding|s) (*against*): sue; (*об уголовном деле тж*) to institute a criminal charge (*against*); **возвращать ~ из вышестоящего в нижестоящий суд** to relegate (send back) a case; **возобновлять ~** to reopen a case; **выиграть ~** to win an action (a case); **защищать ~** (*в суде*) to plead a case (a cause) (*in court*); **излагать ~** (*в суде*) to present a case; lay a case before the court; **истребовать ~ из нижестоящего суда в вышестоящий** to evoke a case; **назначать слушание ~а** to appoint a hearing; **направлять (передавать) ~ в арбитраж (в суд)** to submit (refer) a case (a matter) to arbitration (to the court); (*о вышестоящей инстанции тж*) to send up a case; **откладывать ~ до определённой даты** to remit a case till a certain date; **открывать своё ~** [*комм*] to start one's own business; **пересматривать ~** (*в суде*) to reconsider (reexamine, retry) a case; **прекращать ~** (*в суде*) to dismiss a case; (*по обвинению*) to dismiss a charge; vindicate (*smb*) from a charge; **принимать ~ к производству** to accept a matter for processing; take over a case; **приобщать к ~у** to enter upon the record; **проиграть ~** to lose an action (a case); **разрешать ~** (*в суде*) to decide (dispose of, resolve) a case; **расследовать ~** to investigate a case; **рассматривать (слушать) ~** (*в суде*) to consider (examine, hear, try) a case; hold a plea; (*по обвинению*) to probe a charge; **решать ~в чью-л пользу** to decide (resolve) a case (a matter) in smb's favour

по обстоятельствам ~а based on the circumstances of a case (of a matter); **по существу ~а** on the merits of a case; **по тому же ~у** on the same matter; **при слушании ~а** during the hearing of a case

возобновление ~а [*юр*] revivor; **возражение по существу ~а** general exception; **данные по ~у** case findings; data of a case; **заочное разбирательство ~а** examination of a case in absentia; **изложение ~а** presentation of a case; **исход**

~а outcome of a case; **материалы** ~а materials of a case; materials relating to a case (to a matter); **не относящийся к** ~у impertinent; irrelevant; redundant; **обвиняемый по** ~у defendant in a case; **обстоятельства** ~а circumstances (facts) in (of) a case; **относящийся к** ~у pertinent; relevant; **пересмотр** ~а reconsideration (reexamination) of a case; retrial; trial de novo; **прекращение** ~а (производства по ~у) abatement of a suit; dismissal of a case (of an action); (*до суда*) pretrial dismissal; **приобщение к материалам** ~а deposition; **разбирательство (рассмотрение, слушание)** ~а examination (hearing) of a case; **разрешение** ~а decision (disposition) of a case; **стороны по** ~у parties to a case (to an action, a lawsuit); **ход** ~а progress of a case; **ходатайство о пересмотре** ~а motion for a new trial

~а, **входящие во внутреннюю компетенцию государства** matters within the domestic jurisdiction of a state

~а, **объединённые в одно производство** consolidated cases

~, **выигранное защитой** case for the defence

~, **выигранное обвинением** case for the prosecution

~, **затрагивающее общественные интересы** matter of public concern

~ **на рассмотрении суда** case at bar; pending matter

~, **находящееся в производстве** case in charge

~ **о разводе** divorce case

~, **подлежащее судебному рассмотрению** case for a trial

~, **подсудное Верховному суду** case within the jurisdiction of the Supreme Court

~, **принятое к производству судом** matter accepted for processing (for a trial in court)

~, **являющееся предметом спора** case (matter) in dispute; point at issue

банковское ~ banking

бездоказательное ~ unsubstantiated case

безотлагательное ~ pressing (urgent) business (matter)

бракоразводное ~ divorce case

внутренние ~а domestic (home, internal) affairs

выгодное ~ profitable business

гражданское ~ civil case

иностранные ~а external (foreign, international, world) affairs

конкретное ~ specific case

личное ~ personal history

незаконченное судебное ~ pending lawsuit

неотложное ~ pressing (urgent) business (matter)

рассматриваемое ~ case in point

служебное ~ official business

спорное ~ contentious case

судебное ~ action (at law); case (at law); cause; (*law*) suit

трудовое ~ labour case
ДЕЛОПРОИЗВОДИТЕЛЬ
сущ chief clerk; filing clerk
ДЕЛОПРОИЗВОДСТВО
сущ clerical work; record keeping; (*суда*) proceedings (records) of a court
ДЕЛЬКРЕДЕРЕ *сущ* [*фин*] [*итал*] (*поручительство комиссионера за выполнение покупателем его финансовых обязательств*) del credere
ДЕМАРКАЦИЯ *сущ* demarcation
 ~ границ demarcation of borders (of frontiers)
ДЕМАРШ *сущ* [*дип*] [*франц*] démarche ◊ **предпринимать дипломатический** ~ to make a diplomatic démarche
ДЕМЕР(Р)ЕДЖ *сущ* [*фин*] [*франц*] (*плата за простой судна*) demurrage ◊ **держать** (*судно*) **на** ~**е** to keep (*a vessel*) on demurrage
ДЕМИЛИТАРИЗАЦИЯ *сущ* [*воен*] demilitarization
ДЕМОБИЛИЗАЦИЯ *сущ* demobilization
ДЕМПИНГ *сущ* [*экон*] dumping ◊ **заниматься** ~**ом** to dump; practise dumping
валютный ~ currency dumping
товарный ~ commodity dumping
ДЕНАТУРАЛИЗАЦИЯ *сущ* (*лишение гражданства*) denaturalization; deprivation (termination) of citizenship
ДЕНЕЖН∥ЫЙ *прил* money; monetary; (*относящийся к деньгам*) pecuniary; (*финансовый*) financial
 ~**ая единица** monetary unit
 ~**ая масса** money supply
 ~**ая наличность** cash assets (balance); cash in hand
 ~**ая ссуда** (money) loan
 ~**ое встречное удовлетворение** money consideration
 ~**ое обращение** money (monetary) circulation
 ~**ое** (*валютное*) **соглашение** monetary agreement
 ~**ые средства** funds; resources
 ~ **документ** monetary (pecuniary) document
 ~ **курс** money rate
 ~ **перевод** (cash) remittance; money order; postal order
 ~ (*валютный*) **рынок** currency (money) market
ДЕНОНСАЦИЯ *сущ* denunciation
ДЕНЬ *сущ* day; (*дата*) date ◊ **в** ~, **назначенный для погашения долга** at maturity; **в намеченный** ~ on a fixed (scheduled) day (date); **до настоящего дня** up to this date; **на** ~ **платежа** on the day (date) of payment; **с этого дня** from this day (date) forth
 ~ **выборов** polling day
 ~ **вынесения вердикта** date of a verdict
 ~ **вынесения судебного решения** date of a judgement (of a court decision, ruling)
 ~ **выплаты** (*зарплаты*) pay day
 ~ **закрытия** (*конференции и т.п.*) closing day (date)

~ осуждения date of conviction
~ отбытия day (date) of departure
~ открытия (*конференции и т.п.*) opening day (date)
~ платежа day of payment
~ поставки day of delivery
~ прибытия day (date) of arrival
~ явки (*в суд*) date of appearance (*in court*)
выходной ~ day off; day of rest; free day
назначенный (установленный) ~ fixed (scheduled) day (date)
неприсутственный ~ (*в суде*) [*лат*] dies non juridicus
присутственный ~ (*в суде*) juridical day; [*лат*] dies juridicus
рабочий ~ workday; working day
сплошные дни (*включая воскресенья и праздники*) [*мор*] running days
сталийные (стояночные) дни [*мор*] lay days
установленный (назначенный) ~ fixed (scheduled) day (date)
ДЕН‖ЬГИ *сущ* money; (*валюта*) currency ◊ брать ~ взаймы to borrow money; брать ~ со счёта to draw money from one's account; вносить ~ в депозит to place money on deposit; выплачивать ~ to pay money; выпускать ~ (*в обращение*) to issue money; изымать ~ из обращения to redeem (withdraw) money from circulation; обменивать ~ to exchange currency (money); сбывать фальшивые ~ to utter counterfeit (false) money; отмывание (грязных) ~ег money-laundering
~ на депозите deposit money; money on deposit
~ на мелкие расходы pocket money
бумажные ~ paper (soft) money
горячие ~ (*спекулятивный денежный капитал*) hot money
командировочные ~ travelling allowance
местные ~ local currency (money)
металлические ~ metallic currency (coinage)
наличные ~ cash; ready cash (money); money in cash (in hand)
обесценивающиеся ~ cheap (easy) money
фальшивые ~ counterfeit (false) money
ДЕПЕШ‖А *сущ* [*дип*] (*донесение*) dispatch ◊ доставлять ~у to deliver a dispatch
ДЕПОЗИТ *сущ* [*фин*] deposit ◊ вносить деньги в ~ to place money on deposit; в ~ on deposit
банковский ~ bank deposit
краткосрочный ~ short deposit
обычный ~ general deposit
срочный ~ fixed (time) deposit
ДЕПОЗИТАРИ‖Й *сущ*

[*дип*] (*доверенное лицо, ответственный хранитель*) depositary; (*имущества*) bailee ◊ **назначать ~я** to appoint a depositary; **сдавать** (*документ*) **на хранение ~ю** to place (*an instrument*) in the custody of a depositary; **государство-~** depositary state
~ договора (**конвенции** *и т.п.*) depositary of a treaty (of a convention *etc*)
~ спорного имущества stakeholder

ДЕПОНЕНТ *сущ* [*фин*] depositor

ДЕРЖАВА *сущ* power
великая ~ great power
враждебная ~ hostile power
дружественная ~ friendly power
морская ~ maritime power
неядерная ~ non-nuclear power
ядерная ~ nuclear power

ДЕРЖАТЕЛЬ *сущ* holder
~ акций shareholder; stockholder
~ векселя bearer (holder) of a bill
~ залога holder of a pledge
~ облигаций bondholder; debenture holder
~ (страхового) полиса policy holder
законный (правомерный) ~ holder in due course; legal holder
предшествующий ~ prior holder

ДЕРЗОСТЬ *сущ* impudence
ДЕТЕКТИВ *сущ* detective

частный ~ private detective
ДЕТОУБИЙСТВО *сущ* filicide; infanticide
ДЕФЕКТ *сущ* defect; deficiency; fault
скрытый ~ (*в товаре*) inherent vice
ДЕФЕКТИВНЫЙ *прил* (*психически неполноценный*) (mentally) defective (deficient, handicapped)
ДЕФИЦИТ *сущ* [*экон*] deficit
~, вызванный внешним фактором externally induced deficit
~ платёжного баланса deficit of the balance of payments; external payments deficit
~ торгового баланса deficit of the balance of trade; visible trade deficit
ДЕФЛЯЦИЯ *сущ* [*экон*] deflation
ДЕ-ЮРЕ *нареч* [*юр*] [*лат*] de jure ◊ **признавать ~** to recognize de jure
ДЕЯНИ‖Е *сущ* act of commission; (criminal) act; deed ◊ **совершать ~** to commit an act; **устанавливать наличие или отсутствие общественно опасного ~я** to establish the presence or absence of a socially dangerous act; **субъект ~я** committer; perpetrator
запрещённое ~ prohibited act
наказуемое ~ punishable act (offence)
общественно опасное ~ socially dangerous act
противоправное ~ wrongful act

ДЕЯТЕЛЬНОСТ‖**Ь** *сущ* activity; activities; enterprise; work ◊ **вовлекать кого-л в преступную ~** to involve smb in criminal activity: **заниматься преступной (недозволенной) ~ю** to be involved in criminal (illicit, unlawful) activity; **во всех областях умственной ~и** in all branches of intellectual activity; **осуществление профессиональной ~и** exercise of one's professional activity

~, квалифицируемая как фелония felonious activity (enterprise)
государственная ~ public (social) activities
законная ~ legitimate activity (enterprise)
законодательная ~ legislation
изобретательская ~ inventive activity
информационная ~ information activity
коммерческая ~ commercial activity
лицензионная ~ licensing activity
научно-исследовательская ~ research (activity)
незаконная ~ illegal (illicit, unlawful) activity
нормотворческая ~ legislation
общественная ~ public (social) activities
оперативно-розыскная ~ operational investigation(s)
педагогическая ~ educational work; teaching
подрывная ~ subversion; subversive activities; (*подстрекательство к бунту, мятежу*) sedition
преступная ~ criminal activity (enterprise)
профсоюзная ~ trade-union activity
творческая ~ creative activity
текущая законодательная ~ current legislation
трудовая ~ labour activity
умственная ~ mental activity
хозяйственная ~ economic (business) activity

ДИВЕРСИ‖**Я** *сущ* (*подрывная деятельность*) subversion; subversive activities; (*саботаж*) sabotage ◊ **осуществлять ~ю** to commit (perform) an act of sabotage

ДИВИДЕНД *сущ* dividend ◊ **выплачивать ~ы** to pay dividends; **распределять ~ы** to distribute dividends
годовой ~ annual dividend
невостребованный ~ unclaimed dividend
невыплаченный ~ unpaid dividend
предварительный (промежуточный) ~ interim dividend
регулярный ~ regular dividend

ДИЛЕР *сущ* dealer
~ по операциям с ценными бумагами dealer in securities
биржевой ~ dealer in stocks; exchange dealer
официальный ~ authorized dealer

ДИПЛОМАТ *сущ* [*дип*] diplo-

mat
профессиональный ~ career diplomat

ДИПЛОМАТИЧЕС-КʜЙ *прил* [*дип*] diplomatic ◊ **~им путём** through diplomatic channels

~ая акция diplomatic action

~ая виза diplomatic visa

~ая деятельность diplomatic activity

~ая корреспонденция (переписка) diplomatic correspondence

~ая миссия diplomatic mission; (*командировка, поручение*) diplomatic assignment

~ая неприкосновенность diplomatic immunity

~ая нота diplomatic note

~ая почта diplomatic mail

~ая служба diplomatic service

~ие документы diplomatic documents

~ие круги diplomatic circles

~ие отношения diplomatic relations

~ие привилегии и иммунитеты diplomatic privileges and immunities

~ агент (представитель) diplomatic agent (representative)

~ иммунитет diplomatic immunity

~ канал diplomatic channel

~ корпус diplomatic corps (body)

~ курьер diplomatic courier (messenger)

~ наблюдатель diplomatic observer

~ паспорт diplomatic passport

~ персонал diplomatic personnel (staff)

~ протокол diplomatic protocol

~ ранг diplomatic rank

~ статус diplomatic status

~ церемониал diplomatic ceremonial

~ этикет diplomatic etiquette

~ое право diplomatic law

~ое представительство diplomatic representation; (*миссия*) diplomatic mission

~ое убежище diplomatic asylum

ДИПЛОМАТИʜЯ *сущ* [*дип*] diplomacy ◊ **искусство ~и** art of diplomacy

открытая ~ open diplomacy

публичная ~ public diplomacy

тайная ~ secret diplomacy

ДИСКВАЛИФИКАЦИʜЯ *сущ* disqualification ◊ **подвергаться ~и** to incur disqualification

ДИСКВАЛИФИЦИРОВАТЬ *гл* to disqualify; unqualify

ДИСКЛАМАЦИЯ *сущ* (*отказ от права*) disclaimer

ДИСКОНТ *сущ* [*фин*] (*скидка, процент скидки*) discount

банковский ~ bank discount

коммерческий ~ commercial discount

ДИСКРЕДИТАЦИЯ *сущ* discredit (*to*); discrediting (*of*); defamation of character; (*опорочивание*) impeachment

~ свидетельских показаний impeachment of testimony

~ **свидетеля** impeachment of (imputation against) a witness

ДИСКРЕДИТИРОВАТЬ *гл* to bring discredit (*on | upon*); discredit

ДИСКРЕДИТИРУЮЩИЙ *прил* (*бесчестящий, позорящий*) defamatory

ДИСКРИМИНАЦИ‖Я *сущ* discrimination ◊ **подвергаться** ~**и** to be subjected to discrimination; **ликвидация всех форм расовой** ~**и** abolition (elimination) of all forms of racial discrimination

расовая ~ racial discrimination

религиозная ~ religious discrimination

экономическая ~ economic discrimination

ДИСКУССИЯ *сущ* debate; discussion

ДИСПАШ‖А *сущ* [*мор страх*] (*распределение убытков по общей аварии между участниками рейса*) average adjustment ◊ **составлять** ~**у** to adjust (make up) the average

ДИСПАШЕР *сущ* average adjuster

ДИСЦИПЛИН‖А *сущ* discipline; ◊ **соблюдать** ~**у** to maintain discipline; **нарушение** ~**ы** breach of discipline; **нарушитель** ~**ы** violator of discipline; [*воен*] defaulter

бюджетная ~ budget(ary) discipline

денежная ~ monetary discipline

договорная ~ contract(ual) discipline

жёсткая (строгая) ~ exact (harsh, stern, strict) discipline

производственная ~ production discipline

трудовая ~ labour discipline

финансовая ~ financial discipline

ДИСЦИПЛИНАРН‖ЫЙ *прил* disciplinary

~**ая мера** disciplinary action

~**ая ответственность** disciplinary responsibility

~ **ое взыскание** disciplinable action (exactment, fine, penalty, punishment)

~ **арест** disciplinary arrest

~ **проступок** disciplinable offence

~ **суд** disciplinary court

ДИСЦИПЛИНИРОВАННЫЙ *прил* disciplined

ДИФФАМАЦИЯ *сущ* (*разглашение позорящих кого-л сведений*) damaging words; defamation; defamatory imputation; (*клевета тж*) calumny; (criminal) libel; slander

злоумышленная ~ malicious defamation

ДОБИВАТЬСЯ, добиться *гл* to seek; secure; strive (*for*)

~ **вынесения судебного решения в свою пользу** to recover (secure) a judgement

~ **заключения договора** to secure a treaty

~ **назначения взыскания (наказания)** to seek a sanction

~ **признания** to strive for recognition; (*добиться*) to win

recognition
~ **своего** to gain one's point
~ **совершения преступления** to seek a crime

ДОБРОВОЛЬНО *нареч* voluntarily

ДОБРОВОЛЬН‖ЫЙ *прил* voluntary
~**ая явка** voluntary appearance
~**ое подчинение** voluntary subordination
~**ое признание** voluntary confession
~**ые взносы** voluntary contributions

ДОБРОДЕТЕЛЬ *сущ* virtue
~ **и порок** virtue and vice

ДОБРОСОВЕСТНО *нареч* in good faith; [*лат*] bona fide

ДОБРОСОВЕСТНОСТЬ *сущ* good conscience (faith); honesty
~ **притязаний** good faith of claims
разумная ~ reasonable good faith

ДОБРОСОВЕСТН‖ЫЙ *прил* honest; [*лат*] bona fide
~**ое владение** possession bona fide
~ **владелец** bona fide possessor: possessor in good faith
~ **приобретатель** bona fide purchaser
~ **участник договора** innocent party

ДОВЕРЕННОСТ‖Ь *сущ* letter (power, warrant) of attorney (of authority); procuracy; procuration; proxy ◊ **аннулировать** ~ to cancel (revoke) a power of attorney; **выдавать** ~ to give smb (invest smb with) a power of attorney; **оформлять** ~ to draw up a power of attorney; **получать деньги по** ~**и** to draw money by warrant; **предъявлять** ~ to present (produce) a power of attorney; (*в банк*) to submit a warrant to a bank

ведение дела по ~**и** procuration; **дата** ~**и** date of a power of attorney; warrant date; **по** ~**и** by attorney; by proxy; per procuration; **получение** ~**и** receipt of a power of attorney; warrant receipt; **срок действия** ~**и** period (term) of a power of attorney (of a warrant)

~, **делегирующая полномочия** letter of attorney delegating powers
~ **на имя** ... power of attorney (warrant) in the name of...
~ **на инкассацию долгов** power of attorney to collect debts
~ **на общее управление делами доверителя** power of attorney for the general management of the grantor's affairs
~ **на получение дивидендов** dividend warrant
~ **на право подписи (подписания документов)** right to sign by proxy; signatory power
~ **с правом передоверия** power of attorney and substitution
выданная ~ issued power of attorney (warrant)

общая ~ general power of attorney (warrant)
предъявленная ~ presented (produced) power of attorney (warrant)
специальная ~ special power of attorney (warrant)

ДОВЕРЕНН‖ЫЙ *сущ* agent; attorney (in fact); fiduciary; proxy ◊ **действовать в качестве чьего-л ~ого** to stand proxy (*to*) *прил* confidential

ДОВЕРИ‖Е *сущ* confidence; credence; credit; trust ◊ **завоевать ~** to gain (win) smb's confidence; **злоупотреблять ~м** to abuse smb's confidence; **обмануть ~** to betray smb's confidence; **оказывать ~** to give credence (*to*); **отказывать в ~и** to refuse credence; **пользоваться ~м** to enjoy smb's confidence; **поставить вопрос о ~и** to call for a vote of confidence; **потерять ~** to lose confidence (credit)
вотум ~я vote of confidence;
заслуживающий ~я credible; trustworthy; **злоупотребление ~м** abuse of confidence; confidence game (trick); violation of trust; **меры по укреплению ~я и безопасности** confidence-and-security-building measures; **пользующийся ~м** confidential; **свидетель, заслуживающий ~я** credible witness

ДОВЕРИТЕЛЬ *сущ* grantor; principal
~ и доверенный principal and agent

ДОВЕРИТЕЛЬНО *нареч* confidentially; in confidence

ДОВЕРИТЕЛЬН‖ЫЙ *прил* confidential
~ая собственность trust
~ собственник trustee; trust owner; (*в силу завещания*) testamentary trustee; (*по назначению суда*) conventional (court-appointed) trustee; trustee of the court

ДОВЕРЯТЬ, доверить *гл* to credit; give credence (*to*); trust; (*вверять кому-л что-л*) to entrust smb (*with*)

ДОВОД *сущ* argument; reason; (*в суде тж*) submission ◊ **излагать ~ы** to state one's case; **опровергать ~ы** to refute arguments; **приводить ~ы в пользу (против) чего-л** to advance (adduce) arguments (reasons) in favour of (against)
~, не относящийся к существу дела extraneous argument
~ противной стороны adversary's argument
~ы за и против the pros and cons
веский ~ weighty argument
необоснованный ~ unsound argument
неубедительный ~ unconvincing (weak) argument
обоснованный ~ sound argument
убедительный ~ convincing (strong) argument

ДОГМА *сущ* dogma
ДОГМАТ *сущ* tenet
ДОГМАТИЧЕСКИЙ *прил*

dogmatic

ДОГОВАРИВАТЬСЯ, договориться *гл* to arrange (*for*); make an arrangement (*for*); negotiate

ДОГОВОР *сущ* contract; covenant; (*международный*) treaty ◊ **быть связанным ~ом** to be bound by a treaty; **вступать в ~** to enter into a treaty; **выходить из ~а** to withdraw from a treaty; **денонсировать ~** to denounce a treaty; **заключать ~** to conclude (effect) a treaty; make a contract; (*о договоре страхования*) to effect a policy; **зарегистрировать ~** to register a treaty; **исполнять ~** to execute (perform) a treaty; (*о договоре за печатью*) to execute under a seal; **лишать ~ (законной) силы** to invalidate (vitiate) a treaty; render a treaty invalid; **нарушать ~** to commit a breach of (violate) a treaty; **оспаривать ~** to challenge (dispute) a treaty; **отказываться от ~а** to renounce (repudiate) a treaty; **парафировать ~** to initial a treaty; **подписать ~** to sign a treaty; **придерживаться ~а** to abide by (adhere to, observe) a treaty; **прилагаться к ~у** to be appended to a treaty; **присоединяться к ~у** to accede to a treaty; **продлевать действие ~а** to extend (prolong) the validity of a treaty; **ратифицировать ~** to ratify a treaty; **соблюдать ~** to observe a treaty; **составлять ~** to draw up a treaty

во исполнение ~а in pursuance of a treaty; **вступление ~а в силу** coming (entry) of a treaty into force; **выполнение условий ~а** fulfilment of the terms of a treaty; **выход из ~а** withdrawal from a treaty; **денонсация ~а** denunciation of a treaty ; **исполнение ~а** execution of a treaty; (*о договоре в натуре*) specific performance; (*в судебном порядке*) enforcement of a contract; **нарушение ~а** breach (violation) of a treaty; **основные статьи ~а** substantive articles of a treaty; **отказ от ~а** renunciation of a treaty; **положения ~а** provisions of a treaty; **предмет ~а** subject(-matter) of a treaty; **предусмотренный ~ом** provided for (stipulated) by (in) a treaty; **прекращение (обязательств из) ~а** discharge of a contract; termination of a treaty; **присоединение к ~у** accession to a treaty; **продление срока действия ~а** prolongation (of the validity) of a treaty; **стороны в ~е** parties to a treaty; **толкование ~а** interpretation of a treaty

~ аренды contract of tenancy; lease (leasing) agreement (arrangement)

~ в пользу третьего лица contract for the benefit of a third party; third party beneficiary contract

~, заключённый путём конклюдентных (молчаливых)

действий tacit agreement (contract)

~ **за печатью** contract under a seal; deed; specialty contract

~ **купли-продажи** contract of purchase (of sale); (*с исключительными правами*) exclusive sales (selling) agreement (contract); (*в рассрочку*) hire-purchase agreement

~ **(личного) найма** contract of employment; individual employment (hiring) contract; labour (service) contract

~ **об имущественном найме** contract for hire (for lease) of property

~ **об исключительном праве на продажу** exclusive sales (selling) agreement (contract)

~ **об установлении границ** boundary treaty

~ **об учреждении акционерной компании** memorandum of association

~ **о взаимной безопасности** treaty of mutual security

~ **о взаимопомощи** mutual assistance treaty

~ **о воздушной перевозке грузов** contract for carriage of goods by air

~ **о всеобщем и полном разоружении** treaty on general and complete disarmament

~ **о выдаче преступников (об экстрадиции)** treaty of extradition

~ **о дружбе** treaty of friendship

~ **о железнодорожной перевозке грузов** contract for carriage of goods (of freight) by railway

~ **о личном страховании** personal insurance contract

~ **о морской перевозке грузов** contract for carriage of goods by sea; contract of affreightment

~ **о нейтралитете** treaty of neutrality

~ **о ненападении** non-aggression treaty

~ **о нераспространении ядерного оружия** non-proliferation treaty

~ **о патентах** patent contract

~ **о перевозке** (*грузов*) contract of carriage

~ **о поставках** contract of delivery

~ **о раздельном проживании супругов** contract of separation

~ **о товарообмене** contract of exchange and barter

~ **о торговле и мореплавании** treaty of commerce and navigation

~ **о фрахтовании судна** (*чартер-партия*) charter-party; (*на срок*) time-charter

~ **о цессии** treaty of cession

~ **-пари** wagering contract

~ **, подлежащий исполнению** (*по суду*) executory contract

~ **подряда** turnkey contract

~ **по решению суда** contract of record; judgement contract

~ **поручительства** contract of guarantee

~ **продажи** contract of sale

~ **продажи и доставки** sale

and delivery (contract)
~ **с адвокатом** retainer
~ **смешанного типа** mixed contract
~ **страхования** contract of insurance; insurance contract; (*жизни*) life insurance contract (policy)
агентский ~ (contract of) agency
бессрочный~ treaty of unlimited duration
гарантийный ~ treaty of guarantee
двусторонний ~ bilateral treaty
действительный ~ valid contract (treaty)
закрытый~ restricted treaty
исполненный ~ (*по суду*) executed contract
коллективный ~ collective agreement (bargain, treaty)
лицензионный ~ licence contract
международный ~ international treaty
мирный ~ peace treaty
многосторонний ~ multilateral (multipartite) treaty
недействительный ~ invalid contract (treaty)
неравноправный ~ inequitable treaty
обязывающий ~ binding treaty
основополагающий ~ basic treaty
открытый ~ open treaty
подразумеваемый ~ implied contract
правообразующий ~ lawmaking treaty
простой ~ simple contract
противоправный ~ illegal contract
равноправный ~ equitable treaty
союзный ~ treaty of alliance
срочный (специальный) ~ express contract
торговый ~ commercial (trade) contract (treaty); treaty of commerce
трудовой ~ labour contract
универсальный ~ universal treaty
устный ~ oral (parol, verbal) contract

ДОГОВОРЁННОСТ∥**Ь** *сущ* accord; agreement; arrangement; engagement; (*взаимопонимание*) understanding; (*консенсус*) consensus
◊ **достигать** ~**и** to achieve (attain, reach) agreement; **нарушать** ~ to break (violate) agreement; **в соответствии с достигнутой** ~**ю** in compliance with the agreement reached

~ **по процедурным вопросам** procedural agreement
правомерная ~ lawful agreement (arrangement)
предварительная ~ preliminary (tentative) agreement (arrangement)
противоправная ~ unlawful agreement (arrangement)
устная ~ oral (parol, verbal) agreement (arrangement)

ДОГОВОРН∥**ЫЙ** *прил* contractual; conventional; (*в*

значении прилаг-го) contract; treaty ◊ **на ~ой основе** on a contractual basis
~ая норма conventional rule
~ая подсудность contractual jurisdiction
~ая практика treaty practice
~ое обязательство contractual (treaty) commitment (obligation)
~ое (контрактное) право contract (contractual, conventional) law; law of contract(s) (of treaties)
~ое правоотношение contractual legal relations (relationship)
~ые льготы contractual privileges
~ые нормы treaty rules
~ые отношения contractual (conventional) relations (relationship); privity of a contract
~ые права treaty rights
~ые цены contract prices
~ режим treaty regime

ДОГОНЯТЬ, догнать *гл* (*преследовать*) to be after; chase; pursue; (*совершен вид*) to catch up (*with*)

ДОЗНАНИ‖Е *сущ* (*следствие*) inquest; inquiry; inquisition; investigation ◊ **производить ~** to conduct (hold) an inquiry (investigation); **участвовать в производстве ~я** to participate (take part) in an inquiry (investigation); **обвиняемый по ~ю** charged on inquisition; **орган ~я** agency of (immediate) inquiry (investigation); examining body; **по окончании ~я** upon completion of an inquiry (investigation); **при производстве ~я** during an inquiry (investigation)

ДОКАЗАННОСТЬ *сущ* proof
~ обвинения proof of a criminal charge
~ от противного proof from (to) the contrary
~ признанием вины proof of confession
~ признанием факта proof of admission
~ прямым доказательством proof by direct evidence
~ свидетельскими показаниями proof by evidence (by testimony)

ДОКАЗАТЕЛЬН‖ЫЙ *прил* evidential; evidentiary; probative
~ая сила evidential (evidentiary) force; probative value

ДОКАЗАТЕЛЬСТВЕНН‖ЫЙ *прил* evidential; evidentiary; probative
~ая презумпция presumptive evidence; prima facie evidence
~ая сила evidential (evidentiary) force; probative value
~ое право law of evidence
~ факт evidential (evidentiary) fact

ДОКАЗАТЕЛЬСТВ‖О *сущ* evidence; proof; (*аргумент*) argument; (*свидетельство тж*) testimony; witness ◊ **добывать (получать) ~а** to acquire (find, obtain, procure) evidence (proof); **допускать**

(принимать) ~а to admit evidence (proof); изымать (исключать) незаконно добытые ~а to exclude (suppress, withdraw) illegally obtained (procured) evidence (proof); опровергать ~а to negate (rebut, refute) evidence (proof); оспаривать ~а to challenge evidence (proof); подтверждать ~а to corroborate evidence (proof); получать ~а на месте to procure evidence on the spot; представлять (предъявлять) ~а to afford (bring forward, lay down, offer, present, produce, show) evidence (proof); (*в качестве доказательства тж*) to adduce evidence (proof); принимать в качестве ~а to accept as evidence (proof); receive in evidence; суммировать ~а to summarize evidence (proof)

виды доказательств types of evidence; в качестве ~а as (in) evidence; допустимость доказательств admissibility (permissibility) of evidence; наличие более веских доказательств preponderance of evidence; наличие минимальных доказательств scintilla of evidence; недостаток доказательств want of proof; обоснование ~а foundation of evidence; осмотр вещественных доказательств examination of demonstrative (physical, real, tangible) evidence; отсутствие доказательств failure of proof; предъявление доказательств presentation of evidence; презумпция ~а presumptive evidence; принимаемый в качестве ~а receivable in evidence; принятие доказательств admission of evidence; при отсутствии доказательств в пользу противного [*лат*] prima facie; сбор доказательств assembly of proof; сила ~а strength of the evidence; совокупность доказательств (*по делу*) cumulative evidence; weight of evidence

~а, представленные сторонами evidence produced by the parties

~ виновности proof of guilt

~ владения evidence (proof) of ownership

~ в пользу ответчика (подсудимого) evidence for the defendant

~, вытекающее из существа дела internal (intrinsic) evidence

~, данное под присягой evidence by affidavit; sworn evidence

~, достаточное при отсутствии возражений prima facie evidence

~ защиты evidence for the defence

~ мотива evidence (proof) of the motive

~, основанное на умозаключении opinion evidence

~ от противного evidence (proof) to the contrary; negative evidence (proof)

~ (*или показание*) по делу

evidence in the case
~ **подлинности завещания** probate
~ **, полученное в результате следственного эксперимента** evidence (proof) of an experiment
~**, полученное незаконным путём** illegally obtained (procured) evidence
~**, помогающее при опознании личности** (*преступника*) identifying evidence
~**, помогающее установить местопребывание** (*подозреваемого*) tracing evidence
~ **по уголовному делу** evidence in a criminal case
~**, принимаемое судом** legal evidence
~ **приоритета** evidence (proof) of priority
~**, связывающее подозреваемого с местом преступления** associative evidence
~ **совершения преступления** evidence (proof) of a crime
~ **с чужих слов** hearsay evidence (proof)
~ **факта** evidence (proof) of a fact
бесспорное ~ indubitable evidence
веское ~ hard (solid, strong) evidence
вещественное ~ demonstrative (physical, real, tangible) evidence; exhibit
документальное ~ documentary evidence
дополняющее ~ additional (adminicular) evidence

достаточное ~ sufficient evidence
достоверное ~ reliable evidence
косвенное ~ circumstantial (indirect, inferential) evidence
ложное ~ false evidence
недопустимое ~ inadmissible (impermissible, incompetent) evidence
необходимое ~ indispensable evidence
неоспоримое ~ conclusive evidence
опровержимое ~ controvertible (presumptive, probable) evidence
очевидное ~ prima facie evidence (proof)
первичное (подлинное) ~ best (original, primary) evidence
письменное ~ documentary (literal, written) evidence
подкрепляющее ~ corroborating (corroborative) evidence
подтверждающее ~ affirmative (confirmatory, confirming, substantiating, supporting) evidence
представленное ~ adduced (produced) evidence (proof)
презюмирующее ~ presumptive evidence
приемлемое ~ admissible (competent, permissible) evidence
производное ~ secondary evidence
противоречащее ~ contradicting evidence
прямое ~ direct evidence
свидетельское ~ (*показание*) testimonial evidence

судебное ~ evidence at law
существенное ~ substantial evidence
сфабрикованное ~ concocted (fabricated, manufactured) evidence
убедительное ~ convincing (strong, valid) evidence (proof)
устное ~ oral (parol, verbal) evidence; evidence viva voce
фактическое ~ actual (factual) evidence

ДОКАЗЫВАНИ‖Е *сущ* proof; showing ◊ **бремя ~я** burden (onus) of evidence (of proof); **несущий бремя ~я** affirmative; **предмет ~я** fact in (of) evidence; fact in proof; **обстоятельства, подлежащие ~ю** circumstances subject to a proof
~ **вины фактом её признания** proof (showing) of confession
~ **в основном** substantial showing
~ **завещания** probate
~ **от противного** proof to the contrary
~ **по презумпции** proof by presumption
~ **посредством аффидевита** proof by affidavit
~ **посредством свидетельских показаний** proof by (of) evidence (testimony)
~ **признанием факта** proof of admission
~ **с помощью косвенных доказательств** proof by circumstantial (indirect) evidence
~ **с помощью прямых доказательств** direct proof
~ **факта** proof of a fact

ДОКАЗЫВАТЬ, доказать *гл* to establish; prove; show; substantiate
~ **вину** to establish (prove) a guilt
~ **в суде** to establish to the satisfaction of the court
~ **неоспоримо** to prove conclusively

ДОКЛАД *сущ* (*сообщение*) report ◊ **делать** ~ to make a report
ежегодный ~ annual report
заключительный~ final report
отчётный ~ summary report
официальный ~ official report
предварительный ~ interim (preliminary) report

ДОКЛАДЧИК *сущ* reporter

ДОКЛАДЫВАТЬ, доложить *гл* to report (*on*); (*о доходах и т.п.*) to return

ДОКТОР *сущ* doctor; physician; (*учёная степень*) Doctor (*of*)
~ **гражданского права** Doctor of Civil Law (D.C.L.)
~ **криминологии** Doctor of Criminology (D.Cr.)
~ **права (прав)** Doctor of Law(s) (D.L., LL.D.)
~ **патентного права** Doctor of Patent Law (D.P.L.)
~ **церковного права** Doctor of Canon Law (D.Cn.L.)

ДОКУМЕНТ *сущ* deed; document; instrument; paper; (*акт*) act; (*сертификат*) certificate ◊ **выдавать** ~ to deliver (issue, make out, release) a document; **заверять** ~

to certify a document; **изготавливать подложный** ~ to forge a document; **изымать** ~ to suppress a document; **ознакомиться с** ~**ом** to become (get) acquainted with a document; **оглашать** ~ to announce a document; **оформлять** ~**ы** to process documents; **передавать** ~ to surrender a document (*to*); (*в арбитраж*) to submit a document to arbitration; **подписывать** ~ to sign a document; **представлять (предъявлять)** ~ to furnish (present, produce, submit, tender) a document; **приобщать** ~ **к делу** to file a document; **совершать** ~ **за печатью** to execute a deed; **составлять** ~ to draw up (make up, settle) a document

без надлежащих ~**ов** ex warrants; **выдача** ~**ов** issue (issuance) of documents; **оформление** ~**ов** processing of documents; **подлинник** ~**а** original document; **представление (предъявление)** ~**ов** presentation (submission) of documents; [*юр*] discovery (of documents); **против представления** ~**ов** against documents; on tender of documents

~, **вызывающий сомнение** doubtful (dubious) document

~ **за печатью** deed; sealed document

~ **как подкрепляющее доказательство** corroborating document

~ **на получение** (*или* **выдачу**) **товара со склада** (*деливери-варрант*) delivery-warrant

~ **на предъявителя** document to a bearer

~ **об учреждении доверительной собственности** deed of trust

~ **о передаче прав** vesting document; (*правового титула*) title deed

~ (*акт*) **о присоединении** (*к международному договору*) instrument of accession

~, **подкреплённый доказательствами** corroborated document

~, **подлежащий оплате по предъявлении** demand document

~, **подтверждённый свидетельскими показаниями** evidenced document

~, **приобщённый к делу** document attached to the case

~ **с наступившим сроком платежа** document due and payable

~, **содержание которого доказано** proved document

~, **удостоверяющий погрузку товара** document evidencing the loading of the goods; mate's receipt

~, **удостоверяющий право собственности** document of a title

~, **устанавливающий личность** document establishing one's identity

~**ы за наличный расчёт** (**против наличного расчёта**) documents against payment

~ы против акцепта documents against acceptance
бухгалтерский ~ accounting record
грузовой (погрузочный) ~ freight (shipping) document
(не)датированный ~ (un)dated document
денежный ~ monetary (pecuniary) document
завещательный ~ testamentary instrument
исполнительные (судебные) ~ы court orders
консульский ~ consular document
конфиденциальный ~ confidential document
международно-правовой ~ international legal instrument
недействительный ~ inoperative (invalid) document
нормативно-правовой ~ normative legal instrument
оборотный ~ negotiable instrument
оправдательный ~ voucher
оспоримый ~ contestable (questionable, questioned) document
охранный ~ protection document
патентный ~ patent document
письменный ~ written document
платёжный ~ document of payment; payment document
поддельный (подложный) ~ false (forged) document; simulated paper
подписанный ~ signed document

правовой ~ legal document
расчётный ~ accounting document
релевантный ~ relevant document
свидетельствующий ~ evidencing document
складской ~ warehouse document
служебный ~ internal document
сопроводительный ~ accompanying document
справочный ~ background document
страховой ~ insurance document (certificate)
таможенный ~ customs document
технический ~ technical document
товаро-распорядительный ~ document of a title (of the goods)
условно-вручённый ~ за печатью escrow
учредительный ~ basic (constituent) instrument
цитированный ~ cited document
юридический ~ legal document

ДОЛГ *сущ* (*задолженность*) debt; indebtedness; (*обязанность*) duty; (*обязательства*) (*мн*) liability ◊ брать в ~ to borrow; быть в ~у to be in debt; взыскивать (возмещать) ~ to recover a debt; исполнять свой ~ to do one's duty; освобождать от ~a to acquit of (from) a debt;

отсро́чивать ~ to defer (postpone) a debt; погаша́ть (выпла́чивать) ~ to clear off (discharge, extinguish; pay off, redeem, repay) a debt; счита́ть свои́м ~ом to consider it one's duty (*to* + *inf*)
ве́рность своему́ ~у fidelity to one's duty; по ~у слу́жбы duty-bound
безвозвра́тный ~ non-recoverable debt
безнадёжный ~ bad debt
вне́шний ~ external (foreign) debt
госуда́рственный ~ national (public) debt
гражда́нский ~ civic (civil) duty
долгосро́чный ~ long-term debt
краткосро́чный ~ short-term debt; (*теку́щая задо́лженность тж*) active (current, floating) debt
нако́пленный ~ accumulated debt
непога́шенный ~ active (outstanding, undischarged, unpaid, unsettled) debt
обеспе́ченный ~ secured debt
обременённый ~ами burdened with debts
пога́шенный ~ discharged (extinguished, paid, refunded, settled) debt
свобо́дный от ~ов free from debts
теку́щий ~ active (current, floating) debt
ДОЛЖНИ́К *сущ* debtor; (*по догово́ру*) promiser; (*по обя-*

зательству) obligator; obligor ◊ страна́-~ indebted country
~, нарушивший обязательство defaulting debtor
~ по ве́кселю bill debtor
~ по закладно́й (*залогода́тель*) mortgager
~ по ипоте́чному подзало́гу submortgager
~ по исполни́тельному листу́ execution debtor
несостоя́тельный ~ bankrupt; insolvent; poor debtor
ДОЛЖНОСТН∥О́Й *прил* official
~ое лицо́ functionary; official; (*суде́бное*) judicial functionary (officer)
~ое правонаруше́ние (*преступле́ние*) malfeasance in office; official malfeasance
~ мисдими́нор misdemeanour in office
ДОЛЖНОСТ∥Ь *сущ* appointment; job; office; post ◊ вводи́ть в ~ to install; (*торже́ственно*) to inaugurate; вступа́ть в ~ to come into (enter upon) office; take office; замеща́ть вака́нтную ~ to fill a vacancy; занима́ть ~ to be in office; hold office; исполня́ть свою́ ~ to act (work) as ...; discharge one's duties; назнача́ть на ~ to appoint (designate) to the post (*of*); остава́ться в ~и to hold office; отказа́ться от ~и to resign office; отстраня́ть от ~и (смеща́ть с ~и) to discharge; dismiss; relieve of (remove from) office; повыша́ть в ~и to promote to the post (*of*); по-

нижать в ~и to downgrade
введение в ~ installation; (*торжественное*) inauguration; **в ~и** in the capacity of ...; **назначение на ~** appointment to the post (*of*); **отстранение от ~и** discharge (removal) from office; dismissal; **по ~и** [*лат*] ex officio; **пребывание в ~и** tenure of office
~ судьи seat on the bench
вакантная ~ vacancy (in office); vacant position
временная ~ temporary post
пожизненная ~ appointment for life
почётная ~ honorary office; office of honour
судейская ~ judgeship
штатная ~ full-time job

ДОМ *сущ* house; home
~ предварительного заключения penal detention house
исправительный ~ house of correction

ДОМИЦИЛЬ *сущ* [*фин*] (*место платежа по векселю*), [*юр*] (*тж* **домицилий** – *юр адрес*) domicile
~ в силу закона domicile by operation of law
~ по рождению domicile by birth; native domicile
гражданский ~ civil (personal) domicile
иностранный ~ foreign domicile
коммерческий ~ commercial (trade) domicile
супружеский ~ matrimonial domicile

ДОМОВЛАДЕЛЕЦ *сущ* householder; houseowner; proprietor; (*сдающий в наём*) landlord

ДОМОГАТЕЛЬСТВО *сущ* harassment; importunity; solicitation

ДОНОС *сущ* delation; denunciation; information (*against*); report to the authorities (to the police)
ложный ~ false denunciation

ДОНОСИТЬ, донести *гл* (*на кого-л*) to delate; denounce; inform (*against*); lay (lodge) an accusation (information) (*against*); (*наушничать*) to sneak

ДОНОСЧИК *сущ* (*осведомитель*) informer; [*амер жарг*] checker; (*ябеда, ябедник*) sneak

ДОПОЛНЕНИ‖Е *сущ* addition ◊ **вносить изменения и ~я** to introduce (make) amendments and additions

ДОПОЛНИТЕЛЬНЫЙ *прил* additional; auxiliary; complementary; supplementary
~ протокол [*дип*] additional protocol

ДОПРАШИВАТЬ, допросить *гл* to examine; interrogate; question
~ свидетеля to examine (interrogate, question) a witness; take testimony

ДОПРОС *сущ* examination; interrogation; questioning ◊ **вести (проводить) ~** to conduct an examination (interrogation); take statements; (*о перекрёстном допросе*) to

cross-examine; **заносить в протокол ~а** to enter in the report of the examination (interrogation); **подвергать ~у** to examine; interrogate; question (*smb*); (*о перекрёстном допросе*) to subject to cross-examination; **подвергаться перекрёстному ~у** to be cross-examined (subjected to cross-examination)
в начале ~а at the beginning (start) of the examination (interrogation); **по окончании ~а** upon the completion of the examination (interrogation); **при ~е** during the examination (interrogation); **протокол ~а** record (report) of the interrogation; **темп ~а** pace of the examination (interrogation); **характер ~а** nature of the examination (interrogation)
~ в тюрьме custodial questioning
~ подозреваемого interrogation of a suspect
~ под присягой examination (interrogation) upon an oath
~ свидетелей hearing (examination, interrogation) of witnesses
~ судьёй judicial questioning
вторичный ~ re-examination
первый ~ initial examination
перекрёстный ~ cross-examination (-questioning)
повторный перекрёстный ~ re-cross
подробный ~ close questioning

ДОПУСК *сущ* (*к чему-л*) access (*to*) ◊ **иметь ~ к секретным материалам** to have access to classified (confidential, secret) information (to secret documents); **получить ~ к (совершенно) секретной работе** to be given (receive) a (top-)security clearance

ДОПУСТИМОСТЬ *сущ* admissibility; permissibility
~ имеющихся в деле доказательств admissibility (permissibility) of the evidence existing in the case
юридическая ~ legal admissibility (permissibility)

ДОПУСТИМЫЙ *прил* acceptable; admissible; justifiable; permissible

ДОСЛЕДОВАНИЕ *сущ* additional (supplementary) investigation

ДОСМАТРИВАТЬ, досмотреть *гл* to examine; inspect; (*на таможне тж*) to screen; [*амер тж*] to survey

ДОСМОТР *сущ* examination; inspection; (*таможенный тж*) screening; [*амер тж*] survey ◊ **освобождать от ~а** (*багажа*) to exempt from (customs) examination (inspection); **производить таможенный ~** to carry out a customs examination (inspection); (*судна*) to clear a ship at (through, with) the customs; rummage a ship; **пройти таможенный ~** to get (pass) through the customs
~ багажа luggage [*амер* – baggage] examination (inspection)

таможенный ~ customs clearance (examination, inspection); (*судна тж*) inspection of a ship; rummage

ДОСТАВК‖А *сущ* (*поставка*) delivery ◊ **платить при ~е** to pay on delivery; **с оплатой при ~е** payable on delivery

~ багажа delivery of luggage [*амер* – baggage]

~ с запозданием late delivery

~ товаров на дом (*вид услуг*) home-delivery service

~-франко free delivery

немедленная ~ prompt delivery

своевременная ~ timely delivery

срочная ~ express (special) delivery

ДОСТАВЛЯТЬ, доставить *гл* to deliver

~ в целости и сохранности to deliver safely

~ (товар) на борт судна to deliver (the goods) on board a ship

ДОСТОВЕРНОСТЬ *сущ* (*точность*) accuracy; (*надёжность*) credibility; reliability; (*аутентичность*) authenticity

~ свидетельских показаний credibility (reliability) of evidence (of testimony)

ДОСТОВЕРНЫЙ *прил* (*точный*) accurate; trustworthy; (*надёжный*) reliable; (*аутентичный*) authentic

ДОСТОИНСТВ‖О *сущ* dignity; (*заслуга*) merit; virtue; (*ценность*) value; worth; (*денежных знаков или ценных бумаг*) denomination ◊ **унижение ~a** degrading; disparagement

~ и ценность человеческой личности dignity and worth of the human person

ДОСТУП *сущ* (*к чему-л*) access (*to*)

законный ~ legal access

равный ~ equal access

свободный ~ free access

ДОСУДЕБН‖ЫЙ *прил* pretrial

~ая процедура pretrial proceeding(s)

~ое задержание pretrial detention

~ое освобождение pretrial release

ДОСЬЕ *сущ* file; history; (criminal) record; (*дело тж*) record of the proceeding(s) ◊ **в ~ судопроизводства** on the dockets

~ материалов по делу case history; judgement roll (roster); (*список дел к слушанию*) docket

~ обвиняемого (criminal) history (record) of the accused

~ подсудимого (criminal) history (record) of the defendant

~ преступлений crime record

~ преступника criminal history (record); history of criminality

~ судимостей conviction record

процедурное ~ procedural file

судебное ~ court file

чистое ~ clean record

ДОХОД *сущ* income; (*госу-*

дарственный, особ за год) revenue; (*поступления, прибыль*) earnings; proceeds; profit; return ◊ **давать (приносить)** ~ to bring an income; yield a profit; (*о процентном доходе*) to yield interest; **декларация о ~ах** income declaration (statement); **(не) приносящий ~а** (un)profitable
валовой ~ gross income (earnings, proceeds, receipts)
валютный ~ foreign exchange earnings (proceeds)
государственный ~ public (state) income (revenue)
личный ~ individual (personal) income
накопленный ~ accrued (accumulated) income
национальный ~ national income
нетрудовой ~ unearned income
обеспеченный ~ assured income
облагаемый ~ taxable income
процентный ~ interest income (return, yield)
реальный ~ real income
совокупный ~ joint income
средний ~ average (mean) income (return)
текущий ~ current income
трудовой ~ earned income
фиксированный ~ fixed income
чистый ~ net income (proceeds, return, yield)

ДРАК‖А *сущ* fight; (*в общественном месте тж*) affray; brawl ◊ **вступать в ~у** to come (fall, get) to blows
бытовая ~ family fight

ДРАТЬСЯ, подраться *гл* to fight (*with*)

ДУБИНКА *сущ* (*полицейского*) baton; club; truncheon

ДУШЕВНОБОЛЬНОЙ *сущ* (*невменяемый*) insane; lunatic; mad; mentally disturbed; of unsound mind; (*психически неполноценный тж*) (mentally) defective (deficient, retarded)

ДУШЕПРИКАЗЧИК *сущ* executor

ДУШИТЬ, задушить *гл* (*несовершен вид*) to suffocate; strangulate; (*совершен вид*) to choke to death; strangle

Е

ЕДИНОБРАЧИЕ *сущ* (*моногамия*) monogamy
ЕДИНОБРАЧНЫЙ *прил* (*моногамный*) monogamous
ЕДИНОГЛАСИ‖Е *сущ* consensus; unanimity ◊ **принцип ~я** consensus; unanimity rule
ЕДИНОГЛАСНО *нареч* unanimously
ЕДИНОГЛАСН‖ЫЙ *прил* unanimous
~**ое голосование** unanimous vote
~**ое мнение** unanimous opinion (view)
~**ое решение** unanimous decision

ЕДИНОДУШИЕ *сущ* agreement of opinion; consensus; unanimity

ЕДИНОДУШНО *нареч* unanimously; (*при голосовании тж*) by a unanimous vote

ЕДИНОДУШНЫЙ *прил* unanimous

ЕДИНОКРОВНОСТЬ *сущ* consanguinity

ЕДИНОКРОВН‖ЫЙ *прил* consanguineous
~**ая сестра** blood (consanguineous) sister; half-sister
~ **брат** blood (consanguineous) brother; half-brother

ЕДИНОЛИЧНЫЙ *прил* individual; (*о владельце*) sole
~ **торговец** sole trader

ЕДИНОНАЧАЛИЕ *сущ* one-man (sole) management; (principle of) individual responsibility

ЕДИНООБРАЗИЕ *сущ* uniformity; (*однородность тж*) homogeneity

ЕДИНООБРАЗНЫЙ *прил* uniform; (*однородный тж*) homogeneous

ЕДИНСТВО *сущ* unity; unanimity ◊ **подорвать** ~ to disrupt (undermine) the unity (*of*); **укреплять** ~ to consolidate (strengthen) the unity (*of*)
~ **взглядов** unity (unanimity) of opinion(s) (of views)
~ **действий** united action; unity of action
~ **интересов** community of interest(s)
~ **и сплочённость** unity and cohesion
~ **теории и практики** unity of theory and practice
~ **цели** identity (unity) of purpose

ЕЖЕГОДНО *нареч* annually; every year; yearly; [*лат*] per annum

ЕЖЕГОДНЫЙ *прил* annual; yearly

ЕЖЕДНЕВНО *нареч* daily; every day; a day; [*лат*] per diem

ЕЖЕДНЕВНЫЙ *прил* daily; everyday

ЕЖЕМЕСЯЧНО *нареч* every month; monthly

ЕЖЕМЕСЯЧНЫЙ *прил* monthly

ЕЖЕНЕДЕЛЬНО *нареч* every week; weekly

ЕЖЕНЕДЕЛЬНЫЙ *прил* weekly

Ж

ЖАЛОБ‖А *сущ* complaint; grievance; (*апелляционная*) appeal ◊ **вручать апелляционную** ~**у** to serve an appeal; **заявлять (подавать)** ~**у** (*на*) to complain; file (lay, lodge, make) a complaint (an appeal) (*against*); **заслушивать** ~**у** to hear a complaint (an appeal); **обосновывать** ~**у** to give grounds for (substantiate) a complaint (an appeal); **обращаться с** ~**ой** to address a complaint (an appeal) (*to*); **отклонять** ~**у**

to deny (dismiss, reject) a complaint (an appeal); **рассматривать** ~у to consider (examine) a complaint (an appeal); **удовлетворять** ~у to grant (satisfy) a complaint (an appeal); remedy a grievance; **ходатайствовать о рассмотрении апелляционной** ~ы to petition for the appeal to be considered
подача ~ы filing (making) of a complaint (of an appeal); **порядок представления жалоб** complaints procedure; **при получении** ~ы upon receipt of a complaint (of an appeal); **рассмотрение** ~ы consideration (examination) of a complaint (of an appeal)
кассационная ~ appeal; cassation; cassational appeal
необоснованная ~ unjustified (unfounded) complaint (appeal)
обоснованная ~ justified complaint (appeal)

ЖАЛОБЩИК *сущ* complainant; (*истец*) claimant; plaintiff

ЖАЛОВАНИЕ *сущ* (*служащих*) salary; (*рабочих*) wage(s) ◊ **выплачивать** ~ to pay a salary (a wage); **повышать** ~ to raise a salary (a wage); **получать** ~ to draw (get, receive) a salary (a wage); **уменьшать** ~ to cut (cut down, reduce) a salary (a wage)

ЖАЛОВАТЬСЯ, пожаловаться *гл* to complain; file (lay, lodge, make) a complaint (*against*)

ЖЕНИТЬБА *сущ* marriage

ЖЕНОУБИЙСТВО *сущ* uxoricide

ЖЕНОУБИЙЦА *сущ* uxoricide

ЖЕРЕБЬЁВКА *сущ* casting (drawing) lots; lot; sortition

ЖЕРТВ‖А *сущ* (*самопожертвование*) sacrifice; (*пострадавший, потерпевший*) victim ◊ **стать** ~**ой агрессии** to fall victim to smb's aggression
~ **ареста или задержания** victim of arrest or detention
~ **нападения** victim of assault
~ **похищения** abductee
~ **преступления** crime victim; victim of a crime

ЖЕСТОК‖ИЙ *прил* cruel; (*зверский*) atrocious; brutal; (*неистовый*) outrageous; (*свирепый*) savage
~**ая война** brutal war
~**ие репрессии** savage repressions
~ **умысел** cruel design
~**ое** (*бесчеловечное*) **обращение** cruel (inhuman, outrageous) treatment
~**ое преследование** savage persecution

ЖЕСТОКОСТЬ *сущ* cruelty; (*зверство*) atrocity; brutality; (*свирепость*) savageness; (*бесчеловечность*) inhumanity
нечеловеческая ~ outrageous cruelty

ЖИЗН‖Ь *сущ* life; (*существование*) existence; (*образ жизни*) living ◊ **вызывать к** ~**и**

to bring to life; **зарабатывать на ~** to earn one's living; **проводить в ~** to put into life (into practice)
война не на ~, а насмерть life-and-death war; war to the death; **события международной ~и** events of international life; **страхование ~и** life insurance
брачная ~ married life
деловая ~ business life
добрачная ~ unmarried life
духовная ~ spiritual life
культурная ~ cultural life
личная ~ personal (private) life
общественная ~ public (social) life
повседневная ~ day-to-day life
послебрачная ~ unmarried life
семейная ~ family life
супружеская ~ married life
частная ~ private (personal) life

ЖИЛИЩЕ *сущ* dwelling; home; house; (*временное*) lodging; (*людские поселения*) habitat ◊ **право на ~** right to housing
~ в стадии строительства dwelling (house) under construction
~, не пригодное для жилья dwelling (house) unfit for habitation
арендуемое ~ rented (tenure) dwelling
благоустроенное ~ comfortable dwelling
занятое ~ occupied dwelling
незанятое ~ unoccupied (vacant) dwelling

убогое (жалкое) ~ humble habitation

ЖИРАНТ *сущ* [*фин*] endorser
ЖИРАТ *сущ* [*фин*] endorsee
ЖИРО *сущ* [*фин*] [*итал*] (*оборот, расчёты*) giro; (*индоссамент, передаточная надпись на обороте документа*) endorsement

ЖИТЕЛЬ *сущ* dweller; inhabitant; resident
городской ~ city (town) dweller
коренной ~ native (person)
местный ~ local (resident)
постоянный ~ (permanent) resident
сельский ~ rural dweller; villager

ЖИТЕЛЬСТВ||О *сущ* habitation; residence ◊ **вид на ~** residence permit
законное место ~а legal residence

ЖРЕБИЙ *сущ* lot ◊ **бросать (тянуть) ~** to cast (draw) lots

ЖУЛИК *сущ* (*вор*) (petty) thief; (*мошенник*) cheat; rogue; swindler

ЖУЛЬНИЧАТЬ *гл* to cheat; rogue; swindle

ЖУЛЬНИЧЕСТВО *сущ* cheat; cheating; roguery; swindling

ЖУРНАЛ *сущ* magazine; (*научный*) journal; (*регистрации*) register ◊ **заносить в ~ регистрации** to enter in the register; **подписываться на ~** to subscribe to a magazine (to a journal)
~ записей registry; (*судебных*

решений) judgement docket
~ **заседаний** minutes; minute-book
~ **исполнительного производства** execution docket
~ **кассовых операций** cash book
~ **производства по делу** appearance docket
вахтенный ~ log-book; sea log
кассовый ~ cash journal (register)
регистрационный ~ register

ЖЮРИ *сущ* judges; jury ◊ **быть членом** ~ to serve on the jury; **напутствовать** ~ to charge the jury
большое ~ grand jury
малое ~ petty jury
следственное ~ jury of inquiry
специальное ~ special jury

З

ЗАБАСТОВК‖А *сущ* strike; stoppage; walkout ◊ **объявлять** ~**у** to call a strike; go on strike; strike; **подавить** ~**у** to suppress a strike; **прекращать** ~**у** to call off a strike; **проводить** ~**у** to stage a strike; strike; **сорвать** ~**у** to break a strike; **право на** ~**у** right to strike

~ **без предупреждения** lightning strike
~**, не санкционированная профсоюзом** unauthorized (unofficial, wildcat) strike
~ **протеста** protest strike
~ **солидарности** solidarity (sympathy) strike
всеобщая ~ general strike
кратковременная ~ lightning (short-term) strike; stoppage
неофициальная ~ unauthorized (unofficial, wildcat) strike
общенациональная ~ national (nation-wide) strike
официальная ~ official strike
политическая ~ political strike
предупредительная ~ token (warning) strike
сидячая ~ sit-in (sit-down) strike
стихийная ~ unauthorized (unofficial, wildcat) strike
экономическая ~ economic strike

ЗАБАСТОВЩИК *сущ* striker

ЗАБЛУЖДЕНИ‖Е *сущ* delusion; ignorance; (*недоразумение*) misconception; (*ошибка*) error; mistake ◊ **быть в** ~**и** to be mistaken; be under a delusion; **вводить в** ~ to deceive; delude; mislead; misrepresent; **введение в** ~ false representation; misrepresentation

~ **в мотивах** mistake as to motives
~ **в праве** mistake of law
~ **вследствие небрежности** negligent ignorance
~ **в субъекте** mistake as to

identity
~ **в факте** ignorance (mistake) of a fact
вводящий в ~ deceptive; misleading
добросовестное ~ bona fide ignorance; honest mistake
злонамеренное введение в ~ fraudulent misrepresentation
невиновное ~ innocent ignorance
незлонамеренное введение в ~ innocent misrepresentation

З А Б О Л Е В А Н И ‖ Е *сущ* disease; illness; sickness ◊ **предотвращать распространение инфекционных** ~**й** to prevent the spreading of infectious diseases
душевное ~ (*психическое расстройство*) derangement; lunacy; mental disease (disorder, illness, incapacity); unsoundness of mind
инфекционное ~ infectious disease
профессиональное ~ occupational disease

З А В Е Д Е Н И ‖ Е *сущ* (*учреждение*) facility; institution
высшее учебное ~ (**вуз**) higher educational establishment; higher school; institution of higher learning
исправительное ~ correctional (rehabilitation) facility (institution)
ночные ~**я** late night establishments

З А В Е Д У Ю Щ И Й *сущ* chief; director; head; manager
~ **кафедрой** head of a chair

~ **магазином** shop manager
~ **отделом** head of a department
~ **складом** storekeeper
~ **школой** (*директор школы*) schoolmaster; [*амер*] principal
~ **юридической консультацией** head of a lawyer's office

З А В Е Р Е Н Н ‖ Ы Й *прил* certified
~**ая копия** certified copy; (*завещания*) probate

З А В Е Р И Т Е Л Ь *сущ* testifier; witness

З А В Е Р Я Т Ь, заверить *гл* (*удостоверять*) to attest; authenticate; certify; legalize; witness
~ **копию** (*документа*) to attest (certify) a copy
~ **подпись** to attest (authenticate, legalize, witness) a signature

З А В Е Щ А Н И ‖ Е *сущ* will; last will (and testament); (*недвижимости тж*) bequeathing; devise ◊ **делать (составлять)** ~ to draw up (make) a will; **изменять** ~ to change a will; **исполнять** ~ to administer (execute) a will; **оспаривать** ~ to challenge (contest, dispute) a will; **подделывать** ~ to fabricate a will
в отсутствие ~**я** under an intestacy; **доказывание** ~**я** probate; **заверенная копия** ~**я** probate; **наличие** ~**я** testacy; **опекун по** ~**ю** testament guardian; **отмена** ~**я** (*судом*) revocation of a probate; **по** ~**ю** under a will; **составление** ~**я**

testamentation
альтернативное ~ alternative will
взаимное ~ counter (double, mutual, reciprocal) will
духовное ~ last will and testament
нотариально оформленное (удостоверенное) ~ notarial will; will attested and certified by a notary public
оспариваемое ~ challenged (contested, disputed) will
позднейшее ~ subsequent will
предыдущее ~ prior will
собственноручное ~ autograph (holographic) will
совместное ~ joint (conjoint) will
устное ~ parol (nuncupative) will

ЗАВЕЩАННЫЙ *прич* bequeathed; devised; given by a will; [*шотл*] legated

ЗАВЕЩАТЕЛЬ *сущ* (*наследодатель*) legator; testator; (*недвижимости тж*) deviser

ЗАВЕЩАТЕЛЬН‖ЫЙ *прил* testamentary
~**ая право- и дееспособность** testamentary capacity
~**ое распоряжение** testamentary disposition
~ **отказ** gift by a will; testamentary gift (refusal)
~ **отказ всей недвижимости** general devise; (*под отлагательным условием*) contingent (executory) devise

ЗАВЕЩАТЬ *гл* to give by a will; (*движимость*) to bequeath; (*недвижимость*) to devise; [*шотл*] to legate

ЗАВИСТЬ *сущ* envy

ЗАВЛАДЕВАТЬ, завладеть *гл* to capture; seize; take possession (*of*)

ЗАВЛАДЕНИЕ *сущ* (*овладение*) occupancy; occupation; taking; (*захват*) seizure; (*поглощение компании и т.п.*) takeover
~ **в силу неопровержимой правовой презумпции** constructive taking
насильственное ~ forcible seizure (takeover)
презюмируемое ~ presumed (presumptive) taking
преступное ~ criminal occupancy (occupation, seizure, taking)
фактическое ~ actual (effective) occupancy (occupation, seizure, taking)

ЗАГОВОР *сущ* conspiracy; plot ◊ **вступать в** ~ to conspire; plot; **раскрывать** ~ to discover a conspiracy (a plot); **сорвать** ~ to foil (frustrate, thwart) a conspiracy (a plot); **устраивать** ~ to conspire (plot) (*against*); hatch (organize) a conspiracy (a plot) (*against*)
~ **с целью свержения правительства** conspiracy to overthrow the government
военный ~ military conspiracy

ЗАГОВОРЩИК *сущ* conspirator; plotter

ЗАДЕРЖАНИ‖Е *сущ* (*арест*) apprehension; arrest; detention; taking into custody; (*имущества тж*) attachment;

impoundment; seizure; sequestration ◊ **мотивы ~я** reasons for one's detention; **протокол ~я** arrest report; **приказ о ~и** warrant to apprehend; **с момента ~я** from the time of detention; **условия ~я** conditions of detention

~ груза detention of cargo

~ судна detention of a ship

вторичное ~ (*поимка*) recapture

необоснованное ~ unfounded detention

неоправданное ~ unjustified detention

произвольное ~ arbitrary detention

ЗАДЕРЖАННЫЙ *сущ* detainee; detained (person)

ЗАДЕРЖИВАТЬ, задержать *гл* (*арестовывать*) to apprehend: arrest; detain; seize; take into custody; (*замедлять, препятствовать*) to check; contain; delay; detain; hamper; hinder; hold up; impede

~ законодательный процесс to hold up legislation

ЗАДОЛЖЕННОСТ‖Ь *сущ* arrears; debt(s); indebtedness; liabilities ◊ **иметь ~** to be in arrears; be in the red; **погашать ~** to clear off (discharge, extinguish, pay off, redeem, repay) a debt

выплата (погашение) ~и discharge (liquidation, payment, redemption) of debts (of arrears); **списание ~и** writing off a debt

~ по банковской ссуде bank debt

~ по внешним займам foreign (external) debts (indebtedness)

~ по зарплате accrued payroll; arrears of payments (of wages)

~ по квартплате arrears of rent

~ по кредитам credit indebtedness

~ по налоговым платежам tax liabilities

~ по платежам arrears in (of) payments

~ по поставкам arrears in (of) deliveries

безнадёжная ~ bad debts; uncollectible bills

валютная ~ foreign exchange liabilities

внешняя ~ foreign (external) debts (indebtedness)

дебиторская ~ accounts receivable; debtor indebtedness

ипотечная ~ mortgage debt

кредиторская ~ accounts payable

непогашенная ~ active (outstanding, undischarged) debt

общая ~ cumulative arrears; total debt

текущая ~ current (floating) debt

чистая ~ net debt (indebtedness)

ЗАДУШИТЬ, душить *гл* to choke to death; strangle; strangulate; suffocate

ЗАЁМ *сущ* loan ◊ **выпускать ~** to issue a loan; **делать ~** to make (raise, take up) a loan; **погашать ~** to redeem (repay) a loan; **подписываться на ~**

to subscribe to a loan; **предоставлять** ~ to grant a loan; lend; **размещать** ~ to float a loan; **расторгать** ~ to call in (recall) a loan

выпуск займа issue of a loan; **обеспечение займа** security for a loan; **подписка на** ~ subscription to a loan; **подписчик на** ~ loan subscriber; **предоставление займа** granting a loan; lending; **предложение займа** loan offer

~ **до востребования** demand loan

банковский ~ bank loan

беспроцентный ~ interest-free loan

валютный ~ currency loan

внешний ~ foreign (external) loan

внутренний ~ domestic (home, internal) loan

выигрышный ~ lottery loan

государственный ~ public (state) loan

денежный ~ cash (money) loan

долгосрочный ~ long-term loan

краткосрочный ~ short-term loan

льготный ~ low-interest (soft) loan

необеспеченный ~ uncovered (unsecured) loan

обеспеченный ~ secured loan

правительственный ~ government loan

принудительный ~ forced loan

процентный ~ interest-bearing loan

ЗАЁМЩИК *сущ* borrower (of money) ◊ **без согласия** ~**а** without the concurrence of a borrower; **с согласия** ~**а** with the concurrence of a borrower

ЗАИМОДАТЕЛЬ *сущ* creditor; (money-)lender

ипотечный ~ mortgage lender

ЗАИНТЕРЕСОВАННОСТЬ *сущ* interest (*in*)

ЗАИНТЕРЕСОВАНН‖ЫЙ *прил* concerned; interested

~**ое лицо** interested person

~**ые стороны** interested parties; parties concerned

ЗАКАБАЛЕНИЕ *сущ* enslavement

ЗАКАЗ *сущ* order; [*внеш торг*] (*посылаемый комиссионеру из-за границы*) indent; (*броня*) booking; reservation ◊ **аннулировать (отменять)** ~ to cancel (revoke, withdraw) an order; **выполнять (исполнять)** ~ to execute (complete, fill, fulfil) an order; **делать** ~ to make an order; order; **подтверждать** ~ to confirm an order; **получать** ~ to obtain (receive) an order; **помещать (размещать)** ~ to place an order (*with*); **принимать** ~ **к исполнению** to accept an order; **размещение** ~**а** placing an order (*with*)

~ **на поставку** (*товаров*) delivery order

~ **на товары** goods order

~ (*бронирование*) **номера в гостинице** booking of a room at a hotel; hotel reservation

~ по образцу sample order
военный ~ defence order
государственный ~ state order
дополнительный ~ additional order
невыполненный ~ backlog(ged) order; unfilled (unfulfilled, outstanding) order
первоочередной ~ (first, top) priority order
повторный ~ repeat order; reorder
поступающие ~ы incoming orders
правительственный ~ government order
пробный ~ sample (trial) order
специальный ~ special order
срочный ~ pressing (rush, urgent) order
экспортный ~ export order

ЗАКАЗЧИК *сущ* client; customer; [*внеш торг*] (*лицо, посылающее заказ из-за границы*) indentor

ЗАКАЗЫВАТЬ, заказать *гл* to make an order; order; place an order (*with*)

ЗАКЛАД *сущ* (*закладная*) pledge; (*недвижимости*) mortgage; (*движимого имущества*) pawn; pawning ◊ **выкупать из ~а** to redeem a pledge; take out of a pledge; **отдавать в ~** (*в залог*) to pledge; put in pledge; (*недвижимость*) to encumber; hypothecate; mortgage; (*движимое имущество*) to give in pawn; pawn; (*товары на таможне*) to bond; **в ~е** in pawn; in pledge

ЗАКЛАДН‖АЯ *сущ* hypothec; mortgage; pledge; (*купчая*) bill of sale; (*ипотечный акт*) letter of hypothecation; mortgage deed; (*обременение вещи*) encumbrance; (*на таможне*) bond ◊ **аннулировать ~ую** to discharge a mortgage; **выкупать (оплачивать) ~ую** to clear (redeem) a mortgage; **оформлять ~ую** to execute a mortgage; **получать ~ую** to raise a mortgage
держатель ~ой (*залогодержатель*) mortgagee; **должник по ~ой** (*залогодатель*) mortgagor; **передача ~ой** transfer of a mortgage; **процент по ~ой** mortgage interest
~ **на движимое имущество** chattel mortgage
~ **на недвижимость** landed security; letter of hypothecation; mortgage
вторая ~ second mortgage
законная ~ legal mortgage
именная ~ registered mortgage
первая ~ first (senior) mortgage
предшествующая ~ prior mortgage
складская таможенная ~ warehouse bond
таможенная ~ customs bond

ЗАКЛАДЫВАТЬ, заложить *гл* (*отдавать в залог*) to pledge; put in pledge; (*движимое имущество*) to give in pawn; pawn; (*недвижимость*) to encumber; hypothecate; mortgage; (*ценные бумаги*) to pledge securities;

put securities in pledge; (*товары на таможне*) to bond; (*основывать*) to found; lay the foundation(s) (*of*)

ЗАКЛЮЧАТЬ, заключить гл (*делать вывод*) to come to a conclusion; conclude; deduce; draw a conclusion; infer; (*лишать свободы*) to confine; imprison; incarcerate

~ **в тюрьму** to commit (confine) to prison; imprison; incarcerate; put into prison

~ **договор** to conclude (effect, enter into) a contract (a treaty); (*о брачном договоре*) to contract a marriage

~ **под стражу** to take into custody

~ **сделку** to effect (make) a deal; strike a bargain; (*о мировой сделке*) to settle by compromise

ЗАКЛЮЧЕНИ‖Е сущ(*вывод*) conclusion; deduction; implication; inference; pronouncement; (*о договоре и т.п.*) conclusion; signing; (*лишение свободы*) confinement; imprisonment; incarceration

◊ **быть приговорённым к тюремному ~ю** to be sent to prison; **давать (делать) консультативное ~** to give an advisory opinion (on); **запрашивать ~ юриста** to take legal advice; **запрашивать консультативное ~** to ask for (request) an advisory opinion (*from*); **находиться в ~и** to be in prison; **определять срок тюремного ~я** to mete out a jail (prison) term; **отбывать срок тюремного ~я** to serve one's sentence; (*о пожизненном заключении*) to serve a life sentence; **приговаривать к пожизненному тюремному ~ю** to sentence for life (to life imprisonment); **прийти к ~ю** to arrive at (come to) a conclusion

в ~ in conclusion; **дом предварительного ~я** detention house; remand home; **место ~я** (*лишения свободы*) place of confinement (of detention, imprisonment, incarceration)

~ **аудитора** audit report

~ **брака** marriage

~ **в тюрьму** jail (prison) placement; imprisonment; incarceration

~ **договора** conclusion of a contract (of a treaty)

~ **займа** contraction of a loan

~ **контракта** conclusion of a contract

~ **под стражу** custodial (secure) placement; (penal) detention; incarceration; placement in detention; taking into custody

~ **под стражу до вынесения судебного решения** preadjudication detention

~ **под стражу до начала рассмотрения дела в суде** detention until the trial; pretrial detention

~ **под стражу по осуждении** postconviction detention

~ **под стражу по собственному усмотрению** voluntary

detention
~ **эксперта** expert (expert's) advice (decision, findings, opinion, statement); (*письменное*) expert (expert's) report
~ **экспертизы** expert (expert's) report; (*судебной*) forensic report
вынужденное ~ под стражу nonvoluntary detention
законное ~ под стражу lawful (legal) detention
консультативное ~ advisory opinion; (*суда тж*) consultative response
медицинское ~ medical opinion (report); (*о причине смерти*) medical certification of the cause of death
минимальный срок тюремного ~я minimum prison sentence
незаконное (противоправное) ~ под стражу illegal (unlawful) detention
одиночное ~ solitary confinement
официальное ~ под стражу official detention
письменное ~ report; written opinion; (*адвоката*) counsel's opinion
первоначальное ~ под стражу original detention
пожизненное ~ imprisonment for life; life imprisonment
превентивное ~ под стражу preventive detention
предварительное ~ custody (detention) pending a trial; detention on remand; imprisonment before trial; pretrial detention (incarceration)
противоправное (незаконное) ~ под стражу illegal (unlawful) detention
тюремное ~ confinement; (penitentiary) imprisonment; prison term; (*долгосрочное*) long-term imprisonment (placement); (*краткосрочное*) short-term imprisonment (placement); (*строгое*) strict imprisonment
тюремное ~ без права замены штрафом imprisonment without the option of a fine
тюремное ~ после приговора post-conviction imprisonment

ЗАКЛЮЧЁННЫЙ *прил* detainee; incarcerated person; inmate; prisoner ◊ **освободить ~ого** to release (set free) a detainee (a prisoner); **содержать в качестве ~ого** to hold prisoner

~, дело которого не было рассмотрено в суде untried prisoner

~, ожидающий исполнения смертного приговора inmate (prisoner) awaiting the execution of the death penalty (sentence)

~, отбывающий долгосрочное (краткосрочное) тюремное заключение long-term (short-term) prisoner

~, представляющий особую опасность high-risk inmate

~, приговорённый к пожизненному заключению lifer; life-term prisoner

образцовый ~ model prisoner

особо охраняемый ~ close (secure) prisoner; пожизненно ~ lifer; life-term prisoner

ЗАКЛЮЧИТЕЛЬНЫЙ *прил (о документе и т.п.)* final

ЗАКОН *сущ* law; legislation; legislative act; statute ◊ **аннулировать (отменять)** ~ to abrogate (annul, cancel, nullify, repeal, reverse, revoke) a law; **быть равными перед ~ом** to be equal before the law; **вводить ~ в действие** to enact (implement) a law; carry (put) a law into effect; **включать в ~** to incorporate into a law; **возводить в ~** to raise to the status of law; **вступать в конфликт с ~ом** to get into difficulty (into trouble) with a law; **держаться в рамках ~а** to keep within a law; **издавать ~ы** to issue (make) laws; legislate; **изменять ~** to alter (displace) a law; **изымать из-под действия ~а** to except from the operation of a law; **иметь силу ~а** to have the validity of law; **исполнять требования ~а** to carry out (fulfil, implement) the requirements of a law; **нарушать ~** to abuse (break, contravene, defy, infringe, offend, transgress, violate) a law; **обнародовать ~** to promulgate a law; **обретать силу ~а** to emerge as law; **обходить ~** to circumvent (evade, go beyond) a law; **объявлять вне ~а** to outlaw; **отменять (аннулировать)** ~ to abrogate (annul, cancel, nullify, repeal, revoke) a law; **охраняться властью ~а** to be protected by the rule of law; **подпадать под действие ~а** to come within the purview of a law; **попирать ~** to trample on (upon) a law; **пренебрегать ~ом** to defy (dispense with) a law; **препятствовать осуществлению ~а** to defeat (oppose) a law; **преследовать по ~у** (*в судебном порядке*) to prosecute (sue) at law; **принимать ~** to adopt (enact, pass) a law; **проводить ~ы в жизнь** to apply (enforce, execute) laws; **противоречить ~у** to conflict with (contradict, run counter to) a law; **разрабатывать ~** to elaborate a law; **разъяснять смысл ~а** to clarify a law; **соблюдать ~** to abide by (adhere to, comply with) a law; keep (observe) a law; **ссылаться на ~** to plead a statute; **толковать ~** to construe (interpret) a law

во исполнение ~а in pursuance of law; **вопреки ~у** against (contrary to) law; **в предусмотренном (установленном) ~ом порядке** as established (provided for, stipulated) by law; in the manner prescribed by law; **в силу ~а** by operation of law; in virtue of law; **в соответствии с ~ом** according to (the) law; in accordance (compliance, conformity) with (the) law; under the law; **в противоречии с ~ом** against (contrary to) law; **по**

~у by (in) law; under the law; по ~у и на деле in law and in fact

буква ~а letter of the law; действие ~а во времени operation of a law in time; действие ~а в пространстве operation of a law in space; запрещённый ~ом prohibited by law; издание ~ов lawmaking; legislation; именем ~а in the name of (the) law; нарушение ~а abuse (breach) of a law; contravention (defiance, infringement) of a law; delict; law-breaking; offence against a law; transgression (violation) of a law; обратная сила ~а retroactivity of a law; retroactive (retrospective) effect (force) of a law; обход ~а circumvention (evasion) of a law; предусмотренный ~ом legally provided; provided for (prescribed) by law; применение ~а (проведение ~а в жизнь) application (enforcement, execution) of a law; law-enforcement; принятие ~а adoption (enactment) of a law; свод ~ов compiled (consolidated) laws; lawbook; соблюдение ~а compliance with a law

противоречащий ~у in conflict with a law; сфера действия ~а purview of a law; толкование ~а construction (interpretation) of a law

~ в изменённой редакции law as amended

~, действующий в настоящее время current (effective, existing, working) law (statute); operative (standing) law; law (statute) in effect (in force); law for the time being

~, действующий в пределах штата state-wide law

~ домициля (*постоянного места жительства*) law of the domicile

~, имеющий обратную силу retroactive (retrospective) law; ex post facto law

~, который не соблюдается law unacted upon

~ места заключения (совершения) договора [*лат*] lex loci contractus

~ места нахождения имущества [*лат*] lex (loci) rei sitae; lex situs

~ места совершения действия [*лат*] lex loci actus

~ места совершения преступления (правонарушения) [*лат*] lex loci delicti commissi

~, не применимый в принудительном порядке unenforceable law

~ об авторском праве copyright act (law); law of copyright

~ об арбитраже arbitration act (law); law of arbitration

~ об изобретениях law on inventions

~ об исковой давности statute of limitations

~ об обеспечении занятости employment protection act (law)

~ об открытиях law on disco-

veries
~ об отношениях в промышленности industrial relations act (bill)
~ о бюджетных ассигнованиях appropriation act (bill)
~ о гражданстве citizenship (nationality) law; law on citizenship (nationality)
~ о налоговом обложении fiscal (tax) law; law of taxation
~ о несовершеннолетних juvenile law
~ о патентах patent law
~ о промышленных образцах design law
~ о страховании insurance act (law)
~ о товарных знаках trademarks act (law)
~ о труде labour law
~, предоставляющий средства судебной защиты remedial law (statute)
~ прибавочной стоимости law of surplus value
~, применимый в принудительном порядке enforceable law
~, принятый парламентом parliamentary enactment
~ силы law of power
~ с истекающим сроком действия expiring law (statute); law due to expire
~ с обратной силой ex post facto law; retroactive (retrospective) law
~ спроса и предложения law of demand and supply
~, устанавливающий абсолютную ответственность no-fault law
~ флага law of the flag
~ы и обычаи ведения войны laws and customs of war
~ы и постановления laws and regulations
~ы (*обычаи*) конгресса congressional laws
~ы общественного развития laws of social development
антитрестовский ~ antitrust act (law)
брачный ~ marital law
внутренний ~ domestic law
гарантируемый ~ом guaranteed (safeguarded) by law
гражданский ~ civil statute
действующий ~ current (effective, existing, working) law (statute); operative (standing) law; law (statute) in effect (in force); law for the time being
дискриминирующий ~ discriminating law
единообразный ~ uniform law
жёсткий ~ harsh law; (*строгий тж*) strict (stringent) law
запретительный ~ negative law (statute)
запрещённый ~ом statute-banned (-barred; -prohibited)
зарегистрированный ~ enrolled (registered) law
избирательный ~ election (electoral) law
имеющий силу ~а statutory
иммиграционный ~ immigration law
конституционный ~ constitutional (basic, fundamental) law
наказуемый по ~у punishable

by law (under the law)
нарушенный ~ broken law
недействующий ~ bad (dormant) law
не подпадающий под действие ~а extralegal
непреложный ~ immutable (indefeasible, unalterable) law
нравственный ~ moral law
обнародованный ~ promulgated law
общий ~ general (public) law (statute)
основной ~ basic (fundamental) law
охраняемый ~ом protected by law
предусмотренный ~ом provided for (stipulated) by law; statutory
прежний ~ former (previous, prior) law
применимый ~ applicable law (statute)
принятый ~ adopted (enacted, official, passed) law
разрешающий ~ permissive law
релевантный ~ relevant law (statute)
специальный ~ special act (law, statute)
справедливый ~ nondiscriminating law
строгий ~ strict (stringent) law; (*жёсткий тж*) harsh law
тарифный ~ tariff law
требующийся по ~у required by law
уголовный ~ criminal (penal, punitive) law (statute)
управомоченный по ~у authorized by law
установленный ~ом established by law; statute-established (-instituted)
устаревший ~ obsolete (outmoded) law
частный ~ private law
чрезвычайный ~ emergency law

ЗАКОННИК *сущ* lawyer; legalist; one versed in law

ЗАКОННО *нареч* lawfully; legally; legitimately

ЗАКОННОРОЖДЁННОСТЬ *сущ* legitimacy

ЗАКОННОРОЖДЁННЫЙ *прил* legitimate
~ **ребёнок** legitimate child

ЗАКОННОСТ‖Ь *сущ* (*соответствие или приверженность закону*) lawfulness; legalism; legality; legitimacy; legitimateness; (*верховенство закона*) rule of law; (*действительность документа*) validity ◊ **восстановить** ~ **и (право)порядок** to restore law and order; **нарушать** ~ to abuse (break, contravene; defy; infringe, violate) a law; **поддерживать** ~ **и (право)порядок** to maintain law and order; **попирать** ~ to trample on (upon) a law; **признавать** ~ **чего-л** to acknowledge (admit) the lawfulness (legality) (*of*); **соблюдать** ~ to abide by (adhere to, comply with) a law; keep (observe) a law
нарушение ~и (*незаконность; противозаконность*) illegality; offences against law;

соблюдение ~и due course (process) of law

~ ареста lawfulness (legality) of smb's arrest

~ документа validity of a document

~ задержания lawfulness (legality) of smb's detention

~ и (право)порядок law and order

~ претензии lawfulness (legality) of a claim

~ рождения (*законнорождённость*) legitimacy (*of a child*)

~ содержания под стражей lawfulness (legality) of holding (*smb*) in custody

ЗАКОНН‖ЫЙ *прил* (*основанный на законе*; *действующий в силу закона*) lawful; legal; juridical; (*предусмотренный законом*; *статутный*) statutory; (*принадлежащий по праву*) legitimate; rightful; (*действительный – о документе*) valid; (*допустимый*; *обоснованный*) legitimate; warrantable ◊ **признавать (объявлять) ~ым** (*узаконивать*) to legitimate; validate; **без ~ых оснований** without legal grounds; **на ~ом основании** on a legal basis; on legal grounds; **имеющий ~ое основание** warrantable by law
~ая власть lawful authority
~яя процедура legal procedure; process of law
~ая сила (*действительность документа*) validity (in law)
~ое задержание lawful (legal) detention
~ое основание legal basis (foundation); (*обоснование*) legal cause
~ое осуществление права lawful exercise of a right
~ое платёжное средство legal tender; lawful (legal) money
~ое полномочие warrant of law
~ое положение legal standing
~ое правительство legal government
~ое применение силы legitimate use of force
~ые власти lawful authorities
~ые интересы legitimate interests
~ые права legal (legitimate) rights; statutory rights; vested rights
~ые притязания (требования) lawful (legal, legitimate, well-grounded) claims (demands)
~ брак lawful (legal) marriage (wedlock)
~ владелец legal (rightful) holder (owner, possessor)
~ наследник lawful (legal, legitimate) heir
~ порядок legal order (procedure)
~ правопредшественник lawful (legal) predecessor
~ представитель legal representative
~ ребёнок (*законнорождённый*) legitimate child
~ым путём (порядком) as required by the law; by legal means; in accordance (compliance, conformity) with the law

ЗАКОНОВЕДЕНИЕ *сущ* (*правоведение*) jurisprudence; legal science; science of law

ЗАКОНОДАТЕЛЬ *сущ* lawgiver; lawmaker; legislator

ЗАКОНОДАТЕЛЬН‖ЫЙ *прил* lawgiving; lawmaking; legislative; legislatorial; ◊ **в ~ом порядке** legislatively

~ая власть constituent (legislative) power; legislature; ("*король в парламенте*", *законодательная власть в Великобритании*) King in Parliament

~ая деятельность lawmaking; legislature

~ая инициатива legislative initiative.

~ая процедура legislative procedure

~ое предположение (предложение) legislative proposal

~ое регулирование legislative regulation

~ое собрание legislative assembly

~ые меры legislative measures

~ акт legislative act (enactment)

~ орган law-making (legislative) body; legislature; (*производящий расследование*) investigating legislature

~ процесс legislative process
двухпалатный ~ орган bicameral legislature
однопалатный ~ орган unicameral legislature

ЗАКОНОДАТЕЛЬСТ-В‖О *сущ* lawmaking; legislation ◊ **вводить ~** (*выступать с законодательной инициативой*) to initiate legislation; **обнародовать ~** to promulgate legislation; **отменять ~** to abrogate (annul, cancel, repeal, revoke) legislation; **предлагать ~** to offer (propose) legislation; **принимать ~** to adopt (enact, pass) legislation

основы ~а fundamentals of legislation; **предусмотренный ~ом** provided for (stipulated) by law

~, вносящее поправки amending legislation

~ военного времени war legislation

~ о бизнесе business legislation

~ об исполнительной власти executive legislation

~ об охране интересов потребителей consumer legislation

~ об охране окружающей среды environmental legislation

~ общего характера general (overall) legislation

~ об экстрадиции extradition law(s)

~ о дорожном движении traffic law(s)

~ о здравоохранении health law(s)

~ о нейтралитете neutrality law(s)

~ о социальном обеспечении welfare law(s)

~ о судоходстве law(s) of shipping

~ о технике безопасности на производстве occupational

safety law(s)
~ **по инициативе исполнительной власти** executively-initiated legislation
~ **по частному вопросу** particular legislation
~ **против загрязнения окружающей среды** antipollution law(s)
~ **против коррупции** anticorrupt practices law(s)
~ **с поправками** amended legislation
~ **штата** state legislation
альтернативное ~ alternative (option) legislation
антитрестовское ~ antitrust legislation
арендное ~ law of landlord and tenant
банковское ~ bank law
будущее ~ prospective legislation
внутреннее ~ domestic (internal, municipal, national) legislation
военное ~ military legislation
всеобъемлющее (сводное) ~ comprehensive legislation; [*амер*] omnibus legislation
гражданское ~ civil legislation
двусмысленное ~ ambiguous legislation
действующее ~ active legislation; continuing (continuous) legislation; current (effective, existing, working) legislation; legislation in effect (in force)
делегированное ~ delegated legislation

дополнительное ~ supplementary legislation
изменённое ~ altered (changed) legislation
исключительное ~ exceptional legislation
исправительное ~ correctional legislation
карательное ~ punitive legislation
конституционное ~ constitutional legislation
лицензионное ~ licensing law
международное ~ **в области морских перевозок** international legislation on shipping
налоговое ~ internal-revenue law (legislation); law of taxation; tax law (legislation)
национальное ~ national legislation
недвусмысленное ~ clear (unambiguous) legislation
непосредственное ~ direct legislation
новое ~ innovative (new, novel) legislation
ограничивающее (рестриктивное) ~ restricting (restrictive) legislation
оспариваемое ~ challenged legislation
отменённое ~ abrogated (repealed) legislation
отменяющее ~ abrogating (repealing) legislation
патентное ~ patent legislation
пенитенциарное ~ penitentiary legislation
подробное ~ detailed legislation
постоянно действующее ~

permanent legislation
принятое ~ adopted (enacted, passed) legislation
процессуальное ~ adjective (procedural, remedial) legislation
регулятивное ~ regulatory legislation
рестриктивное (ограничивающее) ~ restricting (restrictive) legislation
сводное (всеобъемлющее) ~ comprehensive legislation; [*амер*] omnibus legislation
социальное ~ social legislation
специальное ~ special (specific) legislation
таможенное ~ tariff legislation
типовое ~ model legislation
торговое ~ trade (mercantile, merchant) law(s) (legislation)
требуемое ~ required (requisite) legislation
трудовое ~ labour law(s) (legislation); law of industrial relations
тюремное ~ prison law(s)
уголовное ~ criminal (penal, punitive) legislation
уголовно-процессуальное ~ criminal procedure legislation
унифицированное ~ unified law(s) (legislation)
чрезвычайное ~ emergency law(s) (legislation)

ЗАКОНОДАТЕЛЬСТВОВАТЬ *гл* to legislate; make laws; pass legislation

ЗАКОНОМЕРНОСТ‖Ь *сущ* regularity; compliance (conformity) with (the) law
~и общественного развития laws governing social development

ЗАКОНОМЕРН‖ЫЙ *прил* law-governed; natural; normal; regular
~ое развитие natural development
~ое явление natural phenomenon

ЗАКОНОПОЛОЖЕНИ‖Е *сущ* enactment; legal provision; regulation; statute
~я по охране окружающей среды pollution control regulations

ЗАКОНОПОСЛУШН‖ЫЙ *прил* law-abiding
~ые граждане law-abiding citizens

ЗАКОНОПРОЕКТ *сущ* bill; bill draft; (legislative) draft; draft (pending) law; draft of legislation ◊ **вносить** ~ to bring in (initiate, introduce) a bill (legislation); **обсуждать** ~ to debate a bill; **откладывать** ~ **(класть под сукно, откладывать в долгий ящик)** to pigeon-hole (shelve, table) a bill; **отклонить** ~ to reject (turn down) a bill; **пересматривать** ~ to reconsider a bill; **принять** ~ to adopt (approve, pass) a bill; **провалить** ~ to defeat (vote down) a bill; **проводить** ~ (*через*) to pass a bill (*through*); **проталкивать** ~ (*через*) to force, [*амер*] to railroad a bill (*through*); **разрабатывать** ~ to draft (draw up, elaborate) a bill; **рассматривать** ~ to consider a bill

автор ~а drafter; draftsman; составление ~а drafting of a bill
~, внесённый в палате представителей House bill
~, внесённый в сенате Senate bill
внесённый ~ initiated (introduced) bill (law)
предложенный ~ proposed bill (law)

ЗАКОНОТВОРЧЕСТВО *сущ* (*правотворчество*) lawmaking

ЗАЛОГ *сущ* pledge; (*недвижимости*) mortgage; mortgaging; (*движимого имущества*) pawn; pawning; (*на таможне*) bond; (*свидетельство чего-л тж*) guarantee; warrant; (*денежное поручительство*) bail; caution ◊ **быть (находиться) в ~е** to be in pledge (in pawn); **вносить ~ (за)** to deposit a bail; stand bail (*for*); **выдавать ссуду под ~ товара** to take goods in pledge; **выкупать из ~а** to redeem a pledge; take out of a pledge; **освобождать под ~** to let out (release, set free) on bail; **отдавать в ~** to pledge; put in pledge; (*недвижимость*) to encumber; hypothecate; mortgage; (*движимое имущество*) to give in pawn; pawn; **принимать в качестве ~а** to accept as a pledge

в ~е in pledge; (*о движимом имуществе*) in pawn; **под ~ чего-л** on the security (*of*); **принятие ~а** (*денежного поручительства*) acceptance of a bail; **сумма ~а** (*денежного поручительства*) sum of a bail
~ **движимого имущества** chattel mortgage; pledge of movables
~ **недвижимости** (*ипотека*) mortgage
внесённый ~ (*денежное поручительство*) deposited sum
ипотечный ~ dead pledge; mortgage
комбинированный ипотечный ~ combined mortgage
находящийся в ~е на таможенном складе bonded

ЗАЛОГОДАТЕЛЬ *сущ* (*должник по закладной*) pledger(-or); (*недвижимости*) mortgager(-or); (*движимого имущества*) pawner; (*денежного поручительства*) person providing a bail

ЗАЛОГОДЕРЖАТЕЛЬ *сущ* encumbrancer; (*держатель закладной*) holder of a pledge; pledgee; (*недвижимости тж*) mortgagee; (*движимого имущества тж*) pawnee

ЗАЛОЖНИК *сущ* hostage ◊ **брать ~ов** to take hostages; **держать кого-л в качестве ~а** to hold smb hostage; **освобождать ~ов** to free (set free) hostages; **взятие ~ов** detention (taking) of hostages

ЗАМЕНА *сущ* (*субститут*) substitute; (*действие*) change; replacement; substitution; (*одного закона другим*) supersession
~ **наказания** substitution of

one punishment for another; (*смягчение*) commutation; mitigation
~ **обязательства** (*новация*) novation
~ **одного кредитора другим** (*суброгация*) subrogation
~ **пробации реальным наказанием** revocation of a probation
~ **смертного приговора пожизненным заключением** commutation (mitigation) of the death penalty (sentence) to life imprisonment
~ **условно-досрочного освобождения лишением свободы (тюремным заключением)** revocation of a parole
~ **устаревшего оборудования** renovation (replacement) of obsolete equipment

ЗАМЕНЯТЬ, заменить *гл* to change (*for*); replace (*by* | *with*); substitute (*for*); supersede (*by*); (*замещать кого-л*) to act (*as*); replace; substitute; supersede; (*одним законом другого*) to supersede
~ **кого-л на посту председателя** to supersede smb as chairman
~ (*смягчать*) **приговор** to commute (mitigate, reduce) a sentence

ЗАМЕСТИТЕЛЬ *сущ* (*должность*) assistant; deputy; vice; (*замена*) alternate; substitute
~ **Генерального секретаря ООН** Under-Secretary General of the UNO
~ **главы делегации** deputy head of a delegation
~ **директора** deputy director
~ **заведующего** assistant (deputy) manager
~ **министра** deputy minister; under-secretary
~ **председателя** vice-chairman
~ **президента** vice-president
~ **шерифа** under-sheriff

ЗАМЕЧАНИЕ *сущ* comment; note; remark; (*выговор*) reprimand; reproof ◊ **делать** ~ to reprimand; reproof

ЗАМОК *сущ* lock ◊ **открывать**
~ (*отмычкой*) to pick a lock
~ **с секретом** trick lock

ЗАМУЖЕСТВО *сущ* marriage

ЗАМЫСЕЛ *сущ* (*намерение*) intent; intention; (*план*) design; plan; project; scheme; (*предумышление*) premeditation ◊ **осуществлять** ~ to realize one's plan (project); **сорвать преступный** ~ to frustrate (thwart) a criminal design (intent)

ЗАМЫШЛЯТЬ, замыслить *гл* (*задумывать, затевать*) to contrive; deliberate; design; plot; premeditate; (*строить тайные планы*) to lay a scheme (*to + inf*); plot; scheme
~ **заговор** to hatch a plot
~ **измену** to plot a treason
~ **преступление** to contrive (plot) a crime

ЗАНИМАТЬ, занять *гл* (*помещение и т.п.*) to occupy; (*брать взаймы*) to borrow (*from*)

~ **должность** to be in office; hold an office (a post); (*занять*) to fill a position (a post); take an office

ЗАНЯТОСТЬ *сущ* employment
неполная (частичная) ~ part-time (partial) employment; part-time job; underemployment
общая ~ total employment
полная ~ full-time employment (work)
постоянная ~ permanent employment
фактическая ~ actual employment

ЗАОЧНО *нареч* (*обучаться*) by correspondence; (*рассматривать дело в суде*) in absentia

ЗАПАДН‖Я *сущ* entrapment; snare; trap ◊ **попасть в ~ю** to fall into a trap

ЗАПАС *сущ* (*товаров на складе и т.п.*) stock (of merchandise); (*резерв*) reserve ◊ **восстанавливать ~ы** to rebuild the stock(s); **делать (создавать) ~ы** to lay in the stock(s) (supplies); **иметь в ~е** to have in store; keep a reserve (*of*); keep (hold) in the stock; **истощать ~ы** to deplete the stock(s); run short of supplies; **распродавать ~ы** to clear the stock(s); [*воен*] **увольнять в ~** to transfer to the reserve
аварийный ~ emergency stock
валютный ~ currency reserve(s)
золотой ~ gold reserve(s)
излишний ~ excess stock; overstock
материально-производственные ~ы inventories
наличный ~ available supplies; stock on hand
неприкосновенный ~ reserve ration
полный ~ total stock
резервный ~ buffer (reserve, safety) inventory (stock)

ЗАПИСК‖А *сущ* note; (*официальное сообщение*) memorandum; report; [*юр*] brief
~ **об аресте** arrest report
~ **по делу, поданная ответчиком** defendant's brief; (*по апелляции тж*) brief of an appellee
~ **по делу, представляемая адвокатом в апелляционный суд** [*амер*] appeal brief; brief (on appeal); court brief
~ **по делу, представляемая барристеру солиситором** [*англ*] (junior) brief
~, **содержащая ответ истца на возражение ответчика** (*по иску*) reply brief
договорная ~ [*бирж*] contract note
докладная ~ report
памятная ~ [*дип*] memorandum; [*франц*] aide-mémoire; [*лат*] pro memoria
служебная ~ office memorandum
учёные ~и (*вид издания*) proceedings

ЗАПИСЬ *сущ* entry; record; registration; [*юр тж*] state-

ment ◊ **вести** ~ to keep a record
~ **акта о браке** marriage statement
~ **акта о разводе** divorce statement
~ **акта о рождении** birth statement
~ **акта о смерти** death statement
~ **актов гражданского состояния** (civil) registration
~ **свидетельских показаний** record of the evidence
деловая ~ business entry
протокольная~ **приговора суда** record of a judgement
собственноручная ~ recorded in one's own hand

ЗАПОДОЗРИТЬ *см* **ПОДОЗРЕВАТЬ**

ЗАПРАШИВАТЬ, запросить *гл* (*осведомляться*) to inquire (*about*); (*делать запрос*) to make an inquiry (a request); [*парл тж*] (*интерпеллировать*) to interpellate; (*ходатайствовать*) to request
~ **информацию** to request information
~ **консультативное заключение** to request an advisory opinion (*from*)

ЗАПРЕТ *сущ* ban; banning; inhibition; prohibition; (*лишение дееспособности*) interdiction; (*эмбарго*) embargo (*on*) ◊ **налагать** ~ (*запрещать*) to ban; bar; forbid; impose (place) a ban (*on* | *upon*); inhibit; interdict; prohibit; put under a ban; **находиться под** ~**ом** to be banned (under a ban); **снимать** ~ to lift (remove) a ban (*on* | *upon*); unbar
~ **пыток** prohibition against torture(s)
альтернативный судебный ~ optional injunction
бессрочный судебный ~ permanent (perpetual) injunction
временный (предварительный) судебный ~ preliminary injunction
гражданско-правовой судебный ~ civil injunction
судебный ~ injunction; injunctive relief

ЗАПРЕТИТЕЛЬН‖ЫЙ *прил* prohibitive
~**ая пошлина** prohibitive duty

ЗАПРЕТН‖ЫЙ *прил* forbidden
~**ая зона** forbidden area

ЗАПРЕЩАТЬ, запретить *гл* to ban; bar; forbid; impose (place) a ban (*on* | *upon*); inhibit; interdict; prohibit; put under a ban; (*пресекать*) to suppress; (*объявлять вне закона*) to outlaw; proscribe
~ **издание** to suppress the publication
~ **в законодательном порядке** to ban by law; legislate (*against*)

ЗАПРЕЩЕНИ‖Е *сущ* ban; banning; inhibition; prohibition; (*лишение дееспособности*) interdiction ◊ **наложение** ~**я** (*ареста*) **на имущество** distraint of property; **наложение** ~**я** (*ареста*) **на судно и груз** action in rem

~ ввоза (*товаров*) ban; embargo

~ испытаний ядерного оружия banning nuclear (weapons) tests

~ повторного преследования по одному и тому же делу double jeopardy

~, предусмотренное законом statutory prohibition

~ разработки, производства и накопления всех видов химического оружия banning the development, manufacture and stockpiling of all types of chemical weapons

судебное ~ injunction

ЗАПРЕЩЁНН‖ЫЙ *прил* banned; forbidden; prohibited; (*о печатном органе и т.п.*) suppressed; (*противоправный*) illicit; illegal; unlawful

~ое действие forbidden act

~ое издание forbidden publication

~ образ действий forbidden conduct

~ под страхом наказания prohibited on pain of punishment

ЗАПРОС *сущ* inquiry (enquiry) (*about, for*); (*заявление*) application (*to – for*); (*ходатайство*) request; [*парл*] (*интерпелляция*) interpellation; (*мн*) (*потребности*) demands; needs; requirements ◊ делать ~ to make an inquiry (a request); [*парл тж*] (*интерпеллировать*) to interpellate; направлять ~ to forward an inquiry (*to*); отвечать на ~ to answer an inquiry

адресат ~а inquiry addressee; получение ~а inquiry receipt; по ~у судей (судов) at the request of judges

~ в законодательном органе legislative inquiry

~ в комитете committee inquiry

~ в подкомитете subcommittee inquiry

~ депутата deputy's inquiry

~ на выдачу визы application for a visa

~ об отправке (выдаче *или* местонахождении) груза tracer

~ о кредитоспособности фирмы (компании) credit inquiry

~ о финансовом положении фирмы (компании) status inquiry

~ы потребителей consumer needs (requirements, wants)

депутатский ~ deputy's inquiry; [*парл тж*] (*интерпелляция*) interpellation

духовные ~ы spiritual needs (requirements)

информационный ~ information inquiry (request)

письменный ~ letter of inquiry; written inquiry

предварительный ~ tentative inquiry (request)

формальный ~ formal inquiry (request)

ЗАПУГИВАНИЕ *сущ* intimidation

~ свидетеля intimidation of a witness; witness intimidation

ЗАПУГИВАТЬ, запугать *гл*

to intimidate; (*заставить страхом повиноваться*) to frighten (*smb*) into obedience (submission); (*терроризировать*) to terrorize

ЗАРАБАТЫВАТЬ, заработать *гл* to earn

~ **на жизнь** to earn one's living

ЗАРАБОТОК *сущ* earnings; emolument; gains; pay; (*доход*) income

годовой ~ annual earnings (income)

дневной ~ daily earnings

месячный ~ monthly earnings

минимальный ~ minimum earnings

недельный ~ weekly earnings

общий ~ gross earnings

средний ~ average earnings

чистый ~ net earnings; take-home pay

ЗАРПЛАТ‖А *сущ* pay; (*рабочих*) wage(s); (*служащих*) salary◊ **повышать** ~**у** to increase (raise) wage(s) (pay); **понижать** ~**у** to cut (lower) wage(s) (pay)

месячная ~ monthly wage(s) (salary)

повременная ~ time wage(s)

понедельная ~ weekly wage(s)

почасовая ~ hourly earnings (wages); pay per hour

реальная ~ actual (real) wage(s)

сдельная ~ piece wage(s); piece work pay

ЗАСАД‖А *сущ* ambush ◊ **устраивать** ~**у** to ambush; lay (make) an ambush

ЗАСВИДЕТЕЛЬСТВОВАНИЕ *сущ* (*удостоверение подписи и т.п.*) attestation; authentication; certification; (*легализация тж*) legalization

нотариальное ~ notarial attestation (certification); notarization

ЗАСВИДЕТЕЛЬСТВОВАНН‖ЫЙ *прил* attested; authenticated; certified; legalized

~**ая** (*заверенная*) **копия** certified copy

~**ая подпись** attested (authenticated, legalized) signature

~ **документ** attested document

~ **показаниями** evidenced

ЗАСВИДЕТЕЛЬСТВОВАТЬ, свидетельствовать *гл* (*подтверждать*) to acknowledge; testify (*to*); witness; (*заверять, удостоверять подлинность подписи и т.п.*) to attest; authenticate; certify; legalize; witness; (*нотариально тж*) to notarize

~ **копию** to certify a copy

~ **подпись** to attest (authenticate, legalize, witness) a signature

~ **у нотариуса** to confirm by a notary; notarize

ЗАСЕДАНИ‖Е *сущ* meeting; session; sitting ◊ **возобновлять** ~ to resume a meeting; **закрывать** ~ to close a meeting; **откладывать** ~ to postpone a meeting; (*суда*) to adjourn the court; **открывать** ~ to open a meeting; (*председательствовать*) to take the chair; **проводить** ~ to hold a meeting (a session); **собираться на специальное** ~ to meet in special session; **созывать** ~ to call (convene) a meeting; **участвовать в ~и** to participate (take part) in a meeting (in a session)

в закрытом ~и in camera; in closed session; **в открытом ~и** in full session; (*суда тж*) in open court; **протокол судебного ~я** record of judicial proceeding(s); **удаление присяжных на** ~ recess of the jury

~ **в полном составе** sitting en (in) banc

~ **правления** board meeting; meeting of the board

~ **при закрытых дверях** meeting in camera

~ **суда** court session; court in session; session (sitting) of the court

заключительное ~ closing session; final meeting (sitting)

закрытое ~ closed (private, secret) meeting (session)

неофициальное ~ unofficial meeting

открытое ~ public meeting (sitting); (*суда*) (proceedings) in open court; public hearing

официальное ~ official meeting

очередное ~ regular meeting (session)

пленарное ~ plenary meeting (session)

подготовительное ~ preparatory meeting

раздельное ~ separate meeting

совместное ~ joint meeting (session, sitting)

специальное ~ special meeting

судебное ~ court session; court in session; session (sitting) of the court

учредительное ~ inauguration meeting

ЗАСЕДАТЕЛЬ *сущ* assessor; lay judge

ЗАСЕДАТЬ *гл* to be in conference (in session); meet; sit

~ **в качестве присяжного заседателя** to sit as a juror

~ **в качестве судьи** to sit as a judge

~ **в суде** to sit in judgement

ЗАСЛУШИВАНИЕ *сущ* hearing

~ **дела** hearing of a case

~ **свидетелей** hearing of witnesses

ЗАСЛУШИВАТЬ, заслушать *гл* to hear

~ **свидетелей** to hear witnesses

~ **свидетельские показания** to hear evidence (testimony)

ЗАСТАВЛЯТЬ, заставить *гл* (*вынуждать*) to coerce; compel; enforce; force; get (*to + inf*); have; make (*smb + bare-inf*)

ЗАСТРАХОВАНН‖ЫЙ *прил* insured

~**ое имущество** insured property

ЗАСТРАХОВЫВАТЬ, застраховать *гл* to insure (*against*)

ЗАСТРЕЛИТЬ, *гл* to shoot dead (to death)

ЗАТОНУТЬ, тонуть *гл* (*о суд-*

не) to sink

ЗАТОЧЕНИЕ *сущ* (*в тюрьму*) confinement; imprisonment; incarceration

ЗАТРАТ‖А *сущ* expense; expenditure; spending; (*расходы на что-л тж*) outlays (*on*); (*издержки, стоимость*) cost(s); charges ◊ **снижать ~ы** to reduce cost(s) (outlays); **включая все ~ы** all charges included (including)
капитальные ~ы capital cost(s) (expenditures, investment)
начальные (первичные) ~ы initial cost(s); primary expenses (outlays)
основные ~ы prime cost(s)
осязаемые ~ы tangible cost(s)
производственные ~ы operating (manufacturing, production) cost(s) (expenses)

ЗАХВАТ *сущ* catch; (*конфискация, наложение ареста*) capture; confiscation; seizure; (*аннексия*) annexation; (*оккупация*) occupation; (*поглощение одной компании другой*) takeover ◊ **свободно от ~а иностранным государством** free of foreign capture (f.f.c.)
~ власти seizure of power; takeover
~ посольства occupation (seizure) of the embassy
~ судна capture (seizure) of a ship (of a vessel)
~ чужих территорий forcible acquisition (seizure) of alien (foreign) territories

ЗАХВАТЫВАТЬ, захватить *гл* (*конфисковать, налагать арест*) to confiscate; seize; (*аннексировать*) to annex; (*оккупировать*) to occupy; (*брать в плен*) to capture
~ власть to seize power
~ судно в качестве приза to capture (seize) a ship as a prize

ЗАЩИТ‖А *сущ* (*охрана, оборона*) defence; (*охрана, покровительство*) protection; (*гарантия*) safeguard; (*сторона в судебном процессе*) the defence ◊ **брать под свою ~у** to protect; take under one's protection; **возглавлять ~у** (*в суде*) to lead for the defence; **встать на ~у (выступать в ~у)** to advocate; defend; protect; rise (stand) in defence (*of*); safeguard; stand up (*for*); **встать на ~у своей национальной независимости** to rise (stand) in defence of one's national independence; **выступать в ~у всеобщего мира и безопасности** to advocate (safeguard, uphold) world (universal) peace and security; **искать ~ы** (*у*) to seek smb's protection; **осуществлять ~у** (*в суде*) to conduct (maintain) the defence; **отказываться от ~ы адвокатом** to conduct one's own defence; serve one's own counsel; **подготовить ~у** to prepare the defence; **поддерживать ~у** to support the defence; **предоставлять средство правовой ~ы** to remedy;

представлять позицию ~ы to raise the defence
в ~у in defence (*of*); **в интересах ~ы** in the interests of the defence; **под ~ой** protected (*by*); under the protection (*of*) **основной аргумент ~ы** merit of the defence; **право на ~у** (*в суде*) benefit of counsel; right to defence; right to legal assistance (protection by the court); **свидетель ~ы** witness for the defence; **средство судебной ~ы** relief (at law); remedy

~ государственных интересов defence of state (national) interests

~ закона protection under the law

~ интересов потребителя consumerism; consumer protection

~ капиталовложений protection (security) of investments

~ культурных ценностей protection of cultural monuments

~ моральных и материальных интересов defence of moral and material interests

~ национальных меньшинств protection of national minorities

~ нравственности protection of morality (of morals)

~ обвиняемого (подсудимого) defence of the accused; counsel for the defendant

~ окружающей среды environment(al) protection

~ основ конституционного строя protection of the foundations of the constitutional system

~ отечества defence of motherland (fatherland)

~ отрицанием факта negative defence

~ по гражданскому делу civil defence

~ по уголовному делу criminal defence; counsel for the prisoner

~ права собственности property rights protection; protection of property rights

~ прав и свобод граждан protection of citizens' rights and freedoms

~ прав человека protection of human rights

~ против рисков произвольного задержания protection against risks of arbitrary detention

~ со стороны общества и государства protection by the society and the state

~ ссылкой на алиби defence of alibi

~ ссылкой на законность действий defence of legality; legality defence

~ ссылкой на крайнюю необходимость defence of extreme necessity

~ ссылкой на невменяемость defence of insanity

~ ссылкой на недопустимость доказательств defence of inadmissibility (impermissibility)

~ ссылкой на нерелевантность фактов defence of irrelevance

~ **ссылкой на особые обстоятельства** special defence
~ **ссылкой на принуждение к действию** defence of duress
~ **ссылкой на провокацию** defence of provocation
~ **ссылкой на самооборону** defence of self-defence
~ **суверенитета и территориальной целостности страны** defence of the sovereignty and territorial integrity of a country (of a state)
~ **чести** honour protection; protection of honour
дипломатическая ~ diplomatic protection
добросовестная ~ good faith defence
достаточная ~ complete defence
конституционная ~ (*гарантия*) constitutional safeguard
надлежащая ~ proper defence (protection); (*гарантия*) proper safeguard
общественная ~ public defence
правовая ~ legal defence (protection)
процессуальная ~ (*гарантия*) procedural protection
равная ~ **со стороны закона** equal protection of the law
судебная ~ relief (at law); remedy
эффективная международная ~ **прав человека** effective international protection of human rights

ЗАЩИТИТЕЛЬН‖ЫЙ *прил* protective
~**ое содержание под стражей** protective custody

ЗАЩИТНИК *сущ* defender; (*покровитель*) protector; (*поборник, сторонник*) advocate; champion; [*спорт*] (full-)back; [*юр*] (*в судебном процессе*) defence counsel; counsel for the defence; [*амер*] defence attorney (lawyer); attorney for the defence ◊ **отказываться от** ~**а** (*от защиты адвокатом*) to conduct one's own defence; serve one's own counsel; [*юр*] **коллегия** ~**ов** the Bar; [*амер*] the Bar Association
~ **веры** [*рел*] defender of the faith
~ **интересов потребителей** consumerist
~ **мира** advocate (champion) of peace; peace champion
~ **обвиняемого** defender of the accused
государственный ~ public defender
левый ~ [*спорт*] left back
правый ~ [*спорт*] right back

ЗАЩИТН‖ЫЙ *прил* (*охранительный; покровительственный*) protective
~**ые очки** goggles
~ **цвет** khaki

ЗАЩИЩАТЬ, защитить *гл* (*осуществлять защиту от нападения, посягательств и т.п.*) to defend; rise (stand) in defence (*of*); stand up (*for*); (*отстаивать взгляды, права и т.п.*) to advocate; protect; (*предохранять, отстаивать*) to safeguard; uphold; (*выступать защитником в суде*) to

defend; plead a case (a cause)
~ демократические свободы to protect democratic freedoms (liberties)
~ диссертацию to defend one's dissertation (thesis)
~ жизненные интересы трудящихся to protect the vital interests of the working people
~ мир to advocate (safeguard, uphold) peace
~ права и свободы граждан to protect the rights and freedoms of citizens
~ себя лично или через представителя закона to defend oneself in person or through legal assistance
~ (*отстаивать*) **свои права** to assert oneself; assert (defend, maintain) one's rights
~ свою свободу и независимость to defend one's freedom and independence

ЗАЩИЩАТЬСЯ, защититься *гл* to defend oneself; protect oneself
~ в суде to defend a case; make (set up) the defence
~ против обвинений to defend oneself against the charges
~ установленными законом средствами и способами to defend oneself according to (in accordance | compliance | conformity with) the means and methods established by law

ЗАЩИЩЁННОСТЬ *сущ* protectability

ЗАЩИЩЁНН∥ЫЙ *прич* (*от глагола защищать*) defended; protected ◊ **могущий быть ~ым** defensible
~ иском actionable; enforceable

ЗАЯВИТЕЛЬ *сущ* (*истец*) applicant; claimant; declarant; petitioner ◊ **государство-~** applicant state
~ изобретения applicant of an invention
~ товарного знака applicant of a trademark
индивидуальный ~ single applicant
коллективный ~ joint applicants

ЗАЯВК∥А *сущ* (*заявление*) application (*for*); (*заявление о правах*) claim (*for*); (*заказ*) order (*for*) ◊ **делать (подавать) ~у (на)** to file (make, submit) an application (*for*); make (place, submit) an order (*for*); **заполнять ~у (на)** to fill in an application (an order) (*for*); **получать ~у** to receive an application; **принимать ~у** to receive an application; **рассматривать ~у** to consider (examine) an application
бланк ~и application form; **оформление ~и** drawing up of an application; **подача ~и** filing (making, submission) of an application; **податель ~и** applicant; **принятие ~и** acceptance of an application
~ на акции application for shares
~ на выдачу авторского свидетельства application for an

ЗАЯВ   **177**   ЗАЯВ

inventor's certificate
~ на изобретение application for an invention
~ на кредит request for a credit
~ на лицензию application for a licence
~ на патент application for a patent
~ на получение субсидии application for a grant
~ на регистрацию авторского (издательского) права copyright application
~ на регистрацию компании application for the registration of a company
~ на участие в торгах application for participating (taking part) in tenders
~, находящаяся на рассмотрении pending application
~, поданная для регистрации application on file (on record)
дополнительная ~ additional application
изменённая ~ amended application
импортная ~ import application
отклонённая ~ denied (refused, rejected) application
отозванная ~ withdrawn application
патентная ~ application for a patent
первоначальная ~ initial application
письменная ~ written application
поданная ~ filed application
предварительная ~ preliminary application

совместная ~ joint application
ЗАЯВЛЕНИ‖Е *сущ* (*обращение, ходатайство*) application; request; (*утверждение*) assertion; claim; statement; (*декларация*) declaration; statement; (*бланк*) application form ◊ **выступать с публичным (совместным) ~м** to issue (make) a public (joint) statement; **делать ~** to make (utter) a declaration (a statement); (*для печати*) to make a statement for the press; **подавать ~** to apply (*to – for*); file (submit) an application (*to – for*); (*об отставке*) to hand in (tender) one's resignation; (*о принятии в члены*) to apply for membership (*in*): **по ~ю сторон** on the application (on the motion) of the parties
~ алиби claim (disclosure) of an alibi
~ для печати press release; statement for the press
~ об авторстве на изобретение declaration of inventorship
~ об апелляции notice of an appeal
~ об образовании компании statement on the formation of a company
~ об отказе declaration of abandonment
~ об отставке resignation
~ о возмещении убытков claim for damages
~ о намерениях declaration of intent (of intention)
~ о недействительности plea

of nullity
~ о неплатёжеспособности (о прекращении платежей) declaration of bankruptcy (of insolvency)
~ (*подсудимого*) о непризнании себя виновным plea of not-guilty
~ о пересмотре дела application for review of the case
~ о приёме (принятии) в члены организации application for membership
~ о приёме на вакантную должность application for a vacancy
~ о приёме на работу application for a job
~ (*подсудимого*) о признании вины plea of guilty
~ о присоединении (*к договору и т.п.*) declaration of accession
~ о расторжении брака application for dissolution of marriage
~ по правомочию declaration by authority
~, сделанное ответчиком или защитой plea; (*под присягой*) statement on (under) oath
~ с просьбой о передаче дела в вышестоящий суд bill of certiorari
внесудебное ~ out-of-court assertion
исковое ~ declaration; plaint; statement of an action (of a claim)
ложное ~ false (untrue) declaration (statement)
необоснованное ~ unfounded declaration (statement)
неосторожное ~ careless statement
обоснованное ~ substantiated (well-founded) declaration (statement)
откровенное ~ plain statement
официальное ~ formal (official) statement
повторное ~ restatement
предварительное ~ preliminary statement
прежнее ~ previous (prior) statement
провокационное ~ provocative statement
публичное ~ public statement
совместное ~ joint statement
торжественное ~ solemn declaration
устное ~ oral (parol, verbal) statement
ясное ~ direct statement

ЗАЯВЛЯТЬ, заявить *гл* to announce; claim; declare; state; (*провозглашать*) to declare; proclaim
~ алиби to plead an alibi
~ в полицию to notify (report to) the police
~ о невменяемости to protest insanity
~ о принуждении к совершению преступления to claim the existence of duress
~ о своей невиновности to plead not guilty
~ о своей приверженности принципам to declare one's adherence to the principles
~ о своём согласии to signify one's consent (*to*)

~ **особое мнение** to say in dissent
~ **отвод судье** to challenge a judge
~ **под присягой** to declare on (under) oath
~ **претензию** to lay (lodge, make) a claim (a complaint)
~ **протест** to declare (enter, file, make) a protest
~ **убытки** to lay damages

ЗВАНИ‖Е *сущ* rank; (*почётное*) title (of honour) ◊ **лишать ~я** to deprive (relieve) of one's rank; **присваивать ~** to award a rank
~ **пэра** peerage
воинское ~ military rank
почётное ~ honorary title; title of honour
учёное ~ academic rank (title)

ЗВЕРСТВО *сущ* atrocity; brutality

ЗДРАВОМЫСЛЯЩИЙ *прил* of sober (sound) mind; sober; sober-minded

ЗДРАВООХРАНЕНИЕ *сущ* public health (service)

ЗЕМЛЕВЛАДЕЛЕЦ *сущ* landowner

ЗЕМЛЕВЛАДЕНИЕ *сущ* landownership

ЗЛО *сущ* evil ◊ **исправлять ~** to remedy an evil

ЗЛОБА *сущ* malice; malignance; malignity

ЗЛОБНЫЙ *прил* malign; malignant

ЗЛОВРЕДНОСТЬ *сущ* malignance

ЗЛОВРЕДНЫЙ *прил* malign; malignant

ЗЛОДЕЯНИЕ *сущ* atrocity; crime; evil deed; felony; misdeed ◊ **совершать ~** to commit an atrocity
страшное ~ deed of horror

ЗЛОНАМЕРЕННО *нареч* maliciously

ЗЛОНАМЕРЕННЫЙ *прил* malicious

ЗЛОСТНОСТЬ *сущ* malignance; malignity

ЗЛОСТН‖ЫЙ *прил* malign; malignant; malicious
~ое банкротство fraudulent bankruptcy
~ое присвоение fraudulent conversion

ЗЛОУМЫШЛЕНИЕ *сущ* evil mind; evil (malicious) intent

ЗЛОУМЫШЛЕННИК *сущ* ill-minded person

ЗЛОУМЫШЛЕННО *нареч* maliciously

ЗЛОУМЫШЛЕНН‖ЫЙ *прил* ill-intentioned; malicious
~ое причинение вреда malicious damage (mischief)

ЗЛОУПОТРЕБЛЕНИ‖Е *сущ* abuse (misuse) (*of*); malfeasance; (*растрата*) embezzlement; misapplication; (*временем, гостеприимством*) trespass (*upon*)
~ **алкоголем** abuse (misuse) of alcohol; alcohol abuse (misuse)
~ **властью (служебным положением)** abuse (misuse) of authority (of power); abuse (misuse) of office; malfeasance (in office); mismanagement
~ **влиянием** improper influ-

ence
~ **в нарушение закона** abuse at law
~ **гражданским процессом** abuse of (civil) process
~ **доверием** abuse (breach, misuse) of confidence (of trust); confidence trick
~ **законом** legal abuse (malice)
~ **изобретением** abuse of an invention
~ **конституцией** constitutional abuse
~ **монопольной властью** abuse of a monopoly
~ **наркотиками** abuse (misuse) of drugs; drug abuse (misuse)
~ **патентом** misuse of a patent
~ **правом** abuse (misuse) of a right; misuser
~ **привилегией** abuse (misuse) of a privilege
~ **товарным знаком** abuse of a trademark
~ **фондами** misapplication of funds
вопиющее ~ crying abuse
должностное ~ abuse (misuse) of authority (of power); abuse (misuse) of office; malfeasance (in office); mismanagement
судебное ~ judicial abuse
финансовые ~**я** financial irregularities

ЗЛОУПОТРЕБЛЯТЬ, злоупотребить *гл* (*властью, служебным положением и т.п.*) to abuse; misuse; (*чьим-л временем, гостеприимством*) to trespass (*upon*)

~ **алкоголем** to misuse alcohol
~ **властью** to abuse authority (power)
~ **законом** to abuse law
~ **монопольной властью** to abuse a monopoly
~ **правом** to abuse (misuse) a right
~ **правом на судейское усмотрение** to abuse (misuse) judicial discretion
~ **служебным положением** to abuse (misuse) one's office
~ **чьим-л доверием** to abuse confidence

ЗНАКОМЫЙ *сущ* acquaintance; *прил* familiar

ЗНАНИ‖**Е** *сущ* knowledge ◊
приобретать ~**я** to acquire knowledge
обширные ~**я** extensive knowledge
практические ~**я** know-how; practical knowledge
технические ~**я** technical knowledge

ЗНАЧЕНИЕ *сущ* (*смысл*) meaning; sense; (*важность*) importance; significance; (*ценность*) value ◊ **иметь огромное (первостепенное)** ~ to be of great (paramount) importance (significance)

ЗНАЧИМОСТЬ *сущ* significance
юридическая ~ relevance in law

ЗОЛОВКА *сущ* (*сестра мужа*) sister-in-law

ЗОНА *сущ* area; region; zone
~ **бедствия** disaster area
~ **безопасности** security zone

~ **исключительного права** zone of exclusive rights

~ **свободного предпринимательства** zone of free enterprise

~ **свободной торговли** free trade area (zone)

безъядерная ~ nuclear-free zone

валютная ~ currency (monetary) area (zone)

демилитаризованная ~ demilitarized zone

пограничная ~ frontier zone

таможенная ~ customs zone

экономическая ~ economic area (zone)

ЗРЕЛОСТЬ *сущ* maturity

ЗЯТЬ *сущ* son-in-law; (*муж сестры*) brother-in-law

И

ИГР‖А *сущ* game; (*действие*) play ◊ **вести двойную ~у** to play a double game

~ **на бирже** stock-exchange (stock-market) game (gamble, gambling, speculation)

~ **на повышение** [*бирж*] bull transaction (speculation); dealings (speculation) for a rise

~ **на понижение** [*бирж*] bear transaction (speculation); dealings (speculation) for a decline (for a fall)

азартная ~ gamble; game of chance (of luck)

биржевая ~ jobbing; stock-exchange (stock-market) game (gamble, gambling, speculation)

деловая ~ business game

конкурентная ~ competitive game

нечестная ~ (*в конкуренции*) foul play

ИГРАТЬ, сыграть *гл* to play

~ **на бирже** to play the market; speculate on the stock-exchange (on the stock-market)

~ **на повышение** [*бирж*] to bull; go a bull; operate for a rise; sell a bull; sell long

~ **на понижение** [*бирж*] to bear; go a bear; operate for a decline (for a fall); sell a bear; sell short

~ **нечестно** (*в конкуренции*) to play foul (unfair)

~ **честно** (*в конкуренции*) to play fair

ИГРОК *сущ* player; (*азартный*) gambler; (*биржевой*) speculator; stock-exchange operator

~ **на повышение** [*бирж*] bull; speculator for a rise

~ **на понижение** [*бирж*] bear; speculator for a decline (for a fall)

ИДЕНТИФИКАЦИЯ *сущ* identification

ИЖДИВЕНЕЦ *сущ* dependent

ИЗБЕГАТЬ, избежать *гл* to avoid; escape; evade

~ **наказания** to escape punishment

ИЗБИВАТЬ, избить *гл* to beat up; (*устраивать бойню, резню*) to massacre; slaughter

ИЗБИЕНИЕ *сущ* beating up; (*бойня, резня*) massacre; slaughter; [*юр*] assault and battery

ИЗБИРАТЕЛ‖Ь *сущ* constituent; elector; voter; (*контингент избирателей – собир*) the electorate; constituency ◊ **вносить в список ~ей** to enter in the voting (voters') list; **заручиться поддержкой ~ей** to win electoral support; **составлять список ~ей** to compile (make) an electoral register

ИЗБИРАТЕЛЬН‖ЫЙ *прил* elective; electoral; election (*attr*) ◊ **иметь ~ое право** to be eligible (have the right) to vote; **лишать кого-л ~ых прав** to disfranchise smb; **предоставлять кому-л ~ые права** to enfranchise smb **использование ~ого права** use of suffrage; **лишение ~ых прав** disfranchisement; deprivation of suffrage (of the right to vote); **предоставление ~ых прав** enfranchisement

всеобщее, равное и прямое ~ое право при тайном голосовании universal, equal and direct suffrage by secret ballot; **неравное ~ое право** unequal suffrage; **ограниченное ~ое право** limited (restricted) suffrage

~ая кампания election (electoral) campaign

~ая комиссия election commission (committee)

~ая система election (electoral) system

~ая урна ballot box

~ое право election (electoral) franchise (right); suffrage

~ бюллетень ballot; ballot (voting) paper

~ закон election (electoral) law

~ округ the electorate; constituency; election (electoral) district

~ участок polling station; [*амер*] polling precinct

~ ценз electoral qualification; qualification of a voter

ИЗБИРАТЬ, избрать *гл* to choose; elect; vote (*into*) ◊ **право ~ и быть избранным** right to vote and to be elected

~ в комитет to vote (*smb*) into a committee

~ председателем (*собрания и т.п.*) to vote (*smb*) into the chair

~ на основе широкого представительства to elect on a widely representative basis

~ тайным голосованием to elect by (secret) ballot

~ членов суда to elect members of the court

ИЗБРАНИ‖Е *сущ* election ◊ **подлежать ~ю** to be eligible for election

ИЗВЕЩАТЬ, известить *гл* (*предупреждать, уведомлять*) to give notice; notify; (*сообщать тж*) to inform; [*комм*] to advise

ИЗВЕЩЕНИ‖Е *сущ* (*уведомление*) notice; notification; [*комм*] letter of advice ◊ **вручать ~** to serve a notice; вру-

чение ~я service of a notice
- **~ об акцептации** (*заявки*) notice of acceptance
- **~ об апелляции** notice of appeal
- **~ об обращении в суд** notice of application to the court
- **~ об отклонении** (*заявки*) notice of rejection
- **~ об отправке** (*груза*) advice (notification) of dispatch
- **~ о вручении (о доставке)** (*груза*) notice of delivery
- **~ о выдаче** (*патента и т.п.*) notice of grant
- **~ о направлении дела на апелляцию** letter(s) dismissory
- **~ о нарушении** (*патента и т.п.*) notice of infringement
- **~ о передаче (переуступке)** (*патента и т.п.*) notice of assignment
- **~ о платеже** advice of payment
- **~ о поставках** notification of delivery
- **~ о прибытии** (*груза*) arrival notice
- **~ о принятии** (*оферты*) letter(s) of acceptance
- **~ о регистрации** (*заявки*) notice of filing
- **~ ответчика о предъявленном иске** summons

инкассовое ~ [*фин*] advice of collection
официальное ~ formal notice
процессуальное ~ (*повестка в суд*) service of process

ИЗВИНЕНИЕ *сущ* apology; excuse ◊ **приносить ~** (*за*) to apologize (for); offer one's apologies (for); [*корр тж*] to submit (tender) one's apologies (for)
- **~ перед потерпевшим** apology to the victim

публичное ~ public apology

ИЗВИНЯТЬСЯ, извиниться *гл* (*за*) to apologize; excuse oneself (*for*); offer one's apologies (*for*); [*корр тж*] to submit (tender) one's apologies (*for*)

ИЗВРАЩАТЬ, извратить *гл* (*искажать факты и т.п.*) to distort; misinterpret; twist; wrench; wrest
- **~ смысл закона** to wrest the law
- **~ факты** to distort (twist) the facts

ИЗВРАЩЕНИЕ *сущ* perversion; (*искажение фактов и т.п.*) distortion; misinterpretation

половое ~ sexual misconduct (perversion)

ИЗВРАЩЁННЫЙ *прил* perverse; perverted

ИЗГНАНИ‖Е *сущ* (*выдворение из страны*) banishment; deportation; expulsion; (*ссылка*) exile ◊ **жить в ~и** to live in exile

ИЗГНАННИК *сущ* exile

ИЗГОТАВЛИВАТЬ, изготовить *гл* (*производить*) to make; manufacture; produce

ИЗГОТОВИТЕЛЬ *сущ* (*производитель*) maker; manufacturer; producer

ИЗДАВАТЬ, издать *гл* (*выпускать – о книге и т.п.*) to issue; publish; (*обнародо-*

вать) to promulgate
~ **закон** to issue a law; (*обнародовать*) to promulgate a law
~ **приказ** to issue an order; (*о судебном приказе*) to issue a writ; (*о явке в суд*) to issue a subpoena (summons)

ИЗДАНИЕ *сущ* (*опубликование*) publication; publishing; (*род издания*) edition; (*о законе*) enactment; issue; promulgation
запрещённое ~ illegal matter
исправленное ~ corrected edition
переработанное и исправленное ~ revised and corrected edition
периодическое ~ periodical (publication)
печатное ~ printed matter
специальное ~ special edition
справочное ~ reference book

ИЗДЕВАТЕЛЬСТВО *сущ* (*насмешка*) derision; mockery; scoffing; (*оскорбление*) insult; (*истязание, пытка*) torture

ИЗДЕВАТЬСЯ, поиздеваться *гл* (*высмеивать, насмехаться*) to deride; mock (*at*); scoff (*at*); (*наносить оскорбление*) to fling (hurl) an insult (*at | against*); (*истязать, пытать*) to torture

ИЗДЁВК‖А *сущ* (*насмешка*) derision; mockery; scoffing
◊ **говорить с ~ой** to speak with derision

ИЗДЕЛИ‖Е *сущ* (manufactured) article; item; product; (*производство*) make; (*мн - товары*) commodities; goods
~**я длительного пользования** durables; durable (consumption-) goods
высококачественное ~ high (good) quality product
готовое ~ end (final, finished, ready-made) product; (*мн тж*) manufactured goods
забракованное ~ rejected product
запатентованное ~ patented article
промышленное ~ industrial product

ИЗДЕРЖКИ *сущ* charges; costs; expenditures; expenses
◊ **взыскивать** ~ to recover costs; **возмещать** ~ to recoup (reimburse) costs (expenses); **нести** ~ to bear (incur) costs (expenses); **присуждать судебные** ~ to award costs; **снижать** ~ to bring down (cut, decrease, reduce) costs (expenses)
предельные ~ marginal costs
производственные ~ production costs (expenses)
судебные ~ court fees (taxes); expenses of court (legal) proceedings; law charges (expenses); legal costs; (*истца тж*) sue charges
текущие ~ current costs (outlay)

ИЗЛАГАТЬ, изложить *гл* to expound; set forth; state; (*формулировать*) to word
~ **дело перед судом** to lay the case before the court
~ **свою версию** to state one's

case
ИЗЛИШЕК *сущ* excess; surplus; (*рабочей силы и т.п.*) redundancy
~ **веса** overweight
ИЗЛОЖЕНИЕ *сущ* (*передача краткого содержания*) brief; précis; summary; synopsis; (*сути дела тж*) statement
~ **мотивов** exposure of motives (of reasons)
~ **обстоятельств дела** statement of facts; (*защитой*) statement of the defence; (*обвинением*) statement of the prosecution; (*истцом*) statement of a claim
~ **оснований иска** statement of the cause of action
ИЗМЕН∥А *сущ* betrayal; treason; (*вероломство*) treachery ◊ **быть обвинённым в государственной ~е** to be charged with (high) treason; **замышлять ~у** to plot treason; **по обвинению в государственной ~е** on impeachment for (high) treason; **укрывательство ~ы** misprision of treason
государственная ~ (high) treason
супружеская ~ breach of faith
ИЗМЕНЕНИ∥Е *сущ* (*действие*) alteration; change; modification; (*перемена*) change; (*внесение поправок в документ*) amending; making amendments ◊ **вносить ~я** to alter; change; introduce (make) alterations (changes); (*поправки в документ*) to amend;

introduce (make) amendments; **вносить ~я и дополнения в закон** to amend and supplement the law
~ **заявки** alteration (modification) of an application
~ **меры пресечения** change of a measure of restraint (of restriction)
~ **обвинения** modification of a criminal charge
~ **обстоятельств** change of circumstances
~ **товарного знака** alteration of a trademark
глубокие ~я far-going (profound) changes
качественные ~я qualitative changes
количественные ~я quantitative changes
коренные ~я radical changes
структурные ~я structural changes
ИЗМЕННИК *сущ* (*предатель*) betrayer; traitor
ИЗМЕНЯТЬ I, изменить *гл* to alter; change; modify; (*вносить поправки в документ*) to amend; introduce (make) amendments (*to*)
ИЗМЕНЯТЬ II, изменить *гл* (*предавать*) to betray
ИЗМЫШЛЕНИЕ *сущ* fabrication; invention; (*вымысел тж*) concoction
ИЗМЫШЛЯТЬ *гл* to fabricate; invent; (*выдумывать, придумывать*) to concoct; (*замышлять, затевать*) to contrive
ИЗНАСИЛОВАНИЕ *сущ*

rape; violence
групповое ~ gang rape (raping)

ИЗНЕМОЖЕНИ∥Е *сущ* exhaustion ◊ **быть в ~и** to be in a state of exhaustion

ИЗОБЛИЧАТЬ, изобличить *гл* (*обнаруживать, разоблачать*) to expose; uncover; unmask; (*обвинять*) to accuse (*of*); blame (*for*); charge (*with*); (*вменять в вину, уличать тж*) to incriminate; (*доказывать вину*) to find (prove) smb guilty
~ в совершении преступления to catch in a crime
~ себя to incriminate oneself

ИЗОБЛИЧЕНИЕ *сущ* exposure

ИЗОБРЕТАТЕЛЬ *сущ* deviser; inventor
действительный ~ actual (original, real, true) inventor
индивидуальный ~ individual (single) inventor
иностранный ~ foreign inventor
коллективный ~ joint inventor
недееспособный ~ incompetent (legally incapacitated) inventor
основной ~ principal inventor
отечественный ~ domestic inventor
предполагаемый ~ alleged (potential) inventor

ИЗОБРЕТАТЬ, изобрести *гл* to devise; invent; originate

ИЗОБРЕТЕНИЕ *сущ* invention

ИЗОЛЯТОР *сущ* isolation ward; [*юр тж*] solitary confinement cell; (*карцер тж*) disciplinary cell; lock-up
следственный ~ investigatory isolation ward
штрафной ~ disciplinary cell; lock-up; penal isolation ward

ИЗОЛЯЦИ∥Я *сущ* isolation; (*отделение тж*) separation; (*сегрегация*) segregation; (*режим*) security ◊ **режим максимальной (минимальной) ~и** maximum (minimum) custody
строгая ~ high (maximum, tight) security

ИЗУВЕЧЕНИЕ *сущ* (*нанесение увечья*) maim; mayhem

ИЗУВЕЧИВАТЬ, изувечить *гл* to injure; maim; mayhem; mutilate

ИЗЪЯН *сущ* defect; flaw

ИЗЪЯТИЕ *сущ* (*исключение, устранение*) exception; removal; withdrawal; (*имущества и т.п.*) confiscation; impoundment; seizure; (*документов*) suppression; (*из обращения*) recall; redemption; retirement; withdrawal; (*из юрисдикции*) exemption
~ денег из обращения redemption (withdrawal) of money from circulation
~ из законодательства exemption from legislation
~ из употребления withdrawal from use
~ имущества (собственности) confiscation (seizure) of property; (*недвижимого имущества тж*) ejectment; (*из*

юрисдикции суда) eloign

~ **контрабанды** seizure of a contraband

~ **незаконно добытых свидетельств (доказательств)** exclusion (suppression) of illegally obtained evidence

~ **фондов** withdrawal of funds **налоговые ~я** exemption from taxation

ИЗЫМАТЬ, изъять гл (*исключать, устранять*) to except; remove; take away; withdraw; (*имущество и т.п.*) to confiscate; impound; seize; (*документы*) to suppress; (*из документов*) to strike (off); (*из юрисдикции*) to exempt

~ **дело из производства** to strike off a case

~ **деньги из обращения** to call in; recall (redeem, withdraw) money from circulation

~ **документ** to suppress a document

~ **заявление** to suppress a statement

~ **из-под действия закона** to except from the operation of a law

~ **из протокола** to strike from (off) the record

~ **из юрисдикции** to exempt from jurisdiction

~ **имущество (собственность)** to confiscate (seize) property; (*из юрисдикции суда*) to eloign

~ **незаконно добытые свидетельства (доказательства)** to exclude (suppress) illegally obtained evidence

ИЛЛЮЗИЯ *сущ* illusion

ИМБЕЦИЛЬНОСТЬ *сущ* (*слабоумие*) deficiency of intellect; imbecility; mental deficiency (disability); retarded mentality

ИМБЕЦИЛЬНЫЙ *прил* (*слабоумный*) mentally defective (deficient, retarded)

ИМЕНИЕ *сущ* estate; holding; tenement

~ **в пожизненном владении** life estate

~ **с безусловным правом собственности и владения** estate in a fee simple

~ **с ограниченным переходом по наследству** estate in a fee tail

ИМИТАЦИЯ *сущ* (*подражание*) imitation; mimicry; (*моделирование*) simulation

~ **ареста и обыска** simulated arrest and search

~ **слушания** mock hearing

ИММИГРАНТ *сущ* immigrant

нелегальный ~ illegal immigrant

ИММИГРАЦИОНН‖ЫЙ *прил* immigration (*attr*)

~**ая квота** immigration quota

~**ые власти** immigration authorities

~ **закон** immigration law

ИММИГРАЦИ‖Я *сущ* (*действие*) immigration; (*массовый выезд*) exodus; (*иммигранты – собир*) immigrants ◊ **запрещать ~ю** to ban (prohibit) immigration; **ограничивать ~ю** to restrict immigration

законная ~ legal immigration
массовая ~ large-scale (mass) immigration
незаконная ~ illegal immigration

ИММУНИТЕТ *сущ* [*дип*] immunity; [*юр*] exemption ◊ **злоупотреблять** ~**ом** to misuse immunity; **обладать** ~**ом** to be immune (from); enjoy immunity; **отказываться от** ~**а** to renounce (waive) immunity; **предоставлять** ~ to accord (grant) immunity; **уважать** ~ to respect immunity **лишение** ~**а** withdrawal of immunity; **отказ от** ~**а** renunciation (waiver) of immunity; **право на** ~ entitlement (right) to immunity; **привилегии и** ~**ы** privileges and immunities; **срок действия привилегий и** ~**ов** duration of privileges and immunities

~ **от административной ответственности** administrative immunity

~ **от наказания** exemption (immunity) from punishment

~ **от обыска, реквизиции, наложения ареста или исполнительных действий** exemption (immunity) from search, requisition, attachment or execution

~ **от уголовной ответственности** exemption (immunity) from criminal liability

~ **от юрисдикции иностранных судов** exemption (immunity) from foreign jurisdiction (from the jurisdiction of foreign courts)

~ **по закону** legal exemption
дипломатический ~ diplomatic immunity
консульский ~ consular immunity
личный ~ personal immunity
парламентский ~ parliamentary immunity

ИМПИЧМЕНТ *сущ* (*привлечение к ответственности высших должностных лиц государства*) impeachment

~ **в конгрессе** congressional impeachment

~ **президента** presidential impeachment; impeachment of the President

парламентский ~ parliamentary impeachment

ИМПОРТ *сущ* import

ИМПОРТИРОВАНИЕ *сущ* importation

ИМУЩЕСТВЕНН‖ЫЙ *прил* property (*attr*)

~**ая ответственность** property responsibility

~**ое положение** property status

~**ое преступление** property crime

~**ые отношения** property relations

~**ые споры** property disputes

~ **интерес** property interest

~ **ущерб** property damage

~ **ценз** property qualification

ИМУЩЕСТВ‖О *сущ* property; tenement; (*достояние*) assets; (*имение*) estate; (*личные вещи*) belongings; effects; things ◊ **быть лишённым своего** ~**а** to be deprived of

one's property; **обращать взыскание на ~** (*взыскивать по исполнительному листу*) to levy execution; recover; **удерживать ~** to withhold property; **управлять ~м** to administer property
акт распоряжения ~м (deed of) settlement; **изъятие ~а из юрисдикции суда** eloign; **обращение взыскания на ~** claim to property; recovery against property; **(супружеская) общность ~а** tenancy by the entirety; **раздел ~а** property settlement; separation of goods
~ (*вещи*) **во владении** choses (things) in possession
~, возвращаемое к первоначальному собственнику reversion
~ (*вещи*) **в требовании** choses (things) in action
~, нажитое (приобретённое) в браке property acquired during marriage
~, наследуемое только по женской линии tail female (general)
~, наследуемое только по мужской линии tail male (general)
~ несостоятельного должника bankrupt's estate (property)
~, обременённое сервитутом servient tenement
~, переходящее не к первоначальному собственнику (*по прекращении имущественного права первого лица*) remainder
~, переходящее по наследству succession
~ супругов property of spouses
арендованное ~ lease; tenancy; tenement
выморочное (*невостребованное*) **~** (*наследство*) vacant succession
движимое ~ chattels personal; goods and chattels; movables; movable (personal) estate (property, things)
заложенное ~ mortgaged (pledged) property
заповедное ~ (*майорат*) entail; (general) tail; interest in tail
застрахованное ~ insured property
контрабандное ~ contraband; contraband property
личное ~ personal assets (possessions, property, wealth); (*вещи тж*) personal belongings (effects, things)
личное ~ супругов separate property
материальное (осязаемое) движимое ~ tangible assets (personalty, property)
недвижимое ~ fixed (real) assets; immovables; immovable (real) estate (property, things); realty; (*наследуемая недвижимость*) heritage
общее ~ супругов common (community) property
оспариваемое ~ contested (disputed) property
осязаемое (материальное) движимое ~ tangible assets (personalty, property)

ИМ‖Я *сущ* Christian name; first (given) name ◊ **знать всех по ~енам** (*лично*) to know (*everyone*) by name; **отправлять (посылать) на чьё-л ~** to address (*to*); **во ~** in the name (*of*); **во ~ здравого смысла** in the name of common sense; **от ~ени** (*по поручению*) in the name (*of*); on behalf (*of*); **от ~ени и за счёт другого** (*в тексте контракта*) in the name and on behalf of another; **от своего ~ени** in one's own name; **под ~енем** under the name (*of*); **по ~ени** by name **~енем закона** in the name of (the) law **~, отчество и фамилия** full name

ИНАКОМЫСЛИЕ *сущ* dissent; dissidence

ИНАКОМЫСЛЯЩИ‖Й *сущ* dissenter; dissident ◊ **преследовать ~х** to persecute dissenters (dissidents)

ИНВАЛИД *сущ* cripple; crippled (disabled, handicapped) person; invalid
~ войны war cripple (invalid)
~ труда disabled worker

ИНВАЛИДНОСТЬ *сущ* (physical) disability

ИНВЕСТИРОВАТЬ *гл* to invest (*in*)

ИНВЕСТИТОР, инвестор *сущ* investor

ИНВЕСТИЦИ‖Я *сущ* investment
долгосрочные ~и long-range (long-term) investment(s)
зарубежные ~и foreign investment(s)
краткосрочные ~и short-range (short-term) investment(s)
портфельные ~и portfolio investment(s)
прямые ~и direct investment(s)
частные ~и private investment(s)

ИНДОССАМЕНТ *сущ* [*фин*] (*передаточная надпись на обороте документа*) endorsement (indorsement)
безденежный (дружеский) ~ accommodation endorsement
бланковый ~ blank endorsement; endorsement in a blank
именной ~ special endorsement
ограниченный ~ limited (restrictive) endorsement
ордерный ~ order endorsement
полный ~ endorsement in full; full endorsement
условный ~ conditional endorsement

ИНДОССАНТ *сущ* [*фин*] (*лицо, сделавшее передаточную надпись*) backer; endorser (indorser); (*цедент*) transferor

ИНДОССАТ(ОР) *сущ* [*фин*] (*получатель по трансферту*) endorsee (indorsee); transferee

ИНДОССИРОВАТЬ *гл* [*фин*] (*делать передаточную надпись*) to back; endorse (indorse)
~ вексель (*в пользу какого-л лица*) to endorse a bill (*to a person*)

ИНИЦИАТИВ‖А *сущ* initiative ◊ **выступать с законо-**

дательной ~ой to initiate a law (legislation); проявлять ~у to initiate; display (show) an initiative; сдерживать ~у to check (hold down) one's initiative; по собственной ~е on one's own initiative
законодательная ~ initiation of bills (of laws); legislative initiative; legislation
мирная ~ peaceful initiative
творческая ~ creative initiative

ИНКАССО *сущ* [*фин*] (*получение денег по векселям или другим документам*) collection of payments; encashment ◊ посылать документы на ~ to send documents for collection; принимать обязательство по ~ to accept to pay for collection; расходы по ~ collection charges
~, предусмотренное договором collection provided for (stipulated) by the contract
документарное ~ documentary (documented) collection

ИНКОГНИТО *сущ* incognito

ИНКРИМИНИРОВАТЬ *гл* to incriminate
~ совершение преступления to allege (incriminate) a crime

ИНОСТРАН‖ЕЦ *сущ* alien; foreigner; foreign citizen (national) ◊ интернировать ~ца to intern an alien; натурализовать ~ца to naturalize an alien; разрешить ~цу натурализоваться to grant naturalization to an alien
~, временно проживающий в стране alien visitor; non-resident (visiting) alien
~, находящийся в стране на законном основании legal alien
~, находящийся в стране на незаконном основании illegal alien
~, подлежащий депортации deportable alien
~ по рождению alien born
~, проживающий в стране resident alien
враждебный ~ alien enemy; enemy alien
дружественный ~ alien friend; friendly alien
натурализованный ~ denizen; naturalized alien (foreigner)
нежелательный ~ objectionable (undesirable) alien
ненатурализованный ~ alien
подозрительный ~ suspected alien

ИНОСТРАНН‖ЫЙ *прил* alien; foreign
~ая валюта foreign currency
~ гражданин alien; foreign citizen (national)
~ субъект foreign subject

ИНСИНУАЦИЯ *сущ* allusion; insinuation

ИНСПЕКТИРОВАНИ‖Е *сущ* inspection ◊ осуществлять (проводить) ~ to carry out (conduct) an inspection (*of*); inspect; подлежать ~ю to be subject to inspection (*by*) объект ~я object of inspection; порядок ~я order (procedure) of inspection; условия ~я terms of inspection

государственное ~ government (state) inspection
правомочное ~ lawful (legal) inspection

ИНСПЕКТОР *сущ* inspector; (*надзиратель, контролёр*) supervisor
  ~ **дорожного движения** traffic policeman (warden)
  ~ **полиции** police inspector
  ~ **сыскной (уголовной) полиции** detective inspector
  главный ~ chief inspector; (*сыскной полиции*) chief detective inspector
  дорожный ~ traffic warden
  налоговый (финансовый) ~ assessor; revenue (tax) collector (inspector, officer)
  санитарный ~ health officer
  страховой ~ insurance inspector
  судовой ~ surveyor of ships
  таможенный ~ customs examiner (inspector); [*амер*] surveyor (of customs)
  финансовый (налоговый) ~ assessor; revenue (tax) collector (inspector, officer)

ИНСПЕКЦИ‖Я *сущ* (*контроль, проверка*) inspection; verification; (*орган*) inspectorate ◊ **создавать (учреждать) независимую** ~**ю** to set up an independent inspectorate; **акт** ~**и** inspection report
  ~ **на месте** on-site inspection
  государственная ~ government (state) inspection
  иностранная ~ foreign inspection
  санитарная ~ sanitary inspection
  таможенная ~ customs inspection

ИНСТАНЦИ‖Я *сущ* authority; instance ◊ **передавать дело в вышестоящую** ~**ю** to refer (remit) a case to a higher authority (instance)
  в высшей ~**и** at the highest level; **в низшей** ~**и** at a lower level; **возвращение в первоначальную** ~**ю** remand (for a trial); **суд высшей** ~**и** higher court; **суд низшей** ~**и** lower court; **суд первой** ~**и** court of the first instance; trial court; **суд последней** ~**и** court of the last resort
  апелляционная ~ appeals instance
  высшая судебная ~ court of the last resort; highest judicial authority (instance)
  первая ~ first instance
  последняя ~ final (last) instance
  судебная ~ degree of jurisdiction; instance

ИНСТИНКТ *сущ* instinct
  ~ **самосохранения** instinct of self-preservation

ИНСТРУКТАЖ *сущ* briefing; instruction

ИНСТРУКЦИ‖Я *сущ* direction; directive; instruction; order ◊ **давать** ~**и** to direct; order; **действовать по** ~**и** to act in accordance (compliance, conformity) with (according to) instructions; comply with (follow, obey, observe) instructions

действующая ~ standing instruction

ИНСЦЕНИРОВКА *сущ* (*фальсификация судебного процесса и т.п.*) frame-up; (*воспроизведение, имитация судебного процесса, например, в юридической школе*) mock hearing; mooting

ИНТЕЛЛЕКТ *сущ* intellect; mentality

ИНТЕЛЛЕКТУАЛЬН∥ЫЙ *прил* intellectual
~ая собственность intellectual property
~ труд intellectual labour

ИНТЕРВЕНЦИЯ *сущ* intervention
вооружённая ~ armed intervention

ИНТЕРВЬЮ *сущ* interview

ИНТЕРВЬЮИРОВАТЬ, проинтервьюировать *гл* to interview

ИНТЕРЕС *сущ* interest ◊ **выражать чьи-л ~ы** to express smb's interests; **затрагивать чьи-л ~ы** to affect smb's interests; **защищать чьи-л ~ы** to defend smb's interests; **отвечать чьим-л ~ам** to accord with (meet) smb's interests; **предавать чьи-л ~ы** to betray smb's interests; **представлять взаимный ~** to be of mutual interest; **представлять чьи-л ~ы** to represent smb's interests; **противоречить чьим-л ~ам** to run counter to smb's interests; **проявлять ~ (к)** to display (show) interest (*in*); **учитывать чьи-л ~ы** to consider (take into account | into consideration) smb's interests; **ущемлять чьи-л ~ы** to infringe upon smb's interests
в ~ах мира и всеобщей безопасности in the interests of peace and universal security; **в чьих-л ~ах** in smb's interests
государственные ~ы state interests; interests of the state
духовные ~ы spiritual interests
жизненные ~ы vital interests
законные ~ы legitimate interests
коренные ~ы basic interests
национальные ~ы national interests

ИНТЕРНИРОВАНИЕ *сущ* internment

ИНТЕРНИРОВАНН∥ЫЙ *прил* interned
~ое лицо interned person

ИНТЕРНИРОВАТЬ *гл* to intern

ИНТЕРПЕЛЛИРОВАТЬ *гл* [*парл*] (*делать запрос*) to interpellate

ИНТЕРПЕЛЛЯЦИЯ *сущ* [*парл*] (*запрос*) interpellation

ИНТЕРПОЛЯЦИЯ *сущ* (*вставка в готовый документ*) interpolation

ИНТОКСИКАЦИЯ *сущ* intoxication

ИНТУИЦИ∥Я *сущ* intuition; intuitiveness ◊ **по ~и** by intuition; intuitively;

ИНФЛЯЦИ∥Я *сущ* inflation ◊ **сдерживать ~ю** to contain (curb, restrain, retain) inflation
безудержная ~ galloping

(rampant, runaway) inflation
ползучая ~ creeping inflation
скрытая ~ hidden (latent, suppressed) inflation

ИНФОРМАЦИ‖Я *сущ* information ◊ **обмениваться ~ей** to exchange information; **получать ~ю** to obtain (receive) information; **предоставлять ~ю** to furnish (provide, supply) information; **сбор и распространение ~и** collection and dissemination of information
дополнительная ~ additional (further, supplementary) information
достоверная (точная) ~ adequate (exact, precise, reliable) information
конфиденциальная ~ confidential information
ложная ~ misrepresentation
относящаяся к делу ~ information relevant to the case; relevant information
секретная ~ classified (confidential, secret) information
техническая ~ technical information
ценная ~ valuable information

ИНФОРМИРОВАТЬ, проинформировать *гл* to inform (*of*); keep smb informed (*of*)

ИНЦИДЕНТ *сущ* incident
пограничный ~ border (frontier) incident

ИПОТЕКА *сущ* [*фин*] (*ипотечный залог*) hypothecation; mortgage

ИСК *сущ* action; claim; (civil) complaint; plea; suit ◊ **возбуждать (подавать, предъявлять) ~** to bring (enter, file, lay, maintain; start) an action (a charge, suit) (*against*); claim; institute (lodge, make, prosecute) a claim (*against*); institute (take) a legal action (proceedings) (*against*); lodge (make) a compliant (*against*); prosecute; sue; **возражать против ~а (оспаривать ~)** to contest (dispute) a claim; (*по существу*) to traverse an action (a claim); **обосновывать ~** to establish a claim; **отвечать по ~у** to be sued; defend a suit; (*из гражданского правонарушения*) to be liable (be sued) in tort; (*из противоправного удержания вещи*) to be sued in detinue; **отказать в ~е (отклонить ~)** to deny (disallow, dismiss, reject) a case; **отказываться от ~а (отзывать ~)** to abandon (drop, forgo, give up, release, relinquish, renounce, waive, withdraw) an action (a claim, suit); **поддерживать ~** (*в суде*) to hold an action; sustain a case (a claim); **предъявлять встречный ~** to counterclaim; **предъявлять ~ и отвечать по ~у** to sue and to be sued; **предъявлять ~ о взыскании долга** to sue (*smb*) for a debt; **предъявлять ~ о возмещении убытков** to sue (*smb*) for damages; **предъявлять ~, основанный на деликте** to sue in tort; предъявлять ~, основанный на договоре to sue in contract; предъявлять ~ с требованием оплатить вексель to sue on the bill; проиграть ~ to lose a (law) suit; удовлетворять ~ to accept (allow, meet, satisfy) a claim; pronounce a judgement for the plaintiff

возражение по существу ~а plea in bar; обеспечение ~а security for a claim; обоснование ~а argument in support of an action; foundation of an action; объединение ~ов consolidation of actions (of claims); основание для предъявления ~а cause of action; отказ в ~е (отклонение ~а) condemnation; dismissal of an action (of a case); отказ от ~а abandonment (renunciation, waiver, withdrawal) of an action (of a claim, suit); отрицание основания ~а general denial; предмет ~а subject of an action; предъявление ~а commencement (institution) of a legal action (proceeding|s) (*against*); filing of a suit (*against*)

~ за клевету libel action

~ за оскорбление действием action for (assault and) battery

~ из гражданского правонарушения action (claim) in (of) tort; tortious action (claim)

~ из договора action (claim) in contract

~ из нарушения владения action (claim) of a trespass

~ о возврате владения action (claim) for a recovery of possession

~ о взыскании (возмещении) убытков action (claim) for damages; damages; legal action for recovery

~ о признании недействительным action (claim) for annulment (for invalidation); nullity suit; plea of nullity

~ о признании прав action (claim) for a declaration of rights

~ о разводе divorce suit; suit for a divorce

~, основанный на законе statutory action

вещный ~ action in rem; real action

виндикационный ~ (*о возвращении владения движимой вещью*) replevin

встречный ~ counter-action; counter-claim; counter-suit; cross-action; cross-claim; claim (plea) in reconvention (in return)

гражданский ~ civil action; (claim, suit)

деликтный ~ action (claim) in (of) tort; tortious action (claim)

имущественный ~ claim of ownership

обязательственный ~ personal action

посессорный ~ possessory action

раздельные ~и several actions

регрессивный ~ action of recourse

судебный ~ action at law; lawsuit; legal action

ИСКАЖАТЬ, исказить *гл*

(*факты и т.п.*) to distort; misrepresent; twist; wrench; wrest

ИСКАЛЕЧЕНИЕ *сущ* maim; mayhem

ИСКАЛЕЧЕННЫЙ *прил* maimed

ИСКАЛЕЧИВАТЬ, **искалечить** *гл* to maim

ИСКАТЬ *гл* to look (*for*); search (*for*); seek

ИСКЛЮЧ‖АТЬ, **исключить** *гл* (*изымать, устранять*) to except (*from*); exclude (*from*); (*из документа*) to delete (*from*); eliminate (*from*); (*из организации*) to expel (*from*) ◊ ~ая непредвиденные обстоятельства unforseen circumstances excepted

~ из организации to expel from (the membership of) the organization

~ (*доказательства и т.п.*) из разбирательства дела to exclude (*the evidence etc*) from examination of a case

~ из списка to strike off the list

~ из университета to expel from the university

~ незаконно добытые (полученные) свидетельские показания to exclude illegally obtained (seized) evidence

ИСКЛЮЧЕНИ‖Е *сущ* (*изъятие, устранение*) exception; exclusion; exemption; (*из документа тж*) deletion; elimination; (*из организации*) expulsion ◊ без ~я without exception; в виде ~я as an exception; by way of exception; за ~м except; with the exception (*of*); за ~м тех случаев, когда предусмотрено иначе except as otherwise provided

~ доказательств exclusion of evidence

~ из гражданства deprivation (termination, withdrawal) of citizenship (nationality)

~ из правил exception to the rule

~ из сферы уголовной ответственности exemption from criminal liability

~, установленное законом (статутом) statutory exception

неофициальное ~ деяния (*или субъекта*) из юрисдикции уголовных судов informal diversion

официальное ~ деяния (*или субъекта*) из юрисдикции уголовных судов formal diversion

условное ~ деяния (*или субъекта*) из юрисдикции уголовных судов conditional diversion

ИСКЛЮЧИТЕЛЬН‖ЫЙ *прил* exceptional; exclusive; sole; (*уникальный*) unique ◊ договор купли-продажи с ~ыми правами exclusive sales agreement

~ая лицензия exclusive licence

~ая мера наказания (*смертная казнь, смертный приговор*) capital punishment; death (capital) penalty (sentence); exceptional measure of punishment; last sanction of the law;

sole penalty (punishment)
~ая юрисдикция exclusive jurisdiction
~ое владение exclusive possession
~ое обстоятельство exceptional circumstance
~ое положение exceptional situation
~ое пользование (*товарным знаком и т.п.*) exclusive use
~ое право exclusive (sole) right; prerogative
~ое право на продажу (*товаров*) exclusive selling right
~ое право собственности exclusive ownership
~ случай exceptional case

ИСКОВ‖ЫЙ *прил* (*обладающий исковой силой*) actionable ◊ в ~ом порядке actionably
~ая давность limitation of action; period of limitation; prescription of claims
~ое заявление bill; complaint; petition to sue; plaint; points (statement) of a claim
~ое обязательство civil obligation
~ое производство adversary (contentious, ordinary) proceeding(s)

ИСКОРЕНЕНИЕ *сущ* eradication; (*ликвидация*) liquidation; (*устранение*) elimination; removal
~ неграмотности eradication of illiteracy

ИСКОРЕНЯТЬ, искоренить *гл* to eradicate; (*ликвидировать*) to liquidate; (*устранять*) to eliminate; remove
~ неграмотность to eradicate illiteracy

ИСПОЛНЕНИ‖Е *сущ* (*выполнение, осуществление*) execution; fulfilment; (*о долге, обязанности и т.п.*) discharge; performance; (*об обязательствах тж*) satisfaction; (*о договоре*) execution; performance; (*о завещании*) administration; execution; (*соблюдение*) observance ◊ возвращаться к ~ю своих обязанностей to return to one's duties; обеспечить ~ приговора to assure the execution of a sentence; приводить в ~ to carry out; enforce; execute; carry into effect (into execution); fulfil; приводить закон в ~ to execute a law; приводить постановление суда в ~ to enforce (execute) a court order (a writ); приводить приговор в ~ to enforce (execute) a sentence; приводить судебное решение в ~ to enforce (execute) a judgement; приводить угрозу в ~ to carry out a threat; принуждать к ~ю to enforce; приступать к ~ю своих обязанностей to come into (to) (enter upon, take) office; enter upon one's duties

во ~ in pursuance of; для немедленного ~я for immediate execution; невозможность ~я (*договора и т.п.*) impossibility of execution (of performance); приведение в ~ приговора enforcement (execution) of a sentence; приведение в ~ судеб-

ного решения enforcement of a judgement; **при ~и служебных обязанностей** in discharge of one's duties; when (while) on duty; **проверка ~я** control (verification) of execution (of performance)

~ **арбитражных решений** enforcement of arbitral (arbitration) awards

~ **бюджета** administration (execution, implementation) of a budget

~ **в натуре** specific performance

~ **договора** discharge (execution, performance) of a contract; (*в судебном порядке*) enforcement of a contract

~ **договорных обязательств** execution (fulfilment) of contractual commitments (obligations)

~ **заказа** execution of an order

~ **обязанностей (служебного долга)** discharge of one's duty (duties)

~ **обязательства** discharge (fulfilment) of a commitment (of an obligation)

~ **приговора** enforcement (execution) of a sentence

~ **публичной должности** service of a public office

добросовестное ~ своих обязательств по международному праву fulfilment in good faith of one's commitments (obligations) under international law

встречное ~ counter-execution

надлежащее ~ proper execution

ненадлежащее ~ improper execution

принудительное ~ (*договора и т.п.*) enforcement

реальное ~ specific performance

строгое (точное) ~ (*закона и т.п.*) strict observance (*of*)

частичное ~ part (partial) performance

ИСПОЛНИМОСТЬ *сущ* feasibility; (*обеспеченность исковой защитой*) enforceability

ИСПОЛНИМЫЙ *прил* feasible; practicable; realizable

ИСПОЛНИТЕЛЬ *сущ* executor; performer; (*преступления*) perpetrator; principal

~ **завещания** (*душеприказчик*) (testamentary) executor

~ **преступления** actor; perpetrator (principal) of a crime; principal felon (offender); (*преступления первой степени*) principal in the first degree; (*преступления второй степени*) principal in the second degree

судебный ~ bailiff; executor; law enforcement officer (official); officer of the law; server; [*амер*] marshal (of the court)

ИСПОЛНИТЕЛЬНО-РАСПОРЯДИТЕЛЬНЫЙ *прил* executive and administrative

~ **орган** executive and administrative agency (body)

ИСПОЛНИТЕЛЬН‖ЫЙ

прил executive

~**ая власть** executive authority (power)

~ **комитет** executive committee

~ **лист** writ of execution; (*на производство описи имущества*) distringas; (*об обращении взыскания на имущество должника*) writ of execution against goods; [*лат*] fieri facias

~ **орган** executive board (body)

ИСПОЛНЯТЬ, исполнить *гл* (*выполнять, осуществлять*) to carry out; carry into effect (into execution); execute; exercise; fulfil; implement; perform; (*в судебном порядке*) to enforce; (*долг, обязанности и т.п.*) to carry out; discharge; exercise; fulfil; perform; (*обязательства тж*) to satisfy; (*договор и т.п.*) to execute; perform; (*завещание и т.п.*) to administer; execute; (*соблюдать*) to observe

~ **волю** (**завещание**) to execute a will

~ **договор** to execute (perform) a contract

~ **заказ** to execute an order

~ (**соблюдать**) **закон** to abide by (adhere to, comply with) a law; keep (observe) a law

~ **постановление суда** to enforce (execute) a court order (a writ)

~ **приговор** to enforce (execute) a sentence

~ **свои обязанности** (**функции**) to carry out (discharge) one's duties

~ **требования закона** to carry out (fulfil, implement) the requirements of a law

ИСПРАВИТЕЛЬНО-ТРУДОВ‖ОЙ *прил* correctional (corrective) labour (*attr*)

~**ая колония** correctional (corrective) labour colony

~**ое заведение** correctional (corrective) labour institution

~**ое законодательство** correctional (corrective) labour legislation

~ **кодекс** correctional (corrective) labour code

ИСПРАВИТЕЛЬН‖ЫЙ *прил* correctional; corrective; disciplinary; remedial

~**ая мера** remedial measure

~**ая система** penitentiary system

~**ое обучение** correctional (corrective) training

~**ое учреждение** correctional institution (facility)

~ **дом** house of correction; remand home

~ **центр** correctional centre

ИСПРАВЛЕНИ‖Е *сущ* correction; emendation; rectification; (*изменение*) alteration; (*внесение поправок в законопроект и т.п.*) amendment; (*улучшение*) betterment; improvement; (*перевоспитание*) reformation ◊ **вносить ~я** (*в документ*) to amend; correct; emend; rectify

~ **ошибок** correction (rectification) of errors (of mistakes)

ИСПРАВЛЯТЬ, исправить *гл* to amend; correct; emend;

rectify; (*изменять*) to alter; (*восстанавливать равновесие*) to redress; (*вносить поправки в законопроект и т.п.*) to amend; make amendments; (*улучшать*) to improve; make better; (*перевоспитывать*) to reform

~ **зло** to remedy an evil

~ **ошибку** to correct (emend, rectify) an error (a mistake)

ИСПРАВЛЯТЬСЯ, исправиться *гл* to go straight; improve; reform; [*перенос тж*] to turn over a new leaf

ИСПЫТАНИ‖Е *сущ* test; testing; trial; (*переживания*) ordeal; (*испытательный срок*) probation ◊ **быть на ~и** to be on probation (on trial); **выдержать** ~ to stand the ordeal; (*временем*) to stand the test of time; **направлять на** ~ to place on probation; **проходить** ~ (*испытательный срок*) to pass the probation; **проходить сквозь тяжёлое** ~ to pass through a terrible ordeal; **акт ~й** test report; **преступник, направленный на** ~ (*пробацию*) probationer

эксплуатационные ~я performance test(s)

ИСПЫТАТЕЛЬН‖ЫЙ *прил* probationary

~ая система probation (probationary) system

~ срок probation (probationary) period

ИССЛЕДОВАНИЕ *сущ* research; study; (*обследование, осмотр*) examination; (*тща-* *тельное*) scrutiny; (*космического пространства и т.п.*) exploration; (*запрос*) inquiry (*into*); (*расследование*) investigation ◊ **проводить** ~ to do research; examine; inquire (*into*); investigate; research; study; survey

всестороннее ~ comprehensive research

выборочное ~ sampling

лабораторное ~ laboratory research

научное ~ (scientific) research

перспективное ~ advanced (future-oriented) research (study)

судебное ~ judicial scrutiny

ИСТ‖ЕЦ *сущ* claimant; complainant; demandant; libelant; petitioner; plaintiff; suitor; (*по апелляции*) appellant; (*подающий ответ на возражение по иску – репликант*) repliant; replicant ◊ **выступать** (*в суде*) **в качестве адвоката ~ца** to appear for (represent) the plaintiff; **выступать в качестве ~ца** to sue; **небрежность ~ца** contributory negligence

гражданский ~ civil claimant

ИСТЕЧЕНИ‖Е *сущ* (*срока*) expiration; expiry; lapse (of time); termination ◊ **до ~я (по ~и) срока полномочий** before (on | upon) the expiration (expiry) of the term of office

~ **гарантийного срока** expiration (expiry) of a guarantee period

~ **срока исковой давности**

expiration (expiry) of a period of limitation(s)
~ **срока действия договора** expiration (expiry) of a contract (of a treaty)

ИСТИН ‖ А *сущ* truth; (*аксиома*) axiom; (*факт*) fact ◊ **искажать ~у** to disguise (distort) the truth; **препятствовать установлению ~ы** to obstruct establishment of the truth; **устанавливать ~у** to establish the truth
устанавливаемая по делу ~ principal fact; **установление ~ы** establishment of the truth

ИСТРЕБЛЕНИЕ *сущ* annihilation; destruction; extermination; (*ликвидация тж*) eradication; liquidation

ИСТРЕБЛЯТЬ, истребить *гл* to annihilate; destroy; exterminate; (*ликвидировать тж*) to eradicate; liquidate

ИСТРЕБОВАНИЕ *сущ* reclaim; reclamation; (*из производства нижестоящего суда в вышестоящий*) evocation; [*лат*] certiorari

ИСТРЕБОВАТЬ *гл* to demand and obtain; (*требовать обратно*) to reclaim; (*из производства нижестоящего суда в вышестоящий*) to evoke
~ **подробные сведения** to apply for particulars

ИСТЯЗАНИЕ *сущ* torture

ИСЧЕЗАТЬ, исчезнуть *гл* to disappear; vanish
~ **при загадочных обстоятельствах** to vanish in suspicious circumstances

ИСЧЕЗНОВЕНИЕ *сущ* disappearance

К

КАБИНЕТ *сущ* (*помещение в квартире, школе и т.п.*) study (room); (*офис*) office; (*судьи*) camera; chamber; (*правительство*) the Cabinet ◊ **перестановка в составе ~а** reshuffle of the Cabinet
~ **министров** Cabinet of Ministers; the Cabinet
теневой ~ Shadow Cabinet

КАДР ‖ Ы *сущ* (*мн*) cadres; personnel; staff ◊ **отдел ~ов** personnel department; **подготовка ~ов** training of (skilled) personnel
научные ~ brain power; scientists; scholars
руководящие ~ managerial personnel

КАЗНАЧЕЙ *сущ* treasurer

КАЗНАЧЕЙСТВО *сущ* exchequer; treasury; treasurer's office

КАЗНИТЬ *гл* to execute; (*на электрическом стуле*) to electrocute; execute by an electric chair; (*введением смертельной инъекции*) to execute by a lethal injection; (*через повешение*) to execute by hanging; (*расстрелять*) to execute by shooting; shoot

КАЗНОКРАД *сущ* (*растратчик, расхититель*) embezzler; peculator

КАЗН‖Ь *сущ* execution; (*на электрическом стуле*) electrocution ◊ **восстановить смертную ~** to reinstate (restore) a death penalty; **назначить смертную ~** to inflict a death penalty (*on | upon*); **отменить смертную ~** to abolish a death penalty; **приговорить к смертной ~и** to adjudge (adjudicate) to die; condemn (sentence) to death (to capital punishment); (*к расстрелу*) to sentence to be shot; (*на электрическом стуле*) to sentence to an electric chair; (*через повешение*) to send to the gallows

смертная ~ capital punishment (sentence); death penalty (sentence); sentence of death

КАЗУС *сущ* casus; fortuitous event

КАМЕРА *сущ* chamber; (*в тюрьме*) cell; ward

~ заключения detention cell

~ одиночного заключения solitary cell

~ смертников condemned cell

~ строгого режима high-security cell

~ упрощённого судопроизводства (*международного суда*) chamber of summary procedure

~ хранения (багажа) cloakroom; left luggage office

газовая ~ gas chamber

тюремная ~ cell; (jail) ward

КАНДИДАТ *сущ* (*на выборах*) candidate; nominee ◊ **выдвигать (выставлять) ~a** to nominate (run) a candidate; **вычёркивать ~а из списка** to strike a candidate off the list; **регистрировать ~ов** to register candidates

выдвижение ~ов nomination; **право отвода ~а** right to challenge a candidate

~ в депутаты nominee

~ на пост губернатора candidate for governor (for the governorship)

~ на пост президента candidate for the Presidency; Presidential nominee

независимый ~ independent candidate

КАНДИДАТУР‖А *сущ* candidacy; candidature ◊ **выставлять (предлагать) ~у** to propose (put forward | up) a candidate; (*на выборах тж*) to nominate (*smb*) for election; **выставлять свою ~у на выборах** to nominate oneself (run, stand) for election; **отклонять чью-л ~у** to reject (turn down) smb's candidacy (candidature, nomination); **поддерживать чью-л ~у** to second (support) smb's candidacy (candidature, nomination); **снимать свою ~у** (*в чью-л пользу*) to withdraw one's candidacy (candidature) (*in smb's favour*)

~ на должность (пост) судьи (председателя конституционного суда) candidacy (candidature, candidate) for the position (for the post) of a judge (of chairman of the Consti-

tutional Court)
предложенная ~ proposed candidacy (candidature)

КАНЦЕЛЯРИ‖Я *сущ* chancery; (clerical) office; (*особ консульства, посольства*) chancellery ◊ **заведующий ~ей** head of a chancery

~ **дипломатического представительства** diplomatic chancery (chancellery)

~ **Международного суда** registry of the International Court of Justice

~ **премьер-министра** Prime Minister's office

~ **суда** office of the clerk; registry

КАНЦЛЕР *сущ* chancellor

~ **казначейства** (*министр финансов Великобритании*) Chancellor of the Exchequer

КАПИТАЛ *сущ* [*фин*] assets; capital; funds; stock ◊ **изымать** ~ to withdraw capital (*from*); **инвестировать** ~ to invest capital (*in*); **накапливать (наращивать)** ~ to accumulate (augment) capital; **приращение** ~**а** increase in (of) (growth of) capital

авансированный ~ advanced capital
акционерный ~ joint stock (capital); share (stock) capital
банковский ~ banking capital
заёмный ~ borrowed (debenture, loan) capital
замороженный ~ frozen assets (capital)
запасной (резервный) ~ reserve capital

инвестированный ~ invested capital
ликвидный ~ available (fluid, liquid) assets (capital)
мёртвый ~ dead (idle) capital
монопольный ~ monopoly capital
накопленный ~ accumulated capital
оборотный ~ current (circulating, floating, revolving, working) assets (capital)
основной ~ fixed assets (capital, stock); (capital) stock
первоначальный ~ original capital
промышленный ~ industrial capital
реальный ~ real assets (capital)
резервный (запасной) ~ reserve capital
реинвестируемый ~ ploughback (self-financing) capital
ростовщический ~ moneylender's (usury) capital
собственный ~ equity capital; owned (owner's, ownership) assets (capital)
совокупный ~ aggregate capital
спекулятивный ~ hot money
ссудный ~ loan capital (funds)
товарный ~ commodity capital
торговый ~ commercial (mercantile, merchant's, trading) capital
уставный ~ authorized (equity, nominal, ownership, registered) capital
физический ~ physical capital

фиктивный ~ fictitious capital
финансовый ~ financial capital
частный ~ private capital (funds)

КАПИТАН *сущ* (*судна*) captain; (ship) master; (*торгового судна тж*) skipper

КАПИТУЛЯЦИ‖**Я** *сущ* capitulation; surrender ◊ **акт ~и** instrument of surrender; **условия ~и** terms of surrender
безоговорочная ~ unconditional capitulation (surrender)

КАРА *сущ* (*воздаяние*) penalty; punishment; retribution
справедливая ~ just retribution

КАРАНТИН *сущ* quarantine; ◊ **выдерживать кого-л на ~e** to keep (retain) smb in a quarantine; **снимать ~** to raise a quarantine

КАРАТЕЛЬН‖**ЫЙ** *прил* penal; punitive; punitory; retributive;
~ая мера punitive measure
~ая процедура penal procedure
~ая санкция punitive sanction
~ая экспедиция punitive expedition
~ таможенный тариф retaliation tariff

КАРАТЬ, покарать *гл* to punish, retribute

КАРАУЛ *сущ* guard; watch ◊ **быть (стоять) в ~e** to be on guard; **сменить ~** to relieve the guard (the sentries)

почётный ~ guard of honour

КАРТЁЖНИК *сущ* card-player; (*азартный*) gambler

КАРЦЕР *сущ* disciplinary cell; (penal) isolation ward; lock-up
тюремный ~ строгого режима secure lock-up

КАССАЦИОНН‖**ЫЙ** *прил* cassation (*attr*); cassational ◊ **рассматривать дело в ~ом порядке** to consider the matter as a cassation (cassational) court
~ая жалоба appeal
~ое основание cassational grounds; grounds for an appeal
~ протест prosecutor's appeal;
~ суд cassation (cassational) court; court of appeal (of cassation); [*амер*] appellate court

КАССАЦИ‖**Я** *сущ* appeal; cassation ◊ **отклонять ~ю** to dismiss (reject) an appeal (a cassation); **подавать ~ю** to appeal; enter (file, lodge, make, submit) an appeal (a cassation); **рассматривать ~ю** to consider (examine, hear) an appeal (a cassation); **удовлетворять ~ю** to allow (meet, satisfy) an appeal (a cassation)
отклонение ~и dismissal (rejection) of an appeal (of a cassation); **подача ~и** filing (lodging, submission) of an appeal (of a cassation); **рассмотрение ~и** consideration (examination, hearing) of an appeal (of a cassation); **удовлетворение ~и** allowance (satisfaction) of an appeal (of a cassation)

КАССИР *сущ* cashier; cashkeeper; cashmaster; paymaster; (*в банке тж*) teller; (*по инкассовым операциям*) collector; (*на вокзале и т.п.*) booking clerk; ticket clerk; [*амер*] ticket agent; (*в театре и т.п.*) box-office clerk; (*автомат, выплачивающий наличными с банковского счёта, банкомат*) cash dispenser; [*амер*] automatic teller machine (ATM)

КАССИРОВАТЬ *гл* to appeal (*against*); (*аннулировать, отменять*) to abrogate; annul; cancel; nullify; repeal; rescind; reverse; revoke

~ **решение суда** to annul (reverse, *etc*) a judgement

КАСТЕТ *сущ* knuckle-duster

КАТАСТРОФ‖А *сущ* catastrophe; disaster; (*крушение, несчастный случай*) (fatal) accident; [*ав*] (air)crash; crash-landing; wreck; [*авто*] (auto | motor) accident; (car)crash; [*ж/д*] derailment; wreck; [*мор*] wreck ◊ **попасть в ~у** to have (meet with) an accident; (*потерпеть крушение тж*) to crash; suffer a wreck; wreck; [*ав тж*] to crash-land

КАЮЩИЙСЯ *прич* (*осуждённый, преступник*) contrite; penitent; repentant

КАЯТЬСЯ, покаяться *гл* to repent (*of*)

КВАЗИ-ДОГОВОР *сущ* contract implied in law; implied contract

КВАЛИФИКАЦИ‖Я *сущ* qualification; (*умение*) skill ◊ **повышать свою ~ю** to improve one's skills; **повышение ~и** (*разряда*) upgrading; (*руководящих кадров*) management development

высокая ~ high (professional) qualification (skill)

КВАЛИФИЦИРОВАН-Н‖ЫЙ *прил* qualified; skilled; (*компетентный*) competent; (*опытный, умелый*) proficient

~ая юридическая помощь competent legal assistance (aid)

~ работник skilled worker

КВАРТИРОСЪЁМЩИК *сущ* lodger; tenant

КВИТАНЦИЯ *сущ* receipt; ticket

багажная ~ luggage receipt (ticket); [*амер*] baggage check (ticket)

грузовая ~ goods receipt

складская ~ warehouse receipt

КВОРУМ *сущ* quorum ◊ **обеспечивать ~** to secure a quorum; **собрать ~** to muster (reach) a quorum; **составлять ~** to constitute a quorum; **отсутствие ~а** lack of a quorum

КВОТ‖А *сущ* quota; share ◊ **устанавливать ~у** to establish (fix, set) a quota

иммиграционная ~ immigration quota

импортная ~ import quota

налоговая ~ tax quota

экспортная ~ export quota

КЛЕВЕТА *сущ* calumny; defamation; detraction; libel; slander; traduction злоумышленная ~ (*диффамация*) malicious defamation

КЛЕВЕТАТЬ, оклеветать *гл* to calumniate; defame; malign; slander ◊ **оклеветать невинного человека** to malign an innocent man

КЛЕВЕТНИК *сущ* calumniator; detractor; libeller; slanderer

КЛЕВЕТНИЧЕСКИЙ *прил* calumniatory; calumnious; defamatory; detractive; libellous; slanderous

КЛИЕНТ *сущ* client; customer

КЛИЕНТУРА *сущ* clientéle; clients; customers

КЛИНИКА *сущ* clinic
~ **реабилитации от наркозависимости** drug rehabilitation clinic

КЛЯСТЬСЯ, поклясться *гл* to swear
торжественно ~ to swear solemnly

КЛЯТВ‖А *сущ* oath; vow ◊ **давать** ~у to make (swear, take) an oath; **нарушать** ~у to break (violate) an oath
торжественная ~ solemn oath

КЛЯТВОПРЕСТУПЛЕНИЕ *сущ* (*нарушение клятвы*) perjury

КЛЯУЗНИК *сущ* (*сутяга*) chicaner; leguleian; pettifogger

КОВЕРНОТ *сущ* [*страх*] (*временное свидетельство о страховании*) cover (covering) note ◊ **выдавать** ~ to give a cover (covering) note; **предъявлять** ~ to present a cover (covering) note

КОДЕКС *сущ* code (of laws)
~ **законов о государстве** judicial code
~ **законов о труде** code of labour laws; labour code
~ **об административных правонарушениях** code of administrative violations
~ **чести** code of honour
гражданский ~ civil code
гражданский процессуальный ~ code of civil procedure
дисциплинарный ~ code of discipline; disciplinary code
таможенный ~ customs code
уголовно-процессуальный ~ code of criminal procedure
уголовный ~ criminal code

КОДИФИКАЦИЯ *сущ* codification
~ **международного права** codification of international law

КОДИЦИЛЬ *сущ* (*дополнение к завещанию*) codicil

КОКАИН *сущ* cocaine

КОЛЛЕГИАЛЬНЫЙ *прил* collegial; collegiate
~ **орган** collegiate body
~ **суд** collegiate court (tribunal)

КОЛЛЕГИЯ *сущ* board; collegium; college
~ **адвокатов** the Bar; [*амер*] the Bar Association
~ **выборщиков** electoral college
~ **присяжных заседателей** the jury
судейская ~ court chamber; judicial assembly

КОЛЛЕКТИВН‖ЫЙ *прил* collective ◊ **заключение** ~ого **договора** collective bargaining

~ая безопасность collective security

~ая гарантия collective guarantee

~ые меры collective measures

~ договор collective agreement

КОЛЛИЗИЯ *сущ* collision; conflict

~ правовых норм conflict of laws

~ притязаний conflict of claims

~ юрисдикций jurisdictional conflict

КОЛОНИЯ *сущ* colony

~ общего режима colony with a general regime

~ особого режима colony with a special regime

~ строгого режима colony with a strict regime

~ усиленного режима colony with a reinforced regime

исправительно-трудовая ~ correctional labour colony

КОМАНДИР *сущ* commander

КОМЕНДАНТ *сущ* [*воен*] commandant

КОМЕНДАНТСКИЙ *прил* commandant's ◊ вводить ~ час to impose (introduce) a curfew; отменять ~ час to call off (lift, raise) a curfew

КОМЕНДАТУРА *сущ* commandant's office

КОМИССАР *сущ* commissioner ◊ помощник ~а assistant commissioner

~ полиции commissioner of the police; police commissioner

КОМИССИОНЕР *сущ* (commission) agent; broker

КОМИССИОННЫЕ *сущ* (*мн*) (*сборы*) commission ◊ взимать ~ to charge a commission; получать ~ to receive a commission

КОМИССИОНН‖ЫЙ *прил* commission (*attr*) ◊ на ~ых началах on a commission basis

~ое вознаграждение commission

КОМИССИ‖Я 1 *сущ* (*комитет*) commission; committee ◊ входить в состав ~и to be included in a commission; заседать в ~и to sit on a commission; создавать (учреждать) ~ю to appoint (establish, set up) a commission

~ добрых услуг [*дип*] good offices commission

~ по иностранным делам foreign affairs commission

~ по охране труда labour protection commission

~ по правам человека human rights commission; commission on human rights

~ по разоружению disarmament commission

~ по трудовым спорам labour disputes commission

арбитражная ~ arbitration commission

аттестационная ~ certifying commission

бюджетная ~ budget (budgetary) commission

временная ~ interim commission

консультативная ~ advisory (consultative) commission

конфликтная ~ mediation board; (*на производстве*) grievance committee
мандатная ~ credentials committee
международная ~ international commission
межправительственная ~ intergovernmental commission
парламентская ~ parliamentary commission
подготовительная ~ preparatory commission
правительственная ~ government (-appointed) commission
ревизионная ~ auditing committee
редакционная ~ drafting committee
следственная ~ commission of inquiry (of investigation)
смешанная (объединённая) ~ mixed (joint) commission
согласительная ~ conciliation (conciliatory) commission
экспертная ~ expert commission

КОМИССИЯ 2 *сущ* (*комиссионное вознаграждение*) commission; fee ◊ **брать на ~ю** to take on commission (on sale); **взимать ~ю** to charge a commission; **на ~и** on commission

~ за покупку [*бирж*] buying brokerage
~ за продажу [*бирж*] selling brokerage
брокерская ~ brokerage; broker's charges (fee); courtage

КОМИТЕТ *сущ* committee; commission ◊ **входить в состав ~а** to be included in a committee; **передавать вопрос в ~** to assign a task to a committee; entrust a committee with a task; **передавать в соответствующий** ~ to remit to the appropriate committee; **распускать** ~ to disband (dissolve) a committee; **создавать (учреждать)** ~ to appoint (establish, set up) a committee

~ защиты мира peace committee
~ по кадрам staff committee
~ по кандидатурам nominations committee
~ по правам человека human rights committee; committee on human rights
~ по правилам внутреннего распорядка (процедуры) standing orders committee; [*амер*] rules committee
~ по проверке полномочий credentials committee
~ связи liaison committee
административный ~ administrative committee
временный ~ interim committee
главный ~ main committee
государственный ~ state committee
забастовочный ~ strike committee
исполнительный ~ executive committee
консультативный ~ advisory (consultative) committee
координационный ~ co-ordi-

nating committee
объединённый ~ joint committee
организационный ~ organizing committee
парламентский ~ parliamentary committee
подготовительный ~ preparatory committee
постоянный ~ standing committee
правительственный ~ government committee
профсоюзный ~ trade-union committee
процедурный ~ (*ООН*) procedural committee
распорядительный ~ selection committee
руководящий ~ steering committee
специальный ~ ad hoc (special) committee
финансовый ~ financial committee
юридический ~ committee on legal questions

КОММИВОЯЖЁР *сущ* [*комм*] commercial traveller; travelling agent; [*амер тж*] travel(l)ing salesman

КОММУНАЛЬН‖ЫЙ *прил* communal; municipal; public
~**ые сооружения** public utilities
~ **банк** communal bank

КОММУНИКАЦИЯ *сущ* communication

КОМПАНИ‖Я *сущ* (*предприятие*) company ◊ **регистрировать** ~**ю** to register a company; **создать (учредить)** ~**ю** to float (found, establish, set up) a company
~, **владеющая акциями других компаний на началах доверительной собственности** holding company (trust)
~ **внутренних перевозок** inland carrier
~ **воздушного транспорта** air carrier
~ **грузового транспорта** freight carrier
~ **железнодорожных перевозок** railway company; [*амер*] railroad company
~ **междугородного автотранспорта** highway carrier
~ **местных перевозок** short-haul carrier
~ **по закупкам** purchasing company
~**-поставщик** vendor company
~ **с ограниченной ответственностью** limited liability company
~ **солидарной ответственности** joint liability company
~**-учредитель** parent company
~**-филиал** affiliate; affiliated company; subsidiary
авиатранспортная ~ air carrier
автотранспортная ~ motor carrier
акционерная ~ joint-stock company; [*амер*] corporation; incorporated company
ассоциированная ~ associated company

дочерняя ~ subsidiary company; subsidiary
материнская ~ parent company
многонациональная ~ multinational company (enterprise)
страховая ~ insurance company
транспортная ~ carrier; haulier; transport (transportation) company
транспортно-экспедиционная ~ forwarding company
фиктивная ~ bogus company
холдинговая ~ holding company (trust)

КОМПАНЬОН *сущ (партнёр)* associate; partner
главный ~ senior partner
младший ~ junior partner

КОМПЕНСАЦИ‖Я *сущ (возмещение ущерба и т.п.)* compensation; indemnification; indemnity; recoupment; refund; reimbursement; recompense; reparation (*of damages*); (*сумма компенсации*) allowance; amends; damages; (*вознаграждение*) reward ◊ **выплачивать ~ю** (*за*) to pay compensation (damages) (*for*); **обеспечивать надлежащую ~ю** to ensure (provide for) due compensation; **определять форму и размер ~и** to determine the form and amount of compensation (of reparation); **получать ~ю за убытки** to recover damages
~ за причинённый материальный и моральный ущерб compensation for material and moral damage(s) (suffered)
~ расходов на переезд к новому месту работы (*подъёмные*) installation grant; relocation (transfer) allowance
~ убытков [*юр*] damages

КОМПЕНСИРОВАТЬ *гл* (*возмещать ущерб и т.п.*) to compensate; indemnify; make amends (compensation); recoup; refund; reimburse; recompense; remunerate; (*нехватку чего-л*) to compensate; make up (*for*); (*вознаграждать*) to reward

КОМПЕТЕНЦИ‖Я *сущ* competence; (*сфера полномочий тж*) authority; jurisdiction; power; (*выборного органа и т.п.*) terms of reference ◊ **входить в ~ю** to come (fall) within the competence (jurisdiction) (*of*); (*о выборном органе и т.п.*) to cover the terms of reference; **оспаривать ~ю** to challenge the competence (jurisdiction) (*of*)
вне ~и beyond (outside) one's competence; beyond (outside) (the scope of) the jurisdiction (*of*); **в пределах ~и** within one's competence; within (the scope of) the jurisdiction (*of*)
~ в качестве суда второй инстанции appellate jurisdiction
~ в качестве суда первой инстанции original jurisdiction
~ Международного суда jurisdiction of the International Court of Justice

внутренняя ~ государства domestic jurisdiction of a state
исключительная ~ exclusive competence (jurisdiction)

КОМПЕТЕНТНЫЙ *прил* competent; (*авторитетный*) authoritative

КОМПРОМЕТИРОВАТЬ, скомпрометировать *гл* to compromise

КОНВЕНЦИЯ *сущ* convention
Европейская ~ по правам человека European Convention on Human Rights

КОНВОИРОВАТЬ, отконвоировать *гл* to convoy
~ под усиленной охраной to convoy safe (safely)

КОНВОЙ *сущ* convoy; guard
усиленный ~ safe convoy

КОНГРЕСС *сущ* (*съезд*) congress; (*законодательный орган*) Congress ◊ акт ~а congressional act (instrument)
международный ~ international congress

КОНДОМИНИУМ *сущ* (*совместное владение*) condominium

КОНКЛЮДЕНТН‖ЫЙ *прил* (*подразумеваемый*) constructive; implied; inferred; tacit
~ое согласие constructive assent (consent)
~ договор implied contract

КОНКОРДАТ *сущ* concordat

КОНКУРЕНТ *сущ* competitor; rival
потенциальный ~ would-be competitor

КОНКУРЕНТНЫЙ *прил* competitive

КОНКУРЕНТОСПОСОБНОСТЬ *сущ* competitiveness; competitive ability (capacity, power)

КОНКУРЕНТОСПОСОБН‖ЫЙ *прил* competitive
~ая торговля competitive trade
~ая цена competitive price

КОНКУРЕНЦИ‖Я *сущ* competition; (*соперничество тж*) rivalry ◊ вступать в ~ю to enter a competition; выдерживать ~ю to meet (sustain, withstand) a competition
активная ~ active competition
добросовестная (честная) ~ bona fide (fair) competition
жестокая ~ severe (stiff) competition
недобросовестная (нечестная) ~ unfair competition
ожесточённая (яростная) ~ cut-throat competition
оживлённая ~ animated (spirited) competition
острая ~ keen competition
рыночная ~ market competition
свободная ~ free competition
скрытая ~ latent competition
честная (добросовестная) ~ bona fide (fair) competition

КОНОКРАД *сущ* horsestealer

КОНОКРАДСТВО *сущ* horsestealing

КОНОСАМЕНТ *сущ* [*транспорт перев*] (*грузовая тран-*

спортная накладная) bill of lading; B/L ◊ **выдавать (выписывать)** ~ to draw up (issue, make out) a bill of lading; **переуступать** ~ to negotiate a bill of lading **владелец** ~**а** holder of a bill of lading; **оформление** ~**а** drawing up of a bill of lading
~ **на груз, принятый для погрузки** received for shipment bill of lading
~ **по импортной перевозке** inward bill of lading
~ **по экспортной перевозке** outward bill of lading
~ **с бланковой (передаточной) надписью** blank endorsed bill of lading
~ **с оговорками** (*о повреждении груза*) claused bill of lading
~ **с опционом** option bill of lading
~ **с отметкой "фрахт уплачен"** freight paid bill of lading
бортовой ~ (on-)board bill of lading
застрахованный ~ insured bill of lading
именной ~ bill of lading issued to a name; straight bill of lading
морской ~ ocean (ship, steamer) bill of lading
нечистый ~ (*с оговорками о повреждении груза*) claused (foul, qualified) bill of lading
оборотный ~ negotiable bill of lading
ордерный ~ bill of lading issued to order; order bill of lading
сквозной ~ through (transshipment) bill of lading
судовой ~ ship's bill of lading
транспортный ~ consignment note; waybill
чистый ~ (*без оговорок о повреждении груза*) clean bill of lading

КОНСЕНСУС *сущ* (*общее согласие*) consensus

КОНСИГНАНТ *сущ* [*транспорт перев*] (*грузоотправитель, комитент*) consignor

КОНСИГНАТОР *сущ* [*транспорт перев*] (*грузополучатель, комиссионер*) consignee

КОНСИГНАЦИ‖**Я** *сущ* [*комм*] (*вид договора о комиссионной продаже товаров*) consignation; consignment ◊ **отправлять (посылать) товар на** ~**ю** to consign the goods; send (ship) the goods on consignment

КОНСПИРАЦИЯ *сущ* conspiracy

КОНСТЕБЛЬ *сущ* constable **главный** ~ (*начальник полиции города или графства в Великобритании*) chief constable

КОНСТИТУЦИОННОСТЬ *сущ* constitutionalism; constitutionality ◊ **проверять** ~ **закона** to examine the constitutionality of a law

КОНСТИТУЦИОНН‖**ЫЙ** *прил* constitutional ◊ **председатель** ~**ого суда** Chairman of the Constitutional Court ~**ая монархия** constitutional

monarchy
~ая процедура constitutional procedure
~ая форма правления constitutional (form of) government
~ое правительство constitutional government
~ое право constitutional law
~ые гарантии constitutional guarantees
~ые ограничения constitutional restraints (restrictions)
~ые полномочия constitutional authority
~ые права constitutional rights
~ые свободы constitutional freedoms (liberties)
~ закон constitutional law
~ строй constitutional order (system)
~ суд constitutional court
~ым путём by constitutional means

КОНСТИТУЦИ‖Я *сущ* constitution ◊ **действовать в рамках ~и** to act within the framework of the constitution; **отменять ~ю** to abrogate (annul, cancel, nullify, repeal, revoke) the constitution; **принимать ~ю** to adopt (enact) the constitution; **приостанавливать действие ~и** to suspend the constitution; **противоречить ~и** to contradict (contravene, run counter to) the constitution; **соблюдать ~ю** to observe the constitution **в соответствии с ~ей** according to the constitution; constitutionally; in accordance (in conformity | compliance) with the constitution; **принятие ~и** adoption of the constitution; **проект ~и** draft constitution; **противоречащий ~и** unconstitutional
неписаная ~ unwritten constitution
писаная ~ written constitution

КОНСУЛ *сущ* [*дип*] consul ◊ **резиденция ~а** consul's residential quarters
вице-~ vice-consul
генеральный ~ consul-general
почётный ~ honorary consul
профессиональный (штатный) ~ career (professional) consul

КОНСУЛЬСК‖ИЙ *прил* [*дип*] consular ◊ **выполнять ~ие обязанности** to exercise (perform) consular duties (functions)
~ая вализа consular bag
~ая конвенция consular convention
~ая служба consular service
~ая фактура consular invoice
~ая экзекватура (consular) exequatur
~ая юрисдикция consular jurisdiction
~ие обязанности consular duties (functions)
~ие отношения consular relations
~ие помещения consular premises
~ие привилегии consular privileges
~ие сборы consular fees (charges)
~ие сношения consular inter-

course
~ агент consular agent
~ архив consular archives
~ иммунитет consular immunity
~ корпус consular corps
~ курьер consular courier
~ округ consular district
~ патент (consular) commission
~ персонал consular personnel (staff)
~ суд consular court
~ устав consular regulations
~ флаг consular flag
~ое агентство consular agency
~ое право consular law
~ое представительство consular mission; consular representation
~ое свидетельство consular certificate
~ое учреждение consular office (post)

КОНСУЛЬСТВ∥О *сущ* [*дип*] consulate ◊ **закрыть** ~ to close a consulate; **открыть** ~ to open a consulate; **учредить** ~ to establish a consulate; **местонахождение** ~**а** seat of a consulate

генеральное ~ consulate general

КОНСУЛЬТАНТ *сущ* consultant

~ **по брачно-семейным отношениям** marriage counsellor
~ **по вопросам управления** management consultant
~ **по инженерно-техническим вопросам** engineering consultant
~ **по организации сбыта** marketing consultant

КОНСУЛЬТАТИВН∥ЫЙ *прил* advisory; consultative ◊ **давать (делать)** ~**ое заключение** to give (provide) advisory opinion

~**ые услуги** advisory (consultative) services
~ **комитет** advisory (consultative) committee
~ **статус** consultative status

КОНСУЛЬТАЦИ∥Я *сущ* (*совещание*) consultation; (*совет специалиста*) expert opinion; (*юриста*) legal advice; (*учреждение*) advice office; [*юр*] lawyer's office; legal advice (aid) agency (office) ◊ **давать** ~**ю** to advise (*on*); give advice (opinion) (*on*); **обращаться за** ~**ей к юристу** to consult the law; seek legal advice; **предоставлять юридическую** ~**ю** to give (provide) legal advice; **проводить** ~**и** to hold consultations

юридическая ~ legal advice; (*учреждение*) lawyer's office; legal advice (aid) agency (office)

КОНСУЛЬТИРОВАТЬ, проконсультировать *гл* to advise (*on*); give advice (opinion) (*on*)

~ **по правовым вопросам** to advise on legal matters (problems)

КОНСУЛЬТИРОВАТЬСЯ, проконсультироваться *гл* to consult; (*проводить кон-*

сультацию, совещаться) to hold a consultation
~ **у юриста** to consult a lawyer; (обращаться за консультацией к юристу тж) to consult the law; seek legal advice

КОНТРАБАНД‖А *сущ* contraband; smuggling; smuggled goods ◊ **заниматься ~ой** to run a contraband; smuggle (goods)
безусловная ~ absolute contraband
военная ~ contraband of war

КОНТРАБАНДИСТ *сущ* smuggler

КОНТРАГЕНТ *сущ* contractor; counteragent; (*сторона*) contracting party; other party (to a contract)

КОНТРАКТ *сущ* contract; contractual agreement ◊ **аннулировать (расторгать) ~** to annul (cancel, rescind, terminate, void) a contract; **выполнять (осуществлять) ~** to execute (implement, perform) a contract; **заключать ~** to conclude (make) a contract; **пересматривать ~** to revise a contract; **подписывать ~** to sign a contract; **выполнение (осуществление) ~а** execution (implementation, performance) of a contract
~ **купли-продажи** sale-and-purchase contract
~ **на взаимные поставки** contract for mutual deliveries
~ **на оказание услуг** contract for services; services contract
~ **на покупку товаров с рассрочкой платежа** hire-purchase agreement (contract)
~ **на поставку неограниченного количества товаров** open-end contract
брачный ~ marriage contract; (*акт распоряжения имуществом тж*) marriage settlement
внешнеторговый ~ foreign trade contract
внешнеэкономический ~ foreign economic contract
выполненный ~ executed contract
главный (основной) ~ basic (prime) contract
долгосрочный ~ long-term contract
краткосрочный ~ short-term contract
международный ~ international contract
недействительный ~ void contract
оспоримый ~ voidable contract
открытый ~ open contract
срочный ~ futures contract
торговый ~ commercial (trade) agreement (contract)

КОНТРДОКАЗАТЕЛЬСТВО *сущ* rebuttal (rebutting) evidence

КОНТРИБУЦИ‖Я *сущ* contribution; indemnity ◊ **налагать ~ю** (*на*) to impose an indemnity (*on*); lay under contribution

КОНТРОЛЁР *сущ* [*фин*] (*ревизор*) auditor; comptroller;

controller; (*на предприятии, таможне и т.п.*) inspector; [*амер*] (*таможенный чиновник*) surveyor; (*за выполнением работы, тж надзиратель, надсмотрщик*) superintendent; supervisor; (*в кинотеатре и т.п.*) ticket collector

КОНТРОЛИРОВАТЬ, проконтролировать *гл* to control; exercise control (*over*); [*фин*] (*ревизовать отчётность*) to audit; (*выверять, проверять*) to check; verify; (*осуществлять контроль за выполнением работы, тж надзирать, присматривать*) to superintend; supervise

КОНТРОЛ‖Ь *сущ* check; control; verification; [*фин*] (*ревизия*) audit(ing); (*инспектирование тж*) inspection; (*наблюдение*) survey; [*тех*] monitoring; (*надзор и т.п.*) superintendence; supervision ◊ **брать под** ~ to bring (put, take) under control; **выходить из-под** ~**я** to get out of control (out of hand); **захватить** ~ (*над*) to seize control (*over*); **осуществлять** ~ (*над*) to execute control (*over*); take charge (*of*); **получать** ~ (*над*) to gain control (*over*)

под строгим международным ~**ем** under strict international control; **при соответствующем** ~**е** under appropriate control; **процедура** ~**я** verification procedure

~ **за выполнением решения** control of (over) (supervision of) the implementation of a decision

~ **за разоружением** control of (over) disarmament

бюджетный ~ budgetary control

валютный ~ currency (exchange, monetary) control

визовый ~ visa inspection

внешний ~ outside control

внутренний ~ internal (inside) control

внутриведомственный ~ intradepartmental control

государственный ~ state control

действенный ~ effective control

кредитный ~ credit control

международный ~ international control

непосредственный ~ immediate control

общественный ~ public control

паспортный ~ passport control

повсеместный ~ universal control

полный ~ complete control

правительственный ~ government control

постоянный ~ constant control

санитарный ~ sanitary control

систематический ~ systematic control

строгий ~ strict control

судебный ~ judicial review

таможенный ~ customs control (inspection)

технический ~ technical control

финансовый ~ financial (fiscal) control

КОНТРОЛЬНЫЙ *прил* control; controlling
~ **пакет акций** (*компании и т.п.*) controlling block of shares; controlling interest

КОНТРРАЗВЕДК‖**А** *сущ* counterintelligence ◊ **офицер** ~**и** counterintelligence officer **военная** ~ military counterintelligence

КОНТРРАЗВЕДЧИК *сущ* counterintelligence officer

КОНТРРАЗВЕДЫВАТЕЛЬНЫЙ *прил* counterintelligence

КОНТУЗИТЬ *гл* to contuse

КОНТУЗИЯ *сущ* concussion; contusion

КОНФЕРЕНЦИ‖**Я** *сущ* conference ◊ **проводить** ~**ю** to hold a conference

КОНФИДЕНЦИАЛЬН‖**ЫЙ** *прил* confidential; private
~**ая встреча** confidential meeting
~**ые переговоры** confidential negotiations (talks)
~ **разговор** confidential conversation

КОНФИСКАЦИ‖**Я** *сущ* confiscation; expropriation; (*имущества тж*) forfeiture; sequestration; (*особ груза, судна*) seizure ◊ **акт о** ~**и груза** (*таможней*) seizure note
~ **акций** forfeiture of shares
~ **имущества** forfeiture of estate; sequestration of property
~ **товаров** confiscation (seizure) of goods

КОНФИСКОВАТЬ *гл* to confiscate; expropriate; (*имущество тж*) to sequestrate; (*особ груз, судно*) to seize
~ **груз (судно)** to seize a cargo (a ship)

КОНФЛИКТ *сущ* clash; conflict; dispute ◊ **вызывать (провоцировать)** ~ to bring about (lead to, provoke, trigger off) a conflict; **разрешать (урегулировать)** ~ to resolve (settle) a conflict
обострение ~**а** sharpening of a conflict; **эскалация** ~**а** escalation of a conflict
вооружённый ~ armed conflict
пограничный ~ border (frontier) conflict
трудовой ~ industrial (labour) conflict (dispute)
этнический ~ ethnic conflict

КОНФРОНТАЦИЯ *сущ* confrontation

КОНЪЮНКТУР‖**А** *сущ* (*создавшееся положение*) situation; state of affairs; [*экон*] business climate (conditions); business (trade) cycle; conditions; conjuncture; economic trend; situation; state of the market ◊ **влиять на рыночную** ~**у** to influence (manipulate) the market; **изучать** ~**у рынка** to study market conditions
изучение ~**ы** marketing research; **колебания** ~**ы** fluctuations of business (of the market); **оживление (подъём)** ~**ы**

business revival; economic boom; cyclical upswing; **спад (понижение) ~ы** downward business trend; slowing down of economic activity

~ рынка market conditions (situation); market tendencies (trends); situation (state) of the market; the market

деловая ~ business climate (conditions, situation); state of business

кредитная ~ credit conditions

международная ~ international situation

неустойчивая ~ рынка unstable market (conditions)

общехозяйственная ~ general economic situation

рыночная ~ market conditions (situation); situation (state) of the market; the market

экономическая ~ business (economic) conditions; market tendencies (trends); state of business

КООПЕРАЦИЯ *сущ* co-operation

КОПИГОЛЬД *сущ* [*аренд право*] copyhold estate

КОПИГОЛЬДЕР *сущ* [*аренд право*] (*наследственный или пожизненный арендатор*) bond tenant; copyhold tenant

КОПИЯ *сущ* copy; (*судебного документа*) estreat

заверенная ~ certified copy

точная ~ identical copy; replica; (*факсимиле*) facsimile

КОРДОН *сущ* [*воен*] (*охранение*) cordon

полицейский ~ police cordon

санитарный ~ sanitary cordon

КОРМИЛЕЦ *сущ* breadwinner

КОРОНЕР *сущ* coroner

КОРПОРАЦИЯ *сущ* corporation; (*юр лицо*) corporate body

государственная ~ state-owned (state-run, public) corporation

зарегистрированный как ~ incorporated

международная ~ international corporation

многонациональная ~ multinational corporation

торговая ~ commercial (trading) corporation

транснациональная ~ transnational corporation

транспортная ~ transportation corporation

юридически не оформленная ~ de facto corporation

юридически оформленная ~ de jure corporation

КОРРУПЦИ‖Я *сущ* corruption; corrupt practices

законодательство против ~и anti-corrupt practices law

КОРЫСТНЫ‖Й *прил* mercenary; mercenary-minded ◊ **действовать из ~х побуждений** to act for mercenary motives

КОРЫСТОЛЮБИЕ *сущ* love of gain; self-interest

КОРЫСТ‖Ь *сущ* gain; profit ◊ **убийство из ~и** homicide (murder) for mercenary motives

КОСВЕННО *нареч* (*в порядке презумпции*) by implication; implicitly; impliedly; indirectly

КОСВЕНН‖ЫЙ *прил* (*подразумеваемый*) implicit; implied; indirect; (*об уликах и т.п.*) circumstantial; inferential

~**ое доказательство** circumstantial (inferential, indirect) evidence

~**ое побуждение** indirect motive

~ **налог** indirect tax

КОТИРОВКА *сущ* [*фин*] (*установление курсов валют, ценных бумаг и т.п.*) quotation

~ **цен** price quotation

биржевая ~ exchange (market) quotation; stock exchange quotation

КРАДЕН‖ЫЙ *прил* stolen ◊ **сокрытие (укрывание)** ~**ого** criminal receiving; adoption (receiving, secretion) of stolen goods (property, things); **хранение** ~**ого** possession of stolen goods (property, things) ~**ое** stolen goods (property, things)

КРАЖ‖А *сущ* larceny; stealing; theft ◊ **совершать (ночную)** ~**у со взломом** to burglarize; commit a burglary; **совершать мелкие** ~**и** to pilfer

~ **автомашины** auto (car) theft; carjacking

~ **личного имущества** personal larceny (theft)

~ **при отягчающих обстоятельствах** aggravated (compound, mixed) larceny (theft)

~ **со взломом** burglary (and larceny)

~ **целых мест, внутритарное хищение и недоставка** [*страх*] theft, pilferage and non-delivery

групповая ~ gang stealing

карманная ~ pickpocketing; pocketpicking

квалифицированная ~ aggravated (compound, mixed) larceny (theft)

квартирная ~ (*ограбление жилого помещения*) residential burglary

крупная ~ grand larceny (theft)

мелкая ~ pickery; pilferage; lesser (minor, petty, petit) larceny (theft)

простая ~ simple larceny (theft)

КРЕДИТ *сущ* credit; loan ◊ **брать** ~ to raise a credit; **отказать в** ~**е** to decline (refuse) a credit; **открывать** ~ **в банке** to open a credit with a bank; **покупать в** ~ to buy on credit; **получать** ~ to obtain a credit; **предоставлять** ~ to allow (give, grant) a credit; **продавать в** ~ to sell on account (on credit); **продлевать** ~ to extend (prolong) a credit

в ~ on credit; **в счёт** ~**а** on account of a credit; **дебет и** ~ debit and credit; **погашение** ~**а** reimbursement (repayment) of a credit; **продажа в** ~ credit sale; sale on credit; **условия** ~**а** credit terms

~ **на льготных условиях** cre-

dit on easy (favourable) terms
акцептный ~ acceptance credit
банковский ~ bank credit
бланковый ~ blank credit
валютный ~ currency (foreign exchange) credit
документарный ~ documentary credit
долгосрочный ~ long-term credit
замороженный ~ frozen credit
ипотечный ~ hypothecary credit; credit on mortgage (property, real estate)
использованный ~ used credit
исчерпанный ~ exhausted credit
коммерческий ~ commercial (trade) credit
контокоррентный ~ current account credit
краткосрочный ~ short-term credit
льготный ~ easy (preferential) credit
обеспеченный ~ secured credit
отзывной ~ revocable credit
открытый ~ open credit
револьверный ~ revolving credit
среднесрочный ~ intermediate (medium-term) credit

КРЕДИТОР *сущ* creditor; debtee; lender; (*по договору*) promisee; (*по закладной*) mortgagee

~, несущий ответственность по векселю bill creditor

~, несущий ответственность по долговому (*или* **денежному**) **обязательству** bond creditor

,~ несущий ответственность по индоссаменту creditor by endorsement

~ по ипотечному залогу (*залогодержатель*) mortgagee; mortgage creditor

~ по ипотечному подзалогу submortgagee

~ с предпочтительным правом требования (*перед другими кредиторами*) preferential (preferred) creditor

главный ~ principal creditor
совокупный ~ joint creditor

КРЕДИТОСПОСОБ-НОСТ∥Ь *сущ* creditability; credit capacity (standing); creditworthiness ◊ **оценка ~и** credit rating

КРЕДИТОСПОСОБ-НЫЙ *прил* solvent; sound; trustworthy

КРИЗИС *сущ* crisis (*мн* – crises) ◊ **вызывать** ~ to bring about (cause, provoke, trigger off) a crisis; **переживать** ~ to be in a crisis; experience (pass through) a crisis; **предотвращать** ~ to avert a crisis; **усугублять** ~ to aggravate a crisis

обострение ~a aggravation of a crisis; **цепь ~ов** succession of crises

~ доверия credibility gap; crisis of confidence

~ платёжного баланса balance of payment crisis

~ перепроизводства crisis of

overproduction; overproduction crisis
валютно-финансовый ~ monetary and financial crisis
глубокий ~ deep (severe) crisis
затяжной ~ protracted crisis
общий ~ general crisis
острый ~ acute crisis
продовольственный ~ food crisis
топливный ~ fuel (oil) crisis
циклический ~ cyclical crisis
экономический ~depression; economic crisis; (*сопровождаемый высокой инфляцией*) stagflation
энергетический ~ energy crisis

КРИМИНАЛИСТ *сущ* criminalist; criminal law expert

КРИМИНАЛИСТИКА *сущ* criminalistics; criminal science; science of criminal law

КРИМИНАЛИСТИЧЕСК‖ИЙ *прил* criminalistics
~ая лаборатория criminalistics laboratory
~ая экспертиза criminalistics (expert) examination

КРИМИНАЛЬНЫЙ *прил* criminal

КРИМИНОЛОГ *сущ* criminologist

КРИМИНОЛОГИЯ *сущ* criminology; criminal science; science of criminal law

КРИПТОГРАММА *сущ* (*тайнопись*) cryptogram

КРИТИКА *сущ* criticism

КРОВН‖ЫЙ *прил* blood
~ая месть blood feud (vengeance)
~ое родство blood relation

(relationship); consanguinity

КРОВОПРОЛИТИЕ *сущ* bloodshed

КРОВОСМЕСИТЕЛЬНЫЙ *прил* incestuous

КРОВОСМЕСИТЕЛЬСТВО *сущ* (*кровосмешение*) incest; (*расовое тж*) miscegenation

КРОВОТЕЧЕНИЕ *сущ* bleeding; haemorrhage

КРОВ‖Ь *сущ* blood ◊ **группа ~и** blood group; **потеря ~и** (*кровотечение*) haemorrhage; **пятно ~и** blood stain; **уровень алкоголя в ~и** blood-alcohol level

КРУШЕНИЕ *сущ* (*катастрофа*) wreck; wreckage; [*ж/д тж*] derailment ◊ **потерпеть ~** to crash; suffer a wreck; wreck

КУПЛЯ-ПРОДАЖА *сущ* contract of sale; sale

КУПЧАЯ *сущ* (*договор купли-продажи недвижимости*) bill of sale; deed of conveyance

КУРТАЖ *сущ* [*бирж*] (*брокерская комиссия*) brokerage; broker's charges ◊ **востребовать (требовать) ~** to demand (request) brokerage; **оплачивать ~** to pay brokerage
процент ~а percentage of brokerage; **сумма ~а** amount (sum) of brokerage; **условия ~а** conditions (terms) of brokerage
~, предусмотренный в договоре brokerage provided for (stipulated) by a contract

процентный ~ brokerage as a percentage

Л

ЛЕГАЛИЗАЦИЯ *сущ* certification; legalization
консульская ~ consular legalization

ЛЕГАТАРИЙ *сущ* (*наследник недвижимости по завещанию*) devisee; (*особ движимости*) legatary; legatee

ЛЕГИСЛАТУРА *сущ* legislature; legislative body
~ **предыдущего созыва** previous legislature
однопалатная ~ one-chamber legislature
двухпалатная ~ two-chamber legislature

ЛЕГИТИМАЦИЯ *сущ* (*узаконение, узаконивание*) legalization; legislative enactment (regulation); legitimation; legitimization

ЛЕГИТИМИЗМ *сущ* legitimism

ЛЕГИТИМИРОВАТЬ *гл* (*узаконивать*) to legalize; legitimate; legitimatize; legitimize

ЛЕЧЕБНИЦА *сущ* clinic; hospital
психиатрическая ~ in-patient psychiatric facility

ЛЕЧЕНИЕ *сущ* (medical) treatment
амбулаторное ~ out-patient treatment
стационарное ~ hospitalization

ЛЖЕСВИДЕТЕЛЬ *сущ* false witness; mainsworn; perjurer; (*подставное лицо*) man of a straw

ЛЖЕСВИДЕТЕЛЬСКИЙ *прил* perjurious

ЛЖЕСВИДЕТЕЛЬСТВ‖О *сущ* false evidence (statement, testimony); perjured evidence; perjury ◊ **инкриминировать** ~ to assign (incriminate) perjury; **потерпевший от ~а** perjured; **склонение к ~у** subornation of perjury

ЛЖЕСВИДЕТЕЛЬСТВОВАТЬ *гл* to mainswear; perjure

ЛИЗИНГ *сущ* (*долгосрочная аренда*) leasing

ЛИКВИДАТОР *сущ* liquidator; (*имущества несостоятельного должника*) receiver; referee

ЛИКВИДАЦИ‖Я *сущ* abolition; elimination; liquidation; (*аннулирование договора, контракта и т.п.*) abrogation; annulment; cancellation; nullification; repudiation; (*закрытие предприятия и т.п.*) closing down; winding up; (*роспуск тж*) dissolution; (*физическое уничтожение*) killing; liquidation ◊ **приступать к ~и** to go into liquidation
~ **всех форм расовой дискриминации** abolition (elimination) of all forms of racial discrimination

~ (*погашение*) **долгов** (**задолженности**) discharge (redemption, settlement) of debts
~ **компании** liquidation; winding up of a company
~ **национального гнёта** abolition (elimination) of national oppression
~ **очагов напряжённости** elimination (liquidation) of hotbeds of tension
~ **предприятия** closing down (winding up) of an enterprise
~ **расчётов на фондовой бирже** stock exchange settlement
~ **товарищества** dissolution of a partnership
добровольная ~ voluntary liquidation
принудительная ~ compulsory (forcible) liquidation

ЛИКВИДИРОВАТЬ *гл* to abolish; eliminate; liquidate; (*аннулировать договор, контракт и т.п.*) to abrogate; annul; cancel; nullify; repudiate; (*закрывать предприятие и т.п.*) to close down; wind up; (*распускать тж*) to dissolve; (*уничтожать физически*) to kill; liquidate
~ (*погашать*) **задолженность** to discharge (redeem, settle) debts
~ **неграмотность** to eradicate illiteracy
~ **оружие массового уничтожения** to do away with (liquidate) weapons of mass annihilation (destruction)
~ **последствия агрессии** to eliminate the consequences of aggression
~ (*погашать*) **счёт** to settle an account

ЛИСТ *сущ* form; list; sheet
закладной ~ (*ипотечная облигация*) mortgage bond
исполнительный ~ writ of execution; (*на производство описи имущества*) distringas; (*об обращении взыскания на товар*) writ of execution against goods
расчётный ~ pay sheet
упаковочный ~ packing list

ЛИЦЕНЗИАР *сущ* [*пат*] (*лицо, выдающее лицензию*) grantor (of a licence); licenser (licensor)

ЛИЦЕНЗИАТ *сущ* [*пат*] (*владелец лицензии*) grantee (of a licence); licensee (of patent rights)
потенциальный ~ potential licensee
предполагаемый ~ prospective licensee

ЛИЦЕНЗИРОВАНИЕ *сущ* licensing
~ **ноу-хау** know-how licensing
~ **патента** licensing of a patent
~ **товарного знака** licensing of a trademark
договорное ~ contractual licensing
зарубежное ~ foreign licensing
отечественное ~ domestic licensing
пакетное (комплексное) ~ package licensing
принудительное ~ compulsory (forced, mandatory) li-

censing
промышленное ~ industrial licensing

ЛИЦЕНЗИ∥Я *сущ* licence ◊ **временно лишить ~и** to suspend a licence; **предоставить ~ю** to grant a licence; **предоставление ~и на техническую помощь** technical assistance licensing

~ **на ввоз** import licence

~ **на ноу-хау** know-how licence

~ **на патент** licence under a patent; patent licence

~ **на право продажи** selling licence

~ **на товарный знак** licence under a trademark; trademark licence

~ **на экспорт** export licence

~, **не подлежащая передаче** nonassignable (nontransferable) licence

~ **с правом передачи** assignable (transferable) licence

договорная ~ contractual licence

импортная ~ import licence

исключительная ~ exclusive (sole) licence

общая ~ general licence

перекрёстная ~ cross (reciprocal) licence

свободная ~ free licence

экспортная~ export licence

ЛИЦ∥О *сущ* (*человек*) individual; person; (*сторона в договоре по делу и т.п.*) party (*to*); participant (*in*) ◊ **действовать (выступать) в качестве физического ~a** to act (speak) in one's individual capacity; **действовать (выступать) в качестве частного ~a** to act (speak) in one's private capacity; **предоставлять права юридического ~a** to incorporate

в ~е кого-л in the person (*of*); **невзирая на ~а** without respect of persons; **от ~а** (*от имени*) **кого-л** on behalf (*of*); in the name (*of*); **перед ~ом чего-л** in the face (*of*); **через третье** ~ by mesne **назначение доверенного ~a** appointment of a proxy; **подлинность ~a** a personal identity

~, **бежавшее от суда** fugitive from a trial

~ **без гражданства** (*апатрид*) stateless person

~ **без определённых занятий** person of no definite occupation

~, **берущее вещь напрокат** hirer; renter

~, **берущее взятку** (*взяткополучатель, взяточник*) bribe-taker; exactor; taker of a bribe; [*амер*] grafter

~, **берущее заём** (*денежную ссуду*) (*заёмщик*) borrower (of money); loan debtor

~, **ведущее допрос** interrogator; (*по уголовному делу*) criminal interrogator

~, **ведущее переговоры** negotiator

~, **виновное в неуважении к суду** (*или* **к другому органу власти**) contemner

~, **виновное в совершении**

ЛИЦО

преступления criminal; offender; person guilty of a crime
~, в интересах которого осуществляется доверительная собственность (*бенефициарий*) beneficiary
~, внёсшее законопроект originator
~, внёсшее предложение proposer
~, вносящее предложение mover; proponent
~, воздерживающееся от вступления в брак celibate
~, воздерживающееся при голосовании abstainer; abstaining person
~, впервые отбывающее уголовное наказание first-timer
~, впервые совершившее преступление first (time) offender
~, в пользу которого даётся обязательство (*в суде*) recognizee
~, в пользу которого осуществляется отказ от права surrenderee
~, в пользу которого существует обременение (*залогодержатель*) encumbrancer
~, временно пребывающее в стране sojourner
~, вступающее (*или* вступившее) во владение occupant; occupier
~, вступившее в конфликт с законом (*нарушитель общественного порядка*) troublemaker
~, вступившее в преступный сговор (*или* заговор) conspirator

~, выдающее лицензию (*лицензиар*) grantor (of a licence); licenser; licensor
~, вызванное в качестве свидетеля (*или* поручителя) vouchee
~, вызывающее свидетеля (*или* поручителя) voucher
~, выплачивающее страховые взносы insurant
~, высланное из страны expellee
~, выступающее защитником в суде (*защитник*) counsel for the defence; defence counsel
~, выступающее обвинителем в суде (*обвинитель*) prosecutor
~, дающее аффидевит affiant
~, дающее взятку (*взяткодатель*) briber; giver of a bribe; suborner
~, дающее гарантию (*гарант*) guarantor; warrantor
~, дающее разрешение grantor
~, дающее ссуду (*заимодатель, ссудодатель*) lender
~, действующее в интересах другого лица actor
~, действующее в обход закона evader
~, действующее (*в суде*) по доверенности attorney-in-fact
~, действующее самостоятельно (от своего имени) actor in rem suam
~, делающее долевой взнос contributor
~, делающее предложение (*оферент*) offerer; offeror; (*на*

торгах тж) tenderer
~, дело которого назначено к слушанию termer
~, допустившее небрежность negligent person
~, досаждающее кому-л molester
~, завладевшее движимостью по праву удержания eloigner
~, заключённое под стражу судом court-committed inmate
~, занимающее должность (должностное ~) office holder
~, занимающееся выяснением обстоятельств (установлением фактов) fact-finder
~, занимающееся незаконным сбытом наркотиков illicit (drug) trafficker
~, занимающееся перепродажей (*субпокупатель*) sub-purchaser
~, занимающееся подрывной деятельностью subvert
~, занимающееся проституцией person engaged in prostitution
~, заслуживающее доверия person worthy of trust
~, заявляющее претензию (*требование*) claimant; complainant; plaintiff
~, злоупотребляющее доверием (*мошённик*) cheat; con (confidence) man; (con)trickster
~, злоупотребляющее служебным положением malfeasant in office; official malfeasant
~, изъявшее имущество из юрисдикции суда eloigner
~, имеющее двойное гражданство dual citizen
~, имеющее задолженность (*дебитор*, *должник*) debtor
~, имеющее постоянную работу jobholder
~, имеющее право голоса (*на выборах*) eligible (legal) voter; qualified elector (voter)
~, имеющее право на подачу заявки person entitled to apply
~, имеющее умственный недостаток mental defective; mentally defective (deficient, retarded) person
~, имеющее физический недостаток (*инвалид*, *калека*) cripple; crippled (handicapped) person; invalid
~ иностранного происхождения alien; foreigner; person of foreign descent (origin)
~, испрашивающее патент (*заявитель*) applicant for a patent; patent applicant
~, к которому переходит право собственности grantee
~, которое делает предложение (*оферент*) offerer
~, которому вменяется в вину преступление (*обвиняемый*) person charged with a crime
~, которому выдана расписка в получении receiptee
~, которому даётся гарантия guarantee; warrantee
~, которому делается предложение (*адресат оферты*) offeree

~, которому оказана юридическая помощь legally aided person

~, которому производится отчуждение (*цессионарий*) alienee

~, наблюдающее за правильностью голосования poll-watcher

~, наделённое (облечённое) полномочиями (*уполномоченный*) authorized person

~, назначенное на должность official-designate

~, назначенное судом для снятия свидетельских показаний examiner

~, налагающее арест (*на имущество*) seizor

~, налагающее штраф amercer

~ на нелегальном положении illegal person

~, нанёсшее увечье maimer

~, нарушившее закон (*правонарушитель*) offender; offending person

~, находящееся в состоянии наркотической интоксикации drugged (intoxicated) person; under the influence of drugs

~, находящееся за рулём в нетрезвом состоянии (в состоянии опьянения) person driving under the influence of alcohol (of a drink); drunken (intoxicated) while driving

~, находящееся на грани совершения преступления marginal offender

~, находящееся на пробации person on probation

~, находящееся под защитой protected person

~, находящееся под опекой (*или* на попечении) ward

~, не имеющее постоянного места жительства person of no fixed abode

~, не имеющее права голоса (*на выборах*) unqualified elector (voter)

~, неправоспособное выступать свидетелем (*в суде*) incompetent witness

~, не являющееся постоянным жителем non-resident

~, не являющееся стороной по делу non-party

~, обвиняемое в совершении преступления person accused of (charged with) a crime (an offence)

~, обвиняющее кого-л в совершении преступления appellor

~, обладающее правом исключительного пользования exclusive user

~, облечённое (наделённое) полномочиями (*уполномоченный*) authorized person

~, обратившееся с требованием о кредите credit claimant

~, объявленное (*по суду*) банкротом adjudged (certified) bankrupt

~, объявленное вне закона outlaw

~, объявленное в розыске wanted person

~, ожидающее судебного процесса person awaiting a trial

~, оплачивающее опротестованный вексель по поручению векселедателя (*гонорат, нотадресат*) referee in case of need

~, освобождённое из-под стражи (*или от ответственности*) released person

~, осуществляющее зависимое держание (*зависимый держатель*) bailee

~, отбывающее наказание (срок наказания) convict

~, отбывающее пробацию probationer

~, отдающее вещь в зависимое держание (*депонент*) bailor; depositor

~, отказывающееся от права relinquisher; surrenderor

~, от которого унаследовано имущество (*наследодатель*) ancestor; antecessor

~, отмывающее грязные деньги money-launderer

~, отпущенное (*до суда*) на свободу person on release

~, официально признанное алкоголиком confirmed drunkard

~, оформляющее ордер person executing a warrant

~, передаваемое в другую юрисдикцию referral

~, передающее (предоставляющее) право (имущество и т.п.) другому лицу (*лицензиар, цедент*) assignor; grantor; licensor; transferor; (*право собственности на недвижимость тж*) conveyer

~, повторно совершившее преступление (*рецидивист*) repeater; repeated criminal; second offender

~, подающее заявление о регистрации registrant

~, подающее иск (претензию, требование) (*истец*) claimant; complainant; plaintiff

~, подвергнувшееся аресту arrested person; person under arrest

~, подвергнутое исправительному обучению corrective trainee

~, подлежащее выдаче extraditable person

~, подозреваемое в осведомительстве suspected informant

~, подозреваемое в первую очередь prime suspect

~, подозреваемое в совершении преступления crime (criminal) suspect; suspected criminal (offender); person suspected of a crime

~, подстрекаемое к совершению преступления incited person

~, получающее денежный перевод (*или переводной вексель*) remittee

~, получающее дотацию (субсидию) grantee

~, получающее доходы с недвижимости pernor of profits

~, получающее разрешение permittee

~, посягнувшее на целомудрие offender against chastity

~, предлагающее кандидата (кандидатуру) nominator; proposer

~, предлагающее цену bidder; (*самую высокую цену*) highest bidder

~, представляющее принципала (*агент, представитель*) agent

~, представляющее чьи-л интересы (*представитель*) spokesman

~, приговорённое к наказанию person under a sentence

~, признанное виновным в совершении мисдиминора misdemeanant

~, признанное по суду делинквентным adjudged (adjudicated) delinquent

~, признанное по суду преступником adjudged (adjudicated) criminal

~, примкнувшее к преступному заговору coconspirator

~, принимающее вещь на хранение (*депозитарий*) depositary

~, принимающее (принявшее) на себя долг другого лица expromissor

~, принимающее (принявшее) на себя обязательство committed person; contractant; covenantor; engager; obligator; obligor

~, принимающее поручительство guarantee

~, принудительно осуществляющее право (*в судебном порядке*) enforcer

~, принявшее на себя обязательство по оплате ценной бумаги (*акцептант*) acceptor

~, присвоившее (растратившее) имущество (*растратчик*) embezzler; (*деньги*) peculator

~, присутствующее при выемке и обыске person present during a search and seizure

~, провоцирующее совершение преступного действия provoker

~, проживающее вне пределов юрисдикции non-resident

~, производящее дознание investigator; person conducting an investigation

~, производящее допрос (опрос) свидетеля examiner

~, производящее досмотр (обыск, осмотр) searcher

~, производящее идентификацию (опознание) identifier

~, производящее продажу на аукционе (*аукционист*) auctioneer

~, пропавшее без вести missing person

~, против которого возбуждено ходатайство petitionee

~, распоряжающееся имуществом на началах доверительной собственности (*доверительный собственник*) trustee

~, распределяющее наследственное имущество по договорённости appointor; donee

~, решающее вопрос права (*судья*) trier of law

~, сдающее квартиру внаём (lodging) letter

~, сделавшее передаточную надпись (*индоссант, жирант*) endorser

~, **сделавшее признание** confessor

~, **систематически совершающее преступления** systematic criminal (offender); (*рецидивист*) habitual (old, persistent, relapsed, repeated) criminal (offender); hard core (hardened) criminal (offender); jailbird; recidivist; reconvicted (person); repeater

~, **скрывающееся от правосудия** absconder; fugitive from justice

~ **с обеспеченным доходом** self-supporting person

~, **совершающее действие** actor; doer; feasor

~, **совершающее (совершившее) насильственное преступление** violent criminal (offender)

~, **совершающее регулярные поездки** (*из пригорода в город и обратно*) commuter

~, **совершившее грабёж** robber; (*с применением насилия*) pillager

~, **совершившее должностное преступление** malfeasant in office; official malfeasant

~, **совершившее имущественное преступление** property offender

~, **совершившее малозначительное (мелкое) преступление** minor (petty) offender

~, **совершившее ненасильственное преступление** nonviolent offender

~, **совершившее несколько преступлений** multiple offender

~, **совершившее преступление** (*преступник*) criminal; felon; offender; perpetrator (of a crime); (*правонарушитель тж*) delinquent; malefactor; malfeasant

~, **совершившее преступление в состоянии невменяемости** criminal lunatic

~, **совершившее серьёзное преступление** felon; major offender

~, **совершившее террористический акт** (*террорист*) terrorist

~, **совершившее убийство** (*убийца*) assassin; killer; murderer

~, **содействующее совершению преступления** (*соучастник*) accessory; accomplice; criminal promoter

~, **содержащееся в тюрьме** jail (prison) inmate

~, **содержащееся под стражей** detainee; person held in custody

~, **способное совершить преступление** would-be criminal (offender)

~, **терпящее бедствие** person in distress

~, **требующее ордер** person requesting a warrant

~, **удостоверяющее подпись** (*и т.п.*) attestor

~, **уклоняющееся (отказывающееся) от воинской повинности** (*по политическим или иным соображениям*) draft-dodger; draft-evader; (conscientious) objector

~, **уклоняющееся от уплаты налогов** tax-dodger; tax-evader

~, **учинившее беспорядки** rioter

~, **учитывающее вексель** discounter

~а, **не состоящие в кровном родстве** not of kin; strangers of the blood

~а, **состоящие в кровном родстве** next of kin

~а, **страдающие физическими недостатками** persons with physical disabilities

арестованное ~ arrested person; person under arrest

важное ~ very important person (VIP)

вымышленное (подставное, фиктивное) ~ dummy; fictitious person; figure-head; man of a straw

высланное из страны ~ deportee; expellee

высокопоставленное ~ high-ranking official

государственное должностное ~ officer of a state; public officer

гражданское ~ civilian

дееспособное ~ legal man (person)

действующее ~ [*лит*] character

доверенное ~ agent; fiduciary; proxy; trustee; vicarious agent; (*залогодателя*) attorney of the mortgager

должностное ~ functionary; office holder; official; (public) officer

заинтересованное ~ interested person; person concerned; privy

зарегистрированное ~ registered person

интернированное ~ interned person; internee

назначаемое (назначенное) ~ appointee; designated person; nominee

нежелательное ~ [*дип*] [*лат*] persona non grata

обладающий правами юридического ~а corporate; incorporated

обязанное по векселю ~ person (party) liable on a bill

опрашиваемое ~ informant; pollee

определённое ~ specified person

ответственное ~ responsible person; (*должностное*) high-ranking official

официальное ~ official (person)

перемещённое ~ displaced person

подозреваемое ~ suspect; suspected person

подотчётное (*перед кем-л*) ~ (*за*) person accountable (to – *for*)

подследственное ~ investigated person

подставное (вымышленное, фиктивное) ~ dummy; fictitious person; figure-head; man of a straw

политически неблагонадёжное ~ political suspect

представляемое ~ (*принципал*) principal

приглашённое ~ invitee
принадлежащий юридическому ~у corporate; incorporated
самостоятельное юридическое ~ separate legal entity
связанные ~а related entities (parties, persons)
скрывающееся от правосудия ~ absconder; fugitive from justice
сопровождающие ~а accompanying persons; party
субсидируемое ~ recipient of a grant
судебное (судейское) должностное ~ judicial functionary (officer)
третье ~ third person (party); stranger
уполномоченное ~ authorized agent; commissioner
физическое ~ [*юр*] individual; natural (physical, private) person
фиктивное (вымышленное, подставное) ~ dummy; fictitious person; figure-head; man of a straw
частное ~ individual (private) person
юридическое ~ [*юр*] artificial (incorporated) person; corporate body (person); juridical (juristic) person (party); legal entity (personality, party, unit)

ЛИЧНО *нареч* in one's personal capacity; in person; personally ◊ **ознакомиться с чем-л ~** to see something for oneself

~ и конфиденциально (*надпись на письмах*) private and confidential

ЛИЧНОСТ∥Ь *сущ* (*человек*) individual; person; (*индивидуальность*) personality; (*идентичность, тождественность*) identity ◊ **переходить на ~и** to become personal; **установить ~ обвиняемого** to establish (infer, prove) the identity of the accused; **для свободного развития ~и** for the free development of an individual (of a personality) **взаимоотношения ~и и общества** interrelationship of the individual and the society; **деликт против ~и** personal tort; **неприкосновенность ~и** inviolability of the person; **описание ~и** personal description; **опознание ~и** personal identity; **уважение ~и** respect for the individual; **удостоверение ~и** identification (identity) card; proof of identity; **установление ~и** establishment of smb's identity; identification of a person; (*виновного тж*) clearance; **черты характера ~и** personality traits

~ обвиняемого identity of the accused

~ ответчика (подсудимого) identity of the defendant

~ подозреваемого identity of the suspect

~ правонарушителя (преступника) criminal identity; identity of the criminal (offender, perpetrator)

~ **сторон** identity of the parties
всестороннее развитие ~**и** all-round development of an individual (of a person)
выдающаяся ~ eminent personality
ложное опознание ~**и** false (fictitious) identity
ошибочное опознание ~**и** mistaken identity
становление (формирование) ~**и** moulding (making up) of a personality
судебное опознание ~**и** legal identity
тёмная ~ shady character
формирование (становление) ~**и** moulding (making up) of a personality

ЛИЧН‖ЫЙ *прил* (*индивидуальный*) individual; personal; (*принадлежащий только одному лицу тж*) private ◊ **на правах** ~**ой собственности** as personal property; **предметы** ~**ого пользования** articles of personal use
~**ая вина** personal fault (guilt)
~**ая жизнь граждан** personal life (privacy) of citizens
~**ая охрана** (*телохранитель*) bodyguard
~**ая переписка** private correspondence
~**ая собственность** personal property
~**ое дело** one's own business; (*документ*) dossier; personal record(s)
~**ое мнение** personal opinion
~**ое страхование** personal insurance
~**ое уведомление** personal notice
~**ому вниманию кого-л** (*надпись на конверте*) care of (c/o); for the personal attention (*of + имя*)
~ **багаж** personal luggage (baggage)
~ **вред** personal injury
~ **представитель** personal envoy (representative)
~ **секретарь** private secretary
~ **советник** personal adviser
~ **состав** personnel; staff

ЛИШАТЬ, лишить *гл* to deprive (*of*)
~ **владения (собственности)** to dispossess of property
~ **гражданства** to deprive of citizenship (of nationality)
~ **жизни** to take smb's life
~ **избирательных прав** to deny smb (deprive smb of) electoral rights: disfranchise
~ **(временно) лицензии** to suspend a licence
~ **наследства** to disinherit
~ **права** to debar (*from*); deny smb (deprive, divest smb of) a right
~ **свободы** to confine; deprive of liberty; imprison
~ **юридического действия** to invalidate; override

ЛИШЕНИЕ *сущ* (*чего-л*) deprivation (*of*)
~ **гражданских прав** forfeit of civil rights
~ **гражданства** deprivation (revocation, termination) of citizenship (of nationality)
~ **водительских прав** dis-

qualification from driving
~ (*кого-л*) **жизни** homicide; taking smb's life; (*квалифицируемое как фелония*) felony-homicide

~ **избирательных прав** disfranchisement

~ **наследства** disinheritance

~ **необходимых средств к существованию** deprivation of necessities

~ **права** disqualification; deprivation of a right

~ **свободы** (*водворение в тюрьму, заключение*) confinement; deprivation of freedom (of liberty); jail (prison) placement; imprisonment; incarceration

~ **свободы в ожидании пересмотра решения** (*по делу*) custody pending a review

неправомерное ~ **свободы** false imprisonment

ЛОББИ *сущ* lobby

ЛОББИСТ *сущ* lobbyist

ЛОВУШК‖**А** *сущ* snare; trap [*тж перенос*] ◊ **заманить (поймать) в** ~**у** to ensnare; entrap; trap

ЛОЖН‖**ЫЙ** *прил* erroneous; false

~**ая запись** false entry

~**ая присяга** false oath

~**ое впечатление** erroneous impression

~**ое обвинение** false accusation

~**ое (свидетельское) показание** false evidence (testimony)

~**ое умолчание** false omission

~**ое утверждение** false statement

~ **донос** false denunciation

~ **слух** false rumour

ЛОЖЬ *сущ* falsehood; lie ◊ **детектор лжи** lie detector; (*полиграф*) polygraph

беззастенчивая ~ impudent lie

ЛОКАУТ *сущ* lockout

противозаконный ~ illegal lockout

ЛОМБАРД *сущ* pawnshop

ЛОЯЛЬНОСТЬ *сущ* fidelity; loyalty

ЛЬГОТ‖**А** *сущ* exemption; franchise; immunity; privilege; (*преференция*) preference

~**ы и привилегии** fringe benefits

ЛЬГОТНЫЙ *прил* preferential; privileged

~ **тариф** preferential tariff

М

МАГИСТР *сущ* (*учёная степень*) master; holder of a Master's degree ◊ **степень** ~**а** Master's degree

~ **права (прав)** Master of Law(s) (M.L., LL.M.)

МАГИСТРАТ *сущ* (*судья*) magistrate; (*муниципалитет*) municipality; municipal council (government); (*помещение*) city (town) hall

МАГИСТРАТУРА *сущ* magistracy; magistrature

МАКЛЕР *сущ* [*бирж*] agent; (*брокер*) broker

биржевой ~ *(биржевик)* dealer; exchange broker; speculator; stockbroker; stock-exchange broker (operator); (floor) trader; *(неофициальный)* outside broker; *(официальный)* inside broker; *(профессиональный брокер, заключающий сделки за свой счёт)* [*англ*] (stock) jobber
страховой ~ insurance broker
судовой ~ ship (shipping) broker

МАКЛЕРСТВО *сущ* [*бирж*] brokerage

МАЛОЛЕТНИЙ *прил* juvenile; young *сущ* infant; juvenile; minor
~ преступник (деликвент) juvenile delinquent

МАНДАТ *сущ* (*документ, удостоверяющий полномочия*) credentials; mandate; (*предписание тж*) warrant ◊ **выдавать ~** to issue a mandate; **получать ~** to receive a mandate; **предъявлять ~** to present (produce) a mandate; **продлевать ~** to extend a mandate
выдача ~а issue (issuance) of a mandate; **получение ~а** receipt of a mandate; **предъявление ~а** presentation of a mandate; **срок действия ~а** term of a mandate
действительный ~ valid mandate
депутатский ~ mandate of a deputy
избирательный ~ electoral mandate
предъявленный ~ presented (produced) mandate

МАНДАТАРИЙ *сущ* (*должник по договору поручения*) mandatary

МАНДАТН‖ЫЙ *прил* mandatory
~ая комиссия credentials committee
~ая система [*Лига Наций*] mandatory system
~ая территория [*Лига Наций*] mandated territory

МАНИПУЛИРОВАНИЕ *сущ* manipulation; tampering (with)
~ финансовыми счетами manipulation of (tampering with) financial accounts

МАНИПУЛИРОВАТЬ *гл* to manipulate; tamper (with)
~ общественным мнением to manipulate public opinion

МАНЬЯК *сущ* maniac

МАРИХУАНА *сущ* (*наркотик*) marihuana (marijuana)

МАРКЕТИНГ *сущ* marketing ◊ **анализ ~а** marketing analysis; **исследование ~а** marketing research; **тактика ~а** marketing tactics
пробный ~ test marketing
промышленный ~ industrial marketing
развивающийся ~ developing marketing
экспортный ~ export marketing

МАРОДЁР *сущ* marauder; pillager; plunderer

МАРОДЁРСТВО *сущ* marauding; pillage; plunder;

(*расхищение, кража тж*) spoliation

МАРОДЁРСТВОВАТЬ *гл* to maraud; pillage; plunder

МАТЕРИАЛ *сущ* (*документы, факты*) facts; material; matter ◊ **приобщение к ~ам дела** deposition

~, **используемый как доказательство** evidentiary material

~, **содержащий позорящие кого-л сведения** defamatory material

~ы, **направленные в суд** material(s) sent to the court

~ы **(судебного) дела** case material(s); material(s) relating to the case

~ы **уголовного дела** material(s) of a criminal case (matter)

печатный ~ printed matter

МАХИНАЦИ∥Я *сущ* intrigue; machination; scheme; (*мошенничество тж*) fraud; swindle

~**и с валютой** currency frauds

преступная (противозаконная) ~ criminal (illegal) dealing (machination, scheme)

финансовая ~ (*мошенничество*) financial fraud

тёмная ~ shady scheme

МАЧЕХА *сущ* stepmother

МЕДИЦИНА *сущ* medicine

МЕДИЦИНСК∥ИЙ *прил* medical

~**ая помощь** medical aid

~ **осмотр** medical checkup (examination)

~ **эксперт** medical expert

~**ое заключение** medical opinion (report)

~**ое свидетельство** medical certificate

МЕЖДУНАРОДНО-ПРАВОВОЙ *прил* international legal

~ **режим** international legal regime

МЕЖДУНАРОДН∥ЫЙ *прил* international

~**ая безопасность** international security

~**ая компетенция** international jurisdiction

~**ая опека** international trusteeship

~**ая система опеки** international trusteeship system

~**ая уголовная юстиция** international criminal justice

~**ая юрисдикция** international jurisdiction

~**ая юстиция** international justice

~**ое договорное обязательство** international treaty obligation

~**ое договорное право** international contract (conventional) law; law of contract(s) (of treaties)

~**ое право** international law

~**ое соглашение** international agreement

~ **арбитраж** international arbitration

~ **договор** international treaty

~ **мир и безопасность** international (universal, world) peace and security

М~ Суд International Court of Justice

МЕЖПАРЛАМЕНТСКИЙ *прил* interparliamentary
~ **союз** interparliamentary union

МЕЖПРАВИТЕЛЬСТ-ВЕНН‖ЫЙ *прил* intergovernmental
~**ое соглашение** intergovernmental agreement

МЕМОРАНДУМ *сущ* [*дип*] [*франц*] aide-mémoire; [*лат*] memorandum (*pl* – da); pro-memoria; [*в Статуте Международного Суда*] memorial
~ **за печатью** memorandum under a seal

МЕНЕДЖЕР *сущ* manager

МЕНЕДЖМЕНТ *сущ* management

МЕНТАЛИТЕТ *сущ* (*склад ума*) mentality

МЕНЬШИНСТВО *сущ* minority
несогласное ~ dissenting minority

МЕНЯЛА *сущ* money changer

МЕР‖А *сущ* measure; (*санкция*) sanction ◊ **отменить** ~**у пресечения** to cancel (repeal, revoke) a measure of restraint (of restriction); **принимать ответные** ~**ы** to retaliate; take retaliatory measures (steps); **принимать экстренные** ~**ы** to take emergency action; **принимать эффективные** ~**ы** to take effective measures (steps) **в значительной** ~**е** largely; to a great extent; **в качестве** ~**ы пресечения** as a measure of restraint (of restriction); **по крайней** ~**е** at least; **по** ~**е возможности** as far as possible; **по** ~**е необходимости** if necessary; **посредством взаимно согласованных мер** through mutually agreed measures

~ **безопасности** security measure

~ **возмездия** retaliatory (retributive) measure (step)

~ **наказания** punitive measure; sanction

~ **пресечения** measure of restraint (of restriction)

~**ы общественного воздействия** measures of public (social) influence (pressure)

~**ы по борьбе с терроризмом** measures to combat terrorism

~**ы предосторожности** precautions; precautionary measures (steps)

воспитательная ~ educational measure

временная ~ temporary measure

вынужденная ~ coercive measure

дисциплинарная ~ disciplinary action (measure)

исключительная ~ **наказания** (*смертная казнь, смертный приговор*) capital punishment; death (capital) penalty (sentence); exceptional measure of punishment; last sanction of the law; sole penalty (punishment)

исправительная ~ remedial action (measure)

максимальная ~ **наказания** maximum penalty (punishment) **неотложные** ~ы immediate action; urgent measures (steps) **соответствующие** ~ы appropriate measures (steps) **строгие (жёсткие)** ~ы austerity measures **увеличенная** ~ **наказания** enhanced sanction **уменьшенная** ~ **наказания** reduced sanction **чрезвычайные** ~ы emergency measures

МЕСТН∥ЫЙ *прил* local
~**ая власть** local government
~**ые налоги** local taxes
~**ые органы государственной власти** local administration
~**ые споры** local disputes
~ **комитет** local committee
~ **обычай** local custom
~ **протокол** [*дип*] local protocol
~ **суд** local court

МЕСТ∥О *сущ* place; (*в транспорте*) seat; (*в поезде тж*) berth; (*свободное пространство*) room; space; (*местность*) locality; spot; (*для строительства*) site; (*совершения действия*) venue; (*происшествия, преступления*) scene (of action); locale; (*пункт, точка*) point; (*работы*) job; work; (*должностное тж*) post; position; (*груза*) case; pack(age); piece; (*в книге*) passage ◊ **застать (поймать) кого-л на** ~**е преступления** to catch (take) smb red-handed; overtake smb in a fault (in flagrant delict); **лишать кого-л** ~**а** (*в парламенте и т.п.*) to unseat; **обеспечивать** ~ **для перевозки груза (товара)** to secure shipping space; **получить** ~ (*в парламенте и т.п.*) to win a seat; **потерять** ~ (*в парламенте и т.п.*) to lose a seat; **расследовать на** ~**е** to investigate on the spot

в людных ~**ах** in crowded areas; **в** ~**х лишения свободы** in places of confinement (of detention, imprisonment, incarceration); **в общественных** ~**ах** in public areas; **на** ~**ах** [*ЮНЕСКО*] in the field; **на** ~**е преступления** on the scene of a crime; (*в момент совершения преступления*) in flagrant delict; **по** ~**у исполнения наказания** in the place of execution of punishment; **по** ~**у нахождения обвиняемого** at the location of the accused

~ **арбитража** locale (place) of arbitration

~ **встречи** meeting place

~ (*в суде*) **для дачи свидетельских показаний** witness box (stand)

~ (*в суде*) **для защиты** defence table

~ (*в суде*) **для обвинения** prosecution table

~ **жительства** place of residence; (*постоянное*) domicile; permanent address; permanent (place of) residence

~ **заключения договора** place of a contract (of a treaty)

~ **исполнения** place of performance

~ (*пункт*) **назначения** destination

~ **нахождения** (*организации и т.п.*) seat

~ **несчастного случая** accident scene

~ **общественного пользования** public facility

~ **отдыха** recreation centre

~ **предварительного заключения** place of preliminary confinement

~ **рассмотрения дела** venue of proceeding(s)

~ **совершения преступления** crime scene; locale (scene) of a crime

грузовое ~ case; pack; package; piece

постоянное ~ **жительства** domicile; permanent address; permanent (place of)) residence

прежнее ~ **жительства** former (previous) (place of) residence

свободное ~ (*в транспорте*) vacant seat; (*вакансия*) vacancy

судейское ~ judgement seat

узкое ~ (*на производстве и т.п.*) bottleneck; gooseneck

МЕСТОЖИТЕЛЬСТВО *сущ* place of residence; (*постоянное*) domicile; permanent address; permanent (place of) residence; [*юр*] legal home; [*ООН*] habitat

МЕСТОНАХОЖДЕНИЕ *сущ* location; seat; whereabouts; (*адрес тж*) address

МЕСТОПРЕБЫВАНИЕ *сущ* location; seat

~ **правительства** seat of government

МЕСТ‖**Ь** *сущ* revenge; vengeance ◊ **из чувства** ~**и** out of revenge; **убийство из чувства** ~**и** homicide for revenge

кровная ~ blood feud; vendetta

МИГРАНТ *сущ* migrant

МИЗАНТРОП *сущ* (*человеконенавистник*) misanthrope

МИЗАНТРОПИЯ *сущ* misanthropy

МИЛОСТЫН‖**Я** *сущ* alms ◊ **выклянчивать** ~**ю** to solicit alms; **просить** ~**ю** to ask (beg) alms; **собирать** ~**ю** to gather alms

МИНИСТЕРСТВО *сущ* department; ministry; office

~ **внутренних дел** Ministry of Internal Affairs; [*Великобритания*] Home Office; [*США*] Department of the Interior

~ **иностранных дел** Foreign Ministry; Ministry of Foreign Affairs; [*Великобритания*] Foreign (and Commonwealth) Office; [*США*] Department of State; State Department

~ **финансов** Ministry of Finance; [*Великобритания*] the Treasury (the Exchequer); [*США*] Department of the Treasury

~ **юстиции** Department (Ministry) of Justice

МИНИСТР *сущ* minister; secretary

~ **внутренних дел** Minister for Internal Affairs; [*Велико*-

британия] Home Secretary; Secretary of State for the Home Department; [*США*] Secretary of the Interior

~ **иностранных дел** Foreign Minister; Minister for Foreign Affairs; [*Великобритания*] Secretary of State for Foreign and Commonwealth Affairs; [*США*] Secretary of State; State Secretary

~-**резидент** [*дип*] Minister-resident

~ **финансов** Minister of Finance; [*Великобритания*] Chancellor of the Exchequer; [*США*] Secretary of the Treasury

~ **юстиции** Minister of Justice; [*США*] Attorney-General

назначенный, но не вступивший в должность ~ Minister-designate

полномочный ~ Minister Plenipotentiary

МИР 1 *сущ* (*согласие, отсутствие вражды*) peace ◊ **беречь** ~ to cherish peace; **выступать за** ~ to stand for peace; **жить в** ~е to live in peace; **заключать** ~ to conclude (make) peace; **защищать** ~ to defend peace; **нарушать** ~ to commit breach of (the) peace; **отстаивать** ~ to uphold peace; **поддерживать** ~ to maintain peace; **провозглашать** ~ to declare peace; **сохранять** ~ to safeguard (preserve) peace; **стремиться к** ~у to strive for peace; **угрожать** ~у (**представлять угрозу делу** ~а) to endanger (imperil, jeopardize, menace, threaten) peace; pose a threat to peace; **укреплять** ~ to consolidate (strengthen) peace

борец за ~ champion of (fighter for) peace; **борьба за** ~ fight (struggle) for peace; **в защиту** ~а in defence of peace; **восстановление** ~а restoration of peace; **дело** ~а cause of peace; **достижение** ~а attainment of peace; **нарушение** ~а breach of (the) peace; **оплот** ~а bulwark of peace; **поддержание** ~а maintenance of peace; **посланец** ~а envoy of peace; **противник** ~а opponent of peace; **сохранение** ~а preservation of peace; **сторонник** ~а advocate (defender, supporter) of peace; **угроза делу** ~а threat to (the cause of) peace; **упрочение** ~а consolidation (strengthening) of peace

всеобщий ~ universal (world) peace

длительный ~ lasting peace

прочный ~ durable (stable) peace

справедливый ~ just peace

МИР 2 *сущ* (*вселенная*) the universe; world ◊ **во всём** ~е all over the world (the globe); in the whole world; throughout the world; the world over

МИРН‖ЫЙ *прил* peace; peaceful; pacific ◊ **в** ~**ое время** in peace time; in time of peace; ~**ым путём** by (through) peaceful means

~**ая инициатива** peace initia-

tive
~**ая конференция** peace conference
~**ая политика** peace (peaceful) policy
~**ое население** civilian (peaceful) population
~**ое развитие** peaceful development
~**ое разрешение (урегулирование) споров** pacific (peaceful) settlement of disputes
~**ое соревнование** peaceful competition
~**ое сосуществование** peaceful coexistence
~**ые переговоры** peace talks (negotiations)
~**ые средства** peaceful means
~ **договор** peace treaty; treaty of peace
~ **проход** [*мор право*] innocent passage

МИРОВ‖ОЙ *прил* universal; world ◊ **в ~ом масштабе** on a world scale
~**ая война** world war
~**ая общественность** world public
~**ая сделка** amicable transaction
~**ое господство** world domination (supremacy)
~**ое общественное мнение** world public opinion
~**ое соглашение** amicable agreement
~ **суд** world court
~ **судья** justice of the peace

МИРОЛЮБИВ‖ЫЙ *прил* peace; peaceful; peace-loving
~**ая политика** peace (peaceful) policy
~**ое государство** peace-loving state
~**ые народы** peace-loving nations (peoples)
~**ые силы** peace forces

МИСДИМИНОР *сущ* (*наименее опасное преступление*) misdemeanour
~ **по общему праву** common law misdemeanour; misdemeanour at common law
~ **по статутному праву** misdemeanour by statute; statutory misdemeanour
должностной ~ misdemeanour in office

МИССИ‖Я *сущ* mission ◊ **выезжать (отправляться) с ~ей** to go on a mission
~ **доброй воли** goodwill mission
~ **по выяснению обстоятельств (фактов)** fact-finding mission
военная ~ military mission
выездная ~ visiting mission
дипломатическая ~ diplomatic mission
специальная ~ special mission
чрезвычайная ~ extraordinary mission

МЛАДШИЙ *прил* junior

МНЕНИ‖Е *сущ* opinion; view ◊ **высказывать** ~ to express one's opinion; **выслушивать (заслушивать)** ~ **сторон** to hear the opinions of the parties; **запрашивать консультативное** ~ (*заключение*) to ask for (request) advisory opinion(s) (*from*); **обмениваться**

~ями to exchange opinions (views); **прийти к единому ~ю** to arrive at a common view; **разделять чьё-л ~** to share smb's opinion (view); **расходиться во ~ях** to differ in opinion; **формировать общественное ~** to shape public opinion

обмен ~ями exchange of opinions (of views); **расхождение во ~ях** divergence of opinions (of views)

~ большинства majority opinion

~ меньшинства minority opinion

~ судьи judicial opinion

~ судьи, не являющееся решением (*по делу*) extrajudicial opinion; judicial dictum

~ судьи, совпадающее с мнением большинства состава суда concurring (concurrent) opinion

единодушное ~ unanimous (undivided) opinion

мировое общественное ~ world public opinion

общепринятое ~ generally accepted opinion (view)

общественное ~ public opinion

особое ~ (*судьи*) dissenting (individual, separate) opinion; opinion in dissent

предубеждённое ~ bias(s)ed (partial, preconceived) opinion; prejudice

разъясняющее ~ explanatory opinion

МНОГОБРАЧИЕ *сущ* (*полигамия*) polygamy; plural (polygamous) marriage

МНОГОНАЦИОНАЛЬН∥ЫЙ *прил* multinational **~ая корпорация** multinational corporation

МНОГОСТОРОНН∥ИЙ *прил* multilateral; multipartite **~ее соглашение** multilateral (multipartite) agreement

МОЗГ *сущ* brain ◊ **сотрясение ~а** brain concussion; concussion of the brain

МОЛВА *сущ* (*слух*) hearsay

МОЛОДОЙ *прил* young **~ преступник** young offender

МОЛЧАЛИВ∥ЫЙ *прил* (*о согласии, признании и т.п.*) implied; tacit

~ое признание [*межд право*] implied recognition

~ое принятие (*предложения и т.п.*) tacit acceptance

~ое согласие acquiescence; sufferance; tacit consent

МОНОГАМИЯ *сущ* (*единобрачие*) monogamy

МОНОПОЛИЯ *сущ* monopoly

МОНОПОЛЬН∥ЫЙ *прил*: **~ое право** sole right

МОРАЛЬНЫЙ *прил* moral **~ ущерб** moral damage

МОРАТОРИЙ *сущ* moratorium (*мн – ia*) ◊ **вводить (устанавливать) ~** (*на*) to impose (set) a moratorium (*on*); **объявлять ~** (*на*) to declare a moratorium (*on*); **отменять ~** (*на*) to call off (lift) a moratorium (*on*); **продлевать ~** (*на*) to extend a moratorium (*on*)

МОТИВ *сущ* motive

~ **задержания** reason for smb's detention

~ **преступления** motive for a crime

побудительный ~ impulsive cause

скрытый ~ ulterior intent (motive)

МОТИВИРОВКА *сущ* motivation

~ **приговора (судебного решения)** statement of motivation

МОШЕННИК *сущ* cheat; con (confidence) man; (con)trickster; double-dealer; rogue; shark; sharper; speculator; swindler

МОШЕННИЧАТЬ *гл* to cheat; double-deal; rogue; swindle

МОШЕННИЧЕСТВО *сущ* cheat; con (confidence) trick; double-dealing; fraud; ramp; rip-off; roguery; sharp practice; speculation; swindle; swindling; trickery

МРАКОБЕС *сущ* obscurantist

МРАКОБЕСИЕ *сущ* obscurantism

МСТИТЕЛЬ *сущ* avenger; venger

МСТИТЕЛЬНЫЙ *прил* vindictive

МСТИТЬ, отомстить *гл* to avenge; exact (inflict, take, wreak) vengeance (*on | upon – for*); have revenge; revenge oneself (*on | upon – for*)

МУЖЕЛОЖСТВО *сущ* (*педерастия*) sodomy

МУНИЦИПАЛИТЕТ *сущ* municipality; municipal council; (*помещение*) city (town) hall

МЭР *сущ* mayor ◊ **выборы** ~**а** mayoral election

МЯТЕЖ *сущ* insurrection; mutiny; rebellion; revolt ◊ **подавлять** ~ to put down (suppress) a mutiny (a revolt); **поднимать** ~ to make a mutiny (a revolt); revolt; **подстрекательство (призыв) к** ~**у** sedition; seditious words

вооружённый ~ armed rebellion

МЯТЕЖНИК *сущ* (*повстанец*) insurgent; mutineer; rebel

МЯТЕЖН‖ЫЙ *прил* insurgent; rebellious

~**ые войска** rebellious troops

Н

НАБЛЮДАТЕЛ‖Ь *сущ* observer ◊ **назначать** ~**я** to designate an observer; **направлять в качестве** ~**я** to send as an observer (*to*); **приглашать в качестве** ~**я** to invite as an observer

~ **за ходом проведения выборов** poll watcher

военный ~ military observer

постоянный ~ permanent observer

НАБЛЮДАТЬ *гл* (*осуществлять надзор*) to control; supervise; (*следить за кем-л*) to keep smb under observation (under surveillance); shadow; spy (*on* | *upon*); tail; (*следить с помощью электронных устройств*) to bug

~ за соблюдением условий перемирия to control (supervise) the observation of armistice conditions

НАБЛЮДЕНИ‖Е *сущ* (*надзор*) control; supervision; (*слежка*) observation; surveillance ◊ **вести ~ за кем-л** to keep smb under observation (under surveillance); shadow; spy (*on* | *upon*); tail; (*с помощью электронных устройств*) to bug; **устанавливать ~** to maintain surveillance

под ~м (*под надзором*) **полиции** under police supervision; **расследование путём установления ~я** observation inquiry

наружное ~ field supervision

подвижное ~ (*за преступником*) loose (moving) surveillance

секретное ~ intelligent surveillance

скрытое (тайное) ~ discreet surveillance; (*с помощью электронных устройств*) bugging

строгое ~ watch and ward

НАВЛЕКАТЬ, навлечь *гл* to bring (*on*); draw (*on*); (*на себя*) to incur

~ на себя наказание to incur punishment

~ на себя опасность to incur danger

~ на себя ответственность to incur liability

НАГРАД‖А *сущ* award; decoration ◊ **представлять к ~е** to write smb up for an award

НАГРАЖДАТЬ, наградить *гл* to award (smb a decoration); confer (a decoration – *upon*); decorate (*with*)

НАГРАЖДЕНИЕ *сущ* award ◊ **производить ~** to make an award

НАДЕЛЯТЬ, наделить *гл* (*обеспечивать чем-л*) to invest (*with*); provide (*with*); (*облекать властью, правомочиями и т.п.*) to authorize; endue (*with*); vest (*with*)

~ (облекать) кого-л властью to delegate power to smb; endue (vest) smb with authority (with power); vest power in smb

~ кого-л правом to authorize (empower) smb (*to* + *inf*); vest a right (*in*); vest smb with a right

~ кого-л правом собственности to entitle smb (*to*); vest smb with a title (*in*) (*to*)

НАДЁЖНОСТЬ *сущ* credibility; reliability

~ улик credibility (reliability) of evidence

НАДЗИРАТЕЛЬ *сущ* (*инспектор, контролёр*) controller; inspector; overseer; (*полицейский, тюремный и т.п.*) superintendent; supervisor; (*тюремный тж*) warden; warder

НАДЗОР *сущ* (*за*) oversight; superintendence; supervision;

surveillance; (*контроль, инспектирование*) control; inspection; (*инспектирующий орган*) inspectorate ◊ **быть (находиться) под ~ом** to be supervised (*by*); be under supervision (*of*); **возвращаться под ~** to return to custody; **осуществлять ~** to exercise supervision (*of | over*); superintend; supervise; survey; (*инспектировать*) to inspect; **подвергаться ~у** to be subjected to supervision; **помещать под ~** to place under supervision; **усиливать ~** to tighten supervision

в порядке ~а in the exercise of supervisory powers; **под ~ом полиции** under police supervision; **решение в порядке конституционного ~а** constitutional adjudication; **с целью воспитательного ~а** for (with) the purpose of educational supervision

~ за соблюдением законов supervision of (over) adherence to laws

авторский ~ designer's inspection (supervision)

прокурорский ~ (public) prosecutor's supervision

санитарный ~ sanitary inspection; sanitation; (*орган*) sanitary inspectorate

слабый ~ lax (slack) supervision

строгий ~ strict supervision

судебный ~ judicial review (supervision)

НАДЗОРН‖ЫЙ *прил* (*наблюдательный*) supervisory

~ая инстанция supervisory agency (authority); court with supervisory authority (powers)

~ая юрисдикция supervisory jurisdiction

~ое производство supervisory procedure (proceeding|s)

~ые функции review services; supervisory functions (responsibility)

НАДЛЕЖАЩ‖ИЙ *прил* appropriate; competent; due; fit; good; proper; right; suitable ◊ **в ~ей форме** in good and due form; **в ~ срок** in due course

~ая мера предосторожности proper precaution

~ее доказательство competent evidence

~ее основание good ground (for)

~ее предупреждение proper warning

~ие меры appropriate measures

~им образом properly; thoroughly

~ свидетель competent witness

НАДПИСЬ *сущ* inscription; superscription

дарственная ~ commemorative (presentation) inscription

передаточная ~ endorsement

НАДРУГАТЕЛЬСТВО *сущ* outrage (*upon*); (*над святыней*) desecration (*of*)

НАДРУГАТЬСЯ *гл* to do violence (*to*); outrage

НАДУВАТЕЛЬСТВО *сущ* cheat(ing); con (confidence) trick; double-dealing; fraud; ramp; rip-off; roguery; sharp practice; swindle; swindling; trickery

НАЁМ *сущ* (*аренда помещения*) rent; renting; (*недвижимости*) lease; (*на работу*) employment; hire; hiring ◊ **сдавать внаём** to hire out; let on hire; let smth (*out*)

бессрочный ~ hiring at will

НАЖИВ‖А *сущ* gain; profit ◊ **ради личной ~ы** for personal gain

НАЖИВАТЬСЯ, нажиться *гл* (*разбогатеть*) to become rich; make a fortune; (*извлекать выгоду, прибыль*) to gain profit; profit (*by*); (*особ за чужой счёт*) to cash in (*on*)

НАЗНАЧАТЬ, назначить *гл* (*на должность и т.п.*) to appoint; designate; nominate; (*устанавливать срок и т.п.*) to appoint; fix; set; (*предписывать*) to prescribe; order

~ арбитра to appoint an arbitrator

~ дело к слушанию to appoint a hearing; fix (set) a date for a trial

~ наказание to award (fix, impose, inflict, mete out, prescribe) a penalty (punishment); (*выносить приговор*) to give (pronounce) a sentence

~ срок to fix (set) a time limit

~ цену to fix (name, quote) a price

НАЗНАЧЕНИ‖Е *сущ* (*на должность и т.п.*) appointment; designation; nominati-on; (*даты, срока и т.п.*) fixing; setting; (*конечный пункт*) destination; (*предписание*) prescription; order ◊ **добиваться ~я взыскания** to seek a sanction

~ дела к слушанию setting a date for a trial

~ доверенного лица appointment of a proxy

~ доверительного собственника appointment of a trustee

~ дипломатического представителя appointment of a diplomatic representative

~ смертной казни infliction of capital punishment

~ штрафа infliction of a penalty

НАКАЗ *сущ* (*инструкция, предписание*) instruction; mandate; order

НАКАЗАНИ‖Е *сущ* penalty; punishment; (*приговор*) sentence ◊ **навлечь на себя ~** to incur a penalty (punishment); **назначать ~ (определять меру ~я)** to award (fix, impose, inflict, mete out, prescribe) a penalty (punishment); (*выносить приговор*) to give (pronounce) a sentence; **назначать в качестве ~я** to prescribe as punishment; **назначать ~ в суммарном порядке** to punish summarily; **назначать ~ соразмерно совершённому преступлению** to make a penalty (punishment) fit the crime; proportion a penalty (punishment) to the crime; **назначать ~ условно** to make a penalty (punishment) conditional; release on probation; **определять меру ~я** to admeasure the penalty; **отбывать ~ (срок ~я)** to do one's time; serve (undergo) a sentence; (*оставшийся срок*) to serve (undergo) the remainder of a sentence; **отбыть ~** to complete (endure) a sentence; **отменять ~** to abolish punishment; recall (remit, repeal, reverse, revoke, quash, set aside) a sentence; **подвергать ~ю** to impose (inflict) a penalty (punishment) (*on*); penalize; punish; **подвергаться ~ю** to be subjected to a penalty (punishment); **понести ~** to receive (sustain) a sentence (penalty, punishment); suffer punishment; **понести заслуженное ~** to be punished justly; receive (suffer, sustain) just punishment; **применять ~** to administer punishment; **смягчать ~** to commute (mitigate, reduce) a sentence (penalty, punishment); **уйти от ~я** to go unpunished; **под страхом ~я** on (under) pain of a penalty (punishment)

мера ~я punitive measure; **назначение ~я** award (imposition, infliction, prescription) of a penalty (of punishment); **органы и учреждения исполнения ~й** penal bodies and institutions; **освобождение от ~я** impunity; **отмена ~я** abolition of a penalty (of punishment); (*приговора*) repeal (reversal) of a sentence; **отсрочка исполнения ~я** suspension of a penalty (of punishment); (*приговора*) suspension of a sentence; **смягчение ~я** commutation (mitigation, reduction) of a penalty (of punishment); (*приговора*) commutation (mitigation, reduction) of a sentence; **совокупность ~й** cumulative punishment (sentence); **срок ~я** term of punishment; **строгость ~я** severity of punishment; **увеличенная мера ~я** enhanced punishment (sanction)

~ заключением в исправительное учреждение correctional punishment (sentence)

~ за совершённое преступление penal consequence

~ за чужую вину vicarious penalty (punishment)

~ как средство устрашения punishment as a deterrent

~, назначаемое в суммарном порядке summary punishment

~, несоразмерное тяжести совершённого преступления disproportionate punishment (sentence)

~, определённое в законе punishment fixed (laid down) by law; statutory punishment

~ по усмотрению суда discretional (flexible, optional) punishment (sentence)

~, применяемое во внесудебном порядке extrajudicial punishment

~, применяемое в судебном порядке judicial punishment

~, связанное с лишением

свободы custodial punishment (sentence)

~, **удерживающее от совершения преступления** deterrent punishment (sentence)

~**я и взыскания** pains and penalties

альтернативное ~ alternative punishment (sentence)

дополнительное ~ additional (supplementary) punishment

жестокое ~ brutal (cruel) punishment

имущественное ~ fine; forfeiture; penalty

исключительная мера ~**я** (*смертная казнь, смертный приговор*) capital punishment; death (capital) penalty (sentence); exceptional measure of punishment; last sanction of the law; sole penalty (punishment)

комплексное ~ mixed punishment (sentence)

лёгкое (мягкое) ~ light (lenient, mild) punishment (sentence)

максимальное ~ maximum punishment (sentence)

минимальное ~ minimum punishment (sentence)

недопустимое ~ impermissible punishment (sentence)

неправомерно назначенное ~ illegal (wrongful) punishment (sentence)

обязательное ~ (*по закону*) mandatory punishment (sentence)

отбытое ~ completed (endured, served) sentence

первоначально назначенное ~ original punishment (sentence)

позорящее ~ degrading (ignominious) punishment (sentence)

предусмотренное законом ~ lawful punishment; statutory punishment; punishment provided for (prescribed, stipulated) by law

совместимые ~**я** consistent sentences

строгое ~ grave (stiff, strict) punishment (sentence)

суровое (тяжкое) ~ harsh (heavy, severe, tough) punishment (sentence)

телесное ~ bodily (corporal) punishment

увеличенное ~ enhanced (increased) punishment (sentence)

уголовное ~ criminal punishment (sentence); punishment under criminal law

уменьшенное (смягчённое) ~ commuted (mitigated, reduced) punishment (sentence)

умеренное ~ moderate punishment (sentence)

условное ~ conditional (suspended) sentence

НАКАЗУЕМОСТЬ *сущ* punishability; punishableness

НАКАЗУЕМ‖ЫЙ *прич* liable to punishment; punishable; (*в широком смысле*) disciplinable ◊ **объявлять уголовно-~ым** to make penal; penalize; **объявление уголовно-~ым** (*пенализация*) penalization

~ **проступок** punishable offence

НАКАЗЫВАТЬ, наказать гл (*подвергать наказанию, применять карательные санкции*) to award (fix, impose, inflict, mete out, prescribe) a penalty (punishment); penalize, punish; (*штрафовать*) to fine; impose (inflict) a fine (penalty); penalize

~ **по заслугам** to punish according to one's deserts

~ **штрафом** to punish with a fine

НАКЛАДНАЯ сущ bill of lading (B/L); consignment note; invoice; waybill

авиагрузовая ~ (~ **воздушного сообщения**) air bill of lading; air waybill

автодорожная ~ motor (road) waybill

грузовая ~ bill of lading; consignment note; (commercial) invoice

железнодорожная ~ railway bill of lading; waybill

транспортная ~ (*коносамент*) bill of lading; consignment note; letter of conveyance

НАЛАГАТЬ, наложить гл (*взыскание, наказание и т.п.*) to impose; inflict

~ **арест** (*на имущество*) to attach; seize; sequester; sequestrate; (*на судно*) to arrest

~ **дисциплинарное взыскание** to discipline

~ **наказание** to exact (impose, inflict) a penalty (punishment)

~ **обязательство** to impose an obligation

~ **штраф** to fine; impose a fine

НАЛЁТ сущ (*разбойное нападение*) holdup; raid

~ (*преступников*) **на банк** raid on a bank

воздушный ~ air-raid

НАЛЁТЧИК сущ (*вооружённый грабитель*) holdup man

НАЛИЧНОСТЬ сущ (*наличные деньги*) cash; money in cash; ready money; quick cash

НАЛОГ сущ duty; tax ◊ **взимать** ~ to collect (levy) a duty (a tax); **облагать** ~**ом** to impose (lay) a tax (*on*); **подлежать обложению** ~**ом** to be liable (subject) to a tax; be taxable; **снижать** ~ to cut down (lower, reduce) a tax **взимание** ~**ов** collection (levying) of taxes; tax collection; **до вычета** ~**а** before tax; **за вычетом** ~**а** after tax; **не подлежащий обложению** ~**ом** exempt from a tax (from taxation); nontaxable; not subject to a tax (to taxation); tax-exempt; **облагаемый** ~**ом** liable (subject) to a tax (to taxation); taxable; **обложение** ~**ом** imposition of a tax; taxation; **освобождение от** ~**а** bonification; **уклонение от уплаты** ~**а** tax evasion

~ **на личное (движимое) имущество** personal property tax

~ **на добавленную стоимость** value-added tax (VAT)

~ **на недвижимость** real estate tax

~ **на передачу имущества** tax on conveyances

~ **на предметы роскоши** lu-

xury tax
~ на прибыль profit tax
~ на прирост капитала capital gains tax
~ на сверхприбыль excess profits duty (tax)
~ с оборота sales tax; turnover tax
двойной ~ double tax
имущественный ~ property tax
косвенный ~ indirect tax
местный ~ local tax
натуральный ~ tax in kind
подоходный ~ income (payroll) duty (tax)
подушный ~ head tax; poll tax
прямой ~ direct tax

НАЛОГОВ‖ЫЙ *прил* fiscal; tax (*attr*)
~ая ведомость tax roll
~ая декларация tax declaration (return)
~ое бремя incidence of taxation; tax burden
~ое обложение (*таксация*) taxation
~ое право fiscal law; tax law
~ое регулирование fiscal regulation
~ые льготы tax incentives (privileges)
~ые скидки (*при покупке средств производства*) capital allowance

НАЛОГООБЛОЖЕНИ‖Е *сущ* taxation ◊ избегать ~я to avoid taxation; освобождать от ~я to exempt from a tax (from taxation); не подлежащий ~ю exempt from a tax (from taxation); non-taxable; not subject to a tax (to taxation); подлежащий ~ю liable (subject) to a tax (to taxation); taxable
двойное ~ double taxation
конфискационное ~ confiscatory taxation
многократное ~ multiple taxation
прогрессивное ~ progressive taxation
чрезмерное ~ overtaxation

НАЛОГОПЛАТЕЛЬЩИК *сущ* taxpayer

НАЛОЖЕНИЕ *сущ* (*взыскания, наказания и т.п.*) imposition; infliction
~ ареста (*на имущество*) attachment; seizure; sequestration; (*на судно*) arrest
~ дисциплинарного взыскания imposition of a disciplinary (sanction) penalty
~ наказания exaction (imposition; infliction) of a penalty (punishment)
~ обязательства imposition of an obligation
~ печати sealing
~ штрафа imposition of a fine

НАМЕРЕНИЕ *сущ* intent; (*умысел*) design; intent; intention; (*цель*) aim; purpose ◊ с враждебным ~м with a hostile intent; с заранее обдуманным ~м aforethought; premeditatedly; with premeditated design; с преступным ~м maliciously; with a criminal intent; with malice aforethought
~ обмануть fraudulent intent

~ **обратить в свою собственность** intent to appropriate
~ **совершить убийство** intent to kill; murderous intent
~ **составить завещание** testamentary intent
~ **сторон** (*в договоре и т.п.*) contractual intent; intention of the parties
агрессивное ~ aggressive intent
действительное ~ actual intent
дурное ~ wrong intent
жестокое ~ cruel design
законное ~ legitimate intent
заранее обдуманное ~ deliberate intent
злое ~ evil (malicious) intent
первоначальное ~ first intent
преступное ~ criminal (guilty) design (intent)
противоправное ~ wrongful intent (intention)
явное ~ clear (manifest, obvious) intent

НАМЕРЕННО *нареч* advisedly; deliberately; intentionally; on purpose; purposely
~ **и сознательно** (*формулировка уголовного права*) intentionally and voluntarily

НАНЕСЕНИЕ *сущ* (*причинение вреда и т.п.*) infliction
~ (*причинение вреда*) **бездействием** infliction by omission
~ (*причинение вреда*) **в состоянии невменяемости** infliction by insanity; insane infliction
~ (*причинение вреда*) **по небрежности** infliction by negligence
~ (*причинение*) **телесных повреждений** infliction of a bodily injury (harm)
~ (*причинение*) **убытка** infliction of damage (loss)
~ **ударов** infliction of blows
виновное ~ (*причинение вреда*) guilty infliction
невиновное ~ (*причинение вреда*) infliction by innocence; innocent infliction
неумышленное ~ (*причинение вреда*) involuntary infliction
предумышленное ~ (*причинение вреда*) deliberate (premeditated) infliction

НАНИМАТЕЛЬ *сущ* (*работодатель*) employer; hirer; (*арендатор, съёмщик*) lessee; renter; tenant

НАНИМАТЬ, нанять *гл* (*предоставлять работу*) to employ; hire; (*арендовать помещение*) to rent; tenant; (*судно*) to charter; freight

НАНОСИТЬ, нанести *гл* (*причинять вред и т.п.*) to inflict
~ **визит** to call on; pay a visit (*to*); visit
~ **вред** (*ущерб*) to damage; do (cause) damage (harm); harm
~ **оскорбление** to insult
~ **удар** (*колющим оружием*) to stab

НАПАДАТЬ, напасть *гл* (*совершать нападение*) to assail; assault; attack; commit an assault
~ **с ножём** to attack (*smb*) with a knife

НАПАДЕНИ‖Е *сущ* assailing; assault; attack; (*агрес-

сия) aggression; (*вооружённый палёт*) holdup ◊ **предотвращать** ~ to prevent an assault (an attack); **совершать** ~ to assail; assault; attack; commit an assault
подвергшийся ~**ю** assailed; attacked; **покушение на разбойное** ~ abortive holdup; **субъект преступного** ~**я** assailant
~ **при отягчающих (вину) обстоятельствах** aggravated assault
~ **с нанесением нетяжкого телесного повреждения** assault causing actual bodily harm
~ **с нанесением побоев** assault and battery
~ **с нанесением тяжкого телесного повреждения** assault causing grievous bodily harm
внезапное ~ sudden (surprise) assault (attack)
вооружённое ~ armed attack
групповое ~ assault in concert
насильственное ~ violent assault
простое ~ common assault
разбойное ~ holdup
уголовно наказуемое (преступное) ~ criminal assault (attack)

НАПРАВЛЯТЬ, направить *гл* (*законопроект и т.п.*) to direct (*to*); refer (*to*); send (*to*)
~ **дело в суд** to refer a case to the court; (*в вышестоящую инстанцию*) to send up a case
~ **жалобу в соответствующий суд** to direct (send) an appeal to the appropriate court
~ **законопроект в высшую (низшую) палату** to send up (down) a bill
~ **к взысканию** to estreat

НАПРЯЖЁННОСТ∥Ь *сущ* tension ◊ **ослаблять международную** ~ to decrease (ease, lessen, reduce, relax, weaken) international tension; **усиливать международную** ~ to increase (intensify, heighten) international tension
ослабление международной ~**и** détente; relaxation of international tension; **эскалация** ~**и** escalation of tension

НАПУТСТВОВАТЬ *гл* (*инструктировать*) to give directions (instructions) (*to*)
~ **присяжных** (*перед вынесением ими вердикта*) to charge the jury

НАРКОДЕЛЕЦ *сущ* drug dealer; (*торговец наркотиками тж*) drug pusher (trafficker)

НАРКОМАН *сущ* drug addict; drug fiend; [*амер тж*] dope fiend

НАРКОМАНИЯ *сущ* drug abuse (addiction, habit)

НАРКОМАФИЯ *сущ* narcomafia

НАРКОТИК *сущ* drug; narcotic; narcotic drug ◊ **воздерживаться от употребления** ~**ов** to refrain from the use of (narcotic) drugs; **торговец** ~**ами** drug pusher (trafficker); **торговля** ~**ами** drug pushing

(sale); (*незаконная тж*) drug-trafficking; illicit traffic (trafficking) in (of) drugs
запрещённый ~ illegal (illicit) drug
разрешённый ~ authorized (legal) drug
сильнодействующий ~ hard drug

НАРОДН‖ЫЙ *прил* people's; popular; (*национальный*) national
~ое голосование popular vote
~ое собрание popular assembly
~ое хозяйство national economy
~ые волнения civil commotion (disturbance)
~ суверенитет people's (popular) sovereignty

НАРУЧНИКИ *сущ* (*мн*) handcuffs; manacles ◊ **защёлкивать** ~ to snap the handcuffs; **надевать** ~ to manacle

НАРУШАТЬ, нарушить *гл* (*не соблюдать закон, постановление и т.п.*) to break; contravene; defy; infract; infringe; offend; transgress; violate; (*прерывать движение, процесс и т.п.*) to break; disrupt; disturb
~ договор to break (transgress, violate) a contract (a treaty)
~ закон to abuse (break, *etc*) a law
~ клятву (присягу) to break an oath
~ нормы международного права to infringe (transgress, violate) the norms (rules) of international law
~ общественный порядок to commit breach of the peace; disturb the peace
~ обязательство to break (go back on, impair) one's commitment (obligation)
~ перемирие to break an armistice (a truce)
~ права человека to abuse (infringe, violate) human rights
~ равновесие to disturb (upset) the balance
~ суверенитет государства to infringe (violate) a nation's sovereignty
~ чей-л покой to disturb smb's rest

НАРУШЕНИ‖Е *сущ* (*несоблюдение закона, постановления и т.п.*) breach; contravention; defiance; infraction; infringement; offence; transgression; violation; (*долга, обязанности*) dereliction; (*прерывание движения, процесса и т.п.*) breach; disruption; disturbance; (*неисправность, повреждение*) breakdown; malfunction; (*отклонение от нормы*) abnormality ◊ **в** ~ (*закона, договора и т.п.*) in defiance (contravention, violation) (*of*)
~ авторского права infringement (violation) of a copyright; piracy
~ валютного законодательства currency offence
~ владения trespass
~ воинского долга breach (dereliction) of (military) duty

~ **границы** violation of a border (boundary, frontier)
~ **действующего законодательства** breach (infringement, violation) of current (effective, existing) legislation
~ **доверия** breach of confidence (of faith)
~ **договора** breach (transgression, violation) of a contract (of a treaty); contractual delinquency
~ **долга** breach (dereliction) of duty
~ **закона** abuse (breach) of a law; contravention (defiance, infringement) of a law; delict; law-breaking; offence against a law; transgression (violation) of a law
~ **законности** (*незаконность, противозаконность*) illegality; offence against a law
~ **международного права** breach of international law
~ **общественного порядка** breach (disturbance) of the peace; disorderly conduct; public disorder (disturbance); troublemaking; violation of public order
~ **общественного спокойствия** violation of public tranquility
~ **обязательства** breach (impairment) of a commitment (of an obligation)
~ **патента** infringement (violation) of a patent
~ **правил дорожного движения** traffic infringement (violation); violation of traffic safety rules
~ **правил процедуры** breach of procedure
~ **правопорядка** violation of law and order
~ **прав человека** abuse (infringement, violation) of human rights
~ **прайвеси** violation of privacy
~ **принципов правосудия** breach of justice
~ **равновесия** disequilibrium; imbalance
~ **регламента** breach of order
~ **режима пробации** violation of a probation
~ **семейных отношений** family disturbance
~ **служебных обязанностей** misconduct in office
~ **суверенитета государства** infringement (violation) of a nation's sovereignty
~ **тайны переписки** violation of a secrecy of correspondence
~ **таможенных правил** customs offence
~ **трудовой дисциплины** breach (violation) of labour discipline
грубое (вопиющее) ~ flagrant (gross) infringement (violation, *etc*) (*of*); outrage (*on | upon*)
намеренное (умышленное) ~ intended (intentional) infringement (violation, *etc*)
незначительное ~ minor (petty) infringement (violation, *etc*)
преднамеренное (предумышленное) ~ aforethought (premeditated) infringement (violation, *etc*)

предшествующие ~я закона prior criminal record

процессуальное ~ defect in process (of proceeding|s); procedural infraction (infringement)

прямое ~ direct infringement (violation, *etc*)

серьёзное ~ major infringement (violation, *etc*)

формальное ~ technical infraction (infringement)

частичное ~ severable breach; partial infringement (violation, *etc*)

НАРУШИТЕЛЬ *сущ* disturber; infractor; infringer; intruder; offender; transgressor; trespasser; violator

~ **авторского права** infringer (violator) of a copyright; pirate

~ **владения** trespasser

~ **границы** frontier intruder (violator)

~ **дисциплины** violator of discipline; [*воен*] defaulter

~ **закона** infringer (transgressor) of a law; lawbreaker

~ **общественного порядка** breaker of the peace; disorderly person; public disturber; troublemaker

~ **правил дорожного движения** traffic offender

~ **присяги** oath-breaker

~ **трудовой дисциплины** breaker (violator) of labour discipline

малолетний ~ juvenile offender (transgressor, *etc*)

неумышленный ~ innocent infringer (violator, *etc*)

НАСЕЛЕНИ∥Е *сущ* population ◊ **плотность** ~**я** density of population; population density

городское ~ urban population

гражданское ~ civilian population

коренное ~ native population

местное ~ local population

сельское ~ rural population

трудоспособное ~ able-bodied population

туземное ~ aborigines; indigenous population

НАСИЛИ∥Е *сущ* force; violence; (*надругательство*) outrage; (*принуждение*) coercion; duress ◊ **прибегать к** ~**ю** to resort to force (to violence); **применять физическое** ~ to apply (use) physical violence; lay hands (*on*); **совершать акт** ~**я** to commit an act of violence; do violence; (*надругаться*) to outrage

акт ~я act of outrage (of violence); outrageous act; **угроза физическим** ~**м женщине** indecent assault on a female

~ **над личностью (против личности)** personal violence; violence against a person

НАСИЛЬНИК *сущ* rapist

НАСИЛЬНИЧАТЬ *гл* to commit an act of violence; do violence; rape; (*надругаться тж*) to outrage

НАСИЛЬСТВЕННО *нареч* by force; forcibly; violently

НАСИЛЬСТВЕНН∥ЫЙ *прил* forcible; violent; (*при-*

нудительный) coercive; forced
~**ая смерть** violent death
~**ое завладение** forcible possession (takeover)
~**ое проникновение и задержание** forcible entry and detainer
~**ые действия** coercive actions

НАСЛЕДИЕ *сущ* heritage; legacy

НАСЛЕДНИ‖К *сущ* heir; heritor; (~**ца**) heiress; (*правопреемник*) assign; assignee; successor; (*потомок*) descendant ◊ **статус ~а** heirship
~ **большого состояния** heir to a large fortune
~ **движимого имущества** (*по завещанию*) (*легатарий*) legatary; legatee
~ **короны** heir (successor) to the Crown
~ **недвижимости** (*по завещанию*) devisee
~ **по боковой линии** collateral heir
~ **по договору** conventional heir
~ **по завещанию** (*недвижимости*) devisee; heir by devise; testamentary heir; (*движимого имущества*) legatary; legatee
~ **по закону** heir at law; legal heir (successor)
~ **по нисходящей линии** lawful heir
~ **по прямой линии** apparent (lineal) heir; heir of the blood
~ **престола** heir (successor) to the throne

законный ~ legitimate heir
предполагаемый ~ presumptive heir
прямой ~ apparent (lineal) heir; heir of the blood

НАСЛЕДОВАНИ‖Е *сущ* descent; heirdom; inheritance; (*правопреемство*) succession ◊ **порядок ~я** (order of) succession; **право ~я** heirship
~ **в долях** several inheritance
~ **по боковой линии** collateral descent
~ **по завещанию** testamentary succession
~ **по закону** hereditary (intestate) succession
~ **по прямой линии** immediate descent
~ **по родству** natural succession
совместное ~ (*в равных долях*) coparceny

НАСЛЕДОВАТЬ, унаследовать *гл* to become heir (*to*); inherit; succeed (*to*)
~ **корону** to succeed to the Crown
~ **по завещанию** to inherit by a will
~ **по закону** to inherit (take) by descent
~ **престол** to succeed to the Crown (to the throne)

НАСЛЕДОДАТЕЛЬ *сущ* (*завещатель*) legator; testator; (*предшествующий владелец, собственник*) antecessor

НАСЛЕДСТВЕНН‖ЫЙ *прил* hereditary; heritable; (*родовой*) ancestral
~**ое право** inheritance law;

law of descents (of succession) **~ое преемство** descent; (hereditary) succession

НАСЛЕДСТВ‖О *сущ* heirdom; inheritance; legacy; (*наследие*) heritage; legacy ◊ **лишать ~a** to disherit; disinherit; **передавать по ~y** to bequeath a legacy (*to*); descend; **получать по ~y** to come into a fortune; inherit; **управлять ~м** to administer upon a will **лишение ~a** disherison; disheritance; disinherison; disinheritance; **по ~у** hereditably; **равная доля в ~е** coparceny **~, очищенное от долгов и завещательных отказов** residue
невостребованное ~ vacant succession

НАСЛЕДУЕМЫЙ *прил* hereditary; heritable
~ как майорат (*заповедное имущество*) entailable

НАСМЕХАТЬСЯ *гл* (*высмеивать*) to deride; gibe; mock; ridicule; scoff; (*делать посмешищем тж*) to bring smb into (expose smb to, hold smb in) derision; hold smb up to mockery (to ridicule); make a laughing-stock (*of*); (*глумиться*) to jeer

НАСМЕШ‖КА *сущ* derision; gibe; mockery; ridicule; scoffing ◊ **быть объектом ~ек** to be in derision; **мишень (объект) ~ек** butt; object of derision
презрительная ~ jeer

НАСТАВЛЕНИЕ *сущ* (*напутствие, распоряжение*) direction(s); instruction(s); regulation(s)

НАСТОЙЧИВОСТЬ *сущ* assertiveness; insistence; persistence

НАСТУПАТЬ *гл* [*воен*] to attack; launch an attack (an offensive) (*against*); (*о сроке платежа и т.п. – тж наступить*) to become (fall) due; mature

НАСТУПЛЕНИ‖Е *сущ* [*воен*] assault (*on*); attack; offensive (*against*); (*на права и свободы*) encroachment (*on*); (*события*) occurrence; (*срока платежа*) maturity; (*условия*) happening ◊ **до ~я срока платежа** before maturity; **по ~и срока** (*векселя, платежа*) at maturity

НАТУРАЛИЗАЦИЯ *сущ* naturalization

НАТУРАЛИЗОВАННЫЙ *прил* naturalized
~ гражданин naturalized citizen

НАТУРАЛИЗОВАТЬ *гл* to naturalize

НАЦИОНАЛИЗАЦИЯ *сущ* nationalization

НАЦИОНАЛИЗИРОВАТЬ *гл* to nationalize

НАЦИОНАЛЬНОСТЬ *сущ* nationality

НАЦИОНАЛЬН‖ЫЙ *прил* national
~ая независимость national independence
~ая политика nationalities (national) policy
~ая принадлежность natio-

nality; national origin
~ая территория national territory
~ая экономика national economy
~ое богатство national wealth
~ое движение national movement
~ое меньшинство national minority
~ое равноправие national equality
~ое угнетение national oppression
~ые воды national waters
~ые интересы national interests
~ые отношения national relations
~ (государственный) гимн national anthem
~ режим national treatment
~ суверенитет national sovereignty
~ флаг national flag

НАЦИ‖Я *сущ* nation ◊ **Организация Объединённых Наций (ООН)** United Nations Organization (UNO)
~и и народности nations and nationalities

НАЧАЛЬНИК *сущ* chief; head; (*директор*) director; (*менеджер*) manager; (*старший по должности тж*) boss; superior
~ отдела head of a department
~ отдела кадров head of the personnel department; personnel director (manager)
~ планового отдела head of the planning department
~ полиции chief (officer) of the police; [*амер*] marshal
~ производственного отдела production director (manager)
~ сыска chief of detectives

НЕАУТЕНТИЧНЫЙ *прил* unauthentic

НЕБЛАГОПРИЯТНЫЙ *прил* adverse; unfavourable

НЕБЛАГОРАЗУМНЫЙ *прил* ill-advised; imprudent; unwise

НЕБРЕЖНОСТ‖Ь *сущ* carelessness; fault; inadvertence; neglect; negligence; recklessness ◊ **допустить грубую ~** to commit gross negligence; **отвечать по иску из гражданского правонарушения за ~** to be liable (to be sued) in tort for negligence
вина в форме ~и negligent guilt; **по ~и** by negligence; **правонарушение из-за ~и** tort of negligence
~, дающая основания для иска actionable negligence
~ истца contributory negligence
вменённая ~ imputed negligence
грубая ~ gross negligence
должностная ~ (*халатность*) neglect of an official duty (in the discharge of duty)
преступная ~ criminal negligence
простая ~ ordinary negligence

НЕБРЕЖНЫЙ *прил* careless; inadvertent; negligent

НЕВЕДЕНИЕ *сущ* ignorance;

lack of knowledge

НЕВЕСТКА *сущ* (*жена сына*) daughter-in-law; (*жена брата*) sister-in-law

НЕВИНОВНОСТ‖Ь *сущ* innocence ◊ **доказывать свою ~** to assert (maintain, prove) one's innocence; **находить доказательства чьей-л ~и** to find proof of smb's innocence; **устанавливать чью-л ~** to adjudge (return) not guilty; determine (establish, find) smb's innocence; find smb not guilty; **вердикт ~и** verdict of not guilty

НЕВИНОВН‖ЫЙ *прил* guiltless; innocent; not guilty; unguilty ◊ **оправдывать ~ого** to acquit the innocent; **признавать кого-л ~ым** to adjudge (return) not guilty; determine (establish, find) smb's innocence; find smb not guilty; **считаться ~ым, пока вина не будет доказана в установленном законом порядке** to be presumed innocent until proved guilty according to law **невиновен, потому что психически ненормален** (*формулировка вердикта*) not guilty because insane
~ая сторона innocent party
~ в совершении преступления innocent of a crime
~ по закону innocent in law
фактически ~ innocent in fact

НЕВМЕНЯЕМОСТЬ *сущ* derangement; insanity; lunacy; madness; mental disease (disorder, illness); unsoundness of mind; [*юр тж*] criminal incapacity (incompetence, insanity); lack of criminal capacity; mental disability (incompetence) ◊ **устанавливать ~** to determine (establish, find) insanity

~ в отношении совершённого преступления criminal insanity

~, вызывающая сомнения doubtful (dubious, questionable) insanity

временная ~ temporary insanity

доказанная ~ evidenced (proved|en, testified) insanity

предполагаемая ~ alleged insanity

презюмируемая ~ presumed insanity

спорная ~ contestable insanity
установленная ~ determined (established, settled, stated) insanity

НЕВМЕНЯЕМЫЙ *прил* deranged; insane; lunatic; mad; mentally disordered (disturbed); of unsound mind; [*юр тж*] mentally incompetent (insane)

~ в отношении совершённого преступления criminally incompetent (insane)
~ преступник criminal lunatic

НЕВМЕШАТЕЛЬСТВО *сущ* non-interference; non-intervention

~ во внутренние дела других государств non-interference (non-intervention) in the internal affairs of other states

НЕВОЗМЕСТИМОСТЬ *сущ* irreparableness; uncompensability

НЕВОЗМЕСТИМЫЙ *прил* irreparable; uncompensable
~ ущерб irreparable damage

НЕВОЗМЕЩЁННЫЙ *прил* uncompensated; unredressed

НЕВОЗМОЖНОСТЬ *сущ* impossibility
абсолютная ~ (*исполнения*) absolute impossibility (*of performance*)
фактическая ~ (*исполнения*) impossibility (*of performance*) in fact; relative impossibility
физическая ~ physical impossibility
юридическая ~ (*исполнения*) legal impossibility (*of performance*)

НЕВООРУЖЁННЫЙ *прил* unarmed

НЕВОСПЛАМЕНЯЕМЫЙ *прил* non-inflammable; uninflammable

НЕВОСТРЕБОВАННЫЙ *прил* uncalled; unclaimed; unreclaimed

НЕВОЮЩИЙ *прил* non-belligerent

НЕВЫПЛАЧЕНН‖ЫЙ *прил* (*о долге и т.п.*) active; outstanding; undischarged; unextinguished; unpaid; unredeemed; unsettled
~ые суммы по морскому страхованию [*мор страх*] outstanding marine risks

НЕВЫПОЛНЕНИ‖Е *сущ* failure to execute (fulfil, perform); non-execution; non-fulfilment; non-performance; (*несоблюдение положений договора, обязательств и т.п.*) default (*on*); failure to comply (*with*); non-compliance (*with*) ◊ **в случае ~я обязательств** in case of default on one's commitments (obligations)
~ **законного решения суда** non-compliance with the lawful order (ruling) of the court
~ **обязанностей** failure in duties (to perform duties); non-performance of duties
~ **обязательств** default on one's commitments (obligations); failure to honour (meet) one's commitments (obligations); non-execution (non-fulfilment, non-performance) of one's commitments (obligations)

НЕГАРАНТИРОВАННЫЙ *прил* unguaranteed; unsecured; unwarranted

НЕГРАМОТНОСТЬ *сущ* illiteracy ◊ **искоренять (ликвидировать)** ~ to eradicate illiteracy

НЕГУМАННОСТЬ *сущ* (*бесчеловечность*) inhumanity

НЕГУМАННЫЙ *прил* (*бесчеловечный*) inhumane

НЕДАТИРОВАННЫЙ *прил* undated

НЕДВИЖИМОСТ‖Ь *сущ* fixed (real) assets; immovables; immovable (real) estate (property, things); landed property;

realty; tenement ◊ **владение ~ю** tenure; **закладная на ~** landed security; letter hypothecation; mortgage
~, наследуемая без ограничений fee simple
завещанная ~ devise

НЕДВУСМЫСЛЕННОСТЬ *сущ* unambiguousness

НЕДВУСМЫСЛЕННЫЙ *прил* unambiguous; unequivocal

НЕДЕЕСПОСОБНОСТЬ *сущ (неправоспособность)* disability; disqualification; incompetence; legal incapability (incapacity); lack of legal capacity
~ (и|или неправоспособность) в силу младенчества disability of infancy
~ (и|или неправоспособность) в силу психического заболевания mental disability (incapacity)
гражданская ~ *(и | или неправоспособность)* civil incapacity

НЕДЕЕСПОСОБНЫЙ *прил (неправоспособный)* disable; disqualified; incompetent; legally incapable (incapacitated) ◊ **быть ~м заключить договор** to be incompetent to contract; **объявлять ~м** *(и | или неправоспособным)* to disable; disqualify; incapacitate

НЕДЕЙСТВИТЕЛЬНОСТЬ *сущ (договора, свидетельства и т.п.)* invalidity; nullity

НЕДЕЙСТВИТЕЛЬНЫЙ *прил (не имеющий юридической силы)* ineffective; invalid; null and void; void ◊ **делать (признавать) ~м** to invalidate; hold (*smth*) invalid; **признание ~м** invalidation
~ брак void marriage
~ договор void contract
юридически ~ invalid

НЕДЕЛЕГИРОВАННЫЙ *прил (о правах, полномочиях)* undelegated

НЕДОБРОСОВЕСТНО *нареч* in (from) bad faith

НЕДОБРОСОВЕСТНОСТЬ *сущ* bad faith; dishonesty; unfairness; unscrupulousness

НЕДОБРОСОВЕСТНЫЙ *прил* dishonest; unconscientious; unconscionable; unfair; unscrupulous

НЕДОВЕРИЕ *сущ* distrust; mistrust ◊ **вотум ~я** vote of no confidence

НЕДОВОЛЬСТВО *сущ* discontent; displeasure; dissatisfaction (*with*)

НЕДОЗВОЛЕННЫЙ *прил* unallowed; (*запрещённый*) banned; prohibited; (*незаконный*) illicit; unlawful

НЕДОКАЗАННОСТЬ *сущ* failure of evidence ◊ **за ~ю** not proved
~ правового титула failure of a title

НЕДОКАЗАННЫЙ *прил* unproved; unproven

НЕДОКАЗАТЕЛЬНЫЙ *прил* inadequate; unconvincing

НЕДОКАЗУЕМОСТЬ *сущ* unprovability; unprovableness

НЕДОКАЗУЕМЫЙ *прил* unprovable

НЕДОКУМЕНТИРОВАННЫЙ *прил* undocumented

НЕДОМОГАТЬ *гл* to be indisposed (unwell)

НЕДОНЕСЕНИЕ *сущ* failure to give information (to report); non-information; misprision; withholding information

~ о совершённом (*или* готовящемся) государственном преступлении misprision of a treason

НЕДОПОСТАВКА *сущ* underdelivery

НЕДОПУСТИМОСТЬ *сущ* inadmissibility; impermissibility

~ возражения в отношении основания иска cause-of-action estoppel

НЕДОПУСТИМ‖ЫЙ *прил* inadmissible; impermissible

~ое доказательство inadmissible evidence

~ое наказание impermissible punishment

НЕДОПУЩЕНИ‖Е *сущ* exclusion; nonadmission ◊ правило ~я exclusionary rule

~ к выборам disturbance of franchise

НЕДОРАЗВИТОСТЬ *сущ* (*региона и т.п.*) backwardness; underdevelopment; (*психическая, умственная*) arrested (incomplete) mind; mental retardation; retarded mentality

НЕДОРАЗВИТЫЙ *прил* (*о регионе и т.п.*) backward; underdeveloped; (*психически, умственно*) mentally retarded

НЕДОРАЗУМЕНИ‖Е *сущ* misunderstanding ◊ вследствие ~я through a misunderstanding; устранять ~ to clear up a misunderstanding

НЕДОРОГОЙ *прил* cheap; inexpensive; (*о цене тж*) moderate; reasonable

НЕДОСМОТР *сущ* (*оплошность*) oversight

НЕДОСТАВКА *сущ* nondelivery; failure to make a delivery

НЕДОСТАВЛЕННЫЙ *прил* (*о товаре*) undelivered

НЕДОСТАТОК *сущ* (*изъян*) defect; disadvantage; drawback; fault; (*недостача, нехватка*) deficiency; shortage; (*психический или физический*) (mental *or* physical) handicap; (*телесный тж*) infirmity; (*порок воли, права*) [*юр*] blemish

НЕДОСТАТОЧНОСТЬ *сущ* (*необоснованность*) insufficiency; (*нехватка*) scarcity; shortage

~ доказательств shortage of evidence

НЕДОСТАТОЧНЫЙ *прил* insufficient; (*скудный тж*) scarce; scanty; (*неадекватный*) inadequate

НЕДОСТАЧ‖А *сущ* deficiency; shortage

акт о ~е statement of shortage

НЕДОСТИЖИМЫЙ *прил* unattainable

НЕДОСТОВЕРНЫЙ *прил* unauthentic; uncertain; unreliable

НЕДОСТОЙНЫЙ *прил* unworthy

НЕДОСТУПНЫЙ *прил* inaccessible

НЕДРУЖЕСТВЕННЫЙ *прил* non-amicable; unfriendly

НЕЗАВЕРЕННЫЙ *прил* unattested; uncertified; unverified; unwitnessed

НЕЗАВЕЩАННЫЙ *прич* undевised

НЕЗАВИСИМОСТ‖Ь *сущ* independence ◊ **добиваться ~и** to gain (win) independence; **отстаивать свою ~** to uphold one's independence; **предоставлять ~** to grant independence (*to*); **провозглашать ~** to declare (proclaim) independence

~ судей independence of judges (of the judiciary)

НЕЗАВИСИМ‖ЫЙ *прил* independent

~ая позиция independent position (stand)

~ая политика independent policy

~ое государство independent state

~ кандидат independent candidate

НЕЗАКОННО *нареч* illegally; illegitimately; illicitly; lawlessly; unlawfully; wrongfully

~ содержащийся под стражей illegally held in custody

~ полученное имущество illegally obtained property

НЕЗАКОННОРОЖДЁННЫЙ *прил* illegitimate

~ ребёнок illegitimate child

НЕЗАКОННОСТЬ *сущ* illegality; illegitimacy; unlawfulness; wrongfulness

НЕЗАКОНН‖ЫЙ *прил* contrary to law; illegal; illegitimate; illicit; lawless; unlawful; wrongful ◊ **объявлять ~ым** to render unlawful

~ая судебная практика legal malpractice

~ая торговля illegal (illicit) trade (traffic; trafficking); (*наркотиками*) drug-trafficking; illicit traffic (trafficking) of drugs

~ое вмешательство или вторжение в чью-л личную жизнь unlawful interference with (invasion of) smb's privacy

~ое действие illegal (unlawful) act

~ое задержание unlawful detention

~ое лишение свободы false (unlawful) imprisonment; unlawful deprivation of freedom

~ое сборище unlawful assembly

~ое содержание под стражей unlawful custody

~ое сожительство illicit cohabitation

~ое увольнение unlawful (wrongful) dismissal

~ арест unlawful arrest

~ **выпуск денежных знаков** coinage offence
~ **обмен валюты** illegal currency exchange
~ **оборот наркотиков** drug-trafficking; illicit traffic (trafficking) of drugs
~ **обыск** unlawful search
~ **ордер** unlawful (irregular) warrant
~**ым путём** by illegal means

НЕЗАКОНОПОСЛУШ-НЫЙ *прил* unabiding

НЕЗАКОНЧЕННЫЙ *прил* incomplete; unfinished

НЕЗАМЕНИМЫЙ *прил* irreplaceable

НЕЗАПАТЕНТОВАН-НЫЙ *прил* unpatented

НЕЗАПРЕЩЁННЫЙ *прил* unbarred; unforbidden; unprohibited; (*законный*) lawful; legal

НЕЗАРАБОТАННЫЙ *прил* unearned

НЕЗАРЕГИСТРИРОВАН-НЫЙ *прил* unentered; unrecorded; unregistered

НЕЗАСВИДЕТЕЛЬСТВО-ВАННЫЙ *прил* unattested; unverified; unwitnessed

НЕЗАСТРАХОВАННЫЙ *прил* uninsured

НЕЗАТРЕБОВАННЫЙ *прил* uncalled; unclaimed; unreclaimed

НЕЗАФРАХТОВАННЫЙ *прил* unchartered

НЕЗАЩИЩЁННЫЙ *прил* unprotected

НЕЗНАКОМЕЦ *сущ* stranger

НЕЗНАКОМЫЙ *прил* unfamiliar; unknown; (*с кем-л*) unacquainted (*with*)

НЕЗНАНИЕ *сущ* ignorance ◊ **ссылаться на** ~ (*закона*) to plead ignorance
~ **закона** ignorance of law
~ **несущественных обстоятельств** accidental (non-essential) ignorance
~ **по небрежности** negligent ignorance
~ **факта** ignorance of the fact
виновное ~ voluntary ignorance
невиновное ~ innocent (involuntary) ignorance

НЕЗРЕЛЫЙ *прил* immature
~ **ум** immature mind

НЕИЗВЕСТНЫЙ *прил* unknown

НЕИЗМЕННЫЙ *прил* invariable; immutable; (*без поправок*) unamended

НЕИЗМЕНЯЕМОСТЬ *сущ* immutability; unchangeability

НЕИЗМЕНЯЕМЫЙ *прил* immutable; unchangeable

НЕИНДОССИРОВАН-НЫЙ *прил* unendorsed

НЕИНКОРПОРИРОВАН-НЫЙ *прил* unincorporated

НЕИСПОЛНЕНИ‖Е *сущ* non-execution; non-fulfilment; non-performance; failure to execute (fulfil, perform); (*несоблюдение положений договора, обязательств и т.п.*) default (*on*); failure to comply (*with*); non-compliance (*with*) ◊ **в случае** ~**я** on default; **за** ~ for

failure to perform
~ **обязательств** default on one's commitments (obligations); failure to meet one's commitments (obligations); non-execution (non-fulfilment, non-performance) of one's commitments (obligations) **умышленное ~ своих обязанностей** wilful default

НЕИСПОЛНЕННЫЙ *прил* (*о договоре и т.п.*) unexecuted; unperformed

НЕИСПОЛЬЗОВАНИЕ *сущ* (*патента, права и т.п.*) disuse; nonuse

НЕИСПРАВИМОСТЬ *сущ* incorrigibility

НЕИСПРАВИМЫЙ *прил* incorrigible; (*дефективный*) defective

НЕИСТРЕБОВАННЫЙ *прил* uncalled; unclaimed; unreclaimed

НЕЙТРАЛИТЕТ *сущ* neutrality ◊ **заявлять о своём ~е** to proclaim one's neutrality; **нарушать ~** to break neutrality; **соблюдать ~** to maintain neutrality; remain neutral **активный ~** active neutrality **благожелательный ~** benevolent neutrality **вооружённый ~** armed neutrality **неполный ~** qualified neutrality **постоянный ~** permanent (perpetual) neutrality

НЕЙТРАЛЬНЫЙ *прил* neutral

НЕКАРАТЕЛЬНЫЙ *прил* non-punitive

НЕКВАЛИФИЦИРОВАННЫЙ *прил* unqualified; unskilled

НЕКОДИФИЦИРОВАННЫЙ *прил* uncodified

НЕКОМПЕТЕНТНОСТЬ *сущ* incompetence

НЕКОМПЕТЕНТНЫЙ *прил* incompetent; unauthoritative; unqualified

НЕКОНВЕРТИРУЕМ|ЫЙ *прил* inconvertible
~ая валюта inconvertible (soft) currency

НЕКОНКУРИРУЮЩИЙ *прил* noncompeting

НЕКОНСТИТУЦИОННОСТЬ *сущ* unconstitutionality

НЕКОНСТИТУЦИОННЫ‖Й *прил* unconstitutional ◊ **признавать ~м** to hold unconstitutional

НЕКОНТРОЛИРУЕМЫЙ *прил* uncontrollable

НЕЛЕГАЛИЗОВАННЫЙ *прил* uncertified; unlegalized

НЕМЕДЛЕНН‖ЫЙ *прил* immediate; prompt
~ая смерть immediate death
~ые действия prompt action

НЕМОЙ *прил* dumb

НЕМОЩНЫЙ *прил* feeble; infirm; sick; sickly

НЕМОЩЬ *сущ* infirmity

НЕНАВИСТЬ *сущ* hatred ◊ **разжигать расовую ~** to foment (stir up) racial hatred

НЕНАДЁЖНОСТЬ *сущ* unreliability
~ доказательств (*или* пока-

НЕНА́ДЁЖНЫЙ *прил* unreliable; untrustworthy

НЕНАДЛЕЖА́Щ‖ИЙ *прил* improper; inappropriate; undue
~ее исполнение improper execution
~ с юридической точки зрения legally improper

НЕНА́ЗВАННЫЙ *прил* unnamed

НЕНАКА́ЗАННЫ‖Й *прил* unpunished ◊ оставаться ~м to go unpunished

НЕНАКАЗУ́ЕМОСТЬ *сущ* unpunishability

НЕНАКАЗУ́ЕМЫЙ *прил* unpunishable

НЕНАМЕ́РЕННО *нареч* accidentally; inadvertently; undesignedly; unintentionally

НЕНАМЕ́РЕННЫЙ *прил* accidental; inadvertent; undesigned; unintentional

НЕНАПАДЕ́НИ‖Е *сущ* non-aggression ◊ пакт о ~и non-aggression pact

НЕНАСЛЕ́ДУЕМЫЙ *прил* unheritable

НЕНАТУРАЛИЗО́ВАННЫЙ *прил* unnaturalized

НЕНОРМА́ЛЬНОСТЬ *сущ* abnormality

НЕНОРМА́ЛЬНЫЙ *прил* abnormal; (*психически, умственно*) deranged; insane; lunatic; mad; mentally disordered (disturbed); of unsound mind

НЕНУ́ЖНЫЙ *прил* unnecessary

НЕОБДУ́МАННЫЙ *прил* thoughtless; unadvised; unconsidered

НЕОБЕСПЕ́ЧЕННЫЙ *прил* unprovided (*for*); unsecured

НЕОБНАРО́ДОВАННЫЙ *прил* unpromulgated

НЕОБОРО́ТНЫЙ *прил* (*о денежных документах – без права передачи*) non-negotiable

НЕОБОСНО́ВАННОСТЬ *сущ* groundlessness; unsoundness

НЕОБОСНО́ВАНН‖ЫЙ *прил* groundless; unfounded; unsound; untenable; unwarranted
~ая ревность groundless (unfounded) jealousy
~ое обвинение groundless (unfounded) accusation
~ довод unsound argument

НЕОБРАТИ́МОСТЬ *сущ* irreversibility

НЕОБРАТИ́МЫЙ *прил* irreversible

НЕОБРЕМЕНЁННЫЙ *прил* (*об имуществе, правовом титуле и т.п.*) free and clear; uncharged; unencumbered

НЕОБУСЛО́ВЛЕННЫЙ *прил* unspecified; unstipulated

НЕОБХОДИ́МОСТ‖Ь *сущ* necessity; need; (*требование*) requirement; (*безотлагательное требование*) exigency ◊ в силу ~и for reasons of necessity

военная ~ exigency of war

НЕОБХОДИМ‖ЫЙ *прил* essential; indispensable; necessary; (*требуемый*) required
~ое доказательство indispensable evidence
~ое условие indispensable condition

НЕОБЪЯВЛЕННЫЙ *прил* undeclared

НЕОБЯЗАТЕЛЬНЫЙ *прил* non-obligatory; optional; unrequired

НЕОГРАНИЧЕНН‖ЫЙ *прил* unlimited; unrestricted
~ая ответственность unlimited liability
~ые полномочия unlimited authority (power|s)

НЕОЖИДАННОСТЬ *сущ* surprise; unexpectedness

НЕОЖИДАННЫЙ *прил* sudden; unexpected

НЕОПЛАЧЕННЫЙ *прил* (*о долге и т.п.*) active; outstanding; undischarged; unextinguished; unpaid; unredeemed; unsettled

НЕОПОЗНАННЫЙ *прил* unidentified

НЕОПРАВДАННЫЙ *прил* unjustifiable; unjustified; unreasonable

НЕОПРЕДЕЛЁННЫЙ *прил* uncertain; vague

НЕОПРОВЕРЖИМ‖ЫЙ *прил* conclusive; incontrovertible; irrefutable; unassailable; unchallengeable
~ая презумпция conclusive presumption
~ое доказательство conclusive evidence
~ довод irrefutable argument

НЕОПРОТЕСТОВАННЫЙ *прил* (*о векселе*) unprotested

НЕОПРОШЕННЫЙ *прил* unpolled; unquestioned

НЕОСВЕДОМЛЁННОСТЬ *сущ* ignorance

НЕОСВЕДОМЛЁННЫЙ *прил* ignorant; ill-informed; unapprised

НЕОСПОРЕННЫЙ *прил* unchallenged; uncontested; uncontradicted; undefended; undisputed

НЕОСПОРИМОСТЬ *сущ* (*с точки зрения закона*) validity in law

НЕОСПОРИМ‖ЫЙ *прил* conclusive; incontestable; incontrovertible; indisputable; irrefutable; unchallengeable; undeniable; undisputed; unquestionable; unquestioned; (*не подлежащий отмене*) indefeasible
~ое доказательство conclusive evidence

НЕОСТОРОЖНОСТ‖Ь *сущ* carelessness; imprudence; (*небрежность тж*) negligence ◊ **по ~и** by negligence
лёгкая ~ petty negligence
грубая ~ gross negligence; reckless act; recklessness
простая ~ ordinary negligence
чрезмерная ~ extreme recklessness

НЕОСТОРОЖН‖ЫЙ *прил* careless; imprudent; incautious; indiscreet; (*небреж-*

ный) negligent ◊ **грубо ~** reckless

~ое вождение автотранспорта careless driving

~ое заявление careless statement

НЕОСУЖДЁННЫЙ *прил* uncondemned; unconvicted

НЕОСУЩЕСТВИМЫЙ *прил* impracticable; unfeasible; unrealizable

НЕОСУЩЕСТВЛЕНИЕ *сущ* failure (to perform)

~ правосудия failure of justice

НЕОТВРАТИМОСТЬ *сущ* imminence; inevitability

НЕОТВРАТИМ‖ЫЙ *прил* imminent; inevitable

~ая опасность imminent danger

НЕОТЛОЖН‖ЫЙ *прил* pressing; urgent

~ая помощь first aid

~ые меры urgent measures

НЕОТОЗВАННЫЙ *прил* (*об оферте и т.п.*) unrevoked

НЕОТЧУЖДАЕМОСТЬ *сущ* inalienability

НЕОТЧУЖДАЕМЫЙ *прил* inalienable

НЕОТЪЕМЛЕМОСТЬ *сущ* inalienability

НЕОТЪЕМЛЕМ‖ЫЙ *прил* (*неотчуждаемый*) inalienable; (*присущий*) inherent; (*составной*) integral

~ая часть integral part; part and parcel

~ое право inalienable (inherent) right

~ элемент законности inherent element of the rule of law

НЕОФИЦИАЛЬНЫЙ *прил* unofficial

НЕОХРАНЯЕМЫЙ *прил* unguarded

НЕОЦЕНИМЫЙ *прил* invaluable

НЕПАРЛАМЕНТСКИЙ *прил* unparliamentary

НЕПАТЕНТОСПОСОБНЫЙ *прил* non-patentable; unpatentable

НЕПИСАНЫЙ *прил* (*о праве и т.п.*) unwritten

НЕПЛАТЕЛЬЩИК *сущ* defaulter

~ налогов tax-dodger; tax-evader

НЕПЛАТЁЖ *сущ* default in payment; non-payment

НЕПЛАТЁЖЕСПОСОБНОСТЬ *сущ* insolvency; inability to pay

НЕПЛАТЁЖЕСПОСОБНЫЙ *прил* insolvent; unsound

НЕПОВИНОВЕНИЕ *сущ* disobedience; insubordination

~ решению суда constructive (indirect) contempt

гражданское ~ civil disobedience

умышленное ~ wilful disobedience

НЕПОГАШЕННЫЙ *прил* (*о долге и т.п.*) active; outstanding; undischarged; unextinguished; unpaid; unredeemed; unsettled

НЕПОДКУПНОСТЬ *сущ* incorruptibility

НЕПОДКУПНЫЙ *прил* incorrupt; incorruptible

~ **судья** incorruptible judge

НЕПОДПИСАННЫЙ *прил* unsigned

НЕПОДСУДНОСТ‖Ь *сущ* immunity (from jurisdiction); lack of jurisdiction (*over*) ◊ **отвод по** ~**и** challenge of jurisdiction

НЕПОДСУДНЫЙ *прил* extrajudicial; immune from (not under) the jurisdiction (*of*)

НЕПОДТВЕРЖДЁННЫЙ *прил* unconfirmed; uncorroborated

НЕПОДЧИНЕНИЕ *сущ* insubordination
~ **суду** contempt of court; contumacy

НЕПОЛНОЦЕННОСТ‖Ь *сущ* deficiency ◊ **комплекс** ~**и** inferiority complex
психическая (умственная) ~ deficiency of intellect; imbecility; mental deficiency (disability, retardation); retarded mentality

НЕПОЛНОЦЕННЫЙ *прил* (*дефектный*) defective; (*дефективный, умственно недоразвитый*) (mentally) defective (deficient, impaired, retarded); imbecile

НЕПОМИЛОВАННЫЙ *прил* unpardoned

НЕПОНЯТНЫЙ *прил* incomprehensible; unintelligible

НЕПОПРАВИМЫЙ *прил* irreparable; irretrievable
~ **ущерб** irreparable damage (injury, wrong)

НЕПОСЛЕДОВАТЕЛЬНОСТЬ *сущ* inconsistency

НЕПОСЛЕДОВАТЕЛЬНЫЙ *прил* inconsistent

НЕПОСРЕДСТВЕННЫЙ *прил* direct; immediate

НЕПОСТАВКА *сущ* failure to deliver; non-delivery

НЕПОСТАВЛЕННЫЙ *прил* (*о товаре*) undelivered

НЕПОТИЗМ *сущ* (*семейственность*) nepotism

НЕПРАВДОПОДОБНЫЙ *прил* implausible; improbable; unlikely

НЕПРАВИЛЬН‖ЫЙ *прил* (*ошибочный*) erroneous; faulty; incorrect; mistaken; wrong
~**ое судебное разбирательство** mistrial

НЕПРАВОМЕРНО *нареч* illegally; illegitimately; illicitly; lawlessly; unlawfully; wrongfully
~ **присвоенный** misappropriated

НЕПРАВОМЕРНОСТЬ *сущ* illegality; unlawfulness; wrongfulness

НЕПРАВОМЕРН‖ЫЙ *прил* illegal; tortious; unlawful; unjust; unjustifiable; wrong; wrongful; (*ненадлежащий тж*) improper; undue
~**ое действие** wrongful act
~**ое поведение** misbehaviour; misconduct
~**ое прекращение** (*дела*) wrongful dismissal
~**ое присвоение (завладение)** misappropriation
~**ое увольнение** wrongful dismissal
~**ые действия полиции** police

misconduct
~ые действия судьи judicial misconduct

НЕПРАВОМОЧНОСТЬ *сущ* incompetence; ineligibility

НЕПРАВОМОЧН‖ЫЙ *прил* incompetent; ineligible; unauthorized; unqualified
~ое пользование unauthorized use

НЕПРАВОСПОСОБНОСТЬ *сущ* (*недееспособность*) disability; disqualification; incompetence; legal incapability (incapacity)
~ (*и* | *или недееспособность*) в силу психического заболевания mental disability (incapacity, incompetence)
гражданская ~ (*недееспособность*) civil incapacity

НЕПРАВОСПОСОБН‖ЫЙ *прил* (*недееспособный*) disable; disqualified; incompetent; legally incapable (incapacitated) ◊ объявлять ~м (*и* | *или недееспособным*) to disable; disqualify; incapacitate
временно ~ temporarily incompetent

НЕПРАВОСУДН‖ЫЙ *прил* illegal; unjust
~ое решение miscarriage of justice
~ приговор illegal (unjust) sentence

НЕПРЕДВИДЕНН‖ЫЙ *прил* unanticipated; uncontemplated; unforeseen
~ые расходы contingent (extraordinary) expenses

НЕПРЕДНАМЕРЕНН‖ЫЙ *прил* undeliberate; unintended; unintentional; unpremeditated; unpurposed
~ое (*непредумышленное*) убийство excusable homicide (killing); homicide by misadventure; manslaughter; unpremeditated murder

НЕПРЕДОТВРАТИМ‖ЫЙ *прил* inevitable; unavoidable
~ые обстоятельства unavoidable circumstances

НЕПРЕДСТАВИТЕЛЬНЫЙ *прил* unrepresentative

НЕПРЕДСТАВЛЕННЫЙ *прил* unrepresented

НЕПРЕДУБЕЖДЁННЫЙ *прил* unbias(s)ed; unprejudiced

НЕПРЕДУМЫШЛЕНН‖ЫЙ *прил* undeliberate; unintended; unintentional; unpremeditated; unpurposed
~ое убийство excusable homicide (killing); homicide by misadventure; manslaughter; unpremeditated murder

НЕПРЕДУСМОТРЕННЫЙ *прил* (*законом, договором и т.п.*) unprovided; unstipulated

НЕПРЕДУСМОТРИТЕЛЬНЫЙ *прил* heedless; imprudent; short-sighted

НЕПРЕЛОЖНЫЙ *прил* (*не допускающий изменений*) unalterable; immutable

НЕПРЕОДОЛИМ‖ЫЙ *прил* insurmountable; irresistible; superior
~ая сила [*мор страх*] act of

God; force majeure

НЕПРИВИЛЕГИРОВАННЫЙ *прил* unfavoured; unfranchised; unprivileged

НЕПРИЕМЛЕМ‖ЫЙ *прил* unacceptable
~ое условие unacceptable condition

НЕПРИЗНАНИЕ *сущ* non-recognition

НЕПРИЗНАННЫЙ *прил* unrecognized

НЕПРИКОСНОВЕННОСТ‖Ь *сущ* immunity; inviolability; security; (*целостность*) integrity ◊ пользоваться парламентской ~ю to enjoy parliamentary immunity; лишение парламентской ~и deprivation of parliamentary immunity
~ жилища immunity (inviolability, security) of residence; inviolability (sanctity) of the home
~ личной жизни personal privacy
~ личности inviolability (security) of (the) person
~ служебного помещения immunity of office
дипломатическая ~ diplomatic immunity
личная ~ inviolability (security) of (the) person
парламентская ~ parliamentary immunity
территориальная ~ (*целостность*) territorial integrity

НЕПРИКОСНОВЕНН‖ЫЙ *прил* immune; inviolable ◊ быть ~ым to enjoy immunity

НЕПРИМЕНЕНИЕ *сущ* non-application; non-use
~ силы в международных отношениях non-use of force in international relations

НЕПРИМЕНИМОСТЬ *сущ* inapplicability

НЕПРИМЕНИМЫЙ *прил* inapplicable

НЕПРИНЯТИЕ *сущ* non-acceptance

НЕПРИСОЕДИНЕНИ‖Е *сущ* (к блокам и т.п.) nonalignment ◊ движение ~я nonaligned movement; movement of nonalignment; политика ~я policy of nonalignment

НЕПРИСОЕДИНИВ-ШИ‖ЙСЯ *прил* (*о стране – к блокам и т.п.*) nonaligned; uncommitted
~еся страны nonaligned (uncommitted) countries (nations)

НЕПРИСТОЙНОСТЬ *сущ* indecency; obscenity
грубая ~ gross indecency (obscenity)
явная ~ open indecency (obscenity)

НЕПРИСТОЙН‖ЫЙ *прил* indecent; obscene
~ая брань obscene language
~ое нападение indecent assault
~ое поведение indecent behaviour (conduct)

НЕПРИЯТЕЛЬ *сущ* enemy

НЕПРОВЕРЕННЫЙ *прил* unchecked; unverified

НЕПРОФЕССИОНАЛ

сущ layman
НЕРАВЕНСТВО *сущ* inequality
НЕРАВНОПРАВНЫЙ *прил* unequal; (*несправедливый*) inequitable
~ **договор** inequitable treaty
НЕРАВНЫЙ *прил* unequal
НЕРАЗГЛАШЕНИЕ *сущ* (*данных, сведений и т.п.*) non-disclosure
НЕРАЗУМНЫЙ *прил* unreasonable
НЕРАСКАЯВШИЙСЯ *прил* unpenitent
НЕРАСКРЫТЫЙ *прил* (*о преступлении и т.п.*) undetected; undisclosed; (*неразоблачённый*) unexposed
НЕРАССЛЕДОВАННЫЙ *прил* uninvestigated; untried
НЕРАССМОТРЕННЫЙ *прил* unconsidered; undiscussed; unexamined
НЕРАСТОРЖИМОСТЬ *сущ* indissolubility
НЕРАСТОРЖИМЫЙ *прил* indissoluble
НЕРАТИФИЦИРОВАННЫЙ *прил* unratified
НЕРЕГЛАМЕНТИРОВАННЫЙ *прил* unregulated
НЕРЕНТАБЕЛЬНЫЙ *прил* unprofitable
НЕРЕШЁНН‖ЫЙ *прил* undecided; unsettled; (*ожидающий решения тж*) pending ◊ **в ~ом состоянии** in abeyance
НЕРУШИМОСТЬ *сущ* inviolability

~ **границ** inviolability of borders (of frontiers)
НЕСВЯЗАННЫЙ *прил* (*статьёй договора и т.п.*) unbound (*by*)
НЕСЕКРЕТНЫЙ *прил* unclassified
НЕСМЕНЯЕМОСТЬ *сущ* irremovability (from office)
~ **судей** irremovability of judges
НЕСМЕНЯЕМЫЙ *прил* irremovable
НЕСОБЛЮДЕНИЕ *сущ* (*положений договора и т.п.*) failure to comply (*with*); non-compliance (*with*); non-conformity (*with*); non-observance (*of*); omission to observe
~ **вследствие неосторожности (опрометчивости)** reckless disregard
НЕСОВЕРШЕННОЛЕТИЕ *сущ* minority; non-age; [*юр*] [*англ*] infancy
НЕСОВЕРШЕННОЛЕТН‖ИЙ *прил* juvenile; minor; non-adult; under age; [*юр*] [*англ*] infant ◊ **закон о ~их** juvenile law; **преступность ~их** juvenile delinquency; **суд по делам ~их** juvenile court
~ **правонарушитель** juvenile delinquent (offender)
НЕСОВЕРШЕННЫЙ *прил* imperfect; incomplete
НЕСОВЕРШЁННЫЙ *прил* (*о действии, преступлении и т.п.*) uncommitted
НЕСОВМЕСТИМОСТЬ *сущ* incompatibility; incongruity; inconsistency; repug-

nancy
~ **с нормами международного права** incompatibility with the norms (rules) of international law

НЕСОВМЕСТИМЫЙ *прил* incompatible (*with*); incongruous (*to | with*); inconsistent (*with*); unconsonant (*with*); repugnant (*to*)
~ **с целями и принципами Организации Объединённых Наций** incompatible (inconsistent) with the purposes and principles of the United Nations

НЕСОГЛАСИЕ *сущ* disagreement; dissent; lack of agreement

НЕСОМНЕННЫЙ *прил* undoubted; undoubtful; unquestionable; unquestioned

НЕСООТВЕТСТВИЕ *сущ* discrepancy; disparity; nonconformity; (*несовместимость*) incompatibility; incongruity; inconsistency; repugnancy

НЕСОРАЗМЕРНОСТЬ *сущ* disparity
~ **назначаемых наказаний** disparity in sentencing

НЕСОСТОЯТЕЛЬНОСТ‖Ь *сущ* (*о теории и т.п.*) inconsistency; untenability; (*банкротство*) bankruptcy; insolvency ◊ **возбуждение дела о ~и** bankruptcy petition; **закон о ~и** bankruptcy law; **признание ~и** adjudication in bankruptcy

НЕСОСТОЯТЕЛЬНЫ‖Й *прил* (*о теории и т.п.*) inconsistent; untenable; (*о должнике*) bankrupt; insolvent ◊ **объявить себя ~м** (*банкротом*) to file a bill (a declaration) of bankruptcy
~ **должник** insolvent

НЕСПЕЦИАЛИСТ *сущ* layman

НЕСПРАВЕДЛИВОСТЬ *сущ* breach of justice; inequity; injustice; unfairness
вопиющая ~ flagrant injustice

НЕСПРАВЕДЛИВ‖ЫЙ *прил* inequitable; unfair; unjust
~**ая война** unjust war
~ **приговор** unjust sentence

НЕСПРОВОЦИРОВАННЫЙ *прил* unprovoked

НЕСТАБИЛЬНЫЙ *прил* unstable

НЕСУДЕЙСКИЙ *прил* unjudicial

НЕСУЩЕСТВЕННЫ‖Й *прил* immaterial; irrelevant; unessential ◊ **считать доказательства ~ми** to consider evidence irrelevant

НЕСФОРМУЛИРОВАННЫЙ *прил* unformulated

НЕТЕРПИМОСТЬ *сущ* intolerance

НЕТОЧНОСТЬ *сущ* inaccuracy

НЕТРЕЗВ‖ЫЙ *прил* drunken ◊ **вождение автомобиля в ~ом виде** (*в состоянии опьянения*) drunken driving

НЕТРУДОСПОСОБНОСТ‖Ь *сущ* disability; incapacity for work ◊ **пенсия по ~и** disability pension; **страхование по ~и** disability insurance

~, дающая право на пенсию pensionable disability

НЕТРУДОСПОСОБНЫЙ *прил* disabled; invalid

НЕУБЕДИТЕЛЬНЫЙ *прил* inconclusive; unconvincing

НЕУВАЖЕНИЕ *сущ* disrespect; (*оскорбление органа власти*) contempt

~ к суду contempt of court

НЕУДОБСТВО *сущ* discomfort; inconvenience; (*замешательство*) embarrassment

НЕУДОВЛЕТВОРЁННЫЙ *прил* unsatisfied

НЕУЗАКОНЕННОСТЬ *сущ* illegitimacy

НЕУКОСНИТЕЛЬН‖ЫЙ *прил* rigorous; strict; (*обязательный*) binding; compulsory; mandatory; obligatory

~ое правоприменение mandatory enforcement

НЕУМЕСТНОСТЬ *сущ* irrelevance

НЕУМЫШЛЕННЫЙ *прил* inadvertent; undeliberate; unintended; unintentional; unpremeditated

НЕУПЛАТ‖А *сущ* default (of payment); failure to pay; nonpayment ◊ **в случае ~ы** in default of payment

~ штрафа default in paying a fine

НЕУПОЛНОМОЧЕННЫЙ *прил* unauthorized; unwarranted

НЕУРЕГУЛИРОВАННЫЙ *прил* unadjusted; unregulated; (*перешённый*) undecided; unsettled; unsolved

НЕУСТОЙК‖А *сущ* (*штрафная санкция*) contractual sanction; fine; forfeit; penalty; ◊ **выплачивать ~у** to pay a fine; **присуждать штрафную ~у** to inflict a penalty (*on*)

взыскание ~и recovery of a contractual sanction; **погашение ~и** payment of a penalty; **размер ~и** amount of a penalty; **решение суда о ~е** award about a penalty **большая ~** heavy penalty **штрафная ~** penal damages; penalty

НЕУТВЕРЖДЁННЫЙ *прил* unapproved

НЕХВАТКА *сущ* shortage

~ энергии energy shortage

НЕЧЕСТНОСТЬ *сущ* dishonesty; unfairness

НЕЧЕСТНЫЙ *прил* dishonest; unfair

~ приём ill practice

НЕЭФФЕКТИВНЫЙ *прил* inefficient; ineffective

НЕЯВК‖А *сущ* (*отсутствие*) absence; (*невыход на работу*) non-attendance; (*в суд*) absence from court; contumacy; default in (of) appearance; failure to appear; non-appearance ◊ **проиграть дело вследствие ~и в суд** to suffer a default

за ~ой (*в отсутствие неявившейся стороны*) by default; **заочное решение суда в пользу истца вследствие ~и ответчика** judgement by default

~ в судебное заседание default at a trial
НЕЯСНОСТЬ *сущ* ambiguity
НЕЯСНЫЙ *прил* ambiguous; obscure
НИЖЕСТОЯЩИЙ *прил* inferior; lower
~ суд inferior (lower) court
НИЧТОЖНЫ‖Й *прил* (*о контракте и т.п.*) void; null and void ◊ объявлять ~м to declare void
НОРМ‖А *сущ* norm; (legal) rule; regulation; (*догма, принцип*) tenet ◊ устанавливать правовые ~ы to lay down (prescribe) legal rules (the law)
~ прибыли (*рентабельности*) rate of a return
~, применимая в судебном порядке regulation (rule) enforceable in court
~ы публичного порядка rules of public policy
действующая ~ operative rule
законодательная ~ legislative regulation
запретительная ~ injunction
императивная ~ binding law
правовая ~ the law
процессуальные ~ы procedural rules; rules of procedure
НОРМАТИВНЫЙ *прил* normative
НОРМИРОВАНИЕ *сущ* rationing; regulation
НОРМОТВОРЧЕСКИЙ *прил* rule-making
НОРМОТВОРЧЕСТВО *сущ* rule-making
НОТА *сущ* [*дип*] note
вербальная ~ verbal note; [*франц*] note verbale
дипломатическая ~ diplomatic note; [*франц*] note diplomatique
коллективная ~ collective note
НОТАРИАЛЬНО *нареч* notarially
~ оформленный (удостоверенный) attested and certified by a notary (public)
НОТАРИАЛЬН‖ЫЙ *прил* notarial ◊ в ~ом порядке notarially
~ая выписка notarially certified copy
~ая контора notarial office; notary public office
~ое засвидетельствование notarial attestation
~ые пошлины notarial charges (fees)
~ акт notarial act
НОТАРИАТ *сущ* notariat; notary public
НОТАРИУС *сущ* notary public ◊ засвидетельствовать у ~а to confirm by a notary; notarize; печать ~а notarial seal
~ по операциям с недвижимостью conveyancer
НРАВСТВЕННОСТЬ *сущ* morality; (good) morals; virtue

ОБАНКРОТИТЬСЯ *гл*

to become (go, turn) bankrupt; become insolvent; go into liquidation; [*разг*] to go bust

ОБВИНЕНИ‖Е *сущ* accusation; charge; (*изобличение, инкриминирование тж*) (in)crimination; inculpation; (*обвинительный акт*) indictment; (*сторона в судебном процессе*) the prosecution ◊ **быть (находиться) под ~м** to be under accusation (under indictment); **возглавлять ~** to lead for the prosecution; **выдвигать против кого-л ~** to arraign; bring (file, level, raise) an accusation (a charge) (*against*); (*обвинять в чём-л тж*) to accuse (*of*); blame (*for*); charge (*with*); (*по обвинительному акту*) to indict (*for*); **выдвигать встречное ~** to countercharge; retaliate a charge; **добиваться ~я** to search a charge; **освобождать от ~я (снимать ~)** to acquit of (clear of, drop, exonerate from, revoke, quash) a charge (*against*); **освобождаться от ~я** to clear oneself of a charge; **отказываться от ~я** to drop (revoke, quash) a charge; **отклонять (отвергать, отрицать) ~** to deny (dismiss, refute, reject, repudiate) a charge; **подвергаться ~ю** to face a charge; **поддерживать ~** to appear for the prosecution; hold (lead, pursue) a charge; prosecute a case (a crime); (*по обвинительному акту*) to prosecute an indictment; **полностью отрицать предъявленное ~** to traverse a charge; **предъявлять ~** to arraign; bring (file, lay, level, raise) an accusation (a charge) (*against*); **предъявлять встречное ~** to countercharge; retaliate a charge; **разъяснять сущность ~я** to explain the essence of a charge; **рассматривать дело по ~ю** to probe a charge; **сфабриковать ~** to concoct (fabricate, frame up, trump up) a charge (*against*); **формулировать ~** to state a charge

до предъявления ~я before a charge is filed (raised); **по ложному (сфабрикованному) ~ю** (*в преступлении*) on a false (framed-up, trumped-up) charge (*of*); **по ~ю** (*в преступлении*) on a charge (*of*); **по ~ю в государственной измене** on impeachment for (high) treason

версия ~я statement of the prosecution; **отказ от ~я** dismissal of a charge; dropped charge; **представитель ~я** prosecuting attorney; **предъявление ~я** arraignment; (*по обвинительному акту*) indictment; **прекращение дела по ~ю** (*кого-л в чём-л*) vindication (*of smb*) from a charge; **природа и причина ~я** nature and cause of a charge (of an accusation); **пункт ~я** charge (count) of indictment; criminal charge; **свидетель ~я** witness for the prosecution; **смягчение ~я** charge reduc-

tion; **тяжесть предъявленного ~я** gravity (seriousness) of a charge (of an accusation); **формулировка ~я** statement of a charge (of an accusation); (*как часть обвинительного акта*) statement of an offence
~ в политическом преступлении political charge
~ в незаконной торговле наркотиками drug-peddling (drug-trafficking) charge
~ в преступлении, караемом смертной казнью capital charge
~ в преступной небрежности charge of a criminal (culpable) negligence
~ в преступном бездействии charge of a criminal (culpable) omission
~ в убийстве charge of a murder
~ в уголовном процессе counsel for the prosecution
~ в халатности charge of neglect
~ и привлечение к ответственности высших должностных лиц (*импичмент*) impeachment
~ на рассмотрении суда charge on trial; pending charge
~ под присягой charge on (under) oath
~ по существу дела charge on the merits
альтернативное ~ alternative charge (accusation)
взаимные ~я mutual recriminations
встречное ~ counter-charge

государственное (публичное) ~ official (public) prosecution; prosecution on behalf of a state
ложное (сфабрикованное) ~ false (framed-up, trumped-up) charge (accusation)
необоснованное ~ unfounded (ungrounded, unreasonable, unsubstantiated) charge (accusation)
обоснованное ~ well-founded (well-grounded, reasonable) charge (accusation)
освобождённый от ~я uncharged
основное ~ substantive charge (accusation)
отложенное ~ deferred (postponed) charge (accusation)
относящийся к ~ю accusatorial
официальное ~ formal (official) charge (accusation)
первоначальное ~ initial (original) charge (accusation)
подлежащий ~ю chargeable
публичное ~ public charge (accusation)
сильная версия ~я strong prosecution
слабая версия ~я weak prosecution
сфабрикованное (ложное) ~ false (framed-up, trumped-up) charge (accusation)
уголовное ~ criminal charge (accusation)
уязвимый для ~я vulnerable to a charge (to an accusation)
формальное ~ pro forma (technical) charge (accusation)

частное ~ private prosecution

ОБВИНЁНН‖ЫЙ *прич* accused; charged; (*по обвинительному акту*) indicted ◊ **быть ~ым** to face a charge; (*по обвинительному акту*) to stand indicted; **законно ~** lawfully accused (charged, indicted)

ОБВИНИТЕЛ‖Ь *сущ* (*в судебном процессе*) indictor; prosecutor; counsel for the prosecution; (*частное лицо*) accuser; (*обличитель*) denunciator ◊ **выступление ~я в суде** accusatory pleading; **помощник ~я** assistant (associate) prosecutor

~ **в суде** prosecutor at law (in attendance, in court)

главный ~ chief prosecutor
государственный (общественный) ~ public prosecutor
частный ~ private prosecutor

ОБВИНИТЕЛЬН‖ЫЙ *прил* (*в судебном процессе*) accusational; accusatory; prosecuting; prosecutive; (*уличающий*) criminatory; inculpatory ◊ **вынести ~ акт** to find (return) an indictment (a bill of indictment)

~ая речь accusatory speech; prosecutor's charge

~ **акт** (bill of) indictment; charging paper; (criminal) information

~ **приговор** (judgement of) conviction; verdict of guilty

ОБВИНЯЕМ‖ЫЙ *прил* (*тж в значении сущ-го*) (*в совершении преступления*) accused; charged; defendant; (*подозреваемый тж*) suspect; alleged (supposed) offender; (*по обвинительному акту*) charged on indictment; indictee ◊ **личность ~ого** identity of the accused; **психическое состояние ~ого** accused's mental state

~ **в совершении преступления** accused of (charged with) a crime

~ **в судебном порядке** judicially charged

~, **отпущенный на свободу под залог** accused person out on bail; bailed defendant

~ **по дознанию** charged on inquisition

~ **по обвинительному акту** charged on indictment; indictee

~ **совместно с другими лицами** co-accused; party to the charge

~, **содержащийся под стражей** accused (person) in custody

ОБВИНЯТЬ, обвинить *гл* (*в совершении преступления*) to accuse (*of*); blame (*for*); charge (*with*); prosecute; (*по обвинительному акту*) to indict; (*изобличать*) to inculpate; (*инкриминировать*) to (in)criminate

~ **в преступной небрежности** to accuse of (charge with) a criminal (culpable) negligence
~ **в преступном бездействии** to accuse of (charge with) a criminal (culpable) omission
~ **в судебном порядке** to accuse (charge) judicially

~ **в убийстве и поджоге** to accuse of (charge with) murder and arson
~ **в уголовном порядке** to accuse (charge) criminally
~ **в халатности** to accuse of (charge with) neglect
~ **и осуждать** to indict and convict
~ **ложно** to accuse (charge) falsely
~ **перед большим жюри** to charge to a grand jury
~ **под присягой** to swear an accusation (a charge) (*against*)
~ **противоправно (противозаконно)** to accuse (charge) wrongly

ОБВИНЯТЬСЯ *гл* to be accused of (charged with, prosecuted)
~ **в покушении на убийство** to be charged with attempted murder
~ **в совершении преступления** to be charged with a crime
~ **в убийстве** to be charged with a murder

ОБЕСПЕЧЕНИ‖**Е** *сущ* (*гарантирование чего-л*) assuring; ensuring; guaranteeing; securing; (*снабжение необходимым*) provision; providing (*with*); (*материальная помощь*) material maintenance; security; [*фин*] (*поручительство в виде ценных бумаг и т.п.*) collateral; security; surety; (*денежное покрытие*) cover; coverage ◊ **давать (предоставлять)** ~ to cover; give (provide) security; (*валютное*) to back; **предлагать** ~ **to offer security; служить в качестве** ~**я** to serve as a cover (as security); **требовать** ~**я** to call for (demand) security
без ~**я или поручительства** without security or warrant; **в качестве дополнительного** ~**я** as collateral security; **в** ~ **ссуды** to secure a loan; **в** ~ **требования** to secure a claim; **под** ~ against security; on security (*of*)
~ **безопасности государства** ensuring of the state's security
~ **валюты** backing of the currency
~ **долга** security for a debt
~ **доказательств** securing of evidence
~ **займа** backing of (security for) a loan
~ **занятости** guaranteed employment; job security
~ **иска** provisional remedy; security for a claim
~ **исполнения договоров** securing of execution of treaties
~ **качества** assurance of quality; quality assurance
~ **кредита** security for a credit
~ **платежа** security for payment
~ **права на защиту** ensuring of the right to defence
~ **ссуды** security for a loan
~ **судебных издержек (расходов)** security for costs
валютное ~ currency security
денежное ~ cash cover (security)
дополнительное ~ additional

cover (security); collateral (security)
достаточное ~ adequate (ample, sufficient) cover (security)
имущественное ~ collateral security
коллективное ~ collective security
материально-техническое ~ logistics; material support; maintenance
программное ~ software
реальное ~ (*залог, ипотека*) real security
социальное ~ social maintenance (security); [*амер*] social welfare
страховое ~ insurance cover (coverage)
судебное ~ (*исковых требований*) judicial security
техническое ~ hardware

ОБЕСПЕЧИВАТЬ, обеспечить *гл* (*гарантировать*) to assure; ensure; guarantee; secure; (*снабжать*) to provide (*with*); (*денежным покрытием*) to cover

~ **встречным удовлетворением** to support by consideration

~ **выполнение обязательства** to ensure (secure) compliance with (fulfilment of) a commitment (an obligation)

~ **исполнение приговора** to ensure (secure) execution of a sentence

~ **обвиняемому защитника** to provide the accused with a defender

~ **явку обвиняемого по вызову** (*в суд*) to assure appearance of the accused when summoned

ОБЕСЦЕНЕНИЕ *сущ* depreciation; devaluation
~ **валюты** depreciation of currency

ОБЕЩАНИ‖Е *сущ* pledge; promise ◊ **давать** ~ to give (make) a promise; promise; **нарушать** ~ to break one's promise (one's word); go back on one's word
~ (*обязательство*) **по договору** contractual promise
нарушенное ~ broken promise
предвыборные ~**я** pre-election pledges

ОБЖАЛОВАНИ‖Е *сущ* appeal ◊ **без права** ~**я** without the right of appeal; **подлежащий** ~**ю** appealable; **порядок** ~**я меры пресечения** procedure for appealing a measure of restraint (of restriction); **право** ~**я** right of appeal; right to appeal (to protest); **путём** ~**я** (*решения суда и т.п.*) by way of appeal; **решение, не подлежащее** ~**ю** final determination; **решение окончательно и** ~**ю не подлежит** the judgement is final and without appeal
~ **решения суда (приговора)** appeal of a (court) judgement (of a sentence)
апелляционное ~, **регламентируемое законом** statutory appeal

ОБЖАЛОВАТЬ *гл* to appeal; lodge a complaint
~ **в частном порядке** to take a

separate appeal
~ **решение судьи** to appeal against a judge's decision
~ **приговор** to appeal against a sentence

ОБИД∥А *сущ* grievance; injury; insult; offence ◊ **быть в ~е (на)** to bear a grudge (*against*); **заглаживать ~у** to redress a grievance; **затаить ~у (на)** to have (nurse) a grievance (*against*); **не в ~у будь сказано** no offence meant

ОБИЖАТЬ, обидеть *гл* to hurt smb's feelings; offend; wound

ОБИЖАТЬСЯ, обидеться *гл* (*на*) to bear a grudge (*against*); (*затаить обиду тж*) to have (nurse) a grievance (*against*)

ОБЛАВ∥А *сущ* manhunt; raid; roundup ◊ **делать (проводить) ~у** to carry out (make) a raid (*on*); raid; round up; **попадать в ~у** to be rounded up
полицейская ~ police raid

ОБЛАГАТЬ, обложить *гл* (*налогом, пошлиной и т.п.*) to assess; collect; impose; levy
~ **налогом** to impose (lay) a tax (*on*)
~ **пошлиной** to impose a duty (*on*)
~ **штрафом** to impose a fine (*on*); set a fine (*on*)

ОБЛАДАТЬ *гл* (*владеть*) to have; have in possession; possess

ОБЛИГАЦИ∥Я *сущ* bond; debenture ◊ **выпускать ~и** to issue bonds; **держатель ~й** bond (debenture) holder
~ **на предъявителя** bearer bond (debenture); bond (debenture) payable to a bearer
~, **не имеющая специального обеспечения** debenture bond

ОБЛИЧИТЕЛЬ *сущ* denouncer; denunciator; exposer

ОБЛОЖЕНИ∥Е *сущ* (*налогом*) collection (imposition, levying) of a tax; taxation ◊ **подлежащий ~ю налогом (пошлиной)** assessable; liable to a tax (to a duty); taxable
прогрессивное ~ graduated taxation
пропорциональное ~ flat (proportional) taxation

ОБМАН *сущ* bluff; deceipt; deception; falsehood; (*мошенничество*) cheat; con (confidence) trick; double-dealing; fraud; roguery; swindle; trickery; (*притворство*) pretence ◊ **совершать ~** to commit a fraud; defraud; **уличать в ~е** to catch in a deception; **намерение совершить ~** fraudulent intent
подразумеваемый ~ fraud in law
фактически совершённый (прямой) ~ fraud in fact; positive fraud

ОБМАННЫ∥Й *прил* fraudulent ◊ **~м путём** by fraud; by (under) false pretences; fraudulently

ОБМАНЫВАТЬ, обмануть *гл* to bluff; commit a fraud; deceive; defraud; swindle

ОБМЕН *сущ* barter; exchange; swap; swapping ◊ **в ~ (на)** in exchange (*for*); **в порядке ~а**

by way of an exchange; **по программе культурного ~а** under a cultural exchange programme

~ делегациями exchange of delegations

~ дипломатическими представительствами exchange of diplomatic missions

~ мнениями exchange of opinions (of views)

~ опытом exchange of experience

~ ратификационными грамотами exchange of instruments of ratification (of ratifications)

~ состязательными бумагами pleadings

ОБНАРОДОВАТЬ *гл* to promulgate

ОБНИЩАНИЕ *сущ* impoverishment

ОБОГАЩЕНИ‖Е *сущ* enrichment ◊ **для личного ~я** for one's own enrichment; for personal gain

ОБОЗРЕВАТЕЛЬ *сущ* observer

ОБОРОН‖А *сущ* defence ◊ **превышение пределов необходимой ~ы** exceeding the limits of necessary defence

необходимая ~ justifiable (necessary) defence

ОБОРОТ *сущ* [*фин*] cycle; turnover; (*обращение денег*) circulation (*of money*) ◊ **без ~а** without recourse (*to*); **с ~ом** with recourse

~ акций stock turnover

~ капитала capital turnover

торговый ~ amount (volume) of business; business dealings; trade turnover

ОБОРОТНЫЙ *прил* (*об обратной стороне чего-л*) back; reverse; (*о документе*) negotiable

~ капитал current (circulating, floating, revolving, working) assets (capital)

ОБОРУДОВАНИЕ *сущ* equipment; machinery; outfit

аварийное ~ emergency equipment

вспомогательное (дополнительное) ~ accessory (auxiliary) equipment

выставочное ~ exhibition equipment

дефектное ~ defective equipment

запасное ~ standby equipment

лабораторное ~ laboratory equipment (facilities)

промышленное ~ industrial equipment

ремонтное ~ maintenance (repair) equipment

современное ~ modern equipment

устаревшее ~ obsolete (outdated) equipment

ОБОРУДОВАТЬ *гл* to equip (*with*); fit out (*with*)

ОБОСНОВАНИЕ *сущ* foundation; rationale; reasoning; (*довод, основание*) argument; basis; ground(s); reason(s); (*действие*) substantiation ◊ **иметь достаточное фактическое и правовое ~** to be well founded in fact and law

~ апелляционной жалобы argument in support of an appeal; foundation of an appeal
~ возражения argument in support of opposition
~ доказательства foundation of evidence
~ иска argument in support of an action; foundation of an action
~ судебного решения judgement rationale (reasoning)
конституционное ~ constitutional rationale (reasoning)
правовое ~ legal rationale (reasoning)
технико-экономическое ~ (ТЭО) feasibility study
юридическое ~ legal rationale (reasoning)

ОБОСНОВАННОСТЬ *сущ* reasonableness; sufficiency; validity; (*правильность доводов и т.п.*) propriety; soundness; (*релевантность, уместность*) relevance
~ ареста и обыска reasonableness of arrest and search
~ вывода validity of a conclusion
~ конституцией constitutional propriety
~ с фактической стороны sufficiency in fact
косвенная ~ indirect relevance
непосредственная ~ direct relevance
презюмируемая ~ ostensible (presumptuous, presumptive) relevance
причинная ~ causal relevance
существенная ~ substantial relevance
юридическая ~ legal relevance; sufficiency in law

ОБОСНОВАНН‖ЫЙ *прил* reasonable; reasoned; sound; sufficient; (well-)founded; (well-)grounded; valid; (*релевантный, уместный*) relevant
◊ быть юридически ~ым to hold good in law
~ая претензия reasonable (valid) claim
~ое притязание reasonable (valid) claim
~ довод sound argument
~ фактически founded in fact
~ юридически founded (good) in law
косвенно ~ indirectly relevant
логически ~ logically relevant
непосредственно ~ directly relevant
причинно ~ causally relevant
существенно ~ substantially relevant
юридически ~ lawfully sufficient; legally relevant

ОБОСНОВЫВАТЬ, обосновать *гл* to base; ground; substantiate
~ возражения по иску to establish a defence
~ свои претензии (требования) фактами to ground one's claims on facts

ОБРАЩАЕМОСТЬ *сущ* [*фин*] (*способность акции, векселя и других документов к обращению*) negotiability

ОБРАЩАТЬ, обратить *гл* (*во что-л*) to convert (*into*); turn (*into*)

~ **взыскание** (*на имущество*) to levy execution; recover; (*на обеспечение*) to enforce security; (*на кого-л*) to take recourse (*against | upon*)

~ **внимание** (*на*) to pay attention (*to*): take notice (*of*)

~ **в свою собственность** to appropriate

~ **обвинение на обвинителя** to recriminate

~ **чьё-л внимание** (*на*) to attract (call, draw, invite) smb's attention (*to*)

ОБРАЩАТЬСЯ, обратиться *гл* (*за чем-л*) to ask; apply (*for*); request; (*к чему-л*) to have recourse (*to*); resort (*to*); (*с чем-л*) to handle; manage; use

~ **в суд** to take a legal action (judicial | legal recourse); to go to the law; (*лично или через адвоката*) to address the court in person or through a lawyer

~ **за разъяснением к закону** to consult the law

~ **к кому-л за помощью** to appeal (turn) to smb for help

~ **к кому-л за советом** to ask smb's advice; (*к юристу*) to take legal advice

~ **плохо** (*с кем-л*) to ill-treat

~ **с просьбой о принятии в полноправные члены** (*организации*) to request admission (*of*) ... to full membership (*of*)

ОБРАЩЕНИ‖Е *сущ* (*призыв*) address (*to – for*); appeal (*to – for*); (*заявление*) application; (*режим*) treatment; (*пользование чем-л*) handling; management; use; (*к чему-л*) recourse (*to*); resort (*to*); (*денежное*) circulation ◊ **изымать из ~я** to recall (withdraw) from circulation; **подвергаться жестокому, бесчеловечному или унижающему достоинство ~ю** to be subjected to cruel, inhuman or degrading treatment

не подлежащий ~ю взыскания non-leviable; **судебный приказ об ~и взыскания на имущество** (*должника*) writ of execution (*against*); writ of fieri facias

~ **взыскания** charge; charging order; (*на имущество тж*) claim to property; execution upon property; recovery against property

~ **взыскания на имущество** (*должника*), **находящееся у третьего лица** garnishment

~ **в суд** judicial (legal) recourse

~ **с заключёнными** treatment of prisoners

~ **с пострадавшими и свидетелями** treatment of victims and witnesses

гуманное ~ humane treatment

денежное ~ currency (money) circulation

заключительное ~ (*судьи*) **к присяжным** (*перед вынесением вердикта*) charge to the jury

ненадлежащее (плохое) ~ ill-treatment; maltreatment

ОБРЕМЕНЕНИ‖Е *сущ* (*вещи, имущества*) charge; en-

cumbrance ◊ **освобождать от ~я** to exonerate; uncharge; (*имущество – от залогового обременения тж*) to redeem
освобождение от ~я discharged burden; exoneration; **освобождённый (свободный) от ~я** exonerated; free from a charge (from encumbrance)
вещное ~ real obligation; (*зарегистрированное*) registered charge

ОБРЕМЕНЯТЬ, обременить *гл* (*относительно имущества*) to charge; encumber

ОБРЕЧЁННЫЙ *прил* doomed

ОБРЯД *сущ* rite

ОБСЛЕДОВАНИЕ *сущ* (*осмотр*) examination (*of*); (*инспектирование*) inspection (*of*); (*расследование*) inquiry (*into*); investigation (*of*)
медицинское ~ medical checkup (examination)

ОБСЛЕДОВАТЬ *гл* (*производить осмотр*) to examine; (*инспектировать*) to inspect; (*расследовать*) to inquire (*into*); investigate
~ больного to examine a patient

ОБСЛУЖИВАНИ‖Е *сущ* service; servicing; (*больного тж*) care ◊ **сфера ~я** services industry
бесплатное медицинское ~ free health (medical) care (services)
техническое ~ maintenance facilities (service)

ОБСЛУЖИВАТЬ, обслу- жить *гл* to serve; service; (*производить осмотр и текущий ремонт*) to service
~ автомобиль to service a car

ОБСТОЯТЕЛЬСТВ‖О *сущ* circumstance; condition; fact ◊ **выявлять (выяснять) ~а** to find out (reveal) the circumstances; **приводить оправдывающие ~а** to plead justification; **учитывать смягчающие ~а** to consider attenuating (extenuating, mitigating) circumstances
в зависимости от обстоятельств according to (depending on) circumstances; **в силу обстоятельств** by force of circumstances; **в случае чрезвычайных обстоятельств** in case of emergency; **в соответствии с ~ами дела** in accordance with (in compliance | in conformity with) the circumstances of the case; **кроме исключительных обстоятельств** save in exceptional circumstances; **ни при каких ~ах** under no circumstances; **по ~ам дела** based on the circumstances of the case; **при загадочных ~ах** in suspicious circumstances
~а дела circumstances (facts, findings) of the case; factual background
~а непреодолимой силы acts of God; force majeure; unforeseen circumstances
~а совершения преступления circumstances of (the commission of) a crime

~а, устраняющие судью от участия в рассмотрении дела facts disqualifying a judge

конкретные ~а дела (*существо дела*) merits of the case

непредвиденные ~а unforeseen circumstances

несущественные ~а immaterial facts

особые ~а special circumstances

отягчающие (*вину*) ~а aggravation; aggravating (exacerbating) circumstances

смягчающие (*вину*) ~а attenuating (extenuating, mitigating) circumstances

сопутствующие ~а attendant (attending) circumstances

фактические ~а factual circumstances; facts of the case

чрезвычайные ~а emergency

ОБСТРУКЦИЯ *сущ* [*полит*] [*парл*] filibustering; obstruction

ОБСУЖДЕНИЕ *сущ* debate; deliberation; discussion ◊ **представлять на** ~ to submit for discussion

ОБУСЛОВЛИВАТЬ, обусловить *гл* to condition; (*оговаривать в договоре и т.п.*) to specify; stipulate

ОБУЧЕНИЕ *сущ* education; instruction; training

профессионально-техническое ~ vocational training

ОБХОД *сущ* (*уклонение от*) evasion; circumvention

~ **закона** evasion (circumvention) of law

ОБХОДИТЬ, обойти *гл* (*закон и т.п.*) to evade; circumvent

~ **соглашение** to circumvent an agreement

ОБЩЕПРИНЯТЫ‖Й *прил* generally accepted; universally received

~**ые нормы и принципы международного права** generally accepted norms (rules) and principles of international law

ОБЩЕСТВЕННО-ОПАСН‖ЫЙ *прил* injurious to the public; socially dangerous

~**ое деяние** socially dangerous act

ОБЩЕСТВЕННО-ПОЛЕЗНЫЙ *прил* socially useful

~ **труд** socially useful labour

ОБЩЕСТВЕННОСТЬ *сущ* community; public; public opinion ◊ **связь с** ~**ю** public relations

широкая ~ public at large

ОБЩЕСТВЕНН‖ЫЙ *прил* communal; public; social ◊ **проводить опрос** ~**ого мнения** to hold a public opinion poll; **на** ~**ых началах** on a voluntary basis

~**ая безопасность** public safety (security)

~**ая жизнь** public (social) life

~**ая работа** public (social) work

~**ая собственность** communal (public) property; social ownership

~**ое благо** public (social) benefit (good)

~ое зло public (social) evil
~ое место public area (place)
~ое мнение public opinion
~ое поведение public conduct
~ое положение social position (status)
~ое сознание social consciousness
~ое спокойствие public peace
~ое устройство social order (structure)
~ые науки social sciences
~ые обязанности social obligations
~ые организации public (social) organizations
~ые отношения social relations
~ые связи community ties
~ые фонды потребления social consumption funds
~ орган public agency (body)
~ порядок public peace
(~) прокурор public prosecutor
~ строй social system

ОБЩЕСТВО *сущ* society; (*ассоциация*) association; (*компания*) company ◊ **ликвидировать ~** (*компанию*) to wind up a company; **создать (учредить) ~** (*компанию*) to float (found, establish, set up) a company

~ **взаимного страхования** mutual insurance society
~ **изобилия** affluent society
~ **потребления** consumer society
~ **свободного предпринимательства** society of a free enterprise
~ **с неограниченной ответственностью** unlimited company; [*амер*] unlimited corporation
~ **с ограниченной ответственностью** limited (liability) company; [*амер*] (limited liability | limited) corporation
акционерное ~ joint-stock company; [*амер*] (stock) corporation
дочернее ~ affiliate(d) (allied, subsidiary) company
смешанное ~ mixed company; [*амер*] mixed corporation
совместное ~ (*предприятие*) joint venture
страховое ~ insurance company (society)

ОБЩИЙ *прил* common; general; (*весь, целый*) aggregate; total; (*сводный*) overall

ОБЩНОСТЬ *сущ* community; unanimity

~ **взглядов** unanimity of views
~ **интересов** common interest; community of interests
~ **основания исков** joint cause of action
супружеская ~ имущества estate in the entirety; tenancy by the entirety

ОБЪЕДИНЯТЬ, объединить *гл* to unite; unify; (*усилия и т.п. тж*) to combine; join; (*компании, фирмы и т.п.*) to amalgamate; merge

ОБЪЕДИНЯТЬСЯ, объединиться *гл* to unite (*with*); (*в организации*) to associate (*in*); (*о компаниях, фирмах и т.п.*) to amalgamate, incorporate, merge

~ **вокруг общей цели** to unite around a common goal

ОБЪЕКТ *сущ* object; target
~ **права** object of law
~ **преступления** target of a crime

ОБЪЕКТИВН‖ЫЙ *прил* objective; (*беспристрастный*) fair; impartial; unbias(s)ed
~**ая действительность** objective reality
~**ые показания** impartial evidence

ОБЪЁМ *сущ* amount; extent; (*масштаб, размах*) scale; scope; volume; (*ёмкость*) capacity; (*размер*) size
~ **бизнеса** volume of business
~ **лицензии** scope of a licence
~ **полномочий** limits (scope) of authority (of powers)
~ **понятия** scope of a concept
~ **права** scope of a right
~ **правовой помощи** extent of legal aid (assistance)
~ **притязания** scope of a claim
~ **сделки** size of a transaction
~ **страховой ответственности** insurance cover
удельный ~ **перевозок** unit of traffic

ОБЪЯВЛЕНИЕ *сущ* (*заявление о чём-л, провозглашение чего-л*) declaration; proclamation; (*извещение о чём-л*) announcement; (*в судебном порядке*) adjudication; pronouncement; (*реклама*) advertisement(ad)

~ **арбитражного решения** announcement (pronouncement) of an award
~ **безвестно отсутствующим** adjudication of disappearance
~ **вне закона** outlawing; outlawry
~ **войны** declaration of war
~ **недееспособным** adjudication of incapacity (of incompetence)
~ **нейтралитета** proclamation of neutrality
~ **несостоятельным должником** adjudication in (of) bankruptcy
~ **о признании недействительным** declaration of invalidity (of nullity)
~ **приговора** announcement (pronouncement) of a sentence (of a verdict)
~ **результатов голосования** declaration of the poll
~ **судебного решения** announcement (pronouncement) of a judgement (of a court | judicial decision/ruling)
~ **умершим** declaration of death

ОБЪЯВЛЯТЬ, объявить *гл* (*заявлять, провозглашать*) to declare; proclaim; (*извещать*) to announce; (*в судебном порядке*) to adjudge; adjudicate; pronounce; (*рекламировать*) to advertise

~ **арбитражное решение недействительным** to declare invalidity (nullity) of an award; declare an award null and void
~ **безвестно отсутствующим** to adjudicate (declare) (*smb*) missing

~ **виновным** (*выносить вердикт о виновности*) to bring in (deliver, find, issue, reach, render, return) a verdict of guilty
~ **вне закона** to outlaw
~ **военное положение** to declare (proclaim) martial law
~ **заседание закрытым** to declare a meeting closed
~ **заседание открытым** to call a meeting to order; declare a meeting open
~ **меру наказания** (*приговор*) to pronounce a judgement (sentence, verdict)
~ **недействительным** to declare invalid (nullified, void)
~ **несостоятельным должником** to adjudge (adjudicate) bankrupt
~ **об истечении срока действия** to declare expired (lapsed)
~ **об удовлетворении ходатайства** to announce (declare) satisfaction of a petition
~ **перерыв в заседании** to suspend a meeting; take a recess
~ **перерыв прений** to adjourn a debate
~ **приговор суда** to pronounce a judgement (sentence, verdict)
~ **уголовно наказуемым** (*в норме права*) to make penal
~ **чрезвычайное положение** to declare (proclaim) a state of emergency

ОБЪЯСНЕНИ‖Е *сущ* explanation; interpretation ◊ **давать (представлять) ~ по предъявленному обвинению** to give (furnish) explanations concerning a charge (*against*)
~я по делу presentation of a case
~я сторон pleadings
письменное ~ arguments in writing

ОБЫКНОВЕНИЕ *сущ* habit; usage
местное ~ local usage
торговое ~ commercial (trade) usage; usage of trade

ОБЫСК *сущ* search ◊ **производить ~** to conduct (make) a search; search; (*в помещении*) to search the premises; (*на судне*) to rummage; **разрешать ~ (вход в помещение и ~)** to authorize a search (entry and search); **ордер на ~** search warrant; warrant of search (to search)
~ **без ордера** unwarranted (warrantless) search
~, **вызванный срочными обстоятельствами** search based on (upon) exigent circumstances
~, **основанный на добровольном согласии** search based on (upon) a voluntary consent
~ **при аресте** search incidental to the arrest
законный (правомерный) ~ lawful (legal) search
незаконный (противоправный) ~ illegal (unlawful, wrongful) search
необоснованный ~ unreasonable (unwarranted, warrantless) search
тщательный ~ narrow search;

perquisition; ransack

ОБЫСКИВАТЬ, обыскать *гл* to conduct (make) a search; search; (*рыться в вещах*) to ransack

~ **арестованного** to search an arrested person

ОБЫЧА‖Й *сущ* custom; (*принятая практика*) convention; practice; [*юр*] usage ◊ **нарушать местные ~и** to break local customs; **уважать местные ~и** to respect local customs

местный ~ local custom

парламентский ~ law and usage of Parliament; parliamentary law

портовый ~ custom of a port

торговый ~ commercial (trade) custom (usage)

ОБЫЧН‖ЫЙ *прил* customary; ordinary; usual; (*традиционный*) conventional

~ая процедура usual procedure

~ая степень предосторожности ordinary precaution

~ые виды вооружений conventional arms (armaments, weapons)

ОБЯЗАННОСТ‖Ь *сущ* duty; obligation; (*ответственность*) liability; responsibility ◊ **брать на себя ~** to assume (take on) a duty; undertake (*to + inf*); **выполнять (исполнять) свои ~и** to carry out (discharge, do, execute, perform) one's duty (duties); discharge a liability (an obligation); **налагать ~** to place under a duty; **не выполнять ~и** to be in default; **освобождать от выполнения ~и** to dispense from a duty; **пренебрегать своими ~ями** to abandon one's duty (duties); **принимать на себя ~и** to accept (take upon oneself) the duties (*of*); **приступать к исполнению своих ~ей** to enter upon one's duties

исполнение ~и (*служебного долга*) discharge of a duty; **исполняющий ~и** acting (*с указанием должности*); **неисполнение ~ей** default (failure) in duties; (*умышленное*) wilful default

служебные ~и official (professional) duties

ОБЯЗАНН‖ЫЙ *прил* bound (*to + inf*); obliged (*to + inf*); (*по закону и т.п.*) bound (*by*); liable (*to + inf*); (*признательный кому-л – за*) indebted (*to – for*); obliged (*to – for*) ◊ **быть ~ым по закону** to be bound (charged) by law; be legally bound; be under a legal duty (liable) (*to + inf*)

~ая сторона bound party

ОБЯЗАТЕЛЬН‖ЫЙ *прил* binding; compulsory; mandatory; obligatory ◊ **быть ~ым** (*для кого-л*) to be binding (*on | upon smb*); **делать ~ым** to render obligatory

~ая доля statutory share

~ая сила binding force

~ая юрисдикция compulsory jurisdiction

~ая явка compulsory appea-

rance
~ое образование compulsory education
~ое постановление ordinance
~ое правило obligatory rule
~ое условие essential (indispensable) condition
~ые положения (*договора и т.п.*) binding provisions
~ые санкции mandatory sanctions
~ для всех членов международного сообщества binding on (upon) all members of the international community
юридически ~ legally binding

ОБЯЗАТЕЛЬСТВ∥О *сущ* commitment; liability; obligation; undertaking; [*юр тж*] engagement ◊ брать (принимать) на себя ~ to assume (take upon oneself, undertake) a commitment (an obligation); bind (commit, pledge) oneself (*to + inf*); enter into a commitment (an engagement); incur (contract) a liability; undertake (*to + inf*); возлагать ~ (*на*) to impose (lay) a commitment (an obligation) (*on*); выполнять ~ to carry out (comply with, fulfil, meet) one's commitment (obligation); нарушать (не выполнять) ~ to default (on) one's commitment (liability, obligation); освобождать от ~а to discharge (free, release from) a commitment (a liability, an obligation); отказываться от ~а to deny (evade, renounce) a commitment (a liability, an obligation); связывать кого-л ~м to bind smb by (lay, place smb under) a commitment (an obligation); создавать договорные ~а to create contractual commitments (obligations)
не связанный ~м uncommitted; unengaged; невыполнение ~а failure to comply with one's commitment (obligation); impairment of one's commitment (obligation); освобождение от ~а release from a commitment (from a liability, an obligation); соблюдение договорных обязательств adherence to (compliance with, observance of) contractual commitments (obligations)

~а, вытекающие из договоров commitments (obligations) arising from treaties
~а, подлежащие оплате по предъявлении sight liabilities
~а по международному праву commitments (obligations) under international law
~а сторон по контракту commitments (liabilities, obligations) of the parties under a contract
~, взятое без встречного удовлетворения naked promise
~ возместить убытки liability of indemnity
~ в форме документа за печатью deed of covenant
взаимные ~а mutual commitments (obligations)
гарантийное ~ на возмещение убытков bond of indem-

nity
деликтное ~ tort liability
денежное ~ pecuniary (monetary) obligation
добросовестное выполнение ~a fulfilment in good faith of a commitment (of an obligation)
договорные ~a contractual (treaty) commitments (obligations); commitments (obligations) under a contract
долговое ~ certificate of indebtedness; debenture; promissory note; (*обеспеченное закладной*) mortgage debenture
долгосрочные ~a long-term liabilities
краткосрочные (текущие) ~a current (floating, short-term) liabilities
налоговые ~a tax liabilities
правовое ~ legal commitment (obligation)
правомерное ~ lawful commitment (obligation)
противоправное ~ unlawful commitment (obligation)
страховое ~ insurance liability
условное ~ contingent liability

ОБЯЗЫВАТЬ, обязать гл to bind smb by (lay, place smb under) a commitment (an obligation); obligate; oblige (*to + inf*)

ОБЯЗЫВАТЬСЯ, обязаться гл to assume (take upon oneself, undertake) a commitment (an obligation); bind (commit, pledge) oneself (*to + inf*); enter into a commitment (an engagement); incur (contract) a liability; undertake (*to + inf*)

ОБЯЗЫВАЮЩ∥ИЙ прил binding
~ая сила международного права binding nature of international law

ОВЕРДРАФТ сущ [*фин*] (*превышение кредита в банке*) overdraft

ОГЛАШАТЬ, огласить гл to announce; proclaim; read out; (*решение суда и т.п.*) to pronounce
~ резолюцию to read out a resolution
~ вердикт (решение суда) to pronounce a verdict; read out a judgement

ОГЛАШЕНИЕ сущ announcement; proclamation; (*решения суда и т.п.*) pronouncement; (*опубликование*) publication
~ показаний disclosure of evidence

ОГОВАРИВАТЬ, оговорить гл (*возводить клевету*) to criminate; defame; slander; (*условия в договоре и т.п.*) to specify; stipulate; (*делать оговорку в документе*) to make a proviso (a reservation) (*concerning, relating to*); (*резервировать*) to reserve
~ самого себя to criminate (perjure) oneself

ОГОВОР сущ crimination; defamation; slander

ОГОВОР‖КА *сущ* (*в договоре и т.п.*) clause; proviso; qualification; reservation; reserve; stipulation ◊ **делать** ~**у** to make a proviso (a reservation) (*concerning, relating to*)

без оговорок without a reservation (reserve); **с** ~**ми** subject to (under) reservations; **содержащий** ~**у** claused; with a reservation (reserve)

~ **об авариях** [*мор страх*] average clause

~ **о наибольшем благоприятствовании** most-favoured-nation clause

арбитражная ~ arbitration clause

взаимная ~ reciprocal clause

обычная ~ usual reservation (reserve)

прямая ~ express stipulation

ОГРАБИТЬ *гл см* **ГРАБИТЬ** *гл*

ОГРАБЛЕНИЕ *сущ* burglary; depredation; plundering; robbery; (*вооружённое тж*) holdup ◊ **совершать** ~ to commit a burglary (a depredation)

~ **жилого помещения** residential burglary

~ **сейфа** safe burglary

~ **учреждения** office burglary

ОГРАНИЧЕНИ‖Е *сущ* (*сдерживающий фактор*) constraint; limit; restraint; restriction; (*предел цен и т.п.*) ceiling, (*действие*) curtailment; limitation; restriction; (*система ограничений*) restrictive practices; (*оговорка*) clause; proviso; reservation; reserve; stipulation ◊ **вводить (налагать)** ~**я** (*на*) to bar; curb; limit; restrain; restrict; impose (introduce, put) limitations (restraints, restrictions) (*on*); set limit(s) (*on | to*); **снимать** ~**я** to lift (raise, remove) limitations (restraints, restrictions)

без всяких ~**й** without any limitation (restraint, restriction); **в** ~ in derogation of

~ (*или лишение свободы*) **в ожидании пересмотра решения по делу** custody pending a review

~ **дееспособности** legal incapacity (incapacitation); special disability

~ **ответственности** liability (responsibility) limitation (restriction)

~ **права** circumscription (curtailment, limitation, restriction) of a right; (*на возражение*) estoppel

~ **прибыли** profit constraint

~ **свободы** restraint of liberty; (*до судебного разбирательства*) limitation (restraint) of pretrial freedom

~ **скорости** speed limit

~ **торговли** restriction of trade; restrictive trade practices

~ **юрисдикции** jurisdictional restriction; restriction of jurisdiction

валютные ~**я** currency (exchange) restrictions

внесудебные ~**я** extrajudicial (out-of-court) restraints (restrictions)

временные ~я time limits
импортные ~я import restrictions
конституционные ~я constitutional restraints (restrictions)
правовые ~я legal restraints (restrictions)
специфические ~я specified restraints (restrictions)
судебные ~я judicial restraints (restrictions)
фактические ~я actual restraints (restrictions)
юридические ~я legal restraints (restrictions)

ОГРАНИЧЕНН‖ЫЙ *прил* limited; restrained; restricted; (*обусловленный*) subject to; (*с оговорками*) qualified; (*недостаточный — о ресурсах и т.п.*) insufficient; scant
~**ая ответственность** limited liability
~**ое право** qualified right

ОГРАНИЧИВАТЬ, ограничить *гл* to limit; restrain; restrict; (*права тж*) to circumscribe; curtail; qualify; (*право на возражение*) to estop

ОГРАНИЧИТЕЛЬН‖ЫЙ *прил* restrictive; (*квалифицирующий*) qualificatory
~**ая скорость** restrictive speed
~**ое условие** restrictive condition

ОДИНОК‖ИЙ *прил* lonely; solitary; (*не имеющий семьи*) single; unmarried; unwed
~**ая мать** unmarried (unwed) mother

ОДИНОЧН‖ЫЙ *прил* isolated; solitary; (*совершаемый одним лицом*) individual; single
~**ая камера** one-man cell; solitary cell
~**ое заключение** solitary confinement

ОДНОПАЛАТНЫЙ *прил* (*о парламенте*) unicameral

ОДНОСТОРОНН‖ИЙ *прил* unilateral
~**ее распоряжение** unilateral instruction (order)
~ **акт** unilateral act
~**яя декларация** unilateral declaration
~**яя сделка** unilateral contract

ОДОБРЕНИ‖Е *сущ* approval ◊ **выразить всеобщее** ~ to express general approval; **получить** ~ to win approval; **представлять** (*в законодательный орган и т.п.*) **на** ~ to submit to ... for approval; **с** ~**я сторон** with the approval of the parties
~ **международного договора** approval of an international treaty
всеобщее ~ acclaim; acclamation; general approval
единодушное ~ unanimous approval
судебное ~ (*утверждение*) approval by (of) the court; judicial approval

ОДОБРЯТЬ, одобрить *гл* to approve

ОЗАБОЧЕННОСТЬ *сущ* concern
серьёзная ~ grave concern

ОЗНАКОМИТЬСЯ *гл* (*с чем-л*) to become familiar (*with*)
~ **с документом** to become familiar with a document
~ **с материалами дела** to become familiar with all materials of the case
~ **с протоколом следственных действий** to become familiar with the report of investigative actions

ОЗНАКОМЛЕНИЕ *сущ* familiarisation (*with*)

ОККУПАЦИЯ *сущ* occupation; occupancy
~ **чужих территорий** occupation of foreign territories

ОКЛЕВЕТАТЬ, клеветать *гл* to calumniate; defame; malign; slander

ОКОНЧАНИЕ *сущ* completion; end; termination

ОКРУГ *сущ* district; region; [*амер тж*] county
избирательный ~ constituency; electorate; electoral district; (*городской тж*) ward
судебный ~ circuit

ОКРУЖНОЙ *прил* area (*attr*); district (*attr*); county (*attr*)
~ **прокурор штата** [*амер*] county attorney
~ **суд** [*амер*] circuit court
~ **судья** district judge; [*амер*] circuit judge

ОЛДЕРМЕН *сущ* [*англ*] (*помощник главы городского самоуправления*) alderman

ОНКОЛЬ *сущ* [*фин*] [*англ*] (*ссуда до востребования*) call money; money at call; (*счёт*) (on) call account

ОНКОЛЬН‖ЫЙ *прил* [*фин*] on call
~**ая сделка** call transaction
~ **счёт** (on) call account

ОПАСНОСТ‖Ь *сущ* danger; jeopardy; peril; (*угроза тж*) menace; threat; (*риск*) hazard; risk ◊ **быть вне** ~**и** to be out of danger; **быть (находиться) в** ~**и** to be in danger (in jeopardy, peril); **отвращать** ~ to avert (ward off) danger; **подвергать** ~**и** to endanger; jeopardize; imperil; (*представлять угрозу тж*) to menace; threaten; pose a threat (*to*); **уменьшать военную** ~ to reduce a war danger
~ **для общества** community danger; danger to the community
~**и мореплавания** dangers of navigation (of the sea); [*мор страх*] perils of the sea
двойная ~ (*повторное привлечение к ответственности за одно и то же преступление*) double jeopardy
действительная ~ actual danger
дорожная ~ traffic risk
морские ~**и** [*мор страх*] perils of the sea
неизбежная ~ imminent peril

ОПАСН‖ЫЙ *прил* dangerous; (*рискованный*) hazardous; risky; [*мор страх*] perilous
~**ая обстановка** dangerous (explosive) situation
~**ое вождение автотранспорта** dangerous driving; (*повлекшее смерть*) causing de-

ath by dangerous driving

ОПЕК||А *сущ* custodianship; custody; guardianship; trusteeship; tutelage; tutorage; tutorship; ward; [*перен*] care; charge ◊ **брать под ~у** to place smb in ward; take smb as ward; [*перен*] to take care (charge) (*of*); **быть (находиться) под ~ой** to be in smb's custody; be under smb's care (guardianship, wardship); **не подчиняться ~е** to fail to surrender to custody (to guardianship, wardship); **передавать территорию под ~у** to place the territory under the trusteeship (*of*); **управлять территорией, находящейся под ~ой** to administer a trust territory

Совет по ~е (ООН) Trusteeship Council (UN); **территория, находящаяся под ~ой** trust territory

~ без специального назначения tutorship by nature

~ и попечительство guardianship

~ над несовершеннолетними trusteeship over minors

~ по завещанию tutorship by a will

временная ~ interim custody (guardianship, trusteeship)

международная система ~и international trusteeship system

родительская ~ (*попечение*) parental custody

ОПЕКУН *сущ* caretaker; custodian; guardian; trustee; tutor

◊ **выбирать ~а** to choose a custodian (a guardian); **назначать ~а** to appoint a custodian (a guardian); **отказываться от ~а** to remove a custodian (a guardian)

~ по желанию custodian (guardian) by will

~ по завещанию guardian by a statute; testamentary guardian

~ по суду guardian by appointment of the court (by law)

естественный ~ guardian by nature; natural guardian

законный ~ tutor-at-law

ОПЕКУНСКИЙ *прил* tutorial

~ совет board of trustees

ОПЕКУНСТВО *сущ* custodianship; custody; guardianship; trusteeship; tutelage; tutorage; tutorship; ward;

ОПЕРАТИВНО-РОЗЫСКН||ОЙ *прил* operational search

~ое действие operational search action

ОПЕРАТИВНО-СЛЕДСТВЕНН||ЫЙ *прил* operational investigative

~ая группа operational investigative group

ОПЕРАТИВНЫЙ *прил* operational; operative

ОПЕРАЦИ||Я *сущ* operation; [*фин тж*] transaction ◊ **делать ~ю** (*по поводу чего-л*) to operate (*on – for*); perform an operation (*for*) **проводить ~ю** (*военную и т.п.*) to conduct an operation

~и крупных банков (*между собой*) wholesale banking
банковские ~и banking facilities
биржевые ~и exchange business
валютные ~и currency (exchange) transactions
внешнеторговые ~и foreign trade transactions
коммерческие ~и commercial transactions
незаконные валютные ~и illegal exchange transactions
расчётные ~и clearing transactions
спасательные ~и rescue (relief) operations
тайные ~и undercover operations
текущие ~и current transactions
финансовые ~и financial facilities
фондовые ~и stock exchange transactions; (*с ценными бумагами*) securities transactions
фьючерсные ~и futures transactions

ОПЕЧАТЫВАНИЕ *сущ* placing under a seal; sealing

ОПЕЧАТЫВАТЬ, опечатать *гл* to place under a seal; seal up

ОПИСАНИ‖**Е** *сущ* description ◊ **соответствовать** ~ю to answer (fit) a description; **по** ~ю by description

ОПИСЬ *сущ* (*реестр*) inventory
~ (**изъятого**) **имущества** inventory of property (attached)

ОПЛАТ‖**А** *сущ* (*платёж*) pay; payment; (*вознаграждение*) remuneration; (*погашение долга и т.п.*) redemption; reimbursement; repayment; (*расчёт по счетам*) settlement ◊ **задерживать** ~у to withhold payment; **подлежать** ~е to be due (payable); be liable to pay; be paid; **приостанавливать** ~у (*платежи*) to suspend payment(s)

к ~**е** (*о векселе и т.п.*) for payment; **с** ~**ой наличными** payable in cash; **с** ~**ой при доставке** payable on delivery; **условия** ~**ы** terms of payment
~ (*товара*) **наличными** cash payment; payment by (in) cash; (*в розничной торговле тж*) cash-and-carry
~ **по счёту** payment on invoice; (*в банке*) payment on account
~ **сверхурочной работы** overtime pay (payment); pay (payment) for overtime
~ **труда** payment for labour
гарантированная ~ **труда** guaranteed remuneration of labour
окончательная ~ final payment; (*по счёту тж*) final settlement
повременная ~ (*труда*) hourly (daily, weekly) pay (payment); pay (payment) (work paid) by the hour (day, week); time payment
предварительная ~ prepayment
сверхурочная ~ overtime pay

(payment)

сдельная ~ (*труда*) piece work (piece-rate) pay (payment); pay (payment) by the piece

частичная ~ partial pay (payment)

ОПЛАЧИВАТЬ, оплатить *гл* to pay; (*выплачивать вознаграждение*) to remunerate; (*погашать долг и т.п.*) to redeem; reimburse; repay; (*покрывать расходы и т.п.*) to cover; defray; meet; (*счета*) to settle

ОПЛОШНОСТЬ *сущ* (*недосмотр*) false step; oversight; (*небрежность, упущение*) dereliction; negligence

ОПОЗНАВАТЬ, опознать *гл* to identify

ОПОЗНАНИ‖Е *сущ* identification ◊ **предъявлять для** ~**я** to present for identification; **предъявление** (*подозреваемого*) **для** ~**я** identification lineup (parade); show up

~ **в судебном процессе** identification at the trial

~ **личности** personal identification (identity)

~ **на очной ставке** face-to-face identification

~ **обвиняемого очевидцем событий** identification of the accused by an eye-witness

~ **по голосу** voice identification

~ **подозреваемого** identification of a suspect

~ **по фотографии** photograph identification (identity)

ложное ~ (*личности*) false (fictitious) identity

судебное ~ (*личности*) legal identity

ошибочное ~ (*личности*) mistaken identity

ОППОЗИЦИ‖Я *сущ* opposition ◊ [*парл*] **скамья** ~**и** opposition bench

ОППОНЕНТ *сущ* adversary; opponent; (*в суде*) opposing counsel

ОПРАВДАНИ‖Е *сущ* justification; (*извинение*) excuse; [*юр*] absolution; acquittal; palliation; (*реабилитация*) exculpation; rehabilitation; vindication ◊ **добиваться** ~**я** to secure an acquittal; **в** ~ (*преступления*) in palliation (*of*); **не имеющий** ~**я** unjustifiable

ОПРАВДАННЫЙ *прил* justified; [*юр*] acquitted

~ **по суду** acquitted after a trial (by the court)

ОПРАВДАТЕЛЬНЫЙ *прил* excusable; exculpatory; excusatory; exonerative

~ **документ** voucher

~ **приговор** acquittal (in fact); judgement (verdict) of acquittal; verdict of "not guilty"

ОПРАВДЫВАТЬ, оправдать *гл* to justify; [*юр*] to absolve; acquit; palliate; (*реабилитировать*) to exculpate; rehabilitate; vindicate

~ **невиновного** to acquit the innocent

~ **с юридической точки зрения** to justify legally

~ **чьё-л доверие** to justify smb's confidence

ОПРЕДЕЛЕНИ‖Е *сущ* (*формулировка*) definition; [*юр*] determination; ruling; (*оценка*) appraisal; assessment; estimation; evaluation
◊ **выносить** ~ **суда** to issue a judicial (court) determination (decision, order, ruling); (*по уголовному делу*) to determine a criminal cause; **подпадать под** ~ to come within the definition; **не получивший** ~**я** undefined

~ **виновности** determination of a guilt

~ **закона** (*в законе*) statutory definition

~ **наказания по совокупности преступлений** cumulative punishment; determination of punishment by a cumulation of crimes

~ **о прекращении производства по делу** judgement (ruling) of dismissal

~ **о приостановлении исполнения** stay of execution

~ **состояния неплатёжеспособности** determination of indigency (of insolvency)

~ **суда** court (judicial) determination (decision, order, ruling); determination (decision, order, ruling) of the court

~ **суммы залога** bail determination

заключительное ~ final determination (ruling)

судебное ~ court (judicial) determination (decision, order, ruling); determination (decision, order, ruling) of the court

частное ~ interlocutory (intermediate) judgement (order, ruling)

ОПРЕДЕЛЯТЬ, определить *гл* (*обозначать*) to define; designate; (*устанавливать*) to determine; mete out; state; (*оценивать*) to appraise; assess; estimate; evaluate; (*обусловливать*) to specify; (*назначать срок*) to fix; set

~ **взыскание** to determine (mete out) a penalty

~ **законность ареста** (**задержания**) to determine (state) the lawfulness of the arrest (detention)

~ **наказание** to determine (mete out) a penalty (punishment)

~ **состав преступления** to state an offence

~ **срок тюремного заключения** to determine (mete out) a jail (prison) term

~ **сумму возмещения убытков** to assess damages

~ **сумму штрафа** to mete out a fine

ОПРОВЕРГАТЬ, опровергнуть *гл* to confute; disprove; rebut; refute; repulse; (*возражать*) to retort; (*отрицать*) to deny; disclaim

~ **версию** to disprove a case

~ **доводы защиты** to rebut (refute) the defence

~ **доводы обвинения** to rebut (refute) the prosecution

~ **доказательства** to disprove (rebut, refute) the evidence

~ **презумпцию** to overcome a presumption

~ **свидетельские показания** to disprove (rebut, refute) the evidence (testimony)

ОПРОВЕРЖЕНИЕ *сущ* confutation; disproof; rebuttal; refutation; (*возражение*) rejoinder; (*отрицание*) denial; disclaimer

ОПРОВЕРЖИМ‖ЫЙ *прил* confutable; controvertible; rebuttable; refutable

~**ое доказательство** probable evidence

ОПРОМЕТЧИВО *нареч* recklessly

ОПРОМЕТЧИВОСТЬ *сущ* recklessness

ОПРОМЕТЧИВЫЙ *прил* reckless

ОПРОС *сущ* (*населения*) canvass; inquiry; poll; survey; (*социологический*) interview; [*юр*] (*допрос*) (cross-)examination; interrogation; questioning ◊ **проводить** ~ **общественного мнения** to conduct (take) a poll; poll

~ **на месте происшествия** field interview

~ **свидетелей** examination; interview; interrogation of witnesses

~ **по уголовному делу** criminal interview

беспристрастный ~ unbias(s)ed (unprejudiced) interview

письменный ~ **сторон** (*или* **свидетелей**) interrogatories

повторный ~ **свидетелей** re-examination of witnesses

ОПУБЛИКОВАНИЕ *сущ* publication; (*закона и т.п.*) promulgation

ОПУБЛИКОВЫВАТЬ, опубликовать *гл* to publish; (*закон и т.п.*) to promulgate

ОПЦИОН *сущ* [*фин*] option ◊ **отказываться от** ~**а** to opt out

валютный ~ option of exchange

двойной ~ double option; put and call

ОПЫТ *сущ* experience; (*испытание, эксперимент*) experiment; test; trial ◊ **иметь** ~ to have experience; **заимствовать чей-л** ~ to draw on (upon) smb's experience; **обмениваться** ~**ом** to exchange experience; **передавать** ~ to share the experience (*with*); **приобретать** ~ to gain (obtain) experience

коллективный ~ collective experience

предшествующий ~ previous experience

ОПЬЯНЕНИ‖Е *сущ* (alcoholic) intoxication; drunkenness ◊ **в состоянии** ~**я** in a state of alcoholic intoxication; **управление автомобилем в состоянии** ~**я** driving while intoxicated; drunken driving

~ **высшей степени** advanced state of intoxication

добровольное ~ voluntary drunkenness (intoxication)

недобровольное ~ involuntary drunkenness (intoxication)

ОРГАН *сущ* agency; body; organ; (*власти*) authority
  ~ **дознания** (*или* **предварительного следствия**) agency (body) of (in charge of) immediate or preliminary (pretrial) investigation; agency (body) of inquiry
  ~ **законодательной власти** body of legislative power; law-making (legislative) body; legislature
  ~ **исполнительной власти** body of executive power
  ~ **местного самоуправления** body of local self-government
  ~ **надзора** oversight (supervisory) agency (body)
  ~ **правосудия** tribunal
  ~ **социального страхования** social insurance agency
  ~ **уголовного преследования** prosecuting agency
  ~ **юстиции** law-enforcement agency (body)
  ~**ы государственной власти** bodies of state power
  ~**ы государственного управления** bodies of state administration (government, management)
  ~**ы местного управления** local authorities; local government agencies (bodies)
  административно-карательный ~ administrative and punitive agency(body)
  вспомогательный ~ auxiliary (subsidiary) agency (body)
  высший судебный ~ highest judicial body
  главный ~ main (principal) body
  директивный ~ decision-making body
  законодательный ~ body of legislative power; law-making (legislative) body; legislature
  исполнительный ~ body of executive power; executive body
  компетентный ~ authoritative body
  консультативный ~ advisory (consultative) body
  контрольный (наблюдательный) ~ oversight (supervisory) agency (body)
  межправительственные ~**ы** intergovernmental bodies
  местный ~ **власти** local (municipal) authority
  наблюдательный ~ supervisory agency (body)
  неправительственный ~ non-governmental agency (body)
  общественный ~ public body
  постоянный ~ standing body
  правительственный ~ governmental body
  правоохранительный ~ law enforcement agency (authority, body)
  разведывательный ~ intelligence agency
  следственный ~ investigative (investigatory) agency
  совещательный ~ deliberative body
  судебно-надзорный ~ agency of court supervision; oversight (supervisory) agency (body)
  судебный ~ judicial body;

legal agency

ОРГАНИЗАЦИЯ *сущ* agency; organization
головная ~ lead agency

ОРГАНИЗОВАНН‖ЫЙ *прил* organized
~ая преступность organized crime

ОРГАНИЗОВЫВАТЬ, организовать *гл* to organize

ОРДЕР *сущ* order; warrant ◊ **вручать ~** to serve a warrant; **выдавать ~** to issue an order (a warrant); **исполнять ~** to execute an order (a warrant) **выдача ~a** issuance (issue) of an order (of a warrant); **обыск без ~а** unwarranted (warrantless) search
~ на арест arrest warrant; warrant of arrest
~ на выемку seizure warrant; warrant of seizure (to seize)
~ на обыск search warrant; warrant of search (to search)
~ на предъявителя order to a bearer
~ на совершение действия warrant of a commitment
действительный ~ valid order (warrant)
недействительный ~ invalid order (warrant)
незаконный ~ irregular order (warrant)
предъявленный ~ presented order (warrant)

ОРУДИЕ *сущ* instrument; tool; (*оружие*) weapon
~ преступления crime (criminal) instrument (weapon); instrument (weapon) of a crime

~ убийства murder weapon

ОРУЖИ‖Е *сущ* arms; weapon(s); (*вооружение*) armament(s); weaponry ◊ **владеть огнестрельным ~м** to possess a firearm; **воздерживаться от применения ~я** to refrain from using arms; **носить ~** to carry a firearm (a weapon); **предъявлять обвинение в незаконном хранении (огнестрельного) ~я** to charge with unlawful possession of a firearm; **прибегать к помощи ~я** to resort to arms; **сложить ~** to lay down arms
поставки ~я arms supply (supplies); **торговля ~м** trade (trafficking) in arms
~ массового уничтожения mass-destruction weapons; weapons of mass annihilation (extermination, destruction)
бактериологическое ~ germ (bacteriological) weapon
обычное ~ conventional weapon
огнестрельное ~ firearm
опасное ~ dangerous weapon
смертоносное ~ deadly (lethal) weapon
холодное ~ cold (white) weapon
ядерное ~ nuclear weapon

ОСАД‖А *сущ* siege ◊ **вводить ~у** to lay a siege (*to*); **выдерживать ~у** to stand a siege; **снимать ~у** to lift (raise, take off) a siege

ОСВЕДОМИТЕЛ‖Ь *сущ* informant; informer; [*разг*] snitch; [*амер*] [*жарг*] (*про-*

вокатор) stool pigeon ◊ **личность** ~**я** identity of the informant (informer)

тайный ~ confidential (secret) informant (informer)

ОСВЕДОМЛЁННОСТЬ *сущ* cognizance; (possession of) information; knowledge; privity

презюмируемая ~ imputed knowledge

судейская ~ judicial cognizance

ОСВЕДОМЛЁННЫЙ *прил* knowledgeable (*about*); well-informed (*about*); (*сведущий*) versed (*in*)

ОСВИДЕТЕЛЬСТВОВАНИЕ *сущ* (*осмотр*) examination; inspection ◊ **проводить** ~ to examine

~ **тела** external examination of a body

ОСВОБОЖДАТЬ, освободить *гл* (*от ответственности, уплаты долга и т.п.*) to release (*from*); relieve (*of*); (*тж от ответственности, обвинения, обременения*) to exonerate; (*от обязательств, уплаты долга*) to acquit; discharge (*from*); dispense (*from*); (*от должности, обязанностей*) to discharge (*from*); dispense (*from*); release (*from*); relieve (*of*); (*увольнять с работы тж*) to discharge (*from*); dismiss (*from*); lay off; sack; [*амер*] to fire; (*от налогов, пошлин*) to exempt (*from*); (*от наказания*) to exempt (*from*); release (*from*); (*от повинности*) to affranchise; (*от зависимости*) to emancipate (*from*); (*из заключения*) to discharge; release; set at liberty; set free; (*страну от оккупации и т.п.*) to liberate (*from*); (*помещение*) to vacate

~ **досрочно** to discharge (release, set free) on parole

~ **из-под стражи** to release from custody

~ **на поруки (под залог)** to discharge (release, set free) on bail

~ **от выполнения обязанностей** to discharge from (dispense from, release from, relieve of) duty

~ (*имущество*) **от залогового обременения** to redeem (*property*)

~ **от занимаемой должности** to discharge; dismiss; lay off; release from duties (from office); relieve of one's post; sack

~ **от наказания** to exempt (release) from a penalty (from punishment)

~ **от обвинения** to exonerate (vindicate) from an accusation (from a blame, charge)

~ **от обременения** to uncharge

~ **от обязательства** to acquit; discharge from (release from) a commitment (an obligation); unbind

~ **от поручительства** to exonerate from a surety

~ **от уплаты налогов** to exempt from taxes

~ **под залог** to discharge (release, set free) on bail

~ **полностью** to discharge (release, set free) unconditionally

~ **условно** to discharge (release, set free) subject to a condition

ОСВОБОЖДЕНИ‖Е *сущ* (*от ответственности, уплаты долга и т.п.*) release (*from*); relief (*of*); (*тж от ответственности, обвинения, обременения*) exoneration; (*от обязательств, уплаты долга*) acquittal (*of | from*); discharge (*from*); dispensing (*from*); (*от должности, обязанностей*) discharge (*from*); dispensing (*from*); release (*from*); relief (*of*); (*тж от работы*) discharge (*from*); dismissal (*from*); (*от налогов, пошлин*) exemption (*from*); (*от наказания*) exemption (*from*); remission (*of*); release (*from*); (*от повинности*) affranchisement; (*от зависимости*) emancipation (*from*); (*из заключения*) discharge (*from*); release (*from*); (*страны от оккупации и т.п.*) liberation (*from*) ◊ **без права условно-досрочного ~я** (*под честное слово*) with no chance of parole; **нарушение условий ~я** violation of release conditions; **после ~я из-под стражи** after a release from custody

~ **из-под стражи** release from custody

~ **от наказания** exemption (release) from a penalty (from punishment); remission of a penalty (of punishment)

~ **от налога** bonification

~ **от ответственности** exemption (release) from liability (responsibility); exoneration (relief) of liability (responsibility)

~ **от поручительства** exoneration of bail (of surety)

~ **от таможенных пошлин** exemption from customs duties (taxes)

~ **от уголовной ответственности** absolute (unconditional) discharge(release); relief from criminal responsibility

~ **от уплаты штрафа** exemption from (remission of) a fine (forfeiture)

~ **под надзор** supervised release

~ **под обязательство** release on recognizance

~ **под ответственность третьей стороны** third-party release

~ **под поручительство** release on bail

досрочное ~ early discharge (release)

имеющий право на условно-досрочное ~ (*под честное слово*) eligible for parole

полное ~ absolute (unconditional) discharge (release)

условно-досрочное ~ (*под честное слово*) parole

условное ~ conditional discharge (release)

ОСКВЕРНЕНИЕ *сущ* (*святыни*) desecration

~ **могил** desecration of the graves

~ **храма** desecration of a temple

ОСКВЕРНЯТЬ, осквернить *гл* (*святыню*) to desecrate

ОСКОРБИТЕЛЬНЫЙ *прил* offensive
грубо ~ grossly offensive
явно ~ patently offensive

ОСКОРБЛЕНИ∥Е *сущ* insult; (*особ публичное*) affront ◊ **наносить** ~ to insult; (*публичное*) to affront; offer an affront (*to*); put an affront (*on | upon*); **переносить** ~**я** to bear insults

~ **действием** (assault and) battery
~ **словом** (*диффамация*) damaging words; defamation; denigration; offensive language; (*клевета тж*) slander
~ **суда** contempt of court
незаслуженное ~ wanton insult
преднамеренное ~ deliberate affront
публичное ~ (public) affront (insult)
тяжкое ~ great insult
устное ~ slander

ОСКОРБЛЯТЬ, оскорбить *гл* to insult; offend; revile; (*публично*) to affront; offer an affront (*to*); put an affront (*on | upon*)

ОСМОТР *сущ* examination; inspection; (*обозрение*) survey ◊ **производить** ~ **товара** to make an examination (inspection) of the goods
~ **вещественных доказательств** examination of exhibits (of material evidence)
~ **и захват** [*мор право*] search and seizure
~ **на месте** inspection (view) on the spot
~ **помещения** inspection (view) of the premises
поверхностный ~ superficial examination (inspection)

ОСНОВ∥А *сущ* basis; foundation; (*мн*) fundamentals ◊ **закладывать** ~**у** to lay the foundation (*for*); **лежать в** ~**е** to be (form) the basis (*of*); underlie

на взаимовыгодной ~**е** on a mutually advantageous (beneficial) basis; on the basis of mutual advantage (benefit); **на договорной** ~**е** on a contractual basis; **на двусторонней** ~**е** on a reciprocal basis; **на комиссионной** ~**е** on a commission basis; on commission; **на** ~**е взаимной выгоды и равных преимуществ** on the basis of mutual advantage and equitable benefits; **на стабильной и долгосрочной** ~**е** on a stable and long-term basis
~**ы законодательства** fundamentals (fundamental principles) of legislation
~**ы конституционного строя** foundations of the constitutional system
долгосрочная ~ long-term basis
прочная ~ stable basis

ОСНОВАНИ∥Е *сущ* (*фундамент*) foundation; (*создание, учреждение чего-л*) establishment; formation; foundation; (*мотив, причина*) cause (*for|of*) (*to + inf*); ground(s) (*for*) (*to + inf*); motive (*for*) (*to + inf*); reason (*for | of*); reasoning ◊ **давать ~я для презумпции** to raise the presumption; **давать ~я полагать** to induce (lead) smb to believe (to suppose); **действовать на ~и закона** to act with the authority of law; **иметь ~я полагать** to have ground(s) (reason) to believe (to suppose); **представлять ~я** to show the cause

без ~й without (any) cause (ground|s, reason); **на законном ~и** lawfully; legally; on a legal basis; **на ~и** on account (*of*); on (under) the authority (*of*); on the ground(s) (*of*); (*в силу чего-л*) by virtue (*of*); **на ~и доказательств (показаний)** on the basis of evidence; **на равных ~ях** with equal reason; **на разумном ~и** on reasonable ground(s); **на ~и судебного решения** on the basis (on the ground|s) of a judgement (of a court order | ruling); **не без ~я** not without reason; **не могущий служить ~м для иска** unenforceable; **по иным ~ям** for other reasons; **по ~ям, установленным законом** on the grounds laid down by law; **при наличии достаточных ~й** given sufficient grounds (reason); **с полным ~м** with a good reason

~ вынесенного судебного решения reasoning of a judgement

~ для апелляции cause (ground|s) for an appeal (to appeal)

~ для возражения cause (ground|s) for opposition

~ для жалобы cause (ground|s) for a complaint (to complain)

~ для отвода cause (ground|s) for disqualification (to disqualify)

~ для предъявления иска cause (ground|s) for (of) an action

~ для признания недействительным (*патента и т.п.*) cause (ground|s, reason) for nullity (to nullify)

~ для приостановления следствия grounds for suspension of an investigation

~ для развода cause (ground|s) for a divorce

~ для уголовной ответственности grounds for criminal responsibility

достаточное ~ (полагать) good cause (reason) (to believe, suppose)

презюмируемое ~ ostensible cause (ground, reason)

юридическое ~ legal ground(s)

ОСНОВН||ОЙ *прил* (*основополагающий*) basic; fundamental; underlying; (*главный*) chief; main; major; primary; principal

~ая часть договора operative part of a treaty

~ договор principal contract (treaty)

~ должник principal debtor

~ иск basic suit
~ закон fundamental law
~ капитал fixed assets (capital, stock); (capital) stock
~ые меры наказания principal penalties
~ые права и обязанности граждан fundamental rights and duties of citizens
~ые принципы basic (fundamental, underlying) principles
~ые производственные фонды basic production assets
~ые свободы fundamental freedoms
~ые условия поставки fundamental (main) conditions of delivery
~ые цели Организации Объединённых Наций fundamental purposes of the United Nations

ОСОБО *нареч* especially; in particular; particularly
~ опасное преступление capital offence

ОСОБ‖ЫЙ *прил* particular; peculiar; special ◊ оставаться при ~ом мнении to reserve one's opinion; [*юр*] to dissent
~ое мнение dissent; dissenting (special) opinion
~ое производство special proceeding

ОСОЗНАНИЕ *сущ* (чего-л) conscience; consciousness
~ своей вины conscience (consciousness) of guilt; guilty conscience

ОСПАРИВАЕМЫЙ *прил* contestable; (*спорный*) controversial; disputable

ОСПАРИВАТЬ, оспорить *гл* to challenge; contest; dispute; impeach; impugn; traverse; (*в суде*) to litigate
~ вердикт to impeach a verdict
~ действительность документа to challenge (dispute) the validity of a document
~ иск (притязание) to challenge (contest, meet) a claim
~ патент to contest a patent right; litigate
~ право to contest a right
~ сделку to impeach a transaction

ОСПОРИМОСТЬ *сущ* challenge; challengeability; voidability
~ подлинности challenge of identification

ОСПОРИМЫЙ *прил* (*могущий быть аннулированным*) challengeable; voidable

ОСТОРОЖНОСТЬ *сущ* care; caution
разумная ~ reasonable caution

ОСТРАКИЗМ *сущ* [*полит*] (*изгнание, гонение*) ostracism ◊ подвергаться политическому ~у to suffer a political ostracism

ОСУЖДАТЬ, осудить *гл* (*обвинять*) to adjudicate; accuse (*of*); blame (*for*); charge (*with*); denounce; (*приговаривать на срок*) to condemn (*to*); convict (*of*); sentence (*to*); (*обрекать на*) to condemn (*to*); doom (*to*)
~ в порядке суммарного производства to convict summarily

~ за убийство to convict of murder
~ на десять лет (тюремного заключения) to sentence to ten years (to ten-year imprisonment)
~ на смертную казнь to sentence to death
~ невиновного to convict the wrong man
~ повторно to reconvict

ОСУЖДЕНИЕ *сущ* (*порицание*) accusation; adjudication; denunciation; (*в судебном порядке*) conviction; (*на смертную казнь*) condemnation ◊ **отменить** ~ to overturn a conviction; **поддерживать** ~ (*в апелляционной инстанции*) to sustain a conviction

~ **в порядке суммарного производства** summary conviction
~ (*на смертную казнь*) **за совершение преступления** condemnation of a crime
~ **по обвинению в преступлении** conviction on a charge
повторное ~ reconviction; second conviction
прежнее ~ previous conviction
условное ~ suspended sentence; (*пробация*) probation

ОСУЖДЁННЫ‖Й *сущ* convict; convicted criminal (offender); *прил* convicted; (*на смертную казнь*) condemned ◊ **быть** ~**м** to be convicted (condemned); (*за пособничество преступлению*) to be convicted as an accomplice
~, **бежавший из заключения** convict at large
~ **вторично** reconvicted
~ **за насильственное преступление** convicted of a violent crime
~ **за хранение наркотиков** convicted of drug possession
~ **преступник** convict; convicted criminal (offender)
~ **ранее за такое же преступление** previously convicted of the same offence

ОСУЩЕСТВЛЕНИ‖Е *сущ* (*выполнение*) fulfilment; implementation; realization; (*завершение*) accomplishment (*прав, свобод и т.п.*) exercise ◊ **при** ~**и своих прав и свобод** in the exercise of one's rights and freedoms; **восстанавливать** ~ **прав** to restore (reestablish) the exercise (realization) of one's rights; **приостанавливать** ~ **прав** to suspend the exercise (realization) of one's rights

~ **дисциплинарной юрисдикции** exercise of discipline
~ **правосудия** administration (exercise) of justice
~ **усмотрения** exercise of discretion
принудительное ~ (*по суду*) enforcement

ОСУЩЕСТВЛЯТЬ, осуществить *гл* (*выполнять, проводить в жизнь*) to bring about; carry out; execute; fulfil; implement; put into effect (into practice); realize; (*в прину-*

дительном порядке тж) to enforce; (*завершать*) to accomplish; (*права, обязанности и т.п.*) to exercise

~ **акт передачи** to execute a deed of assignment

~ **апелляционную юрисдикцию** to exercise appellate jurisdiction

~ **право** to exercise one's right

~ **правосудие** to administer (exercise) justice

~ **судебную власть** to exercise judicial power

~ **судопроизводство** to carry out court proceedings

ОТБЫВАТЬ, отбыть *гл* (*о сроке наказания и т.п.*) to serve

~ **наказание** to serve a sentence

~ **пожизненное тюремное заключение** to serve for life

~ **пробацию** to serve a probation

~ **режим условно-досрочного освобождения** (*под честное слово*) to serve a parole

~ **срок наказания** to serve a term (time); (*отбыть*) to discharge the term of the sentence

~ **срок тюремного заключения** to serve a term of imprisonment

ОТВЕРГАТЬ, отвергнуть *гл* (*отклонять предложение и т.п.*) to reject; repulse; turn down; (*посредством голосования тж*) to vote down; (*отрицать*) to repudiate; (*отказываться от*) to refuse; repulse

~ **обвинение** to repudiate a charge

ОТВЕТ *сущ* answer; reply; response; (*ответственность*) responsibility ◊ **быть в ~е** (*за*) to answer (*for*); be answerable (responsible) (*for*); **давать ~** to answer; give a reply; reply; **давать положительный (отрицательный) ~** to answer (reply) in the affirmative (in the negative); **призывать к ~у** to bring to book; call to account; **в ~** (*на*) in reply (response) (*to*)

~ **истца на возражение по иску** (*реплика*) replication

грубый ~ curt answer (reply)

немедленный ~ immediate (prompt) answer (reply)

окончательный ~ definitive answer (reply)

уклончивый ~ evasive answer (reply)

ОТВЕТСТВЕННОСТ∥Ь *сущ* responsibility; (*по обязательствам*) liability; (*подотчётность тж*) accountability ◊ **брать (принимать) на себя ~** to accept (assume, take upon oneself, undertake) responsibility; take charge (*of*); (*за совершённое преступление*) to claim responsibility (*for*); (*обязательство*) to incur (contract) a liability; **влечь (повлечь) за собой ~** to entail (involve) a liability (responsibility); **возлагать ~** (*на*) to lay (place) responsibility (*on*); **не нести ~и** (*за*) to bear no responsibility (for); **нести ~** (*за*) to bear (shoulder) responsibility (*for*); be answerable (responsible) (*for*); do smth on one's own responsibility; **нести ~ в уголовном порядке** to be criminally responsible (*for*); **нести ~ за правонарушение** to be liable in tort; **нести ~ за убытки** to be liable in damages; **нести ~ по договору** to be liable on (upon) a contract; **нести солидарную ~** to be liable jointly and severally; **освобождать от ~и (снимать ~ с)** to exempt (free, release) from a liability (responsibility); exonerate (relieve) of a liability (responsibility); **отказываться от ~и (снимать с себя ~)** to decline (deny) one's liability (responsibility); **перекладывать ~ (на)** to shift responsibility on (to) smb; **привлекать к ~и** to bring to book; call to account; make accountable (responsible) (*for*); (*к уголовной ответственности*) to hold smb to answer a criminal charge; **привлекаться к уголовной ~и** to be held criminally liable (responsible) (*for*); **уклоняться от ~и** to dodge (evade, shirk) responsibility

без ~и за частную аварию (= **свободно от частной аварии**) [*мор страх*] free from (of) particular average (F.P.A.); **не несущий ~и** bearing (having) no responsibility; uncharged with a responsibility; **освобождение от ~и** acquittal; exemption (release) from a liability (responsibility); exoneration (relief) of a liability (responsibility); **под чью-л личную ~** within smb's personal responsibility; **степень и характер ~и** degree and character of responsibility

~ без вины liability (responsibility) without a fault
~ виновников агрессии liability of the persons guilty of aggression
~ должностных лиц responsibility of officials
~ за военные преступления liability for war crimes
~ за неисполнение (*договора, контракта и т.п.*) liability for nonperformance (*of*)
~ за пропаганду войны liability for propaganda of war
~ за совершение убийства liability for a murder
~ за ущерб (убытки) liability for damage(s)
~ за чужую вину vicarious liability
~ по долгам liability for debts
~ по суду legal liability
~ судей judicial liability (responsibility)
административная ~ administrative responsibility
гражданская ~ civil liability
деликтная ~ tort liability
материальная ~ financial liability; material accountability (liability, responsibility)
международно-правовая ~ liability (responsibility) under international law
моральная ~ moral responsibility
ограниченная ~ limited lia-

bility (responsibility)
родительская ~ parental responsibility
сингулярная ~ single liability
смешанная ~ mixed liability
солидарная ~ joint and several liability (responsibility)
строгая ~ strict liability (responsibility)
уголовная ~ criminal responsibility

ОТВЕТСТВЕНН‖ЫЙ *прил* (*за*) responsible (*for*); (*по обязательствам*) liable (*for*); (*подотчётный*) accountable (*to – for*) ◊ **быть ~ым** (*перед кем-л за что-л*) to be accountable (responsible) (*to – for*); (*по поручению*) to be charged (*with*); **признавать себя ~ым** (*по обязательствам*) to admit one's liability; **считать кого-л ~ым** (*за*) to hold smb liable (responsible) (*for*); (*уголовно ответственным*) to hold smb criminally responsible (*for*)
~ое поручение important assignment
~ **руководитель** executive
материально ~ financially (materially) accountable (liable)

ОТВЕТЧИК *сущ* (*обвиняемый, подсудимый*) accused; defendant; (*в гражданском деле, арбитраже тж*) respondent; (*в морском суде*) libellee; (*по апелляции*) appellee; respondent ◊ **возражение ~а** points (statement) of the defence
оправданный ~ acquitted defendant

ОТВЕЧАТЬ, ответить *гл* to answer (*to*); reply (*to*); (*быть ответственным за*) to answer (*for*); be in charge (*of*); be liable (responsible) (*for*); (*соответствовать требованиям и т.п.*) to accord (*with*); agree (*with*); answer (*to*); comply (*with*); conform (*to*); correspond (*to*); meet; satisfy; (*в суде*) to be sued
~ **за свои действия (поступки)** to be accountable for one's actions
~ **за долги** to be liable for debts
~ **требованиям закона** to comply with law (with statutory requirements)
~ **чьим-л интересам** to accord with smb's interests

ОТВОД *сущ* (*возражение*) challenge; exception (*to*); objection (*to*); (*судей, присяжных тж*) disqualification; recusation ◊ **делать (заявлять)** ~ to challenge; except; file (raise) an objection (*to*); take exception (*to*); **разрешать заявленный** ~ to resolve a challenge
~ **арбитра** challenge (disqualification, rejection) of an arbitrator
~ **без указания причины** peremptory challenge
~ **всему составу суда** challenge to the constitution of the court (of the panel, tribunal); disqualification of the bench

~ присяжного в силу проявленной пристрастности principal challenge

~ по конкретному основанию challenge for a cause

~ по неподсудности challenge of (plea to) jurisdiction

~ свидетеля challenge of a witness

~ судьи challenge (disqualification, rejection) of a judge

мотивированный ~ cause challenge; challenge for a cause

немотивированный ~ peremptory challenge

процессуальный ~ demurrer; estoppel

формально-правовой ~ иска special demurrer

ОТГОВОРКА *сущ* excuse; pretext

ОТГРУЖАТЬ, отгрузить *гл* to ship; (*отправлять*) to consign; dispatch

ОТГРУЗК‖А *сущ* dispatch; shipment; (*отгруженная партия товара*) consignment ◊ отменять ~у to cancel shipment; приостанавливать ~у to suspend shipment; порт ~и port of shipment

~ партии товара shipment of a consignment of goods

задержанная ~ delayed shipment

немедленная ~ immediate (prompt) shipment

планомерная ~ scheduled shipment

срочная ~ express (special) shipment

частичная ~ partial shipment

ОТДЕЛ *сущ* department; division; office; (*бюро*) bureau

~ доставки (*товаров на дом*) delivery department

~ записи актов гражданского состояния registry office

~ по борьбе с преступностью criminal department (division)

~ рекламы publicity department

~ сбыта sales department

~ снабжения supply department

~ уголовного расследования criminal investigation department (CID)

справочный ~ information bureau

ОТДЕЛЕНИЕ *сущ* (*в учреждениях и т.п.*) division; section; (*отдел*) department; (*филиал*) affiliate; branch office; (*действие*) separation (*from*); (*выход*) secession (*from*); withdrawal (*from*); (*отчуждение*) alienation; [*воен*] squad ◊ право на ~ (*выход из союза, федерации и т.п.*) right to secede (*from*)

~ банка branch bank

~ королевской скамьи (*Высокого суда правосудия в Великобритании*) Queen's (King's) Bench Division

~ профсоюза trade union branch

~ фирмы branch; branch office

ОТЗЫВ *сущ* (*отмена*) revocation; withdrawal; (*отозвание*) recall; (*мнение*) judgement; opinion; (*рекомен-

дация) reference; (*характеристика*) character; testimonial; (*рецензия*) criticism; review
~ **депутата** recall of a deputy
~ **оферты** revocation of an offer
~ **полномочий** revocation (withdrawal) of authority
~ **судьи** recall of a judge

ОТЗЫВАТЬ, отозвать *гл* (*с какой-л должности*) to recall; (*войска*) to withdraw; (*отменять*) to call back; revoke; withdraw
~ **возражение** to call back (revoke, withdraw) an opposition
~ **дипломатического представителя** to recall a diplomatic representative
~ **полномочие** to revoke (withdraw) authority
~ **притязание** to withdraw a claim
~ **судью** to recall a judge

ОТЗЫВНОЙ *прил* revocable
~ **аккредитив** revocable letter of credit

ОТКАЗ *сущ* (*отклонение*) refusal; rejection; (*отрицание*) denial; (*аннулирование, отрицание тж*) renunciation; repudiation; retraction; (*денонсация*) denunciation; (*от права, претензии и т.п.*) abandonment; disclaimer; renouncement; renunciation; remission; surrender; waiver; withdrawal ◊ **акт ~а от права** quitclaim
~ **в выдаче патента** refusal of a patent
~ **в пересмотре** (*судебного решения*) dismissal of a review
~ **в правосудии** denial of justice
~ **от** (*выход из*) **гражданства** abandonment (denial, renunciation) of citizenship (of nationality)
~ (*эксперта*) **от дачи заключения** refusal to give an expert opinion
~ **от дачи свидетельских показаний** refusal to give evidence (to testify)
~ **от договора** repudiation of (withdrawal from) a contract (a treaty)
~ **от иммунитета** waiver of immunity
~ **от иска (искового требования)** disclaimer (renunciation, withdrawal) of a suit; remission of a claim
~ **от наследства** relinquishment (renunciation) of succession (*by an heir*)
~ **от несения воинской службы** (*по религиозным или иным убеждениям*) conscientious objection
~ **от обвинения** withdrawal of a charge
~ **от ответственности** denial (repudiation) of a liability (responsibility)
~ **от первоначального признания вины** withdrawal of a guilty plea
~ **от права на возражение** waiver of the right to object
~ **от права требования** quit-

claim
~ **от правового титула** abandonment (renunciation, surrender) of a legal title
~ **от предложения** withdrawal of an offer
~ **от принятия товара** non-acceptance; rejection of the goods
~ **от собственности** relinquishment of property
~ **от совершения преступления** renunciation of a criminal purpose
завещательный ~ gift by a will; testamentary gift (refusal)
предусмотренный законом ~ statutory disclaimer
частичный ~ (*от прав*) partial disclaimer

ОТКАЗЫВАТЬСЯ, отказаться гл (*отклонять*) to refuse; reject; (*отрицать*) to deny; (*отвергать, отрицать тж*) to renounce; repudiate; retract; (*денонсировать*) to denounce; (*от права, претензии и т.п.*) to abandon; disclaim; renounce; remise; surrender; waive

~ **акцептовать вексель** to dishonour a bill
~ **давать свидетельские показания** to refuse to give evidence (to testify); stand mute
~ **от возражения** to waive an objection
~ **от гражданства** to abandon (renounce) citizenship (nationality)
~ **от договора** to repudiate (withdraw from) a contract (a treaty)
~ **от иммунитета** to waive immunity
~ **от исполнения преступления** to countermand the commission (execution) of a crime
~ **от наследства** to relinquish (renounce) succession as an heir
~ **от обязательства** to deny (evade, renounce) a commitment (liability, obligation)
~ **от ответственности** to deny (repudiate) a liability (responsibility)
~ **от первоначального признания вины** to withdraw a guilty plea
~ **от подстрекательства** to countermand instigation
~ **от права на апелляцию** to waive one's right of appeal
~ **от привилегии** to renounce (waive) a privilege
~ **от слушания дела судом присяжных** to waive a jury trial
~ **от судебного дела** to abandon a case
~ **от требования выполнить условие** to waive a condition

ОТКЛАДЫВАТЬ, отложить гл (*отсрочивать*) to adjourn; defer; delay; postpone; put off; (*приостанавливать тж*) to suspend; (*сбережения и т.п.*) to lay (put) aside; reserve; save

~ **вынесение судебного решения** to suspend a judgement
~ **заседание суда** to adjourn the court
~ **платёж** to defer payment

ОТКЛОНЕНИЕ *сущ* (*неприятие, отказ*) denial; dismissal; non-acceptance; refusal; rejection; (*отступление от нормы и т.п.*) departure (*from*); deviation (*from*); divergence (*from*); (*от существа дела*) digression (*from*)

ОТКЛОНЯТЬ, отклонить *гл* (*отказываться от*) to deny; dismiss; refuse; reject; turn down; (*отвергать*) to override; overrule

~ **апелляцию** to dismiss (reject) an appeal

~ **вето** to override a veto

~ **возражение** to overrule an objection

~ **заявку** to refuse (reject) an application

~ **иск** to dismiss (reject) an action (a claim)

~ **обвинение** to deny (dismiss, refute, reject, repudiate) a charge

~ **поправку** to vote down an amendment

~ **предложение** to decline; (reject, turn down) a proposal; (*посредством голосования*) to vote down a proposal

~ **претензию** to dismiss (reject) a claim

ОТКРЫВАТЬ, открыть *гл* to open; (*торжественно*) to inaugurate; (*начинать*) to begin; commence; launch; start; (*делать видимым, обнаруживать*) to disclose; reveal; show; (*учреждать – о новом предприятии и т.п.*) to establish; launch; set up; start; (*делать открытие*) to discover

ОТКРЫТИЕ *сущ* (*начало*) beginning; commencement; opening; starting; (*торжественное*) inauguration; (*учреждение нового предприятия и т.п.*) establishment; launching; setting up; starting; (*находка, изыскание и т.п.*) discovery; (*изобретение*) invention

~ **и завладение** discovery and taking possession (*of*)

~ **наследства** commencement (opening) of inheritance (of succession)

~ **сессии** opening meeting (session)

~ **судебного заседания** opening of court proceeding|s (of hearings)

зарегистрированное ~ registered discovery

научное ~ scientific discovery

ОТКРЫТ‖ЫЙ *прил* open; overt

~**ое действие** overt act

~**ое море** high sea

~**ое судебное заседание** open court (session)

~**ое судебное разбирательство** public trial

ОТМЕНА *сущ* (*аннулирование*) abolition; abrogation; annulment; cancellation; reversal; repeal; (*отзыв тж*) revocation; withdrawal; (*отсрочка смертного приговора*) reprieve

~ **доверенности** revocation of a power of attorney

~ **завещания** revocation of a

will; (*судом тж*) revocation of a probate

~ **заказа** cancellation (withdrawal) of an order

~ **закона** abrogation (annulment, cancellation, nullification, repeal, revocation) of law

~ **налога** abolition of a tax

~ **судебного решения** reversal of a judgement; (*по апелляции*) reversal of a case on appeal

постепенная ~ phasing-out

ОТМЕНЯТЬ, отменить (*аннулировать*) to abolish; abrogate; annul; cancel; reverse; repeal; (*отзывать тж*) to revoke; withdraw; (*заменять*) to supersede; (*отклонять, отвергать*) to override; overrule

~ **арбитражное решение** to set aside an award

~ **временно правило** to suspend a rule

~ **доверенность** to revoke a power of attorney

~ **завещание** to revoke a will

~ **закон** to abrogate (annul, cancel, nullify, repeal, revoke) law

~ **приговор** to abolish (quash, reverse, vacate) a sentence

~ **судебное решение** to call back (off) (overrule, recall, rescind, reverse, vacate) a judgement

ОТМЩЕНИЕ *сущ* vengeance

ОТНОСИТЕЛЬНО *нареч* (*касательно чего-л*) as for; as to; as regards; concerning; in (with) regard to; in relation to; in respect of; regarding; relating to

ОТНОСЯЩИЙСЯ *прич* (*имеющий отношение к*) pertaining to; relevant to

ОТНОШЕНИ‖Е *сущ* (*к чему-л*) attitude (to); (*обращение с*) attitude (*to*); treatment (*of*); (*связь с чем-л*) relation (relationship) (*of*); respect (*to*); (*мн*) (*связи между*) relations; relationship; ◊ **вступать с кем-л в ~я (устанавливать ~я)** to enter into (establish) relations (*with*); **обеспечивать гуманное ~** (*к*) to guarantee (ensure) humane treatment (*of*); **поддерживать ~я** to maintain relations (*with*); **развивать ~я** to develop relations (*with*); **разрывать ~я** to break off (sever) relations (*with*); (*на время*) to suspend relations (*with*)

в ~и as for; as to; as regards; concerning; in (with) regard to; in relation to; in respect of; regarding; relating to; **имеющий непосредственное ~** (*к*) immediately relevant (*to*)

доверительные ~я fiduciary relations (relationship)

договорные ~я contractual (treaty) relations; privity of a contract

безответственное ~ (*к*) irresponsible attitude (*towards*)

родственные ~я blood relations

товарно-денежные ~я commodity monetary relations

халатное ~ к службе habitual negligence in office; (к чужому имуществу) negligent handling of smb's property

ОТПЕЧАТ‖ОК *сущ* (*оттиск*) print ◊ снимать ~ки пальцев (*дактилоскопировать*) to dactylograph; lift (take) fingerprints; стирать ~ки пальцев to clean (*a murder weapon etc*) of one's fingerprints; wipe one's fingerprints (*from*)
~ пальца dactylogram; fingermark; fingerprint
~ ступни footmark; footprint
дактилоскопический ~ (*пальцев*) dactylogram; fingermark; fingerprint

ОТПРАВИТЕЛЬ *сущ* (*корреспонденции*) sender; (*груза*) consignor; shipper; (*денежного перевода*) remitter (remittor)

ОТПРАВКА *сущ* (*груза и т.п.*) dispatch; forwarding; sending; shipment; shipping
~ груза в контейнерах containerized shipment
~ на консигнацию shipment on consignment
немедленная ~ prompt shipment

ОТПРАВЛЕНИ‖Е *сущ* (*отправка груза и т.п.*) dispatch; forwarding; sending; shipment; shipping; (*почтовое*) mail; (*перевод денег*) remittance; (*поездов и т.п.*) departure; (*обязанностей, функций и т.п.*) exercise; performance ◊ препятствование ~ю правосудия legal obstruction; obstruction of justice
~ (*выполнение*) обязанностей exercise (performance) of one's duties
~ (*осуществление*) правосудия administration (delivery, dispensation, distribution, execution; exercise) of justice (of judicial power); course of justice; judicature; jurisdiction

ОТПРАВЛЯТЬ, отправить *гл* to dispatch; forward; send; ship; (*по почте*) to mail; post; (*переводить деньги*) to remit
~ на консигнацию to ship on consignment
~ (*осуществлять*) правосудие to administer (deliver, dispense, distribute, execute, exercise, mete out) justice (judicial power); do justice
~ религиозные обряды to perform religious rites

ОТРАВЛЕНИЕ *сущ* intoxication; poisoning
острое ~ acute poisoning

ОТРАВЛЯТЬ, отравить *гл* to poison

ОТРИЦАНИЕ *сущ* denial; negation; negative word
~ вины denial of one's guilt
~ основания иска general denial
обоснованное ~ founded (reasonable, warranted) denial (negation)

ОТРИЦАТЬ *гл* to deny; negate
~ вину под присягой to deny (one's guilt) under an oath

ОТСРОЧК‖А *сущ* (*во вре-*

мени) delay; postponement; prorogation; (*заседания тж*) adjournment; (*вынесения судебного решения*) stay; (*долга, платежа*) (period of) grace; deferment; respite ◊ **добиваться ~и** (*приостановления*) **исполнения приговора** to obtain a stay of execution; **предоставлять ~у платежа** to grant a deferred payment (a respite); postpone payment; **удовлетворять ходатайство об ~е** (*о приостановлении*) **исполнения приговора** to grant a stay of execution; **с ~ой исполнения приговора** with suspended execution of a sentence

~ вынесения (*или* **исполнения**) **судебного решения** suspension of a judgement; (*исполнения приговора тж*) stay of execution; reprieve; respite

~ заседания присяжных respite of the jury

~ исполнения смертного приговора reprieve

~ наказания respite of a penalty (punishment)

~ платежа deferred payment; delay in (of) payment; respite of payment

~ слушания дела (*с целью его мирного урегулирования*) imparlance

дальнейшая (**дополнительная**) **~** extension of a delay; further delay

повторная ~ (*рассмотрения дела*) rejournment

ОТСТАВК‖**А** *сущ* resignation; (*по возрасту*) retirement; (*увольнение тж*) discharge; dismissal; laying (*smb*) off ◊ **выходить в ~у** to resign (retire) (from one's post | position); **подавать заявление об ~е** to hand in (offer, send in, tender) one's resignation; **принимать ~у** to accept smb's resignation **возраст для выхода в ~у** retiring age; **уходящий в ~у** outgoing; retiring

ОТСТРАНЕНИЕ *сущ* (*от должности*) discharge (dismissal, removal) from office; (*увольнение тж*) laying (*smb*) off; (*временное*) suspension

ОТСТРАНЯТЬ, отстранить *гл* (*от должности*) to discharge (dismiss, oust, remove) from office; (*увольнять тж*) to lay (*smb*) off; sack; (*временно*) to suspend

~ от должности на законном основании to remove legally

ОТСТУПАТЬСЯ, отступиться *гл* (*от принципов и т.п.*) to give up; renounce

~ от своего слова to go back on one's word

ОТСТУПНИК *сущ* (*ренегат*) apostate; recreant; renegade

ОТСТУПНИЧЕСТВО *сущ* (*ренегатство*) apostasy

ОТСУТСТВИ‖**Е** *сущ* (*кого-л, чего-л*) absence; (*дефицит, нехватка*) deficiency; deficit; lack; shortage; want ◊ **в виду ~я** (*кого-л, чего-л*) in the absence (*of*); (*нехватки чего-л*)

for lack (want) (*of*); in default (*of*)

~ **в деянии состава преступления** absence of a crime in the act

~ **события преступления** absence of a criminal act (event)

~ **судимости** clean record

ОТСЫЛАТЬ, отослать *гл* (*посылать груз и т.п.*) to dispatch; forward; send (off); ship; (*к кому-л, чему-л*) to refer (*to*)

ОТСЫЛКА *сущ* (*отправление груза и т.п.*) dispatch; forwarding; shipment; (*к кому-л, чему-л*) reference (*to*); (*обратная или к третьему закону*) renvoi

ОТЦЕУБИЙСТВО *сущ* patricide

ОТЦЕУБИЙЦА *сущ* patricide

ОТЦОВСТВ∥О *сущ* paternity ◊ **устанавливать** ~ to affiliate; filiate; **установление** ~**а** affiliation; filiation

ОТЧЁТ *сущ* account; record; report; [*бухг*] [*стат*] account; report; statement ◊ **представлять** ~ to give (render) an account (*of*); report (*on*)

балансовый ~ [*бухг*] balance sheet

годовой ~ annual report; [*бухг*] annual account

краткий ~ summary record

официальный ~ official record

стенографический ~ verbatim record

финансовый ~ [*фин*] financial account (report, statement)

ОТЧИМ *сущ* stepfather

ОТЧИТЫВАТЬСЯ, отчитаться *гл* (*за*) to account (*for*); give an account (*of*); report (*on*)

ОТЧУЖДАЕМОСТЬ *сущ* alienability

ОТЧУЖДАЕМЫЙ *прил* alienable; (*о векселе и т.п.*) negotiable

ОТЧУЖДАТЕЛЬ *сущ* (*лицо, совершающее передачу имущества или права; цедент*) alienator; alienor; assignor; grantor; transferor

ОТЧУЖДАТЬ *гл* (*о собственности*) to alienate; estrange; transfer; (*экспроприировать тж*) to expropriate

ОТЧУЖДЕНИ∥Е *сущ* (*собственности*) alienation; disposition; estrangement; transfer; (*особ принудительное*) condemnation; confiscation; expropriation ◊ **акт** ~**я** (*передаточный акт*) (deed of) conveyance; **лицо, которому производится** ~ alienee

~ **имущества** alienation (disposition, estrangement, transfer) of property; (*подвергнутого описи / аресту*) alienation of property under execution

возмездное ~ alienation for compensation

незаконное ~ illegal (illicit) alienation

принудительное ~ (*конфискация*) condemnation; confiscation; (*экспроприация*) expropriation

ОТЯГЧАЮЩИ∥Й *прил* ag-

gravating
~е обстоятельства aggravation; aggravating circumstances

ОТЯГЧЕНИЕ *сущ* aggravation; aggravating circumstances

~ вины aggravation of a guilt

ОФЕРЕНТ *сущ* [*комм*] (*лицо, делающее предложение*) offerer; offeror

ОФЕРТ‖**А** *сущ* [*комм*] (*предложение*) offer; tender; (*предложение цены, котировка тж*) quotation ◊ **акцептовать** ~у to accept an offer; **отклонить** ~у to reject an offer; **отозвать** ~у to revoke (withdraw) an offer; **сделать** ~у to make an offer

адресат ~ы offeree; **истечение срока** ~ы lapse of an offer; **отзыв** ~ы revocation (withdrawal) of an offer; **условия** ~ы terms and conditions of an offer

ОФИС *сущ* office
главный ~ main office

ОФИЦЕР *сущ* officer
~ **запаса** reserve officer

ОФИЦИАЛЬН‖**ЫЙ** *прил* formal; official
~**ая должность** public office
~**ое заявление** official statement
~**ое лицо** functionary; official; public officer
~**ое сообщение** official communication
~**ое уведомление** formal notice
~ **курс** (*обмена валют*) official exchange rate
~ **визит** official visit
~ **представитель** official representative
~ **протест** formal (official) protest
~ **язык** official language

ОХРАН‖**А** *сущ* (*защита*) protection; safeguard; safeguarding; (*средство защиты тж*) safeguard; security; (*надзор*) guarding; safe-keeping; (*попечение, хранение*) custody; (*стража*) guard ◊ **без** ~ы unguardedly; **в сопровождении** ~ы in custody; under escort; **конвоировать под усиленной** ~ой to convoy safe (safely)

~ **жизни и здоровья** protection of smb's life and health
~ **заключённого** guarding (safe-keeping) of a prisoner
~ **здоровья** health protection
~ **интересов** protection of smb's interests
~ **материнства** protection of motherhood
~ **личных и имущественных прав** protection of personal and property rights
~ (*поддержание*) **общественного порядка** maintenance of a public order
~ **окружающей среды** environmental protection; protection of the environment
~ **памятников культуры** protection of a cultural heritage
~ **преступника** guarding (safe-keeping) of a criminal (of an offender)

~ **свидетеля** protection of a witness
~ **собственности и персонала** protection of property and personnel
~ **труда** labour protection; protection of labour
пограничная ~ border (frontier) guards
полицейская ~ (*защита*) police protection
строгая ~ close (tight) guard

ОХРАННИК *сущ* security guard

ОХРАНЯТЬ *гл* to guard; protect; safeguard
~ **властью закона** to protect by the rule of law

ОЦЕНК‖А *сущ* appraisal; assessment; estimate; estimation; evaluation; valuation ◊ **акт ~и** (*основного капитала и т.п.*) appraisal report
~ **доказательств** evaluation of evidence
~ **имущества** appraisal of property
~ **патентоспособности** evaluation of patentability
~ **экспертизы** evaluation of experts' findings
страховая ~ insurance valuation

ОЦЕНЩИК *сущ* appraiser

ОЧЕВИДЕЦ *сущ* eye-witness

ОЧЕВИДНЫЙ *прил* apparent; evident; manifest; obvious

ОЧЕРЁДНОСТЬ *сущ* priority; sequence

ОЧН‖ЫЙ *прил* ◊ **проводить ~ую ставку с обвиняемым** to confront the accused

~**ая ставка** confrontation

ОШИБАТЬСЯ, ошибиться *гл* to be at fault; be mistaken (wrong); err; make an error (a mistake)

ОШИБК‖А *сущ* blunder; error; mistake; (*вина, оплошность*) fault; (*заблуждение*) fallacy ◊ **делать (допускать) ~у** to make (neglect, overlook) an error (a mistake); **обнаруживать ~у** to detect an error (a mistake); **признавать ~у** to admit (confess) an error (a mistake); **рассматривать судебную ~у** to consider (examine) a judicial error (mistake) (miscarriage of justice); **устранять ~у** to correct (rectify) an error (a mistake); **устранение ~и** correction (rectification) of an error (of a mistake)
~, **вменяемая в вину** culpable error
~ **в праве** error (mistake) of law
~ **в предмете договора** error in rem
~ **в суждении** error (mistake) in a judgement
~ **в факте** error (mistake) in a fact
~, **дающая основания для отмены решения** reversible error (mistake)
исправимая ~ corrigible fault; rectifiable error (mistake)
медицинская ~ medical blunder
несущественная ~ trivial error (mistake)
процессуальная ~ procedural

error (mistake)
судебная ~ error (mistake) of law; judicial error (mistake); miscarriage of justice; misjudgement
существенная ~ substantial (substantive) error (mistake)
фактическая ~ actual error (mistake); ignorance (mistake) of a fact
формальная ~ formal error (mistake)
юридическая ~ ignorance (mistake) of law
ОШИБОЧНЫЙ *прил* erroneous; faulty; mistaken

П

ПАКТ *сущ* covenant; pact
~ **о ненападении** non-aggression pact
ПАЛАТА *сущ* (*высший законодательный орган*) chamber; house; (*учреждение*) chamber; office; [*мед*] ward
~ **депутатов** Chamber of Deputies
~ **лордов** [*Великобритания*] House of Lords
~ **общин** [*Великобритания*] House of Commons
~ **представителей** [*конгресса США*] House of Representatives
верхняя ~ higher (upper) chamber (house)
нижняя ~ lower chamber (house)
постоянная ~ **третейского суда** Permanent Court of Arbitration
торговая ~ chamber of commerce
ПАЛАЧ *сущ* deathman; executioner; hangman; (*мучитель*) torturer
ПАРАФИРОВАНИЕ *сущ* (*договора*) initialling (*of a treaty*)
ПАРАФИРОВАТЬ *гл* (*договор*) to initial (*a treaty*)
ПАРИ *сущ* bet; wager(ing) ◊ **держать (заключать)** ~ to lay (make) a bet; wager
ПАРИТЕТ *сущ* par of exchange; parity
ПАРЛАМЕНТ *сущ* parliament ◊ **распускать** ~ to dissolve parliament; **созывать** ~ to convene (convoke) parliament
заседание ~**а** meeting (session) of parliament; "**королева в** ~**е**" (*законодательная власть в Великобритании*) Queen in Parliament; **палаты** ~**а** Houses of Parliament; **член** ~**а** member of parliament (M.P.)
двухпалатный ~ bicameral parliament
однопалатный ~ unicameral parliament
федеральный ~ federal parliament
ПАРЛАМЕНТАРИЙ *сущ* parliamentarian
ПАРЛАМЕНТАРНЫЙ *прил* parliamentary
~ **строй** parliamentary system
ПАРЛАМЕНТСК‖ИЙ

прил parliamentary
~ая делегация parliamentary delegation
~ая комиссия parliamentary commission
~ая неприкосновенность parliamentary immunity
~ая процедура parliamentary procedure
~ая реформа parliamentary reform
~ая фракция parliamentary splinter-group
~ие выборы parliamentary election(s)
~ие дебаты parliamentary debates
~ акт Act of Parliament
~ запрос interpellation
~ комитет parliamentary committee
~ое большинство parliamentary majority

ПАРОЛЬ *сущ* password

ПАРТИЯ *сущ* (*политическая организация*) party; (*товаров*) batch; consignment; lot; (*отправленного товара*) shipment
правящая ~ party in office (in power); ruling party

ПАРТНЁР *сущ* partner; (*компаньон тж*) associate; companion; (*по доверительному управлению имуществом*) co-trustee
деловой ~ business partner
торговый ~ trading partner

ПАСКВИЛЯНТ *сущ* libeller

ПАСПОРТ *сущ* passport; (*сертификат*) certificate; (*пропуск, разрешение*) pass ◊
визировать ~ to authenticate (endorse) a passport
заграничный ~ foreign passport
служебный ~ service passport
технический ~ technical certificate (passport)

ПАСЫНОК *сущ* stepchild; stepson

ПАТЕНТ *сущ* patent ◊ аннулировать ~ to abrogate (cancel, annul, revoke) a patent; брать ~ to patent; take out a patent; выдавать ~ to grant (issue) a patent; отказывать в выдаче ~а to withhold the grant of a patent; отказываться от права на ~ to abandon a patent; получить ~ to acquire a patent; принимать решение о выдаче ~а to award a patent
получение ~а acquisition of a patent; передача ~а assignment of a patent
~ на гражданство letter of denization
аннулированный ~ cancelled (revoked) patent; (*утративший силу*) void patent
выданный ~ granted (issued) patent
зарубежный ~ foreign patent
недействительный ~ invalid (void) patent
неоспоримый ~ incontestable patent
отечественный ~ home (domestic, national) patent
спорный ~ contestable (disputed) patent; patent in dispute

ПАТЕНТОВЛАДЕЛЕЦ *сущ* patentee

ПАТРОН *сущ* [*воен*] cartridge; [*эл*] lamp holder (socket); (*хозяин*) boss
боевой ~ service cartridge

ПАТРУЛИРОВАНИЕ *сущ* patrol; patrolling ◊ **проводить** ~ to be on patrol; patrol

ПАТРУЛИРОВАТЬ *гл* to be on patrol; patrol

ПАТРУЛЬ *сущ* patrol
военный ~ military patrol
полицейский ~ police patrol

ПАТРУЛЬН‖ЫЙ *прил* patrol; patrolling
~ая машина patrol (squad) car; [*разг*] panda car

ПЕНИТЕНЦИАРНЫЙ *прил* (*карательный*) penal; penitentiary; (*штрафной тж*) punitive

ПЕНОЛОГИЯ *сущ* (*наука о наказаниях*) penology

ПЕНСИОНЕР *сущ* pensioner

ПЕНСИ‖Я *сущ* pension ◊ **выходить на ~ю** to go on pension; retire; **назначать ~ю** to award (grant) a pension; **получать ~ю** to draw (receive) a pension
~ **за выслугу лет** long service pension
~ **по инвалидности** (**нетрудоспособности**) disability pension
~ **по старости** old age pension; (*при выходе в отставку*) retirement pension

ПЕРВООЧЕРЁДНОСТЬ *сущ* (first, high, top) priority; precedence

ПЕРЕВОД *сущ* (*с одной должности на другую*) transfer; (*денежное отправление*) remittance
~ (*перерасчёт*) **валюты** currency conversion
банковский ~ banker's remittance (transfer)
почтовый (денежный) ~ postal (money) order (transfer); [*амер*] mail order (transfer)
телеграфный (денежный) ~ cable (telegraphic, wire) (money) transfer

ПЕРЕВОЗК‖А *сущ* carriage; conveyance; haul; haulage; shipment; shipping; transportation ◊ **организовать ~у** to arrange for carriage
~ **генеральных грузов** general cargo shipping
~ **грузов** cargo (freight) carriage (traffic); transportation of cargo (of goods)
~ **грузов автотранспортом** carriage of goods by road (by truck)
~ **пассажиров** passenger transportation; public conveyance
воздушная ~ air transportation
железнодорожная ~ carriage of goods by rail
контейнерные ~и containerized shipping
международные ~и international carriage (shipping)
морская ~ carriage of goods by sea; (*мн*) seaborne traffic
транзитные ~и traffic in transit

ПЕРЕВОЗЧИК *сущ* carrier

~ **по договору** contractual carrier
~ **несёт ответственность за ошибку** carrier liable if at fault
воздушный ~ air carrier
общественный ~ common carrier
фактический ~ actual carrier

ПЕРЕВОРОТ *сущ* (*изменение общественного строя*) coup (d'état); revolution; upheaval
военный ~ military takeover
государственный ~ coup d'état

ПЕРЕВОСПИТАНИЕ *сущ* re-education; (*исправление*) reformation; reforming
~ **правонарушителей** (**преступников**) re-education of criminals (of offenders)
исправительное ~ correctional re-education; reformation; reforming

ПЕРЕВОСПИТЫВАТЬ, перевоспитать *гл* to re-educate; (*исправлять*) to reform

ПЕРЕВЫБОРЫ *сущ* (*мн*) re-election(s) ◊ **проводить** ~ to hold re-election(s)

ПЕРЕГОВОР‖Ы *сущ* (*мн*) negotiations; talks ◊ **вести** (**проводить**) ~ to conduct (carry on, hold) negotiations (talks); **возобновлять** ~ to resume (reopen, restart) negotiations (talks); **вступать в** ~ to enter into negotiations (talks); **завершать** ~ to complete negotiations (talks); **использовать стол** ~**ов** to use the conference table; **начинать** ~ to begin (commence, start) negotiations (talks); **откладывать** ~ to delay (postpone) negotiations (talks); **прерывать** ~ to break off (discontinue, suspend) negotiations (talks); **приступать к** ~**ам** to initiate negotiations (talks); **продолжать** ~ to continue negotiations (talks); **сорвать** ~ to frustrate (torpedo, wreck) negotiations (talks)
в ходе ~**ов** in the course of negotiations (talks); **государства, участвующие в** ~**ах** negotiating states; **завершение** ~**ов** completion of negotiations (of talks); **за столом** ~**ов** at the negotiating table; **исход** ~**ов** outcome of negotiations (talks); **провал** ~**ов** breakdown in negotiations (in talks); **протокол** ~**ов** minutes of negotiations (of talks); **путём** (**посредством**) ~**ов** by means of (through) negotiations; **успех** ~**ов** progress of negotiations (of talks)

~ **на высшем уровне** high-level (top-level) negotiations (talks); summit talks
~ **о заключении перемирия** armistice (truce) negotiations (talks)
~ **о прекращении огня** cease-fire negotiations (talks)
~ **о разоружении** disarmament negotiations (talks)
~ **по широкому кругу вопросов** negotiations (talks) on a wide range of issues; wide-ranging negotiations (talks)
двусторонние ~ bilateral ne-

gotiations (talks)

дипломатические ~ diplomatic negotiations (talks)

закулисные ~ backstage (secret) negotiations (talks)

мирные ~ peace negotiations (talks)

многосторонние ~ multilateral (multipartite) negotiations (talks)

очередной раунд ~**ов** new round of negotiations (of talks)

поэтапные ~ stage-by-stage negotiations (talks)

предварительные ~ preliminaries ; preliminary negotiations (talks)

предстоящие ~ forthcoming negotiations (talks)

торговые ~ trade negotiations (talks)

успешные ~ fruitful (successful) negotiations (talks)

ПЕРЕДАВАТЬ, передать *гл* (*какой-л предмет*) to pass; (*вручать*) to hand over; (*вручать формально тж*) to deliver; (*собственность*) to assign; convey; transfer; (*права и т.п.*) to assign; cede; transfer; (*полномочия*) to delegate (*to*); (*документы*) to surrender; (*вексель и т.п.*) to negotiate; transfer; (*на рассмотрение*) to refer (*to*); submit (*to*); (*сообщать*) to communicate; report; (*по радио*) to broadcast

~ **вопрос на рассмотрение в комитет** to refer (submit) a matter (a question) to the committee for its consideration

~ **в руки полиции** to hand over to the police

~ **дело в суд** to refer (submit) a case to the court

~ **дело в суд высшей инстанции** to refer (submit) a case (a matter) to a higher court

~ **дело на новое рассмотрение** to remand a case for a new trial

~ (**кому-л**) **свои полномочия** to delegate one's authority (*to*)

~ **собственность** (*или* **право собственности**) to assign (convey) property; transfer ownership (a title) (*to*)

ПЕРЕДАЧА *сущ* (*какого-л предмета*) passing; (*вручение*) handing over; turning over; (*формальное вручение тж*) delivery; (*собственности*) assignment; conveyance; (*прав и т.п.*) assignment; cession; transfer; (*полномочий*) delegation (*to*); (*дела, вопроса – для решения или исполнения*) relegation; (*документов*) surrender; (*векселя и т.п.*) negotiation; transfer; (*на рассмотрение*) reference (*to*); referral (*to*); submission (*to*); (*сообщение*) communication; report; (*по радио*) broadcast; (radio) transmission

~ **владения** transfer of possession

~ **имущественных прав третьему лицу** handover (transfer) of property to a third party

~ **ипотечного залога** (**предусмотренная законом**) (statutory) transfer of mortgage

~ **на рассмотрение в орган дисциплинарной юрисдикции** disciplinary (discipline) referral

~ **на рассмотрение в соответствии с законом** legitimate referral

~ **спора в арбитраж** submission of a dispute to arbitration

~ **технологии** transfer of technology

ПЕРЕИЗБИРАТЬ, переизбрать *гл* to re-elect

ПЕРЕИЗБРАНИЕ *сущ* re-election ◊ **имеющий право на** ~ re-eligible; **право на** ~ re-eligibility

ПЕРЕМИРИЕ *сущ* armistice; truce ◊ **заключать** ~ to conclude an armistice (a truce)

ПЕРЕПИСК‖А *сущ* correspondence ◊ **тайна ~и** privacy of correspondence

деловая ~ business correspondence

дипломатическая ~ diplomatic correspondence

личная ~ private correspondence

ПЕРЕПИСЬ *сущ* census ◊ **проводить** ~ **населения** to conduct (take) the census (of the population)

ПЕРЕПРОДАВАТЬ, перепродать *гл* to resell

ПЕРЕПРОДАЖА *сущ* resale

ПЕРЕРАСПРЕДЕЛЕНИЕ *сущ* reapportionment

ПЕРЕРАСПРЕДЕЛЯТЬ, перераспределить *гл* to reapportion

ПЕРЕРАСЧЁТ *сущ* recalculation; (*валютный*) conversion; (*переоценка*) reappraisal

ПЕРЕСЕЛЕНЕЦ *сущ* emigrant; immigrant; migrant; settler

ПЕРЕСЕЛЕНИЕ *сущ* emigration; immigration; migration; relocation; resettlement

ПЕРЕСМАТРИВАТЬ, пересмотреть *гл* to reconsider; review; revise

~ **дело** (*в суде*) to reconsider (reopen, retry, review) a case

~ **законопроект** to reconsider a bill

~ **решение** to reconsider a decision

ПЕРЕСМОТР *сущ* (*дела в суде и т.п.*) reconsideration; review; revision; (*условий контракта*) renegotiation ◊ **ходатайство о ~е арбитражного решения** appeal for a review (for a revision) of the arbitral award

~ **арбитражного решения** revision of an arbitral award

~ **валютных паритетов** currency adjustment

~ **в порядке апелляции** appellate review (revision); review (revision) by an appeal

~ **дела** (*в суде*) reconsideration (reopening, retrial, review) of a case; (*после осуждения*) post-conviction review

~ **судебного решения** reconsideration (review, revision) of a judgement; (*в порядке надзора*) reopening (retrial, review) of a case (*in the exercise of supervisory power*); (*по вновь*

открывшимся обстоятельствам) reopening (retrial, review) of a case (*upon discovery of new facts*); trial de novo
~ **приговора** review (revision) of a sentence

ПЕРЕСТРАХОВАНИЕ *сущ* reassurance; reinsurance

ПЕРЕСТРАХОВЫВАТЬ, перестраховать *гл* to reassure; reinsure

ПЕРЕСТРЕЛКА *сущ* shoot-out

ПЕРЕУСТУПАТЬ, переуступить *гл* (*права и т.п.*) to assign; cede; transfer

ПЕРЕУСТУПК‖А *сущ* (*передача прав и т.п., цессия*) assignment; cession; transfer; utterance ◊ **условие о** ~**е** (*в страх полисе*) assignment clause

ПЕРЕХОДНЫЙ *прил* transitional
~ **период** transition period

ПЕРЛЮСТРАЦИЯ *сущ* perusal; opening and inspection of correspondence

ПЕРСОНАЛ *сущ* personnel; staff ◊ **нанимать** ~ to employ (engage, recruit) personnel (staff)

дипломатический ~ diplomatic personnel (staff)
квалифицированный ~ competent (skilled) personnel
обслуживающий ~ auxiliary (service) personnel (staff)
технический ~ operating personnel; technical staff
управленческий ~ executive personnel

ПЕРСОНАЦИЯ *сущ* (false) personation

ПЕТИЦИ‖Я *сущ* ◊ **обращаться к кому-л с** ~**ей** to address a petition (*to*)

ПЕЧАТ‖Ь *сущ* seal ◊ **скреплять** ~**ю** to adhibit (affix) a seal; attach a seal (*to*); seal **за моей собственноручной подписью и с приложением** ~**и** under my hand and seal; **за** ~**ю** under a seal; **приложение** ~**и** sealing
должностная ~ seal of an office
официальная ~ official seal
поддельная ~ forged seal

ПЕШЕХОД *сущ* pedestrian
ПЕШЕХОДН‖ЫЙ *прил* pedestrian
~**ое движение** pedestrian traffic
~ **переход** pedestrian crossing; (*подземный*) underground pedestrian crosswalk

ПЕШКОМ *нареч* on foot
ПИКЕТ *сущ* picket
ПИКЕТИРОВАНИЕ *сущ* picketing
ПИКЕТЧИК *сущ* picket; picketer
ПИРАТ *сущ* filibuster; pirate; rover
воздушный ~ air pirate; (air) hijacker; skyjacker
ПИРАТСТВО *сущ* filibustering; piracy ◊ **заниматься воздушным** ~**м** to hijack; skyjack
воздушное ~ air piracy; (air) hijacking; skyjacking
ПИСЬМ‖О *сущ* letter

~а-патенты letters patent
гарантийное ~ letter of commitment (of guarantee, guaranty, indemnity)
деловое ~ business letter
заказное ~ registered letter
залоговое ~ letter of deposit (of hypothecation)
кассовое ~ cash letter
конфиденциальное ~ confidential (confidentiality) letter
ответное ~ letter of response; reply letter
официальное ~ official letter
рекомендательное ~ letter of introduction; (*при устройстве на работу*) reference
сопроводительное ~ cover (covering) letter
уведомительное ~ (*авизо, извещение*) letter of advice
ценное ~ insured (value) letter
циркулярное ~ circular letter

ПЛАГИАТ *сущ* (*нарушение авторского или издательского права*) literary piracy; plagiarism; plagiary

ПЛАГИАТОР *сущ* plagiarist; plagiary

ПЛАТ‖**А** *сущ* pay; payment; (*размер тж*) rate of pay (payment) ◊ **взимать** ~**у** (*в размере...*) to charge; (*дополнительную*) to charge an extra fee; **взимать** ~**у за почтовые услуги** to collect the postage; **повышать заработную** ~**у** to raise wages; **сокращать заработную** ~**у** to cut wages
максимум заработной ~**ы** wage ceiling; **минимум заработной** ~**ы** wage floor; **шкала заработной** ~**ы** wage scale
~ **за буксировку** towage
~ **за обслуживание** service charge
~ **за обучение** tuition fee (charge)
~ **за пожизненную** (*или* **наследственную**) **аренду земли** freehold ground rent
~ **за провоз** (*грузов*) freight
~ **за проезд** fare
~ **за прокат** hire; rent; rental charge (fee)
~ **за простой** (*судна, вагона*) (*демерредж*) (payment for) demurrage
аккордная ~ lumpsum payment
арендная ~ rent; rental; rental charge (fee); (*пожизненная*) perpetual rental charge (fee)
заработная ~ pay; (*рабочих тж*) wage(s); (*служащих тж*) salary; (*вознаграждение*) remuneration; (*заработки*) earnings

ПЛАТЕЛЬЩИК *сущ* payer; (*по векселю и т.п. — трассат*) drawee
~ **налогов** taxpayer

ПЛАТЁЖ *сущ* payment ◊ **отсрочивать** ~ (**предоставлять отсрочку платежа**) to defer (delay, postpone) payment; grant a deferred payment; **получать** ~ to obtain payment; **предъявлять к** ~**у** to present for payment; **прекращать** ~**и** to default; cease (stop) payment; (*временно*) to suspend payment; **производить** ~ to effect (make) payment; **про-**

срочивать ~и to be in default; fall into arrears; **требовать** ~ (*от кого-л*) to enforce payment (*from*); **сумма просроченного** ~a amount in arrears

~ **в рассрочку** payment by (in) instal(l)ments

~ **наличными до сдачи товара** cash before delivery

~ **наличными против (грузовых) документов** cash against documents

~**и, причитающиеся в силу договора перевозки** charges due under a contract of carriage

авансовый ~ advance payment; payment in advance

безналичный ~ payment on a clearing basis

наложенный ~ cash on delivery (C.O.D.)

невзысканный ~ outstanding payment

отсроченный ~ deferred (delayed, postponed) payment

паушальный ~ lump sum

причитающиеся ~**и** accounts (cash) receivable

просроченный ~ arrear(s) of payment; back (late, overdue) payment; payment in arrear(s)

ПЛАТЁЖЕСПОСОБНОСТЬ *сущ* ability (capacity) to pay; paying capacity; solvency; (*финансовая устойчивость тж*) business (financial) solvency; financial soundness (responsibility)

ПЛАТЁЖЕСПОСОБНЫЙ *прил* able (capable) to pay; solvent; (*устойчивый в финансовом отношении тж*) financially solvent (responsible, sound)

ПЛАТЁЖН‖ЫЙ *прил* payment (*attr*)

~**ая ведомость** pay-roll; pay-sheet

~**ое обязательство** payment commitment (obligation)

~**ое поручение** payment commission (order)

~**ое средство** means of payment

~ **баланс** balance of payment

~ **документ** payment document

законное ~**ое средство** lawful money; legal tender

ПЛАТИТЬ, оплатить *гл* to pay

ПЛЕБИСЦИТ *сущ* (*референдум*) plebiscite ◊ **проводить** ~ to hold a plebiscite (*on*)

ПЛЕН *сущ* captivity ◊ **брать кого-л в** ~ to capture; take smb prisoner; **быть (находиться) в** ~**у** to be in captivity; **попасть в** ~ to be taken prisoner; **взятие в** ~ capture; **взятый в** ~ captive; **захвативший в** ~ captor

ПОБЕГ *сущ* escape; (*бегство*) flight ◊ **совершать** ~ **из тюрьмы** to break out of prison; escape from prison; flee; **предотвращение** ~**a** prevention of an escape (of a flight); **риск** ~**a** risk of an escape (of a flight)

~ **заключённого** escape by a prisoner

~ **из плена** escape from captivity

~ **из под стражи** departure (escape) from custody

~ **из тюрьмы** breach of prison; break-out; escape from prison; jail-break

ПОБОИ *сущ* beating ◊ **терпеть** ~ to take a beating

ПОБОИЩЕ *сущ* bloody battle; carnage; slaughter

ПОВЕДЕНИ‖Е *сущ* behaviour; conduct ◊ **манера** ~**я** pattern of behaviour; **нормы** ~**я** standards of behaviour

~ **в конфликтных ситуациях** competitive behaviour

~, **нарушающее общественный порядок** disorderly behaviour

~ **при ведении переговоров** bargaining behaviour

антиобщественное ~ antisocial behaviour (conduct)

деликтное ~ tortious conduct

запрещённое ~ forbidden behaviour (conduct)

надлежащее ~ good (proper) behaviour (conduct)

неправильное (неправомерное) ~ improper behaviour (conduct); misbehaviour; misconduct

непристойное ~ indecent behaviour (conduct)

правильное ~ proper behaviour (conduct)

преступное ~ criminal behaviour (conduct)

примерное ~ good behaviour (conduct)

противоправное ~ unlawful behaviour (conduct)

ПОВЕРЕННЫЙ *сущ* (*уполномоченный*) agent; attorney; [*юр*] (*в суде*) attorney at law;

lawyer; solicitor

~ **в делах** [*франц*] [*дип*] chargé d'affaires

ПОВЕСТК‖А *сущ* notice; notice paper; notification; [*юр*] (*о вызове в суд*) service of process; subpoena; summons; writ ◊ **включать в**~**у дня** to include in (place on) the agenda; **вручать (предъявлять)** ~**у** to serve a notice; (*в суд*) to serve a subpoena (summons, writ); **одобрять (принимать, утверждать)** ~**у дня** to adopt (approve) the agenda; **подготавливать** ~**у дня** to prepare the agenda; **снимать с** ~**и дня** to remove from the agenda; **стоять на** ~**е дня** to be on the agenda

выдача и вручение ~**и** (*в суд*) issue and service of a subpoena (of summons, writ); **на** ~**е дня** on the agenda; **пункт** ~**и дня** item on (of) the agenda

~ **дня** agenda; business (order) of the day

~ **дня после внесения поправок** amended agenda

~ **о вызове в суд** subpoena; summons; writ

предварительная ~ **дня** interim (provisional) agenda

пересмотренная ~ **дня** revised agenda

ПОВИННОСТЬ *сущ* duty; obligation; (*обязанность граждан*) service ◊ **вводить всеобщую воинскую** ~ to introduce compulsory military service

воинская ~ conscription; (mi-

litary) service
трудовая ~ labour service

ПОВИНОВАТЬСЯ *гл* to obey; render obedience (*to*)

ПОВИНОВЕНИЕ *сущ* obedience

ПОВРЕЖДЕНИ||Е *сущ* damage; impairment; injury; (*оборудования тж*) breakage; defect; failure; fault; trouble; (*телесное*) bodily (corporal, physical) injury (harm, mischief) ◊ **выявлять** ~ to detect a fault (a trouble); **наносить телесное** ~ to inflict a bodily harm; **предотвращать** ~ to prevent damage (*to*)

акт о ~**и груза** damaged cargo report; **свободно от** ~ free of damage

~ **груза** damage to the cargo

~ **документов** damaging of documents

лёгкое (нетяжкое) телесное ~ actual (trivial) bodily harm (injury)

смертельное телесное ~ deadly (fatal, lethal, mortal) bodily harm (injury)

тяжкое телесное ~ grave (grievous, severe) bodily harm (injury)

ПОВСТАНЕЦ *сущ* insurgent; rebel

ПОВСТАНЧЕСК||ИЙ *прил* insurgent; rebel; rebellious

~**ая армия** rebel army

ПОВЫШЕНИЕ *сущ* (*в должности*) promotion ◊ **получить** ~ to be promoted; get a promotion

ПОГОН||Я *сущ* chase ◊ **в** ~**е** (*за*) in chase (*of*)

ПОГРАНИЧНИК *сущ* border (frontier) guard

ПОГРАНИЧН||ЫЙ *прил* border; boundary; frontier

~**ая застава** frontier post

~**ая зона** frontier zone

~**ое соглашение** border (frontier) agreement

~ **пункт** border (frontier) check-point

~ **режим** border (boundary, frontier) regime

~ **спор** border (frontier) dispute

ПОГРУЗК||А *сущ* lading; loading; shipment ◊ **осуществлять** ~**у** to load; **прекращать** ~**у** to terminate loading; **в момент** ~**и** at the time of loading; **порт** ~**и** port of loading

~ **груза** loading of cargo

~ **и выгрузка оплачиваются фрахтователем** free in and out (fio)

~ **судов с помощью лихтеров** lighterage

автоматическая ~ automatic loading

досрочная ~ ahead-of-time (pre-schedule, pre-term) loading

немедленная ~ prompt loading

ПОДАВАТЬ, подать *гл* (*заявление, жалобу и т.п.*) to file; lodge; make; present

~ **апелляционную жалобу** to file an appeal

~ **жалобу** to lodge (make) a complaint (*against*)

~**запрос (ходатайство)** to file

(make) a request
~ **заявление** to apply (*to – for*); file an application (*to – for*)
~ **иск** to bring (enter, file, lay, maintain, start) an action (a charge, suit) (*against*); claim; institute (lodge, make, prosecute) a claim (*against*); institute (take) a legal action (proceeding|s) (*against*); lodge (make) a complaint (against); prosecute; sue

ПОДАВЛЕНИЕ *сущ* (*пресечение*) suppression; (*усмирение*) repression
~ **актов агрессии** suppression of acts of aggression

ПОДАВЛЯТЬ, подавить *гл* (*пресекать*) to suppress; (*усмирять*) to repress

ПОДВЕРГАТЬ, **подвергнуть** *гл* to subject (*to*); (*опасности и т.п.*) to expose (*to*); (*испытанию и т.п.*) to submit (*to*)
~ **испытанию** to submit to examination
~ **лечению** to submit to treatment
~ **наказанию** to impose a penalty (punishment) (*on | upon*); subject to a penalty (punishment)
~ **опасности** to endanger; expose to danger; pose a threat (*to*)
~ **перекрёстному допросу** to subject to cross-examination

ПОДВЕРГАТЬСЯ, **подвергнуться** *гл* to be subjected (*to*); (*опасности и т.п.*) to be exposed (*to*); (*испытанию и т.п.*) to be submitted (*to*); (*испытывать тж*) to incur; undergo
~ **дисквалификации** to incur disqualification
~ **досудебному надзору** to be subjected to a pretrial supervision
~ **жестокому, бесчеловечному обращению** to be subjected to a cruel and inhuman treatment
~ **изгнанию** to be subjected to an exile
~ **медицинскому или научному эксперименту** to be subjected to medical or scientific experimentation
~ **наказанию** to be subjected to a penalty (punishment)
~ **необоснованному обыску** to be subjected to an unreasonable search
~ **опасности** to be exposed to danger; incur danger
~ **порицанию** to incur censure
~ **произвольному аресту или задержанию** to be subjected to an arbitrary arrest or detention
~ **произвольному вмешательству в личную и семейную жизнь** to be subjected to arbitrary interference with one's privacy or family
~ **пытке** to be subjected to torture
~ **унижающим достоинство** (*человека*) **обращению и наказанию** to be subjected to degrading treatment and punishment
~ **штрафу** to be subject to a fine

ПОДГОТОВИТЕЛЬНЫЙ

прил preparatory

~ **комитет** preparatory committee

ПОДДАННЫЙ *сущ* citizen; national; subject

~ **в силу рождения** natural-born citizen (subject)

иностранный ~ foreign citizen (subject)

ПОДДАНСТВО *сущ* citizenship; nationality ◊ **принимать** ~ to be naturalized

ПОДДЕЛКА *сущ* (*подлог – действие*) counterfeiting; forgery; forging; (*документа и т.п.*) counterfeit; forgery; (*фальсификация тж*) falsification; tampering (*with*); (*имитация чего-л*) fake; imitation; sham

~ **почерка** counterfeiting of smb's handwriting

~ **счёта** falsification of (tampering with) an account

~ **товарного знака** false marking

ПОДДЕЛЫВАТЬ, **подделать** *гл* (*документ, подпись и т.п.*) to counterfeit; fake; forge; (*фальсифицировать тж*) to falsify; tamper (*with*)

~ **документ** to counterfeit (forge) a document

~ **завещание** to fabricate a will

~ **подпись** to counterfeit (forge) a signature

~ **результаты** to fake the results

~ **чей-л почерк** to counterfeit smb's handwriting

ПОДДЕЛЬН∥ЫЙ *прил* (*фальшивый*) counterfeit; fabricated; fake(d); false; forged; (*фиктивный*) fictitious; (*искусственный*) artificial; imitation

~**ое удостоверение** fake ID (identity) card

ПОДДЕРЖАНИЕ *сущ* maintenance; support

~ **дипломатических отношений** maintenance of diplomatic relations

~ **законности и порядка** maintenance of law and order

~ **всеобщего мира и безопасности** maintenance of universal peace and security

~ **цен** support of prices

ПОДДЕРЖИВАТЬ, **поддержать** *гл* to back up; give (lend) support (*to*); support; (*отношения и т.п.*) to maintain; (*предложение на собрании*) to second; support; (*сохранять в каком-л положении*) to keep up; retain; sustain; uphold

~ **возражение** to sustain an objection

~ **всеобщий мир и безопасность** to maintain universal peace and security

~ **дисциплину** to keep (uphold) discipline

~ **предложение** (*на собрании*) to second (support) a proposal

~ **претензию** to sustain a claim

~ **чью-л кандидатуру** to support smb's candidature

ПОДДЕРЖК∥А *сущ* (*помощь*) backing; support; (*содействие*) encouragement; facilitation; promotion; (*поддержание*) maintenance ◊

оказывать ~у to give (lend) support (*to*); support; **пользоваться ~ой** to enjoy support

ПОДЖИГАТЕЛЬ *сущ* arsonist; incendiary
~ **войны** instigator of war; war-monger

ПОДЖИГАТЬ, поджечь *гл* to set on fire; set fire (*to*)

ПОДЖОГ *сущ* arson; incendiarism; incendiary fire

ПОДЗАКОННЫЙ *прил* by-law
~**акт** by-law

ПОДЗАЩИТНЫЙ *сущ* client; (*обвиняемый, подсудимый*) defendant

ПОДКРЕПЛЕНИЕ *сущ* [*воен*] reinforcement
полицейское ~ police reinforcement

ПОДКУП *сущ* bribe; bribery; [*амер*] graft; [*жарг тж*] payola; (*попытка оказать преступное воздействие на судью или присяжных*) embracery; (*попытка склонить к преступлению, особ к лжесвидетельству*) subornation
~ **судьи** judicial bribery; tampering with a judge

ПОДКУПАТЬ, подкупить *гл* (*давать взятку*) to bribe; (*преступно воздействовать на судью или присяжных*) to embrace; (*склонять к лжесвидетельству*) to suborn
~ **свидетеля** to bribe a witness

ПОДКУПНОСТЬ *сущ* corruptibility
~ **и продажность** corruption; corrupt practices

ПОДКУПН‖ЫЙ *прил* corrupt; corruptible
~**ые судьи** corrupt (corruptible) judges

ПОДЛЕЖАТЬ *гл* to be liable (*to*); be subject (*to*)
~ **возврату** (*о денежных суммах*) to be repayable
~ **доказыванию** to be subject to a proof
~ **немедленному освобождению** to be liable to an immediate release
~ **обложению налогом** to be assessable (taxable); be liable (subject) to a tax (to taxation)
~ **обложению пошлиной** to be dutiable; be liable (subject) to a duty
~ **переизбранию** to be eligible for re-election
~ **рассмотрению** (*в суде*) to be subject to a hearing; be triable
~ **ратификации** (*о договоре*) to be subject to ratification
~ **судебному контролю** to be subject to judicial control
~ **судебному преследованию** to be liable to prosecution

ПОДЛЕЖАЩИЙ *прил* (*чему-л*) liable (*to*); subject (*to*)
~ **административной ответственности** administratively liable
~ **апелляции (обжалованию)** appealable; subject to an appeal
~ **взысканию** (*о долге и т.п.*) recoverable; (*наказанию, штрафу*) liable to a penalty (punishment)
~ **возврату** returnable

~ **выкупу** redeemable
~ **выплате (возврату)** due; repayable
~ **исполнению** (*о судебном решении*) enforceable
~ **наказанию** liable to a penalty (punishment)
~ **налогообложению** assessable; liable to a tax (to taxation); taxable
~ **ограничениям** subject to restrictions
~ **ответственности в гражданско-правовом порядке** civilly liable; liable to civil proceeding(s)
~ **ответственности в уголовно-правовом порядке** liable to criminal proceeding(s)
~ **ответственности перед законом** legally liable
~ **передаче в арбитраж** referable (subject) to arbitration
~ **секвестру** (*аресту или конфискации*) sequestrable
~ **смертной казни** liable to capital punishment (to a death penalty)
~ **судебному преследованию** liable to prosecution
~ **судебному разбирательству** litigious
~ **тюремному заключению** liable to imprisonment
~ **уголовной ответственности** criminally liable
~ **штрафу** liable to a fine (to a penalty)
не ~ **апелляции (обжалованию)** unappealable
не ~ **вменению по обвинительному акту** unindictable
не ~ **выкупу** unredeemable
не ~ **импичменту** unimpeachable
не ~ **налогообложению** unassessable; untaxable
не ~ **обращению взыскания** nonleviable
не ~ **отмене** irreversible
не ~ **передаче** nontransferable
не ~ **регистрации** unregistrable
не ~ **сдаче в аренду** unrentable

ПОДЛИННИК *сущ* (*оригинал*) original (copy); script

ПОДЛИННОСТ‖**Ь** *сущ* authenticity; genuineness; identity ◊ **засвидетельствовать (удостоверять)** ~ **подписи** to attest (authenticate) a signature; **ложное установление ~и** false (fictitious) identity; **судебное установление ~и** legal identity
~ **лица** personal identity

ПОДЛИННЫЙ *прил* authentic; genuine; original; real; true
~ **документ** authentic (genuine) document

ПОДЛОГ *сущ* (*действие*) counterfeiting; forgery; forging; (*фальсификация*) falsification; tampering (*with*); (*подделка*) fake; sham

ПОДЛОЖНЫ‖**Й** *прил* (*фальшивый*) counterfeit; fabricated; fake(d); false; forged ◊ **использовать** ~ **документ** to utter a forged document (instrument) **~е документы** false (forged) documents (instruments); forgery; sham papers

ПОДНАЁМ *сущ* subdemise; sublease; subrental; subtenancy; underlease

ПОДОЗРЕВАЕМ‖ЫЙ *сущ* alleged (supposed) criminal (offender); suspect; suspected person; *прил* suspected ◊ **заключение ~ого под стражу** taking a suspect into custody; taking custody of a suspect; **личность ~ого** identity of the suspect

~ в личной причастности к преступной деятельности suspected of being personally involved in criminal activity

~ в совершении преступления suspected of a crime

~ в шпионаже espionage suspect; suspected of espionage **главный ~** number one suspect; prime suspect

ПОДОЗРЕВАТЬ, заподозрить *гл* to suspect (*of*)

~ в совершении преступления to suspect of a crime

ПОДОЗРЕНИ‖Е *сущ* suspicion ◊ **быть вне ~й** to be in the clear; **возбуждать ~е** to arouse suspicion; **лицо, на которое в первую очередь падает ~** (*главный подозреваемый*) prime suspect; **под ~м** under suspicion

обоснованное ~ reasonable suspicion

ПОДОЗРИТЕЛЬНЫЙ *прил* suspicious

ПОДОПЕЧН‖ЫЙ *сущ* ward; *прил* trust

~ая территория trust territory

ПОДОТЧЁТНОСТЬ *сущ* accountability

ПОДОТЧЁТНЫЙ *прил* accountable (*to*)

ПОДПАДАТЬ *гл* (*под действие закона и т.п.*) to come (*within*); fall (*within*)

~ под действие закона to come (fall) within the purview of law

~ под юрисдикцию to come (fall) within the jurisdiction (*of*)

не ~ под действие закона to be outside the scope of law

ПОДПИСАВШ‖ИЙСЯ *прил* (*под договором и т.п.*) signatory (*to a treaty etc*)

~аяся сторона signatory

~ееся государство signatory (state)

ПОДПИСАНИ‖Е *сущ* signature; signing ◊ **быть (оставаться) открытым для ~я** (*о договоре и т.п.*) to be (remain) open for signature; **приступать к ~ю** to proceed to signature

при ~и (с момента ~я) on (upon) signature; **протокол ~я** protocol of signature; **церемония ~я** signing ceremony

окончательное ~ (*договора и т.п.*) full signature (*of a treaty etc*)

отсроченное ~ (*договора и т.п.*) deferred (delayed) signature (*of a treaty etc*)

официальное ~ (*договора и т.п.*) formal signature (*of a treaty etc*)

ПОДПИСК‖А *сущ* (*на что-л*) subscription (*to*); (*письменное обязательство*) recognizance; written undertaking ◊ **объявлять ~у** (*на что-л*) to offer smth for subscription

~ **на акции** subscription to the shares (to the stock)

~ **о невыезде** recognizance not to leave

~ **о явке** recognizance to appear

годовая ~ annual (yearly) subscription

ПОДПИСЧИК *сущ* subscriber (*to*)

~ **на заём** subscriber to a loan

ПОДПИСЫВАТЬ, подписать *гл* to sign; undersign; (*чек и т.п. тж*) to countersign

ПОДПИСЫВАТЬСЯ, подписаться *гл* (*на что-л*) to subscribe (*to*); (*ставить свою подпись*) to sign; undersign

~ **на акции** to subscribe to the shares (to the stock)

ПОДПИС‖Ь *сущ* signature ◊ **засвидетельствовать (удостоверять)** ~ (**подлинность** ~**и**) to attest (authenticate) a signature; **подделывать** ~ to counterfeit (forge) a signature; **скреплять** ~**ю** to countersign; **ставить** ~ (*на документе*) to affix (put) one's signature (*to a document*)

за ~**ю** signed (*by*); **за** ~**ю и печатью** under one's hand and seal; signed and sealed

~ **официального лица** authorized signature

~ **по доверенности** signature by procuration

~ **уполномоченного** plenipotentiary's signature

поддельная (подложная) ~ fictitious (forged) signature

подлинная ~ authentic (genuine) signature

ПОДПУНКТ *сущ* subparagraph

ПОДРАЗДЕЛ *сущ* subsection

ПОДРАЗУМЕВАЕМЫЙ *прил* constructive; implicit; implied; tacit

ПОДРАЗУМЕВАТЬ *гл* (*презюмировать*) to assume; deem; imply; infer; presume; suppose

ПОДРОБНОСТ‖Ь *сущ* detail; particular ◊ **вдаваться в** ~**и** to go into detail; **во всех** ~**ях** in every detail

~ **и по рассматриваемому делу** bill of particulars

ПОДРОБНЫЙ *прил* detailed; minute

ПОДРЫВ *сущ* subversion; undermining

~ **авторитета** undermining of smb's authority (prestige)

~ **доверия** undermining of confidence

ПОДРЫВАТЬ, подорвать *гл* (*разрушать, ниспровергать*) to subvert: undermine; (*дискредитировать*) to damage; discredit

~ **авторитет** to undermine smb's authority (prestige)

~ **изнутри** to subvert (undermine) from within

~ **конституционные основы государства** to subvert (undermine) the constitutional foundations of a state

~ **репутацию** to damage smb's reputation

ПОДРЫВН‖ОЙ *прил* subversive

~**ая деятельность** subversion; subversive activity; (*призыв к мятежу*) sedition

ПОДРЯД *сущ* contract; *нареч* (*в порядке следования*) in succession ◊ **брать** ~ to contract (*with*); **получать** ~ to win a contract; **на условиях** ~**а** on contract (contractual) terms

ПОДРЯДЧИК *сущ* contractor

вторичный ~ associate contractor

генеральный (головной) ~ general (main, prime) contractor

независимый ~ independent contractor

ПОДСЛЕДСТВЕННОСТЬ *сущ* investigative jurisdiction

ПОДСЛЕДСТВЕННЫЙ *сущ* person under investigation

ПОДСЛУШИВАНИЕ *сущ* (*состав преступления*) eavesdropping; (*с помощью малогабаритных электронных устройств*) bugging; (*в том числе телефонных разговоров*) (wire) tapping; (*радиоперехват*) monitoring

~ **с согласия потерпевшего** consensual eavesdropping

законное ~ legal eavesdropping

незаконное (противозаконное) ~ illegal eavesdropping (bugging, tapping)

ПОДСТАВН‖ОЙ *прил* false; fictitious

~**ое лицо** stooge

~ **свидетель** false witness

ПОДСТРЕКАТЕЛЬ *сущ* abettor; incendiary; inciter; instigator; setter-on; (*особ к лжесвидетельству*) suborner

ПОДСТРЕКАТЕЛЬСКИЙ *прил* instigating; instigatory; seditious

ПОДСТРЕКАТЕЛЬСТВО *сущ* incendiarism; incitement; instigation; (*особ к совершению преступления*) abetting; abetment; solicitation; (*особ к лжесвидетельству*) subornation; (*к бунту, мятежу*) sedition

~ (*свидетеля*) **к даче ложных показаний** subornation of perjury

~ **к насилию** incitement to violence

~ **к отказу от исполнения долга** seduction from duty

ПОДСТРЕКАТЬ *гл* to abet; incite (*to*); induce (*to*); instigate (*to*); set on (*to*) ◊ **оказывать пособничество и** ~ to aid and abet

~ **к мятежу** to incite to a mutiny

~ **к совершению преступления** to abet a crime (smb in a crime); encourage perpetration of a crime; induce to a crime; (*особ к лжесвидетельству*) to suborn

ПОДСУДИМ‖ЫЙ *сущ* defendant; indictee; man (person, prisoner) at the bar (in the dock, on trial); the accused ◊ **выступать в суде в качестве адвоката** ~**ого** to appear for the defendant; **привлекаться в качестве** ~**ого** to appear in the dock; be placed (be put) in (to) the dock; **на скамье ~ых** in the dock

~, отпущенный на поруки prisoner on bail

ПОДСУДНОСТЬ *сущ* cognizance; (court, judicial) jurisdiction; (*персональная*) suability

~ арбитражному суду arbitrability; condition of being arbitrable

~ брачно-семейных дел matrimonial jurisdiction

~ жалоб jurisdiction of appeals

~ по месту жительства jurisdiction of the court of domicile

~ по месту нахождения вещи jurisdiction according to the location of a thing

~ по связи дел jurisdiction by the interrelation of choses in action

альтернативная ~ concurrent (coordinate) jurisdiction

добровольная ~ voluntary jurisdiction

договорная ~ agreed (contractual, prorogated) jurisdiction

исключительная ~ exclusive jurisdiction

личная (персональная) ~ jurisdiction in personam; suability

обязательная ~ obligatory jurisdiction

предметная ~ jurisdiction in rem; subject-matter jurisdiction

территориальная ~ territorial jurisdiction

ПОДСУДНЫЙ *прил* amenable; cognizable; examinable; jurisdictional; justiciable; suable; triable

~ судам общей юрисдикции under (within) the jurisdiction of the courts of general jurisdiction

~ трибуналу amenable to a tribunal

ПОДТВЕРЖДАТЬ, подтвердить *гл* to acknowledge; affirm; confirm; corroborate; (*тж заявление, обвинение и т.п.*) to sustain; uphold

~ получение to acknowledge (the) receipt (*of*)

~ свою готовность (решимость) (*сделать что-л*) to affirm one's readiness (one's determination) (*to do smth*)

~ цену to confirm the price

ПОДТВЕРЖДЕНИЕ *сущ* acknowledgement; affirmation; confirmation; corroboration

~ гарантии confirmation of a guarantee

~ заказа acknowledgement of an order

~ факта вручения судебной повестки acknowledgement of service

ПОДЧИНЕНИЕ *сущ* (*повиновение*) obedience; submission; (*зависимость*) subordinancy; subordination

ПОДЧИНЁННЫЙ *прил* subordinate (*to*); (*второстепенный*) inferior; subsidiary; *сущ* subordinate

ПОДЧИНЯТЬСЯ, подчи-

ниться *гл* (*повиноваться*) to obey; submit (*to*); (*уступать*) to yield (*to*); (*правилам и т.п.*) to be subject (subordinate) (*to*); comply with ◊ **упорно не ~** to recalcitrate

~ опекунству to surrender to custody

~ требованиям to comply with the requirements

ПОЖАР *сущ* fire

~, возникший в результате поджога incendiary fire

~ случайного или естественного происхождения fire of an accidental or natural origin

ПОЖЕРТВОВАНИЕ *сущ* donation; endowment; gift

~ на благотворительные цели charitable endowment (gift); gift to charity

ПОЖИЗНЕННО *нареч* for life

ПОЖИЗНЕНН‖ЫЙ *прил* life

~ аннуитет life annuity

~ое тюремное заключение imprisonment for life; life imprisonment

ПОЗВОЛЕНИЕ *сущ* permission

ПОЗВОЛЯТЬ, позволить *гл* to allow; permit

ПОЗОР *сущ* disgrace; infamy; shame

ПОЗОРИТЬ, опозорить *гл* to defame; discredit; disgrace; dishonour

ПОЗОРЯЩИЙ *прил* defamatory; discrediting

ПОИМКА *сущ* catch; catching; (*взятие в плен, захват*) capture

~ на месте преступления (с поличным) catching smb in flagrant delict (in the act, red-handed)

ПОЙМАТЬ *гл* to capture; catch

~ на месте преступления (с поличным) to catch (*smb*) in flagrant delict (in the act, red-handed)

ПОКАЗАНИ‖Е *сущ* evidence; testimony; witness ◊ **давать свидетельские ~я** to bear (furnish, give) evidence (testimony); testify; witness; (*правдивые показания*) to testify truthfully; (*под присягой*) to depose; give a sworn testimony; swear an affidavit; (*в свою защиту*) to be heard in one's defence; **давать свидетельские ~я по существу обвинения** to give evidence (testimony) (to testify) concerning the charge; **заслушивать (снимать) свидетельские ~я** to hear evidence (testimony); take depositions (testimony); **обеспечивать дачу свидетельских ~й** to provide evidence (testimony); **фальсифицировать свидетельские ~я** to tamper with evidence (with testimony)

дача свидетельских ~й evidence; testimony; (*устных*) testimonial utterance; **допустимость свидетельских ~й** admissibility (permissibility) of evidence (of testimony); **недача свидетельских ~й** failure to give evidence (to testify); **незаконно добытые (полученные) свидетельские ~я** illegally seized evidence; **отказ от дачи свидетельских ~й** refusal to give evidence (testimony) (to testify); **свидетельские ~я, данные под присягой** deposition; evidence (testimony) by an affidavit (by a deposition, on oath)

~ обвиняемого statement (testimony) of the accused

~ подозреваемого testimony of a suspect

~ потерпевшего testimony of a victim

~ экспертизы expert evidence (testimony)

допустимое свидетельское ~ admissible (permissible) evidence (testimony, witness)

ложные свидетельские ~я false evidence (testimony, witness); perjury

письменное ~ written statement; (*под присягой*) affidavit; deposition; statutory declaration

правдивые свидетельские ~я truthful evidence (testimony, witness)

свидетельские ~я testimonial evidence (proof); testimony; witness

свидетельские ~я с чужих слов hearsay evidence (testimony, witness)

устное ~ verbal statement

ПОКУПАТЕЛЬ *сущ* bargainee; buyer; purchaser; shopper; vendee; (*клиент*) customer

крупный ~ heavy buyer
мелкий ~ light buyer
надёжный ~ safe (trusted) customer
последний ~ last buyer (customer)
постоянный ~ regular customer
потенциальный ~ potential (would-be) buyer (customer)
требовательный ~ exacting buyer (customer)

ПОКУПАТЬ, купить *гл* to buy; purchase

ПОКУПКА *сущ* (*действие*) buying; purchase; purchasing; (*приобретённая вещь*) buy; purchase

~ в кредит buying (purchasing) on credit; credit buying

~ в рассрочку instal(l)ment purchasing; [*англ тж*] hire purchase

~ в розницу retail buying (purchasing)

~ с немедленной оплатой наличными buying outright

выгодная ~ bargain
обратная ~ repurchase
окончательная ~ outright purchase

ПОКУШАТЬСЯ, покуситься *гл* to attempt; make an attempt (*on | upon*); (*посягать*) to encroach (*on | upon*); infringe (*on | upon*)

~ на побег to attempt to abscond

~ на растление малолетнего to molest a child

~ на самоубийство to attempt a suicide; make an attempt on

(upon) one's own life
~ **на чужую территорию** to encroach on (upon) a foreign territory
~ **на чьи-л права** to encroach (infringe, trespass) on (upon) smb's rights
~ **на чью-л жизнь** to make an attempt on (upon) smb's life

ПОКУШЕНИЕ *сущ* attempt (*посягательство*) encroachment; infringement
~ **на вооружённое разбойное нападение** abortive (attempted) holdup
~ **на вымогательство (с угрозой)** attempted extortion (extortion attempt) (by threats)
~ **на изнасилование** assault with the attempt (intent) to rape; attempted rape
~ **на самоубийство** attempt to commit a suicide; attempted suicide
~ **на совершение аборта** attempt to procure an abortion
~ **на совершение нападения** attempted battery assault
~ **на совершение преступления** abortive crime (offence); attempted crime (felony, offence); attempt to commit a crime; criminal effort (endeavour)
~ **на убийство (на совершение убийства)** attempted murder
~ **на учинение массовых беспорядков** abortive riot(s); [*амер*] rout
~ **на чью-л жизнь** attempt on (upon) smb's life

ПОЛИГАМИЯ *сущ* (*многобрачие*) polygamy; plural (polygamous) marriage

ПОЛИГРАФ *сущ* (*детектор лжи*) lie-detector; polygraph ◊ **проверка правдивости показаний с помощью ~а** polygraph examination

ПОЛИС *сущ* (*страховой*) insurance policy; policy (of insurance) ◊ **оформлять страховой ~** to take out a policy; **передача ~а** assignment of a policy
~ **морского страхования** marine insurance policy
~ **страхования жизни** life insurance policy; life policy
генеральный ~ floating (general) policy
открытый ~ open cover
рейсовый ~ voyage policy
смешанный ~ (*на рейс и на срок*) mixed policy
страховой ~ на срок time policy

ПОЛИТИК *сущ* politician

ПОЛИТИК∥А *сущ* politics; (*курс*) policy ◊ **придерживаться ~и** to adhere to (abide by, advocate) a policy; **проводить ~у** to pursue a policy
~ **балансирования на грани войны** brink-of-war (brinkmanship) policy
~ **военной конфронтации** policy of military confrontation
~ **мирного сосуществования** policy of peaceful coexistence
~ **невмешательства** policy of non-intervention
~ **неприсоединения** policy of non-alignment

~ регулирования доходов incomes policy
~ "с позиции силы" position-of-strength policy
~ ценообразования price-formation (pricing) policy
~ ядерного устрашения nuclear deterrent policy
агрессивная ~ aggressive policy
внешняя ~ external (foreign) policy
внутренняя ~ home (domestic, internal) policy
выжидательная ~ wait-and-see policy
гибкая ~ flexible policy
захватническая (экспансионистская) ~ expansionist policy
мировая ~ world politics
миролюбивая ~ peace policy
правовая ~ policy of law
реваншистская ~ revenge-seeking (revanchist) policy
реформистская ~ reformist policy
соглашательская ~ conciliating (compromising) policy
финансовая ~ financial policy
экспансионистская ~ expansionist policy

ПОЛИТИЧЕСКИЙ *прил* political

ПОЛИЦЕЙСКИЙ *сущ* policeman; police officer; [*амер тж*] patrolman; [*разг*] cop; [*англ разг*] bobby
~, оказавшийся на месте преступления scene-of-crime officer
старший ~ senior police officer

ПОЛИЦЕЙСК∥ИЙ *прил* police ◊ участок ~ого патрулирования police beat
~ая патрульная машина patrol (squad) car; [*разг*] panda car
~ие власти police authorities
~ие правила police regulations
~ие силы police force
~ округ police district
~ протокол police charge-sheet
~ суд police court
~ фургон police cruiser (van, wagon)
~ участок police section (station); precinct
~ое злоупотребление police abuse
~ое управление police department

ПОЛИЦИ∥Я *сущ* police ◊ вызывать ~ю to call the police; передавать в руки ~и to hand over to the police
в ожидании ~и awaiting the arrival of the police; отдел ~и police division (office); отчёты (сообщения) ~и police reports; управление ~и police department
автодорожная ~ traffic police
военная ~ military police
городская ~ urban police
железнодорожная ~ railroad police
конная ~ mounted police
речная ~ river police
сельская ~ rural police
судебная ~ judicial police
уголовная ~ criminal police
частная ~ private police

ПОЛНОМОЧИ∥Е *сущ*

authority; power(s); terms of reference; [*публ право тж*] commission; [*межд право*] credentials; full powers; [*парл; юр тж*] proxy; (*доверенность*) power of attorney ◊ **давать (предоставлять) ~я** to authorize; empower; confer authority (powers) (*on*); invest (vest) with authority (with powers); vest authority (powers) (*in*); (*доверенному лицу*) to give (*smb*) proxy; **действовать без ~й** to act without authority; **действовать в пределах ~й** to act (keep) within one's authority (powers); **иметь ~я** to have the authority (powers) (*to + inf*); **облекать (наделять) ~ями** to authorize; empower; confer authority (powers) (*on*); invest (vest) with authority (with powers); vest authority (powers) (*in*); **осуществлять ~я** to exercise one's authority (powers); **отзывать ~я** to revoke smb's authority (powers); **передавать свои ~я** to delegate one's authority (powers) (*to*); resign one's commission (*to*); **превышать свои ~я** to exceed (overstep) one's powers; override one's commission; **предъявлять свои ~я** to exhibit one's (full) powers; **признавать ~я действительными** to recognize the credentials as valid; **приостанавливать ~я** to suspend smb's powers; **проверять ~я** to verify smb's credentials; **продлевать ~я** to extend (prolong) the term of office; **слагать ~я** to resign one's commission; tender one's resignation (*to*); terminate one's powers; **сохранять свои ~я** to retain one's powers

во исполнение ~й in the exercise of one's powers; **в пределах ~й** within one's powers; **в силу ~й** by authority; **имеющий соответствующие ~я** duly authorized; **комитет по проверке ~й** credentials committee; **круг (объём) ~й** scope of authority; (*комиссии, комитета*) terms of reference; **осуществление ~й** execution (exercise) of one's authority (powers); **передача ~й** delegation of one's authority (powers) (*to*); **по истечении срока ~й** on the expiry (expiration) of the term of office; **презумпция ~й** appearance of authority; **проверка ~й** verification of powers; **с ~ями принуждения** with the powers of enforcement

~я, выданные ad hoc full powers given ad hoc

~я Конгресса Congressional powers

~я на выдачу ордера authority (powers) to issue a warrant

~я на вынесение предварительных решений interlocutory powers

~я на задержание и обыск authority (powers) to detain (stop) and search

~я на покупку authority to purchase

~я на производство платежа

authority to pay
~я и функции органов ООН powers and functions of UN bodies
дискреционные ~я arbitrary authority (powers)
дополнительные ~я additional authority (powers)
конституционные ~я constitutional authority (powers)
не имеющий ~й unauthorized; uncommissioned
неограниченные ~я unlimited (unrestricted) authority (powers)
ограниченные ~я limited (restricted) authority (powers)
переданные ~я delegated authority (powers)
презюмируемые ~я apparent (implied, ostensible) authority (powers)
чрезвычайные ~я emergency powers
широкие ~я ample (large, wide) powers

ПОЛНОМОЧНЫЙ *прил* plenipotentiary
~ министр minister plenipotentiary
~ представитель plenipotentiary
чрезвычайный и ~ посол Ambassador Extraordinary and Plenipotentiary

ПОЛНОПРАВНЫЙ *прил* enjoying full rights
~ член (*организации и т.п.*) full(-fledged) member (*of the organization etc*)

ПОЛОВ‖ОЙ *прил* sexual
~ая зрелость puberty
~ое воспитание sex education
~ое извращение sexual perversion
~ое преступление sex crime
~ое сношение sexual intercourse

ПОЛОЖЕНИ‖Е *сущ* (*местонахождение*) location; position; (*обстановка, ситуация*) situation; (*условия*) conditions; (*режим, состояние и т.п.*) state; (*статус*) position; status; (*договора, устава и т.п.*) clause; provision; (*свод правил*) regulations; rules ◊ **вводить военное ~** to establish (impose) martial law; **нормализовать ~** to normalize the situation; **объявлять чрезвычайное ~** to declare (proclaim) the state of emergency; **соблюдать ~я договора** to abide by (adhere to, observe) the provisions of a treaty; **ухудшать ~** to aggravate (deteriorate, worsen) the situation

восстановление первоначального правового ~я (*реституция*) legal restitution; **оценка финансового ~я** financial rating
~я договора provisions of a treaty
~я закона statutory provisions
бедственное ~ distress
безвыходное ~ blind alley; cul-de-sac; deadlock; impasse
военное ~ martial law
законодательное ~ statutory provision
международное ~ international situation

обязательное ~ (*договора и т.п.*) binding (mandatory) provision
осадное ~ state of siege
официальное ~ official standing
подразумеваемое ~ implication
правовое ~ legal position (status)
семейное ~ conjugal (family, marital) status
служебное ~ official status
социальное ~ social position (status)
существующее ~ status quo
факультативное ~ (*договора, устава и т.п.*) optional provision
финансовое ~ financial position (standing, status, situation)
чрезвычайное ~ emergency state; state of emergency

ПОЛУЧАТЕЛЬ *сущ* receiver; recipient; (*адресат*) addressee; (*груза*) consignee; (*денежного перевода*) remittee; (*платежа*) recipient of payment; (*по переводу тж*) payee; transferee
~ государственного социального пособия welfare recipient
~ груза consignee; receiver of cargo (of freight, goods)
~ кредита credit recipient
~ лицензии licensee
~ субсидии recipient of a grant
законный ~ legitimate recipient
уполномоченный ~ authorized recipient

ПОЛУЧАТЬ, получить *гл* to get; obtain; receive; (*обеспечивать*) to secure; (*деньги со счёта*) to draw (*from*); (*пользу и т.п.*) to derive (*from*)
~ в наследство to inherit
~ водительские права to obtain a driver's licence
~ доказательства to obtain the evidence
~ повышение (*по службе*) to get (receive) promotion
~ прибыль to derive a profit; profit (*by*)
~ слово to get the floor
~ согласие to get (obtain) smb's consent

ПОЛУЧЕНИ‖Е *сущ* receipt; (*акцепт*) acceptance ◊ подтвердить ~ to acknowledge (the) receipt (*of*); подлежащий ~ю receivable; по ~и on (upon) receipt
~ взятки acceptance (taking) of a bribe
~ контракта receipt of a contract
~ платежа receipt of payment
~ прибыли profit-making

ПОЛЬЗОВАНИ‖Е *сущ* use; usage ◊ для служебного ~я restricted
~ на правах аренды leasehold
безвозмездное ~ free use
временное ~ temporary use
исключительное ~ exclusive use
пожизненное ~ possession for life
свободное ~ имуществом peaceful enjoyment of possessions
спокойное ~ вещью (*без пре-*

тензий третьих лиц) quiet enjoyment of the goods (of a thing)

ПОЛЬЗОВАТЕЛЬ *сущ* user

ПОЛЬЗОВАТЬСЯ, воспользоваться *гл* to use; make use (*of*); (*правами и т.п.*) to exercise; enjoy; (*случаем и т.п.*) to avail oneself (*of*)

ПОМИЛОВАНИ‖Е *сущ* clemency; expungement by pardon; mercy; pardon; remission ◊ **даровать** ~ to grant a pardon; pardon; **просить о ~и** to appeal for clemency; plead pardon

право ~я right (power) of pardon; pardoning power; **ходатайство о ~и** appeal (suit) for pardon; plea of mercy

квази-~ notional pardon

королевское ~ royal remission

полное ~ absolute (free) pardon

президентское ~ presidential remission

условное ~ conditional pardon

ПОМИЛОВАТЬ *гл* to expunge by pardon; grant a pardon; pardon; remit

ПОМОЩНИК *сущ* alternate; assistant; deputy; substitute

~ **атторнея** assistant attorney

~ **директора** associate (assistant) director

~ **заведующего** assistant manager

~ **капитана** (*торгового судна*) mate

~ **комиссара** commissioner's deputy (assistant); sub-commissioner

~ **министра** assistant secretary; deputy minister; undersecretary

~ **президента** presidential aide

~ **руководителя (управляющего)** assistant manager

~ **судьи** assistant (deputy) judge

ПОМОЩ‖Ь *сущ* aid; assistance; help; support; (*пособие*) relief ◊ **обращаться за юридической ~ю** to apply for legal aid (assistance); **оказывать** ~ to aid; assist; help; give (lend, render) aid (assistance) (*to*); support; (*всемерную*) to give every assistance (*to*); (*юридическую*) to give smb legal advice; provide smb with legal aid (assistance); render legal aid (assistance) (*to*); **получать юридическую** ~ to be granted legal aid (assistance)

без посторонней ~и unassisted; **оказание юридический ~и** provision of legal aid (assistance); **оплата юридической ~и** payment for legal aid (assistance)

бескорыстная ~ disinterested aid (assistance, help)

взаимная ~ mutual aid (assistance)

государственная ~ public relief

гуманитарная ~ humanitarian aid (help)

дополнительная ~ collateral relief

иностранная ~ foreign aid
медицинская ~ medical aid (assistance)
правовая ~ legal aid (assistance)
скорая и неотложная медицинская ~ ambulance and emergency medical service(s)
финансовая ~ financial aid (assistance)
чрезвычайная ~ emergency relief
юридическая ~ legal aid (assistance)

ПОНЕСТИ, нести *гл* (*убытки и т.п.*) to suffer; undergo
~ наказание to suffer (undergo) punishment
~ убытки to suffer damages
~ ущерб to suffer a detriment (a loss)

ПОНОСИТЬ *гл* (*бесчестить, позорить*) to defame; discredit; disgrace; dishonour

ПОНЯТОЙ *сущ* attesting witness; witness of an investigative action

ПООЩРЕНИЕ *сущ* encouragement; promotion; stimulation; (*вознаграждение тж*) remuneration; (*стимулирование*) incentive
материальное ~ material incentive (remuneration, reward)

ПООЩРЯТЬ, поощрить *гл* to encourage; promote; stimulate; (*вознаграждать*) to remunerate

ПОПЕЧЕНИ‖Е *сущ* care; charge; (*охрана, хранение*) custody ◊ **быть (находиться) на чьём-л ~и** to be in smb's charge
родительское ~ parental custody

ПОПЕЧИТЕЛЬ *сущ* custodian; guardian; trustee; tutor

ПОПЕЧИТЕЛЬСТВО *сущ* guardianship; trusteeship; tutelage; tutorship; ward

ПОПИРАТЬ, попрать *гл* (*нарушать*) to infringe (*on | upon*); trample (*on | upon*); violate
~ права to trample on (upon) smb's rights

ПОПРАВК‖А *сущ* amendment; (*исправление тж*) correction; rectification ◊ **вносить (предлагать) ~y** to amend; introduce (make, move, propose) an amendment; **одобрять ~y** to approve an amendment; **принимать (утверждать) ~y** to ratify an amendment; **принимать резолюцию со всеми ~ми** to adopt a resolution as amended; **с внесёнными ~ми** as amended

ПОПУСТИТЕЛЬСТВ‖О *сущ* connivance ◊ **при ~e** with the connivance (*of*)

ПОПУСТИТЕЛЬСТВОВАТЬ *гл* to connive

ПОПЫТК‖А *сущ* attempt; try; (*усилие тж*) effort; endeavour ◊ **предотвращать ~y угона автомашины** to deter (prevent) a car-jacking attempt; **предпринимать ~y** to make an attempt (an effort)
~ бегства attempt to escape
~ убийства attempted murder

ПОРАЖЕНИЕ *сущ* defeat ◊

нанести ~ кому-л to defeat; inflict a defeat (*on* | *upon*); **потерпеть ~** to suffer (sustain) a defeat

ПОРИЦАНИ∥Е *сущ* censure ◊ **подвергаться ~ю** to incur a censure; **вынесение ~я** expression of a censure

ПОРНОГРАФИЧЕСКИЙ *прил* pornographic

ПОРНОГРАФИЯ *сущ* pornography

ПОРОК *сущ* vice; (*дефект, недостаток тж*) blemish; defect; flaw; fault

~ **воли** failure of intention; flaw in the will

~ **качества** quality defect

~ **права собственности** defect in (of) a title

~ **содержания** defect of a substance

~ **титула** defect in (of) a title

~ **формы** defect of a form

~ **цели** defect of a purpose

внутренний ~ (*вещи*) inherent (latent) defect (vice) (*in* | *of a thing*)

свойственный (*присущий*) **товару ~** inherent (latent) defect (vice) in (of) the goods

ПОРОЧИТЬ, опорочить *гл* to defame; discredit; disgrace; dishonour; slander

ПОРОЧНОСТЬ *сущ* (*аморальность, безнравственность*) depravity; moral turpitude; viciousness; (*дефектность*) defectiveness; (*ошибочность тж*) fallaciousness

ПОРОЧН∥ЫЙ *прил* (*аморальный, безнравственный*) depraved; vicious; wanton; (*дефектный, с изъяном*) defective; faulty; (*ошибочный тж*) fallacious

~ **ая воля** vicious will

~ **ая жизнь** vicious life

~ **круг** vicious circle

ПОРТ *сущ* port ◊ **заходить в ~** to call at a port; **прибывать в ~** to arrive at a port

~ **ввоза** port of entry

~ **выгрузки (разгрузки)** port of discharge (of unloading)

~ **доставки (поставки)** port of delivery

~ **захода** port of call

~ **назначения** port of destination

~ **отгрузки** port of shipment

~ **отправления** port of departure

~ **погрузки** port of loading

~ **посадки** (*пассажиров*) port of embarkation

~ **прибытия** port of arrival

~ **приписки (регистрации)** (*судна*) port of registry; (vessel's) home port

~ **происхождения** port of origin

~ **разгрузки (выгрузки)** port of discharge (of unloading)

~**-убежище** port of distress (of refuge); safe port

вольный ~ (порто-франко) free port

морской ~ seaport; maritime port

открытый ~ open port

первоначальный ~ отправления original port of departure

промежуточный ~ intermediate port
торговый ~ commercial port
ПОРУГАНИЕ *сущ* outrage
ПОРУК‖**А** *сущ* bail; guarantee; pledge; surety ◊ **брать (взять) на** ~**и** to bail (out); go bail (*for*); take on probation; **выпускать (отпускать) на** ~**и** to accept (grant) bail; hold to bail; let out (release) on bail; put on probation; **добиваться освобождения на** ~**и** to seek release on bail; **передавать на** ~**и** to admit to bail; **подлежащий передаче на** ~**и** bailable

ПОРУЧАТЬ, поручить *гл* (*давать указание*) to charge (commission) (*with*) (*to + inf*); instruct; order; request (*to + inf*); (*вверять*) to consign (*to*); entrust (*with*)
~ **кому-л производство расследования** to entrust smb with the task of carrying out an inquiry
~ **ребёнка чьим-л заботам** to consign a child to smb's care

ПОРУЧАТЬСЯ, поручиться *гл* (*за кого-л*) to act as (stand) security (surety) (*for*); answer (*for*); stand bail (*for*); vouch (*for*); (*за что-л*) to certify; guarantee; warrant
~ **за обвиняемого** to bail out; stand bail for the accused

ПОРУЧЕНИ‖**Е** *сущ* commission; errand; mission; (*инструкция, приказ*) instruction; order; request; (*предписание тж*) warrant ◊ **выполнять** ~ to execute an order; **давать** ~ to assign (set) a mission (*to*); charge (*with*); give (issue) a commission (*to*); instruct; order; request (*to + inf*); **посылать с** ~**м** to send on an errand
без ~**я** without authority; **по** ~**ю** by order (*of*); directed (*by*); on behalf (*of*); on the instructions (*of*)
банковское ~ banker's instruction(s)
инкассовое ~ collection letter (order); letter (order) of collection
платёжное ~ instruction to pay; payment instruction (order, warrant)
судебное ~ letters of request; (*о допросе свидетеля*) rogatory letters

ПОРУЧИТЕЛ‖**Ь** *сущ* bail; guarantor; pledger; voucher; warrantor; (*за лицо, обязанное по векселю*) security; surety; (*за арестованного*) bailsman; bail bondsman; (*спонсор*) sponsor ◊ **выступать** ~**ем** (*поручаться*) to act as (stand) security (surety) (*for*); answer (*for*); stand bail (*for*); vouch (*for*)
второй ~ co-surety

ПОРУЧИТЕЛЬ-ГАРАНТ *сущ* underwriter

ПОРУЧИТЕЛЬСТВ‖**О** *сущ* (*гарантия*) caution; guarantee; guaranty; pledge(ry); voucher; warranty; (*залог*) bail; bail bond; (*за лицо, обязанное по векселю*) security; surety ◊ **давать** ~ (*поручаться*) to act as (stand) security (surety) (*for*); answer (*for*); stand bail (*for*); vouch (*for*); (*по векселю*) to back (guarantee) a bill (of exchange); **освобождать от** ~**a** to exonerate (*from*) security (surety); **принимать** ~ (*залог*) to accept bail; **без** ~**a** unbailed

~ **банка** bank (banker's) guarantee

~ **в уголовном процессе** criminal bail

~ **за явку** (*ответчика*) **в суд** bail bond; common bail; safe pledge

~ **по векселю** backing (guarantee) of a bill (of exchange)

~ **по займу** security for a loan

~ **по закладной** mortgage caution

~ **по сделкам** caution against dealings

безусловное ~ absolute guarantee

коллективное ~ collective security

кредитное ~ credit guarantee

личное ~ personal guarantee

надёжное ~ (*залог*) good bail

ПОРЧА *сущ* (*повреждение*) damage; deterioration; spoilage

~ **груза** damage to the goods

~ **на риск владельца** [*мор страх*] owner's risk of deterioration

ПОРЯД‖ОК *сущ* order; (*спокойствие*) tranquility; (*общественное устройство*) order; regime; (*метод, способ*) manner; method; mode; (*процедура*) procedure; (*последовательность*) order; (*правила*) rules ◊ **восстанавливать спокойствие и** ~ to restore peace and order; **выступать по** ~**ку ведения** (*заседания, собрания*) to raise a point of order; **осуществлять в принудительном** ~**ке** to enforce by action; **поддерживать общественный** ~ to keep (maintain) public order; **призывать к** ~**ку** to call to order; **соблюдать** ~ to keep (observe) order; **устанавливать спокойствие и** ~ to establish peace and order

блюстители ~**ка** law-enforcement officers (personnel); (*полиция*) peace officers; the police; **законным** ~**ом** legally; through a legal procedure; **нарушение общественного** ~**ка** breach (disturbance) of the peace; disorderly conduct; public disorder (disturbance); trouble-making; **не осуществлённый в принудительном** ~**ке** unenforced; **охрана общественного** ~**ка** safeguarding (protection of) public order; **поддержание законности и** ~**ка** maintenance of law and order; **соблюдение общественного** ~**ка** public tranquility; **судебным** ~**ком** judicially; by prosecution

в административном ~**ке** administratively; by administrative means (order); **в дисциплинарном** ~**ке** as a disciplinary measure; **в законодательном** ~**ке** by legislation; by a legislative action;

в обычном ~ке as usual; **в ~ке ведения** (*заседания, собрания*) as a point of order; **в ~ке возмещения убытков** by way of damages; **в ~ке гражданско-правовой цессии** by assignment; **в ~ке надзора** in the exercise of supervisory powers; **в ~ке очерёдности** (*по старшинству*) in order of precedence; **в упрощённом ~ке** summarily; **в установленном законом ~ке** in accordance (compliance, conformity) with legal procedure; in the manner prescribed by law

~ **въезда** (*в страну*) procedure(s) for entry

~ **голосования** voting procedure

~ **заключения внешнеторговых сделок** procedure for the conclusion of foreign trade contracts (transactions)

~ **инспектирования** order (procedure) of inspection

~ **и сроки погрузки и выгрузки** manner (mode) and time of loading and unloading (discharge)

~ **назначения** manner (mode) of appointment

~ **наследования** (order of) succession

~ **обжалования меры пресечения** procedure for appealing a measure of restriction

~ **очерёдности** (*вопросов повестки дня*) order of priority (of sequence)

~ **патентной экспертизы** patent examining procedure

~ **представления жалоб** complaints procedure

~ **приобретения гражданства** procedure for acquiring citizenship (nationality)

~ **проведения выборов** election procedure

~ **проведения прений** order of a debate

~ **продления договора** treaty prolongation procedure

~ **рассмотрения** examination procedure

~ **содержания лиц, заключённых под стражу** procedure for holding smb in custody

общественный ~ public order (peace); (*строй*) social order

протокольный ~ protocol order

установленный ~ (*процедура*) established order (procedure)

ПОСАДИТЬ, сажать гл (*предложить сесть*) to offer a seat; seat; (*в тюрьму*) to jail; imprison; put into prison; send to prison; (*за решётку тж*) to put behind bars

ПОСЛАНИЕ сущ message

ПОСЛАННИК сущ envoy; minister

чрезвычайный ~ **и полномочный министр** envoy extraordinary and minister plenipotentiary

ПОСЛЕДСТВИ‖Е сущ aftermath; consequence; outcome; sequence; (*результат*) result

~**я войны** aftermath (consequences) of war

вероятные ~я probable consequences
вредные ~я harmful consequences
глубокие (далеко идущие) ~я far-reaching consequences
негативные ~я deleterious consequences (effect)
правовые ~я consequences in law; legal consequences (effect)
финансовые ~я financial implication(s)

ПОСЛЕДУЮЩИЙ *прил* following; follow-up; sequential; subsequent; successive
~ этап совещания follow-up meeting

ПОСМЕРТН‖ЫЙ *прил* posthumous; post-mortem
~ая записка death note

ПОСМЕШИЩЕ *сущ* butt; laughing-stock; scoff ◊ **делать кого-л ~м** to bring smb into (expose smb to) derision; hold smb up to mockery (to ridicule); make a laughing-stock (*of*)

ПОСОБИЕ *сущ* allowance; benefit; grant; (*помощь тж*) aid ◊ **получать ~ по безработице** to be on the dole
~ многодетным семьям family allowance
~ на иждивенцев dependent's allowance
~ на образование education grant
~ по безработице dole; unemployment benefit (compensation, relief)
~ по беременности и родам maternity allowance (benefit, aid)
~ по болезни sick benefit (pay)
~ по нетрудоспособности disability (disablement) benefit
~ по социальному обеспечению social service benefit; [*амер*] social welfare
выходное ~ dismissal (separation, severance) pay (wage); service benefit; terminal wage; (*по безработице*) redundancy payment
дополнительное ~ supplementary benefit
единовременное ~ lump-sum allowance (grant)
подъёмное ~ installation grant; lump-sum allowance (grant); relocation (transfer) allowance
семейное ~ family allowance

ПОСОБНИК *сущ* (*соучастник преступления*) abettor; accessory; accomplice; assisting offender; (*приспешник*) henchman
~ и подстрекатель aider and abettor

ПОСОБНИЧЕСТВО *сущ* (*преступлению*) aiding and abetting; complicity (*in*) ◊ **оказывать ~ и подстрекать** to aid and abet

ПОС‖ОЛ *сущ* ambassador ◊ **назначать ~ла** to appoint an ambassador; **отзывать ~ла** to recall an ambassador; **присваивать ранг ~ла** to confer the rank of ambassador (*on | upon*); **на уровне ~лов** at the ambassadorial level
~ по особым поручениям am-

bassador at large
назначенный, но ещё не вручивший верительных грамот
~ ambassador-designate
чрезвычайный и полномочный ~ ambassador extraordinary and plenipotentiary

ПОСОЛЬСК‖ИЙ *прил* ambassadorial
~ое **право** ambassadorial law

ПОСОЛЬСТВ‖О *сущ* embassy ◊ **здание** ~а embassy premises

ПОСРЕДНИК *сущ* conciliator; contact man; go-between; intermediary; mediator; (*сторона*) intermediate party; (*на переговорах*) negotiator; (*торговый*) agent; broker; dealer; middleman; promotion man; (*между двумя странами тж*) switch dealer
мировой ~ [*юр*] conciliator

ПОСРЕДНИЧАТЬ *гл* to act as an intermediary (*between*); intervene; mediate (*between*)

ПОСРЕДНИЧЕСКИЙ *прил* intermediary; intermediate

ПОСРЕДНИЧЕСТВ‖О *сущ* agency; go-between; intermediation; mediation; [*дип*] (*добрые услуги*) good offices ◊ **при** ~е (*кого-л*) by (through) the agency (*of*)

ПОСТАВК‖А *сущ* (*снабжение*) supply; (*доставка*) delivery; shipment ◊ **возобновлять** ~у to resume a delivery; **задерживать** ~у to delay (postpone, suspend) a delivery; **обеспечивать** ~у to secure a delivery; **осуществлять (производить)** ~у to deliver; make a delivery; supply
дата ~и delivery date; **задержка в** ~е (*доставке*) delay in delivery; **условия** ~и terms of delivery
~ **без уплаты пошлины** delivered duty unpaid (DDU)
~ **в кредит** delivery on credit
~ **партиями** delivered by (in) lots (in consignments)
~ **с уплатой пошлины** delivered duty paid (DDP)
~ **франко-граница** delivered at frontier (DAF)
~ **франко-причал** delivered ex quay (DEQ)
~ **франко-судно** delivered ex ship (DES)
будущая ~ forward (future) delivery
досрочная ~ prior delivery
массовые ~и bulk deliveries
немедленная (срочная) ~ immediate (prompt, spot) delivery
частичная ~ part (partial) delivery
экспортная ~ export delivery

ПОСТАВЛЯТЬ, поставить *гл* (*снабжать*) to supply; (*доставлять*) to deliver; ship; (*предоставлять*) to make available

ПОСТАВЩИК *сущ* provider; supplier; (*изготовитель*) maker; manufacturer; producer

ПОСТАНОВЛЕНИ‖Е

сущ (*решение*) decision; resolution; ruling; (*распоряжение, указ*) decree; enactment; order; ordinance; (*директива*) directive; (*положение договора и т.п.*) provision; (*закона тж*) disposition ◊ **выносить ~** to issue an order; pass a resolution; **издавать ~** to issue a decree; **исполнять ~** to execute an order

~ муниципальной власти municipal ordinance

~ об освобождении до суда order (ruling) granting a pre-trial release

~ суда decision (order, ruling) of the court; writ

~ судьи об освобождении лица из-под стражи order (ruling) of a judge to release a person from custody

~я законодательной власти enactments of legislature

~я (*положения*) **и условия** (*договора и т.п.*) terms and conditions (*of a treaty etc*)

дополнительное ~ support order

правительственное ~ executive order

судебное ~ decision (order, ruling) of the court; writ

ПОСТАНОВЛЯТЬ, постановить *гл* (*принимать решение*) to decide; resolve; (*тж о суде*) to rule; render a decision (a judgement); (*издавать постановление*) to decree; enact; issue a decree; ordain

ПОСТОВ‖ОЙ *сущ* (*полицейский*) policeman on point duty; (*регулировщик уличного движения*) point-policeman; pointsman; *прил* on point duty

~ая служба sentry duty

ПОСТОЯНН‖ЫЙ *прил* (*не временный*) permanent; (*установленный – о комитете и т.п.*) standing; (*продолжающийся*) constant; continuous; (*постоянно проживающий*) resident ◊ **на ~ой основе** on a permanent basis

~ая оседлость permanent abode

~ая палата третейского суда permanent court of arbitration

~ая утрата трудоспособности permanent disability

~ое местожительство permanent (place of) residence

~ое представительство при ООН permanent mission to the UNO

~ые органы ООН standing bodies of the UNO

~ые члена Совета Безопасности permanent members of the Security Council

~ житель permanent resident

~ комитет standing committee

~ нейтралитет permanent neutrality

~ член (*организации*) permanent member

ПОСТРАДАВШИЙ *прил* (*потерпевший*) sufferer; victim; (*получивший телесные повреждения тж*) damaged physically; injured; (*от мошенничества*) defrauded; (*понёсший ущерб*) aggrieved; injured; trespassed

~ **грузовладелец** injured cargo owner

ПОСТРАДАТЬ, страдать *гл* (*от чего-л*) to suffer (*from*); (*понести убытки*) to bear (incur, suffer, sustain) damages (losses)

ПОСТУПЛЕНИ‖Е *сущ* (*платежа и т.п.*) incoming; [*бухг тж*] entry; (*доходов и т.п.*) income; return; (*средств тж*) earnings; proceeds; receipts; returns; (*получение*) receipt; (*товаров тж*) arrival; (*снабжение*) supply

~ **заказов** intake of orders; order intake

~**я доходов** revenue return

~**я от займов** proceeds from loans

~**я от налогов** return of duties; tax funds (revenues)

валютные ~**я** currency earnings (proceeds, receipts)

налоговые ~**я** return of duties; tax funds (revenues)

разные ~**я** miscellaneous income

текущие ~**я** current receipts

ПОСЯГАТЕЛЬСТВ‖О *сущ* attack (*on | upon*); encroachment (*on | upon*); infringement (*on | upon*); interference (*with*); intervention (*with*); invasion (*of*); offence (*against*); trespass (*on | upon*) (*to*)

~ **на деятельность органов правосудия** obstruction of justice

~ **на достоинство человеческой личности** offence to human dignity

~ **на жизнь** infringement on smb's life

~ **на личность** trespass to the person

~ **на личную свободу** offence against the liberty of a person

~ **на тайну корреспонденции** interference with smb's correspondence

~ **на честь и репутацию** attack on (upon) smb's honour and reputation

преступное ~ **на права законодательного органа** legislative offence

произвольное ~ **на неприкосновенность жилища или тайну корреспонденции** arbitrary interference with smb's home or correspondence

ПОСЯГАТЬ, посягнуть *гл* to encroach (*on | upon*); entrench (*on | upon*); impinge (*on | upon*); infringe (*on | upon*); trespass (*on | upon*); usurp (*on | upon*)

~ **на парламентские привилегии** to entrench on (upon) the privileges of parliament

~ **на чей-л авторитет** to impinge on (upon) smb's authority

~ **на чьи-л права** to encroach (infringe, trespass, usurp) on (upon) smb's rights

ПОТВОРСТВО *сущ* connivance

ПОТВОРСТВОВАТЬ *гл* to connive

ПОТЕРПЕВШ‖ИЙ *прил* (*пострадавший*) sufferer; victim; (*получивший телесные повреждения тж*) injured; (*от мошенничества*) defrauded; (*понёсший ущерб*) aggrieved; injured; trespassed ◊ **вина ~его** contributory negligence; **личность ~его** victim's identity

~ая сторона aggrieved (injured) party

~ от лжесвидетельства perjured

~ от нападения assailed

ПОТЕР∥Я *сущ* loss; waste; (*мн – убитыми и ранеными*) casualties; losses in killed and wounded ◊ **возмещать ~ю** to repair a loss; **нанести** (*противнику*) **тяжёлые ~и** to inflict heavy casualties (*on | upon*); **нести ~и** to bear (incur, suffer, sustain) losses

~ груза loss of cargo

~ заработка loss of earnings

~ и повреждение loss and damage

безвозвратные ~и irretrievable loss(es) (damage)

валютные ~и currency losses

невосполнимые ~и irreparable loss(es) (damage)

общая сумма ~ь total loss

финансовые ~и financial losses

частичная ~ partial loss

ПОТОМОК *сущ* descendant; issue; offspring

~ по прямой линии direct (lineal) descendant

ПОТОМСТВО *сущ* descendants; issue; posterity; progeny

~ по прямой линии line of ancestry

ПОТРЕБИТЕЛЬ *сущ* consumer; user; (*покупатель*) customer

~ наркотиков drug addict (user)

оптовый ~ large-scale (wholesale) consumer

платёжеспособный ~ solvent consumer

потенциальный ~ would-be user

ПОТРЕБЛЕНИЕ *сущ* consumption; use; (*потребляемое количество тж*) intake

~ на душу населения per capita consumption

~ наркотиков use of drugs

~ рабочей силы consumption of labour power

~ электроэнергии electric power consumption (use)

ПОТРЕБЛЯТЬ, употребить *гл* to consume; use

~ наркотики to use drugs

ПОТРЕБНОСТ∥Ь *сущ* demand; necessity; need; requirement; want ◊ **удовлетворять чьи-л ~и** to meet (satisfy) smb's needs (requirements)

~ в кредите credit requirement

~ в материалах need for materials

~ в рабочей силе labour (manpower) requirement

~ в ресурсах resource requirement

~ в топливе fuel requirement

духовные ~и intellectual (spiritual) needs

личные ~и individual (personal) needs

насущные ~и essential (urgent, vital) needs

ПОХИТИТЕЛЬ *сущ* (*вор*) thief; (*людей*) abductor; (*особ детей*) kidnapper; (*транспортного средства*) carnapper; hijacker;(*самолёта тж*) skyjacker

ПОХИЩАТЬ, похитить *гл* (*воровать*)to steal; (*людей*) to abduct; (*особ детей*) to kidnap; (*транспортное средство*) to carnap; hijack; (*самолёт тж*) to skyjack

ПОХИЩЕНИЕ *сущ* (*кража, хищение*) stealing; theft; (*людей*) abduction; (*особ детей*) kidnapping; (*транспортного средства*) carnapping; hijacking; (*самолёта тж*) skyjacking

~ **имущества** larceny

~ **имущества в крупных размерах** grand larceny

~ **имущества в мелких размерах** minor larceny

~ **имущества по общему праву** common larceny

~ **имущества по статутному праву** statutory larceny

~ **имущества при отягчающих обстоятельствах** aggravated larceny

~ **имущества путём обмана** larceny by fraud (by trick)

ПОХИЩЕННЫ‖Й *прил* stolen; (*о человеке*) abducted; abductee; (*особ о ребёнке*) kidnapped; (*о транспортном средстве*) hijacked; (*о самолёте*) skyjacked

~**е вещи** stolen goods

ПОЧЕРК *сущ* handwriting; ◊ **изучение** ~**а** (*графология*) graphology; **экспертиза** ~**а** handwriting identification

ПОЧЁТНЫЙ *прил* honorary
~ **караул** guard of honour

ПОШЛИН‖А *сущ* dues; duty; tax; toll ◊ **взимать** ~**у** to collect (exact, levy) a duty (a tax); toll; **облагать** ~**ой** to impose a duty (a tax) (*on*); tax; **освобождать от** ~**ы** to exempt from a duty (from a tax); **очищать от** ~**ы** (*на таможне*) to clear; **платить** (**оплачивать**) ~**у** to pay dues (a duty, tax)
не облагаемый ~**ой** duty-free; exempt from a duty (from a tax); tax-free; toll-free; **не оплаченный** ~**ой** (*о товаре*) bonded; in bond; **не подлежащий обложению** ~**ой** non-dutiable; **облагаемый** ~**ой** dutiable; liable (subject) to a duty (to a tax); tollable; **обложение** ~**ой** imposition of a duty (of a tax) (*on*)
товары, не облагаемые ~**ой** duty-free (tax-free) goods; free goods; **товары, облагаемые** ~**ой** dutiable goods

~ **ad valorem** [*лат*] (*с объявленной цены*) ad valorem duty

~ **за патент** fee for a patent; patent fee

~ **за проведение экспертизы** examination fee

~**ы и налоги** imposts and taxes

~**ы и сборы** fees and charges

ввозная ~ entrance (import) duty

вывозная ~ export duty

государственная ~ state dues (duty)

импортная ~ duty on import; import duty (tax)

лицензионная ~ licence duty

льготная ~ preferential duty

нотариальная ~ notarial charge (fee)

патентная ~ fee for a patent; patent fee

портовая ~ port dues (duty); wharfage

специфическая ~ (*с веса, длины и т.п., а не со стоимости*) specific duty

судебная ~ legal expenses; litigation fee

таможенная ~ custom(s) duty; impost

экспортная ~ duty on export; export duty (tax)

ПОЩЁЧИН‖**А** *сущ* slap in the face ◊ дать ~y to slap in smb's face

ПРАВД‖**А** *сущ* (*истина*) truth; verity; (*справедливость*) justice

ПРАВИЛ‖**О** *сущ* rule; (*руководство к действию*) code; law; regulations ◊ **действовать по ~ам (соблюдать ~а)** to comply with (conform to, observe) the rules; **пренебрегать ~ами** to defy (dispense with, ignore) the rules; **работать строго по ~ам** (*вид забастовки*) to work to rule; **устанавливать ~а судопроизводства** to lay down the rules of court procedure; **в соответствии с ~ами процедуры** subject to the rules of procedure; **как ~** as a rule; **против правил** against the rules; **противоречащий ~ам процедуры** out of order; **согласно утверждённым ~ам** in accordance (in compliance, in conformity) with the regulations (rules) agreed upon

~а **арбитражной процедуры** rules of arbitration procedure

~а **валютных операций** currency regulations

~а **взимания налогов** tax treatment

~а **внутреннего распорядка** (internal) regulations; rules and regulations; standing order

~а **доказывания** rules of evidence

~а **дорожного движения** traffic laws (regulations, rules)

~а **международных перевозок** [*мор право*] rules of international carriage (transportation)

~а **ограничения скорости движения** speed law

~а **поведения** rules of conduct

~а **представления улик** rules of evidence

~а **производства** rules of procedure

~а **процедуры** rules of procedure; [*парл*] standing orders

~а **расхождения судов** [*мор право*] rules of the road

~а **страхования** insurance rules; rules of insurance

~а **судопроизводства** general orders; rules of court procedure

~а **техники безопасности** safety code (law, regulations, stan-

dards)
~а уголовной процедуры rules of criminal procedure
~а эксплуатации operating instructions (rules); service regulations
карантинные ~а quarantine laws (regulations)
налоговые ~а tax regulations
основное ~ basic (substantive) rule
процедурные ~а procedural rules; rules of procedure
санитарные таможенные ~а sanitary custom-house regulations
установившееся ~ set rule

ПРАВИТЕЛЬ *сущ* ruler
верховный ~ supreme ruler

ПРАВИТЕЛЬСТВЕНН|ЫЙ *прил* government; governmental
~ая делегация government delegation
~ая служба civil (governmental, public) service
~ые учреждения government (governmental) bodies (institutions)
~ кризис government crisis
~ служащий civil servant; functionary; government (governmental) employee (officer, official)
международные ~ые организации international government (governmental) agencies (organizations)

ПРАВИТЕЛЬСТВ||О *сущ* government; [*амер*] administration; (*кабинет*) cabinet ◊
входить в состав ~а to enter the cabinet (the government);
выходить из состава ~а to resign from the cabinet; **реорганизовывать ~** to reshuffle the cabinet (the government); **свергать ~** to overthrow (topple) the government; **сформировать новое ~** to form a new government
~ большинства majority government
~ меньшинства minority government
~, подписавшее договор signatory government
военное ~ military government
временное ~ provisional government
гражданское ~ civilian government
демократическое ~ democратic government
законно избранное ~ duly elected government
законное ~ lawful (legitimate) government
коалиционное ~ coalition government
конституционное ~ constitутional government
многопартийное ~ multi-party government
однопартийное ~ one-party government
переходное ~ transition (transitional) government

ПРАВИТЬ *гл* to govern; rule (*over*)
~ страной to govern (rule over, run) the country

ПРАВКА *сущ* alteration

авторская ~ author's alteration

ПРАВЛЕНИ∥Е *сущ* (*управление государством*) government; rule; (*орган управления*) board; board of directors (of governors); governing body ◊ **быть членом ~я** to be on the board

конституционная форма ~я constitutional government

парламентская форма ~я parliamentary government

президентская форма ~я presidential government

республиканская форма ~я republican government

ПРАВ∥О 1 (*в субъективном смысле*) *сущ* right; title; (*власть, полномочие*) authority; power ◊ **быть наделённым ~м** to be vested with a right (with authority); **воспользоваться ~м** to avail oneself of a right; **восстанавливать свои ~а** to restore one's rights; **восстанавливать кого-л в ~ах** to rehabilitate; restore smb in his | her rights; **входить в ~а наследования** to come into a legacy; **давать (предоставлять) кому-л ~** to authorize (empower, enable) smb (*to + inf*); entitle smb (*to*); give (grant) smb a right; **затрагивать чьи-л ~а** to affect (impair, prejudice) smb's rights; **защищать (отстаивать) свои ~а** to assert oneself; assert (defend, maintain) one's rights; **заявлять (предъявлять) ~** (*на*) to claim (*for*); claim a right; lay (lodge, raise) a claim (*to*); **злоупотреблять ~м** to abuse (misuse) a right; **иметь ~** (*на*) to be entitled (*to*); have a right (*to*); **иметь законное ~** (*на*) to be legally eligible (entitled) (*to*); **иметь исключительное (эксклюзивное) ~ продажи товара** to have the exclusive sale of goods; **иметь полное ~** (*полномочие*) to have full power; **иметь ~ на долю прибыли** to be entitled (have the right) to a share in profits; **иметь ~ на пенсию** to be entitled (have the right) to a pension; **использовать своё ~** to exercise one's right; **лишать кого-л ~а** to debar smb (*from*); deny smb (deprive, divest smb of) a right; **лишать кого-л избирательного ~а** to deny smb (deprive, divest smb of) his | her electoral right; disfranchise smb; **лишаться ~а** to be denied (deprived of) a right; forfeit (lose) a right; **наделять кого-л ~м** to authorize (empower) smb (*to + inf*); vest a right in smb; vest smb with a right; **наделять кого-л ~м собственности** to entitle smb (*to*); vest smb with a title (*in*) (*to*); **наносить ущерб чьим-л ~ам** to affect (impair, prejudice) smb's rights; **нарушать чьи-л ~а** to infringe (violate) smb's rights; **не признавать ~а** to disclaim a right; **ограничивать ~** to circumscribe (curtail, limit, restrict) a right; **определять ~** to ascertain (determine) a right; **оспаривать** ~ to challenge (contest) a right; **оставлять за собой (резервировать)** ~ to reserve (retain) a right; **осуществлять** ~ to exercise one's right; **осуществлять преимущественное** ~ **покупки** to pre-empt; **осуществлять свои ~а принудительно (в судебном порядке)** to enforce one's rights; **отказываться от ~а** to abandon (disclaim, drop, remise, renounce, resign, surrender, waive) a right; quitclaim; **отстаивать (защищать) свои ~а** to assert oneself; assert (defend, maintain) one's rights; **передавать (переуступать)** ~ to assign (cede, transfer) a right; **получать (приобретать)** ~ to acquire (obtain) a right; become entitled (*to*); **пользоваться ~м** to enjoy (exercise) one's right; **попирать чьи-л ~а** to trample on (upon) smb's rights; **посягать на (ущемлять) чьи-л ~а** to encroach (infringe, trespass, usurp) on (upon) smb's rights; **превышать свои ~а** (*полномочия*) to exceed (overstep) one's powers; **предоставлять (давать) кому-л** ~ to authorize (empower, enable) smb (*to + inf*); entitle smb (*to*); give (grant) smb a right; **предъявлять (заявлять)** ~ (*на*) to claim (*for*); claim a right; lay (lodge, raise) a claim (*to*); **препятствовать осуществлению ~а** to preclude a right; **приобретать (получать)** ~ to acquire (obtain) a right; become entitled (*to*); **терять (утрачивать)** ~ to forfeit (lose) a right; **ущемлять (посягать на) чьи-л ~а** to encroach (infringe, trespass, usurp) on (upon) smb's rights

без ~а (*при покупке акций*) ex right(s); **без ~а оборота (регресса)** without the right of recourse (relief, regress); **включая ~а** (*при покупке акций*) cum rights; **в силу ~а** by right of; **на основе всеобщего, равного и прямого избирательного ~а при тайном голосовании** on the basis of universal, equal and direct suffrage by secret ballot; **на равных ~ах** on a par; on the basis of parity; **по ~у** (as) of right; by right; **по собственному ~у** in one's own right; **при осуществлении своих прав и свобод** in the exercise of one's rights and freedoms; **с полным ~м** rightfully; **с ~м оборота (регресса)** with the right of recourse (relief, regress)

верховенство ~а rule of law; supremacy of law; **восстановление в ~ах** rehabilitation; restoration of rights; **защита прав** protection of rights; **злоупотребление ~м** abuse (misuse) of a right; **имеющий юридическое** ~ legally eligible; **лишение ~а** (*правопоражение*) deprivation (extinction, forfeit, revocation) of a right; disability; disfranchisement; disqualification; incapacity; incapacitation; **лишение ~а возражения** estoppel; **лишение ~а выкупа заложенного имущества** foreclosure; **лишение гражданских прав** deprivation (forfeit, revocation) of civil rights; **нарушение авторского ~а** infringement (violation) of a copyright; piracy; **нарушение ~а** infringement (violation) of a right; **обладание ~м** eligibility; **ограничение ~а** circumscription (curtailment, limitation, restriction) of a right; (*на возражение*) estoppel; **определение прав и обязанностей** determination of rights and obligations; **отказ от ~а** abandonment (disclaimer, renunciation, surrender, waiver) of a right; quitclaim; **охрана прав** protection of rights; **передача ~а** assignment (cession, transfer) of a right; **передача ~а собственности** conveyance of ownership; **поражение в ~ах** deprivation (extinction, forfeit, revocation) of a right; disability; disfranchisement; disqualification; incapacity; incapacitation; **порок ~а собственности** defect in the title; **посягательство на чьи-л ~а** encroachment (infringement, trespass) on (upon) smb's rights; **прекращение ~а** termination of a right; **приобретение ~а** acquisition of a right; **приобретение ~а собственности** acquisition of a title

(*to*); **приостановление ~а** suspension of a right; **уважение прав человека** respect for human rights

~ **авторства** copyright; right of authorship
~ **аренды** tenant right
~ **ареста (удержания) имущества** (general, possessory) lien; right of retention
~ **бенефициария** beneficial right
~ **вето** right of veto; veto power (privilege)
~ **владения, пользования и распоряжения** right of possession, enjoyment and disposal
~ **возмездия** right of retaliation (of reprisal)
~ **воспроизведения** right of reproduction
~ **воюющей стороны** belligerent right
~ **вступления во владение** (*недвижимостью*) right of entry
~ **выбора** (*опцион*) right of choice (of option)
~ **выкупа** (*заложенного имущества*) equity (right) of redemption
~ **выхода** (*из договора и т.п.*) right of withdrawal
~ **выхода** (*из федерации и т.п.*) right of secession (of withdrawal)
~ **голоса** right to vote; suffrage; voting right
~ **давности** prescriptive right
~ **денонсации** (*договора и т.п.*) right of denunciation
~ **доступа к государственной**

службе right of access to public service
~ доступа к информации right of access to information
~ законодательной инициативы right (power) to initiate legislation
~ замены тюремного заключения штрафом option of a fine
~ защиты своих граждан right of protection of one's citizens (nationals)
~ изобретателя inventor's right
~ интеллектуальной собственности incorporeal right
~ личной собственности right of personal ownership (property)
~ личности personal right
~ мотивированного или немотивированного отвода right of cause or peremptory challenge
~ надзора supervisory authority (power)
~ наследования heirship; right of descent (of inheritance, succession)
~ обжалования right of an appeal
~ оборота (регресса) right of a recourse (relief, regress)
~ обращения (доступа) в суд right of access to the court
~ отвода кандидатуры присяжного right to challenge a juror
~ отзыва right of a recall
~ очной ставки right to be confronted with a witness
~ передоверия right (power)

of substitution
~ пересмотра (*судебного решения*) right (power) of a review
~ плавания под морским флагом right to fly a maritime flag
~ подписи authority to sign
~ подписки на акции share (stock) subscription right
~ пользования right of use
~ помилования pardoning power; right (power) of a pardon (to seek a pardon)
~ преждепользования right of prior use
~ преимущественного удовлетворения lien
~ преимущественной покупки pre-emption (pre-emptive) right; (right of) first option
~ преследования right of a pursuit
~ приоритета priority right; right of priority
~ продажи right of sale
~ проезда (прохода) right of passage
~ протеста right of a protest
~ регресса (оборота) right of a recourse (relief, regress)
~ самосохранения right of self-preservation
~ свободного доступа (*к*) right of free access (*to*)
~, связанное с недвижимостью tenement
~ собраний right of assembly
~ собственности ownership (*of*); property (*in*); right of ownership (property); proprietary right (interest); pro-

prietorship; title (*to*); (*на недвижимость тж*) estate of freehold; estate (interest) in land (in realty) (in real property)

~ (*компетенция*) **суда** court's power

~ **требования** chose in action

~ **убежища** privilege of sanctuary; right of asylum

~ **удержания** (*ареста*) **имущества** (general, possessory) lien; right of retention

~ **удержания, предусмотренное законом** statutory lien

~ **усмотрения** (power of) discretion

~ **участия в голосовании** right to vote; suffrage; voting right

~ **участия в управлении государственными делами** right to take part in the conduct of public affairs

~ **членства** right of membership

~ **юридического лица** corporate franchise; legal right; right of a legal (juridical) entity (party, unit) (person, personality)

~ **юрисдикции** adjudicatory authority (power); right of jurisdiction

~ **на бесплатное медицинское обслуживание** right to free medical services

~ **на быстрый суд** right to a speedy trial

~ **на взыскание** (*убытков*) right to recover (*damages*)

~ **на владение землёй** title to land

~ **на владение территорией и приобретение её** right to hold and acquire the territory

~ **на возврат** (*реверсия*) reversion; reverter

~ **на вознаграждение** right of remuneration

~ **на гражданство** right to citizenship (to nationality)

~ **на доброе имя и репутацию** right to a good name and reputation

~ **на достаточный** (**удовлетворительный**) **уровень жизни** right to an adequate standard of living

~ **на жизнь** right to life

~ **на жилище** right to housing

~ **на заключение коллективных договоров** collective bargaining right; right to bargain collectively

~ **на защиту** (*в суде*) benefit of a counsel; right to defence; right to legal assistance (to protection by the court)

~ **на защиту закона** right to protection of the law

~ **на защиту моральных и материальных интересов** right to protection of moral and material interests

~ **на защиту от безработицы** right to protection against unemployment

~ **на защиту со стороны общества и государства** right to protection by society and the state

~ **на избрание** eligibility

~ **на иск** right of an action (of

a claim, suit)

~ **на компенсацию** right to compensation

~ **на личную безопасность (неприкосновенность)** right to inviolability of the person (to personal security)

~ **на материальное обеспечение в старости (в случае потери трудоспособности)** right to maintenance in old age (in case of disability)

~ **на недвижимость** estate (interest) in land (in realty) (in real property)

~ **на незамедлительное слушание дела** right to a prompt hearing

~ **на обеспечение на случай безработицы, болезни или инвалидности** right to security in the event of unemployment, sickness or disability

~ **на обжалование судебных решений** right of appeal; right to appeal against court decisions

~ **на образование** right to education

~ **на обыск** right (power) of search

~ **на освобождение до окончания судебного разбирательства** right to release pending a trial

~ **на осмотр и захват** right of search and seizure

~ **на отдых и досуг** right to rest and leisure

~ **на охрану здоровья** right to health protection

~ **на переизбрание** re-eligibility

~ **на пересмотр приговора** (*более высоким судом*) right to have the sentence reviewed (*by a higher court | tribunal*)

~ **на получение удовлетворения (возмещения)** right to recovery

~ **на получение юридической помощи** right to legal aid (assistance)

~ **на помилование или смягчение приговора** right to seek pardon or commutation of the sentence

~ **на представительство адвоката** right to a counsel

~ **на привилегию** franchising right

~ **на признание правосубъектности** right to recognition as a person before the law

~ (*государства*) **на принудительное отчуждение частной собственности** eminent domain

~ **на равенство перед судом** right to equal treatment before the court (before the tribunal)

~ **на равную оплату за равный труд** right to equal pay for equal work

~ **на рассмотрение дела судом присяжных** right to a jury trial

~ **на самоопределение** right to self-determination

~ **на самоуправление** right to autonomy

~ **на свободный выбор местожительства** right to freedom of residence

~ на свободный выбор работы right to a free choice of employment
~ на свободу right to liberty (to freedom)
~ на свободу и политическую независимость right to freedom and political independence
~ на свободу мирных собраний и ассоциаций right to freedom of peaceful assembly and association
~ на свободу мысли, совести и религии right to freedom of thought, conscience and religion
~ на свободу убеждений right to freedom of belief (of opinion and expression)
~ на социальное обеспечение right to social insurance
~ на справедливое и удовлетворительное вознаграждение right to a just and favourable remuneration
~ на справедливое судебное разбирательство right to a fair trial
~ на суверенитет над своими ресурсами right to sovereignty over one's natural resources
~ на судебную защиту benefit of a counsel; right to defence; right to legal assistance (protection by the court)
~ на судебную проверку законности и обоснованности содержания под стражей right to court verification of the legality and validity of holding (*smb*) in custody

~ на существование right to existence
~ на территориальную целостность right to territorial integrity
~ на труд right to work
~ на частную жизнь (неприкосновенность частной жизни) right to privacy
~ на юридическое равенство right to juridical equality
~ отвода кандидата right to challenge a candidate
~ владеть имуществом right to own property
~ вступать в брак и основывать семью right to marry and to found a family
~ вступать в отношения с другими государствами right to enter into relations with other states
~ (свободно) выбирать и развивать свою политическую, социальную, экономическую и культурную систему right to (freely) choose and develop one's political, social, economic and cultural system
~ выступать в высших судах right of audience in the higher courts
~ избирать и быть избранным right to vote and to be elected
~ искать убежище от преследования right to seek an asylum from persecution
~ исповедовать любую религию или не исповедовать никакой right to profess or not to profess any religion
~ нанять адвоката right to

employ a legal adviser
~ **наслаждаться искусством** right to enjoy the arts
~ **не отвечать на вопросы** right to keep (remain) silent; right to silence
~ **обжаловать действия должностных лиц** right to lodge a complaint against the actions of officials
~ **объединяться в общественные организации** right to associate in public organizations
~ **отправлять религиозные культы** right to conduct religious worship
~ **потребовать адвоката** right to request a counsel
~ **представлять свидетелей** right to present witnesses
~ **представлять улики** right to give (proffer) evidence
~ **принадлежать или не принадлежать к международным организациям** right to belong or not to belong to international organizations
~ **принимать участие в управлении страной** right to take part in the government of a country
~ **просить помилования** pardoning power; right (power) of pardon (to seek a pardon)
~ (*государства*) **распоряжаться своими богатствами и естественными ресурсами** right (*of a state*) to dispose of its wealth and its natural resources
~ **создавать профессиональные союзы и входить в них** right to form and to join trade unions
~ **считаться невиновным до тех пор, пока вина не будет доказана в установленном законом порядке** right to be presumed innocent until proved guilty according to law
~ (*кредитора*) **удерживать собственность должника** possessory lien
~ (*продавца*) **удерживать товар** (*до уплаты покупной цены*) vendor's lien
~ **участвовать в культурной жизни общества** right to take part in the cultural life of society
~ **участвовать в научном прогрессе и пользоваться его благами** right to share in scientific advancement (progress) and its benefits
~ **хранить и носить оружие** right to keep and bear arms
абсолютное (неограниченное) ~ absolute right; right in rem
авторское ~ copyright
арендное ~ leasehold interest
безусловное ~ собственности estate (interest) in fee-simple; fee; fee-simple; (*на недвижимость – фригольд*) freehold
беспредельное ~ unlimited right
бесспорное (неоспоримое) ~ indubitable right
большие ~a extensive rights
вещное (имущественное) ~ interest in estate (in property);

proprietary interest (right); real right; right in rem
взаимные ~а и обязанности reciprocal rights and obligations
возвратное ~ reversionary interest (right)
гражданские ~а civic (civil) rights
естественное ~ natural right
законное ~ legal (legitimate) right; statutory right; vested interest (right)
закреплённое (признанное) ~ vested interest (right)
залоговое ~ lien; mortgage interest (right)
избирательное ~ elective (electoral) franchise (right); suffrage
изобретательское ~ invention (inventor's) right
имущественное (вещное) ~ interest in estate (in property); proprietary interest (right); real right; right in rem
имущественное ~ по нормам общего права legal interest
имущественное ~ по нормам права справедливости equitable interest
исключительное (монопольное) ~ exclusive (sole) right; prerogative
конкретное ~ specific right
конституционное ~ constitutional right
личное ~ personal right
монопольное (исключительное) ~ exclusive (sole) right; prerogative
наследственное ~ right of inheritance
неделимое имущественное ~ undivided interest
неограниченное (абсолютное) ~ absolute right; right in rem
неоспоримое (бесспорное) ~ indefeasible (indubitable) right
неотъемлемое ~ inalienable (inherent) right
обусловленное ~ stipulated right
обязательственное (относительное) ~ right in personam; (*из договора*) contractual right
ограниченное ~ limited (qualified, restricted) interest (right)
основные ~а basic (fundamental, primary) rights
относительное (обязательственное) ~ right in personam
патентное ~ patent right
подразумеваемое (презюмируемое) ~ implicit (implied) right
пожизненное ~ life interest; (*на недвижимость*) estate for life
политические ~а political rights
посессорное ~ possessive right
презюмируемое (подразумеваемое) ~ implicit (implied) right; (*собственности*) apparent ownership
преимущественное (преференциальное, приоритетное) ~ preferential (priority, underlying) right
преимущественное ~ на участие в голосовании voting privilege
преимущественное ~ покупки pre-emption (pre-emptive)

right; (right of) first option
признанное (закреплённое) ~ vested interest (right)
производное ~ derivative right
процессуальное ~ procedural right
равные ~a equal rights
регрессивное ~ right of recourse (of relief, regress); subrogation right
совместное ~ **в недвижимости** estate in joint tenancy
социально-экономические ~a socio-economic rights
специальные ~a **заимствования** special drawing rights (SDR)
спорное ~ litigious right
субъективное~ (*основанное на нормах общего права*) legal right
субъективное ~ (*основанное на нормах права справедливости*) equitable right
суверенное ~ sovereign right
супружеские ~a conjugal (marital) rights
существенное ~ substantive right
ущемлённое ~ impaired (prejudiced) right
юридически действительное ~ good (valid) right

ПРАВ‖О 2 (*в объективном смысле*) *сущ* law ◊ **бакалавр** ~**а (прав)** Bachelor of Law(s) (B.L., LL.B.); **верховенство (господство)** ~**а** rule-of-law; supremacy of law; **вопрос** ~**а** matter (point, question) of law; **доктор** ~**а (прав)** Doctor of Law(s) (D.L., LL.D.); **инс**титуты и нормы международного ~а international legal norms and institutions; **источник** ~**а** source of law; **магистр** ~**а (прав)** Master of Law(s) (M.L., LL.M.); **нарушение** ~**а** breach (violation) of law; **область** ~**а** branch of law; **общие (основные) принципы международного** ~**а** basic (general) principles of international law; **презумпция** ~**а** presumption in law; prima facie law; **пробел в** ~**е** gap in law; **субъект** ~**а** person (subject) of law; **теория** ~**а** legal theory

в силу ~**а** at law; **в соответствии с нормами (принципами) международного** ~**а** in accordance (compliance, conformity) with the norms (principles) of international law; under international law
~ **войны** law of war(s)
~ **в судебном толковании** law of the court
~, **действующее на территории страны** law of the land
~ **международной безопасности** law of international security
~ **международной торговли** law of international trade
~ **международных валютных операций** law of international monetary transactions
~ **международных воздушных и морских перевозок** law of international transport by air and sea
~ **международных инвести**-

ций law of international investment

~ международных экономических отношений law of international economic relations

~ народов (*юс ганциум*) law of nations; [*лат*] jus gentium

~, регулирующее деятельность акционерных компаний company law

~, регулирующее деятельность международных организаций law of international organizations

~ собственности law of ownership (of property)

~ справедливости law of equity

~ торгового оборота business (commercial, mercantile) law; law of merchant(s); law of the staple

агентское ~ law of agency

административное ~ administrative law

акционерное ~ law of associations

арбитражное ~ law of arbitral procedure

арендное ~ law of landlord and tenant

банковское ~ banking law

брачное ~ law of marriage; marriage law

брачно-семейное ~ marriage and family law; matrimonial law

вещное ~ law of property (of things)

внутригосударственное ~ civil (municipal) law; domestic (internal, national) law

государственное ~ constitutional law

гражданское ~ civil law

гражданско-процессуальное ~ law of civil procedure

действующее ~ actual (current, existing, operative, present) law; established law; good law; law in force; positive (prevailing) law

деликтное ~ law of tort(s); tort law

дипломатическое ~ diplomatic law

договорное (контрактное) ~ contract (contractual, conventional) law; law of contract(s) (of treaties)

доказательственное ~ law of evidence

естественное ~ absolute (natural) law; law of nature

законодательное ~ legislation law

земельное ~ agrarian (land) law

изобретательское ~ invention (inventor's) law

каноническое ~ canon law

коллизионное ~ law of conflict (of laws)

конституционное ~ constitutional law

консульское ~ consular law

контрактное (договорное) ~ contract (contractual, conventional) law; law of contract(s) (of treaties)

личное ~ law of persons

материальное ~ law of substance; substantive law

межгосударственное ~ interstate law
международное ~ international law; law of nations; [*лат*] jus gentium
международное валютное ~ international monetary law
международное воздушное ~ international air law; law of the air
международное гуманитарное ~ international humanitarian law
международное договорное ~ conventional international law; international contract (contractual) law; law of contract(s) (of treaties)
международное космическое ~ international cosmic (space) law; law of outer space
международное морское ~ international maritime law; law of the sea (of merchant shipping)
международное обычное ~ customary international law
международное авторское ~ international copyright law
международное ~ в период вооружённых конфликтов international law of armed conflicts
международное публичное ~ public international law
международное частное ~ private international law
налоговое ~ fiscal (revenue, tax) law; law of taxation
наследственное ~ inheritance (succession) law; law of descent (of inheritance, succession)

национальное ~ national law
общее (обычное) ~ common (customary) law; tacit law
обязательственное ~ law of contract(s) (of obligation); contractual law
парламентское ~ parliamentary law
патентное ~ patent law
позитивное ~ positive law
посольское ~ ambassadorial law
прецедентное ~ case (decisional) law; judge-made (judiciary) law; law of practice; unwritten law
процессуальное ~ adjective (formal) law; law of procedure; procedural (remedial) law
публичное ~ public law
римское ~ Roman law
рыночное ~ market law
светское ~ secular law
семейное ~ family law; law of domestic relations
сравнительное ~ comparative law
статутное ~ statute (statutory) law
страховое ~ insurance law; law of insurance
судебное ~ judicial (judiciary) law; law of the courts
таможенное ~ customs law; law of customs
торговое ~ business (commercial, mercantile) law; law of merchant(s); law of the staple(s)
трудовое ~ industrial (labour) law; law of employment
уголовное ~ criminal (penal)

law; law of crime(s)
уголовно-процессуальное ~ law of criminal (penal) procedure
финансовое ~ finance (financial) law
хозяйственное ~ economic law
церковное ~ Christian (ecclesiastical) law; law of the church; law spiritual
частное ~ private law

ПРАВОВЕД *сущ* jurist; jurisprudent; lawyer; man of law

ПРАВОВЕДЕНИЕ *сущ* (*законоведение*) jurisprudence; legal science; science of law
сравнительное ~ comparative jurisprudence (law)

ПРАВОВЕДЧЕСКИЙ *прил* jurisprudential

ПРАВОВЕРНОСТЬ *сущ* [*рел*] orthodoxy

ПРАВОВЕРНЫЙ *прил* [*рел*] orthodox; *сущ* true believer

ПРАВОВИК *сущ* jurist; jurisprudent; lawyer; man of law

ПРАВОВ||ОЙ *прил* jural; juridical; juristic; legal ◊ **восстановление первоначального ~ого положения** (*реституция*) legal restitution (re-establishment, restoration)

~ая гарантия legal guarantee
~ая защита legal protection
~ая наука legal science; science of law
~ая норма legal norm (rule); rule of law
~ая обязанность legal duty
~ая политика policy of law
~ая помощь legal aid (assistance); (*сатисфакция*) legal redress
~ая преемственность (*правопреемство*) legal continuity (succession)
~ая презумпция legal presumption; presumption in (of) law; prima facie law
(*надлежащая*) **~ая процедура** (due) course (process) of law
~ая санкция deterrent (warrant) of law; legal sanction
~ая система legal system
~ая структура legal frame
~ая сущность legal essence
~ая терминология legal nomenclature (terminology); nomenclature (terminology) of law
~ая школа law school; school of law
~ое государство rule-of-law state
~ое значение legal effect
~ое мышление legal thinking
~ое образование legal education
~ое обязательство legal commitment (obligation)
~ое ограничение legal restraint (restriction)
~ое основание legal foundation
~ое отношение legal relation (relationship)
~ое положение legal status
~ое последствие consequence in law; legal consequence (effect)
~ое предписание precept (prescription) of law

~ое регулирование legal regulation
~ое средство legal measure (means)
~ акт legal act (enactment)
~ документ legal document (instrument)
~ институт legal institution
~ принцип legal principle; maxim (of law)
~ режим legal treatment (regime)
~ спор legal controversy (difference, dispute)
~ титул title

ПРАВОМЕРНО *нареч* lawfully; legally; rightfully

ПРАВОМЕРНОСТЬ *сущ* (*законность*) justification; lawfulness; legality; legitimacy; rightfulness

ПРАВОМЕРН‖ЫЙ *прил* (*законный*) justifiable; justified; lawful; legal; legitimate; right; rightful; (*надлежащий*) good; proper ◊ **признавать ~ым** to render lawful
~ое вмешательство lawful interference (intervention)
~ое действие lawful (legal) act
~ое обязательство lawful (legal) commitment (engagement; obligation)
~ое поведение good behaviour
~ое прекращение (*дела*) lawful dismissal (*of a case*)
~ое требование lawful demand
~ые средства lawful (legal) means

ПРАВОМОЧИ‖Е *сущ* (*полномочие*) authority; power; warrant ◊ **лишать кого-л ~й** to deprive (divest) smb of authority (of powers); **предоставлять кому-л ~я** to authorize (empower, enable) smb (*to* + *inf*); entitle smb (*to*); vest smb with authority (with powers)
без надлежащего ~я without due (proper) authority (power); **предоставление ~й** authorization; entitlement (*to*); **предоставление ~й публичного характера** public authorization; **предоставление ~й частного характера** private authorization
~я по должности authority conferred by office
~я по закону authority by law; legislative authority; statutory powers
~я президента presidential powers
~я собственника proprietary rights
административные ~я administrative powers
действующие ~я current (effective, prevailing) powers
делегированные ~я delegated powers
дискреционные ~я discretionary powers
должностные ~я official powers; powers of office
дополнительные ~я additional (ancillary) powers
мандатные ~я mandatory powers
надлежащие ~я competent authority
обладающий надлежащими ~ями duly authorized (qua-

lified)
полные ~я full powers
презюмируемые ~я apparent (implied, ostensible) authority (powers)
родственные ~я cognate powers
совмещённые ~я merged powers
требуемые ~я requisite authority (powers)

ПРАВОМОЧНОСТЬ *сущ* (*компетенция*) competence
~ давать свидетельские показания competence to testify
~ принимать решения competence to deliver a judgement (make, pass, take a decision)
свидетельская ~ (*право- и дееспособность*) competence of a witness

ПРАВОМОЧН∥ЫЙ *прил* (*право- и дееспособный, уполномоченный, управомоченный*) authorized; competent; (legally) qualified ◊ **признавать ~ым** to render competent (legally qualified)
~ое инспектирование lawful (legal) inspection
~ое пользование authorized use

ПРАВОНАРУШЕНИ∥Е *сущ* (*преступление, проступок*) breach (infringement, violation) of law; crime; delict; delinquency; infraction; lawbreaking; malefaction; malfeasance; misdeed; misdemeanour; offence; tort; transgression; (legal) wrong (wrong-doing) ◊ **нести ответственность за гражданское ~** to be liable in tort; **совершить ~** to commit a delict (an offence, *etc*); **иск из гражданского ~я** tort action

~ из-за небрежности (халатности) tort of negligence
~, преследуемое по обвинительному акту indictable offence
~ против личности trespass to the person
~, совершённое несовершеннолетним juvenile delinquency (offence)
~, совершённое представителем государственной власти government (governmental) infraction (offence, tort)
административное ~ administrative infraction (offence)
гражданское ~ civil infraction (offence); civil (private) wrong; tort
должностное ~ malfeasance in office; official malfeasance; (*мисдиминор тж*) misdemeanour in office
малозначительное (мелкое) ~ minor (petty) infraction (offence)
международное ~ international delict (delinquency, offence, tort)
преднамеренное ~ intended breach of law
публичное ~ public wrong
серьёзное (тяжкое) ~ grave (major, serious) crime (infraction, offence)

ПРАВОНАРУШИТЕЛ∥Ь

сущ delinquent; infringer of the law; law-breaker; malefactor; malfeasant; tortfeasor; transgressor; tresspasser; wrongdoer; (*преступник*) criminal; offender; perpetrator (of a crime) ◊ **личность** ~**я** identity of a criminal (of an offender, perpetrator)

несовершеннолетний ~ juvenile delinquent (offender, *etc*)
совершеннолетний ~ adult malefactor (offender, *etc*)

ПРАВООСНОВАНИЕ *сущ* (*правовое основание*) legal foundation

ПРАВООТНОШЕНИ‖Е *сущ* (*правовое отношение*) jural (legal) relation (relationship) ◊ **изменение** ~**й** modification of legal relations (relationship); **прекращение** ~**й** termination of legal relations (relationship); **субъект** ~**я** party to a legal relationship; **участники** ~**я** privies; (*основанного на законе*) privies in law; (*основанного на родстве*) privies in blood; (*по имуществу*) privies in estate

~**я, возникшие с обоюдного согласия** consensual relations (relationship)

~**я принципала и агента** agency relations (relationship)

~**я сторон** legal relations (relationship) between the parties
гражданское ~ civil matter (relationship); relationship of civil law
договорное ~ contractual legal relationship

ПРАВООХРАНИТЕЛЬ-Н‖ЫЙ *прил* law-enforcement; law-enforcing ◊ **сотрудник** ~**ого органа** law-enforcement officer (official) ~**ые органы** law-enforcement agencies (authorities, bodies)

ПРАВОПЕРЕДАЧА *сущ* (*передача права*) assignment (cession, transfer) of a right

ПРАВОПИСАНИЕ *сущ* (*орфография*) orthography; spelling

ПРАВОПОРАЖЕНИ‖Е *сущ* (*лишение прав, поражение в правах*) deprivation (extinction) of rights; disability; disfranchisement; disqualification; incapacity; incapacitation ◊ **аннулировать (отменять)** ~ to cancel (recall, remit, remove) disability (incapacity, *etc*); **подвергаться** ~**ю** to incur disqualification (incapacitation, *etc*); **уменьшить объём** ~**я** to alleviate (mitigate) disability (incapacity, *etc*)

~ **вследствие совершения преступления** criminal incapacity; incapacity from a crime

ПРАВОПОРЯД‖ОК *сущ* law and order; law (legal) order; rule of law ◊ **нарушать** ~ to violate law and order; **обеспечивать** ~ to enforce rule of law; ensure law and order; **поддерживать** ~ to maintain law and order; **попирать** ~ to defy (trample upon) law and order; **соблюдать** ~ to obser-

ve law and order
нарушение ~ка violation of law and order; **обеспечение ~ка** (*применение закона*) law enforcement; **поддержание ~ка** maintenance of law and order

ПРАВОПРЕДШЕСТВЕН-НИК *сущ* predecessor in a title

законный ~ legal predecessor

ПРАВОПРЕЕМНИК *сущ* (*индоссат, цессионарий*) assign; assignee; subsequent proprietor; (legal) successor; successor in a title; transferee

ПРАВОПРЕЕМСТВО *сущ* (*правовая преемственность, наследование по закону*) legal continuity (succession); succession in a title

~ государств в отношении договоров succession of states in respect of treaties

~ в силу наследования hereditary continuity (succession)

~ между физическими лицами natural continuity (succession)

непрерывное ~ perpetual continuity (succession)

процессуальное ~ succession of choses in action

сингулярное ~ singular continuity (succession)

универсальное ~ universal continuity (succession)

ПРАВОПРИМЕНЕНИ‖Е *сущ* (*принудительное применение права, закона*) (law) enforcement ◊ **вопрос ~я** enforcement matter; **процедура ~я** enforcement proceeding(s); law enforcement procedure; **различия в ~и** enforcement distinctions; **сфера ~я** domain (field) of law; **эффективность ~я** law enforcement effectiveness

~ законными методами legitimate law enforcement

~ на оперативном уровне operational enforcement

вялое ~ lax (loose) enforcement

гибкое ~ flexible enforcement

избирательное ~ selective enforcement

неукоснительное (обязательное) ~ mandatory enforcement

ограничительное (строгое) ~ strict enforcement (of law)

пассивное ~ passive enforcement

судебное (судейское) ~ judicial enforcement

ПРАВОПРИТЯЗАНИЕ *сущ* (*право требования, требование, претензия*) assertion of a right; claim; demand; right (in action) ◊ **заявлять ~** to file a claim

взаимное ~ reciprocal claim

гражданское ~ civil demand

ложное ~ false claim

насильственное ~ forcible assertion of a right

обоснованное ~ valid claim

первоочередное ~ first claim

фиктивное ~ fictitious claim

ПРАВОСЛАВИЕ *сущ* [*рел*] orthodoxy

ПРАВОСЛАВН‖ЫЙ *прил* [*рел*] orthodox; *сущ* member

of the Orthodox Church
~ая церковь Orthodox Church

ПРАВОСОЗНАНИЕ *сущ* feeling for law and order; juridical (legal) awareness (conscience); sense of justice

ПРАВОСПОСОБНОСТ‖Ь *сущ* (*дееспособность*) ability (capacity) to act (to perform); (legal) ability (capacity, competence); capacity for rights (for legal relations) ◊ **иметь завещательную право- и дееспособность** to be testable; **иметь процессуальную ~** to have (legal) capacity to sue; stand in court; **обладать брачной ~ю** to be marriageable; **ограничивать в ~и** to incapacitate; disqualify
ограничение ~и (*поражение в правах*) disqualification; (legal) incapacity (incapacitation); **ограничение право- и дееспособности по признаку возраста** age disqualification; **ограничение право- и дееспособности по признаку расовой принадлежности** race disqualification; **установление право- и | или дееспособности** identification of capacities
административная ~ administrative legal capacity
брачная ~ (legal) capacity to marry; marriageability
гражданская ~ legal capacity
договорная ~ contractual (treaty-making) capacity
завещательная ~ testability; testamentary capacity
лишённый право- и | или дееспособности disabled; incapacitated
процессуальная ~ (legal) capacity to sue
свидетельская право- и дееспособность (*правомочность*) competence of a witness

ПРАВОСПОСОБНЫЙ *прил* (*дееспособный, правосубъектный*) competent; (legally) able (capable); personable

ПРАВОСТОРОННИЙ *прил* right-side

ПРАВОСУБЪЕКТНОСТ‖Ь *сущ* (legal) personality; person before the law ◊ **признание ~и** recognition as a person before the law
международная ~ international personality
обладающий ~ю incorporated
самостоятельная ~ separate personality

ПРАВОСУБЪЕКТН‖ЫЙ *прил* corporate; personable
~ая организация (*юридическое лицо*) corporate body (entity)

ПРАВОСУДИ‖Е *сущ* justice; judicial power ◊ **избежать ~я** to escape (evade) justice; **обеспечивать эффективное отправление (осуществление) ~я** to ensure the efficient administration (delivery) of justice; **обращаться к ~ю** to go to (the) law; **отдавать себя в руки ~я** to surrender (oneself) to justice;

отправлять (осуществлять) ~ to administer (deliver, dispense, distribute, execute, exercise, mete out) justice (judicial power); do justice; **предать ~ю** to bring to justice; **препятствовать отправлению ~я** to obstruct (retard) justice (the course of justice) **акт ~я** administered (dispensed, executed) justice; **неосуществление ~я** failure of justice; **отправление (осуществление) ~я** administration (delivery, dispensation, distribution, execution, exercise) of justice (of judicial power); course of justice; judicature; jurisdiction; **пародия на ~** mockery of justice; **препятствование отправлению (осуществлению) ~я** legal obstruction; obstruction of justice; **преступление против ~я** offence against (public) justice
~ по делам несовершеннолетних juvenile justice
~ с целью правовой защиты remedial justice
беспристрастное (непредубеждённое) отправление ~я unbias(s)ed (impartial, unprejudiced) justice
исправительное ~ reformatory (remedial) justice
карательное ~ punitive (retributive) justice
превентивное ~ preventive justice
предубеждённое (пристрастное) отправление ~я bias(s)ed (partial, prejudiced) justice
равное ~ equal justice
справедливое отправление ~я fair justice
уголовное ~ criminal justice

ПРАВОТ‖А *сущ* righteousness; rightness; (*невиновность*) innocence ◊ **доказать свою ~у** to prove one's case
~ дела rightness of a case

ПРАВОТВОРЧЕСТВ‖О *сущ* (*законотворчество*) law-making ◊ **субъект ~а** (*законодатель*) lawmaker
судебное ~ judicial legislation

ПРАВОФЛАНГОВЫЙ *прил* right-flank; right-wing

ПРАВ‖ЫЙ *прил* right; right-hand; (*правильный*) just; righteous; [*полит*] right; right-wing; [*юр*] (*невиновный*) innocent; not guilty; *сущ* [*полит*] right-winger; rightist ◊ **быть ~ым** to be right (in the right)
~ая партия party of the right
~ая рука [*перен*] right hand; right-hand man
~ая сторона right side; off side
~ое дело just cause

ПРАВЯЩ‖ИЙ *прил* ruling
~ие классы ruling classes

ПРАЙВЕСИ *суш* (*неприкосновенность частной жизни*) privacy ◊ **нарушение ~** violation of privacy

ПРАКТИК‖А *сущ* practice; (*навыки, опыт*) practical experience ◊ **заниматься адвокатской (юридической) ~ой** to practise law; **осуществлять на ~е** to put into practice
в мировой ~е in world practice; **на ~е** in practice

деловая ~ business practice; usage
договорная ~ contractual (treaty) practice
лицензионная ~ practice of licence trade
международная ~ international practice
недобросовестная ~ malpractice
незаконная судебная ~ legal malpractice
судебная ~ court rulings; judicial practice; practice of law
установившаяся деловая ~ business routine
установившаяся дипломатическая ~ established diplomatic practice

ПРЕАМБУЛА *сущ* preamble
~ **договора** preamble to a treaty

ПРЕБЫВАНИЕ *сущ* (*нахождение где-л*) stay; (*проживание*) residence; (*в должности*) tenure; tenure of office
~ **в должности судьи** judicial tenure
временное ~ sojourn; sojourning; sojournment
фактическое ~ **в должности** de-facto tenure
юридическое ~ **в должности** de-jure tenure

ПРЕВЕНТИВН‖ЫЙ *прил* preventive ◊ **предпринимать действия** ~**ого характера** to take preventive action
~**ая война** preventive war
~**ое заключение** preventive custody (detention)

ПРЕВОСХОДСТВО *сущ* preeminence; superiority; supremacy; (*преимущество*) advantage; excellence
техническое ~ technical (technological) superiority (supremacy)

ПРЕВЫШАТЬ, превысить *гл* to be in excess (*of*); exceed; (*превосходить тж*) to outstrip; surpass
~ **пределы разумности** to exceed the bounds of reason
~ **пределы самообороны** to exceed the limits of self-defence
~ **свой кредит** (*в банке*) to overdraw one's account
~ **установленную скорость** to exceed the speed-limit

ПРЕВЫШЕНИЕ *сущ* (*власти, полномочий и т.п.*) excess; exceeding; (*излишек*) surplus; (*веса*) overweight
~ **ввоза (импорта) над вывозом (экспортом)** import balance of trade; surplus of imports over exports
~ **власти (прав | полномочий)** excess (exceeding) of authority (of power|s); transgression of authority; (*злоупотребление*) abuse of power
~ **доходов над расходами** excess of receipts over expenses; (*в бюджете*) budget (budgetary) surplus
~ **кредита** (*в банке*) overdraft
~ **полномочий** excess of powers
~ **пределов необходимой обороны** excess; exceeding the limits of necessary defence
~ **привилегии** excess of a

privilege
~ скорости exceeding the speed-limit; speeding
~ спроса над предложением excess of demand over supply
~ судебной власти judicial excess
~ юрисдикции excess of jurisdiction
явное ~ flagrant excess

ПРЕДАВАТЬ, предать *гл* (*изменять*) to betray; (*выдавать тж*) to surrender; (*подвергать чему-л*) to commit (*to*); subject (*to*)
~ земле to commit to earth
~ огню to commit to fire
~ суду to bring before (commit to) the court; bring to (commit for) trial

ПРЕДАНИЕ *сущ* (*чему-л*) committal
~ суду committal for trial; (*предъявление обвинения*) arraignment

ПРЕДАННОСТЬ *сущ* devotion (*to*); (*лояльность*) fidelity (*to*); loyalty (*to*); (*приверженность*) adherence (*to*); commitment (*to*) ◊ **проявлять ~ чему-л** to display devotion (*to*)

ПРЕДАТЕЛ‖Ь *сущ* betrayer; traitor ◊ **становиться ~ем** to become (turn) a traitor

ПРЕДАТЕЛЬСК‖ИЙ *прил* traitorous; treacherous
~ая политика treacherous policy

ПРЕДАТЕЛЬСТВО *сущ* (*измена*) betrayal; treachery; (*государственная измена*) (high) treason; (*вероломство*) perfidy
~ национальных интересов betrayal of national interests

ПРЕДВАРИТЕЛЬН‖ЫЙ *прил* preliminary; provisional; tentative; (*предшествующий, предыдущий*) previous; prior; (*ожидаемый*) anticipatory ◊ **по ~ому соглашению** by a prior arrangement
~ая беседа (*с подозреваемым*) previous interview
~ая договорённость preliminary (tentative) agreement (arrangement)
~ая консультация preliminary consultation
~ая повестка дня preliminary agenda
~ая подготовка дела (*в суде*) pretrial examination
~ая презумпция provisional assumption (presumption)
~ое задержание custody (detention) pending a trial; preliminary arrest
~ое заключение preliminary conclusion (opinion)
~ое опознание preliminary identification
~ое разрешение prior permission
~ое следствие pretrial (preliminary) inquest (inquiry, investigation)
~ые данные preliminary information
~ые переговоры preliminary negotiations (talks)
~ые условия prior conditions; prerequisites

~ **арест** preliminary arrest; (*об имуществе*) provisional attachment
~ **запрет** prior restraint
~ **итог** preliminary result
~ **осмотр** preliminary survey
~ **сговор** previous concert (collusion)

ПРЕДВЗЯТОСТЬ *сущ* (*предубеждённость*) bias; preconception; prejudice; prejudicial view; warped judgement

ПРЕДВЗЯТ‖ЫЙ *прил* (*предубеждённый*) bias(s)ed; preconceived; prejudged; prejudiced
~ое мнение bias; prejudice

ПРЕДВИДЕНИЕ *сущ* foreseeing; foresight; foreknowledge

ПРЕДВИДЕТЬ *гл* to foresee

ПРЕДЛАГАТЬ, предложить *гл* to propose; suggest; (*для рассмотрения тж*) to submit; [*парл*] (*вносить предложение*) to advance (make, move, put forward) a motion (a proposal); move; propose; [*комм*] to make (submit, tender) an offer; tender; (*цену тж*) to make a quotation; quote; (*на торгах тж*) to bid; make a bid
~ (*выставлять*) **кандидатуру** to propose (put forward | up) a candidate; (*на выборах тж*) to nominate smb for election
~ **проект резолюции** to propose a draft resolution

ПРЕДЛОГ *сущ* (*повод*) excuse; pretence; pretext ◊ **находить (придумывать)** ~ to find (make, manufacture) an excuse (a pretext) (*for; to + inf*)
под ~ом (*того, что*) on the ground (*of*) (*that*); on (under) the pretence (pretext) (*of*) (*that*); **под тем или иным ~ом** on (under) some pretext or other

ПРЕДЛОЖЕНИ‖Е *сущ* (*для обсуждения, рассмотрения*) proposal; proposition; suggestion; [*парл тж*] motion; [*экон*] supply; (*цены*) quotation; (*на торгах тж*) bid; tender; (*приглашение*) invitation ◊ **аннулировать** ~ to annul (revoke, withdraw) an offer (a proposal); **вносить (выдвигать)** ~ to advance (make, move, put forward, submit) a proposal; [*комм*] to make (submit, tender) an offer; (*на торгах тж*) to enter (file, make) a bid; make a tender; tender; **воспользоваться ~м** to avail oneself of an offer (of a proposal); **обсуждать (рассматривать)** ~ to consider (debate, discuss) an offer (a proposal); **отзывать** ~ to revoke (withdraw) an offer (a proposal); **отклонять** ~ to reject (turn down) a motion (a proposal); (*голосованием тж*) to vote down a motion (a proposal); [*комм*] to cancel (decline, reject, turn down) an offer; **поддерживать** ~ (*на собрании и т.п.*) to second (support) a motion (a proposal); **представлять ~ на рассмотрение (на утверж-**

дение) to submit a proposal for consideration (for approval); **принимать** ~ (*на собрании и т.п.*) to adopt a proposal; carry a motion; [*комм*] to accept (take) an offer (a tender); **разрабатывать** ~ to elaborate (work out) a proposal; **снимать** ~ to revoke (withdraw) an offer (a proposal) **лицо, делающее** ~ [*комм*] offerer; (*на торгах и т.п. тж*) tenderer; **лицо, которому делается** ~ [*комм*] offeree; **подтверждение** ~**я** [*комм*] confirmation of an offer; **по** ~**ю** on the proposal (*of*); **принятие** ~**я** adoption of a proposal; [*комм*] acceptance of a bid (of an offer, a tender); **спрос и** ~ demand and supply

~ **валюты** supply of currency
~ **и принятие** offer and acceptance
~ **на поставку** offer to supply
~ **о покупке контрольного пакета акций** takeover bid (offer)
~ **о покупке ценных бумаг** tender for securities
~ **о поставке** tender of delivery
~ **о слиянии** (*компаний и т.п.*) takeover bid (offer)
~ **платежа** tender of payment
~ **по процедуре** procedural motion
~ **принять участие в торгах** invitation to bid
~ **рабочей силы** supply of labour

~ **товара** merchandise offer
~ **цены** [*комм*] quotation; (*на торгах тж*) bid; bidding; tender
встречное ~ counter offer
комплексное ~ package proposal
конструктивное ~ constructive proposal
неприемлемое ~ unacceptable offer (proposal)
приемлемое ~ acceptable offer (proposal)
твёрдое (окончательное) ~ [*комм*] firm bid (offer)

ПРЕДМЕТ *сущ* object; thing; (*дисциплина*) subject; (*тема*) subject; (*договора и т.п.*) subject; subject matter; (*торговли*) article; (*изделие*) article; (*как единица продукции*) item; piece

~ **договора** subject (subject matter) of a contract (of a treaty)
~ **доказывания** ultimate fact
~ **иска** matter (subject) in contest (in controversy, in dispute); object of an action
~ **обсуждения** (point at) issue
~ **(объект) правовой защиты** object of legal protection
~ **(объект) познания** [*филос*] object of cognition
~ **спора** matter (subject) in contest (in controversy, in dispute); (point at) issue
~ **тяжбы** matter (subject) of litigation

~**ы длительного пользования** durables; durable articles
~**ы домашнего обихода**

household goods

~ы импорта articles (products) of import; imports

~ы первой необходимости articles (goods) of prime necessity; necessaries; prime necessities

~ы роскоши articles of luxury; luxury items (goods); luxuries

~ы снабжения supplies

~ы торговли articles of commerce (of trade)

~ы широкого потребления consumer goods (commodities)

~ы экспорта articles (products) of export; exports

обязательный ~ compulsory subject

факультативный ~ optional subject

ПРЕДНАМЕРЕНИЕ *сущ* (*предумышление*) aforethought; premeditation; (*умысел*) intent; intention

ПРЕДНАМЕРЕННО *нареч* (*предумышленно*) deliberately; intentionally; wilfully

~ нанесённый (причинённый) ущерб wilful damage

ПРЕДНАМЕРЕНН‖ЫЙ *прил* (*предумышленный*) aforethought; deliberate; intentional; premeditated; wilful

~ое искажение (*или уничтожение*) **документа** spoliation

ПРЕДОК *сущ* ancestor; forefather; predecessor

далёкий ~ remote ancestor

ПРЕДОСТАВЛЯТЬ, предоставить *гл* to give; grant; (*делать доступным*) to make available (*to*)

~ визу to grant a visa

~ возможность to give smb a chance (*of + ing*); leave it to smb (*to + inf*)

~ заём to grant a loan

~ лицензию to grant a licence

~ отсрочку to give (grant) a respite

~ помощь to aid; assist; help; give (lend, render) aid (assistance) (*to*); support; (*юридическую*) to provide smb with legal aid (assistance)

~ право to authorize; entitle smb (*to + inf*); (*избирательное право*) to enfranchise

~ привилегию to grant a privilege

~ свободу действий to give smb a free hand (a carte blanche)

~ скидку to allow (grant) a discount (a rebate)

~ слово to call upon (*a speaker*); give smb the floor

ПРЕДОСТЕРЕГАТЬ, предостеречь *гл* to admonish (*against*); caution (*against*); warn (*against*)

ПРЕДОСТЕРЕЖЕНИЕ *сущ* admonition; warning

ПРЕДОСТОРОЖНОСТ‖Ь *сущ* precaution

◊ **принимать меры ~и** to take precautionary measures; **мера ~и, обеспечивающая безопасность** safety precaution

все возможные меры ~и every possible precaution

надлежащая мера ~и proper precaution

обычная мера ~и ordinary precaution
обязательная мера ~и mandatory precaution
разумная мера ~и reasonable precaution

ПРЕДОТВРАЩАТЬ, предотвратить *гл* to avert; prevent; (*исключать*) to preclude

~ **агрессию** to avert (prevent) aggression

~ **возникновение разногласий (споров)** to prevent disputes from arising

~ **преступление** to prevent a crime

~ **распространение инфекционных заболеваний** to prevent the spreading of infectious diseases

~ **угрозу войны** to avert (prevent) the danger (threat) of war

ПРЕДОТВРАЩЕНИЕ *сущ* averting; prevention; (*исключение, устранение*) preclusion

~ **серьёзного повреждения собственности** prevention of serious damage to property

~ **угрозы миру** prevention of a threat to peace

ПРЕДПИСАНИ‖Е *сущ* (*распоряжение, указание*) command; dictate; direction; exigency; instruction; order; precept; prescription; regulation; rule; (*требование*) exigency; requirement ◊ **выполнять ~я** to comply with instructions (with orders); follow instructions (orders)

~ **суда** court order

~**я международного права** dictates of international law

правовое ~ precept (prescription) of law

ПРЕДПИСЫВАТЬ, предписать *гл* (*давать распоряжения, указания*) to command; dictate; direct; enjoin; instruct; order; prescribe; (*требовать*) to require; (*постановлять*) to rule

ПРЕДПОЛАГАЕМЫЙ *прил* (*презюмируемый*) apparent; assumed; assumptive; constructive; implicit; implied; inferred; ostensible; presumed; presumptive; suppositional; suppositive; tacit; (*ожидаемый*) anticipated; expected

основной ~ **потребитель** prime prospect

ПРЕДПОЛАГАТЬ, предположить *гл* to assume; infer; presume; suppose

ПРЕДПОЛОЖЕНИ‖Е *сущ* (*презумпция*) assumption; implication; inference; presumption; supposition; (*догадка*) guess; speculation ◊ **исходя из ~я** on the assumption (that)

бюджетные ~я budgetary estimates

ПРЕДПОСЫЛКА *сущ* precondition; premise; prerequisite

ПРЕДПОЧТЕНИЕ *сущ* preference ◊ **отдавать** ~ to favour; give preference (*to*)

ПРЕДПРИИМЧИВОСТЬ *сущ* enterprise; (*инициатива*) initiative

ПРЕДПРИИМЧИВЫЙ *прил* enterprising

ПРЕДПРИНИМАТЕЛЬ *сущ* enterpriser; entrepreneur; (*бизнесмен*) businessman; (*владелец предприятия*) owner; (*работодатель*) employer
мелкий ~ small undertaker
свободный ~ free enterpriser

ПРЕДПРИНИМАТЕЛЬСКИЙ *прил* entrepreneurial

ПРЕДПРИНИМАТЕЛЬСТВО *сущ* business; enterprise; entrepreneurship
свободное ~ free enterprise

ПРЕДПРИЯТИ‖Е *сущ* business; enterprise; undertaking; (*завод*) plant; works; (*фабрика*) factory; (*в сфере услуг*) establishment
~ **бытового обслуживания** public service establishment
~**я общественного питания** catering facilities
~**я общественного пользования** public facilities (utilities)
акционерное ~ (*компания*) joint-stock company; [*амер*] (*корпорация*) corporation
государственное ~ public (state |- owned) enterprise
малое ~ small business
совместное ~ joint venture

ПРЕДРАССУДОК *сущ* prejudice
расовый ~ race prejudice

ПРЕДРЕШАТЬ, предрешить *гл* (*исход дела и т.п.*) to forejudge

ПРЕДСЕДАТЕЛЬ *сущ* chairman; president
~ **Верховного суда** (*лорд-канцлер Великобритании*) Lord Chancellor
~ **Верховного суда США** Chief Justice of the US Supreme Court
~ **Конституционного суда** Chairman of the Constitutional Court
~ **палаты** (*парламента*) Chairman of the House
~ **правления (совета директоров)** Chairman of the Board
~ **сената** (*США*) President of the Senate
~ **сессии Генеральной Ассамблеи** (*ООН*) President of the General Assembly session
~ **Совета Безопасности** (*ООН*) President of the Security Council
~ **суда** president of the court
временный ~ interim chairman

ПРЕДСЕДАТЕЛЬСТВОВАТЬ *гл* (*на заседании, собрании и т.п.*) to be chairman (*of*); be in the chair; preside (*at* | *over*); take the chair

ПРЕДСЕДАТЕЛЬСТВУЮЩИЙ *сущ* [*парл*] chairman; presiding officer; [*в суде*] chief justice (*of the court*); president (*of the court*); presiding justice

ПРЕДСКАЗАНИЕ *сущ* forecast; prediction; prophecy

ПРЕДСКАЗУЕМОСТЬ *сущ* predictability

ПРЕДСКАЗЫВАТЬ, предсказать *гл* to forecast; foretell; predict; prophesy

ПРЕДСТАВАТЬ, предстать *гл* to appear (*before*); be

brought (*before*); present oneself (*to*)

~ **перед властями** to present oneself to the authorities

~ **перед судейским должностным лицом** to appear (be brought) before a judicial officer (official)

~ **перед судом** to appear in (be brought before, come before) the court; go on trial; stand trial

~ **перед судьёй** to appear (be brought) before a judge

ПРЕДСТАВИТЕЛ‖Ь *сущ* agent; representative; spokesman; (*особ дипломатический*) envoy ◊ **назначать ~я** to appoint a representative; **отзывать ~я** to recall a representative

палата ~ей (*нижняя палата конгресса США*) House of Representatives

~ **власти** authority; public officer

~ **защиты** (*в суде*) defence counsel

~, **имеющий надлежащие полномочия** duly authorized representative

~ **обвинения** (*в суде*) prosecuting attorney

~**и деловых кругов** representatives of business circles

аккредитованный ~ accredited representative

генеральный ~ general representative

главный ~ (*на переговорах*) chief negotiator

дипломатический ~ diplomatic agent (envoy, representative)

единственный ~ sole representative

официальный ~ official representative

полномочный ~ authorized representative; plenipotentiary

постоянный ~ **при ООН** Permanent Representative (of...) to the United Nations (UN)

специальный ~ special representative

торговый ~ trade representative

ПРЕДСТАВИТЕЛЬСТВ‖О *сущ* (*наличие представителей*) representation; (*миссия – дипломатическая, торговая и т.п.*) mission; (*учреждение тж*) agency; (branch) office ◊ **обмениваться дипломатическими ~ами** to exchange diplomatic missions; **глава ~а** head of a mission

~ **в парламенте** representation in parliament

~ **в силу необходимости** agency of necessity

~ **в силу неопровержимой правовой презумпции** agency of estoppel

~ **интересов ответчика** (*или* **подсудимого**) representation of the defendant

~ **с последующим подтверждением полномочий агента** agency by ratification

выборное ~ elective representation

дипломатическое ~ diplomatic representation; (*миссия*)

diplomatic mission
консульское ~ consular representation; (*миссия*) consulate
постоянное ~ permanent representation; (*миссия*) permanent mission
пропорциональное ~ proportional representation
торговое ~ trade delegation (representation); (*миссия*) trade mission
юридическое ~ legal representation

ПРЕДСТАВЛЕНИ∥Е *сущ* (*предъявление доказательства, документа и т.п.*) adduction; presentation; production; submission; (*счёта и т.п. тж*) delivery; surrender; (*наличие представителей*) representation; (*при знакомстве*) introduction; (*идея, понятие*) conception; idea; notion; [*театр*] performance ◊ **наследовать по праву** ~**я** to inherit by the right of representation; **сделать** ~ to make a representation

по ~**ю суда** on the proposal of the court; **право** ~**я** right of representation; **против** ~**я документов** against the delivery (presentation, surrender) of documents

~ **в качестве доказательства** adduction (introduction, presentation, production, submission) as (in) evidence

~ **в ложном свете** misrepresentation

~ **в порядке общего надзора** report in the exercise of a general supervisory function

~ **доводов** adduction (presentation, production) of arguments

~ (*суду*) **доказательств** adduction (introduction, presentation, production, submission) of evidence (of proof)

~ (*суду*) **документов** discovery of documents

~ **на рассмотрение** submission (to...) for consideration

ПРЕДСТАВЛЯТЬ, представить *гл* (*предъявлять доказательство, документ и т.п.*) to adduce; exhibit; hand in; present; produce; show; submit; (*счёт и т.п. тж*) to deliver; surrender; tender; (*выступать представителем*) to represent; (*знакомить*) to introduce (*to*)

~ **в качестве доказательства** to adduce (introduce, present, produce, submit, tender) as (in) evidence

~ **в качестве оплаты** to tender in payment

~ **в ложном свете** to misrepresent

~ **дело в суд** to bring a case before (into) the court

~ **довод** to adduce (present, produce) an argument

~ **доказательство** to adduce (afford, exhibit, furnish, lay down, present, produce, submit) evidence (proof); (*правового титула*) to show a good title

~ **на рассмотрение** to submit

(to...) for consideration
~ **на утверждение** to submit (to...) for approval
~ **необходимую информацию** to provide (submit) necessary information
~ **предложение** [*комм*] to tender an offer
~ **чьи-л интересы** to represent smb's interests

ПРЕДУБЕЖДЕНИ‖Е *сущ* (*предвзятость*) bias; preconception; prejudice; prejudicial view; warped judgement ◊ **без ~я** without prejudice

~ **при наличии повода** fair prejudice

ПРЕДУБЕЖДЁННЫЙ *прил* (*предвзятый*) bias(s)ed; preconceived; prejudged; prejudiced

ПРЕДУМЫШЛЕНИЕ *сущ* (*преднамерение*) aforethought; premeditation; (*умысел*) intent; intention; (*по отношению к убийству*) express malice

ПРЕДУМЫШЛЕНН‖ЫЙ *прил* (*преднамеренный*) aforethought; deliberate; intentional; premeditated; wilful ◊ **нанесение ~ого вреда имуществу** malicious injury to property

~ое убийство premeditated (wilful) murder

ПРЕДУМЫШЛЯТЬ *гл* to intend deliberately; premeditate

ПРЕДУПРЕЖДАТЬ, предупредить *гл* (*извещать, уведомлять*) to give notice (*of*) (a warning); notify; warn; (*предотвращать*) to avert; prevent

~ **заранее** to forewarn; notify in advance

ПРЕДУПРЕЖДЕНИ‖Е *сущ* (*извещение, уведомление*) notice; notification; (*предостережение*) admonition; warning; (*предотвращение*) averting; prevention ◊ **делать ~** to give (issue, make) a warning; **служить средством ~я преступления** to act as a deterrent of a crime

без дальнейшего ~я without further notice; **без ~я** without notification (warning); **с условием ~я за три месяца** subject to three months' notice (notification)

~ **агрессии** prevention of aggression

~ **гражданских правонарушений** prevention of civil wrongs (of torts)

~ **преступления** crime prevention; prevention of a crime

~ **убийства** prevention of a murder

категорическое ~ sharp notification (warning)

надлежащее ~ proper notification (warning)

предварительное ~ advance notice (notification); notification in advance

ПРЕДУСМАТРИВАТЬ, предусмотреть *гл* to contemplate; envisage; foresee; (*обусловливать в договоре и т.п.*) to make provisions (*for*); provide (*for*); stipulate

~ **законом** to provide for (stipulate) by law

ПРЕДУСМОТРЕНН∥ЫЙ *прил* (*в договоре и т.п.*) provided (*for*); stipulated

~ **законом** (**законодательством**) provided for (stipulated) by law (by a statute)

~ **Уставом ООН** provided for (stipulated) in the UN Charter

ПРЕДУСМОТРИТЕЛЬНОСТ∥Ь *сущ* foresight; precaution; prudence

надлежащая степень ~**и** proper precaution

обычная степень ~**и** ordinary precaution

разумная степень ~**и** reasonable precaution

ПРЕДШЕСТВЕННИК *сущ* forerunner; predecessor; (*предвестник*) precursor

ПРЕДШЕСТВОВАТЬ *гл* to precede

ПРЕДШЕСТВУЮЩИЙ *прил* antecedent; former; precedent; preceding; previous; prior

ПРЕДЪЯВИТЕЛ∥Ь *сущ* bearer; holder ◊ **акция** (**ценная бумага**) **на** ~**я** share (security) to a bearer; **выданный на** ~**я** payable to a bearer; **на** ~**я** to a bearer

~ **векселя** bill presenter

~ **облигации** bond to a bearer

ПРЕДЪЯВЛЕНИЕ *сущ* (*доказательства, документа и т.п.*) adduction; presentation; production; submission; (*счёта и т.п. тж*) delivery; surrender; (*тратты тж*) sight; (*вручение судебного документа тж*) service ◊ **платить по** ~**и** to pay on presentation; **платёж по** ~**и тратты** sight payment; **по** ~**и** on demand; on (upon) presentation; (*тратты тж*) at sight; **после** ~**я** after sight

~ **авизо банку** submission of an advice to a bank

~ **для опознания** submission for identification

~ **доказательств** (*в суде*) adduction (introduction, presentation, production, submission) of evidence (of proof); disclosure of evidence

~ **иска** commencement (institution) of a legal action (proceeding|s) (*against*); filing of a suit (*against*)

ПРЕДЪЯВЛЯТЬ, **предъявить** *гл* (*представлять доказательство, документ и т.п.*) to adduce; exhibit; hand in; present; produce; show; submit; (*счёт и т.п. тж*) to deliver; surrender; tender; (*тратту тж*) to sight; (*вручать судебный документ тж*) to service

~ **иск** to bring (enter, file, lay, maintain, start) an action (a charge, suit) (*against*); claim; institute (lodge, make, prosecute) a claim (*against*); institute (take) a legal action (proceeding|s) (*against*); lodge (make) a complaint (*against*); prosecute; sue

~ **к акцепту** to present for acceptance

~ **к платежу** to present for payment

~ **обвинение** to arraign; bring (file, lay, level, raise) an accusation (a charge) (*against*); (*по обвинительному акту*) to indict; (*обвинять кого-л в чём-л тж*) to accuse smb of (blame for, charge with) smth

~ **обвинительное заключение** to bring an indictment; indict

~ **ордер** (*на арест, обыск и т.п.*) to produce a warrant

~ **отвод** to challenge

~ **письменные и устные доказательства** to present written and oral evidence

~ **право** (*на*) to claim (*for*); claim a right; lay (lodge, raise) a claim (*to*)

~ **свидетельские показания в ходе судебного процесса** to submit evidence at the trial

~ **суду** to exhibit (produce) in court

~ **требование** (*к кому-л*) to place a demand (*on*); (*через посредство другого лица*) to claim by (through, under) a person

ПРЕЕМНИК *сущ* successor; (*правопреемник тж*) assign; assignee; subsequent proprietor; (legal) successor; successor in a title; transferee

◊ **быть ~ом** to succeed

~ **в правах на имущество** successor in interest

~ **должности президента** successor to the presidency

ПРЕЕМСТВО *сущ* continuity; succession; (*правопреемство тж*) (legal) continuity (succession); succession in a title

~ **политики** continuity of policy

сингулярное ~ singular continuity (succession)

универсальное ~ universal continuity (succession)

ПРЕЖН‖ИЙ *прил* former; previous; prior

~ **владелец (собственник)** former owner; predecessor in a title

~**яя судимость** criminal record

ПРЕЗИДЕНТ *сущ* president

◊ **быть избранным на пост** ~**а** to be elected President; **введение в должность** ~**а** inauguration of the President; **вступление на пост** ~**а** accession to the presidency **бывший** ~ ex-president; former president

вновь избранный ~ President-elect

исполняющий обязанности ~**а** acting President

ПРЕЗИДЕНТСК‖ИЙ *прил* presidential

~**ая республика** presidential republic

~**ие выборы** presidential elections

~**ое правление** presidential (president's) rule

ПРЕЗИДЕНТСТВО *сущ* presidency

ПРЕЗУМПТИВНО *нареч*

(*предположительно; по презумпции*) apparently; assumably; implicitly; presumably; presumedly; presumptively; supposedly

ПРЕЗУМПТИВНЫЙ *прил* (*предполагаемый, предположительный, презюмируемый*) apparent; assumed; assumptive; implicit; implied; inferred; presumed; presumptive; suppositional; suppositive; tacit

ПРЕЗУМПЦИ‖Я *сущ* (*предположение*) assumption; implication; inference; presumption; supposition ◊ **опровергать ~ю** to destroy (meet, overcome) a presumption; **создавать ~ю** to raise a presumption; **ю ~и (в порядке ~и)** implicitly; by implication; [*лат*] prima facie

~ **виновности** presumption of guilt
~ **вменяемости** presumption of sanity
~ **дееспособности** presumption of capacity
~ **действительности** (*документа*) presumption of validity
~ **доказательства** presumptive (prima facie) evidence
~ **невиновности** presumption of innocence
~ **невменяемости** presumption of incapacity (of insanity)
~ **патентоспособности** presumption of patentability
~ **по общему праву** presumption at (under) common law
~ **по праву справедливости** presumption in equity
~ **по статутному праву** presumption by a statute; statutory presumption
~ **права** presumption in (of) law; prima facie law
~ **смерти** presumption of death
вероятная ~ probable assumption (presumption)
доказательственная ~ presumptive (prima facie) evidence
неопровержимая ~ absolute (compelling, conclusive, irrebuttable, irrefutable) assumption (presumption)
обоснованная ~ strong assumption (presumption)
опровержимая ~ disputable (fictitious, inconclusive, probable, rebuttable, refutable) assumption (presumption)
правовая ~ legal presumption; presumption in (of) law; prima facie law
предварительная ~ provisional assumption (presumption)
решительная ~ strong assumption (presumption)
фактическая ~ factual assumption (presumption); presumption of a fact

ПРЕЗЮМИРОВАТЬ *гл* (*предполагать, подразумевать*) to assume; deem; imply; infer; presume; suppose

ПРЕЗЮМИРУЕМ‖ЫЙ *прил* (*предполагаемый, предположительный, презумптивный*) apparent; assumed; assumptive; constructive; implicit; implied; inferred; ostensible; presumed; presumptive; suppositional; suppositive; tacit

~ая угроза implicit (implied) menace (threat)

~ое право implicit (implied) right; (*собственности*) apparent ownership

~ые полномочия (правомочия) apparent (implied, ostensible) authority (powers)

~ факт presumed (presumptive) fact

неопровержимо ~ conclusively assumed (presumed)

ПРЕИМУЩЕСТВЕН-Н‖ЫЙ *прил* preferential

~ое право preferential (priority, underlying) right

~ое право покупки pre-emption (pre-emptive) right; (right of) first option

~ право удержания senior (underlying) lien

~ое удовлетворение (*о кредиторе*) preference; priority; preferred debt; (*по отношению к банкротству*) preferential assignment

~ые права priorities and preferences

ПРЕИМУЩЕСТВО *сущ* (*превосходство*) advantage (*over*); superiority (*over*); (*привилегия*) advantage; benefit; preference; privilege; (*приоритет*) priority ◊ иметь ~ (*перед*) to have an advantage (*over*); получать ~ (*перед*) to gain (score) an advantage (*over*)

налоговое ~ tax advantage

ПРЕЙСКУРАНТ *сущ* price current; price-list

~ на товары price-list for goods

~ тарифов tariff book

рекламный ~ advertising price-list

ПРЕКРАЩАТЬ, прекратить *гл* to cease; discontinue; end; halt; put an end (*to*); stop; terminate; (*временно*) to suspend

~ (*снять*) блокаду to call off (lift, raise) a blockade

~ военные действия to cease hostilities

~ гонку вооружений to cease (end, put an end to, stop) the arms race (drive)

~ действие договора to terminate (the validity of) a contract (a treaty)

~ дело (*в суде*) to dismiss a case

~ запись выступающих [*парл*] to close the list of speakers

~ испытания ядерного оружия to cease (discontinue, end, halt, stop) nuclear weapons tests

~ огонь to cease fire

~ переговоры to break off negotiations (talks)

~ платежи to stop (suspend) payment(s)

~ полномочия to terminate one's powers

~ прения [*парл*] to close the debate

~ работу to cease work

ПРЕКРАЩАТЬСЯ, прекратиться *гл* to cease; come to

an end; end; stop; terminate
ПРЕКРАЩЕНИЕ *сущ* cessation; discontinuance; discontinuation; dismissal; putting an end (*to*); stop; stoppage; termination; (*временное*) suspension; (*отношений и т.п.*) break-off; severance
~ **брака** dissolution of marriage; marriage dissolution
~ **владения (аренды помещения)** termination of tenancy
~ **военных действий** cessation of hostilities
~ **действия договора (договорных обязательств)** discharge (termination) of a contract
~ **дела** (*в суде*) dismissal of a case
~ **и возобновление действия** (*договора, судебного решения и т.п.*) abatement and revival
~ **испытаний ядерного оружия** cessation (discontinuation) of nuclear weapons tests
~ **обязательств** termination of commitments (of obligations)
~ **огня** cease-fire
~ **платежей** suspension of payment(s)
~ (*срока действия договора и т.п.*) **посредством уведомления** termination by notice (by notification)
~ **поставок** cessation of delivery
~ **прав** suspension (termination) of rights
~ **прений** cloture
~ **производства по делу** abatement of a suit; determination (termination) of proceeding(s); dismissal of an action (of a case)
~ **работы** (*забастовка*) stoppage of work; walkout
неправомерное ~ **дела (производства по делу)** wrongful dismissal (of a case)

ПРЕЛЮБОДЕЙСТВОВАТЬ *гл* (*нарушать супружескую верность*) to adulterate; adulterize

ПРЕЛЮБОДЕЯНИ‖Е *сущ* (*адюльтер, нарушение супружеской верности*) adultery; (*блуд*) fornication ◊ **совершать** ~ to adulterate; adulterize; **участник** ~**я** adulterer

ПРЕМИ‖Я *сущ* award; bonus; (*награда*) prize; [*фин*] premium; [*бирж тж*] option money ◊ **платить страховую** ~**ю** to pay a premium; **получить страховую** ~**ю** to get (receive) a premium
сделка с обратной ~**ей** [*бирж*] premium for the put; **сделка с предварительной** ~**ей** [*бирж*] premium for the call; **с** ~**ей** at a premium
~ **за выслугу лет** long-service bonus
~ **за заслуги** merit bonus
~ **за качество** quality bonus
~ **по срочным сделкам** [*бирж*] premium
валютная ~ exchange premium
дополнительная страховая ~ additional (insurance) premium

единовременная ~ lumpsum bonus

паушальная страховая ~ lumpsum (insurance) premium

поощрительная ~ incentive bonus

страховая ~ insurance premium

экспортная ~ export bounty

ПРЕМЬЕР-МИНИСТР *сущ* premier; prime minister

ПРЕНЕБРЕГАТЬ, пренебречь *гл* to defy; disregard; ignore; neglect

~ **законом** to defy (dispense with) a law

~ **правилами** to defy (dispense with) the rules

ПРЕНИ‖Я *сущ* debate; discussion ◊ **выступать в** ~**х** to speak (take part) in a debate **возобновление** ~**й сторон** repleader; **по окончании** ~**й сторон** the parties' presentations being over; **прекращение** ~**й** cloture

~ **сторон** (*в суде*) arguments in court; hearing of arguments; pleadings; presentation of cases; (the parties') presentations

судебные ~ judicial pleadings

ПРЕОДОЛЕВАТЬ, преодолеть *гл* to overcome; surmount; (*справляться с заданием и т.п.*) to cope (*with*); (*искоренять*) to eradicate

~ **препятствия на пути развития** to overcome (surmount) obstacles in the way of development

~ **разногласия** to overcome differences

~ **трудности** to overcome (surmount) difficulties

ПРЕПЯТСТВИ‖Е *сущ* obstacle; (*барьер, преграда тж*) bar; barrier; (*тормоз*) brake; [*перен*] hindrance; impediment; obstruction; restraint ◊ **преодолевать** ~**я** to overcome (surmount) barriers (obstacles); **устранять** ~**я** to remove barriers (obstacles); **чинить** ~**я** to create barriers (obstacles); obstruct; **преодоление** ~**й** overcoming (surmounting) of barriers (of obstacles)

~**я к вступлению в брак** bars (impediments) to marriage

ПРЕПЯТСТВОВАТЬ, воспрепятствовать *гл* (*создавать препятствия*) to bar; create barriers (obstacles); hamper; handicap; hinder; hold up; impede; (*тормозить*) to brake; (*быть помехой, мешать*) to interfere (*with*); obstruct; stand in the way (*of*); (*не допускать*) to prevent (*from*)

~ **движению** to obstruct the traffic

~ **действиям полиции** to obstruct the police

~ **отправлению правосудия** to obstruct justice

~ **принятию закона** to hold up legislation

~ **прогрессу** to impede progress

~ **распространению ядерного оружия** to impede the proliferation of nuclear weapons

~ **слушанию дела** to hamper (impede) the hearing of a case

~ **установлению истины** to obstruct establishment of the truth

ПРЕРОГАТИВА *сущ* prerogative

~ **исполнительной власти** executive prerogative

законодательная ~ legislative prerogative

президентская ~ presidential prerogative

ПРЕСЕКАТЬ, пресечь *гл* (*подавлять*) to repress; suppress; (*прекращать, сдерживать*) to check; contain; deter; end; halt; put an end (*to*); stop; (*мешать, препятствовать*) to preclude (*from*); prevent

~ **беспорядки** to suppress riots

~ **злоупотребления** to put an end to smb's abuses

~ **нарушения** to deter violations

~ **преступление** to repress (terminate) a crime

ПРЕСЕЧЕНИ‖Е *сущ* preclusion (*from*); [*юр*] (*ограничение*) (preventive) constraint; restraint; restriction; (*подавление*) repression; (*приостановление действия прав*) suppression (*of rights*) ◊ **отменять меру** ~**я** to cancel (repeal, revoke) a measure of restriction; **применять меру** ~**я** to apply a measure of restriction **в качестве меры** ~**я** as a measure of restriction; **избрание меры** ~**я** selection of a measure of restriction; **изменение меры** ~**я** change of a measure of restriction; **мера** ~**я** measure of restriction; (preventive) constraint (restraint, restriction); **основания для избрания меры** ~**я** grounds for selecting a measure of restriction; **порядок обжалования меры** ~**я** procedure for appealing a measure of restriction; **применение меры** ~**я** application of a measure of restriction

более строгая мера ~**я** stronger measure of restriction

ПРЕСЛЕДОВАНИ‖Е *сущ* (*погоня*) chase; pursuit; (*за политические и др. убеждения*) persecution; victimization; (*по суду*) prosecution; (*цели и т.п.*) pursuit ◊ **возбуждать судебное** ~ (*преследовать в судебном порядке*) to bring (enter, file, lay, maintain, start) an action (a suit) (*against*); implead; institute (lodge, make, prosecute) a claim (*against*); institute (take) a legal action (proceeding|s) (*against*); prosecute (sue) at law; take legal steps (*against*); take smb to court; **возобновлять уголовное** ~ to reinstate the prosecution; **подвергать** ~**ям** to persecute; subject to persecution (victimization); victimize; **подвергаться** ~**ям** to be persecuted (victimized) (*by*); **прекращать судебное** ~ to discontinue (drop) legal proceeding|s (*against*)

~ **беглеца** manhunt

~ **за политические убеждения** persecution for political beliefs (convictions)

~ **по горячим следам** hot chase (pursuit)
публичное ~ public prosecution
судебное ~ prosecution
уголовное ~ criminal proceeding(s) (prosecution); prosecution of a crime (of a criminal)

ПРЕСЛЕДОВАТЬ *гл* (*гнаться за кем-л*) chase; pursue; (*напасть на след*) to be on the track; (*за политические и др. убеждения*) to persecute; subject to persecution (to victimization); victimize; (*по суду*) to prosecute; (*цель и т.п.*) to pursue

~ **в судебном порядке** to bring (enter, file, lay, maintain, start) an action (a suit) (*against*); implead; institute (lodge, make, prosecute) a claim (*against*); institute (take) a legal action (proceeding|s) (*against*); prosecute (sue) at law; take legal steps (*against*); take smb to court

~ **в уголовном порядке** to prosecute criminally

~ **за совершение преступления** to prosecute a crime (for a crime)

~ **за убеждения** to persecute for beliefs (for convictions)

ПРЕСС-КОНФЕРЕНЦИЯ *сущ* press conference
~ **информационного характера** backgrounder

ПРЕСТОЛ *сущ* throne; (*корона*) Crown ◊ **быть свергнутым с** ~**а** to be dethroned; lose the throne; **возводить на** ~ to enthrone; throne; **восходить (вступать) на** ~ to accede to (ascend, come to, take) the throne; **наследовать** ~ to succeed to the Crown (to the throne); **отрекаться от** ~**а** (*в чью-л пользу*) to abdicate (the throne) (*in smb's favour*); **претендовать на** ~ to claim the throne; **свергать с** ~**а** to dethrone

восшествие (вступление) на ~ accession to the throne; enthronement; **наследник** ~**а** prince royal; successor to the Crown (to the throne); **отречение от** ~**а** abdication; **претендент на** ~ claimant (pretender) to the throne

папский (святейший) ~ (*Ватикан*) the Holy See

ПРЕСТУПЛЕНИ‖**Е** *сущ* (*правонарушение*) crime; malefaction; misdeed; offence; (*деликт*) delict; tort; (*фелония*) felony; (*наименее опасное, мисдиминор*) misdemeanour ◊ **быть осуждённым за совершение** ~**я** to be convicted of a crime (of an offence, *etc*); **вовлекать кого-л в совершение** ~**я** to involve smb in a crime; **застигнуть кого-л на месте** ~**я** to catch (take) smb red-handed; overtake smb in flagrant delict (in a fault); **изобличать кого-л в совершении** ~**я** to catch smb in a crime; **обвинять кого-л в совершении** ~**я** to accuse smb of (blame for, charge with) a crime (an offence, *etc*); **ос-**

вобождать кого-л от обвинения в совершении ~я to clear smb of a criminal charge; подозревать кого-л в совершении ~я to suspect smb of a crime (of an offence, *etc*); подстрекать к совершению ~я to encourage perpetration of a crime; incite (induce, instigate) to a crime; предупреждать ~ to prevent a crime; пресекать ~ to repress (terminate) a crime; приводить к совершению ~я to lead to a crime; признаваться в совершении ~я to admit (confess to) a crime; раскрывать ~ to clear (detect, solve) a crime; расследовать ~ to investigate a crime; совершать ~ to commit (perpetrate) a crime (an offence, *etc*); способствовать совершению ~я to facilitate (procure) a crime; стать на путь ~й to turn to crime; удерживать от совершения ~я to deter (restrain) (*smb*) from a crime

в ходе совершения ~я in the course of a crime; на месте ~я on the scene of a crime; (*в момент совершения*) in flagrant delict

виновник ~я perpetrator of a crime; principal offender; виновный в совершении ~я guilty of a crime; вовлечённость в ~ criminal involvement; involvement in a crime; воспроизведение обстоятельств ~я crime reconstruction; исполнитель ~я actor; perpetrator of a crime (of an offence); (*главный*) principal offender; история ~я case history; criminal history; место совершения ~я crime scene; locale (scene) of a crime; множественность ~й multiple crime; мотивы ~я motives of (for) a crime; недонесение о ~и failure to report a crime; обстоятельства совершения ~я circumstances for the commission (perpetration) of a crime; орудие ~я crime instrument (weapon); предотвращение (предупреждение) совершения ~я crime prevention; prevention of a crime; природа ~я nature of a crime; раскрытие ~я clearance (detection, solution) of a crime; (*полицией*) solution of a case; серьёзность ~я gravity (seriousness) of a crime (of an offence); симуляция ~я pretended (rigged, simulated, staged) crime; склонность к совершению ~й criminal disposition (twist); событие ~я occurrence of a crime; совершение ~я commission (perpetration) of a crime; совокупность ~й cumulative crime; состав ~я body (components) of a crime; legally defined crime; [*лат*] corpus delicti; соучастие в ~и criminal complicity (participation); complicity (participation) in a crime; соучастник ~я accessory; accomplice to a crime (to an offence); criminal participant; степень тяжести ~я gravity (seriousness) of a crime (of an offence); субъективная сторона ~я mental element of a crime; тип ~я pattern of a crime (of an offence)

~ в результате подстрекательства incited (induced, instigated) crime (offence)

~, выражающееся в извращениях unnatural crime (offence)

~, допускающее освобождение (*обвиняемого*) под залог bailable crime (offence)

~, заслуживающее наказания punishable crime (offence)

~ из ревности crime (offence) due to jealousy

~, караемое смертной казнью capital crime (offence)

~, квалифицируемое как нападение assaultive crime (offence)

~, квалифицируемое как фелония felonious crime; felony

~ на автотранспорте motoring offence

~, наказуемое тюремным заключением imprisonable crime (offence)

~ на расовой почве racially motivated crime (offence)

~ под влиянием аффекта emotional crime

~ по закону legal crime (offence)

~ по международному праву crime (offence) under international law

~ по общему праву crime (offence) at (under) common law

~ по принуждению compulsive crime (offence)

~ по статутному праву statutory crime (offence)

~, преследуемое в порядке суммарного производства summary crime (offence)

~, преследуемое по обвинительному акту indictable crime (offence)

~ против государства crime (offence) against a state

~ против личной собственности граждан crime (offence) against personal property (ownership) of citizens

~ против личности crime (offence) against the person; personal crime (offence)

~ против мира и безопасности crime (offence) against peace and security

~ против нравственности crime (offence) against morality

~ против общественной безопасности crime (offence) against public safety (security)

~ против общественного порядка crime (offence) against public order

~ против правосудия crime (offence) against (public) justice

~ против собственности crime (offence) against property; property crime (offence)

~ против человечества crime (offence) against humanity (mankind)

~ с корыстной целью crime for mercenary purposes

~, совершению которого ока-

зано пособничество crime (offence) aided and abetted
~, совершённое в результате бездействия crime of omission
~, совершённое по небрежности crime of negligence
~, совершённое по принуждению compulsive crime (offence)
~, совершённое при отягчающих обстоятельствах aggravated crime (offence)
~ со смертельным исходом deadly crime
~я и проступки crimes and minor (petty) offences
~я против лиц, имеющих умственные недостатки crimes (offences) against mental defectives

агрессивное (насильственное) ~ aggressive (violent) crime (offence)
административно-уголовное ~ administrative penal crime (offence)
бытовое ~ domestic crime (offence)
вновь совершённое ~ subsequent crime (offence)
военное ~ war crime
воинское ~ military crime (offence)
гангстерское ~ gang (syndicate, underworld) crime
государственное ~ state crime (offence)
готовящееся ~ imminent crime (offence)
данное ~ given (present) crime (offence)
документированное (зарегистрированное) ~ documented (recorded) crime (offence)
должностное ~ crime (malfeasance) in public office; official crime (malfeasance)
дополнительное ~ additional (supplementary) crime (offence)
задуманное (запланированное) ~ contemplated (intended, planned) crime (offence)
зарегистрированное (документированное) ~ documented (recorded) crime (offence)
зверское (жестокое) ~ atrocious (brutal, cruel) crime (offence)
изменническое ~ treason felony; treason
изощрённое ~ sophisticated crime (offence)
имущественное ~ crime (offence) against property; property crime (offence)
инкриминируемое ~ alleged (charged) crime (offence)
квалифицированное ~ aggravated crime (offence)
корыстное ~ acquisitive (lucrative) crime (offence); crime (offence) for (a) profit
малозначительное (мелкое) ~ lesser (minor, petty) crime (offence)
международное ~ international crime (offence)
менее опасное ~ lesser crime (offence)
насильственное (агрессивное) ~ aggressive (violent) crime (offence)
недавно совершённое ~ re-

cent crime (offence)
незарегистрированное ~ undocumented (unrecorded) crime (offence)
нераскрытое ~ uncleared (undetected, unsolved) crime (offence)
неудавшееся ~ abortive crime (offence)
обычное (общеуголовное) ~ common (conventional, general, ordinary) crime (offence)
одиозное (отвратительное) ~ abominable (heinous, odious) crime (offence)
однородное ~ kindred crime (offence)
основное ~ substantive crime (offence)
отвратительное (одиозное) ~ abominable (heinous, odious) crime (offence)
первоначально совершённое ~ original crime (offence)
повторно совершённое ~ repeated (repetitive) crime (offence)
позорное ~ ignominious (infamous) crime (offence)
политическое ~ political crime (offence)
половое ~ sex (sexual) crime (offence)
предумышленное ~ aforethought (deliberate, intended, intentional, premeditated, wilful) crime (offence)
презюмируемое (предполагаемое) ~ alleged (assumed, presumed, supposed) crime (offence)
признанное (*обвиняемым, подсудимым*) ~ admitted crime (offence)
простое ~ unsophisticated crime (offence)
противоестественное ~ crime (offence) against nature; unnatural crime (offence)
ранее совершённое ~ past (previous, prior) crime (offence)
раскрытое ~ cleared (detected, solved) crime (offence)
расследованное ~ investigated crime (offence)
расследуемое ~ crime (offence) under investigation
рассматриваемое (*судом*) ~ crime (offence) under consideration
самостоятельное (отдельное) ~ separate crime (offence)
серьёзное (тяжкое) ~ felony; grave (major, serious) crime (offence)
скрытое ~ concealed (hidden) crime (offence)
случайное ~ incidental crime (offence)
совершаемое ~ crime in progress
совместно совершённое ~ joint crime (offence)
составное ~ divisible crime (offence)
трудно раскрываемое ~ crime (offence) difficult to detect (to trace)
тяжкое (серьёзное) ~ felony; grave (major, serious) crime (offence)
уголовное ~ criminal offence
умышленное ~ aforethought (deliberate, intended, inten-

tional, premeditated, wilful) crime (offence)
фактически совершённое ~ actual crime (offence)
хищническое ~ predatory crime (offence)
хозяйственное (экономическое) ~ economic crime (offence)
чудовищное (ужасное) ~ flagrant crime (offence)

ПРЕСТУПНИК *сущ* criminal; felon; offender; perpetrator (of a crime); (*правонарушитель*) delinquent; malefactor; malfeasant ◊ **объявить кого-л ~ом** to (in)criminate smb; **стать ~ом** to turn to criminal **банда ~ов** criminal gang; **досье ~а** criminal file (history, record); **личность ~а** identity of the criminal (offender, perpetrator); **соглашение о выдаче ~а** extradition agreement
~-алкоголик alcoholic criminal (offender)
~, бежавший из-под стражи fugitive criminal (offender)
~, занимающийся ограблением банков bank robber
~, изобличающий своих сообщников appellor
~-наркоман criminal addict; (*уличный грабитель*) mugger
~, находящийся на свободе criminal at large
~, отбывающий второй срок наказания two-termer
~, отбывающий долгосрочное заключение long-term criminal (offender)
~, отбывающий краткосрочное заключение short-term criminal (offender)
~, пойманный с поличным red-handed criminal (offender)
~, разыскиваемый полицией wanted criminal
~, совершивший первое преступление first offender
~, совершивший половое преступление sexual offender
~, явившийся с повинной self-reported criminal (offender)
арестованный ~ arrested criminal (offender)
беглый ~ (*скрывающийся от правосудия*) fugitive criminal (offender)
бывший ~ ex-offender
военный ~ criminal of war; war criminal
вооружённый ~ (*бандит*) gunman; armed criminal (offender)
государственный ~ state criminal
закоренелый ~ jailbird; hard core (habitual, hardened, persistent) criminal (offender)
изощрённый ~ sophisticated criminal (offender)
мелкий ~ petty criminal (offender)
невменяемый ~ criminal lunatic
неисправимый ~ incorrigible criminal (offender)
непрофессиональный ~ non-career (unprofessional) criminal (offender)
несовершеннолетний ~ juvenile delinquent (criminal, offender)

неустановленный ~ unknown criminal (offender)
обнаруженный ~ detected criminal (offender)
обычный ~ common (conventional, ordinary) criminal (offender)
опасный ~ dangerous (serious, severe) criminal (offender); (*уголовный тж*) felon
опытный ~ experienced criminal (offender)
особо опасный ~ dangerous special criminal (offender)
отбывающий наказание ~ convict
отъявленный ~ notorious malefactor
потенциальный ~ would-be criminal
предполагаемый ~ alleged (supposed) criminal (offender)
профессиональный ~ career (professional) criminal (offender)
психически неполноценный ~ defective (mentally disordered) criminal (offender)
случайный ~ accidental (incidental, occasional) criminal (offender); criminal (offender) by accident
совершеннолетний ~ adult criminal (offender)
трудновоспитуемый (не подчиняющийся дисциплине) ~ intractable criminal (offender)
убегающий (*с места преступления, от полиции*) ~ fleeing criminal (offender)
установленный (*судом*) ~ established criminal (offender)

ПРЕСТУПНО *нареч* criminally
~ **вводить в заблуждение** to mislead criminally
~ **настроенный** criminally inclined

ПРЕСТУПНОСТ‖Ь *сущ* (*как деяния индивидуумов*) criminality; delinquency; (*как общественное явление*) crime; (*зловредность, пагубность*) maleficence ◊ **борьба с организованной ~ю** fight against organized crime; **волна ~и** crime wave; **масштаб ~и** crime (delinquency) rate; **статистика ~и** crime statistics; **уровень ~и** level of (recorded) crime
~ **должностных лиц** white collar crime
~ **личности** individual criminality
~ **несовершеннолетних** juvenile delinquency
~, **связанная с наркотиками** drug-related criminality
~ **совершеннолетних** adult crime
детская ~ infant delinquency
организованная ~ organized (underworld) crime
половая ~ sex (sexual) delinquency (crime)
скрытая ~ concealed (hidden, latent) delinquency (crime)
явная ~ manifest crime (criminality)

ПРЕСТУПН‖ЫЙ *прил* criminal; criminous; felonious; (*виновный*) culpable; (*нарушивший право*) delinquent;

(*зловредный*, *пагубный*) maleficent ◊ **вовлекать в ~ую деятельность** to criminalize; involve in criminal activity; **вовлечение в ~ую деятельность** criminalization
~**ая банда** criminal gang
~**ая деятельность** criminal activity
~**ая изощрённость** criminal sophistication
~**ая небрежность** criminal (culpable) negligence; crime of negligence
~**ая халатность** criminal negligence; recklessness
~**ая цель** criminal aim (goal, objective, purpose)
~**ое бездействие** criminal (culpable) omission; crime of omission
~**ое деяние** criminal act (action)
~**ое знание** (*вменённая в вину заведомость*) guilty knowledge
~**ое легкомыслие** criminal (culpable) flippance (-cy)
~**ое намерение** criminal (felonious) intent (intention)
~**ое нападение** criminal (felonious) assault
~**ое нарушение общественного порядка** criminal breach (disturbance) of the peace; crime (criminal offence) against the peace
~**ое поведение** criminal behaviour
~**ое покушение** criminal attempt
~**ое попустительство** criminal connivance
~**ое посягательство** criminal offence
~**ые наклонности** criminal propensities
~**ые элементы** (*собир преступники*) felonry
~ **замысел** criminal design
~ **мир** (*организованная преступность*) (criminal) underworld
организованный с ~ой целью criminally organized

ПРЕТЕНДЕНТ *сущ* (*на должность, титул и т.п.*) aspirant (*to*); challenger; contender (*to*); (*кандидат тж*) candidate (*for*); (*оспаривающий право на*) claimant (*to*); pretender (*to*)
~ **на авторское право** copyright claimant
~ **на звание чемпиона** [*спорт*] aspirant (contender) to the title
~ **на пост президента** aspirant (contender) to the presidency
~ **на трон** claimant (pretender) to the throne

ПРЕТЕНДОВАТЬ *гл* (*на должность, титул и т.п.*) to aspire (*to*); have pretensions (*to*); pretend (*to*); (*домогаться, оспаривать право на*) to claim; lay a claim (*to*); seek; (*на заключение контракта тж*) to bid (*for*)
~ **на должность** to aspire to the position (*of*)
~ **на приоритет** to lay a claim to priority

ПРЕТЕНЗИ‖Я *сущ* claim (*for* | *against* | *to*); (*жалоба* *тж*) complaint (*about*) ◊ **заявлять (предъявлять)** ~ю to enter (file, institute, lay, lodge, make, put forward, raise) a claim (*against*); lodge (make) a complaint (*against*); (*за исполнение договора и т.п.*) to claim a default; **обосновывать** ~ю to establish a claim; **оспаривать** ~ю to contest (dispute) a claim; **отзывать** ~ю **(отказываться от** ~**и)** to give up (renounce, waive, withdraw) a claim; **поддерживать** ~ю to sustain a claim; **признавать** ~ю to admit a claim; **разрешать (урегулировать)** ~ю to adjust (settle) a claim; **удовлетворять** ~ю to allow (comply with, meet, satisfy) a claim

в удовлетворение ~и to allow (comply with, meet, satisfy) a claim; **лицо, заявляющее** ~ю claimant; complainant

~ **третьего лица** (*в отношении имущества, на которое наложен арест*) adverse claim

встречная ~ counter claim
законная ~ lawful (legitimate) claim
необоснованная ~ unjustified claim
обоснованная ~ justified (valid) claim
правомерная ~ lawful (legitimate) claim

ПРЕФЕКТ *сущ* (*начальник полиции*) prefect (of the police)

ПРЕЦЕДЕНТ *сущ* case; precedent ◊ **следовать** ~у to follow the case; **создавать (устанавливать)** ~ constitute (create, set) a precedent; **ссылаться на** ~ to refer to a precedent

~, **имеющий обязательную силу** binding precedent
~ы (*в сборниках судебных решений*) case law (reported cases)
руководящий ~ governing (leading) precedent
судебный ~ case; case authority; case in precedent; judicial precedent; leading case

ПРЕЮДИЦИАЛЬНЫЙ *прил* prejudicial; prejudicing

ПРЕЮДИЦИ‖**Я** *сущ* prejudice ◊ **создавать** ~ю to prejudice; **подвергшийся действию** ~и prejudiced

ПРИБЕГАТЬ, прибегнуть *гл* (*обращаться к*) to have recourse (*to*); resort (*to*)

не ~ **к использованию силы или угрозы силой в международных отношениях** not to resort to the use or threat of force in international relations
~ **к насилию** to resort to violence

ПРИБОР *сущ* apparatus; device; instrument; (*электрический тж*) appliance; (*для определения степени опьянения водителя*) breathalyser

ПРИБРЕЖН‖**ЫЙ** *прил* coastal; littoral
~**ое государство** coastal (littoral) state
~**ое море** adjacent sea
~**ые воды** coastal waters

ПРИБЫЛ||Ь *сущ* gain; income; profit; return ◊ **извлекать** ~ to derive a profit (*from*); gain; make a profit; profit (*by*); **приносить** ~ to bring (produce, yield) a profit; **продавать с** ~**ю** to sell at a profit (at a premium); **распределять** ~ to allot (distribute) a profit; **участвовать в** ~**ях** to participate (share) in the profits
источник извлечения ~**и** source of a profit; **ограничение** ~**и** profit constraint; **точки нулевой** ~**и** [*бирж*] (*в торговле опционами*) break-even points; **участие в** ~**ях** profit-sharing
~ **на инвестированный капитал** return on investment (ROI)
абсолютная ~ absolute profit
биржевая ~ exchange profit
валовая ~ gross profit (return)
нераспределённая ~ retained earnings (income, profit); undistributed (undivided) profit
ожидаемая ~ anticipated (expected, prospective) gain (profit)
плановая ~ target profit
распределённая ~ distributed (divided) profit
сверх~ superprofit
среднегодовая ~ average annual return
чистая ~ net profit

ПРИВАТИЗАЦИЯ *сущ* privatization

ПРИВЕРЖЕННОСТЬ *сущ* adherence (*to*); commitment (*to*); dedication (*to*); devotion (*to*); (*верность, преданность*); fidelity; loyalty
~ **делу мира, безопасности и справедливости** commitment to peace, security and justice
~ **принципу** adherence to the principle (*of*)

ПРИВИЛЕГИ||Я *сущ* privilege; (*льгота*) franchise; (*исключительное право*) prerogative ◊ **ограничивать** ~**ю** to abridge a privilege; **отказываться от** ~**и** to renounce a privilege; **отменять** ~**ю** to waive a privilege; **предоставлять** ~**ю** to grant a privilege
~ **исполнительной власти** executive privilege
~ **обращения в суд** privilege of court
дипломатические ~**и и иммунитеты** diplomatic privileges and immunities
конституционная ~ constitutional privilege
личная ~ personal privilege
наследственная ~ hereditary privilege
парламентская ~ privilege of parliament
судебная ~ judicial privilege

ПРИВЛЕКАТЬ, привлечь *гл* (*внимание и т.п.*) to attract; draw; (*к участию в чём-л*) to draw; engage; involve
~ **внимание** to attract (draw) attention (*to*)
~ **к ответственности** to bring to book; call to account
~ **к судебной ответственности (к суду)** to bring (enter, file, lay, maintain, start) an

action (a suit) (*against*); bring to trial; implead; institute (lodge, make, prosecute) a claim (*against*); institute (take) a legal action (proceeding|s) (*against*); prosecute (sue) at law; take to court; take legal steps (*against*)

~ **к уголовной ответственности** to institute (take) criminal proceedings (*against*)

ПРИВЛЕЧЕНИЕ *сущ* (*внимания и т.п.*) attraction; drawing; (*к участию в чём-л*) drawing; engagement; involvement

~ **иностранных инвестиций** attraction of foreign investments

~ **капитала** attraction of capital

~ **к ответственности** bringing to book; calling to account; (*за порчу имущества тж*) impeachment of waste

~ **к судебной ответственности (к суду)** bringing to criminal responsibility (to trial); impleading; instituting (taking) a legal action (proceeding|s) (*against*); taking to court

ПРИВОДИТЬ, привести *гл* to bring; carry; (*к выводу и т.п.*) to lead (*to*); (*являться результатом тж*) to bring about; cause; result (*in*)

~ **в действие** to put into operation; (*о договоре*) to bring into effect (into force); (*о законе*) to bring into effect (into force); enact; enforce; implement; give effect (*to*)

~ **в порядок** to arrange; put in order

~ **к присяге** to administer an oath; swear (*in*)

~ **приговор в исполнение** to carry out (enforce, execute) a judgement (a sentence)

ПРИВЫЧКА *сущ* habit

закоренелая ~ ingrained habit

ПРИГОВАРИВАТЬ, приговорить *гл* (*к наказанию*) to adjudge; adjudicate; sentence (*to*); (*к смертной казни тж*) to condemn

~ **кого-л заочно** (*в отсутствие обвиняемого*) to sentence smb in absentia

~ **кого-л к двум годам лишения свободы** to sentence smb to two-year imprisonment

~ **кого-л к длительному сроку заключения (лишения свободы)** to sentence smb long

~ **кого-л к краткому сроку заключения (лишения свободы)** to sentence smb short

~ **кого-л к пожизненному заключению** to sentence smb for (to) life (to life imprisonment)

~ **кого-л к расстрелу** to sentence smb to be shot

~ **кого-л к смертной казни** to adjudge (adjudicate) smb to die; condemn (sentence) smb to death (to capital punishment); (*на электрическом стуле*) to sentence smb to an electric chair; (*через повешение*) to send smb to the gallows

ПРИГОВОР *сущ* (*суда, судьи*) judgement; sentence; (*присяжных*) verdict ◊ **выносить ~** to award (deliver, give, impose, pass, pronounce, render) a judgement (a sentence); (*о вердикте*) to bring in (deliver, find, issue, reach, render, return) a verdict; **выносить ~ по делу** to adjudge (adjudicate) in (upon) a case; **обеспечивать исполнение ~a** to assure the enforcement (execution) of a judgement (of a sentence); **объявлять ~** to announce (pronounce) a sentence (a verdict); **отбывать ~** (*наказание*) to serve a sentence; **откладывать ~** to defer a sentence; **отменять ~** to recall (remit, repeal, reverse, revoke, quash, set aside) a judgement (a sentence, verdict); **приводить ~ в исполнение** to carry out (enforce, execute) a judgement (a sentence); **смягчать ~** to commute (mitigate, reduce) a sentence **вынесение ~a** adjudgement; adjudication; adjudicature; delivery (imposition, pronouncement) of a sentence; **вынесение ~a в отсутствие обвиняемого** judgement (sentence) in absentia; **длительность ~a** length of a sentence; **исполнение ~a** enforcement (execution) of a judgement (of a sentence); **отмена ~a** repeal (reversal) of a judgement (of a sentence); **отмена смертного ~a** abolition of a capital (death) penalty (sentence); **отсрочка исполнения ~a** suspension of a judgement (of a sentence); **смягчение ~a** commutation (mitigation) of a sentence; **совокупность ~ов** cumulative sentences

~ к заключению в исправительном учреждении correctional sentence

~ к заключению в реформаторий reformatory sentence

~ к лишению свободы custodial sentence

~ к максимальной мере наказания maximum sentence

~ к минимальной мере наказания minimum sentence

~ к неопределённой мере наказания indefinite (indeterminate) sentence

~ к определённой мере наказания definite (determinate) sentence

~ к пожизненному заключению life sentence

~ к пробации probation (probationary) sentence; sentence of probation

~ к смертной казни capital (death) penalty (sentence); capital punishment; judgement (sentence) of death

~ к тюремному заключению penitentiary (prison) sentence

~, несоразмерный тяжести совершённого преступления disproportionate sentence

~ по совокупности преступлений (ac)cumulative sentence

~ по уголовному делу criminal sentence

~ по усмотрению суда op-

tional sentence
~, приведённый в исполнение enforced (executed) sentence
вынесенный ~ imposed sentence
законный ~ lawful sentence
запротоколированный ~ recorded sentence; sentence on the record
мягкий ~ light (lenient, mild) sentence
неопределённый ~ indefinite (indeterminate) sentence
неправосудный ~ illegal (wrongful) sentence
обвинительный ~ (judgement of) conviction; guilty verdict; judgement (verdict) of guilty
обязательный ~ mandatory sentence
окончательный ~ decretory (definitive, final, immutable) sentence
оправдательный ~ absolution; judgement (verdict) of acquittal (of not guilty)
определённый ~ definite (determinate) sentence
отсроченный ~ deferred (postponed) sentence
первоначальный ~ original sentence
правосудный ~ legal sentence
предполагаемый ~ presumptive (supposed) sentence
пристрастный ~ bias(s)ed (prejudiced) sentence; warped judgement
промежуточный ~ interlocutory sentence
смертный ~ capital (death) penalty (sentence); capital punishment; judgement (sentence) of death
справедливый ~ fair judgement (sentence)
строгий (суровый) ~ harsh (heavy, severe, tough) sentence
судебный ~ court judgement (sentence, verdict); judicial sentence
суровый (строгий) ~ harsh (heavy, severe, tough) sentence
условный ~ conditional (nominal, probationary, suspended) judgement (sentence)
частичный ~ split sentence

ПРИГОВОРЁНН‖ЫЙ *прич (тж в значении сущ-го)* (*к наказанию*) sentenced; (*к смертной казни*) condemned; (*осуждённый*) convict; convicted person ◊ **быть ~ым** (*к наказанию*) to be sentenced (*to*); receive a sentence; (*к смертной казни*) to be condemned (sentenced) to capital punishment (to death)

ПРИДАНО‖Е *сущ* dowry; marriage portion ◊ **без ~го** undowered

ПРИДЕРЖИВАТЬСЯ *гл* (*принципа и т.п.*) to abide (*by*); adhere (*to*); (strictly) follow ~ **положений договора** to abide by (adhere to, strictly follow) the provisions of a contract (of a treaty)

ПРИЁМ *сущ* (*в члены организации и т.п.*) admission (*to*); (*в учебное заведение тж*) enrolment (*in*); (*приглашённых лиц*) reception; (*встреча*) геception; welcome; (*способ*) device; manner; method; (*товаров*) acceptance ◊ **оказывать кому-л радушный (тёплый) ~** to accord (give) smb a hearty (cordial) reception (welcome); **оказывать кому-л холодный ~** to give smb a cold reception; give (show, turn) the cold shoulder (*to*); **устраивать ~** to give (hold) a reception

~ в члены ООН admission to UN membership

~ президентом нового посла reception of a new ambassador by the president

неофициальный ~ private (unofficial) reception

официальный ~ official reception

торжественный ~ state reception

ПРИЗНАВАТЬ, признать *гл* to recognize; (*в судебном порядке*) to adjudicate; (*соглашаться с чем-л*) to acknowledge; admit; (*допускать, считать*) to consider; regard; (*сознаваться в чём-л*) to avow; confess

~ долг to acknowledge a debt

~ кого-л виновным (*осудить*) to adjudge (find) smb guilty; convict

~ кого-л невиновным to find smb not guilty; (*оправдать*) to acquit

~ нерушимость границ to recognize the inviolability of frontiers

~ ошибку to admit (confess) an error (a mistake)

~ полномочия действительными to recognize the credentials as valid

~ свою вину to admit (confess) one's fault (one's guilt)

~ себя виновным to confess; plead guilty; (*в непредумышленном убийстве*) to plead guilty to manslaughter

ПРИЗНАВАТЬСЯ, признаться *гл* (*сознаваться в чём-л*) to avow oneself ; confess

ПРИЗНАНИ‖Е *сущ* acknowledgement; recognition; (*вины, ошибки и т.п.*) admission; avowal; confession; (*в судебном порядке*) adjudication ◊ **вынудить (вырвать) ~** to exact (extort) a confession; compel smb to confess; **делать ~** to avow oneself; bring forth a confession; confess; make an admission; **добиваться ~я** to exact (extort) a confession

~ вины, сделанное (*обвиняемым*) **в суде** admission of a guilt; confession in judicio; judicial confession

~ де факто (*фактическое признание*) de facto recognition; recognition de facto

~ де юре (*юридическое признание*) de jure recognition; recognition de jure

~ долга acknowledgement of a debt

~ (*документа*) **недействительным** invalidation

~ независимости recognition of independence

~ несостоятельности adjudication in bankruptcy

~ **правительства** recognition of the government
~ **правосубъектности** recognition as a person before the law
~ **претензии** recognition of a claim
~ **своей вины** admission (confession) of one's guilt (of one's fault)
~ **юридической силы** validation
внесудебное ~ extrajudicial confession
всеобщее ~ **прав человека и основных свобод** universal recognition of human rights and fundamental freedoms
добровольное ~ **вины** guilty plea; voluntary admission (confession) of one's guilt
косвенное ~ implied confession
молчаливое ~ tacit recognition
незаконно добытое ~ illegally attained (obtained) confession
фактическое ~ de facto recognition; recognition de facto
формальное ~ **факта** (*в судебном процессе*) formal admission (at the trial)
юридическое ~ de jure recognition; recognition de jure

ПРИЗНАНН‖ЫЙ *прил* recognized
международно ~**ые права человека** internationally recognized human rights

ПРИЗЫВ *сущ* (*обращение*) appeal; call; (*на военную службу*) call-up; conscription; [*амер*] draft ◊ **обращаться с** ~**ом** to appeal (*to*); call on (upon) smb (*to* + *inf*); **уклоняющийся от** ~**а в армию** (**на военную службу**) draft dodger; draft-evader
~ **к мятежу** sedition
~ **на (действительную) военную службу** call-up; call to military service; conscription; [*амер*] draft

ПРИЗЫВАТЬ, призвать *гл* (*обращаться с призывом*) to appeal (*to*); call on (upon) smb (*to* + *inf*); (*на военную службу*) to call up (for military service); conscript; [*амер*] to draft
~ **кого-л в свидетели** to call smb in testimony
~ **к порядку** to call to order

ПРИЗЫВНИК *сущ* conscript; draftee

ПРИКАЗ *сущ* order; [*юр тж*] warrant; writ ◊ **вручать судебный** ~ to serve a warrant (a writ); **выполнять** ~ to execute an order; **издавать** ~ to issue (make) an order; issue a warrant; **не выполнить** ~ (**не подчиниться** ~**у**) to disregard (disobey) an order; **отменить** ~ to cancel (withdraw) an order (a warrant); **подчиниться** ~**у** to follow (to obey) an order; **по** ~**у** by order
~ **апелляционного суда** (**о приостановлении решения нижестоящего суда**) supersedeas
~, **имеющий юридическую силу** valid warrant

~ об аресте (*лица*) distringas; warrant of arrest; writ of capias
~ об истребовании дела (*из нижестоящего суда*) writ of certiorari
~ об обыске search warrant
~ об участии в заседании writ of attendance
~ о выдаче surrender warrant
~ о вызове в суд judgement summons; (writ of) summons; writ of process
~ о задержании warrant of apprehension (to apprehend)
~ о заключении под стражу warrant (writ) of commitment
~ о пересмотре дела warrant (writ) of review
~ о приводе в суд writ of attachment
~ о розыске и аресте (*преступника*) warrant (writ) of caption
~ о явке в суд warrant to appear
~ суда bench warrant; (judicial) writ; order of the court
~ суда о вводе во владение writ of assistance
~ суда о ликвидации компании (фирмы) winding-up order
~ суда о назначении (*преступнику*) меры испытания probation order
~ суда о наложении ареста на имущество (*должника*) (*находящееся у третьих лиц*) garnishee order
~ суда о предоставлении судебной защиты remedial writ
недействительный ~ void warrant
обязывающий судебный ~ mandatory order
оспоримый ~ voidable warrant
платёжный ~ банку standing order to a bank
судебный ~ bench warrant; (judicial) writ; order of the court
судебный ~ должностному лицу (*о выполнении требования истца*) mandamus
судебный ~ об изъятии имущества warrant of distress
судебный ~ об исполнении решения writ of execution
судебный ~ об обращении взыскания на имущество должника writ of fieri facias
судебный ~ о вводе во владение writ of possession

ПРИКАЗЫВАТЬ, приказать *гл* to command; direct; enjoin; order

ПРИЛИЧИ‖Е *сущ* decency ◊ преступать все границы ~я to outrage all decency

ПРИМАТ *сущ* (*верховенство, первенство*) primacy; supremacy
~ права supremacy of law

ПРИМЕНЕНИЕ *сущ* application; (*принудительное*) enforcement; (*употребление*) employment; use
~ наказания enforcement of a penalty (of punishment)
~ на практике application in practice
~ норм процессуального права procedural enforcement

~ **правил дорожного движения** traffic law enforcement
~ **смертоносного оружия** use of deadly (lethal) weapons
практическое ~ practical application
принудительное ~ (*закона, права*) enforcement (of law)
широкое ~ wide application

ПРИМЕНЯТЬ, применить *гл* to apply; (*употреблять*) to employ; make use of; use; [*юр*] to administer; enforce
~ **закон** to enforce a law
~ **законное принуждение** to enforce legally
~ **наказание** to enforce a penalty (punishment)

ПРИМИРЕНИ‖Е *сущ* conciliation; reconciliation ◊
добиваться национального ~я to seek (strive for) national reconciliation
~ **сторон** reconciliation of the parties
~ **супругов** conciliation (reconciliation) of spouses

ПРИМИРИТЕЛЬН‖ЫЙ *прил* compromising; conciliatory; reconciliatory
~**ая процедура** conciliation; conciliation procedure; reconciliation
~**ые меры** conciliatory measures
~ **поступок** conciliatory act

ПРИМИРЯТЬ, примирить *гл* to conciliate; reconcile

ПРИНАДЛЕЖАТЬ *гл* to belong (*to*)

ПРИНАДЛЕЖНОСТЬ *сущ* belonging (*to*); (*особ главной вещи*) appurtenance

ПРИНИМАТЬ, принять *гл* (*в члены организации и т.п.*) to admit (*to*); (*руководство*) to take over; (*должность, ответственность и т.п.*) to assume; (*посетителей*) to receive; (*на работу*) to employ; engage; hire; (*решение и т.п.*) to adopt; carry; pass
~ **в адвокатуру (в коллегию адвокатов)** to admit (call) to the Bar
~ **во внимание** to take into account (into consideration)
~ **в члены ООН** to admit to UN (membership)
~ **дело к производству** to initiate proceeding(s) (in a case)
~ **доказательства** to take evidence
~ **законодательство** to enact legislation
~ **меры безопасности** to take security measures
~ **на себя обязательство** to assume (take upon oneself, undertake) a commitment (an obligation); bind (commit, pledge) oneself (*to + inf*); enter into a commitment (into an engagement); incur (contract) a liability; undertake (*to + inf*)
~ **на себя ответственность** (*за*) to take charge (*of*)
~ **наследство** to accept succession
~ **предложение** (*на собрании и т.п.*) to adopt a proposal; carry a motion; [*комм*] to accept (take) an offer (a tender)
~ **условия** to accept (submit to)

the terms

ПРИНУДИТЕЛЬН‖ЫЙ *прил* coercive; compulsory; forced; mandatory
~ое исполнение enforcement
~ое лечение compulsory medical treatment
~ое отчуждение expropriation
~ые действия enforcement action
~ые меры enforcement measures
~ привод compulsory process
~ труд forced labour

ПРИНУЖДАТЬ, принудить *гл* to coerce; compel; enforce; force
~ к исполнению to compel performance

ПРИНУЖДЕНИ‖Е *сущ* coercion; compulsion; constraint; duress; (*к исполнению*) enforcement ◊ делать (что-л) по ~ю to do (*smth*) under duress; применять законное ~ to enforce legally; мера ~я coercive measure
правовое ~ coercion of law; law enforcement; legal coercion
физическое ~ duress

ПРИНЦИП *сущ* principle; (*догма, норма*) dogma; tenet ◊ придерживаться ~а to adhere to a principle; изложение ~ов statement of principles; применение ~а application of a principle
~ большинства majority rule
~ взаимности principle of reciprocity
~ единогласия unanimity rule
~ материальной заинтересованности principle of material incentive
~ наибольшего благоприятствования most-favoured-nation principle
~ ненападения principle of non-aggression
общепризнанные ~ы и нормы международного права universally recognized principles and norms of international law

ПРИНЦИПАЛ *сущ* principal
неназванный ~ undisclosed principal

ПРИНЯТИЕ *сущ* acceptance; (*в члены организации и т.п.*) admission; (*руководства и т.п.*) taking charge (*of*); taking over; (*должности, ответственности и т.п.*) assumption; (*посетителей и т.п.*) reception; (*на работу*) employment; engagement; hiring; (*решения и т.п.*) adoption
~ дела к производству initiation of proceedings (in a case)
~ долга acknowledgement of a debt
~ закона enactment of a law
~ на себя обязательства assumption of a commitment (of a liability, obligation)
~ на себя риска assumption of a risk
~ нового партнёра (*в существующую фирму*) admission of a new partner (*to the existing firm*)
~ предложения [*комм*] accep-

tance of an offer; (*о покупке ценных бумаг*) acceptance of a tender

~ **резолюции** adoption of a resolution

~ **решений** decision making

ПРИОБРЕТАТЕЛЬ *сущ* acquirer; grantee; purchaser; transferee

добросовестный ~ bona fide purchaser

ПРИОБРЕТАТЬ, приобрести *гл* to acquire; get; obtain; (*во владение тж*) to take over; take possession (*of*); (*доставать, покупать*) to buy; procure

~ **гражданство** to acquire citizenship (nationality)

~ **правовой титул** to acquire a title (*to*)

~ **собственность** to acquire property

~ **товары и услуги** to acquire goods and services

ПРИОБРЕТЕНИЕ *сущ* acquisition; procurement; (*во владение тж*) takeover; taking possession (*of*); (*покупка*) purchase

~ **акций** purchase of shares

~ **гражданства** acquisition of citizenship (of nationality)

~ **прав** acquisition of rights

~ **правового титула** acquisition of a title

~ **собственности** acquisition of property

ПРИОБЩАТЬ, приобщить *гл* (*кого-л к чему-л*) to associate (*with*); introduce (*to*); (*что-л к чему-л*) to attach (*to*); include; introduce (*into*); join

~ (*документы*) **к делу** to attach (*documents*) to the case; enter upon the record; file

~ **к доказательствам** to introduce into evidence

ПРИОБЩЕНИЕ *сущ* attaching (*to*); inclusion (*of*); introduction (*into*)

~ **доказательств** (*к материалам дела*) inclusion of evidence

~ **документов к делу** attaching of documents to the case

~ **к доказательствам** introduction into evidence

ПРИОРИТЕТ *сущ* preference; priority; precedence; seniority

~ **изобретения** priority of invention

~ **права** precedence of law

национальные ~**ы** national priorities

ПРИОСТАНАВЛИВАТЬ, приостановить *гл* (*прекращать*) to halt; stop; [*юр*] to stay; (*сдерживать*) to check; contain; hold up; (*откладывать на время*) to suspend

~ **исполнение приговора** to suspend a sentence

~ **исполнение решения** to stay an execution; suspend a judgement; (*об арбитражном решении*) to suspend an award

~ **осуществление прав и привилегий** to suspend the exercise of smb's rights and privileges

~ **полномочия** to suspend smb's powers

~ **судопроизводство** to stay

(suspend) an action (the proceeding|s)

~ **течение срока исковой давности** to interrupt (stay) a prescription; save (suspend) the statute of limitations

ПРИОСТАНОВЛЕНИЕ *сущ* (*прекращение*) halt; stop; stoppage; [*юр*] arrest; stay; (*временное прекращение*) suspension

~ **военных действий** suspension of hostilities

~ **давности (течения срока исковой давности)** interruption (stay) of a prescription; suspension of the statute of limitations

~ **действия гражданских прав** suppression of civic rights

~ **действия закона** suspension of a statute

~ **исполнения решения** arrest (suspension) of a judgement; stay of execution

~ **обязательства** suspension of a commitment (of a liability, obligation))

~ **судопроизводства** stay (suspension) of (an) action (of the proceeding|s)

ПРИСВАИВАТЬ, присвоить *гл* (*обращать в свою пользу*) to appropriate; convert; embezzle; misappropriate; take possession (*of*); (*звание, учёную степень и т.п.*) to award; confer (*upon*)

ПРИСВОЕНИЕ *сущ* (*обращение в свою пользу*) appropriation; conversion; embezzlement; misappropriation;

taking possession (*of*); (*звания, учёной степени и т.п.*) award; conferment

~ **власти** usurpation of power

~ **чужих денег** defalcation; embezzlement of money; peculation

злостное ~ fraudulent conversion

незаконное ~ misappropriation

ПРИСМАТРИВАТЬ, присмотреть *гл* (*за*) keep an eye (*on*); see (*to*); (*заботиться о чём-л*) to attend (*to*); see to it (*that*); (*заботиться о ком-л*) to look after; take care (*of*)

ПРИСМОТР *сущ* (*забота, внимание*) attendance; care; (*надзор*) supervision; surveillance ◊ **оставлять без ~a** to leave (*smb, smth*) unattended

ПРИСОЕДИНЕНИ||**Е** *сущ* (*включение в состав*) joining; (*вступление в членство организации и т.п.*) affiliation (*to* | *with*); (*к военно-политическому блоку, союзу и т.п.*) alignment (*with*); (*к международному договору*) accession (*to*) ◊ **быть (оставаться) открытым для ~я** to be (remain) open for accession; **акт ~я** (*к договору и т.п.*) [*дип*] instrument of accession

~ **к договору** accession to a treaty

ПРИСОЕДИНЯТЬСЯ, присоединиться *гл* to join; (*к другой компании, фирме и т.п. тж*) to affiliate (*with*); be incorporated (taken over);

(*к военно-политическому блоку, союзу и т.п.*) to align (*with*); (*к международному договору*) to accede (*to*)
ПРИСТАВ *сущ* police officer
ПРИСТАВАНИЕ *сущ* (*к женщине, прохожему*) molestation; (*в том числе о проститутке*) solicitation
ПРИСТРАСТИ‖Е *сущ* (*необъективность, предубеждение*) bias (*against | towards*); partiality (*for | towards*) ◊ **без ~я** without bias; **с явным ~ем** with considerable bias
ПРИСТРАСТН‖ЫЙ *прил* (*необъективный, предубеждённый*) bias(s)ed; partial; prejudiced ◊ **быть ~ым** (*к кому-л, чему-л*) to be bias(s)ed (have a bias) (*against | towards*)
~ое мнение partial opinion
~ое отношение (*к*) bias (*against | towards*)
~ приговор bias(s)ed (prejudiced) sentence; warped judgement
~ свидетель interested (partial) witness
ПРИСТУПАТЬ, приступить *гл* (*к*) (*начинать*) to begin; commence; initiate; start; (*браться за осуществление чего-л*) to embark (*on*); launch; (*переходить к чему-л*) to proceed (*to*)
~ к делу to get down to business; set to work
~ к исполнению своих обязанностей to enter upon one's duties

~ к расследованию to initiate investigation
~ к слушаниям to initiate the proceedings
ПРИСУТСТВИ‖Е *сущ* presence; (*посещение*) attendance ◊ **для образования судебного ~я** to constitute the court
судебное ~ (*суд*) judgement seat
ПРИСУТСТВОВАТЬ *гл* to attend; be present (*at*)
~ на слушаниях дела to be present at the proceeding(s)
ПРИСЯГ‖А *сущ* oath ◊ **быть приведённым к ~е (в качестве свидетеля)** to be sworn (as a witness); **давать ~у** to take an oath; (*должностную*) to swear into office; **заявлять под ~ой** to declare (state) on (upon, under) oath; **освобождать от ~и** to dispense with (release from) an oath; **подтверждать ~ой** to support by an oath; **приводить к ~е** to adjure; administer an oath (*to*); swear in; swear into office; **приводить свидетеля (присяжных) к ~е** to swear a witness (a jury); **приносить ~у** to adjure; make (swear, take) an oath; swear **заявление под ~ой** declaration (statement) on (upon, under) oath; **нарушитель ~и** oath-breaker; **не приведённый к ~е** unsworn; **освобождение от ~и** release from an oath; **письменные показания под ~ой** affidavit; deposition; **под ~ой** on (upon, under) oath; **показание под ~ой** sworn evi-

dence; **приведение к ~е** adjuration; administration of an oath; juration; **приведённый к ~е** sworn; **принесение ~и** adjuration; **снятие показаний под ~ой** deposition

~ в суде judicial oath

~ на верность oath of allegiance (*to*)

~ при вступлении в должность oath of office; official oath

гражданская ~ civic oath

должностная ~ oath of office; official oath

ложная ~ false oath

торжественная ~ solemn oath

ПРИСЯГАТЬ, присягнуть *гл* to adjure; make (swear, take) an oath; swear

~ в качестве свидетеля to swear as a witness

~ на верность to pledge (swear) allegiance (*to*)

ПРИСЯЖН‖ЫЙ *сущ* (*заседатель*) assizer; juror; juryman; (*мн*) lay people; the jury ◊ **выводить ~ого** (*из состава присяжных, рассматривающих дело*) to withdraw a juror; **напутствовать ~ых** to charge the jury; **составлять список ~ых** to array; empanel (impanel) (the jury)

коллегия ~ых the jury; **отвод ~ому заседателю** challenge of a juror; **скамья ~ых** jury box; **состав ~ых** the jury; **состав ~ых, не пришедших к единому мнению** hung jury; **совещание ~ых** jury's deliberation(s); **список ~ых** array; juror's book; jury list; panel; **старшина ~ых** foreman of the jury; **суд ~ых** the jury; **с участием ~ых заседателей** with the participation of jurors

~ заседатель assizer; juror; juryman; (*мн*) lay people; the jury

~ поверенный attorney at law

беспристрастный (непредубеждённый) ~ unbias(s)ed (impartial, unprejudiced) juror

пристрастный (предубеждённый) ~ bias(s)ed (partial, prejudiced) juror

ПРИТВОРСТВО *сущ* pretence; simulation

ПРИТВОРЯТЬСЯ, притвориться *гл* to pretend; simulate

ПРИТОН *сущ* den

воровской ~ den of thieves

игорный ~ gambling den

ПРИТЯЗАНИ‖Е *сущ* claim; demand ◊ **оспаривать ~** to contest (challenge, dispute) a claim; **отказываться от ~я** to give up (renounce, waive, withdraw) a claim; **удовлетворять ~** to allow (comply with, meet, satisfy) a claim

~ на наследство claim to inheritance

~ на право собственности claim of (to) ownership

~ на правовой титул claim of (to) a title

~ на приоритет claim of (to) priority

~ на суверенитет claim of (to) sovereignty

~ **противной стороны** hostile claim
виндикационное ~ vindicatory demand
дополнительное ~ additional claim
законное ~ legitimate (statutory) claim
косвенное ~ claim by inference
ложное ~ false claim
незаконное ~ illegitimate (non-statutory) claim
незаявленное ~ dormant claim
обоснованное ~ valid claim
основное ~ main claim
правовое ~ legal claim
правомерное ~ legitimate (statutory) claim

ПРИЧАЛ *сущ* (*пристань*) quay ◊ **с ~а (франко-~)** ex quay (exq); free on quay (foq)

ПРИЧАСТНОСТЬ *сущ* (*участие в чём-л*) participation (*in*); (*соучастие в преступлении и т.п.*) accompliceship (*in*); complicity (*in*); implication (*in*); involvement (*in*); privity (*to*)
~ **к преступлению** complicity in (implication in, privity to) a crime

ПРИЧАСТНЫЙ *прил* concerned (*in*); connected (*with*); involved (*in*); participating (*in*); privy (*to*)

ПРИЧИН‖А *сущ* cause; ground; reason; (*мотив, побуждение*) motive ◊ **без уважительной ~ы** without a good cause (a valid reason); **по ис-**ключительной ~е for an exceptional reason; **по какой-л особой** ~е for some special reason; **по ~е психической ненормальности** by reason of insanity
~ **и следствие** cause and effect
~ **смерти** cause of death
ближайшая ~ proximate cause
единственная (исключительная) ~ sole cause
непосредственная ~ immediate cause
основная ~ (*основание*) rationale
отдалённая ~ remote cause
презюмируемая ~ ostensible cause
случайная ~ chance cause
уважительная ~ good cause (motive); reasonable excuse; valid reason

ПРИЧИНЕНИЕ *сущ* (*нанесение вреда, ущерба и т.п.*) (civil) injury; infliction (*of*); injurious action; tort; trespass; wrong-doing
~ (*нанесение*) **вреда имуществу** causing damage (harm) to property; property tort
~ (*нанесение*) **вреда личности (частному лицу)** personal injury (tort, wrong); wrong against an individual
~ (*нанесение*) **вреда обществу** public mischief (wrong); wrong against the public
~ (*нанесение*) **телесного повреждения** infliction of a bodily harm (injury); (*себе самому*) self-injury
~ (*нанесение*) **убытка (ущер-**

ба) damnification; impairment; infliction of damage (loss); (*вреда тж*) infliction of injury (harm); wrong-doing
виновное ~ (*нанесение вреда, ущерба и т.п.*) guilty infliction
невиновное ~ (*нанесение вреда, ущерба и т.п.*) innocent infliction
случайное ~ (*нанесение вреда*) accidental injury (harm, wrong); injury by accident

ПРИЧИНЯТЬ, причинить *гл* to cause; occasion; (*наносить вред, ущерб и т.п.*) to inflict; injure
~ (*наносить*) **вред (ущерб)** to damage; damnify; do (cause, inflict) damage (harm, injury, wrong) (*to*); harm; hurt; injure; prejudice; (*денежный ущерб тж*) to cause a financial loss
~ (*наносить вред, ущерб*) **бездействием** to inflict by omission
~ (*наносить вред, ущерб*) **в состоянии невменяемости** to inflict insanely
~ (*наносить вред, ущерб*) **намеренно (преднамеренно, умышленно)** to inflict by intent (by premeditation, premeditatively, voluntarily, wilfully); (*злоумышленно тж*) to inflict maliciously
~ (*наносить вред, ущерб*) **невиновно** to inflict innocently
~ (*наносить вред, ущерб*) **неумышленно (непреднамеренно)** to inflict involuntarily
~ (*наносить вред, ущерб*) **с применением насилия** to inflict violently
~ (*наносить*) **телесное повреждение** to hurt; injure; inflict a bodily harm (injury) (*to*)
~ (*наносить*) **убытки** to cause (inflict) damages (losses) (*to*)

ПРОБАЦИ‖**Я** *сущ* probation ◊ **направлять** (*кого-л*) **на ~ю** to place (*smb*) on probation; **освобождать** (*кого-л*) **от ~и** to discharge (*smb*) from probation; **замена ~и реальным наказанием** revocation of probation

ПРОВЕДЕНИЕ *сущ* carrying out (through); conduct(ing); implementation; realization
~ **в жизнь** putting into effect (into practice)
~ **кампании** conduct of a campaign
~ **экспертизы** carrying out of an expert examination

ПРОВЕРК‖**А** *сущ* (*контроль*) check; checking; checkout; examination; inspection; verification; (*испытание*) examination; test; testing; trial; (*ревизия*) audit ◊ **выдерживать ~у времени** to stand the test of time; **осуществлять ~у** to carry out a check; perform an inspection; (*испытание*) to carry out (make, perform) a test; **проводить предварительную ~у** to conduct a background screening
~ **доказательств** verification of evidence
~ **документов** examination of documents (of papers)
~ **законности и обоснован-**

ности ареста verification of the legality and validity of an arrest
~ **кредитоспособности** verification of smb's credit standing
~ **нуждаемости** (*имущественного положения*) means test
~ **полномочий** verification of smb's credentials (powers)

ПРОВЕРЯТЬ, проверить *гл* to check; control; examine; inspect; verify; (*проводить испытание*) to test; (*проводить ревизию*) to audit
~ **законность и обоснованность ареста** to verify the legality and validity of an arrest
~ **полномочия** to verify smb's credentials (powers)
~ **счета** to audit the accounts

ПРОВИННОСТЬ *сущ* misconduct; misdeed; misdemeanour; [*разг*] fault

ПРОВОДИТЬ, провести *гл* (*осуществлять что-л*) to carry out; implement; realize; (*собрание, переговоры и т.п.*) to conduct; hold; (*сопровождать кого-л*) to accompany; conduct; escort; lead; see off; (*следовать политике, курсу и т.п.*) to pursue; (*добиваться утверждения законопроекта, резолюции*) to carry (get) through
~ **в жизнь** to carry out; implement; put into effect (into practice); realize
~ **выборы** to hold an election
~ **выездную сессию суда присяжных** to hold the assizes
~ **заседание** to conduct a meeting
~ **опыт** to carry out a test
~ (*вести*) **переговоры** to conduct (carry on, hold) negotiations (talks)
~ **политику** to pursue a policy
~ **реформу** to carry out a reform
~ **слушание** to hold a hearing (a plea)

ПРОВОЗГЛАШАТЬ, провозгласить *гл* to declare; proclaim; promulgate; (*принцип и т.п.*) to enunciate
~ **независимость** to declare (proclaim) independence
~ (*объявлять*) **приговор** to announce (pronounce) a sentence (a verdict)
~ **принцип** to enunciate a principle
~ **республику** to proclaim a republic

ПРОВОЗГЛАШЕНИЕ *сущ* declaration; proclamation; promulgation

ПРОВОКАТОР *сущ* agent provocateur; [*амер*] [*жарг*] stool pigeon; [*перен*] instigator; provoker

ПРОВОКАЦИОНН‖ЫЙ *прил* provocative
~**ая деятельность** provocative activities

ПРОВОКАЦИЯ *сущ* provocation
~ **взятки** provocation of bribery

ПРОВОЦИРОВАТЬ, спро-

воцировать *гл* to provoke
ПРОГУЛ *сущ* (*невыход на работу*) absenteeism; shirking; (unjustified) absence from work; (*особ отсутствие на занятиях*) truancy
вынужденный ~ enforced idleness (truancy)
ПРОГУЛИВАТЬ, прогулять *гл* (*увиливать от работы, выполнения обязанностей*) to shirk; (*не посещать занятия*) to play truant
ПРОГУЛЬЩИК *сущ* absentee; shirk; shirker; slacker; (*особ занятий*) truant
ПРОДАВАТЬ, продать *гл* to sell; (*недвижимость*) to vend
~ **в кредит** to sell on credit
~ **в розницу** to retail; sell (by) retail
~ **на срок** [*комм*] to sell ahead; (*без покрытия*) to sell short
~ **оптом** to sell in bulk
~ **по образцу** to sell by sample
~ **по описанию** to sell by description
~ **с аукциона** to sell by auction
ПРОДАВЕЦ *сущ* seller; vendor; (в *магазине*) salesclerk; salesman; shop assistant
ПРОДАЖ‖**А** *сущ* sale; selling; vendition ◊ **выставлять на** ~**у** to offer (put up) for sale; **производить** ~**у по решению суда** to hold a judicial sale; **в** ~**е** on sale
~ **в кредит** credit sale; sale on credit
~ **в рассрочку** hire-purchase sale
~ **в розницу** retail sale
~ **заложенного имущества** foreclosure sale
~ **за наличный расчёт** cash sale
~ **или возврат** (*с правом возврата покупателем товара в течение установленного срока*) sale and/or return
~ **на срок без покрытия** [*комм*] short sale
~ **на экспорт** export sale
~ **оптом** bulk sale (selling)
~ **по образцу** sale by sample
~ **по описанию** sale by description
~ **с аукциона** auction sale; sale by auction
~ **с правом выкупа** sale with the right of redemption
~ **товара в какую-л страну через другую страну** switch operations
ПРОДАЖНОСТЬ *сущ* corruptibility; corruption; (*взяточничество*) bribery; [*амер*] graft; [*жарг тж*] payola
ПРОДАЖНЫ‖**Й** *прил* corrupt; corruptible
~**е чиновники** corrupt (corruptible) officials
ПРОДЛЕВАТЬ, продлить *гл* to extend; prolong
~ **визу** to extend a visa
~ **действие** (**срок действия**) to extend (prolong) the term (*of*); give a further effect (*to*)
~ **действие договора** to extend (prolong) the validity of a treaty
~ **срок платежа** to extend (prolong) the time of payment
ПРОДЛЕНИЕ *сущ* extensi-

on; prolongation
 ~ **визы** extension of a visa
 ~ **гарантийного срока** extension (prolongation) of a guarantee period
 ~ **кредита** extension of a credit
 ~ **срока содержания под стражей** extension (prolongation) of the time of holding in custody
ПРОДОЛЖИТЕЛЬНОСТЬ *сущ* duration; (*непрерывность*) continuity
ПРОЕКТ *сущ* design; project; (*предварительный текст документа*) draft ◊ **составлять** ~ to draft; make out (up) a draft (*of*)
 ~ **бюджета** draft budget
 ~ **договора** draft (of a) contract (treaty)
 ~ **закона** draft law
 ~ **конституции** draft constitution
 ~ **резолюции** draft resolution
 ~ **решения** draft decision
 ~ **соглашения** draft (of an) agreement
 окончательный ~ final draft
ПРОЖИВАНИЕ *сущ* dwelling; habitation; residence
 временное ~ temporary residence
ПРОЖИВАТЬ *гл* (*жить*) to dwell; inhabit; live; reside
ПРОИГРАВШ‖ИЙ *прич* defeated
 ~**ая сторона** defeated party
ПРОИГРЫВАТЬ, проиграть *гл* to lose
 ~ **дело** (*в суде*) to lose an action (a case)
 ~ **дело вследствие неявки в суд** to lose (suffer) by default
ПРОИЗВОДИТЕЛЬ *сущ* manufacturer; producer
ПРОИЗВОДИТЕЛЬНОСТЬ *сущ* efficiency; productive capacity; productivity
 ~ **труда** labour productivity; productivity of labour
ПРОИЗВОДИТЬ, произвести *гл* to manufacture; make; produce
ПРОИЗВОДН‖ЫЙ *прил* derivative; secondary
 ~**ое доказательство** secondary evidence
ПРОИЗВОДСТВ‖О *сущ* manufacture; manufacturing; production; [*юр*] procedure; proceeding(s); (*проведение расследования и т.п.*) conduct (*of*) ◊ **возобновлять** ~ (*по делу*) to resume the proceeding(s); **завершать** ~ (*по делу*) to complete the proceeding(s); **оставить** (*дело*) **в своём** ~**е** to retain jurisdiction; **осуществлять** ~ (*по делу*) to carry out the proceeding(s); **прекращать** ~ (*по делу*) to terminate the proceeding(s); **принимать** (*дело*) **к своему** ~**у** to take over a case; **приостанавливать** ~ (*по делу*) to suspend the proceeding(s)
 досье ~**а** (*по делу*) docket; **журнал** ~**а** (*по делу*) appearance docket; **прекращение** ~**а** (*по делу*) termination of the proceeding(s); **приостановление** ~**а** (*по делу*) adjournment

(suspension) of the proceeding(s); **при ~е следственных действий** during the conduct of investigative actions

~ **дознания** conduct of an inquiry (of an investigation)

~ (*по делу*) **до предъявления обвинения** pre-arraignment procedure (proceeding|s)

~ **и распределение** production and distribution

~ (*по делу*) **об установлении факта** affirmative proceeding(s)

~ **обыска** making a search

~ **по апелляции** proceeding(s) in appeal

~ **по делу о банкротстве** bankruptcy proceeding(s)

~ **по жалобе на неправильное решение** proceeding(s) in error

~ **по пересмотру дела** proceeding(s) in revision

~ **по уголовному делу** criminal proceeding(s)

~ **предварительного следствия** conduct of a preliminary investigation

~ **расследования** conduct of an inquiry (of an investigation)

~ **расчётов** settlement of accounts

~ **экспертизы** expert examination (investigation)

арбитражное ~ arbitral justice; arbitration proceeding(s)

вспомогательное (дополнительное) ~ ancillary (supplementary) proceeding(s)

дисциплинарное ~ disciplinary proceeding(s)

исковое ~ action proceeding(s)

надзорное ~ review (supervisory) proceeding(s)

особое ~ special proceeding(s)

оспоренное ~ contested proceeding(s)

письменное ~ written proceeding(s)

последующее ~ subsequent proceeding(s)

предварительное ~ pleading

суммарное ~ summary jurisdiction (proceeding|s)

товарное ~ commodity production; production of commodities

устное ~ oral proceeding(s)

ПРОИЗВОЛ *сущ* abuse of power; arbitrariness; arbitrary act (action, rule); (*самоуправство*) self-will ◊ **акт беззакония и ~а** act of lawlessness and arbitrary rule

~ **в наказании** arbitrary punishment

грубый ~ outrage

ПРОИЗВОЛЬН‖ЫЙ *прил* arbitrary; unwarranted; (*необоснованный*) unfounded

~**ое вмешательство в чью-л личную жизнь** arbitrary interference with smb's privacy

~**ое задержание** arbitrary detention

~ **арест** arbitrary arrest

ПРОИСХОДИТЬ, произойти *гл* (*случаться*) to happen; occur; take place; (*возникать в результате чего-л*) to arise (*from*); originate (*from*); result (*from*); stem (*from*)

ПРОИСХОЖДЕНИЕ *сущ* (*принадлежность по*

рождению) ancestry; descent; line; lineage; origin; parentage
неизвестное ~ unknown parentage
социальное ~ social background
ПРОИСШЕСТВИ‖Е *сущ* event; incident; occurrence; (*несчастный случай*) accident ◊ **на месте** ~**я** on the scene of an accident
дорожно-транспортное ~ auto (mobile) accident; road traffic accident
случайное ~ accidental occurrence
уличное ~ street collision
ПРОКАТ *сущ* hire
ПРОКУРАТУРА *сущ* office of a public prosecutor; public prosecutor's office; [*амер*] office of a district attorney
ПРОКУРОР *сущ* attorney; prosecuting attorney; public prosecutor ◊ **с санкции** ~**а** with the sanction of a public prosecutor
Генеральный ~ Attorney General
окружной ~ **штата** [*амер*] county attorney
районный ~ [*амер*] district attorney
ПРОМЕДЛЕНИ‖Е *сущ* delay; procrastination ◊ **без ненужного** ~**я** without undue delay
ПРОМЫШЛЕННОСТЬ *сущ* industry
горнодобывающая ~ mining
добывающая ~ extractive (mining, raw materials) industry
лёгкая ~ light industry
местная ~ local (regional) industry
обрабатывающая ~ manufacturing (processing) industry
отечественная ~ domestic (home, national) industry
тяжёлая ~ heavy industry
ПРОПАВШИ‖Й *прил* missing ◊ **числиться без вести** ~**м** to be missing
ПРОПИСКА *сущ* registration (of domicile)
ПРОПУСК *сущ* (*документ*) pass; permit
ПРОРОГАЦИЯ *сущ* prorogation
ПРОРОГИРОВАТЬ *гл* to prorogue
ПРОСИТЕЛЬ *сущ* (*заявитель*) applicant; petitioner
ПРОСИТЬ, попросить *гл* to ask; beg; request
~ **милостыню** to ask (beg) alms
ПРОСЛУШИВАНИЕ *сущ* (*телефонных разговоров*) tapping; wire-tapping
ПРОСРОЧЕННЫ‖Й *прич* back; in arrears; out of date; overdue; past due (and unpaid)
~**е платежи** arrears; back (delinquent, late, overdue) payments
~**е проценты** arrears of interest; past due interest
ПРОСРОЧИВАТЬ, просрочить *гл* to exceed the time limit; (*платежи*) to be in arrears (*with*); be in default; fall into arrears

ПРОСРОЧКА *сущ* exceeding the time limit; (*документа*) expiration (*of*); (*платежей и т.п.*) arrears; (culpable) delay
~ **исполнения** delay in performance
~ **поставки** delay in delivery

ПРОСТИТУТКА *сущ* prostitute; street walker; whore

ПРОСТИТУЦИЯ *сущ* prostitution

ПРОСТОЙ *сущ* (*в работе*) dead (down, idle) time; idleness; (*вагона, судна – демерредж*) demurrage ◊ **плата за** ~ (*вагона, судна*) demurrage

ПРОСТУПОК *сущ* fault; infraction; misconduct; misdeed; misdemeanour; (*нарушение закона*) delinquency; offence ◊ **совершить** ~ to commit a misconduct
~, **который можно вменить в вину** chargeable fault
административный ~ administrative infraction
дисциплинарный ~ breach of discipline
должностной (служебный) ~ dereliction; official misconduct (misdemeanour)
уголовный ~ criminal infraction (offence)

ПРОСЬБ‖А *сущ* request; (*заявление, обращение*) appeal; application; petition; plea; (*ходатайство в суде тж*) motion ◊ **выполнять (удовлетворять)** ~у to comply with (meet) smb's request; **обращаться с** ~ой to make a request; **по чьей-л** ~е at smb's request
~ (*ходатайство*) **об обеспечении иска** motion to secure a claim
~ (*ходатайство*) **об отклонении обвинительного акта** motion to dismiss the indictment
~ **об отсрочке платежа** request for a delay in (of) payment (for a respite)
~ (*ходатайство*) **о пересмотре решения** application for the revision of a judgement
~ **о признании и приведении в исполнение арбитражного решения** application for recognition and enforcement of an arbitral award
~ **о снисхождении** plea for leniency

ПРОТЕСТ *сущ* protest; (*возражение*) deprecation; objection ◊ **заявлять** ~ to enter (file, lodge, make) a protest; **отклонять** ~ to reject a protest; **заявление** ~a declaration of a protest
~ **векселя** protest of a bill
дипломатический ~ diplomatic protest

ПРОТЕСТОВАТЬ *гл* (*против*) to make (voice) a protest (*against*); object (*to*); protest (*against*)

ПРОТИВНИК *сущ* adversary; antagonist; enemy; opponent
процессуальный ~ (*противная сторона*) adversary; adverser

ПРОТИВОБОРСТВО

сущ confrontation; (*борьба*) fight; struggle; (*сопротивление*) opposition; resistance

ПРОТИВОДЕЙСТВИЕ *сущ* counteraction (*against*); opposition (*to*); resistance (*to*)

ПРОТИВОДЕЙСТВОВАТЬ *гл* to counteract; oppose; resist

ПРОТИВОЗАКОННО *нареч* illegally; illegitimately; illicitly; lawlessly; unlawfully; wrongfully

~ **содержащийся под стражей** illegally held in custody

ПРОТИВОЗАКОННОСТЬ *сущ* illegality; illegitimacy; unlawfulness; wrongfulness

ПРОТИВОЗАКОНН‖ЫЙ *прил* contrary to law; illegal; illegitimate; illicit; lawless; unlawful; wrongful ◊ **объявлять ~ым** to render unlawful

~**ое действие** malpractice

~**ое намерение** illegal (wrongful) intent (intention)

~ **подслушивание** illegal eavesdropping; (*с помощью малогабаритных электронных устройств*) illegal bugging; (*в том числе телефонных разговоров*) illegal (wire-)tapping

~**ое половое сношение** unlawful sexual intercourse

~**ые средства** illegal means

ПРОТИВОПРАВНО *нареч* illegally; illegitimately; illicitly; lawlessly; unlawfully; wrongfully

ПРОТИВОПРАВНОСТЬ *сущ* illegality; illegitimacy; unlawfulness; wrongfulness

ПРОТИВОПРАВН‖ЫЙ *прил* contrary to law; illegal; illegitimate; illicit; lawless; unlawful; wrongful

~**ая договорённость** unlawful arrangement (engagement)

~**ая уступка** unlawful concession

~**ое встречное удовлетворение** illegal consideration

~**ое вторжение в чужое помещение** trespass on the premises

~**ое действие** wrongful act

~**ое намерение** wrongful intent (intention)

~**ое обязательство** unlawful engagement

~**ое поведение** unlawful conduct

~ (*ложное*) **сообщение** wrongful communication

~**ые средства** unlawful means

ПРОТИВОРЕЧИ‖Е *сущ* conflict; contradiction; (*несоответствие*) incompatibility (*with*); inconsistency (*with*); (*несовместимость тж*) repugnance (-су) (*to*); (*столкновение*) collision ◊ **вступать в** ~ to collide; **в ~и** at variance (*with*)

~ **в правовых нормах** (*антиномия*) antinomy

~ **в свидетельских показаниях** conflict of testimony

внутреннее ~ internal contradiction

ПРОТИВОРЕЧИТЬ *гл* to be at variance with (contrary to); conflict (*with*); contradict;

contravene; disagree (*with – on*); run counter (*to*); (*быть несовместимым с, не соответствовать*) to be incompatible with (inconsistent with, repugnant to)

~ **конституции** to contradict (contravene) the constitution

ПРОТОКОЛ *сущ* (*заседания, совещания и т.п.*) minutes; report; (*судопроизводства тж*) record (of the proceeding|s); roll; [*дип*] procès-verbal; (*вид международного соглашения*) protocol; (*церемониал*) protocol ◊ **вести** ~ to draw up (keep, take) the minutes; keep a record (*of*); **заносить в** ~ to enter (place) in the minutes (on record); make an entry in the minutes (in the record); **придерживаться** ~**а** [*дип*] to abide by (adhere to, stay within) a protocol; **присоединяться к** ~**у** (*вид международного документа*) to accede to a protocol

выписка из ~**а** excerpt from the minutes; **занесение в** ~ recording in the minutes; **запись в** ~**е** entry in the minutes (in the record); **копия** ~**а** copy of the minutes; **подписание** ~**а** [*дип*] signing of a protocol

~ **ареста** custody record (report)

~ **допроса** record (report) of interrogation

~ **обвинения** process of prosecution

~ **переговоров** minutes of negotiations (of talks)

~ **подписания** [*дип*] protocol of signature

~ **ратификации** [*дип*] protocol of ratification; ratification protocol

~ **следственных действий** record (report) of investigative actions

~ **судебного заседания** record of judicial proceeding(s)

арбитражный ~ arbitral minutes

дипломатический ~ [*дип*] diplomatic protocol

дополнительный ~ [*дип*] additional protocol

местный ~ [*дип*] local protocol

полицейский ~ police charge-sheet (report)

ратификационный ~ [*дип*] protocol of ratification; ratification protocol

стенографический ~ record verbatim

судебный ~ minutes of a trial

факультативный ~ [*дип*] optional protocol

ПРОТОКОЛИРОВАТЬ, запротоколировать *гл* to place on record; record

ПРОФЕССИОНАЛЬН|ЫЙ *прил* professional

~**ая тайна** professional secrecy

~**ое мастерство** professional skill

~ **дипломат** career diplomat

~ **преступник** professional criminal

ПРОФЕССИЯ *сущ* career; occupation; profession; trade

ПРОФИЛАКТИЧЕСК|ИЙ *прил* prophylactic

~ая мера preventive measure

ПРОЦЕДУР||А *сущ* practice; procedure; (*формальность тж*) formality; [*юр*] proceeding(s); process ◊ **отказываться от обычной ~ы** to dispense with the usual procedure; **придерживаться правил ~ы** to abide by (adhere to, keep to) the rules of procedure

выполнение правил ~ы enforcement of the rules of procedure; **комитет по правилам ~ы** standing orders committee; [*амер*] rules committee; **нарушение ~ы** breach of procedure; **правила ~ы** rules of procedure; procedural rules; **противоречащий правилам ~ы** out of order; **в соответствии с правилами ~ы** subject to the rules of procedure

~ голосования voting procedure

~ контроля verification procedure

~ правоприменения law enforcement procedure

~ представления жалоб complaints procedure

~ судебного разбирательства litigious procedure

апелляционная ~ appeal procedure; procedure in (on) appeal

арбитражная ~ arbitral (arbitration) procedure

дипломатическая ~ diplomatic procedure

досудебная ~ pretrial proceeding(s)

законная ~ legal procedure; process of law

карательная ~ penal procedure

надлежащая ~ proper procedure; (*правовая*) due course (process) of law

неправомочная ~ irregular procedure

общепринятая ~ standard procedure

обычная ~ normal (usual) procedure

открытая ~ open process

парламентская ~ parliamentary procedure

предусмотренная конституцией ~ procedure provided for (stipulated) by the Constitution

согласительная ~ conciliation procedure

таможенная ~ customs formalities (procedure)

упрощённая ~ simplified procedure

установленная ~ established order (procedure)

ПРОЦЕДУРН||ЫЙ *прил* procedural ◊ **договорённость по ~ым вопросам** procedural agreement

~ая гарантия procedural guarantee

~ое досье procedural file

~ые правила rules of procedure; procedural rules

~ комитет (*ООН*) (*UN*) Procedural Committee

ПРОЦЕНТ *сущ* per cent; percentage; (*доход с капитала*) interest (*on*) ◊ **взимать ~ы** (*с*) to collect interest (*from*); **вы-**

плачивать ~ы to pay interest; приносить ~ы to bear (bring, carry, yield) interest
без ~ов at even; interest-free; в ~ах in percentage terms; приносящий ~ы bearing interest; interest-bearing; размер ~ов rate of interest
~ годовых annual interest rate
~ занятости employment rate
~ на капитал interest on capital
~ по задолженности interest on debts
~ по закладной mortgage interest
~ по кредиту interest on credit
банковский ~ bank interest; (*учётный*) bank rate
высокий ~ high interest
годовой ~ annual interest
наросшие ~ы accrued interest
небольшой (невысокий) ~ low interest
невзысканный ~ back (overdue) interest
обычный ~ conventional interest
отсроченный ~ deferred interest
просроченные ~ы arrears of interest
ростовщический ~ usurious interest
ссудный ~ interest on loan capital; loan interest
учётный ~ discount rate; rate of discount

ПРОЦЕСС *сущ* process; (*процедура*) procedure; [*юр*] litigation; proceeding(s); trial ◊ вести (проводить) судебный ~ to conduct (hold) the proceeding(s); try a case; **выигрывать судебный** ~ to gain one's cause; win a case; **задерживать законодательный** ~ to hold up legislation; **затягивать судебный** ~ to delay the proceeding(s) (a trial); **начинать судебный** ~ (*против*) to bring (commence, enter, initiate, lay) an action (a suit) (*against*); bring (initiate) a case before the court; initiate (institute, take) a legal action (the proceeding|s) (*against*); **ожидать судебного** ~а to await a trial; **присутствовать на судебном** ~е to be present at the trial; **ускорять судебный** ~ to speed up judicial (legal) proceeding(s) (a trial)

в ~е становления in the making; до (*начала*) судебного ~а prior to a trial; накануне судебного ~а on the eve of a trial; окончание судебного ~а closure of a trial
апелляционный ~ appellate process
гражданский ~ civil procedure
инсценированный судебный ~ frame(d)-up trial; mock trial
информационный ~ information process
незавершённый судебный ~ abortive trial
состязательный судебный ~ adversary proceeding(s)
судебный ~ lawsuit; litigation; (judicial, legal) proceeding(s); suit (at law); trial

судебный ~ с соблюдением надлежащей правовой процедуры due process trial
учебный судебный ~ (деловая игра) moot (court, trial)

ПРОЦЕССУАЛЬН‖ЫЙ *прил* procedural

~**ая гарантия** procedural guarantee (protection)

~**ая ошибка** procedural error (mistake)

~**ая правоспособность** (legal) capacity to sue

~**ая стадия** stage of proceeding(s); procedural stage

~**ое нарушение** defect in process (of proceeding|s)

~**ое право** adjective (formal) law; law of procedure; procedural (remedial) law

~**ое правопреемство** procedural legal succession; succession of choses in action

~**ое соучастие** joinder of the parties

~**ые акты** written pleadings

~**ые гарантии** due process of law

~**ые действия** (*сторон*) pleadings; procedural actions

~**ые нормы** procedural rules; rules of procedure

~ **закон** law of procedure

~ **противник** (*противная сторона*) adversary; adverser

ПРОШЕНИЕ *сущ* application; request; (*апелляция*) appeal; (*петиция, ходатайство*) petition; supplication ◊ **вручать** (**подавать**) ~ to forward (hand in) a petition; submit an application (*to*); (*об отставке*) to hand in (offer, tender) one's resignation (*to*)

~ **о помиловании** appeal (for pardon); clemency application; plea for mercy

ПРОЩАТЬ, простить *гл* (*извинять*) to apologize; forgive; (*помиловать*) to pardon; remit; (*оправдывать*) to acquit

ПРОЩЕНИЕ *сущ* apology; forgiveness; (*помилование*) pardon; remission; (*оправдание*) acquittal

ПРОЯВЛЯТЬ, проявить *гл* (*внимание, интерес и т.п.*) to display; manifest; reveal; show

~ **заботу** (*о*) to show concern (*about | for*)

~ **интерес** (*к*) to show interest (*in*)

~ **неуважение к суду** to show contempt of court

ПРЯТАТЬ, спрятать *гл* to conceal; hide

~ **орудие убийства** to conceal (hide) a murder weapon

ПРЯТАТЬСЯ, спрятаться *гл* to hide oneself; (*скрываться тж*) to find (seek) refuge (*at*)

ПСИХИАТРИЧЕСК‖ИЙ *прил* psychiatric; psychiatrical

~**ая история болезни** history of psychiatric care

~**ая лечебница** lunatic asylum; mental hospital

~ **диспансер** out-patient psychiatric facility

ПСИХИАТРИЯ *сущ* psychiatry

судебная ~ forensic (legal) psychiatry

уголовная ~ criminal psy-

chiatry
ПСИХИКА *сущ* psyche; psychology; state of mind
нездоровая ~ unhealthy state of mind

ПСИХИЧЕСКИ *нареч* mentally; psychically; psychologically ◊ **невиновен, потому что ~ ненормален** (*формулировка вердикта*) not guilty because insane

~ **больной** (*как сущ*) mental case (patient)

~ **неполноценный (недоразвитый)** (mentally) defective (deficient, retarded); (*душевнобольной, невменяемый тж*) deranged; insane; lunatic; mad; mentally disordered (disturbed); of unsound mind; [*юр тж*] criminally incompetent (insane); mentally abnormal (incompetent)

ПСИХИЧЕСК‖ИЙ *прил* mental; psychical ◊ **страдать ~им расстройством** to have (suffer from) a mental disorder; **недееспособность (и | или неправоспособность) в силу ~ого заболевания** mental disability (incapacity, incompetence); **по причине ~ого расстройства** by reason (because, on account) of a mental disorder

~ **ая дееспособность** mental ability (capacity, competence)

~ **ая недееспособность (и | или неправоспособность)** mental disability (incapacity, incompetence)

~ **ая ущербность** (*не достигшая степени невменяемости*) mental impairment

~ **ое заболевание (расстройство)** derangement; lunacy; madness; mental disease (disorder, illness); unsoundness of mind

~ **ое состояние** mental (psychic) condition (state)

ПСИХОЛОГ *сущ* psychologist

ПСИХОЛОГИЧЕСК‖ИЙ *прил* psychological

~ **эксперимент** psychological experiment

ПСИХОЛОГИЯ *сущ* psychology

~ **труда** labour psychology

ПУБЛИЧН‖ЫЙ *прил* public

~ **ое выступление** public appearance (speaking)

~ **ое заседание** public hearing (sitting)

~ **ое извинение** public apology

~ **ое оскорбление** public insult

~ **ое право** public law (statute)

~ **ое правонарушение** public wrong

~ **ое преследование** public prosecution

ПУЛЯ *сущ* bullet

ПУНКТ *сущ* (*закона, устава и т.п.*) clause; item; paragraph; point; (*искового заявления, обвинительного акта*) count

~ **обвинительного акта** count of the indictment

~ **повестки дня** item on (of) the agenda

ПЫТКА *сущ* torture ◊ **подвергаться ~м** to be subjected to torture(s)

ПЬЯНИЦА *сущ* alcoholic; alcohól-addict; drunkard
агрессивный ~ violent drunkard
бездомный ~ homeless drunkard
привычный ~ habitual drunkard

ПЬЯНСТВО *сущ* alcoholism; drunkenness; intemperance
беспробудное ~ drunken stupor
привычное ~ habitual intemperance

ПЬЯНСТВОВАТЬ *гл* to drink hard (heavily)
~ **в общественных местах** to drink in public

ПЬЯН‖ЫЙ *прил* drunk; drunken; intoxicated; tipsy ◊ **мертвецки пьяный** blind (dead) drunk
~**ая ссора** drunken brawl

ПЯТНО *сущ* stain
~ **крови** stain of blood

Р

РАБОТ‖А *сущ* job; labour; work; (*занятость тж*) employment; (*деятельность*) activity ◊ **выполнять** ~**у** to carry out (do, execute) work; **выходить на** ~**у** to come to work; **заканчивать** ~**у** to complete (finish) work; **искать** ~**у** to look for a job (for work); seek employment; **принимать на** ~**у** to employ; hire; recruit; take on; **приостанавливать** ~**у** to suspend work; **продолжать** ~**у на прежнем месте** to maintain one's present employment (position); **терять** ~**у** to lose one's job (work); **увольнять с** ~**ы** to discharge; dismiss; fire; lay off; sack
без ~**ы** out of work; unemployed; **прекращение** ~**ы** cessation of labour (of work); (*забастовка*) stoppage; walkout; (*сидячая забастовка*) sit-down; sit-in
~ **в ночное время** night work
~ **в ночную смену** night (-shift) work
~ **на дому** domestic labour (work)
~ **неполный рабочий день** part-time job (work)
~ **по графику** schedule work
~ **по контракту** contract (contractual) employment (work)
~ **полный рабочий день** full-time job (work)
~ **по найму** wage employment (work)
~ **по профессии** professional job
административная ~ administrative (staff) work
бесперебойная ~ continuous work
бесплатная ~ unpaid work
бригадная ~ team work
временная ~ alternate labour; temporary (time) job (work)
высокооплачиваемая ~ high-paid (well-paid) job
договорная ~ contract (cont-

ractual) employment (work)
домашняя ~ domestic work; homework
исследовательская ~ research work
канцелярская ~ clerical (office) work
каторжные ~ы hard labour
надлежащая ~ proper work
научно-исследовательская ~ research work
невыполненная (незавершённая) ~ outstanding work; (о заказах) backlog of business (of work); backlog (outstanding, unfilled) orders
непостоянная ~ casual work; odd job
низкооплачиваемая ~ low-paid job
общественная ~ public (social) work
обычная ~ routine work
подённая ~ day (time) labour (work); work by the day
принудительная ~ forced labour (work)
сверхурочная ~ overtime job (work); overwork
сезонная ~ seasonal work
случайная ~ casual work; odd job
спасательные ~ы rescue (salvage) operations (work)
творческая ~ creative work
умственная ~ intellectual (mental) work
управленческая ~ managerial work
физическая ~ manual (physical) labour
черновая ~ rough work

штатная ~ full-time job
экспериментальная ~ experimental work

РАБОТАТЬ, отработать *гл* to work; (*о механизмах тж*) to be in operation; function; operate; run

~ **на полную мощность** to work at (to) full capacity

~ **неполный рабочий день** to work (on) part-time; work short hours

~ **по контракту** to hold (perform) a contract

~ **полный рабочий день** to work full-time

~ **сверхурочно** to work overtime

РАБОТНИК *сущ* worker; workman; (*служащий*) employee

~ **умственного труда** brain worker

~ **физического труда** manual worker

временный ~ casual (temporary) worker

квалифицированный ~ skilled (qualified) worker

полностью занятый ~ full-time worker

руководящий ~ executive
сезонный ~ seasonal worker
технический ~ technical worker; technician
частично-занятый ~ part-time worker

РАБОТОДАТЕЛЬ *сущ* employer; hirer

РАБОТОСПОСОБНОСТЬ *сущ* ability to work; capacity for work; efficiency; operational (working) capability (capacity)

РАБОЧ‖ИЙ *сущ* worker; workman; *прил* working
~**ая неделя** work (working) week
~**ая сила** labour force; manpower; work force
~**ая смена** work shift
~**ее время** working hours (time)
~**ее законодательство** labour legislation
~**ие и служащие** factory (industrial, manual) and office workers
~ **день** work (working) day
~ **класс** working class
~ **язык** (*конференции и т.п.*) working language
временный ~ casual (temporary) worker
квалифицированный ~ skilled (qualified) worker
наёмный ~ hired (wage) worker
неквалифицированный ~ labourer
повременный ~ time worker
подённый ~ day labourer
постоянный ~ permanent (regular) worker
сдельный ~ pieceworker
сезонный ~ seasonal worker

РАВЕНСТВ‖О *сущ* equality; equal rights ◊ **основанный на принципе суверенного** ~**а** based on the principle of sovereign equality
~ **всех наций и национальностей** equality (equal rights) of all nations and nationalities
~ **голосов** [*парл*] tie
~ **перед законом** equality before the law
~ **перед судом** equality before the court; equality in the administration of justice
~ **прав больших и малых наций** equality (equal rights) of nations large and small
~ **сторон** equality (equal rights) of the parties
подлинное ~ real equality
полное ~ complete (full) equality
социальное ~ social equality
суверенное ~ sovereign equality
юридическое ~ juridical (legal) equality

РАВНОВЕСИЕ *сущ* balance; equilibrium ◊ **нарушать** ~ **сил** to disturb (upset) the balance of forces
политическое ~ balance of power

РАВНОПРАВИЕ *сущ* equality; equal rights
~ **граждан** equality of citizens
~ **мужчин и женщин** equality (equal rights) of men and women
~ **сторон** equality (equal rights) of the parties
расовое ~ equality of races; racial equality

РАВНОПРАВН‖ЫЙ *прил* equal (in rights) ◊ **быть** ~**ым** to be equal in rights; enjoy (have, possess) equal rights; **на** ~**ой основе** on the basis of equality
~**ые отношения** equitable relations (relationship)

~ договор equal (equitable) treaty

РАВН‖ЫЙ *прил* equal
~ое избирательное право equal suffrage
~ доступ к государственной службе equal access to public service
~ по положению equal in status

РАЗБИРАТЕЛЬСТВ‖О *сущ* (*в суде*) action at law; examination (hearing, trial) of a case; investigation; judicial (legal) proceeding(s); lawsuit; proceeding(s) (at law); trial ◊ возобновлять ~ to reopen the proceeding(s); try a case de novo; откладывать ~ to adjourn (postpone) an examination (hearing, trial) of a case; прекращать ~ to terminate the proceeding(s); приостанавливать ~ to stay (suspend) an action (the proceeding|s); проводить ~ to examine (hear, try) a case; (*об арбитражном разбирательстве*) to arbitrate; предмет судебного ~а case at law
~ дела судьей judication
~ при закрытых дверях examination (hearing, trial) in camera
~ уголовного дела examination (hearing, trial) of a criminal case
закрытое ~ examination (hearing, trial) in camera
заочное ~ examination (hearing, trial) of a case in absentia
незавершённое ~ abortive trial
неправильное ~ mistrial
открытое ~ public hearing of a case
справедливое ~ fair trial
судебное ~ action at law; examination (hearing, trial) of a case; investigation; judicial (legal) proceeding(s); lawsuit; proceeding(s) (at law); trial
судебное ~ по нормам общего права trial at common law
судебное ~ по нормам права справедливости trial at equity
судебное ~ по нормам статутного права trial at statutory law

РАЗБОЙ *сущ* (*грабёж*) assault with an intent to rob; plunder; robbery; (*бандитизм*) banditry ◊ совершать вооружённый ~ to hold up
~ с насилием robbery with violence
вооружённый ~ armed robbery; hold up
морской ~ filibustering; maritime banditry; piracy

РАЗВЕДК‖А *сущ* intelligence (service); secret service; [*воен*] (*данные, сведения*) reconnaissance ◊ сотрудник ~и intelligence agent; secret service agent (man)

РАЗВЕДЧИК *сущ* intelligence agent; secret service agent (man)

РАЗВЕДЫВАТЕЛЬН‖ЫЙ *прил* intelligence ◊ Центральное ~ое управление (ЦРУ) Central Intelligence Agency
~ые данные intelligence data (information)

РАЗВИТИЕ *сущ* development

РАЗВОД *сущ* divorce ◊ **дело о ~е** case of a divorce; **причина ~а** cause for a divorce

РАЗВРАТ *сущ* debauchery; depravity; dissipation

РАЗВРАТИТЕЛЬ *сущ* corrupter; debaucher; seducer

РАЗВРАТНИК *сущ* debaucher; (*распутник*) libertine; profligate; vicious man

РАЗВРАТНИЧАТЬ *гл* to indulge in debauchery

РАЗВРАТНЫЙ *прил* libertine; profligate; wanton

РАЗВРАЩАТЬ, развратить *гл* to corrupt; debauch; deprave; pervert
~ **нравы** to corrupt morals

РАЗВРАЩЕНИЕ *сущ* corruption; perversion
~ **малолетних** corruption of minors

РАЗВРАЩЁННОСТЬ *сущ* corruptness; depravity; moral turpitude; perversion

РАЗВРАЩЁННЫЙ *сущ* corrupt; depraved; perverted

РАЗГЛАШАТЬ, разгласить *гл* (*информацию, сведения и т.п.*) to disclose; divulge; give away; let out
~ **тайну** to betray (disclose, divulge) a secret

РАЗГЛАШЕНИ‖Е *сущ* (*информации, сведений и т.п.*) disclosure; divulgence; divulging ◊ **недопустимость ~я** inadmissibility of divulgence
~ **государственной тайны** disclosure (divulgence, divulging) of a state secret
~ **профессиональной (служебной) тайны** breach of professional secrecy; disclosure (divulgence, divulging) of a professional secret
~ **секретной информации** disclosure (divulgence, divulging) of classified information
~**ю не подлежит** (*гриф секретности*) confidential

РАЗГРУЖАТЬ, разгрузить *гл* to discharge; unload
~ **судно** to discharge (unload) a vessel (a ship)

РАЗГРУЗКА *сущ* discharge; unloading; (*с помощью лихтеров*) lighterage
~ **судна** discharge (unloading) of a vessel (of a ship)

РАЗДЕЛЕНИ‖Е *сущ* division; separation ◊ **в случае ~я голосов поровну** in the event of equality of votes
~ **властей** separation of powers
~ **голосов поровну** division of opinion; equality of votes; [*парл*] tie; (*судей*) divided court
~ **доходов** profit (revenue) sharing
международное ~ труда international division of labour

РАЗДРАЖЕНИЕ *сущ* irritation

РАЗЛИЧИ‖Е *сущ* difference; disparity; distinction; diversity ◊ **проводить ~** (*между*) to draw a distinction (*between*); **без ~я расы, пола, языка и религии** without distinction as to race, sex, language or religion

~я в (судебной) практике diversity of practice
~я между странами disparity among countries (nations)
~я между физическим и умственным трудом distinctions between physical and mental labour
внешние ~я external distinctions
внутренние ~я internal distinctions
расовые ~я racial distinctions
социально-экономические ~я socio-economic distinctions

РАЗЛУЧЕНИ‖Е *сущ* (*раздельное жительство супругов*) separation (of spouses) ◊ **судебное решение о ~и** (*супругов*) separation order

РАЗМОЛВКА *сущ* disagreement; misunderstanding; [*разг*] tiff

РАЗНОГЛАСИ‖Е *сущ* disagreement; discord; difference; dispute; dissent; variance ◊ **урегулировать (устранять) ~я** to decide (resolve, settle) the differences
внутренние ~я internal differences

РАЗОБЛАЧАТЬ, разоблачить *гл* to disclose; expose; unmask

РАЗОБЛАЧЕНИЕ *сущ* disclosure; exposure; unmasking

РАЗОРУЖЕНИ‖Е *сущ* disarmament ◊ **конференция по ~ю** disarmament conference
~ под строгим международным контролем disarmament under strict international control
всеобщее и полное ~ general (universal) and complete (total) disarmament

РАЗРЕШАТЬ, разрешить *гл* (*позволять*) to allow; permit; (*санкционировать тж*) to authorize; license; sanction; (*решать вопрос и т.п.*) to solve; (*улаживать, урегулировать разногласия и т.п.*) to resolve; settle

РАЗРЕШЕНИ‖Е *сущ* (*позволение*) allowance; permission; (*санкционирование тж*) assent; authorization; licensing; sanction; (*документ*) permit; warrant; (*улаживание, урегулирование разногласий и т.п.*) settlement ◊ **давать ~** to allow; authorize; grant a permission; license; permit; sanction; **испрашивать ~** to seek a permission; **отказывать в ~и** to withhold a permission; **получать ~** to be granted a permission; obtain a permission (*from*)
без ~я without authorization (permission) (*of*); **не имеющий ~я** unlicensed; **с ~я** by authority (by authorization) (*of*); by (with) permission (*of*)
~ дела disposition (settlement) of a case
~ на брак marriage licence
~ на ввоз entry (import) permit
~ на временное проживание sojourn permit
~ на въезд entry permit
~ на вывоз export permit

~ **на выезд** exit permit
~ **на досрочное освобождение** (*заключённого*) ticket of leave
~ **на жительство** residence permit
~ **на отгрузку** release for shipment
~ **на передачу правового титула** vesting assent
~ (*таможни*) **на погрузку** shipping bill
~ **на поставку** delivery permit
~ **на продажу** permission to sell
~ **на создание корпорации** certificate of incorporation
~ **спора** settlement of a dispute
~ **суда** leave of court
валютное ~ (foreign) exchange permit
мирное ~ **споров** pacific (peaceful) settlement of disputes
официальное ~ authorization; official permission; sanction
таможенное ~ customs permit (warrant)

РАЗРУШАТЬ, разрушить *гл* to demolish; destroy; ruin; wreck
~ **до основания** to raze to the ground

РАЗРУШЕНИ∥Е *сущ* break-up; demolition; destruction; havoc; ruin; wreck ◊ **производить** ~**я** to cause destruction; wreak havoc

РАЗРЫВ *сущ* (*отсутствие связи, пробел*) gap; (*несоответствие развития и т.п.*) disparity; (*прекращение отношений и т.п.*) breaking off; rapture; severance
~ **дипломатических отношений** breaking off (rapture, severance) of diplomatic relations

РАЗРЫВАТЬ, разорвать *гл* (*отношения и т.п.*) to break off; rapture; sever (*relations etc*)

РАЗУМ *сущ* intellect; mind; reason

РАЗУМНЫЙ *прил* reasonable; wise; (*целесообразный*) expedient

РАЗЪЯСНЕНИ∥Е *сущ* clarification; explanation; interpretation ◊ **давать** ~**я по вопросам судебной практики** to provide a clarification of judicial practice; **обращаться за** ~**м к закону** to consult the law

РАЗЪЯСНЯТЬ, разъяснить *гл* to clarify; explain; interpret; make clear
~ **права и обязанности** to explain (*to smb*) one's rights and obligations
~ **смысл правовой нормы** to clarify the law
~ **сущность обвинения** to explain (*to smb*) the essence of the charge

РАЗЫСКИВА∥ТЬ, разыскать *гл* to look (*for*); search (*for*); seek ◊ ~**ется полицией** wanted by the police

РАЙОН *сущ* area; district; region
жилой ~ residential area

РАН∥А *сущ* wound ◊ **наносить** ~**у** to wound; (*смертельную*) to wound mortally (to death);

злоумышленное нанесение ран malicious wounding
огнестрельная ~ bullet (shotgun) wound
рваная ~ lacerated wound
резаная ~ cutting wound
смертельная ~ fatal (mortal, vital) wound

РАНГ *сущ* rank

РАНЕНИЕ *сущ* injury; wound ◊ нанести смертельное ~ to wound mortally (to death)

РАНЕНЫЙ *прил* wounded; *сущ* wounded man

РАНИТЬ *гл* to wound ◊ смертельно ~ to wound mortally (to death)

РАСА *сущ* race

РАСКАИВАТЬСЯ, раскаяться *гл* to repent (*of*)
~ в совершённом преступлении to acknowledge an offence

РАСКАЯНИ‖Е *сущ* contrition; penitence; penitential; repentance; (*угрызения совести тж*) compunction ◊ слова ~я contrite words

РАСКРЫВАЕМОСТЬ *сущ* (*преступлений*) crime detection

РАСКРЫВАТЬ, раскрыть *гл* to bring to light; detect; disclose; expose; uncover
~ преступление to clear (detect, solve) a crime

РАСКРЫТИЕ *сущ* clearance; detection; disclosure; exposure
~ преступления clearance (detection, solution) of a crime; crime detection
~ сущности изобретения disclosure of an invention; invention disclosure

РАСОВЫ‖Й *прил* race; racial
~е беспорядки race (racial) riots

РАСПИСК‖А *сущ* receipt; voucher ◊ выдавать ~у to give (issue) a receipt; предъявлять ~у to present a receipt; прилагать ~у to append a receipt (*to*)
выдача ~и issue of a receipt; дата ~и date of a receipt; истребование ~и demand for a receipt; подпись в ~е signature on a receipt; под ~у against a receipt

~ в получении receipt (*for*); voucher for receipt (*of*); (*денег*) cash voucher; (*займа*) loan receipt
~ капитана master's receipt
~ по иску receipt under a claim
~ помощника капитана mate's receipt
арбитражная ~ arbitral receipt
долговая ~ bill of a debt; due-bill; IOU (I owe you); loan certificate; obligation
оформленная ~ drawn up receipt
платёжная ~ paying slip
полученная ~ received receipt
складская ~ warehouse receipt
сохранная ~ trust receipt
штурманская ~ mate's receipt

РАСПОРЯДОК *сущ* order; procedure; regulation; routine
~ дня daily routine; order of the day

РАСПОРЯЖАТЬСЯ, распорядиться *гл* (*ведать, руководить*) to be in charge (*of*); manage; run; (*давать инструкции*) to instruct; give instructions (*to*); (*имуществом*) to dispose (*of*); do (*with*)

РАСПОРЯЖЕНИ∥Е *сущ* direction; directive; instruction; order; prescription; regulation(s); (*пользование вещью*) disposal; disposition ◊ **быть (находиться) в чьём-л ~и** to be at smb's disposal; **предоставлять что-л в чьё-л ~** to place smth at smb's disposal **в чьём-л ~и** at smb's disposal; **имеющийся в ~и** available; at smb's disposal; on hand; **по ~ю** as ordered (*by*); on smb's instructions

~ **имуществом** disposal (disposition) of property

~ **на случай смерти** (*завещание*) last will and testament

~ **общим имуществом** (*о супругах*) disposal (disposition) of community property (*of spouses*)

~ **о приведении в исполнение смертного приговора** death warrant

~ **суда** bench warrant; order of the court; (*о вводе во владение имуществом*) writ of possession

временное ~ interim order
завещательное ~ testamentary prescription
одностороннее ~ unilateral instruction (order)
письменное ~ written direction
специальное ~ special order
устное ~ verbal direction

РАСПРАВА *сущ* reprisal(s); violence; (*линчевание*) lynching
жестокая ~ savage reprisal(s)
короткая ~ shrift
кровавая ~ carnage; massacre; slaughter
судебная ~ legal lynching

РАСПРАВЛЯТЬСЯ, расправиться *гл* (*с кем-л*) to deal (*with*); give short shrift (*to*); make short shrift (work) (*of*)

РАСПРЕДЕЛЕНИЕ *сущ* allocation; allotment; apportionment; distribution

~ **акций** allotment of shares (of stocks)

~ **ассигнований** allotment (apportionment) of appropriations

~ **доходов** distribution of income; income distribution

~ **затрат** cost sharing

~ **инвестиций** investment allocation

~ **по времени** timing
~ **по зонам** zoning
~ **по карточкам** rationing
~ **полномочий** distribution (division) of powers

~ **по потребностям** distribution according to (*smb's*) needs
~ **по труду** distribution according to labour

~ **прибыли** distribution of profit

~ **судебных издержек** allotment (apportionment) of court costs

РАСПРЕДЕЛЯТЬ, распределить *гл* to allocate; allot; apportion; distribute

РАСПРОДАЖА *сущ* clearance; sale
~ **за неуплату налогов** tax sale
~ **по решению суда** judicial sale
дешёвая ~ bargain sale
сезонная ~ seasonal sale

РАСПУСКАТЬ, распустить *гл* (*законодательный орган*) to dissolve; (*блок, организацию и т.п.*) to disband; (*освобождать от должности*) to dismiss
~ **комиссию** to disband (dissolve) a commission (a committee)
~ **собравшихся** to dismiss a meeting

РАСПУТНИК *сущ* debaucher; libertine; profligate; vicious man

РАСПУТНИЧАТЬ *гл* to lead a dissolute life

РАСПУТНЫЙ *прил* debauched; dissipated; dissolute; wanton

РАСПУТСТВО *сущ* debauchery; dissipation; libertinism; profligacy

РАССЕЯННОСТЬ *сущ* (*внимания*) absent-mindedness; distraction

РАССЕЯННЫЙ *прил* absent-minded

РАССЛЕДОВАНИЕ *сущ* (*преступлений*) (crime) detection; examination; inquisition; inquiry; investigation; (*через присяжных*) inquest ◊ **возобновлять** ~ to renew an inquiry (investigation); **завершать** ~ to close (complete) an inquiry (investigation); **начинать** ~ to begin (initiate, start) an inquiry (investigation); **проводить** ~ to conduct an inquiry (investigation); (*независимое расследование*); to make an independent inquiry; (*повторно*) to retry a case
~ **в законодательном органе** legislative inquiry
~ **в комитете** committee inquiry
~ **в конгрессе** congressional inquiry
~ **в подкомитете** subcommittee inquiry
~ **до вынесения приговора** pre-sentence inquiry (investigation)
~, **отвечающее требованиям** adequate inquiry (investigation)
~, **проводимое большим жюри** grand inquiry (investigation)
беспристрастное ~ impartial (unbiassed) inquiry (investigation)
дальнейшее ~ further inquiry (investigation)
досудебное ~ prejudicial (pretrial) inquiry (investigation)
завершённое ~ complete inquiry (investigation)
незавершённое ~ incomplete inquiry (investigation)
официальное ~ official (public) inquiry (investigation)
первоначальное ~ initial inquiry (investigation)

повторное ~ reinvestigation; retrial

полицейское ~ police inquiry (investigation)

последующее ~ follow-up (subsequent) inquiry (investigation)

предварительное ~ preliminary inquiry (investigation)

предубеждённое (пристрастное) ~ bias(s)ed (partial) inquiry (investigation)

скрытое ~ latent inquiry (investigation)

судебное ~ judicial inquiry (investigation)

тщательное ~ close inquiry (investigation)

уголовное ~ criminal inquiry (investigation)

РАССЛЕДОВАТЬ *гл* to inquire; investigate

~ **повторно** to reinvestigate

РАССМАТРИВАТЬ, рассмотреть *гл* to consider; examine; deal (*with*)

~ **дело судом присяжных** to consider (examine, try) a case by a jury trial

~ **повторно** to reconsider; reexamine

РАССМОТРЕНИ‖Е *сущ* consideration; examination; (*судебное разбирательство*) trial ◊ **представлять на ~** to submit for consideration; **на ~и суда** at bar; **по ~и дела в суде** after a trial; **порядок ~я** examination procedure

~ **дела** hearing of a case; proceeding(s); trial

~ **дела в отсутствие стороны** (**или стороны**) trial in absentia

~ **дела полным составом суда** trial at bar

~ **дела по существу** consideration (hearing) of a case on the merits; trial on the merits

~ **дела судом** (*без участия присяжных*) trial by a court

~ **дела с участием присяжных** trial by a jury

~ **заявлений об отводе** trial of challenges

~ **предмета судебного спора** trial of the issue

безотлагательное ~ дела судом speedy (swift) trial

новое ~ дела new trial; retrial; trial de novo

первоначальное ~ дела original trial

повторное ~ reconsideration; reexamination; (*дела в суде*) new trial; retrial; trial de novo

последующее ~ дела later (subsequent) trial

прежнее ~ дела previous (prior) trial

справедливое и беспристрастное ~ дела fair and impartial trial

судебное ~ judicial review; trial

РАССРОЧК‖А *сущ* payment by instal(l)ments ◊ **платить в ~у** to pay by instal(l)ments; **в ~у** by instal(l)ments; **покупка** (*или* **продажа**) **в ~у** hire-purchase

РАССТРЕЛ *сущ* shooting; [*воен*] execution ◊ **приговорить кого-л к ~у** to sentence smb to be shot

РАССТРЕЛИВАТЬ, рас-

стрелять *гл* to shoot; (*казнить*) to execute by shooting; shoot by a firing squad

РАССТРОЙСТВ∥О *сущ* confusion; derangement; disorder ◊ **по причине психического ~а** by reason (because, on account) of a mental disorder (disease)

психическое ~ (*заболевание*) derangement; lunacy; madness; mental disease (disorder, illness); unsoundness of mind

РАССУД∥ОК *сущ* intellect; mind; reason ◊ **нормальное состояние ~ка** balance of mind **нормальный ~** sound mind

РАСТЛЕВАТЬ, растлить *гл* to defile; deprave; (*совращать*) to seduce; [*перен*] to corrupt

РАСТЛЕНИЕ *сущ* defilement; (*совращение*) seduction; [*перен*] corruption

~ малолетних corruption of minors

РАСТОРГАТЬ, расторгнуть *гл* to abrogate; annul; cancel; dissolve; repudiate; rescind; terminate; undo

~ брак to break (dissolve) a marriage

~ договор (соглашение) to abrogate (annul, cancel, rescind, terminate) an agreement; repudiate a contract; (*денонсировать*) to denounce a treaty

РАСТОРЖЕНИ∥Е *сущ* abrogation; annulment; cancellation; dissolution; repudiation; rescission; termination ◊ **решение суда о ~и брака** decree of divorce (of dissolution)

~ брака dissolution of a marriage

~ договора (соглашения) abrogation (annulment, cancellation, rescission, termination) of an agreement; repudiation of a contract; (*денонсация*) denunciation of a treaty

РАСТРАТ∥А *сущ* (*присвоение имущества или денег*) embezzlement; (*денег тж*) defalcation; peculation; (*расточительство*) dissipation; squandering; waste; (*присвоение чужого тж*) misapplication; misappropriation ◊ **совершать ~у** (*имущества или денег*) to embezzle; (*денег тж*) to defalcate; peculate; (*присваивать чужое тж*) to misapply; misappropriate

РАСТРАТЧИК *сущ* (*имущества или денег*) embezzler; (*денег тж*) defalcator; defaulter; peculator

РАСТРАЧИВАТЬ, растратить *гл* (*имущество или деньги*) to embezzle; (*деньги тж*) to defalcate; peculate; (*присваивать тж*) to misapply; misappropriate; (*безрассудно тратить, проматывать*) to dissipate; squander; waste

РАСХИТИТЕЛЬ *сущ см* **РАСТРАТЧИК**

РАСХИЩАТЬ, расхитить *гл см* **РАСТРАЧИВАТЬ, растратить** (*грабить тж*) to despoil; plunder; (*наследственное имущество*) to devastate

РАСХИЩЕНИЕ *сущ см*

РАСТРАТА

РАСХОД *сущ* (*издержки, затраты*) charges; cost(s); expenditure(s); expense(s); spending; (*потребление*) consumption ◊ **брать на себя (покрывать)** ~ы to cover (defray) the expenses; **возмещать (понесённые)** ~ы to indemnify (reimburse) smb for the expenses (incurred); recover (refund) smb's expenses; **нести** ~ы to bear (incur) the charges (expenses); **принимать участие (участвовать) в** ~ах to share the expenses; **сокращать** ~ы to cut down (put down, reduce) the expenses; **приход и** ~ receipts and expenses (expenditures); [*бухг*] debit and credit

~ы **на вооружение** arms (armaments) expenditures (expenses)

~ы **на общественные нужды** social costs (expenditures)

административные ~ы administrative costs (expenses)

арбитражные ~ы arbitration costs (expenses)

бюджетные ~ы budgetary expenditures

валютные ~ы currency expenditures

военные ~ы military expenditures (expenses, spending)

годовой ~ (*потребление*) annual consumption

государственные ~ы government (public) expenditures (expenses, spending)

дополнительные ~ы additional (extra) charges (costs, expenses)

дорожные ~ы travel (travelling) expenses

командировочные ~ы travel (travelling) allowance (expenses)

мелкие ~ы minor (petty, trivial) expenses

накладные ~ы burden charges (cost|s); overhead charges (cost|s, expenses)

непредвиденные ~ы contingencies; incidental (unforeseen) expenses

организационные ~ы organization expenses

первоначальные ~ы initial outlay

предполагаемые ~ы estimated expenditures (expenses)

транспортные ~ы carriage (transport, transportation) charges (expenses)

фактические ~ы actual expenses

РАСХОЖДЕНИЕ *сущ* difference; divergence; (*несоответствие*) discrepancy; variance; (*разрыв*) gap; (*противоречие*) contradiction

РАСЦЕНКА *сущ* (*определение цены*) pricing; rating; [*бирж*] (*котировка*) quotation; (*определение стоимости*) estimation; valuation

РАСЧЁТ *сущ* (*выплата денег*) payment; settlement ◊ **производить** ~ to make payments; pay; settle up; **за наличный** ~ cash down; for cash

~ **по торговым сделкам** settlement for contracts
аккредитивная форма ~**а** payment by a letter of credit
безналичный ~ cashless payment; payment (settlement) by a cheque; (*между банками*) clearing (payment, settlement)
валютные ~**ы** exchange payments
ежемесячный ~ monthly payment (settlement)
международные ~**ы** international·clearing (settlement)
наличный ~ cash payment; down payment; payment in cash; ready cash
немедленный ~ prompt payment
текущие ~**ы** current payments (settlements)
хозяйственный ~ cost accounting

РАТИФИКАЦИОНН|ЫЙ *прил* ratification
~**ая грамота** [*дип*] instrument of ratification; ratification instrument
~ **протокол** [*дип*] protocol of ratification; ratification protocol

РАТИФИКАЦИ‖Я *сущ* ratification ◊ **подлежать** ~**и** to be subject to ratification

РАТИФИЦИРОВАТЬ *гл* to ratify
~ **договор** to ratify a treaty

РАУНД *сущ* (*этап*) round; stage
новый ~ **переговоров** another (new) round of negotiations (of talks)

РЕАБИЛИТАЦИЯ *сущ* (*восстановление в правах*) rehabilitation; (*оправдание подсудимого*) discharge
социальная ~ social rehabilitation

РЕАБИЛИТИРОВАТЬ *гл* (*восстанавливать в правах*) to rehabilitate; retrieve; (*оправдывать подсудимого*) to discharge

РЕАКЦИОННЫЙ *прил* reactionary

РЕАКЦИЯ *сущ* reaction

РЕВАНШ *сущ* retribution; revenge; [*франц*] revanche ◊ **взять** ~ to have one's revenge

РЕВИЗИ‖Я *сущ* audit; auditing; inspection
проводить ~**ю** to audit; carry out (conduct) an audit; **акт** ~**и** certificate of audit
общая ~ general audit

РЕВИЗОР *сущ* auditor; (*инспектор*) inspector
внешний ~ external (independent) auditor
внутренний ~ internal auditor

РЕВНИВЫЙ *прил* jealous

РЕВНОВАТЬ, приревновать *гл* (*кого-л или к кому-л*) to be (become) jealous (*of*); begrudge

РЕВНОСТ‖Ь *сущ* jealousy ◊ **из** ~**и** from (out of) jealousy; **муки** ~**и** pangs (torments) of jealousy
необоснованная ~ groundless (unfounded) jealousy
слепая ~ blind jealousy

РЕГИОН *сущ* region

РЕГИСТР *сущ* record; register; [*бухг*] account (book); ledger

~ **актов гражданского состояния** civil register

РЕГИСТРАЦИ‖Я *сущ* record; recording; registration ◊ **не подлежащий ~и** unregistrable; **отдел ~и** registry; **отметка о ~и** note of registration

~ **актов гражданского состояния** civil registration

~ **браков** marriage registration; registration of marriage

~ **заявок** record of applications

~ **изобретений** record of inventions

~ **иностранцев** registration of aliens (of foreigners)

~ **международных договоров** registration of (international) treaties

~ **несчастных случаев** registration of accidents

~ **открытий** record of discoveries

~ **патентов** record of patents

~ **промышленных образцов** record of designs

~ **судна** registration of a ship

~ **товарного знака** registration of a trademark

выборочная ~ sample registration

РЕГИСТРИРОВАТЬ, зарегистрировать *гл* to place on record; record; register

~ **заказ** to book an order

~ **население** to enumerate (take the census of) the population

РЕГИСТРИРОВАТЬСЯ, зарегистрироваться *гл* to register (oneself); (*в гостинице, на рейс*) to check in; (*о браке*) to register one's marriage

РЕГЛАМЕНТ *сущ* (*правила процедуры*) order (of business); procedure; regulations; rules of procedure; standing order; (*на собрании*) time-limit; (*в суде*) rules of the court ◊ **устанавливать** ~ to fix a time-limit; **нарушение ~а** breach of order

~ **конгресса** congressional law

РЕГРЕСС *сущ* regress; retrogression; setback; [*юр*] (*право оборота*) recourse; (*регрессовое требование*) claim for exoneration; restaur ◊ **с ~ом** with a recourse

РЕГУЛИРОВАНИЕ *сущ* control; regulation; (*приведение в соответствие*) adjustment

~ **валютного курса** exchange (exchange rate) adjustment (control)

~ **дорожного движения** traffic control

~ **доходов** adjustment of incomes; income adjustment

~ **сбыта** marketing (sales) control

~ **спроса** demand management

~ **цен** price adjustment (control)

РЕГУЛИРОВАТЬ, отрегулировать *гл* to control; regulate; (*приводить в соответствие*) to adjust; (*управлять*) to govern; manage

~ **дорожное движение** to control the traffic

РЕГУЛИРОВЩИК *сущ* (*дорожного движения*) point policeman; pointsman; traffic-controller; traffic policeman

РЕГУЛЯРНЫЙ *прил* regular

РЕЕСТР *сущ* list; register; registration (book); registry; roll; roster; schedule; (*досье*) docket

РЕЖИМ *сущ* (*государственный строй*) regime; (*распорядок*) regimen; routine; (*изоляция – в пенитенциарном учреждении*) security ◊ **на ~е условно-досрочного освобождения** (*под честное слово*) on parole

~ **иностранцев** treatment of aliens (of foreigners)

~ **исполнения наказания** regime of serving a sentence

~ **наибольшего благоприятствования** most-favoured nation regime (treatment)

авторитарный ~ authoritarian regime

льготный ~ favourable (preferential) treatment

марионеточный ~ puppet regime

общий ~ [*юр*] minimum security

оккупационный ~ occupation regime

пограничный ~ boundary regime

правовой ~ legal order

расистский ~ racial regime

строгий ~ [*юр*] high (maximum, tight) security

тоталитарный ~ totalitarian regime

усиленный ~ [*юр*] medium security

РЕЗЕРВИСТ *сущ* (*состоящий в запасе вооружённых сил; призванный из запаса*) reservist

РЕЗНЯ *сущ* slaughter

РЕЗОЛЮТИВН‖ЫЙ *прил* operative; substantive

~**ая часть** (*решения*) operative part; substantive provision(s); (*о судебном решении*) judicial disposition (decree); findings

РЕЗОЛЮЦИ‖Я *сущ* resolution ◊ **вносить (предлагать) ~ю** to move (propose, put forward, submit, table) a resolution; **выносить (принимать) ~ю** to adopt (carry, pass) a resolution; **отклонять ~ю** to reject (turn down, vote down) a resolution; **проект ~и** draft resolution

окончательная ~ final motion

совместная ~ joint resolution

РЕЗУЛЬТАТ *сущ* result; (*исход переговоров и т.п.*) outcome ◊ **происходить в ~е** (*чего-л*) to result (*from*); **в ~е** as a result (*of*); in consequence (*of*)

~**ы выборов** election returns (results)

РЕЗЮМЕ *сущ* abstract; brief; précis; resumé; summary; synopsis

РЕЙС *сущ* run; trip; [*авиа*] flight; [*мор*] passage; voyage; (*с грузом*) haul

дополнительный ~ extra run; [*авиа*] extra section flight
железнодорожный ~ rail run
специальный ~ special run (trip); [*авиа*] special flight
чартерный ~ charter trip; [*авиа*] charter flight

РЕКЛАМ‖А *сущ* (*рекламное дело*) advertising (business); publicity; (*рекламное объявление*) advertisement (ad) ◊
заниматься ~ой to advertise; be engaged in advertising
добросовестная ~ fair (non-fraudulent) advertising
недобросовестная ~ fraudulent advertising
товарная ~ commodity advertising

РЕКЛАМАЦИЯ *сущ* certificate of a complaint; claim (complaint) letter; complaint; reclamation

РЕКОМЕНДАЦИ‖Я *сущ* recommendation; (*отзыв о работе*) reference ◊ делать ~и to make recommendations; по чьей-л ~и upon smb's recommendation

РЕКОМЕНДОВАТЬ, порекомендовать *гл* to recommend; (*советовать тж*) to advise

РЕЛИГИОЗН‖ЫЙ *прил* religious
~ая свобода religious liberty
~ые обряды religious rites
~ые преступления religious offences

РЕЛИГИ‖Я *сущ* religion ◊ исповедовать ~ю to manifest (profess) religion; worship

РЕМИТЕНТ *сущ* (*получатель платежа*) holder (*of a bill of exchange or of a draft*); payee; remittee

РЕНЕГАТ *сущ* (*отступник*) apostate; recreant; renegade

РЕНЕГАТСТВО *сущ* (*отступничество*) apostacy

РЕНТА *сущ* annuity; rent
ежегодная ~ annuity; yearly charge (rent)
пожизненная ~ life annuity; perpetual charge (rent); perpetuity
чистая ~ pure rent

РЕНТАБЕЛЬНОСТЬ *сущ* profitability; profitableness ◊ определять ~ to assess profitability; повышать ~ to increase (raise) profitability
~ производства profitability of production; production profitability
~ сделки profitability of a deal (of a transaction)
высокая ~ high profitability
низкая ~ low profitability
общая ~ производства common production profitability

РЕНТАБЕЛЬНЫЙ *прил* cost-efficient (-effective); payable; profitable; profit-making; remunerative

РЕПАРАЦИ‖Я *сущ* reparation ◊ выплачивать ~и to pay reparations; получать по ~м to get (receive) reparations; устанавливать размер ~й to fix the amount of reparations

РЕПАТРИАНТ *сущ* repatriate

РЕПАТРИАЦИЯ *сущ* репа-

triation
РЕПАТРИИРОВАТЬ *гл* to repatriate

РЕПЛИКА *сущ* rejoinder; retort; (*ответ истца на возражение по иску*) replication; reply

РЕПЛИКАНТ *сущ* (*истец, дающий ответ на возражение по иску*) repliant; replicant

РЕПРЕССАЛИ‖Я *сущ* reprisals; requital; retaliation ◊ **прибегать к ~м** to resort to reprisals; **применять ~и** to retaliate
экономическая ~ economic reprisal

РЕПРЕССИВНЫЙ *прил* repressive

РЕПРЕССИРОВАТЬ *гл* to repress; subject to repression ~ **преступника** to repress a criminal

РЕПРЕССИЯ *сущ* repression ◊ **подвергать ~м** to subject to repressions

РЕПУТАЦИ‖Я *сущ* character; record; repute; reputation ◊ **иметь плохую ~ю** to have a bad record (reputation); **иметь хорошую ~ю** to have a good record (reputation); **пользующийся хорошей ~ей** of good standing; (*о лице*) (man) of credit
дурная (плохая) ~ bad character (record, reputation)
незапятнанная ~ spotless record (reputation)
сомнительная ~ dubious reputation
хорошая ~ good character (record, reputation)

РЕСПОНДЕНТ *сущ* (*ответчик по апелляции или в бракоразводном процессе*) respondent

РЕСПУБЛИК‖А *сущ* republic ◊ **провозглашать ~у** to proclaim a republic
автономная ~ autonomous republic
демократическая ~ democratic republic
независимая ~ independent republic
парламентская ~ parliamentary republic
федеративная ~ federal (federative) republic

РЕСТИТУЦИ‖Я *сущ* (*восстановление первоначального правового положения*) re-establishment; restitution; restoration ◊ **производить ~ю** to make a restitution (*for*); re-establish
~ **в натуре** restitution in kind

РЕТОРСИ‖Я *сущ* retortion ◊ **прибегать к ~и** to resort to a retortion; **акт ~и** act of a retortion

РЕТРАТТА *сущ* [*фин*] (*обратный переводной вексель*) redraft; return draft

РЕТРОЦЕССИЯ *сущ* (*обратная уступка*) retrocession

РЕФЛЕКС *сущ* reflex

РЕФЛЯЦИЯ *сущ* [*фин*] (*восстановление уровня упавших цен*) reflation

РЕФОРМ‖А *сущ* reform ◊ **проводить ~у** to carry out (implement) a reform

денежная ~ currency (monetary) reform
земельная ~ land reform
налоговая ~ tax reform
политическая ~ political reform
правовая ~ law reform
экономическая ~ economic reform

РЕФОРМАТОРИЙ *сущ* reformatory

РЕЦИДИВ *сущ* recidivism; relapse
~ **преступления** repetition of a crime

РЕЦИДИВИСТ *сущ* habitual (old, persistent, relapsed, repeated) criminal (offender); hard core (hardened) criminal (offender); jailbird; recidivist; reconvicted (person); repeater
опасный ~ dangerous recidivist
особо опасный ~ special dangerous recidivist

РЕШАТЬ, решить *гл* (*принимать решение*) to determine; make (take) a decision; (*вопрос*) to resolve (settle, solve) (*a matter, problem, question*)
~ **вопрос в чью-л пользу** to resolve (settle, solve) a matter (problem, question) in smb's favour
~ **дело** (*против кого-л*) to decide (a case) (*against smb*)
~ **международные споры путем переговоров** to settle international disputes by means of negotiations
~ **предвзято** to forejudge

РЕШАЮЩ||ИЙ *прил* conclusive; decisive; deciding
~**ая победа** decisive victory
~ **голос** deciding (casting) vote
~ **момент** crucial moment; (*перед принятием важного решения тж*) countdown

РЕШЕНИ||Е *сущ* decision; (*суда*) award; court (judicial) decision; judgement; ruling; (*арбитражного суда*) (arbitral) award; (*приговор*) sentence; verdict; (*разрешение спора*) determination; (*проблемы и т.п.*) settlement; solution; (*постановление*) resolution ◊ **аннулировать судебное ~** to quash (vacate) an award (a judgement); **выносить судебное ~** to award (deliver, give, hold, pass, pronounce, render) a judgement (a court | judicial decision); bring in (deliver, find, issue, reach, render, return) a verdict; decree; make (take) a decision; (*об арбитражном решении*) to make an award; (*о неправильном судебном решении*) to misjudge; (*по уголовному делу*) to determine a criminal cause; **выполнять судебное ~** to carry out an award (a court | judicial decision); enforce (execute, satisfy) a judgement; (*об арбитражном решении*) to execute an award; (*придерживаться решения*) to abide by (adhere to) a decision; **не принимать ~я** to keep in abeyance; **обжаловать ~ суда** to take a review against a judgement; **отменять ~** to overturn (recall, reverse, revoke, set aside) a decision; **пересматривать** ~ to reconsider a decision; **принимать** ~ to arrive at (come to) a decision; decide; make (take) a decision; **приостанавливать исполнение судебного** ~**я** to suspend a judgement

впредь до окончательного ~**я** pending a final decision (judgement); **кассация судебного** ~**я** reversal of a judgement; **пересмотр судебного** ~**я** revision of a judgement; **по судебному** ~**ю** by a court ruling; **приостановка исполнения судебного** ~**я** arrest (suspension) of a judgement; **ходатайство о пересмотре судебного** ~**я** appeal (for a review)

~ **административного органа** administrative determination

~ **в порядке конституционного надзора** constitutional adjudication

~, **не подлежащее обжалованию** final determination

~ **о содержании под стражей** custodial

~ **по делу** disposition

~ **суда в пользу истца вследствие неявки ответчика** judgement by (in) default

~ **суда общего права** judgement at law

~ **суда о неустойке** award about a penalty

~ **суда о расторжении брака** decree of divorce (dissolution)

~ **суда по существу спора** judgement on the merits

~ **суда присяжных** jury award; verdict

~ **судебных дел** adjudicatory jurisdiction

альтернативное ~ alternative award (decision)

арбитражное ~ arbitral (arbitration) award

единодушное ~ unanimous decision

мотивированное ~ motivated award (decision)

неблагоприятное ~ adverse judgement

неисполненное ~ unsatisfied judgement

немотивированное ~ unmotivated award (decision)

непредвзятое (объективное) ~ impartial (unbias(s)ed, unprejudiced) award (decision)

несправедливое ~ unfair award (decision)

окончательное ~ conclusive (final) decision (judgement, ruling)

ошибочное ~ erroneous (wrong) decision; (*суда*) miscarriage of justice; misjudgement

положительное ~ favourable decision

предварительное ~ preliminary decision

судебное ~ adjudication; court (judicial) award (decision); judgement; ruling; (*арбитражное тж*) award; (*приговор*) sentence; verdict

факультативное ~ optional decision (judgement, ruling)

РИСК *сущ* risk; (*понести уго-*

ловную ответственность) jeopardy; *(опасность)* hazard ◊ **брать (принимать) на себя** ~ to accept (run, take, undertake) a risk; **подвергать** ~**у** to put at risk; **подвергаться** ~**у нападения** to be at risk of an attack; **покрывать** ~ to cover a risk; **предотвращать** ~ to avert a risk; **снижать вероятность** ~**а** to keep a risk to a minimum; minimize a risk; **определение (оценка) степени** ~**а** estimated risk; risk appraisal

без ~**а после выгрузки** no risk after discharge (landing); **включая все** ~**и** with all risks; **на** ~ **компании (перевозчика)** at a company's (carrier's) risk; **против всех** ~**ов** against all risks; **с учётом** ~**а** with allowance for a risk

~ **привлечения дважды к уголовной ответственности за совершение одного и того же преступления** double jeopardy

~ **случайной гибели** risk of an accidental loss

~ **случайной порчи** risk of an accidental damage (injury) *(to)*

~ **ухудшения качества товаров** risk of deterioration in the goods

валютный ~ currency (exchange) risk

допустимый ~ admissible (allowed, tolerated) risk

застрахованный ~ insured risk

исключённые ~**и** excepted perils

морской ~ marine risk

неоправданный ~ undue risk

относительный ~ relative risk

реальный ~ **понести уголовную ответственность** real jeopardy

условный ~ conditional (conventional) risk

фактический ~ actual risk

РИСКОВАННЫЙ *прил* risky

РИСКОВАТЬ *гл* to risk; run (take) a risk; *(в азартные игры)* to gamble

РИТУАЛ *сущ* rite; ritual

РОДИТЕЛ∥Ь *сущ* parent

приёмные ~**и** adoptive (foster) parents

РОДИТЕЛЬСК∥ИЙ *прил* parental

~**ая власть** parent (parental) power

~**ая опека** parent (parental) custody

~**ие обязанности (права)** parental duties (rights)

~**ое попечение** parent (parental) custody

РОДОСЛОВНАЯ *сущ* genealogy; pedigree

РОДСТВЕННИК *сущ* kinsman; relation; relative

~ **по боковой линии** collateral relation (relative)

~ **по восходящей линии** ancestor; antecessor

~ **по мужской линии** agnate

~ **по прямой линии** lineal

ближайший ~ next of kin

близкий ~ immediate relative; near of kin

дальний ~ remote kinsman
кровный ~ blood kin (relative); natural relative
побочный ~ collateral relation (relative)

РОДСТВЕННЫ‖Й *прил* kindred; related
~е отношения blood relations

РОДСТВ‖О *сущ* ancestry; kinship; relation; relationship ◊ **боковая линия** ~**а** collateral line; **восходящая линия** ~**а** ascending line; **линия** ~**а** line of consanguinity; **находящийся в кровном** ~**е** privy in blood; **нисходящая линия** ~**а** descending line; **отсутствие** ~**а** absence of relationship; **степень** ~**а** civil degree; degree of consanguinity; relation degree
~ **по мужской линии** agnation
~ **по прямой линии** lineal consanguinity (relation, relationship)
~, **признанное законом** legal (legitimate) relation (relationship)
близкое ~ immediate relation (relationship)
кровное ~ blood relationship (tie); consanguinity; cognation; natural (real) kinship
кровное ~ **по боковой линии** collateral consanguinity
кровное ~ **по прямой линии** lineal consanguinity
незаконное ~ illegitimate relation (relationship)
побочное ~ collateral relation (relationship)

РОЖДЕНИЕ *сущ* birth
РОЗНИЦ‖А *сущ* retail (goods) ◊ **продавать в** ~**у** to sell (by) retail; to retail

РОЗНИЧН‖ЫЙ *прил* retail
~**ая торговля** retail trade
~**ая цена** retail price

РОЗЫСК *сущ* (*поиск*) hunt; retrieval; search; tracing; (*поиск или обнаружение*) detection; inquest; [*юр*] (*расследование*) inquiry; investigation
~ **беглого преступника** fugitive retrieval; tracing of (search for) a fugitive
~ **похищенного имущества** search for stolen property (things)
~ **преступника** crime detection; detection (of criminals); investigation
~ **пропавших без вести** search for missing persons
официально объявленный ~ official retrieval
полицейский ~ police retrieval
уголовный ~ (*отдел*) Criminal Investigation Department; [*разг*] crime detection

РОСПУСК *сущ* (*законодательного органа*) dissolution; (*блока, организации и т.п.*) disbanding; disbandment; (*освобождение от должности*) dismissal
~ **присяжных** dismissal of a jury

РОСТОВЩИК *сущ* moneylender; usurer
РОСТОВЩИЧЕСКИЙ *прил* usurious
~ **процент** usurious interest
РОСТОВЩИЧЕСТВО *сущ* feneration; money-len-

ding; usury
РОТАЦИЯ *сущ* rotation
РУГАТЬ, выругать *гл* to abuse; curse; swear (*at*)
РУГАТЬСЯ, выругаться *гл* to abuse; curse; swear; use bad language
РУКОВОДИТЕЛЬ *сущ* boss; chief; director; executive; head; leader; manager
РУКОВОДИТЬ *гл* to be at the head (*of*); be in charge (*of*); direct; head; manage; (*возглавлять, направлять тж*) to conduct; guide; lead
РУКОВОДСТВО *сущ* (*действие*) direction; guidance; leadership; (*администрация, дирекция*) administration; management; (*руководители – мн*) leaders
РУЧАТЕЛЬСТВО *сущ* guarantee; guaranty; pledge; security; surety; warranty
РУЧАТЬСЯ, поручиться *гл* (*за кого-л*) to answer (*for*); (*за что-л*) to guarantee; vouch (*for*); (*выступать поручителем тж*) to become (stand) security (surety) (*for*)
РЫН‖ОК *сущ* market ◊ **вытеснять с ~ка** to oust from the market; **господствовать на ~ке** to command in the market; **находить ~** (*о товаре*) to find a market; **продавать (сбывать) на ~ке** to market; **проникать на ~** to penetrate into the market; **проникновение на ~** penetration into the market; **расширение границ ~ка** market expansion
~ с высокой степенью конкуренции extremely competitive market
валютный ~ currency (exchange, money) market
внешний ~ export (external, foreign) market
внутренний ~ domestic (home, internal) market
денежный ~ money market
затоваренный (перенасыщенный) ~ glutted (oversaturated) market
кредитный ~ credit market
международный ~ international market
местный ~ local market
насыщенный ~ glutted (saturated) market
неустойчивый ~ sensitive (uncertain, uneven, unsteady) market
обширный ~ сырья vast market of raw materials
общий ~ common market
основной ~ primary market
чёрный ~ black (illegal) market
РЭКЕТ *сущ* racket; racketeering ◊ **заниматься ~ом** to be engaged in racketeering; racketeer
РЭКЕТИР *сущ* racketeer
РЭКЕТИРСТВО *сущ* racketeering

С

САБОТАЖ *сущ* sabotage ◊ **заниматься ~ем** to commit (perform) an act of sabotage; practise sabotage; sabotage

САБОТИРОВАТЬ *гл* to commit (perform) an act of sabotage; practise sabotage; sabotage

САДИЗМ *сущ* sadism

САДИСТ *сущ* sadist
хладнокровный ~ cold-blooded sadist

САЖАТЬ, посадить *гл* (*предлагать сесть*) to offer a seat; seat; (*в тюрьму*) to jail; imprison; put into prison; send to prison; (*за решётку*) to put behind bars
~ под арест (*налагать, производить арест*) to arrest; commit to (take into) custody; detain; effect (make) an arrest; place under arrest

САЛЬДО *сущ* [*фин*] balance; surplus; ◊ **выводить ~** to strike the balance
~ взаимных расчётов balance of mutual settlements
~ внешней задолженности (*страны*) net foreign liability
~ внешней торговли balance of foreign trade
~ платёжного баланса balance of payments
~ торгового баланса balance of trade
активное ~ active (favourable, positive) balance
активное ~ торгового баланса active (favourable, positive) balance of trade;export balance of trade; export surplus
пассивное ~ adverse (negative, passive, unfavourable) balance
пассивное ~ торгового баланса adverse (negative, passive, unfavourable) balance of trade; import balance of trade; import surplus

САМОАНАЛИЗ *сущ* introspection; self-examination

САМОБИЧЕВАНИЕ *сущ* self-flagellation; [*перен*] self-reproach

САМОВОЛЬН‖ЫЙ *прил* (*своенравный*)self-willed; wilful; (*несанкционированный*) unauthorized
~ая отлучка [*воен*] absence without leave

САМОДИСЦИПЛИНА *сущ* self-discipline

САМОЗАЩИТ‖А *сущ* self-defence; self-protection ◊ **в порядке ~ы** in one's own defence; in self-defence

САМОЗВАНЕЦ *сущ* impostor; pretender

САМОКОНТРОЛЬ *сущ* self-control ◊ **утратить ~** to lose one's self-control

САМОКРИТИКА *сущ* self-criticism

САМОНАДЕЯННОСТЬ *сущ* (*самомнение*) conceit; (*самодовольство*) self-sufficiency

САМООБЛАДАНИЕ *сущ* composure; self-command; self-control; self-possession

САМООБЛИЧЕНИЕ *сущ* (*самооговор*) self-accusation; self-incrimination; self-inculpation
вынужденное ~ compulsory (involuntary) self-incrimination

САМООБМАН *сущ* self-deception

САМООБОРОН‖А *сущ* self-defence; self-protection ◊ **ссылаться на вынужденную ~у** to plead self-defence; **в порядке ~ы** in one's own defence; in self-defence **коллективная ~** collective self-defence

САМООБРАЗОВАНИЕ *сущ* self-education

САМООБСЛУЖИВАНИЕ *сущ* self-service

САМООГОВОР *сущ* (*самообличение*) false confession; self-accusation; self-incrimination; self-inculpation
вынужденный ~ compulsory self-incrimination
принудительный ~ involuntary self-incrimination

САМООГРАНИЧЕНИЕ *сущ* self-restraint

САМООКУПАЕМОСТ‖Ь *сущ* ability (capacity) to pay one's way; self-recoupment; self-repayment ◊ **политика ~и** break-even policy

САМООКУПАЕМЫЙ *прил* self-supporting; self-sustained; (*безубыточный*) break-even

САМООПРАВДАНИЕ *сущ* self-exculpation; self-justification

САМООПРЕДЕЛЕНИЕ *сущ* self-determination

САМОПОЖЕРТВОВАНИЕ *сущ* self-sacrifice

САМОСОЖЖЕНИЕ *сущ* self-immolation

САМОСОЗНАНИЕ *сущ* self-consciousness
национальное ~ national self-consciousness

САМОСОХРАНЕНИ‖Е *сущ* self-preservation ◊ **инстинкт ~я** instinct of self-preservation

САМОСТОЯТЕЛЬНЫЙ *прил* independent
~ орган (*власти*) independent authority

САМОСУД *сущ* gibbet law; mob law; (*суд Линча*) lynching; lynch law

САМОУБИЙСТВ‖О *сущ* self-destruction; self-homicide; self-killing; self-murder; suicide ◊ **покончить жизнь ~м** to commit a suicide; take one's own life; **покушение на ~** attempted suicide; **средство ~a** suicidal agent

САМОУБИЙЦА *сущ* suicide; self-killer; self-murderer

САМОУВЕРЕННОСТЬ *сущ* self-assurance; self-confidence

САМОУВЕРЕННЫЙ *прил* self-assured; self-confident

САМОУНИЖЕНИЕ *сущ*

self-abasement; self-disparagement

САМОУПРАВЛЕНИ‖Е *сущ* self-government ◊ **акт местного ~я** act of local self-government; **орган местного ~я** local authority
местное ~ local self-government

САМОУПРАВСТВО *сущ* arbitrariness; forcible assertion of one's rights; usurpation of power; (*своеволие*) self-will

САНКЦИОНИРОВАНИЕ *сущ* sanctioning

САНКЦИОНИРОВАТЬ *гл* to approve; authorize; give one's sanction (*to*); legalize; sanction

~ чей-л арест to approve (sanction) smb's arrest

САНКЦИ‖Я *сущ* (*одобрение, разрешение*) approval; assent; authorization; sanction; (*неустойка, штраф*) penalty; penal (remedial) measure; sanction ◊ **вводить (налагать) ~и** to attach (impose) (penal) sanctions; **отменять ~и** to call off (lift, remit) sanctions; **применять ~и** to apply (enforce, use) sanctions; penalize; **приостанавливать ~и** to suspend sanctions **обеспеченный правовой ~ей** enforceable in law; **с ~и прокурора** with the sanction of a public prosecutor; **устанавливающий ~ю** vindicatory
~ на арест approval of smb's arrest
административная ~ administrative sanction
альтернативная ~ alternative penalty
военная ~ war sanction
вынужденная ~ forced sanction
договорная ~ contractual sanction
карательная ~ punitive (vindicatory) sanction
королевская ~ Royal assent
незамедлительная ~ speedy sanction
неопределённая ~ undetermined penalty
обязательная ~ mandatory sanction
правовая ~ deterrent of law; legal sanction
специальная ~ express authorization
торговая ~ trade sanction
штрафная ~ forfeit; penalty
экономическая ~ economic sanction

САТИСФАКЦИ‖Я *сущ* redress; satisfaction ◊ **требовать ~и** to seek a redress

СБОР *сущ* (*собирание чего-л*) gathering; picking; (*взимание денег, налогов и т.п.*) charge; collection; dues; duty; fee; tax; toll ◊ **взимать ~** to collect (levy) charges (dues, duties, fees)

~ данных data acquisition (collection)

~ информации acquisition (accumulation, gathering) of information; (*о торговле тж*) trade intelligence

~ налогов collection (le-

vying) of taxes
~ **средств** fund-raising
~**ы за перевозку** cartage
акцизный ~ excise duty (tax)
арбитражный ~ arbitration fee
гербовый ~ stamp duty (tax)
доковый ~ dockage; dock (docking) dues
комиссионный ~ commission
консульский ~ consulage; consular dues
лоцманский ~ pilotage
маячный ~ light dues; lights
портовый ~ harbour (port) dues
почтовый ~ postage
пристанский (причальный) ~ wharfage
страховой ~ insurance charge (fee)
таможенный ~ customs dues (duties, fee)

СБОРИЩ∥Е *сущ* assembly; gathering ◊ **место** ~**а** gathering place
~ **с целью мятежа** mutinous (rebellion, riotous) assembly
незаконное ~ unlawful assembly

СБЫВАТЬ, сбыть *гл* (*продавать*) to market; sell; (*избавляться*) to get rid (*of*); push (*off*); rid (*of*); utter
~ **с рук** to get off one's hands
~ **фальшивые деньги** to utter counterfeit (false) money

СВЕДЕНИ∥Е *сущ* (*известие, сообщение*) item (piece) of information; (*информация*) information; (*данные – мн*) data; (*знания – мн*) knowledge ◊ **доводить до** ~**я кого-л** to bring to smb's attention (notice); **истребовать подробные** ~**я** to apply for particulars; **принимать к** ~**ю** to make (take) a note (*of*); take into account (into consideration); **передача секретных** ~**й** passing confidential information (*to*)
~**я общего (справочного) характера** (*история вопроса*) background information (knowledge)
дополнительные ~**я** additional information
подробные ~**я** particulars
секретные ~**я** classified (confidential, secret) information; restricted data

СВЕКРОВЬ *сущ* mother-in-law

СВЕРГАТЬ, свергнуть *гл* (*правительство, режим и т.п.*) to overthrow; throw down; topple; (*с престола*) to dethrone

СВЕРЖЕНИЕ *сущ* overthrow; (*захват власти тж*) takeover; (*государственный переворот*) coup (d'état)

СВЕРХПРИБЫЛЬ *сущ* excess profit; superprofit

СВЕТОФОР *сущ* light signal; traffic light(s)

СВЕТСК∥ИЙ *прил* secular; temporal
~**ая власть** temporal power
~**ие лорды (члены палаты лордов)** temporal lords
~**ое государство** secular state
~**ое образование** secular edu-

СВЁКОР *сущ* father-in-law

СВИДЕТЕЛ‖Ь *сущ* testifier; witness; (*поручитель*) voucher; warrantor ◊ **быть ~ем** to be the witness (*of*); witness; **вызывать в качестве ~я** to call in evidence (in testimony); call to witness; **вызывать ~я** (*в суд*) to call (summon) a witness; vouch for a witness; **выставлять ~я** to introduce a witness; **выступать ~ем** to give evidence (testimony); testify; witness; **допрашивать ~я** to examine (hear, question) a witness; **обеспечивать явку ~я** (*в суд*) to procure a witness; **обходиться без ~ей** to dispense with witnesses; **отводить ~я** to challenge (take an exception to) a witness; **предстать перед судом в качестве ~я** to enter a witness-box; **призывать в ~и** to call in evidence (in testimony); call to witness; **присягать в качестве ~я** to swear as a witness

давление на ~ей pressure on witnesses; **дискредитация ~я** discredit of (imputation against) a witness; **допрос ~я** examination of a witness; **запугивание ~я** intimidation of a witness; **надёжность ~я** credibility of a witness; **показания ~я** eye-witness testimony; **явка ~я в суд** witness appearance in court

~ в суде witness in attendance
~, заслуживающий доверия credible witness
~ защиты witness for the defence
~ на допросе witness under examination
~, не заслуживающий доверия ear (eye) witness; unreliable witness
~-неспециалист lay witness
~ обвинения witness for the prosecution
~ под присягой sworn witness
~ противной стороны adverse (hostile) witness
~-эксперт skilled witness
главный ~ star witness
надёжный ~ reliable witness
подставной ~ false witness
потенциальный ~ potential witness
предубеждённый (пристрастный) ~ interested (partial, swift) witness; (*противной стороны*) adverse (hostile) witness

СВИДЕТЕЛЬСК‖ИЙ *прил* testimonial ◊ **давать ~ие показания** to bear (furnish, give) evidence (testimony); testify; witness

~ая трибуна witness-box (-stand)

~ие показания testimonial evidence (proof); testimony; witness

СВИДЕТЕЛЬСТВО *сущ* (*доказательство*) evidence; (*показание тж*) testimony; witness; (*документ*) certificate; testimonial voucher; warrant ◊ **выдавать ~** to grant (issue) a certificate

~ на акцию share certificate

(warrant)
~ (*купон*) **на получение дивиденда** dividend warrant
~ **об изъятии** certificate of exemption
~ **об осмотре** (*судна*) certificate of inspection
~ **о браке** marriage certificate
~ **об экспертизе** examination certificate
~ **о квалификации** certificate of competence
~ **о натурализации** certificate (letter) of denization (of naturalization)
~ **о праве собственности** certificate of ownership
~ **о прививках** vaccination certificate
~ **о приписке к порту (о регистрации судна)** certificate of registry
~ **о происхождении** (*груза, товара*) certificate of origin
~ **о регистрации** certificate of registry (of registration)
~ **о рождении** birth certificate
~ **о смерти** death certificate
~, **относящееся к преступлению** evidence relating to a crime (to an offence)
авторское ~ author's (copyright) certificate; certificate of authorship; (*на изобретение*) copyright certificate of invention
временное ~ interim certificate
именное ~ **на акцию** share certificate (warrant)
карантинное ~ bill of health
консульское ~ consular certificate
морское охранное ~ (*нависерт*) navicert
неподтверждённое ~ uncorroborated testimony
нотариальное ~ certificate of acknowledgement; notary's certificate
охранное ~ certificate of protection; safeguard; (*морское*) navicert
предъявительское ~ **на акцию** share certificate (warrant) to a bearer
санитарное ~ sanitary certificate
складское ~ dock warrant; warehouse certificate (receipt)
страховое ~ certificate of insurance; insurance certificate (policy)
судовое ~ (ship's) certificate of registry (of registration); (*морское охранное*) ship's navicert
таможенное ~ (customs) clearance

СВИДЕТЕЛЬСТВОВАТЬ, засвидетельствовать *гл* (*официально подтверждать*) to affirm; confirm; (*удостоверять подлинность чего-л*) to attest; authenticate; bear testimony (*to*); certify; testify; (*давать свидетельские показания*) to give evidence (testimony); testify; witness

СВОБОД‖А *сущ* freedom; liberty ◊ **выходить на** ~**у** (*из заключения*) to go at large; **находиться на** ~**е** to be at large; **обретать (получать)** ~**у** to gain (get) one's liberty;

предоставлять (*кому-л*) ~у to give (*smb*) liberty; **предоставлять** (*кому-л*) ~у действий to give (*smb*) a carte blanche (a free hand)
лишение ~ы (*водворение, заключение в тюрьму*) confinement; deprivation of freedom (of liberty); jail (prison) placement; imprisonment; incarceration; **лишённый** ~ы deprived of one's liberty; **на ~е** at large; on release; **ограничение** ~ы limitation (restraint) of liberty
~ **вероисповедания** freedom of belief (of religion, worship)
~ **воли** free will
~ **действий** carte blanche; discretion; free hand; liberty of action
~ **договоров (вступать в договоры)** freedom of contracts
~ **исповедовать религию** freedom to manifest (profess) one's religion
~ **личности** freedom of a person; individual liberty
~ **морей** freedom of the seas
~ **мысли** freedom of thought
~ **объединений** freedom of association
~**, ограждающая от пыток или жестоких, унижающих человеческое достоинство обращения и наказания** freedom from torture(s) or cruel, degrading treatment or punishment
~ **от всех видов рабства и рабского состояния** freedom from all forms of slavery and servitude
~ **открытого моря** freedom of the high sea(s)
~ **от нужды** freedom from want
~ **печати** freedom of the press
~ **получения и передачи информации** freedom to receive and to give information
~ **самовыражения** freedom of expression
~ **слова** freedom of discussion (of speech); free speech
~ **слова и убеждений** freedom of speech and belief
~ **собраний** freedom of assembly
~ **совести** freedom of conscience (of worship)
~ **судоходства** freedom of navigation
гражданские ~ы civil liberties
основные ~ы fundamental freedoms

СВОБОДНО *нареч* freely; (*легко*) easily; with ease
~ **вдоль (у) борта судна** [*комм*] free alongside ship (FAS)
~ **конвертируемая валюта** freely convertible currency
~ **на борту** [*комм*] free on board (FOB)
~ **от всякой аварии** [*мор страх*] free of all average
~ **от пленения и захвата** free of capture and seizure
~ **от частной аварии** [*мор страх*] free of particular average

СВОБОДН‖ЫЙ *прил* free; (*вакантный*) vacant; (*непри-*

пуждённый) easy; easy-going; natural
~ая воля free will
~ доступ free access (*to*)
~ от всякой аварии [*мор страх*] free of all average
~ от задолженности free of debts
~ от налогообложения exempt (free) from a tax (from taxation)
~ от обязательств unbound; uncommitted
~ от пошлин duty-free; exempt from duty; free of duty
~ от частной аварии [*мор страх*] free of particular average

СВОД *сущ* code; collection; compilation; roll; summary
~ законов code of laws; compiled (consolidated) laws (statutes); law-book; statute at large; statute book (roll); [*лат*] corpus juris
~ правил set of rules
~ сигналов code of signals

СВОДНИК *сущ* pander; (*сутенёр тж*) pimp; procurator (procurer) of women; trafficker in prostitutes

СВОДНИЧАТЬ *гл* to pander; procure

СВОДНИЧЕСТВО *сущ* pandering; (*сутенёрство тж*) pimping; procuration (procurement) of women; trafficking in prostitutes

СВОЕКОРЫСТИЕ *сущ* self-interest

СВОЕКОРЫСТНЫЙ *прил* self-interested; self-seeking

СВОЙСТВ‖О́ *сущ* (*родство через брак*) affinity; relationship by marriage (through wedlock) ◊ быть в ~é (*с кем-л*) to be related (*to smb*) by marriage (through wedlock); степень ~á degree of affinity

СВОЯК *сущ* (*муж сестры жены*) brother-in-law; legal relative; relation (relative) by marriage (through wedlock)

СВОЯЧЕНИЦА *сущ* (*сестра жены*) sister-in-law

СВЯЗ‖Ь *сущ* bond; link; tie; (*контакт, общение*) contact; connection; relation(s); relationship; (*взаимозависимость*) linkage; (*средство общения*) communication(s); ◊ развивать (расширять) ~и to develop (expand, extend) contacts (ties *etc*); укреплять ~и to strengthen contacts (ties *etc*)
в ~и (*с чем-л*) in connection (*with*); в этой ~и in this connection
~и с общественностью public relations
взаимная ~ interdependence
взаимовыгодные ~и mutually advantageous (beneficial) ties
внебрачная ~ extra-marital relations
внешнеэкономические ~и foreign economic relations (ties)
деловые ~и business contacts (connections)
культурные ~и cultural contacts (relations, ties)
логическая ~ logical connec-

tion
международные ~и international contacts (relations)
многосторонние ~и multilateral contacts (relations)
надлежащая ~ appropriate relation (relationship)
обратная ~ backward linkage; feedback
обширные ~и wide connections
общественные ~и community ties
парламентские ~и parliamentary contacts
почтовая ~ postal service
причинная ~ causation; causal relation (relationship)
телефонная ~ telephone service
тесные ~и close connections (links, relations, ties)
экономические ~ economic links (relations, ties)

СВЯТОСТЬ *сущ* holiness; sanctity

СВЯТОТАТСТВО *сущ* sacrilege; ◊ **совершать ~** to commit (an act of) sacrilege

СВЯТЫН‖Я *сущ* object of worship; sacred object (place, thing); [*перен*] shrine ◊ **осквернять ~ю** to desecrate; **осквернение ~и** desecration

СВЯЩЕННЫЙ *прил* sacred
~ долг sacred duty

СГОВОР *сущ* collusion; conspiracy; scheme ◊ **быть (действовать) в ~е** (*с кем-л*) to be in collusion (*with*); collude; **вступать в ~** (*с кем-л*) to enter into collusion (*with*)

~ против правосудия conspiracy against justice (to defeat justice)
закулисный (тайный) ~ backstage collusion

СДАВАТЬ, сдать *гл* (*передавать*) to hand over; pass; (*делá тж*) to hand over (*one's duties to*); (*внаём, в аренду*) to hire out; lease; let (out); (*на хранение*) to deposit; (*отдавать врагу*) to give up; surrender; (*уступать тж*) to yield (*to*)
~ багаж на хранение to deposit (leave) one's luggage (baggage)
~ в эксплуатацию to commission; put into operation
~ (*что-л*) **депозитарию на хранение** [*дип*] to deposit (*smth*) with the depositary
~ ратификационные грамоты на хранение [*дип*] to deposit instruments of ratification (ratification instruments)
~ экзамен to have (take) an examination; (*соверш вид*) to pass an examination

СДАВАТЬСЯ, сдаться *гл* to give in; surrender; (*отдавать себя в руки правосудия | полиции*) to turn oneself in (*to the police*); (*уступать в чём-л*) to give in (*to*); give up; yield (*to*)

СДЕЛК‖А *сущ* bargain; deal; transaction; (*контракт*) contract; [*юр*] (juridical) act ◊ **заключать ~у** to bargain; close (conclude, make) a deal (a transaction); settle (strike) a bargain; transact business (*with*); (*мировую сделку*) to settle by a compromise; **оспаривать** ~у to challenge (impeach) a transaction; **совершать** ~и to transact

~, **заключённая гражданами одной страны** domestic (home) transaction

~ **за наличный расчёт** cash deal (transaction); deal (transaction) for cash

~ **купли-продажи** purchase and sale; sale

~ **на открытом рынке** open-market transaction

~ **на срок** forward (future) transaction; futures deal; time bargain

~ **с премией** call; option (bargain)

бартерная ~ barter deal (transaction)

биржевая ~ exchange (stock exchange) deal (transaction)

внешнеторговая ~ foreign trade contract (transaction)

встречная ~ reciprocal trade transaction

выгодная ~ good bargain; profitable (remunerative) deal (transaction)

клиринговая ~ clearing transaction

коммерческая ~ business (commercial) deal (transaction); (*на взаимовыгодной основе, между независимыми участниками*) arm's length transaction

консигнационная ~ consignment deal (transaction)

мировая ~ amicable compromise (settlement); out-of-court settlement; peaceful agreement (settlement)

мошенническая ~ bogus affair

невидимая ~ invisible transaction

недействительная ~ void contract

незаконная валютная ~ illegal currency exchange

односторонняя ~ unilateral contract

оспоримая ~ voidable contract

противозаконная ~ illegal contract

реальная биржевая ~ real bargain

рыночная ~ market transaction

спекулятивная ~ speculation; speculative transaction; [*бирж*] (stock) jobbing

срочная ~ forward (future) transaction; futures deal; time bargain

товарообменная ~ barter deal (transaction)

торговая ~ commercial (trade) deal (transaction); (*с отсроченным платежом*) deferred payment sale

фиктивная ~ fictitious (simulated) contract (promise)

экспортная ~ export deal (transaction)

юридическая ~ juridical (juristic) act

СДЕЛЬН‖ЫЙ *прил* piecework

~**ая оплата** payment by the piece

~**ая работа** piecework

~ **рабочий** (*сдельщик*) piece-

worker
СЕБЕСТОИМОСТ‖Ь *сущ* cost price (value); prime cost; self-cost ◊ **продавать ниже ~и** to sell below cost; **по ~и at cost**; **по цене ниже ~и** at less than cost; below cost
~ единицы продукции cost per unit; unit cost
предельная ~ marginal cost
сметная ~ estimated cost
фактическая ~ actual cost
СЕГРЕГАЦИЯ *сущ* segregation
СЕЙФ *сущ* safe; safe-deposit box; (*в банке тж*) vault
надёжный ~ burglar-proof safe
СЕКВЕСТР *сущ* (*конфискация, наложение ареста*) sequester; sequestration ◊ **налагать ~** to sequestrate; **подлежащий ~у** sequestrable
СЕКРЕТ *сущ* secret ◊ **держать в ~е** to keep one's own counsel; keep (*smth*) secret; **под большим ~ом** in strict confidence; under the seal of secrecy
производственный ~ know-how
СЕКРЕТАРЬ *сущ* clerk; secretary; [*юр тж*] registrar
~ суда clerk of the court; (*мирового суда*) clerk of peace; (*Международного Суда*) registrar
Генеральный ~ ООН Secretary General of the United Nations; UN Secretary General
Государственный ~ (*США*) Secretary of State (of the USA); (US) State Secretary
личный ~ private secretary

СЕКРЕТНО *нареч* in secret; secretly; (*гриф на документе*) confidential ◊ **совершенно ~** (*гриф на документе*) top secret
СЕКРЕТНОСТ‖Ь *сущ* secrecy; secretness ◊ **в обстановке полной ~и** under conditions of complete secrecy
~ заседания суда присяжных privacy of the jury
СЕКРЕТН‖ЫЙ *прил* classified; confidential; secret ◊ **передавать ~ую информацию** (*кому-л*) to pass confidential information (*to*)
~ые сведения classified (confidential, secret) information; restricted data
~ документ classified (secret) document
СЕМАФОР *сущ* semaphore; signal-post
СЕМЕЙН‖ЫЙ *прил* family; (*брачный*) marital
~ое положение family (marital) status
~ое право family law
~ые отношения family relations (relationship)
~ суд family court
СЕМЕЙСТВЕННОСТЬ *сущ* nepotism
СЕМЕЙСТВО *сущ* family
СЕМЬЯ *сущ* family; (*семейный очаг*) household
бездетная ~ childless family
малообеспеченная ~ low-income family
многодетная ~ family of dependent children; large family
СЕНАТ *сущ* senate

СЕНАТОР *сущ* senator

СЕНАТСКИЙ *прил* senatorial

СЕНСАЦИОННЫЙ *прил* sensational

~ **процесс** sensational trial

СЕНСАЦИЯ *сущ* sensation

СЕПАРАТИЗМ *сущ* separatism

СЕПАРАТИСТ *сущ* separatist

СЕПАРАТНЫ‖Й *прил* separate

~е переговоры separate negotiations (talks)

~ договор separate treaty

СЕРВИТУТ *сущ* (*право прохода по чужой земле*) easement; servitude

длящийся ~ continuous easement (servitude)

дополнительный ~ additional (secondary) easement (servitude)

запретительный ~ negative easement (servitude)

земельный ~ appurtenant easement; landed (real) servitude

личный ~ easement in gross; personal easement (servitude)

необходимый ~ easement of necessity

публичный ~ public easement (servitude)

разрешительный ~ affirmative easement (servitude)

частный ~ private easement (servitude)

СЕРДИТЬСЯ, рассердиться *гл* to be angry (cross) (*with - about*); be mad (*at - about*); (*соверш вид*) to get angry (cross) (*with - about*); get mad (*at - about*)

СЕРТИФИКАТ *сущ* certificate ◊ **выдавать** ~ to grant (issue) a certificate

~ задолженности certificate of indebtedness

~ качества quality certificate

~ о происхождении (*груза, товара*) certificate of origin

акционерный ~ share (stock) certificate

валютный ~ currency certificate

весовой ~ weight certificate

временный ~ interim (provisional) certificate

грузовой ~ cargo certificate

именной ~ registered certificate

налоговый ~ tax certificate

официальный ~ official certификат

подписные ~ы (subscription) warrants

СЕРЬЁЗН‖ЫЙ *прил* grave; serious

~ая ответственность grave responsibility

~ая ошибка grave error

~ое правонарушение serious offence

СЕССИ‖Я *сущ* session ◊ **закрывать ~ю** to close a session; **открывать ~ю** to open a session; **проводить ~ю** to hold a session; **собираться на очередную ~ю** to meet in ordinary (regular) session; **созывать ~ю** to convene a session

выездная судебная ~ assize court; assizes
ежегодная ~ annual session
специальная ~ special session
чрезвычайная ~ emergency session

СЕСТРА *сущ* sister
двоюродная ~ (first) cousin
сводная ~ stepsister
троюродная ~ second cousin

СЖИГАТЬ, сжечь *гл* to burn

СИЛ∥А *сущ* force; strength; (*могущество*) might; power; (*правомочность*) force ◊ **вступать в ~у** (*о договоре, законе и т.п.*) to become effective (operative); come (enter) into effect (into force); come into operation; take effect; **иметь** (*законную, юридическую*) **~у** to be effective (operative, valid); hold (stand) good (in law); (*высшую юридическую силу*) to have supreme legal force; (*обратную силу*) to relate back (*to*); (*преимущественную силу*) to prevail; **иметь ~у закона** to have the force of law; **лишать юридической ~ы** to deprive of (legal) effect; destroy; disable; invalidate; make nil; vitiate; void; **наращивать (вооружённые) ~ы** to build up (military) force; **обращаться к ~е** to resort to force; **обретать ~у закона** to emerge as law; **оставаться в ~е (сохранять ~у)** to continue (remain) in force; hold (stand) good; **придавать законную (юридическую) ~у** to legalize; validate; **придавать вновь законную (юридическую) ~у** to revalidate; **применять ~у** to use (resort to) force; **утрачивать ~у** to lose force
в ~у чего-л by reason (*of*); by (in) virtue (*of*); under authority (*of*); **в ~у закона** by operation of (in virtue of) law; **в ~у обстоятельств** by force of circumstances; **в ~у полномочий** by authority
вступающий в ~у (*с такого-то числа*) with effect (*from*); **вступление** (*договора*) **в ~у** entry into force; **имеющий законную ~у** effective; operative; valid; (*обратную силу*) retroactive; retrospective; (*исковую силу*) actionable; enforceable; (*обязательную силу*) legally binding; (*преимущественную силу*) overriding; **лишающий юридической ~ы** destructive; **лишение юридической ~ы** invalidation; vitiation; **не имеющий юридической ~ы** ineffective; inoperative; invalid; null and void; void; (*исковой силы*) unenforceable; **неприменение ~ы** non-use of force; **обладание исковой ~ой** enforceability; **отказ от применения ~ы** renunciation of the use of force; **отсутствие юридической ~ы** invalidity; **политика с позиции ~ы** position-of-strength policy; **придание вновь юридической ~ы** revalidation; **признание юридической ~ы** validation; **применение ~ы** use of (resort to)

force; **равновесие сил** balance of forces; **расстановка сил** alignment of forces; **соотношение сил** correlation of forces; **угроза ~ой** threat of force
~ доказательства strength of the evidence
~ закона force of law; statutory force
~ы по поддержанию мира peace-keeping forces
вооружённые ~ы armed forces
движущая ~ driving (motive) force
доказательная ~ probative force
законная ~ (*действительность документа*) validity (in law)
избыточная ~ excessive force
исковая ~ actionability
многосторонние ядерные ~ы multilateral nuclear forces
непреодолимая ~ act of God; force majeure; superior force
обратная ~ (*закона*) retroaction; retroactivity; retroactive (retrospective) effect (force) (*of a law*)
обязательная ~ binding force
покупательная ~ (*способность*) purchasing power
превосходящие ~ы superior forces
принудительная ~ (*договора, закона*) obligation; obligatory force
производительная ~ productive force (power)
рабочая ~ labour force; manpower; workforce; (*излишняя*) surplus labour (work) force
сдерживающая ~ права legal restraint
ударная ~ striking force
чрезвычайные ~ы ООН UN Emergency Force
юридическая ~ legal effect (force); vigour; validity

СИМУЛИРОВАТЬ *гл* (*притворяться*) to feign; pretend; simulate; (*болезнь или инвалидность тж*) to malinger
~ болезнь to feign (malinger) a sickness
~ увечье to feign (malinger) an incapacitating injury

СИМУЛЯЦИЯ *сущ* (*притворство*) simulation; (*болезни или инвалидности тж*) malingering
~ преступления pretended (rigged, simulated, staged) crime (offence)

СИРОТА *сущ* orphan

СИСТЕМА *сущ* system
~ законодательства legislative system
~ исправительных мер correction (correctional) system
~ судебных предписаний writ system
двухпартийная ~ bipartisan (two-party) system
международная ~ опеки international trusteeship system
многопартийная ~ multi-party system
пенитенциарная ~ penal (penitentary) system
правовая ~ legal system
судебная ~ judicial (judiciary)

system
СИТУАЦИЯ *сущ* situation
СКАМЬ‖Я *сущ* bench; box; dock ◊ **занимать место на ~е присяжных** to take one's place in the jury box; **на ~е подсудимых** in the dock
~ **подсудимых** prisoner's box (dock); dock
~ **присяжных** (jury) box
СКАНДАЛ *сущ* scandal ◊ **вызывать** ~ to bring about (cause, give rise to) a scandal; **замять** ~ to hush up a scandal; **поднимать** ~ (*шум*) to make (start) a row
СКАНДАЛИСТ *сущ* brawler; rowdy; trouble-maker
СКАНДАЛИТЬ, поскандалить *гл* to brawl; have a row (*with*); (*соверш вид*) to make (start) a row
СКИДК‖А *сущ* abatement; allowance; discount; rebate; reduction; take-off; (*в цене тж*) concession; (*с налога тж*) (tax) rebate; refund; relief; ◊ **делать (предоставлять) ~у** to abate; allow (give, grant) a discount (a rebate); allow (make) an abatement; grant an allowance (a price concession); **продавать со ~ой** to sell at a discount; **требовать ~у** to claim a discount; **со ~ой** at a discount; on a rebate
~ **за наличный расчёт** allowance for cash; cash discount
~ **при подписании контракта** signature bonus
~ **с веса** weight allowance
~ **с фрахта** freight rebate

~ **с цены в счёт новой покупки** trade-in allowance
коммерческая ~ commercial discount
налоговая ~ tax abatement (allowance, credit, rebate, reduction, refund, relief)
тарифная ~ tariff allowance
торговая ~ trade (trading) discount (rebate)
ценовая ~ discount from (reduction in | off) the price; price discount (rebate)
СКЛОНЕНИЕ *сущ* (*подстрекательство к*) abetment (*of*); incitement (*to*); inducement (*to*); instigation (*to*)
~ **к совершению преступления** incitement (inducement) to a crime (to commit a crime)
~ **свидетеля к даче ложных показаний** interference with a witness
СКЛОННОСТЬ *сущ* disposition (*to*); inclination (*for*); propensity (*for*); tendency (*to*) ◊ **иметь ~ к правонарушениям** to be prone to criminality (to committing crimes)
~ **ко лжи** fraudulent propensity
~ **к совершению преступления** criminal disposition (tendency); disposition (tendency) to criminality (to committing crimes)
~ **к совершению убийств** homicidal disposition (tendency)
~ **к сутяжничеству** contentious disposition (tendency)
СКЛОННЫЙ *прил* inclined (*to*)

~ **к агрессии** aggressively inclined

~ **к насилию** violently inclined

~ **к самоубийству** suicidally inclined

~ **к совершению убийств** homicidally inclined

СКЛОНЯТЬ, склонить *гл* (*подстрекать к*) to abet; incite (*to*); incline (*to*); induce (*to*); instigate (*to*); set on (*to*)

~ **к совершению преступления** to abet a crime (smb in a crime, the commission of a crime); encourage perpetration of a crime, induce to a crime; (*особ к лжесвидетельству*) to suborn

СКОРОСТ∥Ь *сущ* velocity; (*движения транспортных средств*) speed ◊ **ограничение ~и** speed-limit; **превышение (дозволенной) ~и** excessive speed; exceeding (excess of) the speed-limit; speeding; **со ~ю** at a speed (*of*)

~ **обращения** (*денег*) velocity of circulation

действительная ~ actual speed

допустимая (предельная) ~ permitted speed; speed-limit

СКРЫВАТЬ, скрыть *гл* (*прятать, укрывать*) to conceal; hide; secrete; (*укрывать краденое тж*) to fence; (*утаивать намерения, сведения и т.п.*) to camouflage; conceal; disguise; hold back

~ **преступление** to secrete a crime

~ **сведения** to hold back information

~ **свои намерения** to camouflage (conceal) one's intentions

СКРЫВАТЬСЯ, скрыться *гл* (*сбежать*) to flee; (*особ с возлюбленным*) to elope; (*прятаться*) to lie low (in hiding); secrete oneself; (*избегать*) to avoid

~ **от правосудия** to abscond

~ **с места преступления** to flee the scene of a crime

СКУПАТЬ, скупить *гл* to buy (up); [*юр*] (*со спекулятивной целью*) to fence; forestall

~ **оптом** to buy up wholesale

СКУПКА *сущ* buying up; (*со спекулятивной целью*) forestalling; (*ценных бумаг*) cornering

спекулятивная ~ акций accumulation of shares (of stock); (*товаров*) rig

СКУПЩИК *сущ* buyer-up; (*укрыватель краденого*) criminal receiver; fence; fence dealer (in stolen goods)

СЛАБОУМИЕ *сущ* deficiency of intellect; feeble-mindedness; imbecility; mental deficiency (disability); retarded mentality

врождённое ~ idiocy

старческое ~ dotage

СЛАБОУМНЫЙ *прил* feeble-minded; imbecile; mentally deficient (retarded)

СЛЕД *сущ* trace; track; (*отпечаток, оттиск*) impression; imprint; print ◊ **заметать ~ы** to cover up traces; **идти по ~у**

to sleuth; trace
~, имеющий доказательную силу evidentiary trace
~ – оттиск ноги foot (shoe) impression (imprint)
~ преступления trace of a crime
~ы (*отпечатки*) **пальцев** fingerprints
~ы преступления vestiges of a crime

СЛЕДИТЬ, проследить *гл* to follow; watch; (*наблюдать*) to observe; (*заботиться, присматривать*) to look (*after*); see (*to*); take care (*of*)

СЛЕДОВАТЕЛЬ *сущ* examining magistrate (official); interrogator; investigation (investigating) officer; (legal, pre-trial) investigator
~, ведущий дела о насильственной смерти (*коронер*) coroner
~, ведущий допрос examining magistrate
~, ведущий расследование без законных оснований unlawful investigator
~, ведущий расследование на законных основаниях lawful investigator
~, ведущий скрытое расследование latent investigator
~ по делу case investigator; (*о наркотиках*) drug investigator; (*о рэкете*) racketeering investigator
~ по крупному делу major investigator
~ по особо важным делам investigator of cases of particular (special) importance
~ по уголовным делам crime (criminal) investigator
~, производящий расследование investigator in charge
~-сыщик plainclothes investigator
~ – член большого жюри grand jury investigator
главный ~ chief investigator
государственный ~ government investigator
полицейский ~ police investigator
частный ~ personal (private) investigator

СЛЕДОВАТЬ, последовать *гл* to go after; follow; (*соответствовать чему-л*) to accord (*with*); comply (*with*); conform (*to*); (*соблюдать тж*) to follow; observe; (*придерживаться положений договора и т.п.*) to abide (*by*); adhere (*to*)

СЛЕДСТВЕНН‖ЫЙ *прил* fact-finding; investigating; investigative; investigatory ◊
протокол ~ых действий records of investigative (investigatory) actions
~ая комиссия commission (committee) of inquiry
~ые органы investigating (investigative, investigatory) authorities (agencies, bodies)
~ изолятор investigative (investigatory) isolation ward
~ участок area (district) of investigation
~ эксперимент investigative (investigatory) experiment

СЛЕДСТВИ‖Е *сущ* (*результат*) consequence; effect; (*расследование*) examination; inquest; inquiry; inquisition; investigation ◊ **находиться под ~м** to be on remand; **проводить ~** to carry on (conduct) an investigation; inquire (into); investigate; **в интересах ~я** in the interests of the investigation **предварительное судебное ~** preliminary (pretrial) examination (inquest, inquiry, investigation)
судебное ~ judicial examination (inquest, inquiry, investigation)

СЛЕПОЙ *прил* blind

СЛИЧАТЬ, сличить *гл* to check (*with*); collate (*with*); compare (*with*)

СЛИЧЕНИЕ *сущ* collation; comparison

СЛОВО *сущ* word ◊ **оскорбление ~м** (*диффамация*) defamation; damaging words; offensive language; (*клевета тж*) denigration; slander
последнее ~ (*подсудимого*) last plea

СЛУЖАЩИ‖Й *сущ* employee; office (white-collar) worker; (*мн*) employees; salaried personnel
  ~ бюро регистрации актов гражданского состояния registration officer
  ~ местного органа управления local official
  ~ налогового управления tax officer
  ~ таможни customs officer (official)
  банковский ~ bank clerk
  государственный ~ government official
  государственный гражданский ~ civil officer (servant)
  канцелярский ~ clerical worker
  конторский ~ clerk; clerical worker; office employee; (*мн*) office personnel (staff)
  муниципальный ~ public employee

СЛУЖБ‖А *сущ* (*должность, работа*) career; employment; job; work; (*отдел, подразделение*) department; office; service; (*обслуживание*) service ◊ **призывать на военную ~у** to call out (up) for (military) service; [*амер*] to draft; **увольнять с военной ~ы** to discharge from (military) service; **увольняться с военной ~ы** to drop out of (quit) (military) service
~ безопасности security service
~ в запасе [*воен*] service out of uniform
~ кадров personnel service
~ охраны custodial service; (*личной безопасности*) protection (protective) service
~ по делам несовершеннолетних juvenile service
~ по совместительству part-time job (service)
~ пробации probation service
~ разведки intelligence service
~ снабжения supply service
~ сопровождения escort service

~ тыла [*воен*] service of the rear
аварийно-спасательная ~ rescue service
военная ~ military service
государственная ~ government (governmental) service
(государственная) гражданская ~ civil service
действительная ~ (*в вооружённых силах, полиции*) active service
дипломатическая ~ diplomatic service
добровольная ~ voluntary service
информационная ~ information service
коммунальные ~ы public utilities
консульская ~ consular service
оперативная ~ field service
полицейская ~ police service
разведывательная ~ intelligence service
штабная ~ staff service

СЛУЖЕБН∥ЫЙ *прил* official
~**ая недвижимость** servient estate (tenement)
~**ая тайна** official secret
~**ое положение** official position
~**ые помещения** official premises
~**ые функции** official functions

СЛУХ *сущ* sense of hearing; (*весть, известие*) news; (*молва*) hearsay; rumour
ложный ~ false rumour

СЛУЧА∥Й *сущ* (*событие, происшествие*) event; incident; occurrence; (*возможность*) chance; occasion; opportunity; (*судебное дело*) case; (*несчастье, катастрофа*) accident; misadventure ◊ **воспользоваться** ~**ем** to avail oneself of (take) an opportunity; **предотвращать несчастный** ~ to prevent an accident; **страховать от несчастных** ~**ев** to insure against accidents; **упускать удобный** ~ to miss an opportunity
в большинстве ~**ев** in the majority of cases; **в зависимости от** ~**я** as the case may be; **в исключительных** ~**ях** in exceptional cases; **в крайнем** ~**е (в** ~**е крайней необходимости)** in case of emergency (urgency); in emergency; **в лучшем** ~**е** at best; **во всяком** ~**е** anyhow; anyway; at all events; in any case; **в** ~**е нарушения** (*прав и т.п.*) in case of violation (*of the rights etc*); **в** ~**е необходимости** in case of need; **в** ~**е неуплаты** in default of payment; **в** ~**е своевременной уплаты** if duly paid; **в** ~**ях, предусмотренных законом** in cases provided for (stipulated) by law; **иначе как в следующих** ~**ях** save in the following cases; **ни в коем** ~**е** in (under) no circumstances; **от** ~**я к** ~**ю** occasionally; **страхование от несчастного** ~**я** accident insurance
благоприятный ~ opportunity
непредвиденный ~ emergency

несчастный ~ accident; casualty; mishap; (*без смертельного исхода*) nonfatal accident; (*со смертельным исходом*) accidental death; fatal accident; (*на производстве*) employment (industrial, occupational) accident; job-related (labour) accident; (*на транспорте*) traffic accident
особый ~ particular case

СЛУЧАЙНОСТ‖Ь *сущ* chance; coincidence ◊ **по счастливой** ~**и** by a lucky chance; luckily

СЛУЧАЙН‖ЫЙ *прил* accidental; casual; incidental; fortuitous; occasional; sporadic
~**ое совпадение** coincidence
~ **посетитель** casual visitor
~ **преступник** occasional criminal
~ **риск** incidental risk

СЛУШАНИ‖Е *сущ* (*дела*) hearing of a case; trial ◊ **назначать к** ~**ю** to set for a hearing; **начинать** ~ to begin (commence, initiate, start) a hearing; **объявлять** ~ **законченным** to declare the hearing closed; **отменять** ~ to cancel a hearing; **проводить** ~ to conduct (hold) a hearing; consider (hear, try) a case
~ **дела в суде** hearing (review) of a case in court
~ **дел на закрытых заседаниях** hearing (review) of cases in closed sessions
~ (*дела*) **при закрытых дверях** hearing in camera
вторичное ~ **дела** rehearing; trial de novo
открытое ~ **дела** open (public) hearing (review) of a case
предварительное ~ **дела** initial (preliminary) hearing (review) of a case

СЛУШАТЬ, прослушать *гл* to listen (*to*); (*судебное дело*) to conduct (hold) a hearing; consider (hear, try) a case

СМЕЛОСТЬ *сущ* boldness; courage

СМЕЛЫЙ *прил* bold; courageous; daring

СМЕРТЕЛЬН‖ЫЙ *прил* deadly; lethal; mortal; (*губительный, пагубный*) fatal ◊ **повлечь** ~ **исход в результате опасного вождения автотранспорта** to cause death by dangerous driving
~**ая доза** lethal dose
~**ая опасность** mortal danger
~**ая рана** fatal (mortal) wound
~**ое повреждение** deadly injury
~ **яд** lethal poison

СМЕРТНОСТЬ *сущ* death-rate; mortality
~ **в результате несчастных случаев** accidental death-rate
детская ~ child (infant) mortality

СМЕРТН‖ЫЙ *прил* mortal ◊ **на** ~**ом одре́** on one's deathbed
~**ая казнь** capital punishment; death penalty; execution
~ **приговор** death sentence
~ **час** the fataĺ hour

СМЕРТОНОСН‖ЫЙ *прил* deadly; lethal
~**ое оружие** deadly (lethal) weapon

СМЕРТ||Ь *сущ* death ◊ дарение на случай ~и gift in view of death; свидетельство о ~и death certificate
~ в результате несчастного случая accidental death
внезапная ~ sudden death
гражданская ~ civil death
естественная ~ endogenic (natural) death
клиническая ~ apparent death
насильственная ~ violent death
немедленная ~ instant death
противоестественная ~ unnatural death

СМЫСЛ *сущ* sense; (*значение, суть тж*) meaning; purport
здравый ~ common sense
юридический ~ legal sense

СМЯГЧАТЬ, смягчить *гл* (*наказание и т.п.*) to commute; mitigate; reduce; (*вину*) to attenuate; extenuate
~ наказание to commute (mitigate, reduce) a penalty (punishment)
~ приговор to commute (mitigate, reduce) a sentence

СМЯГЧЕНИЕ *сущ* (*наказания и т.п.*) commutation; mitigation; (*вины*) attenuation
~ наказания commutation (mitigation) of a penalty (punishment)
~ приговора commutation (mitigation,) of a sentence

СНАБЖАТЬ, снабдить *гл* to furnish (*with*); provide (*with*); supply (*with*); (*поставлять*) to deliver (*to*); procure

СНАБЖЕНИ||Е *сущ* provision; supply; (*поставка*) delivery; procurement ◊ регулировать ~ to regulate supplies; служба ~я supply service(s)
материально-техническое ~ maintenance supply

СНИМАТЬ, снять *гл* to remove; take off; (*нанимать автомобиль, жильё и т.п.*) to hire; lease; rent; (*освобождать от ответственности*) to relieve (*from*); (*отказываться от предложения*) to withdraw; (*прекращать блокаду, осаду и т.п.*) to call off; lift; raise; (*деньги со счёта*) to withdraw (*from*); (*ограничения*) to либeralize; (*с продажи*) to recall
~ блокаду to call off (lift, raise) a blockade
~ взыскание to remit a penalty (punishment)
~ деньги со счёта to draw (withdraw) the money from an account
~ запрет to lift (remove) a ban
~ копию to copy; make a copy
~ ограничения to liberalize; lift restrictions
~ осаду to call off (lift, raise) a siege
~ отпечатки пальцев to lift fingerprints
~ показания to take (down) depositions (evidence)
~ предложение (*на собрании и т.п.*) to withdraw one's motion (proposal)
~ с работы to discharge; dis-

miss; lay off; relieve of one's duties; remove from one's post; sack; (*увольнять тж*) [*амер*] to fire
~ **судимость** to clear smb of a criminal record
~ **эмбарго** to lift an embargo

СНИМОК *сущ* photo; photograph; print
~ **крупным планом** close-up

СНИСХОДИТЕЛЬНОСТЬ *сущ* leniency; tolerance

СНИСХОДИТЕЛЬНЫЙ *прил* lenient; tolerant

СНЯТИЕ *сущ* removal; (*наём*) hire; lease; (*прокат*) [*амер*] rent; (*с работы*) discharge; dismissal; removal from one's post; (*предложения на собрании и т.п.*) withdrawal; (*запрета*) lift; removal; (*ограничений*) liberalization; (*денег со счёта*) drawing (*from*); withdrawal (*from*); (*с продажи*) recall; (*судимости*) expunging (of a record of conviction)

СОАВТОР *сущ* co-author
~ **изобретения** joint inventor

СОАВТОРСТВ‖**О** *сущ* co-authorship ◊ **в ~е** (*с*) in co-authorship (*with*)

СОАРЕНДА *сущ* co-lease; co-tenancy; joint lease (tenancy)

СОАРЕНДАТОР *сущ* co-lessee; co-tenant; joint lessee (tenant); tenant in common

СОБЛАЗНИТЕЛЬ *сущ* depraver; seducer; tempter; (*совратитель тж*) debaucher

СОБЛАЗНЯТЬ, соблазнить *гл* to deprave; entice; seduce; tempt (*into*); (*совращать тж*) to debauch

СОБЛЮДАТЬ, соблюсти *гл* to follow; keep (*to*); observe; (*придерживаться положений договора и т.п. тж*) to abide (*by*); adhere (*to*); comply (*with*)
~ **закон** to keep the law
~ **срок** to keep a term

СОБЛЮДЕНИ‖**Е** *сущ* abidance (*by*); adherence (*to*); compliance (*with*); observance (*of*) ◊ **при строгом ~и суверенного равенства каждого государства** with strict respect for the sovereign equality of each state; **с ~м нижеследующих положений** subject to the following provisions; **с ~м условий, правил и оговорок, включённых в коносамент** subject to all conditions, terms and clauses inserted into this bill of lading
~ **договорных обязательств** adherence to (compliance with, observance of) contractual commitments (obligations)
~ **законности** due course (process) of law
~ **обычая** observance of a custom
~ **правил дорожного движения** observance of traffic laws (regulations, rules)
~ **прав человека и основных свобод** observance of human rights and fundamental freedoms
~ **правовых норм** observance of legal norms (rules)
~ **трудового законодатель-**

ства compliance with labour legislation

СОБОЛЕЗНОВАНИЕ *сущ* condolence ◊ **выражать ~** to condole; express one's condolences

СОБРАНИЕ *сущ* gathering; meeting; rally; (*заседание, сессия*) session; sitting; (*выборный орган*) assembly ◊ **проводить ~** to hold a meeting (an assembly); **созывать ~** to call a meeting; convene (convoke, summon) an assembly
законодательное ~ legislative assembly
учредительное ~ constituent assembly

СОБСТВЕННИК *сущ* owner; proprietor
~ заповедного имущества tenant in tail
~ имущества owner of property
~ капитала owner of capital
~ недвижимости landowner
доверительный ~ trustee; (*в силу завещания*) testamentary trustee; (*по назначению суда*) conventional (court-appointed) trustee; trustee of the court
~ с ограниченными правами limited owner
единоличный ~ individual proprietor
законный ~ rightful owner (proprietor)
мелкий ~ petty (small) proprietor
предшествующий ~ predecessor in a title
совместный доверительный ~ co-trustee
частный ~ private owner

СОБСТВЕННИЧЕСКИЙ *прил* proprietary
~ инстинкт proprietary instinct

СОБСТВЕННОРУЧНО *нареч* with one's own hand

СОБСТВЕННОСТ‖Ь *сущ* ownership; property ◊ **возвращать ~** to restore property; **отказываться от ~и** to surrender property; **отчуждать чью-л ~** to deprive smb of his property; **передавать ~** (*кому-л*) to surrender (transfer) property (*to*); **приобретать ~** to acquire property
охрана ~и protection of property; **право ~и** ownership (*of*); property (*in*); title (*to*); right of ownership (of property); proprietary interest (right); proprietorship; (*на недвижимость тж*) estate of freehold; estate (interest) in land (in realty) (in real property)
~ на землю ownership of land
~ на капитал ownership of capital
арендная (арендованная) ~ leasehold (property)
арендуемая ~ rented property
государственная ~ state ownership (property)
доверительная ~ trust
долевая ~ ownership in common
заложенная ~ mortgaged property
земельная ~ landed estate

(ownership, property); real estate
интеллектуальная ~ intellectual property
кооперативная ~ co-operative property
личная ~ personal ownership
материальная ~ corporeal property
общая (совместная) ~ joint ownership (property)
общественная ~ communal (public, socially-owned) property; public ownership
супружеская ~ matrimonial property
частная ~ private ownership (property)

СОБСТВЕННЫЙ *прил* own; private

СОБЫТИ‖Е *сущ* development; event; occasion; occurrence; happening ◊ **отсутствие ~я преступления** absence of a criminal act (event)
~ **преступления** criminal event; event (occurrence) of a crime
непредвиденное ~ unforeseen event
ожидавшееся ~ expected event
предшествующее ~ antecedent (preceding) event
случайное ~ accidental occurrence
текущие ~я current developments (events)

СОВЕРШАТЬ, совершить *гл* to accomplish; carry out; do; execute; implement; make; perpetrate; perform; (*преступление*) to commit; perpetrate
~ **действие** to perform an act; (*процессуальные действия*) to initiate (institute, take) the proceeding(s) (against)
~ **договор** to make a contract (a treaty)
~ **документ за печатью** to execute a deed
~ **кражу (со взломом)** to commit a burglary
~ **мошенничество** to cheat; commit a fraud; swindle
~ **ошибку** to commit a blunder; make a mistake
~ **подделку** to commit a forgery
~ **самоубийство** to commit a suicide; take one's own life
~ (*заключать*) **сделку** to bargain; close (conclude, make) a deal; settle (strike) a bargain; transact business (*with*)
~ **преступление** to commit (perpetrate) a crime (an offence)
~ **убийство** to commit a murder

СОВЕРШЕНИЕ *сущ* (*действия и т.п.*) accomplishment; execution; implementation; performance; (*преступления*) commission; perpetration
~ **завещания** execution of a will
~ **преступления** commission (perpetration) of a crime (of an offence)

СОВЕРШЕННОЛЕТИ‖Е *сущ* age of consent (of majority); full age; lawful (legal) age ◊ **достигать** ~**я** to be (come) of full (lawful, legal) age; come of age; reach lawful (legal) age; **достижение** ~**я** attainment of majority; **по достижении** ~**я** on coming of age

СОВЕРШЕННОЛЕТ- НИ‖**Й** *прил* of age ◊ **быть** ~**м** to be of (full, lawful, legal) age

СОВЕСТ‖**Ь** *сущ* conscience ◊ **идти против** ~**и** to go against one's conscience; **свобода** ~**и** freedom of conscience (of worship); **угрызения** ~**и** pangs (pricks, remourse) of conscience **нечистая** ~ bad (evil, guilty) conscience

чистая ~ clear (good) conscience

СОВЕТ *сущ* advice; (*консультация*) consultation; (*орган власти*) board; council; ◊ **давать** ~ to advise; give (offer, provide) advice; **действовать (поступать) по чьему-л** ~**у** to act on smb's advice; follow smb's advice; **обращаться за** ~**ом к юристу** to seek (take) legal advice; **по** ~**у и с согласия** with the advice and consent (*of*)

С~ **Безопасности ООН** UN Security Council

~ **графства** county council

~ **директоров** board of directors

~ **министров** council of ministers

~ **опекунов** board of guardians (of trustees)

С~ **по Опеке ООН** UN Trusteeship Council

административный ~ governing body

государственный ~ state council

исполнительный ~ **ЮНЕСКО** Executive Board of UNESCO

муниципальный ~ city (municipal) council

опекунский (попечительский) ~ board of guardians (of trustees)

тайный ~ Privy Council

экспертный ~ council of experts

СОВЕТНИК *сущ* adviser; (*консультант тж*) consultant; (*член совета*) councillor; [*дип*] counsellor

~ **по правовым вопросам** (*юрисконсульт*) legal adviser

~ **посольства** counsellor of the embassy

~ **по экономическим вопросам** economic adviser

~ **президента** adviser to the President

военный ~ military adviser

главный ~ chief adviser

муниципальный ~ town councillor

специальный ~ special adviser

торговый ~ commercial counsellor; trade adviser

экономический ~ economic adviser

СОВЕЩАНИ‖**Е** *сущ* conference; meeting ◊ **выступать на** ~**и** to speak at a conference (at a meeting); **присутствовать на** ~**и** to attend a conference (a meeting); **проводить** ~ to conduct (hold) a conference (a meeting); **удаляться на** ~ to recess for deliberations

~ **в верхах (на высшем уровне)** summit (conference, meeting); top-level conference (meeting)

~ **глав правительств** Heads-of-Government conference (meeting)

~ **при закрытых дверях** meeting in camera

~ **экспертов** panel meeting

закрытое ~ private conference (meeting)

инструктивное ~ briefing

консультативное ~ consultative conference

международное ~ international conference

подготовительное ~ preparatory meeting

СОВЕЩАТЕЛЬН‖ЫЙ *прил* advisory; consultative; deliberative ◊ **с правом ~ого голоса** in advisory capacity

~ **голос** consultative (deliberative) vote

~ **орган** consultative (deliberative) body; (*консультативный тж*) advisory body

СОВЕЩАТЬСЯ, посовещаться *гл* to be in council (in conference *with*); confer (*with*); consult (*on – with*); deliberate (*on*); hold a conference (*with*); hold (take) counsel (*with*); negotiate (*with*)

СОВЛАДЕЛ‖ЕЦ *сущ* co-owner; co-proprietor; joint owner (proprietor); partner; (*соарендатор*) co-tenant; joint tenant

нераздельные ~ьцы tenants by the entirety

СОВЛАДЕНИЕ *сущ* co-ownership; co-proprietorship; joint ownership (proprietorship); partnership; (*соаренда*) co-tenancy; joint tenancy

нераздельное ~ tenancy in common; (*супругами*) tenancy by the entirety

СОВМЕСТИТЕЛЬСТВ‖О *сущ* combining jobs; [*разг*] moonlighting ◊ **работать по ~у** to combine jobs; [*разг*] to moonlight

СОВМЕСТНО *нареч* jointly

~ **нажитое имущество** jointly acquired property

СОВМЕСТН‖ЫЙ *прил* joint

~**ая собственность** joint ownership (property)

~**ое владение** unity of possession

~**ое заседание** joint session (sitting)

~**ое заявление** joint statement

~**ое коммюнике** joint communiqué

~**ое предприятие** joint venture

~**ое проживание** joint residence

~**ые действия** combined (joint) action

~ **иск** joint action

~ **правовой титул** unity of a title

СОВОКУПНОСТ‖Ь *сущ* aggregate; totality ◊ **в ~и** in the aggregate

~ **преступлений** aggregate of crimes

СОВОКУПНЫЙ *прил* aggregate: total

СОВПАДЕНИЕ *сущ* coincidence

СОВРАТИТЕЛЬ *сущ* debaucher; (sexual) seducer

СОВРАЩАТЬ, совратить *гл* to debauch; (*соблазнять*) to deprave; entice; seduce; tempt (*into*)

СОВРАЩЕНИЕ *сущ* (sexual) seduction

СОВРЕМЕНН‖ЫЙ *прил* present; present-day; (*совпадающий по времени*) contemporary; (*соответствующий требованиям своего времени*) modern; up-to-date ◊ **в ~ых условиях** in present-day conditions

~ое общество contemporary (modern) society

СОГЛАСИ‖Е *сущ* (*разрешение*) assent; consent; (*договорённость*) agreement; (*единодушие*) accord; concord; concurrence; consensus; harmony; (*мирные отношения, особ между государствами*) amity ◊ **давать своё ~** to allow; consent; give one's consent (*to*); **добиваться чьего-л ~я** to obtain (win) smb's consent; **подтверждать ~** to confirm one's consent

без добровольного ~я without one's voluntary consent; **в ~и с принципами справедливости и международного права** in compliance with the principles of justice and international law; **по взаимному ~ю** by mutual agreement; of mutual accord; **с общего ~я** by common consent; with one consent; **с ~я заинтересованных сторон** with the consent of the parties concerned

~ **вступить в брак** marital consent

~ (*потерпевшего*), **имеющее юридическое значение** lawful consent

~ **на заключение сделки** consent to conclude (make) a deal

~ **на исполнение документа (за печатью)** assent (consent) to execute a deed

~ **на оплату неустойки** consent to pay damages

~ **на поставку товара** consent to deliver goods

~ (*потерпевшего*), **не имеющее юридического значения** ineffective (unlawful) consent

~ **сторон** consent of the parties

взаимное ~ mutual agreement (assent, consent)

молчаливое ~ tacit agreement

необходимое ~ necessary consent

обоюдное ~ mutual (reciprocal) assent (consent)

подтверждённое ~ confirmed assent (consent)

предварительное ~ tentative agreement

презюмируемое ~ constructive (implied) assent (consent)

СОГЛАСИТЕЛЬН‖ЫЙ

прил conciliative; conciliatory
~ая комиссия commission of conciliation; conciliation commission
~ая процедура conciliation (procedure)

СОГЛАСНО *нареч* in accord; in concord; in harmony; (*в соответствии с*) according (*to*); in accordance (*with*); in compliance (*with*); in conformity (*with*); subject (*to*)

СОГЛАСН‖ЫЙ *прил* (*на*) agreeable (*to*); concordant (*with*); in agreement (*with*) ◊ быть ~ым to agree (*to – with*); если стороны с этим ~ы if the parties agree thereto

СОГЛАСОВАНИЕ *сущ* accordance; agreement; concordance; co-ordination; harmonization; (*одобрение*) approval
~ воль субъектов права concordance of wills of subjects of law
~ действий co-ordination of action

СОГЛАСОВАННЫ‖Й *прил* agreed; concerted
~е действия concerted action

СОГЛАШАТЕЛЬСТВО *сущ* compromise; (*примирение*) appeasement; conciliation; (*коллаборационизм*) collaboration

СОГЛАШАТЬСЯ, согласиться *гл* to agree (*to – with*); consent; come to an agreement (to terms)

СОГЛАШЕНИ‖Е *сущ* (*договорённость, согласие*) agreement; arrangement; understanding; (*договор, контракт*) agreement; compact; contract; convention; covenant; (*сделка*) bargain; deal; (*урегулирование*) settlement ◊ аннулировать (расторгать) ~ to abrogate (annul, cancel, rescind) an agreement; вступать в ~ to enter into an agreement; денонсировать ~ to denounce an agreement; заключать ~ to conclude (enter into, make) an agreement; нарушать ~ to break (violate) an agreement; парафировать ~ to initial an agreement; подписывать ~ to sign an agreement; приводить к ~ю to bring into agreement (to terms); придерживаться ~я to abide by (adhere to, stand by) an agreement; приходить к ~ю to come to (reach) an agreement; come to terms; (*к полюбовному соглашению*) [*юр*] to settle a lawsuit amicably (out of court); ратифицировать ~ to ratify an agreement; соблюдать ~ to comply with (honour, observe) an agreement
по взаимному ~ю by mutual agreement; по ~ю (*с кем-л*) by agreement (by arrangement) (*with*)
~ в письменной форме written agreement
~ должника с кредиторами deed of arrangement
~, достигнутое путём консенсуса consensus agreement
~, имеющее обязательную силу binding agreement

~ **на широкой основе** broad-based agreement
~ **об арбитраже** arbitration agreement
~ **об аренде** lease (tenancy) agreement
~, **обеспеченное правовой санкцией** enforceable agreement
~ **об ином** contrary agreement
~ **об иностранных инвестициях** foreign investment agreement
~ **об обслуживании** maintenance agreement
~ **об ограничении стратегических вооружений** strategic arms limitation agreement
~ **об опеке** trusteeship agreement
~ **об установлении дипломатических отношений** agreement on the establishment of diplomatic relations
~ **об учреждении компании** agreement on the formation of a company
~ **об экономическом сотрудничестве** economic cooperation agreement
~ **о взаимном валютном обмене** swap arrangement
~ **о возмещении убытков** indemnity agreement
~ **о выдаче преступника** extradition agreement
~ **о гарантиях** safeguards agreement
~ **о деятельности в качестве дистрибьютора** distributorship agreement
~ **о контроле за вооружениями** arms-control agreement
~ **о кредите** credit agreement
~ **о культурном обмене** cultural exchange agreement
~ **о культурном сотрудничестве** cultural cooperation agreement
~ **о намерении** agreement of intent
~ **о партнёрстве** partnership agreement
~ (*договор*) **о передаче (переуступке)** (*прав и т.п.*) assignment agreement
~ **о перемирии** armistice agreement
~ **о покупке в рассрочку** hire-purchase agreement
~ **о прекращении огня** cease-fire agreement
~ **о сохранении статуса-кво** standstill agreement
~ **о спасательных работах** salvage agreement
~ **о тарифах** tariff agreement
~ **о товарообмене** barter agreement
~ **о торговле и платежах** trade and payments agreement
~ **о торговле и тарифах** agreement on tariffs and trade
~ **о юридической процедуре** legal procedure agreement
~ **по вопросам наследования** inheritance agreement
~ **по широкому кругу вопросов** agreement on a wide range of issues
агентское ~ agency agreement (contract); (*от имени*) in the name (*of*); (*по поручению*) on behalf (*of*); (*на срок*) covering

a period (*of*)
арбитражное ~ arbitration agreement
бартерное ~ barter agreement
бессрочное ~ agreement of unlimited duration
валютное ~ monetary agreement
взаимоприемлемое ~ concerted (mutually acceptable) agreement
внешнеторговое ~ foreign trade agreement
временное ~ interim agreement; [*дип*] [*лат*] modus vivendi
генеральное (общее) ~ general agreement
генеральное ~ **по таможенным тарифам и торговле** General Agreement on Tariffs and Trade (GATT)
двустороннее ~ bilateral agreement
действующее ~ agreement in force
денежное ~ monetary agreement
джентльменское ~ gentlemen's agreement
долгосрочное ~ long-term agreement
дополнительное ~ collateral agreement
дружеское ~ amicable agreement
закулисное ~ behind-the-scenes agreement
компенсационное ~ compensation (indemnification) agreement
краткосрочное ~ short-term agreement
лицензионное ~ licensing agreement (arrangement)
межведомственное ~ interagency (interdepartmental) agreement
межгосударственное ~ interstate agreement
международное ~ international agreement
международное ~ **о гражданских и политических правах** International Covenant on Civil and Political Rights
международные товарные ~**я** international commodity agreements
межправительственное ~ intergovernmental agreement
мировое ~ amicable (voluntary) settlement
многостороннее ~ multilateral (multipartite) agreement
неравноправное ~ inequitable agreement
ограничительное ~ restrictive agreement
письменное ~ written agreement
платёжное ~ payments agreement
предварительное ~ preliminary agreement
преференциальное торговое ~ preferential trade agreement
рабочее ~ working agreement
равноправное ~ equitable agreement
региональное ~ regional agreement
типовое ~ model agreement
товарное ~ commodity agree-

ment
торговое ~ commercial (trade) agreement
торгово-кредитное ~ trade and credit agreement
торгово-платёжное ~ trade and payments agreement
трёхстороннее ~ trilateral (tripartite) agreement
трудовое ~ employment (labour) agreement
устное ~ oral (parol, verbal) agreement
четырёхстороннее ~ quadripartite agreement
юридически обязательное ~ legally binding agreement

СОДЕЙСТВИЕ *сущ* assistance (*to*); contribution (*to*); encouragement (*of*); promotion (*of*) ◊ **оказывать** ~ to assist (*in*); contribute (*to*); encourage; facilitate; promote; render assistance (*to*)

техническое ~ technical assistance

СОДЕЙСТВОВАТЬ, посодействовать *гл* to assist (*in*); contribute (*to*); encourage; facilitate; promote; render assistance (*to*)

~ **развитию дружественных отношений между народами** to promote friendly relations among nations

~ **социальному прогрессу** to promote social progress

СОДЕРЖАНИ‖Е *сущ* (*сущность*) content(s); essence; substance; (*заработная плата*) pay; payment; salary; wage(s); (*пособие*) allowance; (*алименты*) alimony; (*действие*) maintenance; upkeep; [*юр*] (*задержание, заключение под стражу*) custody; detention ◊ **установить** (*кому-л*) ~ to settle an alimony; **срок ~я под стражей** time of detention (of holding in custody)

~ **армии** maintenance (upkeep) of an army

~ **в пересыльной тюрьме** transfer (transition) detention

~ **под стражей** detention; (holding in) custody; (*как наказание*) punitive detention; (*на строгом режиме*) secure detention; (*с соблюдением мер безопасности*) safe custody

временное ~ (*под стражей*) interim (temporary) custody (detention); (*алименты*) allowance of alimony; interim (temporary) alimony

длительное ~ **под стражей** continuous custody (detention)

законное ~ **под стражей** lawful (legal) custody (detention)

надлежащее ~ **под стражей** proper custody (detention)

незаконное ~ **под стражей** illegal (unlawful) custody (detention)

необоснованное ~ **под стражей** unfounded custody (detention)

пожизненное ~ (*алименты*) permanent alimony

правомерное ~ **под стражей** lawful (legal) custody (detention)

противоправное ~ **под стражей** illegal (unlawful) custody

(detention)
процентное ~ percentage
суточное ~ (*суточные*) per diem allowance
СОДЕРЖАТЬ *гл* to keep; maintain; (*заботиться тж*) to support; take care (*of*)
~ **в тюрьме** to keep in prison
~ **под стражей** to hold (retain) in custody
~ **семью** to keep (maintain, support) a family
СОДОЛЖНИК *сущ* co-debtor; co-obligator; co-obligor; co-promisor; co-stipulator
СОДРУЖЕСТВО *сущ* community; commonwealth
СОЕДИНЕНИЕ *сущ* (*объединение*) combination; joinder; joining; union
~ **исков** joinder of actions (of claims)
~ **наказаний** cumulation of penalties (of punishments)
СОЕДИНЯТЬ, соединить *гл* to connect; join; link
СОЕДИНЯТЬСЯ, соединиться *гл* (*объединяться*) to combine; unite; (*о компаниях, предприятиях*) to incorporate; merge
СОЖАЛЕНИ∥Е *сущ* regret (*for*); (*сострадание тж*) pity (*for*) ◊ **к ~ю** unfortunately
СОЖАЛЕТЬ *гл* to be sorry (*about smth – for smb*); pity; regret
СОЖИТЕЛЬ *сущ* cohabitee
СОЖИТЕЛЬСТВО *сущ* (*внебрачное*) (extramarital, illicit) cohabitation; extramarital relationship

СОЗАЯВИТЕЛЬ *сущ* co-applicant
СОЗДАВАТЬ, создать *гл* to create; make; (*производить*) to manufacture; produce; (*быть причиной чего-л*) to bring about; cause; lead (*to*); originate; (*учреждать*) to establish; form; found; set up
~ **комиссию (комитет)** to set up a commission (a committee)
~ **компанию** to form a company
СОЗНАВАТЬ, осознать *гл* (*понимать*) to be aware (conscious) (*of*); realize; (*признавать тж*) to acknowledge; recognize
СОЗНАВАТЬСЯ, сознаться *гл* to avow oneself; confess; make a confession; (*признавать свою вину тж*) to admit one's guilt
~ **в совершении преступления** to confess to a crime
СОЗНАНИ∥Е *сущ* [*филос*] consciousness; (*склад ума тж*) mind; mentality; (*понимание чего-л*) awareness; realization; (*признание чего-л тж*) acknowledgement; recognition; [*юр*] (*признание собственной вины*) confession; plea of guilty ◊ **потерять ~** to faint; lose consciousness; **приводить в ~** to restore to consciousness; **приходить в ~** to recover (regain) consciousness; **находящийся без ~** (*в бессознательном состоянии*) insensible; unconscious
~ **(собственной) вины** consci-

ence (consciousness) of (one's) guilt; guilty conscience
~ (собственной) невиновности conscience (consciousness) of (one's) innocence
~ долга sense of duty

СОЗНАТЕЛЬНО *нареч* consciously; deliberately; knowingly

СОЗЫВ *сущ* convocation

СОЗЫВАТЬ, созвать *гл* to call; convene; convoke; summon
~ ассамблею to call (convene, convoke, summon) an assembly
~ заседание (собрание) to call (convene) a meeting

СОИСКАТЕЛЬ *сущ* applicant (*for*); candidate (*for*); competitor (*for*)

СОИСТЕЦ *сущ* (*соответчик*) co-claimant; co-litigant; co-plaintiff

СОКАМЕРНИК *сущ* co-prisoner; fellow-inmate

СОКРАЩАТЬ, сократить *гл* (*срок*) to shorten; (*производство*) to cut back (*production*); (*расходы*) to curtail; cut (down); reduce; (*штаты*) to make redundant; reduce
~ срок наказания to abridge a sentence

СОКРЕДИТОР *сущ* co-creditor; co-promisee

СОКРЫТИЕ *сущ* (*данных, сведений и т.п.*) concealment; non-disclosure; (*укрывательство преступника*) harbouring; secretion; (*укрывание краденого*) criminal receiving; adoption (receiving, secretion) of stolen goods (property, things); (*умолчание*) reticence
~ документов concealment of documents
~ истины concealment of the truth
~ обстоятельств concealment of circumstances
~ рождения (*ребёнка*) concealment of birth
~ улик concealment of evidence

СОЛИДАРН‖ЫЙ *прил* joint ◊ **договор о ~ой ответственности** joint contract **~ая ответственность** joint (and several) liability

СОЛИСИТОР *сущ* (*адвокат, выступающий только в низших судах; поверенный, стряпчий*) solicitor

СОМНЕНИ‖Е *сущ* doubt; (*неуверенность тж*) uncertainty ◊ **подвергать ~ю (ставить под ~)** to challenge; throw doubt (*upon*); **разрешать ~я** to settle doubts; **без (всякого) ~я** beyond doubt; no doubt; undoubtedly

СОМНИТЕЛЬНЫЙ *прил* doubtful; questionable; (*неопределённый*) uncertain; (*двусмысленный*) ambiguous; dubious

СОНАСЛЕДНИК *сущ* co-heir; fellow heir; (*в случае равенства долей наследников*) coparcener; (*мн*) joint heirs

СОНАСЛЕДНИЦА *сущ* co-heiress

СООБВИНЯЕМЫ‖Й *сущ* (*соответчик*) co-accused; co-defendant; (*мн*) jointly charged

СООБЩАТЬ, сообщить *гл* (*извещать*) to communicate (*to*); inform (*of*); notify (*of*); [*разг*] to let (*smb*) know; (*докладывать*) to report (*to*); (*по радио*) to announce; [*комм*] to advise

~ **о перемене места жительства** to report any change of an address

~ **о совершённом преступлении в полицию** to report a crime to the police

СООБЩЕНИ‖Е *сущ* (*известие*) communication; information; (*уведомление*) notification; (*доклад*) report; (*по радио*) announcement; (*по телефону*) (telephone) message; (*транспортная связь*) communication; (*правительственное*) communiqué; statement ◊ **средства ~я** means of communication (of conveyance)

~ **в печати** press report

~ **для печати** press release

~ **заведомо ложных сведений** false (fraudulent) information (representation) **конфиденциальное** (*защищённое свидетельской привилегией*) ~ confidential (privileged) communication

официальное ~ official report (statement)

противоправное ~ wrongful communication

шифрованное ~ coded message

СООБЩЕСТВО *сущ* association; community; union

Европейское экономическое ~ European Economic Community

мировое ~ international (world) community

СООБЩНИК *сущ* (*преступления*) abettor; accessory; accomplice; (*заговора*) co-conspirator; fellow conspirator

СООПЕКУН *сущ* co-guardian

СООТВЕТСТВИ‖Е *сущ* accordance; adequacy; compliance; conformity; correspondence; harmony ◊ **в ~и** (*с чем-л*) according (*to*); in accordance (compliance, conformity) (*with*); subject (*to*); **в ~и с буквой и духом закона** in compliance with the letter and spirit of the law

СООТВЕТСТВОВАТЬ *гл* to accord (*with*); be in accord (in accordance, compliance, conformity, harmony) (*with*); comply (*with*); conform (*to | with*); correspond (*to | with*)

~ **международным обязательствам** to accord (comply, conform) with international obligations

~ **целям и принципам Устава ООН** to accord (comply, conform) with the purposes and principles of the United Nations Charter

СООТВЕТСТВУЮЩ‖ИЙ *прил* appropriate; consistent (*with*) ◊ **принимать ~ие меры** to take appropriate measures **~ее должностное лицо** ap-

propriate official
~ **закону** consistent with the law

СООТВЕТЧИК *сущ* co-defendant; co-litigant; co-respondent

СООТНОШЕНИЕ *сущ* balance; correlation; interrelation; relation; relationship; (*пропорция*) proportion; ratio
~ **производства и потребления** relation between production and consumption
~ **сил** correlation of forces; (*расстановка тж*) alignment of forces
~ **спроса и предложения** relation between demand and supply
количественное ~ proportion
процентное ~ percentage ratio

СОПЕРНИК *сущ* rival; (*конкурент*) competitor

СОПЕРНИЧАТЬ *гл* to compete (*with*): contend (*with*); vie (*with*)

СОПЕРНИЧЕСТВО *сущ* rivalry; (*состязание тж*) competition; contest; (*конкуренция*) competition

СОПОДСУДИМЫЙ *сущ* (*сообвиняемый, соответчик*) co-accused; co-defendant

СОПОЛЬЗОВАТЕЛЬ *сущ* concurrent user; co-user

СОПОРУЧИТЕЛЬ *сущ* co-surety

СОПРЕДСЕДАТЕЛЬ *сущ* co-chairman

СОПРОТИВЛЕНИ‖**Е** *сущ* opposition (*to*); resistance (*to*)

◊ **оказывать** ~ to maintain (offer) resistance (*to*); oppose; resist; (*при аресте*) to resist an arrest; **оказывать насильственное** ~ to resist forcibly (violently, with force); **оказывать противоправное** ~ to resist unlawfully; **оказывать** ~ **полиции** to obstruct the police **оказание законного** ~**я** lawful resistance; **оказание насильственного** ~**я** forcible resistance; resistance with force; **оказание преступного** ~**я** criminal resistance
~ **представителю власти** obstructing (resisting) an authority; resistance to an authority (to the representative of authority)

СОПРОТИВЛЯТЬСЯ, воспротивиться *гл* to oppose; resist

СОСТАВ *сущ* composition; make-up; structure; (*членство в организации и т.п.*) membership
~ **преступления** formal components (elements) of a crime; [*лат*] corpus delicti
~ **присяжных, не пришедших к единому мнению** hung jury
~ **суда** composition of the court

СОСТОЯНИ‖**Е** *сущ* condition; state; status; (*ситуация*) situation; (*богатство*) fortune; wealth ◊ **находиться в** ~**и войны** to be at war (*with*); **составить** ~ to make a fortune; **сколачивать** ~ to gather wealth; **унаследовать** ~ to

come into (inherit) a fortune
акт гражданского ~я act of a civil status; **в исправном (рабочем) ~и** in commission; in a working condition (order); **в плохом ~и** in a bad condition (state); **в хорошем ~и** in a good condition (state)
~ вменяемости condition of culpability (of responsibility)
~ войны belligerency
~ воюющей стороны belligerent status
~ дел state of affairs
~ здоровья state of health
~ мира state of peace
~ невменяемости insanity
~ опьянения drunkenness; intoxication
~ рынка market condition; state of the market
аварийное ~ emergency condition
кризисное ~ crisis (situation)
критическое ~ critical situation (state)
психическое ~ mental condition (health); state of mind
физическое и душевное ~ physical and mental condition

СОСТЯЗАНИЕ *сущ* competition; contest; race; (*матч тж*) match; [*юр*] (*изложение доводов, прения сторон*) arguments (of the parties); (*обмен состязательными бумагами*) pleading

СОСТЯЗАТЕЛЬНОСТ‖Ь *сущ* adversarial (adversary) character (nature); contentiousness ◊ **на основе ~и сторон** on the basis of the adversarial (adversary) character (nature) of the parties
~ судебного процесса adversarial (adversary) character (nature) of the judicial process (of the proceeding|s)

СОСТЯЗАТЬСЯ *гл* to compete (*with*); contend (*with*); vie (*with*)

СОТРУДНИК *сущ* (*служащий*) employee; office worker; official; (*клерк*) clerk
~ службы безопасности security man
~ службы пробации probation officer
~ спецслужбы secret-service agent; undercover man
банковский ~ (*служащий*) bank clerk
научный ~ research man
рядовой ~ average executive
штатный ~ staff man

СОТРУДНИЧЕСТВ‖О *сущ* collaboration; cooperation ◊ **осуществлять ~** to cooperate (*with*); **расширять ~** to broaden (expand) cooperation; **устанавливать ~** to establish cooperation
в духе ~а in the spirit of cooperation; **в ~е (с)** in cooperation (*with*)
~ между государствами cooperation among states
взаимовыгодное ~ mutually advantageous (beneficial) cooperation
всестороннее ~ all-round cooperation
двустороннее ~ bilateral cooperation

долговременное ~ long-term cooperation
культурное ~ cultural cooperation
международное ~ international cooperation
многостороннее ~ multilateral cooperation
научное ~ scientific cooperation
научно-техническое ~ scientific and technological cooperation
подлинное ~ genuine cooperation
тесное ~ close cooperation

СОТРЯСЕНИЕ *сущ* concussion
~ **мозга** brain concussion

СОУЧАСТИ‖Е *сущ* (*участие в*) participation (*in*); (*в преступлении*) accompliceship; complicity (*in*); implication (*in*); (*причастность к*) privity (*to*); (*подстрекательство к*) abetting (*in*) ◊ **в ~и** in complicity (in privity) (*with*)
~ **в преступлении** accompliceship; criminal complicity; complicity (implication) in a crime; (*подстрекательство к совершению преступления*) abetting (*smb*) in a crime
процессуальное ~ (*соединение сторон в процессе*) joinder of the parties

СОУЧАСТНИК *сущ* associate; collaborator; co-worker; (*преступления*) abettor; accessory; accomplice
~ **до события преступления** accessory (accomplice) before the fact
~ **после события преступления** accessory (accomplice) after the fact
~ **преступления** accessory (accomplice) to a crime; criminal participant; party to a crime; (*добровольный, сознательный*) voluntary (wilful) participant in a crime; (*подстрекатель, пособник*) abettor in a crime; criminal promoter
~ **преступного сговора (сообщества)** (co-)conspirator; member of a conspiracy

СОХРАНЕНИЕ *сущ* conservation; preservation; (*жизни*) saving (*life*); (*за собой права*) reservation (*of a right*)
~ **мира** preservation of peace
~ **энергии** energy conservation

СОХРАННОСТ‖Ь *сущ* safe custody (keeping); safety ◊ **в полной ~и** perfectly safe

СОХРАНЯТЬ, сохранить *гл* to keep; preserve; (*жизнь*) to save (*smb's life*); (*за собой право*) to reserve (*a right*); (*поддерживать отношения*) to maintain (*relations*)
~ **верность** to remain faithful (loyal) (*to*); stand by
~ (*поддерживать*) **законность и порядок** to maintain law and order

СОЦИАЛЬН‖ЫЙ *прил* social
~**ая справедливость** social justice
~**ое законодательство** social legislation
~**ое обеспечение** social secu-

rity
~ое положение social standing (status)
~ое страхование social insurance
~ые различия social differences
~ые ценности social values
~ прогресс social progress

СОЦИОЛОГ *сущ* sociologist

СОЦИОЛОГИЧЕСКИ‖Й *прил* sociological
~е исследования sociological studies

СОЦИОЛОГИЯ *сущ* sociology; social science

СОЧУВСТВИЕ *сущ* sympathy

СОЧУВСТВОВАТЬ, посочувствовать *гл* to sympathize (*with*)

СОЮЗ *сущ* alliance; association; league; union
~ государств confederation (federation, union) of states
оборонительный ~ defensive alliance

СОЮЗНИК *сущ* ally

СОЮЗНИЧЕСКИ‖Й *прил* allied
~е обязательства allied commitments (obligations)

СОЮЗНЫ‖Й *прил* allied
~е государства allied states
~ договор treaty of alliance

СПАД *сущ* (*в производстве, экономике и т.п.*) recession; slump; (*депрессия*) depression; [*амер*] (*сопровождаемый инфляцией*) slumpflation
~ в экономике depression; economic recession
~ производства downswing (fall, setback, slowdown) in production

СПАСАНИ‖Е *сущ* life-saving; rescuing; salvage ◊ вознаграждение за ~ груза salvage on cargo; расходы по ~ю salvage charges; услуги по ~ю salvage services

СПАСАТЕЛ‖Ь *сущ* rescuer; saver; salvor ◊ команда ~ей rescue team

СПАСАТЕЛЬН‖ЫЙ *прил* life-saving; rescue
~ая лодка lifeboat
~ая экспедиция rescue party
~ круг (пояс) lifebelt

СПАСАТЬ, спасти *гл* to rescue; save; [*мор*] to salvage

СПАСЕНИЕ *сущ* (*действие*) rescuing; saving; (*результат*) rescue; salvation

СПЕКУЛИРОВАТЬ *гл* to gamble (*on*); profiteer (*in*); speculate (*in*); [*амер*] (*наживаться на чём-л*) to cash in (*on*); (*на бирже*) to play the market
~ с небольшой прибылью [*бирж*] to scalp
~ ценными бумагами to speculate (stag) in securities

СПЕКУЛЯНТ *сущ* profiteer; speculator; (*на чёрном рынке*) black marketeer; [*амер*] [*жарг*] (*мелкий спекулянт*) scalper
~, играющий на повышение [*бирж*] bull; long (seller); operator for a rise
~, играющий на понижение [*бирж*] bear; short (seller); operator for a fall
~ на фондовой бире [*бирж*]

jobber
~ **ценными бумагами** [*бирж*] stag

СПЕКУЛЯЦИЯ *сущ* profiteering; speculation
валютная ~ currency speculation; speculation in foreign currency

СПЕЦИАЛИСТ *сущ* specialist (*in*); (*аналитик*) analyst; (*эксперт*) expert (*in*)
~ **в области охраны окружающей среды** environmentalist
~ **по вопросу трудоустройства** job-placement expert
~ **по правовым вопросам бизнеса** business lawyer
ведущий ~ main specialist; (*эксперт тж*) expert (*in*)

СПЕЦИАЛЬНОСТЬ *сущ* (specialized) field; speciality; (*профессия*) occupation; profession; trade

СПЕЦИАЛЬНЫЙ *прил* special

СПИКЕР *сущ* (*в парламенте*) Speaker

СПИС∥ОК *сущ* list; panel; register; record; roll ◊ **вносить в** ~ to enter in a list (in a register); put on record; **вычёркивать из** ~**ка** to strike from (off) the list (roll); **составлять** ~ to draw up (make) a list (*of*); (*присяжных*) to empanel
~ **акционеров** register of shareholders (of stockholders)
~ **дел, назначенных к слушанию** trial docket; [*амер тж*] special calendar
~ **избирателей** electoral (registration) roll; list (register) of electors (of voters)
~ **лиц, получающих пособие** welfare roll
~ **ораторов** [*парл*] list of speakers
~ **присяжных** jury list; panel
послужной (трудовой) ~ record of service; service record

СПОР *сущ* contest; controversy; difference; dispute; (*конфликт*) conflict; (*довод в споре*) argument; (*тяжба*) litigation ◊ **вызывать** ~ to provoke a dispute; **передавать** ~ **в арбитраж** to refer a dispute to arbitration; **разрешать** ~ to determine a controversy; settle a difference (a dispute); [*юр тж*] (*по суду*) to adjudicate a dispute; (*путём арбитража*) to settle a dispute by arbitration; (*путём переговоров*) to settle a dispute by negotiations; (*путём примирения*) to settle a dispute by conciliation; (*путём судебного разбирательства*) to settle a dispute by a judicial inquiry; (*мирным путём*) to settle a dispute amicably (by peaceful means); **улаживать** ~ to adjust (settle) a difference (litigation)
мирное (раз)решение (урегулирование) ~**ов** peaceful settlement of disputes; **предмет** ~**а** contention; matter in controversy (in dispute); point at issue; **сторона в** ~**е** contestant; party to a dispute; **улаживание или разрешение между-**

народных ~ов adjustment or settlement of international disputes
~ об авторстве dispute over (suit of) authorship
~ о новизне (*изобретения и т.п.*) dispute over novelty
~ о подсудности дела dispute over the jurisdiction of a case
~ о праве issue in law
~ о правовом титуле title dispute
~ о факте issue in (of) fact
международный ~ international dispute
местный ~ local dispute
патентный ~ patent conflict (dispute)
правовой ~ legal difference (dispute)
судебный ~ (*тяжба*) litigation; quarrel at law
территориальный ~ territorial dispute
трудовой ~ industrial (labour) dispute

СПОРИТЬ, поспорить *гл* to argue (*with*); contend (*with*); (*заключать пари*) to bet; have a bet (*with*); lay a wager; wager (*with*)

СПОРН∥ЫЙ *прил* contentious; controversial; debatable; disputable; vexed; (*в постпозиции*) at issue; (*неразрешённый*) outstanding; [*юр*] (*сутяжнический*) litigious
~ая территория disputed territory
~ вопрос controversial (disputable, outstanding, vexed) issue (problem, question); matter in controversy (in dispute); (*пункт*) moot point; point at issue
~ факт fact in dispute

СПОРЯЩИ∥Й *прич* contesting
~е государства contesting states
~е стороны contestants; contesting parties; parties to a dispute

СПОСОБ *сущ* (*метод*) method; mode; way; (*средство*) means; medium; (*процедура*) procedure
~ изготовления (производства) method (mode) of manufacturing (of production)
~ перевозки mode (way) of carriage (of conveyance)
~ платежа form (manner, means, method) of payment
~ применения method of application

СПОСОБНОСТ∥Ь *сущ* ability; capability; capacity; power; (*одарённость, талант*) ability; aptitude; talent
~ вступать в договорные отношения capacity to contract; treaty-making capacity
~ погасить долг capacity to pay a debt
изобретательская ~ inventive ability
покупательная ~ purchasing power
умственные ~и mental abilities

СПОСОБНЫЙ *прил* (к чему-л) capable (*of*) (*to + inf*); (*одарённый*) able; gifted; good (*at*)

(не) ~ участвовать в судебном процессе (un)fit to plead
СПОСОБСТВОВАТЬ, поспособствовать *гл* to conduce (*to*); contribute (*to*); encourage; facilitate; further; promote
~ взаимопониманию to promote mutual understanding
~ ослаблению международной напряжённости to promote the relaxation of international tension
СПРАВЕДЛИВОСТ‖Ь *сущ* equity; fairness; justice; (*довода*) reasonableness; (*беспристрастность*) impartiality ◊ восстанавливать ~ to right a wrong
вопиющее нарушение ~и outrage on (upon) justice; нормы права ~и principles of equity; право ~и equity (law); law of equity; суд права ~и equity court; юрисдикция суда права ~и equity jurisdiction
социальная ~ social justice
СПРАВЕДЛИВ‖ЫЙ *прил* equitable; fair; just; (*беспристрастный*) impartial; unbias(s)ed; unprejudiced
~ая война just war
~ое разбирательство fair trial
~ое требование equity; legitimate demand
СПРОС *сущ* demand (*for*) ◊ иметь большой ~ (пользоваться большим ~ом) to be in great demand; find a market; удовлетворять ~ to keep up with (meet, satisfy) a demand
насыщение ~а saturation of a demand; отсутствие ~а lack of a demand
~ и предложение demand and supply
~ на товары demand for goods (for merchandise)
большой ~ great (heavy, keen) demand
внешний ~ external demand
внутренний ~ domestic (home) demand
колеблющийся ~ fluctuating demand
небольшой ~ scanty (slight, small, poor) demand
негативный ~ negative demand
независимый ~ independent demand
нерегулируемый ~ unadjusted demand
неэластичный ~ inelastic demand
падающий ~ falling (sagging) demand
повышенный ~ excessive (increased) demand
полноценный ~ filled demand
потребительский ~ consumer (consumptive)demand
производный ~ derived demand
растущий ~ growing (increasing) demand
селективный ~ selected (selective) demand
стимулирующий ~ stimulating demand
удовлетворённый ~ filled (satisfied) demand
умеренный ~ moderate demand
СРАВНЕНИ‖Е *сущ* compa-

rison ◊ в ~и in comparison (*with*)

СРАВНИТЕЛЬН‖ЫЙ *прил* comparative
~ое правоведение comparative law

СРЕД‖А *сущ* (*окружение, окружающая обстановка*) environment; medium; milieu; surrounding ◊ охрана окружающей ~ы environmental protection
~ обитания habitat
естественная ~ natural environment
окружающая ~ environment
социальная ~ social environment (medium)

СРЕДН‖ИЙ *прил* average; medium; middle; (*посредственный*) average; middling; ordinary ◊ составлять в ~ем to average; come to
~ее время mean time
~ее образование secondary education
~ие способности average abilities
~ заработок average earnings (wage|s)

СРЕДСТВ‖О *сущ* means; medium; way; (*материальные ценности*) assets; funds; resources ◊ обеспечивать (предоставлять) ~ судебной защиты (*от*) to provide a remedy (*for*); remedy в качестве вспомогательного ~а as a subsidiary means (*for*); как последнее ~ as the last resort; привлечение средств employment of funds (of resources); распоряжение ~ами disposal of funds (of resources); являющийся ~ом судебной защиты remedial
~а информации means of communication
~а массовой информации mass media
~а обучения teaching aids
~а передвижения means of conveyance (of travel)
~а производства means of production
~а сообщения means of communication; transport
~а существования means of livelihood (of subsistence)
~ доставки means of delivery
~ обращения circulating medium; instrument (means, medium) of circulation (of exchange)
~ общественного воздействия public instrument
~ платежа instrument (means, medium) of payment
~ получения платежа instrument (means) of obtaining payment
~ судебной защиты (judicial) relief (remedy); relief (remedy) at law; (*от незаконного обыска*) relief (remedy) for an illegal search; (*от обязательственного иска*) personal relief (remedy); (*по праву справедливости*) equitable relief (remedy)
автотранспортное ~ vehicle
альтернативное ~ судебной защиты alternate (alternative) relief (remedy)

бюджетные ~а budgetary funds
валютные ~а currency resources
вырученные ~а earnings; proceeds; receipts; returns
гражданско-правовое ~ civil relief (remedy)
денежные ~а cash resources; money
дополнительное ~ судебной защиты collateral relief (remedy)
законное платёжное ~ lawful (legal) tender
замороженные ~а frozen funds; (*активы тж*) frozen assets
основные ~а fixed assets (capital)
предварительное ~ судебной защиты provisional relief (remedy)
предупредительное ~ судебной защиты preventive relief (remedy)
противоправное ~ unlawful means
статутно-правовое ~ судебной защиты statutory relief (remedy)
транспортные ~а means of transportation; transportation facilities
уголовно-правовое ~ судебной защиты criminal relief (remedy)
эффективное ~ судебной защиты effective relief (remedy)
юридическое ~ защиты relief; remedy

СРОК *сущ* period; term; time; (*временной предел*) day; date; deadline; last day; time; time limit; (*продолжительность действия*) currency; duration; effective period; endurance; lifetime; period (run, term) of validity; term; tenor; validity; (*владения, пребывания в должности*) period; run; tenure; (*векселя и т.п.*) maturity; tenor ◊ **заканчивать в ~** to complete (*smth*) to schedule; **избираться ~ом на ... лет** elected for a term of ... years; **назначать ~** (*наказания*) to give a term; **наступать** (*о сроке платежа*) to become (fall) due; **отбывать ~ заключения** to serve one's time in confinement (one's term of imprisonment); **отбыть ~** (*наказания*) to finish a term; **получать ~** (*наказания*) to get (receive) a term; **пропускать ~** (*платежа и т.п.*) to default a term; **увеличивать ~** to extend the time (*of*)

в короткий ~ at short notice; in the short run; **в кратчайший ~** at the earliest possible date; within the shortest possible time; **в ~ (при наступлении ~а)** (*о платеже*) at maturity; **в течение разумного ~а** within a reasonable time; **в указанный в договоре (в контракте) ~** in (within) the time stipulated in the contract; **в установленный ~** at a fixed time; within the prescribed time; **до истечения ~а** before the date of expiry (of expiration); (*действия договора, контракта и т.п.*) before the expiry (expiration) of a contract (of the validity of a contract); (*срока платежа*) till due; **к указанному ~у** by the time stipulated; **на ~** for a certain period; [*бирж*] forward; **по истечении ~а** upon the expiry (expiration) of the term (*of*); **со ~ом** (*на*) covering a period (*of*)

дата истечения ~а (*платежа*) maturity date; **наступивший ~** (*платежа*) maturity; **наступление ~а** (*платежа*) date (term) of payment; maturity; **окончание ~а** (*действия документа*) termination (*of*); **продление ~а** extension of the term (of the time); **раньше ~а** before; prior to; (*платежа*) before maturity; **свыше ~а, предусмотренного законом** longer than the time provided for (stipulated) by law; **сокращение ~а** (*наказания*) commutation; mitigation

~ **аренды** term of lease (of tenancy)

~ **векселя** maturity; tenor (term) of a bill

~ **выполнения обязанностей** duration of one's duties

~ **давности** lapse (limitation) of action(s) (of time); limitation period; period of limitation(s); (time of) prescription

~ **действия** currency; duration; effective period; endurance; lifetime; period (run, term) of validity; term; tenor; validity; (*авторского права*) duration of a copyright; (*визы*) validity of a visa; (*договора*) effective period of a contract; term (validity) of a contract; (*заявки*) lifetime of an application; (*лицензии*) duration of a licence; (*патента*) lifetime of a patent

~ **договорённости** duration of arrangement (of agreement)

~ **должностных полномочий** run (term) of office; tenure

~ **жизни** life span (time)

~ **исковой давности** lapse (limitation) of action(s) (of time); limitation period; period of limitation(s); (time of) prescription

~ **исполнения** time of performance

~ **ожидания** (*простоя судна и т.п.*) demurrage

~ **отбывания наказания** term for serving one's punishment (one's sentence)

~ **платежа** term (time) of payment; (*по векселю и т.п.*) maturity

~ **погашения займа (ссуды)** maturity of a loan

~ **погрузки и выгрузки (разгрузки)** time of loading and discharge (unloading)

~ **подачи апелляции** term of an appeal; (*заявления в суд*) motion period

~ **полномочий** run (term) of office; (*губернатора*) gubernatorial term of office (tenure); (*законодательного органа*) term of legislature; (*прави-*

тельства) government's term of office; (*президента*) presidential term of office (tenure); (*сенатора*) senatorial term of office (tenure)

~ **поставки** time of delivery

~ **пребывания в должности** length of employment; run (term) of office; tenure; (*судьи*) justiceship

~ **приобретательной давности** (time of) prescription

~ **пробации** term of probation

~ **проживания** (*по указанному адресу*) length of residence

~ **содержания под стражей** time of holding in custody

~ **трудового найма** tenure of employment

~ **тюремного заключения** prison term; term of imprisonment

длительный ~ (*заключения и т.п.*) broad (lengthy, long) period (term) (*of imprisonment etc*)

дополнительный ~ additional term

испытательный ~ period of probation; probation (probationary) period

истекший ~ expired term

короткий ~ narrow (short) period (term)

льготный ~ grace period

максимальный ~ (*тюремного заключения*) maximum term (*of imprisonment*)

минимальный ~ (*тюремного заключения*) minimum term (*of imprisonment*)

назначенный ~ (*тюремного заключения*) awarded term (*of imprisonment*)

неистекший ~ unexpired term

неотбытый ~ (*о наказании*) unexpired term

новый ~ new term

общий ~ **наказания** (*по нескольким приговорам*) aggregate of sentences

общий ~ **тюремного заключения** aggregate term of imprisonment

отбытый ~ **наказания** served term

первоначальный ~ initial (original) term

полный ~ full term

последний ~ [*комм*] closing day

предельный ~ deadline; last date; time limit

продлённый ~ (*тюремного заключения*) extended term (*of imprisonment*)

установленный законом ~ statutory period

ССОРА *сущ* falling-out; quarrel; (*перебранка тж*) altercation

пьяная ~ drunken brawl

семейная ~ domestic altercation (quarrel)

ССОРИТЬСЯ, поссориться *гл* to fall out (*with*); quarrel (*with*)

ССУД ‖ А *сущ* advance money; grant; loan ◊ **брать** ~**у** to borrow money; make a loan; **взыскивать** ~**у** to collect a loan; **вкладывать** ~**у в банк** to deposit a loan; **выдавать** ~**у** to lend money; (*под залог* *документов*) to lend money on documents; (*под залог товаров*) to lend money on goods; take goods in pledge; **погашать** ~у to meet (pay off, redeem, repay) a loan; **получать** ~у to contract (get, raise, receive) a loan; (*под ценные бумаги*) to hypothecate securities

~ **до востребования** call loan (money); loan (money) at (on) call

~ **на (определённый) срок** time loan

~, **не покрытая обеспечением** straight (uncovered) loan

~ **под гарантию** loan against a guarantee

~ **под двойное обеспечение** loan on a collateral

~ **под закладную** loan on a mortgage

~ **под залог товаров** advance against (hypothecation of) goods; loan on goods

~ **под поручительство** loan against a pledge

~ **под проценты** loan at interest

~ **под ценные бумаги** advance (loan) against securities

~ **с погашением в рассрочку** instal(l)ment loan

~ **частному лицу** loan to an individual; personal loan

банковская ~ banking accommodation; bank loan

безвозвратная ~ grant; gratuitous (non-repayable) loan (subsidy)

беспроцентная ~ gift loan; interest-free loan

бессрочная ~ loan for an indefinite term

брокерская ~ broker's loan

гарантированная ~ guaranteed loan

государственная ~ public loan

денежная ~ money loan

долгосрочная ~ fixed (long, long-term) loan; money at long

ипотечная ~ real estate loan

коммерческая ~ commercial loan

краткосрочная ~ loan (money) at short notice; short borrowing; short money; short-term loan

льготная ~ concessional loan

незаконная ~ unlawful loan

непогашенная ~ bad loan

обеспеченная ~ secured loan

онкольная ~ call loan (money); loan (money) at (on) call

процентная ~ interest-bearing loan

разовая ~ single loan

спекулятивная ~ speculative loan

среднесрочная ~ intermediate (medium-term) loan

срочная ~ fixed (time) loan

ССУДОДАТЕЛЬ *сущ* (money) lender

ССУДОПОЛУЧАТЕЛЬ *сущ* borrower; receiver (recipient) of a loan; [*юр*] bailee

ССУЖАТЬ, ссудить *гл* to accommodate with a loan (with money); advance money; lend; loan

~ **на долгий срок** to lend long

~ **под залог** to lend on a collateral

ССЫЛАТЬ, сослать *гл* (*высылать*) to banish; deport; expel

ССЫЛАТЬСЯ, сослаться *гл* (*на*) to cite; make reference (*to*); quote; refer (*to*); (*на закон тж*) to invoke; plead a statute

~ **на защиту привилегий** to plead a privilege

~ **на конституцию** to plead the Constitution

~ **на незнание** (*закона*) to plead ignorance

~ **на прецедент** to refer to a precedent; quote a case

ССЫЛК‖А *сущ* (*на*) citation; claim; plea; quotation; reference (*to*); (*изгнание*) banishment; deportation; exile ◊ **со ~ой** (*на*) referring (*to*); with reference (*to*)

~ **на брак** claim of marriage

~ **на доказательство** offer of evidence

~ **на закон** pleading a statute (*in court*)

~ **на защиту привилегий** plea of a privilege

~ **на (авторитетный) источник** citation (quotation) of an authority

~ **на наличие** (*по делу*) **оправдывающих обстоятельств** plea of justification

~ **на наличие права** claim of a right

~ **на невменяемость** plea of insanity

~ **на** (*необходимую*) (**само-**)**оборону** plea of self-defence

~ **на неофициальный источник** unofficial citation (quotation)

~ **на прецедент** reference to a precedent; quotation of a case

~ **на указания вышестоящего органа** plea of superior orders

перекрёстная ~ cross-reference

СТАВК‖А *сущ* (*норма, размер*) rate; (*заклад при пари и т.п.*) bet; stake; (*ориентация на*) reliance (*on*); (*штаб*) [*воен*] headquarters ◊ **делать ~у** (*на*) to stake (one's claim in); (*полагаться на*) to count (*on*); rely (*on*); **назначать ~у** to quote a rate; **повышать ~у** to raise a rate

~ **банковского учёта** discount rate

~ **налогообложения** tax (taxation) rate

~ **пошлины** rate of a duty

~ **процента** discount (interest) rate; rate of interest; (*для первоклассных заёмщиков*) [*англ*] blue chip rate; [*амер*] prime rate

высокая ~ high rate

двойная ~ dual rate

действующая ~ current rate

краткосрочная процентная ~ short(-term) rate of interest

льготная ~ preferential rate

максимальная ~ maximum rate

минимальная ~ minimum rate

налоговая ~ tax (taxation) rate

низкая ~ low rate

низшая ~ **процента** (*для первоклассных заёмщиков*) [*англ*] blue chip rate; [*амер*] prime rate

основная ~ basic (standard) rate

официальная учётная ~ official discount rate

очная ~ [*юр*] confrontation; identification lineup (parade); showup

плавающая ~ floating rate; (*процентная*) floating interest rate

почасовая ~ hourly rate

процентная ~ discount (interest) rate; rate of interest

рыночная ~ market rate

сдельная ~ piece rate

средняя доходная ~ average revenue rate

умеренная процентная ~ moderate interest rate

фиксированная ~ fixed rate

СТАГНАЦИЯ *сущ* [*экон*] stagnation

СТАГФЛЯЦИЯ *сущ* [*экон*] (*стагнация, сопровождаемая инфляцией*) stagflation

СТАЖ *сущ* (*работы*) labour experience; length of service; record of service (of work); seniority

~ **практической работы** practical experience

СТАЛИЯ *сущ* (*сталийное время*) lay days

СТАРОСТ∥Ь *сущ* old age; senility ◊ **на ~и лет** in one's old age

СТАРЧЕСК∥ИЙ *прил* gerontal; gerontic; senile

~**ое слабоумие** dotage

СТАРШИЙ *прил* (*по возрасту* – *сравнит степень*) older; (*превосх степень*) oldest; (*о детях*) elder; (*превосх степень*) eldest; (*по положению*) senior; superior

СТАРШИНСТВ∥О *сущ* (*по должности*) precedence; seniority ◊ **по ~у** by seniority

СТАРЫЙ *прил* old

СТАТУС *сущ* status ◊ **иметь одинаковый** ~ to be equal in status

~ **депутата** status of a deputy

~ **наблюдателя** (*при*) observer status (*at*)

временный ~ interim status

дипломатический ~ diplomatic status

консультативный ~ consultative status

международный ~ international status

особый ~ special status

правовой ~ legal status

социальный ~ social status

юридический ~ legal status

СТАТУС-КВО *сущ* [*лат*] status quo ◊ **восстановить** ~ to restore the status quo

СТАТУТ *сущ* statute; statutory instrument

С~ Международного Суда Statute of the International Court of Justice

действующий ~ statute in force

СТАТУТН∥ЫЙ *прил* statutory

~**ое право** statute (statutory) law

СТАТЬЯ *сущ* article; (*договора тж*) clause; item; (*пункт*)

clause; item; paragraph; section
~ **баланса** balance sheet item
~ **бюджета** budget item
~ **договора** article of a treaty
~ **контракта** clause of a contract; contract clause
~, **содержащая оговорку** saving clause
заключительная ~ final article (clause)
расходная ~ [*бухг*] item of expenditure

СТЕНОГРАММА *сущ* verbatim; verbatim record (report)

СТЕНОГРАФИРОВАТЬ, застенографировать *гл* to stenograph; take down (in) shorthand (verbatim); write (in) shorthand

СТЕНОГРАФИСТ *сущ* stenographer; shorthand writer

СТЕНОГРАФИЧЕСКИЙ *прил* shorthand; stenographic; stenographical; verbatim
~ **отчёт** shorthand notes; verbatim; verbatim record (report)

СТЕНОГРАФИЯ *сущ* shorthand; stenography

СТЕПЕНЬ *сущ* degree; (*предел тж*) extent; margin; (*уровень*) level; rate
~ **бакалавра** Bachelor's degree
~ **вины** degree of guilt
~ **доктора** Doctor's degree
~ **магистра** Master's degree
~ **опасности** degree of danger
~ **родства** degree of kinship (of relationship)
высшая ~ highest degree
учёная ~ academic degree

СТОИМОСТ‖Ь *сущ* cost; value; (*ценных бумаг*) denomination ◊ **объявлять** ~ **товара** to declare the value of goods; **налог на добавленную** ~ value-added tax (VAT); **по нарицательной** ~**и** at face value; **свидетельство о** ~**и и происхождении груза (товара)** certificate of value and origin
~ **валюты** value of currency
~ **взвешивания, подсчёта, маркировки и упаковки** weighting; counting; marking and packing costs (expenses)
~ **груза** cargo value
~ **грузовых операций** (*на берегу*) porterage
~ **доставки** cost of delivery
~ **жизни** cost of living
~ **и фрахт** cost and freight (CFR)
~ **оборудования** cost of equipment
~ **обслуживания** cost of service
~ **отгруженного товара** shipped value
~ **перевозки** cost of transportation; transportation charges (cost)
~ **подачи заявления** filing cost
~ **проезда** fare; cost of travel
~ **производства** cost of production
~, **страхование и фрахт** cost, insurance and freight (CIF)
~ **строительства** construction cost(s)
~ **укладки** (*груза – в трюме, на палубе*) stowage
~ **упаковки** cost of packing
~ **хранения** storage cost

годовая ~ annual cost (value)
договорная ~ agreed cost
залоговая ~ hypothecation value
курсовая ~ market value
меновая ~ exchange value
номинальная ~ denomination (face, nominal) value; par (value)
общая ~ (*товара и т.п.*) total cost (value) (*of the consignment etc*)
предельная ~ marginal value
продажная ~ sale value
реальная ~ real value
рыночная ~ commercial (market, selling, trading) value
страховая ~ insurable value
текущая ~ current (present) cost (value)
товарная ~ value of a commodity
чистая ~ net (real) cost; net value

СТОЛКНОВЕНИЕ *сущ* collision; (*конфликт, противоречие*) conflict; clash; (*конфронтация*) confrontation; (*стычка*) clash

~ автомобилей collision (impact) of cars

~ взглядов confrontation of viewpoints (of views)

~ интересов clash (conflict) of interests

~ с полицией clash with the police

вооружённое ~ armed clash (conflict)

СТОРОЖ *сущ* guard; watchman; (*часовой тж*) sentry

СТОРОЖИТЬ, **посторо-** **жить** *гл* to guard; watch

СТОРОН∥А *сущ* side; (*направление*) way; (*на переговорах и т.п.*) party; side ◊ **переходить на чью-л ~у (принимать чью-л ~у)** to come over to smb's side; side (*with*); take smb's side; **с одной ~ы..., с другой ~ы** on the one hand..., on the other hand

~ в деле (по делу) [*юр*] litigant; litigator; suitor; party in litigation; party to a case (to judicial | legal proceeding|s)

~ в споре (конфликте) contestant; party to a conflict (to a dispute)

~, выдвигающая возражение [*юр*] traverser

~, выигравшая дело [*юр*] prevailing (successful, winning) party

~, не выполнившая (нарушившая) обязательство defaulter; defaulting party; party in default

~, не нарушившая обязательство nonbreaching (nondefaulting) party

~, не явившаяся в суд defaulting party

~ по договору party to a contract (to a treaty)

~, потерпевшая ущерб damaged party

~, представляющая доказательства [*юр*] proponent

~, проигравшая дело [*юр*] defeated (losing) party

~, связанная договором party bound by a treaty

~, участвующая в договоре

party to a contract (to a treaty)
виновная ~ party at (in) fault
воюющая ~ belligerent
выигравшая (*дело*) **~** [*юр*] prevailing (successful, winning) party
Высокие Договаривающиеся С~ы High Contracting Parties
главная ~ по делу [*юр*] principal in the case
договаривающаяся ~ contracting party; party to a contract (to a treaty); stipulator
дружеская (дружественная) ~ accommodation party
заинтересованная ~ interested party; party concerned
нападающая ~ aggressor; attacking party
невиновная ~ party not at (in) fault
незаинтересованная ~ disinterested party
обратная ~ back; reverse side; (*медали, монеты*) reverse; verso
обязанная ~ bound party
подписавшая (*договор*) **~** party to a treaty; signatory
пострадавшая (потерпевшая) ~ aggrieved (damaged, injured) party
проигравшая (*дело*) **~** [*юр*] defeated (losing) party
противная ~ (*в судебном процессе*) [*юр*] adversary; adverse (opposing, opposite) party; counterpart; opponent
спорящие ~ы conflicting (contending) parties
тяжущаяся ~ [*юр*] complainant; litigant; litigator; party in litigation; suitor

СТОРОННИК *сущ* supporter; (*защитник*) advocate; champion; (*последователь*) follower; (*приверженец*) adherent

~ мира advocate (champion) of peace

СТРАДАНИЕ *сущ* suffering

СТРАДАТЬ, пострадать *гл* to suffer (*from*)

СТРАЖ‖А *сущ* guard; watch; (*часовой тж*) sentry ◊ **брать под ~у** to detain in custody; place in (under) detention; (*заключать в тюрьму*) to commit to prison; imprison; (*вновь брать под стражу*) to remand (in custody); **быть (находиться, содержаться) под ~ей** to be confined (detained in custody, placed under detention); (*в тюрьме*) to be imprisoned; **освобождать из-под ~и** to free (release) from custody (from detention); **содержать под ~ей** to hold (keep) in custody (in detention)

взятие (заключение) под ~у commitment; custodial placement; (penal) detention; detention in custody; placement in (under) detention; taking into custody; (*до начала рассмотрения дела в суде*) detention until the trial; **освобождение из-под ~и** release from custody (from detention); **содержание под ~ей** detention (keeping) in custody; safe keeping

~и порядка law enforcement officers (personnel); (*полиция*)

peace officers; the police
тюремная ~ prison guard

СТРАН‖А *сущ* country; (*государство*) state; (*нация*) nation ◊ **выезжать из ~ы** (**покидать ~у**) to leave a country; **высылать из ~ы** to deport (expel) from a country; **запрещать въезд в ~у** to bar (deny) entry into a country; **посещать ~у** to pay a visit to a country; **по всей ~е** all over (throughout) the country

~бенефициарий (*получающая преференции*) preference-receiving country

~, в которой произведена покупка country of purchase

~, в которой произведена продажа country of sale

~ временного пребывания country of temporary residence

~ выдачи (*патента и т.п.*) country of issuance

~-дебитор debtor (debtor) country

~-должник debtor (debtor) country

~-донор (*предоставляющая финансовую помощь*) donor country

~ заёмщик borrower (borrowing) country

~ заказчика customer's country

~-импортёр importing country

~-импортёр капитала capital-importing country

~-кредитор creditor (lending) country

~ лицензиата country of a licensee

~ местопребывания (*международной организации*) host country; receiving country

~ назначения country of destination

~, не имеющая выхода к морю land-locked country

~, не имеющая рыночной экономики non-market economy (NME)

~, не являющаяся членом (*организации*) non-member country

~ патентовладельца country of a patentee

~, подписавшая (*договор и т.п.*) signatory country

~-получатель (*помощи, платежей и т.п.*) aid-receiving (recipient) country

~-поставщик source country; supplier (supplying) country

~-потребитель consuming country

~-потребитель нефти oil-consuming country

~ пребывания host country; receiving country (state)

~, предоставляющая помощь aid-giving country

~, предоставляющая преференции preference-giving country

~, применяющая ограничительные меры restraining country

~ проведения совещания (*конференции*) country hosting a conference; host-country (for the conference)

~-производитель source country; producing (manufacturing) country

~-производитель нефти oil-producing country

~-производитель сырья country producing raw materials

~-производитель с низкими издержками производства low-cost producing country

~ происхождения (*изделия, товарного знака и т.п.*) country of origin; home country

~ с активным платёжным балансом surplus country

~ с высоким уровнем дохода high-income country

~ с дефицитом платёжного баланса deficit country

~ с доходом ниже среднего уровня lower-middle-income country

~ с низким уровнем дохода low-income country

~ с низким уровнем заработной платы low-wage country

~ со средним уровнем дохода middle-income country

~ с рыночной экономикой market-economy (country) (ME)

~ транзита country of transit; intervening country

~-участница member-country; (*международной конференции, совещания и т.п.*) participating country; (*переговоров*) negotiating country; (*договора*) party to a convention (to a treaty)

~-член (*организации*) member-country

~-экспортёр exporting country

~-экспортёр капитала capital-exporting country

~-экспортёр нефти oil (petroleum)-exporting country

~-экспортёр ядерной технологии country exporting nuclear technology

~ы Востока (countries of) the Orient; Oriental countries

~ы Запада countries of the West; Western countries

~ы, недавно вступившие на путь индустриального развития (*новые индустриальные страны*) newly industrialized countries

~ы "Общего Рынка" Common Market countries; countries of the Common Market; countries of the EEC (European Economic Community); EEC countries

~ы Содружества Commonwealth countries; countries of the Commonwealth

~ы Содружества независимых государств (СНГ) CIS countries; countries of the Commonwealth of Independent States (CIS)

~ы "третьего мира" countries of the Third World; Third World countries

~-члены Организации Объединённых Наций (ООН) countries members of the United Nations (Organization); UN member nations (countries, states)

аграрная ~ agricultural (agrarian) country
большие, средние и малые ~ы big, medium-sized and small countries
ведущие индустриальные ~ы мира world's leading (major) industrial (industrialized) countries
восточноевропейские ~ы countries of Eastern Europe; East European countries
восточные ~ы (страны Востока) (countries of) the Orient; Oriental countries
зависимая ~ dependent country
заинтересованная ~ country concerned; interested country
западноевропейские ~ы countries of Western Europe; West European countries
западные ~ы (страны Запада) countries of the West; Western countries
капиталистическая ~ capitalist country
колониальная ~ colonial country
материковая ~ hinterland country
менее развитая ~ less developed country (LDC)
молодая развивающаяся ~ new developing country
наименее развитая ~ least developed country (LDC)
направляющая (*делегацию и т.п.*) ~ sending country
недавно освободившаяся ~ newly-free (-independent, -liberated) country
неприсоединившаяся ~ non-aligned country
новая индустриальная ~ newly industrialized country
островная развивающаяся ~ inland developing country
побеждённая ~ defeated country
полуколониальная ~ semi-colonial country
прибрежная ~ coastal (littoral) country
принимающая ~ host country; receiving country (state)
промышленно развитая ~ advanced (developed) country; industrialized country; industrial(ly) developed country
развивающаяся ~ developing country
развивающаяся ~, не имеющая выхода к морю landlocked developing country
развивающаяся ~ открытой регистрации (*судов*) open registry developing country
соседняя ~ adjoining (neighbouring) country
третья ~ third country
экономически независимая ~ economically independent country
ядерная ~ nuclear(-weapon) state

СТРАХ *сущ* dread; fear; (*ужас*) terror ◊ из ~а возмездия for fear of retaliation; на свой ~ и риск at one's own risk; on one's own account; под ~ом (*наказания, смертной казни и т.п.*) on (under) pain (*of punishment, death etc*)

СТРАХОВАНИ‖Е *сущ* insurance; (*жизни тж*) assurance; (*особ морское*) underwriting; (*от риска и т.п.*) security ◊ аннулировать ~ to cancel insurance; заключать ~ to contract (cover, effect) insurance; insure; подлежащий ~ю insurable; пределы ~я extent of insurance

~ **авиапассажиров** aircraft passenger insurance

~ **авиаперевозок** air transport insurance

~ **багажа** luggage (baggage) insurance

~ **воздушного судна** aircraft insurance

~ **груза** insurance of a cargo

~ **жизни** life assurance (insurance)

~ **имущества** insurance of property; property insurance

~ **корпуса судна** hull insurance

~ **кредитов** credit insurance

~ **на случай гражданско-правовой ответственности** liability insurance

~ **на срок** term insurance

~ **от аварий** average insurance

~ **от кражи** theft insurance

~ **от несчастных случаев** accident (casualty) insurance; insurance against accidents

~ **от стихийных бедствий** insurance against natural calamities (hazards)

~ **от убытков** insurance against loss or damage

~ **пассажиров** passenger insurance

~ **по безработице** unemployment insurance

~ **по нетрудоспособности** disability insurance

~ **убытков по сделкам на срок** (*хеджирование*) [*бирж*] hedging

авиационное ~ aerial (aviation) insurance

взаимное ~ mutual (reciprocal) insurance

гарантийное ~ fidelity (guaranty) insurance

генеральное ~ general insurance

двойное ~ double insurance

дополнительное ~ additional insurance

имущественное ~ insurance of property; property insurance

коллективное ~ collective (group) insurance

краткосрочное ~ short-term insurance

личное ~ insurance of a person; personal (private) insurance

морское ~ (*грузов, судов*) marine insurance; underwriting

неполное ~ underinsurance

обязательное ~ compulsory (obligatory) insurance

пожизненное ~ perpetual insurance

социальное ~ social insurance

СТРАХОВАТЕЛЬ *сущ* (the) assured; insured (person); insurant; policy-holder

СТРАХОВАТЬ, застраховать *гл* to insure; (*жизнь тж*) to assure; (*ограждать от по-*

терь, *хеджировать*) [*бирж*] to hedge; (*при морском страховании*) to underwrite
~ **от несчастных случаев** to insure against accidents

СТРАХОВ‖ОЙ *прил* insurance ◊ **при наступлении** ~**ого случая** when the loss occurs
~**ая премия** insurance premium
~**ая стоимость** insurable value; value insured
~**ая сумма** insurance payment
~**ое возмещение** insurance compensation (indemnity)
~**ое обеспечение** insurance cover
~**ое общество** insurance company
~ **агент** insurance agent
~ **брокер** insurance broker
~ **интерес** insurable interest; (*долевой, частичный*) partial interest
~ **полис** (insurance) policy
~ **риск** (insured) risk
~ **случай** contingency; loss
~ **талон** (*предварительная страховая записка*) slip
~ **тариф** (*размер страховой премии*) insurance rate
долевой (**частичный**) ~ **интерес** partial interest
обусловленный (**чем-л**) ~ **интерес** contingent interest
оспоримый ~ **интерес** defeasible interest

СТРАХОВЩИК *сущ* assurer; insurer; (*особ при морском страховании*) underwriter

морской ~ marine underwriter

СТРЕЛЬБА *сущ* firing; shooting
~ **на поражение** fire for an effect

СТРЕЛЯТЬ, выстрелить *гл* to fire (*at*); shoot (*at*)
~ **в цель** to shoot at a target
~ **в человека** to shoot at a person
~ **на поражение** to shoot to kill
~ **хорошо** to be a good shot

СТРЕЛЯТЬСЯ, застрелиться *гл* to shoot oneself

СТРОГ‖ИЙ *прил* rigorous; severe; stern; strict
~**ая дисциплина** strict discipline
~**ие меры** rigorous (stern) measures
~ **закон** strict (stringent) law
~ **надзор** strict supervision
~ **приговор** severe sentence
~ **режим** (*тюремного заключения*) high (maximum, tight) security

СТРОГО *нареч* severely; strictly
~ **говоря** strictly speaking

СТРОГОСТЬ *сущ* severity; strictness
~ **наказания** severity of punishment

СТРО‖Й *сущ* form of government; order; regime; system ◊ **государства с различным социальным** ~**ем** states with different social systems
государственный ~ state system
конституционный ~ constitutional system

общественный ~ social order (system)
республиканский ~ republican (form of) government

СТРЯПЧИЙ *сущ* solicitor
Генеральный ~ [*Великобритания*] (*заместитель генерального прокурора или член правительства*); [*США*] (*заместитель министра юстиции*) Solicitor General

СТУКАЧ *сущ* [*разг*] (*доносчик, осведомитель*) snitch; [*жарг*] whistle-blower; whistler

СТЫД *сущ* shame

СТЫДИТЬ, пристыдить *гл* to put to shame; shame

СТЫДИТЬСЯ *гл* to be ashamed (*of*)

СУБАГЕНТ *сущ* subagent

СУБАГЕНТСТВО *сущ* sub-agency

СУБАРЕНД‖А *сущ* subdemise; sublease; subletting; subrental; subtenancy; underlease; underletting ◊ **брать в ~у** to sublease; **передавать (сдавать) в ~у** to sublease; sublet; underlease; underlet; **передача в ~у** subletting; underletting

СУБАРЕНДАТОР *сущ* sublessee; subtenant; tenant of demesne; underlessee; undertenant

СУБАРЕНДОДАТЕЛЬ *сущ* sublessor

СУБПОДРЯД *сущ* subcontract ◊ **брать ~** to subcontract

СУБПОДРЯДЧИК *сущ* subcontractor

СУБПОСТАВКА *сущ* subdelivery

СУБПОСТАВЩИК *сущ* subcontractor; subsupplier

СУБРОГАЦИЯ *сущ* [*страх*] (*переход прав страхователя к страховщику после уплаты последним страхового вознаграждения*) subrogation
~ в силу закона legal subrogation
договорная ~ conventional subrogation
законная ~ legal subrogation

СУБСИДИ‖Я *сущ* grant; subsidy ◊ **предоставлять ~ю** to give a grant (*to*); grant a subsidy (*to*); **лицо, получающее ~ю** grantee
~ на обучение training grant

СУБСТИТУТ *сущ* substitute

СУБСТИТУЦИЯ *сущ* substitution

СУБФРАХТОВАТЕЛЬ *сущ* subfreighter

СУБЪЕКТ *сущ* [*филос*] ego; self; subject; [*юр*] entity; person; subject
~ авторского права copyright proprietor
~ возвратного права reversioner
~ гражданского правонарушения civil offender
~ гражданского процесса party to a civil case
~ действия (деяния) actor; doer; committer
~ имущественного преступления property criminal (offender)
~ корыстного преступления acquisitive (lucrative) criminal (offender)

~ **международного права** entity (person, subject) of international law; international entity (person, subject)

~ **насильственного преступления** violent criminal (offender)

~ **обязательства** party to a commitment (to an obligation)

~ **права** entity (person, subject) of law; legal entity (person, subject)

~ **права, выступающий от собственного имени** legal entity (person, subject) in its (his) own right

~ **правоотношений** party to (subject of) a legal relationship (of legal relations)

~ **преступления** crime committer (perpetrator); committer (perpetrator) of a crime; subject of a crime

~ **преступного нападения** assailant; assaulter

~ **преступления, совершённого под влиянием алкогольного опьянения** alcohol (drunken) criminal (offender)

~ **преступления, совершённого под влиянием наркотиков** drug-addicted criminal (offender)

~ **судебного процесса** party to a legal process (to judicial | legal proceeding|s)

~ **экспертизы** subject of expert testimony

СУБЪЕКТИВИЗМ *сущ* [*филос*] subjectivism; (*отсутствие объективности*) subjectiveness; subjectivity

СУБЪЕКТИВИСТ *сущ* [*филос*] (*последователь субъективизма*) subjectivist

СУБЪЕКТИВИСТСКИЙ *прил* [*филос*] (*относящийся к субъективизму*) subjectivist

СУБЪЕКТИВНО *нареч* subjectively

СУБЪЕКТИВНОСТЬ *сущ* (*отсутствие объективности*) subjectiveness; subjectivity ◊ **проявлять ~ в оценке** to give (display) a subjective appraisal (appreciation) (*of*)

СУБЪЕКТИВН‖ЫЙ *прил* subjective ◊ **проявлять ~ подход** (*по отношению к*) to give (display) a subjective approach (*towards*)

~**ая сторона преступления** mental element of a crime

~**ое право** subjective right

~**ое суждение** subjective judgement

~**ые условия** subjective conditions

~ **фактор** subjective factor

СУБЪЕКТНЫЙ *прил* of the subject

СУВЕРЕНИТЕТ *сущ* sovereignty ◊ **нарушать ~** (*страны*) to infringe (violate) the sovereignty (*of a state*); **отстаивать ~** to defend (uphold) sovereignty; **посягать на чей-л ~** to encroach upon smb's sovereignty; **признавать чей-л ~** to recognize smb's sovereignty; **полное осуществление национального ~а** full exercise of one's national sovereignty

государственный ~ state sovereignty

парламентский ~ parliamentary sovereignty

СУВЕРЕНН‖ЫЙ *прил* sovereign

~**ое государство** sovereign state

~**ое право** sovereign right

~**ое равенство** sovereign equality

СУД *сущ* (*государственный орган*) court (of law); court of justice; law-court; tribunal; (*судебное разбирательство*) judicial (legal) proceeding(s); trial; (*правосудие*) justice; (*мнение, суждение*) judgement ◊ **быть (находиться) под** ~**ом** to be under trial; come up for (stand) trial; **быть представленным в** ~**е адвокатом** to be represented by a lawyer in court; **вершить** ~ to hold court; **вызывать в** ~ to cite (subpoena, summon) to court; **давать отвод составу** ~**а** to challenge the constitution of the court; **избавлять от** ~**а** to save from a trial; **искать и отвечать в** ~**е** to sue and to be sued; **направлять (передавать) дело в** ~ to refer (take) a case to court; **обращаться в** ~ to go to court; **отдавать под** ~ to bring before the bar (before the court); bring (commit, send) to court (for trial); bring to justice; hold for court; place (put) on trial; prosecute; sue; take to court; **отсылать в** ~ **низшей инстанции** to remit to a lower (minor) court (tribunal); **передавать дело в** ~ to take a case to court; **подавать на кого-л в** ~ to bring (enter, file, lay, maintain, start) an action (a charge, suit) (*against*); claim; institute (lodge, make, prosecute) a claim (*against*); institute (take) a legal action (proceeding|s) (*against*); lodge (make) a complaint (*against*); prosecute; sue; **пойти (попасть) под** ~ to be brought before the bar (before the court); be brought (committed, sent) to court (for trial); be brought to justice; be placed (put) on trial; be prosecuted (sued, tried); face (stand) trial; **предавать (привлекать к)** ~**у** to bring before the bar (before the court); bring (commit, send) to court (for trial); bring to justice; hold for court; place (put) on trial; prosecute; sue; take to court; (*предъявлять обвинение*) to arraign; **предстать перед** ~**ом** to face (go to, stand) trial; come before the bar (before the court); take the stand; **привлекаться к** ~**у** to be brought before the bar (before the court); be brought (committed, sent) to court (for trial); be brought to justice; be placed (put) on trial; be prosecuted (sued, tried); **являться в** ~ to appear in court (for trial) **в** ~**е** at bar; in court; **в ожидании** ~**а** awaiting (pending) a trial; **до** ~**а** before the start

of the trial; **на ~е** in court; at (during) the trial
зал ~а court-room; **заседание ~а** sitting of the court; **назначенный ~ом** court-appointed; **неуважение к ~у (оскорбление ~а)** contempt of court; **обращение в ~** judicial (legal) recourse; **определение ~а** court decision (judgement, ruling); (*о запрете*) injunction; **постановление (распоряжение) ~а** award; bench warrant; court decision; judgement; ruling; **предание ~у** committal for trial; **привлечение к ~у** arraignment; **решение ~а** award; decision; judgement; ruling; (*вердикт*) verdict; (*приговор*) sentence; (*суда присяжных*) jury award; verdict; **сессия ~а** court session; **создание чрезвычайного ~а** creation of an emergency court; **состав ~а** bench; composition of the court

~ ассизов (присяжных) assize; jury trial

~ без участия присяжных bench trial

~ беспристрастных присяжных trial by an impartial jury

~ в закрытом заседании court in camera

~ в заседании court in session

~ в полном составе bench (of the court); court in banc (bank); full court; whole bench (of the court)

~ высшей инстанции court of appeal; court of appellate (superior) jurisdiction; higher court (tribunal); (*последней инстанции*) court (tribunal) of the highest (last) resort

~ графства county court

~ для рассмотрения трудовых конфликтов industrial relations court (tribunal)

~ и присяжные court and jury

~ квартальных сессий quarter sessions

~ королевской скамьи Court of the Queen's (King's) Bench; Queen's (King's) Bench

~ Линча (*самосуд*) gibbet (mob) law; Lynch law

~ мирового судьи justice's court

~ низшей инстанции court below; court of inferior jurisdiction; inferior (lower, minor) court

~ общего права common law court; court of common law

~ общегражданских исков common bench

~ первой инстанции court of the first appearance (instance); court of original (primary) jurisdiction; trial court (tribunal)

~ по бракоразводным делам divorce court

~ по гражданским делам court of common pleas

~ по делам несовершеннолетних juvenile court

~ по делам несостоятельных должников bankruptcy court; court of bankruptcy

~ по морским делам Admiralty Court; maritime court

~ последней инстанции court

(tribunal) of the highest (last) resort

~ **права справедливости** chancery; court of equity (chancery); equity court

~ **присяжных** assize; jury trial

~, **распущенный на каникулы** court on vacation

~ **совести** forum of conscience

~ **суммарной юрисдикции** court of summary jurisdiction; summary court

~ **чести** court of honour

административный ~ administrative court

апелляционный ~ [*англ*] court of appeal(s); [*амер*] appellate court (tribunal); court (tribunal) of appellate jurisdiction; (*по таможенным и патентным делам*) court of customs and patent appeals

арбитражный (третейский) ~ arbitration court (tribunal); court (tribunal) of arbitration; reference tribunal

беспристрастный ~ impartial court (tribunal)

быстрый (скорый) ~ speedy trial

Верховный ~ Supreme Court

военный ~ (*трибунал*) court-martial; military tribunal

выездной окружной ~ circuit court

Высокий ~ [*англ*] High Court of Justice

Высший арбитражный ~ Superior Court of Arbitration

вышестоящий ~ court above; higher (superior) court

городской ~ city court

гражданский ~ civil court

дисциплинарный ~ summary court

Европейский ~ European Court; Court of Justice of the European Communities

заочный ~ trial in absentia

земельный ~ land court (tribunal)

исправительный ~ correctional court

кассационный ~ cassational court; court of cassation

коммерческий ~ tribunal of commerce

конституционный ~ constitutional court

магистратский (мировой) ~ magistrate's court

Международный ~ International Court of Justice

местный ~ county court

мировой (магистратский) ~ magistrate's court

морской ~ Admiralty Court; maritime court

надлежащий ~ court of competent jurisdiction

независимый ~ independent court (tribunal)

нижестоящий (низший) ~ court below; court of inferior jurisdiction; inferior (lower, minor) court

окружной ~ circuit (district) court

окружной апелляционный ~ circuit court of appeal(s)

патентный ~ patent court

полицейский ~ police court

претензионный ~ [*амер*] Court of Claims

примирительный ~ court of conciliation
приходской ~ parish court
промышленный ~ industrial court
районный ~ district court
светский ~ lay (secular) court (tribunal)
семейный ~ domestic (family) court
смешанный ~ mixed court (tribunal)
специальный ~ ad hoc tribunal
транспортный ~ transport court (tribunal)
третейский (арбитражный) ~ arbitration court (tribunal); court (tribunal) of arbitration; reference tribunal
уголовный ~ criminal court
федеральный ~ [амер] federal court
Центральный уголовный ~ [в Лондоне] Central Criminal Court; Old Bailey
чрезвычайный ~ emergency court

СУДЕБНО-МЕДИ-ЦИНСК‖ИЙ *прил* forensic medical ◊ **акт ~ой экспертизы** act (certificate) of forensic medical (expert) examination
~ое вскрытие трупа autopsy; forensic dissection; post-mortem (examination)

СУДЕБН‖ЫЙ *прил* judicial; juridical; legal; (*в значении прил-ого*) court ◊ **открывать ~ое заседание** to open the court; **преследовать в ~ом порядке** to prosecute

акт ~ой власти judicial act; **в открытом ~ом заседании** in open court; **в ~ом порядке (~ым порядком)** by judicial settlement; judicially
~ая власть judicial authority (power); jurisdiction; (*орган власти*) the judiciary
~ая деятельность administration of justice; judicial activity
~ая должность judicial office
~ая инстанция degree (instance) of jurisdiction; juridical instance
~ая коллегия banc; bank; bar; bench; court in banc (bank); full court; judicial board (division); panel of judges; (*по гражданским делам*) civil chamber
~ая лаборатория forensic laboratory
~ая медицина forensic (legal) medicine
~ая ошибка judicial error; miscarriage of justice
~ая повестка judicial summons
~ая полиция judicial police
~ая пошлина judicial stamp duty
~ая практика cases; precedents; court (judicial) opinion (practice)
~ая проверка court verification
~ая психиатрия forensic psychiatry
~ая расправа court (legal) lynching
~ая реформа judicial reform
~ая система court (judiciary)

system; judicature
~ая тяжба lawsuit; litigation
~ая экзекватура certification of a judgement; execution order
~ое ведомство judicial branch of government; judiciary establishment; the judiciary
~ое дело (court) case; cause; judicial (legal) proceeding(s); litigation
~ое доказательство judicial evidence
~ое заседание court (in) session; judicial session; session (of the court); sitting (of the court)
~ое место forum
~ое одобрение (утверждение) approval by (of) the court; judicial approval
~ое поручение court order; judicial commission; letters rogatory
~ое постановление (распоряжение) adjudication; court (judicial) decision (ruling, order); judgement
~ое право judicial (judiciary) law; law of the courts
~ое правотворчество judicial legislation
~ое представительство counsel; legal representation
~ое преследование prosecution
~ое признание judicial confession
~ое присутствие banc; bank; bar; bench
~ое разбирательство judicial (legal) proceeding(s); lawsuit; trial; (*урегулирование в судебном порядке*) judicial settlement
~ое разлучение (*супругов*) judicial separation
~ое расследование examination (investigation) in court; judicial examination (inquiry, investigation)
~ое решение adjudication; award; court (judicial) decision (ruling); judgement
~ое следствие examination (investigation) in court; judicial examination (inquiry, investigation)
~ое толкование judicial construction (interpretation)
~ое усмотрение judicial discretion
~ые издержки court (judicial) charges (costs, expenses); law (legal) charges (costs, expenses)
~ые ограничения judicial restraints (restrictions)
~ вызов judicial summons
~ документ judicial document
~ запрет injunction
~ иммунитет judicial (legal) immunity
~ исполнитель bailiff; law enforcement officer (official); sheriff; [*амер*] marshal (of the court)
~ надзор court (judicial) supervision
~ округ judicial circuit
~ орган judicial body
~ представитель court agent
~ приговор (court) verdict; (judicial) judgement; sentence
~ прецедент judicial precedent; leading case

~ **приказ** injunction; writ
~ **пристав** (*бейлиф*) bailiff
~ **процесс** judicial (legal) process (proceeding|s); litigation; trial; (*учебный судебный процесс в юридической школе*) moot; moot court
~ **раздел (имущества)** judicial distribution (execution) (of property)
~ **секвестр** sequestration of property (by | on court orders)
~ **служащий (чиновник)** judicial officer; officer of justice
~ **штраф** court fine; fine imposed by the court
~ **устав** judicial statute
~ **эксперт** court (forensic) expert

СУДЕЙСК‖ИЙ *прил* (*судебный*) judicatory; judicial; juridical; legal; (*в значении прил-ого*) court
~**ая должность** judgeship
~**ая коллегия** judicial assembly; [*спорт*] referee's (umpire's) board
~**ая скамья** banc; bank; bench
~**ое должностное лицо** judicial officer; officer of justice
~**ое место** judgement seat
~**ое** (*судебное*) **правотворчество** judicial legislation
~**ое** (*судебное*) **усмотрение** judicial discretion
~ **корпус** the judiciary
~ **обзор решений** judicial review of decisions

СУДИМОСТ‖Ь *сущ* criminal record; precondemnation; previous (prior) conviction (record); record of conviction ◊ **иметь** ~ to have a previous (prior) conviction (record); **перечень** ~**ей** record of convictions
первая ~ first conviction
повторная ~ secondary conviction
последующая ~ subsequent conviction
прежняя ~ previous (prior) conviction (criminal record)

СУДИТЬ, засудить *гл* (*составлять мнение, полагать, считать – несоверш вид*) to judge; [*юр*] to judge; try; [*спорт*] to referee; umpire
~ **заочно** to try (*smb*) in absentia
~ **за уголовное преступление** to try (*smb*) for a criminal offence
~ **матч** [*спорт*] to be a referee (an umpire) at (of) the match
~ **на основании уголовного обвинения** to try (*smb*) on (upon) a criminal charge
~ **по внешнему виду** to judge by appearance(s)
~ **по делам** to judge by deeds

СУДИТЬСЯ *гл* (*выступать в качестве стороны в судебном процессе*) to have legal proceeding(s) (*with*); litigate; (*обращаться к правосудию*) to go to the law

СУДН‖О *сущ* boat; craft; ship; vessel ◊ **арендовать** ~ to hire a ship; **грузить (загружать)** ~ to load a ship; **грузить что-л на** ~ to put (take) smth aboard (on board); **разгружать** ~ to unload a ship; **ремонтировать**

~ to repair a ship; **садиться (производить посадку) на ~** (*на корабль*) to go aboard (on board) a ship; **сходить с ~а на берег** to go ashore; **фрахтовать ~** to charter a ship **владелец ~а** owner of a ship; **капитан ~а** master of a ship; **передвижение ~а** a ship's movements (position); **с ~а** ex ship (EXS, exs)

~ готовое к плаванию ship in commission

~ дальнего плавания foreign-going (long-distance) ship (vessel)

~ заграничного плавания foreign-going ship (vessel)

~, зарегистрированное под флагом другого государства ship registered under a flag of convenience

~ перевозчика carrier's ship

~, плавающее под иностранным флагом foreign flag ship (vessel)

~, плавающее под национальным флагом national flag ship (vessel)

~, плавающее под "удобным флагом" convenience flag ship (vessel)

~, потерпевшее аварию shipwreck

~, пропавшее без вести missing ship (vessel)

~, севшее на мель stranded ship (vessel)

~, терпящее бедствие distressed ship (vessel); ship (vessel) in distress

аварийное ~ injured ship (vessel)

буксирное ~ tug; tugboat

быстроходное ~ high-speed ship (vessel)

встречное ~ passing ship (vessel)

госпитальное ~ hospital ship

грузовое (товарное) ~ cargo boat (carrier, ship); cargo-(freight-)carrying ship (vessel); freighter

зафрахтованное ~ chartered ship; contract carrier

каботажное ~ coastal (coasting) ship (vessel)

линейное ~ linear ship (vessel)

лоцманское ~ pilot ship (vessel)

мореходное (морское) ~ sea-going (seaworthy) ship (vessel)

наливное ~ tanker; tank vessel

обычное ~ conventional ship (vessel)

пассажирское ~ passenger (-carrying) ship (vessel)

патрульное ~ patrol vessel

рейсовое ~ liner

рыболовное ~ fishing vessel

спасательное ~ rescue (salvage) boat (craft, ship)

сухогрузное ~ dry cargo ship (vessel)

товарное (грузовое) ~ cargo boat (carrier, ship); cargo-(freight-)carrying ship (vessel); freighter

торговое ~ merchant ship (vessel); trader

транспортное ~ carrier; carrying vessel

СУДОВЕРФЬ *сущ* dockyard; shipyard

СУДОВЛАДЕЛЕЦ *сущ* ship holder; shipowner

СУДОВ||ОЙ *прил* ship (*в значении прил-го*)
~ **брокер (маклер)** shipbroker
~**ые документы** ship (shipping) documents (papers)

СУДОПРОИЗВОДСТВ|О *сущ* judicature; court (judicial, legal) procedure (proceeding|s); (*как система*) the judicial system ◊ **мешать** ~**у** to embarrass a trial; **осуществлять** ~ to carry out court (judicial, legal) proceeding(s); **приостанавливать** ~ to stay court (judicial, legal) proceeding(s)

ведение ~**a** conduct of legal procedure (proceeding|s); **правила** ~**a** rules of court (of legal procedure | proceeding|s); **система уголовного** ~**a** criminal justice system; **Устав** ~**a** Rules of Procedure

~ **перед вынесением приговора** pre-sentencing procedure
~ **после осуждения** post-conviction
административное ~ administrative court proceeding(s)
арбитражное ~ arbitral (arbitration) justice (proceeding|s)
гражданское ~ civil justice (court proceeding|s, trial)
исковое ~ adversary justice
конституционное ~ constitutional court proceeding(s)
находящийся в ~**e** pending in court
обвинительное ~ accusatorial justice
письменное ~ written procedure (proceeding|s)
суммарное ~ summary jurisdiction (procedure, proceeding|s)
уголовное ~ criminal court proceeding(s); criminal justice (trial)
упрощённое ~ summary jurisdiction (procedure, proceeding|s)
устное ~ oral procedure (proceeding|s)

СУДОСТРОЕНИЕ *сущ* shipbuilding; (*отрасль промышленности*) shipbuilding industry

СУДОСТРОИТЕЛЬ *сущ* shipbuilder

СУДОСТРОИТЕЛЬН|ЫЙ *прил* shipbuilding
~**ая верфь** dockyard; shipyard
~**ая промышленность** shipbuilding industry

СУДОУСТРОЙСТВО *сущ* judicature; judicial (legal) system; the judiciary

СУДОХОДСТВ||О *сущ* navigation; shipping ◊ **законодательство о** ~**e** law of shipping
~ **по внутренним водным путям** inland navigation
каботажное ~ coastal (coastwise) navigation
международное (морское) ~ international navigation; maritime traffic
торговое ~ merchant shipping

СУДЬБ||А *сущ* destiny; fate; fortune ◊ **право народов распоряжаться своей** ~**ой**

right of nations to be masters of their own destinies

СУДЬЯ *сущ* judge; justice; magistrate; [*спорт*] referee; umpire ◊ **должность (звание) ~ьи** justiceship; **назначение ~ьи** appointment of a judge; **отбор ~ей** selection of judges; **отставка ~ьи** removal of a judge; **(временное) отстранение ~ьи** suspension of a judge; **полномочия ~ьи** judge's powers; **продвижение ~ьи** (*по службе*) promotion of a judge
~ административного суда administrative law judge
~ апелляционного суда appellate court judge; [*в Великобритании*] Lord Justice of Appeal
~, ведущий допрос examining judge
~ в судебном заседании judge (sitting) in court
~, выезжающий для слушания дела itinerant judge
~, заявляющий особое мнение dissenter; dissentient; dissenting judge
~ квартальных сессий assistant judge
~, не являющийся профессиональным юристом lay judge (justice)
~ окружного суда circuit (court) judge
~ первой инстанции trial judge
~ по делу justice of the case
~ суда общих тяжб justice of common pleas
~ суда справедливости [*в Великобритании*] chancellor

~ьи и адвокаты bench and bar
беспристрастный ~ equitable judge
временный ~ ad hoc judge
допрашивающий ~ examining judge (magistrate)
единоличный ~ single (sole) judge
мировой ~ justice of the peace; magistrat
мировой ~ графства [*в Великобритании*] county commissioner
младший ~ junior judge (magistrate)
непрофессиональный ~ lay judge (justice)
окружной ~ circuit (court) judge
председательствующий ~ chief (presiding) judge (justice)
старший ~ senior judge (magistrate)
третейский ~ arbitrator; awarder; referendary; umpire
федеральный ~ federal judge
СУЕВЕРИЕ *сущ* superstition
СУЕВЕРНЫЙ *прил* superstitious
СУЖДЕНИЕ *сущ* judgement; opinion; [*лог*] statement
СУИЦИД *сущ* (*самоубийство*) suicide
СУММА *сущ* amount; sum ◊ **на определённую ~у** to a specified amount
~ возмещения (*убытков*) amount of compensation (of indemnity)
~, вырученная при (пере)продаже avails (proceeds) of

a (re)sale
~ задолженности (amount of) indebtedness; outstanding amount
~ иска amount in controversy; value of the matter in controversy
~ к получению (за) amount due (for)
~ наличными amount in cash
~ на представительские расходы hospitality allowance
~ наследства total value of an estate
~ недоимки arrears
~ окружающих обстоятельств totality of surrounding circumstances
~ расходов amount of expenditure(s)
~, списанная со счёта amount written off the account; write-off
~ убытков amount of damages
аккордная (паушальная) ~ lump sum
валовая ~ gross (full) amount (sum); sum total; total amount (sum)
денежная ~ sum of money
итоговая ~ total (sum)
капитальная ~ principal sum
недостающая ~ deficient amount
незначительная ~ fractional amount
неоплаченная ~ outstanding amount
непогашенная ~ outstanding amount
общая ~ gross (full) amount (sum); sum total; total amount (sum)
оставшаяся ~ remaining sum
паушальная (аккордная) ~ lump sum
присуждённая ~ amount of a judgement
причитающаяся ~ (за) amount due (for)
совокупная ~ aggregate amount
согласованная ~ agreed sum
фиксированная ~ fixed sum
чрезмерная ~ excessive amount (sum)

СУММАРНО *нареч* summarily

СУММАРН‖ЫЙ *прил* summary ◊ заслушивать (рассматривать) дело (*в суде*) в порядке ~ого производства to hear (try) a case summarily; осуждение в порядке ~ого производства summary conviction; преступление, преследуемое в порядке ~ого производства summary offence
~ое производство summary jurisdiction (procedure, proceeding|s)

СУМАСШЕДШИЙ *прил* lunatic; mad

СУМАСШЕСТВИЕ *сущ* lunacy; madness

СУПЕРМАРКЕТ *сущ* supermarket

СУПРУГ *сущ* husband; spouse; (*мн*) husband and wife; married couple
переживший ~ surviving spouse

СУПРУГА *сущ* spouse; wife

СУПРУЖЕСК‖ИЙ *прил* conjugal; marital; matrimonial ◊ **нарушать ~ую верность** to adulterize
  ~ая измена breach of faith
  ~ая общность имущества tenancy by the entirety
  ~ие отношения marital relations
  ~ домициль matrimonial domicile
  ~ое право marital right

СУПРУЖЕСТВО *сущ* conjugal state; matrimony; wedlock

СУТЕНЁР *сущ* pimp; ponce; procurator of women; trafficker in prostitutes

СУТЕНЁРСТВО *сущ* procuration of women; trafficking in prostitutes

СУТЯГА *сущ* (*тяжущаяся сторона*) claimant; complainant; litigant; litigator; litigious person; (*кляузник*) leguleian; pettifogger

СУТЯЖНИЧЕСКИЙ *прил* (*спорный*) litigious; (*кляузнический*) leguleian; pettifogging

СУТЯЖНИЧЕСТВО *сущ* barratry; litigiousness; (*кляузничество*) pettifoggery; pettifogging

СУЩЕСТВЕНН‖ЫЙ *прил* essential; important; material; substantial; vital
  ~ая поправка important amendment
  ~ое условие essential (material) condition (term)
  ~ элемент essential element

СУЩЕСТВ‖О *сущ* (*суть дела и т.п.*) essence; gist; substance ◊ **говорить по ~у** to keep (speak) to the point; **решать по ~у** to decide on the merits; **по ~у** in essence; essentially; [*юр*] (*по существу дела*) on the merits; on points of fact; **по форме и по ~у** in form and in fact; **решение суда по ~у** (*спора*) judgement on the merits

СУЩНОСТ‖Ь *сущ* essence; gist; quintessence; substance ◊ **в ~и** in effect (in essence, fact, substance)
  ~ дела essence of the matter; point
  ~ заявки essence of an application
  ~ изобретения essence of an invention
  ~ обвинения essence of a charge
  ~ преступления essence of a crime
  правовая ~ притязаний legal essence of claims

СФАБРИКОВАНН‖ЫЙ *прич* fabricated; framed (up)
  ~ое дело frame-up

СФАБРИКОВАТЬ, сфабриковывать *гл* to fabricate; fake; forge; frame up

СХОДСТВО *сущ* resemblance

СЧЁТ *сущ* [*бухг*] account; bill; (*фактура*) invoice; (*мн*) (*взаимные претензии*) accounts; scores ◊ **акцептовать ~** (*фактуру*) to accept an invoice; **брать (снимать) деньги со ~а**

to draw (withdraw) money from an account; **блокировать** ~ to stop an account; **вести счета** to keep accounts; **вносить деньги на чей-л** ~ to enter (place) a sum on smb's account; **выдавать** ~ (*фактуру*) to issue an invoice; **выписывать** ~ to make out a bill; **выставлять** ~ (*фактуру*) to draw (make out) an invoice; [*торг тж*] to bill; make out a bill; **закрывать** ~ to close an account; **иметь** ~ **в банке** to have (keep) an account with a bank; **оплатить** ~ to clear an account; settle an account (a bill); **открывать** ~ **в банке** to open an account with a bank; **платить по** ~**у** to pay an account (a bill); **проверять счета** to audit accounts; **сводить** ~**ы с кем-л** to settle accounts (*with*); settle one's score; **списывать со** ~**а** to charge off; debit an account; write off; **фальсифицировать счета** to tamper with accounts **в** ~ on account; **за чей-л** ~ at smb's expense; on smb's account; **выписка из** ~**а** bank statement; **дубликат** ~**а** duplicate invoice; **за свой** ~ at one's own expense; **оплата по** ~**у** payment on account (on invoice): **разблокирование** ~**а** release of a blocked account ~**-фактура** invoice
~**а дебиторов** (*в балансе*) accounts receivable
~**а кредиторов** (*в балансе*) accounts payable

авансовый ~ advance account
активный ~ real account
банковский ~ bank account
блокированный ~ blocked (frozen) account
бухгалтерский ~ accounting records
депозитный ~ deposit account
заключительный ~ closing account
закрытый ~ closed account
замороженный ~ frozen account
корреспондентский ~ correspondent account
личный ~ personal account
неоплаченный ~ outstanding (unpaid) bill; outstanding (unsettled) account; unpaid invoice
общий (объединённый) ~ joint account
оплаченный ~ paid bill (invoice); settled account
отдельный ~ separate (special) account
открытый ~ current (open, running) account
переводной (переводный) ~ transferable account
предварительный ~ (*фактура*) preliminary (pro forma, provisional) invoice
сберегательный ~ savings account
совместный ~ joint account
текущий ~ current (running) account

СЧИТАТЬ *гл* (*полагать*) to consider; deem; hold; regard (*as*); think

СЫСК *сущ* crime detection; detection (of criminals); инвес-

tigation
начальник ~а chief of detectives
СЫСКН‖ОЙ *прил* detective; investigative
~ая полиция detective force (police)
~ое агентство crime detection agency; detective agency
СЫЩИК *сущ* detective; plainclothes man; [*амер тж*] spotter; [*разг*] gum-shoe; sleuth
~-следователь detective investigator

Т

ТАЙН‖А *сущ* secret; (*секретность тж*) privacy; secrecy; ◊ **выдавать ~у** to betray (give away) a secret; **держать (хранить) в ~е** to keep smth secret **в ~е** under a seal of secrecy; **разглашение служебной ~ы** breach of professional secrecy
~ голосования secrecy of ballot
~ переписки privacy of correspondence
государственная ~ state secret
коммерческая ~ commercial (trade) secret
служебная ~ official (professional) secrecy (secret)
ТАЙНИК *сущ* cache; hiding place
ТАЙНОПИСНЫЙ *прил* cryptographic
ТАЙНОПИСЬ *сущ* cryptography
ТАЙН‖ЫЙ *прил* secret; (*подпольный*) clandestine ◊ **избирать ~ым голосованием** to elect by secret ballot
~ое голосование secret ballot (vote)
~ договор secret treaty
~ совет Privy Council
ТАКСАЦИЯ *сущ* (*налогообложение*) taxation
ТАМОЖЕННИК *сущ* customs officer (official)
ТАМОЖЕНН‖ЫЙ *прил* customs ◊ **очистка от ~ых формальностей** customs formalities clearance; **упрощение ~ой процедуры** easement (facilitation, simplification) of customs formalities (procedure)
~ая декларация bill of entry; customs declaration (entry)
~ая очистка customs clearance
~ая пошлина customs duty
~ая процедура customs formalities (procedure)
~ые сборы customs duties (fees)
~ые суды customs courts
~ досмотр customs examination
~ кодекс customs code
~ союз customs union
~ счёт-фактура customs invoice
~ тариф customs tariff
~ устав customs regulations
ТАМОЖНЯ *сущ* custom-house; customs
ТАРИФ *сущ* rate; tariff; (*за*

проезд) fare ◊ **устанавливать ~** to fix a rate; impose a tariff; **по льготному ~у** (*о плате за проезд*) at a reduced fare

высокий ~ high rate

грузовой ~ freight rate

дискриминационный ~ discriminating (discriminatory) tariff

карательный ~ penalty (retaliation) tariff

конвенционный ~ conventional tariff

льготный ~ preferential (reduced) rate (tariff); (*за проезд*) reduced fare

максимальный ~ maximum tariff

минимальный ~ minimum tariff

низкий ~ low rate

общий ~ blanket rate (tariff); general tariff

особый ~ special rate (tariff)

протекционистский ~ protective tariff

смешанный ~ compound (mixed) tariff

существующий ~ current rate (tariff)

таможенный ~ customs tariff

ТЕЛЕСН‖ЫЙ *прил* bodily; corporal

~ое наказание corporal punishment

~ое недомогание bodily infirmity

~ое повреждение bodily harm (injury)

ТЕЛОХРАНИТЕЛЬ *сущ* bodyguard

ТЕНДЕНЦИЯ *сущ* tendency; trend

ТЕНДЕР *сущ* [комм] (*заявка на торгах, предложение*) bid; bidding; tender ◊ **объявлять ~** to announce (invite) a bid (bidding, tender); **отклонять ~** to decline (refuse) a bid (bidding, tender); **принимать ~** to accept a bid (bidding, tender); **рассматривать ~** to consider a bid (bidding, tender); **условия ~а** terms of a tender

ТЕРПЕНИ‖Е *сущ* patience; (*терпеливость*) endurance ◊ **выводить из ~я** to exasperate; put (*smb*) out of patience; **выходить из ~я (потерять ~)** to be (get) out of patience (*with*); lose patience; **проявлять ~** to exercise patience

ТЕРРИТОРИАЛЬН‖ЫЙ *прил* territorial

~ая целостность territorial integrity

~ая юрисдикция territorial jurisdiction

~ые воды territorial sea (waters)

ТЕРРИТОРИЯ *сущ* territory

~, находящаяся под чьей-л юрисдикцией territory under smb's jurisdiction

независимая ~ independent territory

несамоуправляющаяся ~ non-self-governing territory

оккупированная ~ occupied territory

подопечная ~ trust territory

самоуправляющаяся ~ self-governing territory

таможенная ~ customs area (territory)

ТЕРРОР *сущ* terror ◊ акт ~а act of terrorism; угроза ~а threat of terrorism

ТЕРРОРИЗИРОВАТЬ *гл* to terrorize; (*запугивать тж*) to intimidate

ТЕРРОРИЗМ *сущ* terrorism ◊ бороться с ~ом to combat terrorism

международный ~ international terrorism

ТЕРРОРИСТ *сущ* terrorist

ТЕРРОРИСТИЧЕСК‖ИЙ *прил* terrorist

~ая деятельность terrorist activities

~ акт act of terrorism; terrorist act

ТЕРЯТЬ, потерять *гл* to lose

ТЕСТЬ *сущ* father-in-law

ТЁЩА *сущ* mother-in-law

ТИТУЛ *сущ* title ◊ приобретать правовой ~ to take a title; недоказанность правового ~а failure of a title; обладатель правового ~а title holder; порок ~а defect of a title; присвоение ~а conversion of a title; проверка правового ~а examination of a title

~ собственности title of ownership

правовой ~ (на) title (to)

ТОВАР *сущ* commodity; merchandise; (*мн*) goods ◊ брать ~ на комиссию to take goods on sale; выдавать ~ со склада to release goods from the warehouse; выпускать ~ to turn out goods; выставлять ~ для продажи to exhibit goods for sale; забирать ~ обратно to reclaim goods; закладывать ~ to pledge goods; останавливать ~ в пути to halt (stop) goods in transit; отказываться от ~а to reject goods; покупать ~ to buy goods; поставлять ~ to deliver goods; продавать ~ to sell goods; распоряжаться ~ом to dispose of goods; страховать ~ to insure goods

запас ~ов stock; основная масса ~ов bulk of goods; отказ от ~а rejection of goods; партия ~ов consignment of goods; право собственности на ~ ownership (of) (property in, title to) goods; продажа ~ов по образцу (по описанию) sale of goods by a sample (by a description); продвижение ~а sales promotion

~, продаваемый в убыток (*в рекламных целях*) loss leader

~ы высокого качества (high-) quality goods

~ы длительного пользования durables; durable (hard, long-lived) goods

~ы иностранного происхождения goods of foreign origin

~ы, находящиеся в залоге на таможенном складе (*до уплаты пошлины*) bonded goods

~ы, не облагаемые пошлиной duty-free goods; undutiable articles

~, не являющиеся объектом международной торговли non-traded goods

~ы низкого качества inferior (low-quality) goods
~ы, облагаемые пошлиной dutiable (taxable) articles (goods)
~ы, определяемые общими родовыми признаками [*англ*] generic goods; [*амер*] fungible goods
~ы первой необходимости essential commodities (goods)
~ы пригодные для торговли goods of merchantable quality
~ы широкого потребления consumer goods
важнейшие (основные) виды ~ов major (staple) goods
дефектные ~ы faulty goods
дефицитные ~ы commodities (goods) in short supply; scarce commodities (goods)
дорогостоящие ~ы, выпускаемые малыми партиями high values, low bulk commodities (products)
застрахованные ~ы insured goods
излишние ~ы surplus goods
индивидуализированные ~ы ascertained goods
индивидуально-определённые ~ы specific goods
маркированные ~ы branded goods
массовые недорогостоящие ~ы low value, high bulk commodities (goods)
модные ~ы fancies; fancy articles (goods)
наличный ~ available goods; goods on hand
невостребованный ~ (*на таможне*) unclaimed goods
неходовой ~ unmarketable (unsaleable) goods
общественный ~ public goods
отборные ~ы choice goods
потребительские ~ы consumables; consumer commodities (goods); (*длительного пользования*) consumer durables
похищенный ~ stolen goods (merchandise)
промышленные ~ы industrial (manufactured) goods
разнообразные ~ы varied goods
сельскохозяйственные ~ы agricultural produce
стратегические ~ы strategic goods
сырьевые ~ы basic goods
транзитные ~ы goods in transit; transit goods
фактически принятый ~ goods actually received
ходовой ~ fast-moving (marketable, quick-selling, saleable) commodities (goods)
хрупкие ~ы delicate (fragile) goods
штучные ~ы piece-goods

ТОВАРИЩЕСТВ∥О *сущ* (*объединение*) association; society; (*фирма*) company; firm; (*не имеющее ограниченной ответственности*) partnership ◊ **выходить из ~а** to withdraw from a partnership; **ликвидировать (распускать) ~** to dissolve a partnership; **создавать ~** to enter into partnership (with)
ликвидация ~a dissolution of

a partnership; **участник (член) ~a** partner

командитное ~ limited partnership

ТОВАРОВЕД *сущ* commodity expert; goods manager

ТОВАРООБМЕН *сущ* commodity (goods) exchange; exchange of commodities (of goods) ; (*бартер*) barter

ТОВАРООБОРОТ *сущ* commodity circulation; goods (trade) turnover

ТОКСИКОЛОГ *сущ* toxicologist

ТОКСИКОЛОГИЯ *сущ* toxicology

ТОЛКОВАНИ‖Е *сущ* construction; interpretation; (*объяснение тж*) exposition ◊ **не получивший ~я** uninterpreted

~ договора interpretation of a treaty

~ закона construction of statutes; interpretation of a law

~ юридической нормы interpretation of a legal norm (rule)

аутентичное ~ authentic interpretation

буквальное ~ close (literal) interpretation

доктринальное ~ doctrinal interpretation

законодательное ~ statutory exposition

извращённое ~ artful interpretation

логическое ~ equitable construction; logical interpretation

неправильное ~ misconstruction; misinterpretation

ограничительное ~ limited (narrow, restrictive) interpretation

расширительное ~ broad (extensive, liberal) interpretation

судебное ~ judicial interpretation

узуальное ~ customary (practicable, usual) construction (interpretation)

ТОЛКОВАТЬ, истолковать *гл* to construe; interpret; (*объяснять тж*) to explain

~ в обратном смысле to interpret to the contrary

~ в пользу обвиняемого to interpret in the accused's favour

~ неправильно to misconstrue; misinterpret

~ ограничительно to interpret narrowly

~ расширительно to interpret broadly

ТОРГ *сущ* bargaining; (*мн*) (competitive) bidding; tender(s); (*аукцион*) auction ◊ **выступать на ~ах (принимать участие в ~ах)** to bid; participate in a tender (in the tenders); **выигрывать ~и** to win a tender (the tenders); **объявлять ~и** to announce (call for, invite, seek) a bid (bidding, tender) (*for*); **проводить ~и** to hold a tender (the tenders)

заявка на участие в ~ах application for taking part in the tenders; **объявление ~ов** an-

nouncement (invitation) of the tenders; **правила проведения ~ов** regulations (rules) for holding the tenders
закрытые ~и closed tenders
объявленные ~и announced (invited) tenders
открытые ~и open tenders

ТОРГОВАТЬ *гл* to deal (*in*); sell; trade (*in*)

ТОРГОВАТЬСЯ *гл* to bargain (*with*); make terms (*with*); negotiate (*with*)

ТОРГОВЕЦ *сущ* dealer (*in*); merchandiser (*in*); merchant (*in*); (*запрещёнными товарами*) trafficker; (*продавец*) seller; tradesman; vendor
~ наркотиками dope-pusher; drug trafficker; (*сильнодействующими наркотиками*) dealer in hard drugs
~ товарами dealer in commodities
~ ценными бумагами dealer in securities
биржевой ~ dealer
мелкий ~ petty (small) dealer (trader)
оптовый ~ distributor; wholesale dealer; wholesaler
розничный ~ retail dealer; retailer; vendor; (*наркотиками*) dope-peddler
рыночный ~ marketeer; market trader
уличный ~ street trader; vendor

ТОРГОВЛ‖Я *сущ* trade; traffic; (*запрещёнными товарами*) trafficking; (*коммерция*) commerce; (*рынок*) market ◊
вести ~ю to carry on (conduct) trade; engage (be engaged) in trade; **ограничение ~и** restraint (restriction) of trade; restrictive trade practices
~ за наличные cash trade
~ крадеными товарами trafficking in (of) stolen goods (things); (*автомашинами тж*) trafficking in (of) stolen cars
~ наркотиками drug pushing (sale); (*незаконная тж*) drug trafficking; illicit traffic (trafficking) in (of) drugs
~ товарами trade in commodities
~ ценными бумагами trade in securities
бартерная ~ barter; barter trade
беспошлинная ~ free trade
взаимовыгодная ~ mutually advantageous (beneficial) trade
внешняя ~ export (external, foreign, overseas) trade
вялая ~ slack (stagnant) trade
двусторонняя ~ bilateral trade
запрещённая ~ illegal (illicit) trade (trafficking); (*наркотиками*) drug trafficking; illicit traffic (trafficking) in (of) drugs; (*оружием*) arms trafficking
мировая ~ world commerce (trade)
многосторонняя ~ multilateral trade
морская ~ maritime (seaborne) trade
незаконная ~ illegal (illicit) trade (trafficking); (*наркотиками*) drug trafficking; illicit

traffic (trafficking) in (of) drugs; (*оружием*) arms trafficking
оживлённая ~ brisk trade
оптовая ~ wholesale trade
приграничная ~ border trade
розничная ~ retailing; retail trade; (*наркотиками*) dope-peddling
транзитная ~ transit trade

ТОРГОВО-КРЕДИТНЫЙ *прил* trade and credit

ТОРГОВО-ПРОМЫШЛЕНН‖ЫЙ *прил* commercial (trade) and industrial
~**ая выставка** commercial (trade) and industrial exhibition

ТОРГОВО-ЭКОНОМИЧЕСК‖ИЙ *прил* commercial (trade) and economic
~**ие связи** commercial (trade) and economic ties
~**ое соглашение** commercial (trade) and economic agreement

ТОРГОВ‖ЫЙ *прил* commercial; mercantile; trade
~**ая война** trade war
~**ая делегация** trade delegation
~**ая палата** chamber of commerce
~**ая политика** trade policy
~**ая сделка** deal
~**ое законодательство** trade legislation
~**ое имя** trade name
~**ое мореплавание** merchant shipping
~**ое обыкновение** (*торговый обычай*) commercial (trade) usage

~ **право** law of merchant(s); law of the staple(s); merchant law
~**ое правоотношение** commercial legal relations (relationship)
~**ое представительство** trade mission (representation)
~**ое соглашение** commercial (trade) agreement
~**ое судно** merchant ship (vessel)
~**ое товарищество** trading partnership
~**ые круги** mercantile community
~**ые отношения** trade relations
~**ые преференции** trade preferences
~**ые санкции** trade sanctions
~ **агент** commercial agent
~ **арбитраж** commercial arbitration
~ **атташе** commercial attaché
~ **баланс** balance of trade; trade balance
~ **договор** commercial contract; [*межд право*] commercial (trade) treaty; treaty of commerce (of trade)
~ **домициль** commercial domicile
~ **капитал** trading capital
~ **посредник** commercial (merchandise) broker
~ **представитель** trade representative
~ **реестр** trade register
~ **третейский суд** commercial court of arbitration
~ **флот** mercantile marine;

merchant fleet (marine, navy)

ТОРЖЕСТВЕНН‖ЫЙ *прил* solemn; (*парадный*) ceremonial
~**ая присяга** solemn oath

ТРАВМ‖А *сущ* injury; trauma ◊ **получить** ~**у** to receive (suffer, sustain) an injury
бытовая ~ off-the-job injury
лёгкая ~ slight injury
непроизводственная ~ off-the-job injury
производственная ~ employment (industrial work) accident (injury); job-related (labour) accident (injury)
серьёзная ~ serious injury

ТРАВМАТИЗМ *сущ* injuries; traumatism
производственный ~ job-related (occupational) injuries

ТРАДИЦИ‖Я *сущ* tradition ◊ **по** ~**и** according to a tradition; traditionally
установившаяся ~ established practice (tradition)

ТРАНЗИТ *сущ* transit; traffic in transit ◊ ~**ом** in transit

ТРАНКВИЛИЗАТОР *сущ* tranquilizer

ТРАНСМИССИЯ *сущ* [*межд право*] transmission

ТРАНСПОРТ *сущ* transport; (*перевозка*) carriage; conveyance; transportation; (*партия груза*) consignment ◊ **в общественном** ~**е** on public transport (transportation)
авиационный ~ air service (transport)
автобусный ~ bus service (transport)
автомобильный ~ automobile (motor) transport
водный ~ water transport
воздушный ~ air service (transport)
городской ~ city (urban) service (transport)
грузовой ~ cargo (freight) transport
железнодорожный ~ rail (railway) transport
морской ~ marine (sea) transport
общественный ~ public transport (transportation)
пассажирский ~ passenger transport

ТРАНСПОРТИРОВКА *сущ* carriage; haulage; hauling; transport; transportation

ТРАНСФЕРТ *сущ* [*фин*] transfer
бланковый ~ blank transfer

ТРАССА *сущ* road; route

ТРАССАНТ *сущ* [*фин*] (*векселедатель; лицо, выставившее тратту*) drawer (of a bill of exchange); issuer; maker of a promissory note; (*чекодатель*) drawer of a cheque

ТРАССАТ *сущ* [*фин*] (*лицо, на которое выставлена тратта; плательщик по векселю*) drawee

ТРАТТ‖А *сущ* [*фин*] (*переводной вексель*) bill of exchange; draft ◊ **акцептовать** ~**у** to accept (honour) a draft; **выставлять** ~ to draw a bill; issue (make out) a draft; **дисконтировать (учитывать)** ~**у** to discount a draft; **индоссировать** ~у (*делать передаточную надпись*) to endorse a draft; **опротестовывать** ~у to protest a draft

второй экземпляр ~ы Second of Exchange; **первый экземпляр** ~ы First of Exchange; **предъявление** ~ы presentation of a draft; **учёт** ~ы discount of a draft

~, **выставленная банком** (*или* **на банк**) bank bill (draft)

~, **срочная по предъявлении** sight bill (draft, exchange)

внутренняя ~ inland bill

документированная ~ documentary bill (draft)

срочная ~ term (time) draft

ТРЕБОВАНИ∥Е *сущ* demand; requirement; (*запрос*) request; (*иск, претензия*) claim ◊ **выдвигать (предъявлять)** ~ to advance (raise) a demand (a claim); (*иск к кому-л*) to lay a claim (*to*); lodge (put in) a claim (*with*); (*через посредство другого лица*) to claim by (through) a person; **выполнять** ~я **закона** to comply with (fulfil) the requirements of the law; **заявлять встречное** ~ to counterclaim; **отказываться от** ~я to abandon (give up, reject, resign, waive) a claim; **подчиняться** ~ям to comply with the requirements; **признавать** ~ to acknowledge (admit) a claim; **удовлетворять** ~ to meet (satisfy) a demand; allow (discharge, meet) a claim; **удовлетворять (отвечать)** ~ям to be agreeable (*to*) (conform to, meet) the requirements

лицо, подающее ~ (*иск*) claimant; complainant; plaintiff; **по (первому)** ~ю (*о платежах и т.п.*) at (on) call; on demand; **по чьему-л** ~ю at smb's request; on smb's demand; **право** ~я right of a claim

~ **возмещения убытков** claim for damages; damages

~ **повышения заработной платы** pay demand; wage claim

~, **предусмотренное законом** statutory requirement

~ **судебной защиты** demand for a relief

~ **уплаты штрафа** claim for a penalty

~я **договора** contractual requirements

банковское ~ bank's requirement

встречное ~ claim in return; counterclaim; counterdemand; opposite demand; reconvention

денежное ~ monetary (pecuniary) claim

дополнительное ~ additional requirement

исковое ~ action; claim; lawsuit

настоятельное ~ pressing demand

необоснованное ~ unreasonable claim (demand)

платёжное ~ payment request

правомерное ~ lawful demand

преимущественное (привиле-

гированное) ~ lien
самостоятельное ~ independent demand
справедливое ~ fair claim
ТРЕБОВАТЬ, потребовать *гл* to demand; request; require; (*по праву*) to claim (*from*); lay claim (*to*); (*уплаты долга и т.п.*) to call in; (*что-л назад*) to call back; recall; reclaim
~ **возмещения ущерба** to claim damages
~ **по суду** to demand by a court action
~ **рассмотрения дела в суде присяжных** to demand a jury trial
~ **сатисфакции** to seek a redress
ТРЕВОГ∥А *сущ* alarm; alert ◊ **бить (поднять)** ~**у** to beat (give, raise, sound) the alarm
ТРЕД-ЮНИОН *сущ* trade union
ТРЕЗВЕННИК *сущ* teetotaller; total abstainer
ТРЕЗВОСТЬ *сущ* sobriety; (*воздержание от употребления спиртных напитков тж*) teetotalism; total abstinence
ТРЕЗВЫЙ *прил* sober; (*непьющий тж*) teetotal; total abstinent; (*здравомыслящий*) sane; sober; sober-minded; of sober (sound) mind ◊ **вести** ~ **образ жизни** to be a teetotaller (a total abstainer); **иметь** ~ **взгляд** (*на*) to take a sober view (*of*)
~ **политик** sober-minded politician
ТРЕТЕЙСК∥ИЙ *прил* arbitral ◊ **разрешать спор** ~**им судом** to settle (a dispute) by arbitration
~ **суд** arbitration court; court of arbitration
~**ое разбирательство** arbitration; arbitration proceeding(s)
~**ое рассмотрение спора** settlement of a dispute by arbitration
~**ое решение** (arbitral) award
ТРЁХСТОРОННИЙ *прил* trilateral; tripartite
ТРИБУНА *сущ* platform; rostrum
свидетельская ~ witness-box (-stand)
ТРИБУНАЛ *сущ* tribunal
~ **по правам человека** human rights tribunal
военный ~ court martial
международный ~ international tribunal
независимый ~ independent tribunal
ТРУД *сущ* labour; work
детский ~ child labour
добросовестный ~ conscientious work
женский ~ female (women's) labour (work)
квалифицированный ~ skilled labour (work)
наёмный ~ hired labour
неквалифицированный ~ unskilled labour (work)
непроизводительный ~ unproductive labour
общественный ~ social labour
полезный ~ useful labour

(work)
принудительный ~ compulsory (forced) labour
производительный ~ productive labour
ручной ~ manual labour (work)
физический ~ manual (physical) labour (work)

ТРУДОВ‖ОЙ *прил* labour; work; working
~**ая дисциплина** labour discipline
~**ая повинность** labour duty
~**ая правоспособность** labour legal capacity
~**ое законодательство** labour legislation
~**ое право** labour law
~ **договор** employment (labour) contract
~ **доход** earned income
~ **конфликт** labour conflict (dispute)
~ **стаж** length (years) of service
~**ые отношения** labour relations
~**ые резервы** labour reserves

ТРУДОСПОСОБНОСТ‖Ь *сущ* ability to work; labour ability ◊ **лишать** ~**и** to disable; **потеря** ~**и** disability; disablement; incapacity

ТРУДОСПОСОБН‖ЫЙ *прил* able-bodied
~**ое население** able-bodied population

ТРУДОУСТРОЙСТВО *сущ* employment; job placement

ТРУЖЕНИК *сущ* worker; toiler

ТРУП *сущ* corpse
ТРЮМ *сущ* hold ◊ **укладывать** (*груз*) **в** ~**е** to stow
ТУНЕЯДЕЦ *сущ* idler
ТЮРЕМН‖ЫЙ *прил* prison
~**ое право** prison law
~**ые правила** prison rules
ТЮРЕМЩИК *сущ* jailer
ТЮРЬМ‖А *сущ* jail; prison; [*амер тж*] penitentiary ◊ **заключать (посадить) в** ~**у** to commit (put, send) to prison; imprison; incarcerate; jail; lock up; (*сажать за решётку*) to put behind bars; **вновь заключать в** ~**у** to recommit to prison; reimprison; reincarcerate

бежавший из ~**ы** prison breaker; **во время пребывания в** ~**е** while in prison; **заключение в** ~**у** imprisonment; incarceration; jailing; **начальник** ~**ы** prison governor; **освобождение из** ~**ы** jail delivery; release from prison; **повторное заключение в** ~**у** reimprisonment

~ **графства** county jail (prison)
~ **особо строгого режима** maximum security institution (prison)
~ **открытого типа** open prison
~ **с режимом средней строгости** medium security institution (prison)
~ **строгого режима** high (tight) security institution (prison)
женская ~ female prison
мужская ~ male prison

ТЯЖБА *сущ* (*судебное дело*) lawsuit; litigation; matter of law; suit; (*конфликт, спор*) controversy; dispute

ТЯЖЕСТЬ *сущ* weight; (*серьёзность*) gravity; severity ◊ **под ~ю улик** under the weight of evidence

~ **лишения свободы** hardship of detention

~ **предъявленного обвинения** gravity of the proposed charge

~ **преступления** gravity (severity) of a crime (of an offence)

ТЯЖК‖ИЙ *прил* heavy

~**ое** (*суровое*) **наказание** heavy (serious, severe) punishment

~**ое преступление** grave (serious) crime

~**ое телесное повреждение** grave (grievous) bodily harm (injury)

УБЕДИТЕЛЬНО *нареч* convincingly; persuasively; to the satisfaction (*of*)

~ **для присяжных** to the satisfaction of the jury

~ **для суда** to the satisfaction of the court

УБЕДИТЕЛЬН‖ЫЙ *прил* convincing; persuasive; (*настоятельный*) earnest; pressing

~**ая просьба** pressing request

~**ые доказательства** convincing (strong, valid) evidence (proof)

УБЕЖДАТЬ, убедить *гл* to convince (*of*); persuade (*to + inf*); satisfy

~ **присяжных** to satisfy the jury

~ **суд** to satisfy the court

УБЕЖДАТЬСЯ, убедиться *гл* to be convinced (*of*); make certain (sure) (*that*); satisfy oneself (*of*)

УБЕЖДЕНИ‖Е *сущ* (*точка зрения*) belief; opinion; (*уверенность*) conviction; (*воззрения*) beliefs; convictions; creed; (*действие*) persuasion

внутреннее ~ inner conviction

политические ~**я** political convictions (creed)

УБЕЖДЁННЫЙ *прил* convinced (*of*)

УБЕЖИЩ‖Е *сущ* harbour; refuge; sanctuary; shelter; [*особ полит*] asylum ◊ **дать** ~ **преступнику** to give harbour to a criminal; **искать** ~**а** to seek a sanctuary (a shelter); [*полит*] to seek a political asylum; **нарушать право** ~**а** to break (violate) a sanctuary (right of an asylum); **отказывать в** ~ to deny a sanctuary (a shelter); [*полит*] to deny a political asylum; **просить политического** ~**а** to ask for a political asylum; **предоставлять** ~ to afford a shelter; [*полит*] to grant a political asylum; **право** ~**а** right of asylum

~ **налогоплательщика** (*о стране с низкими налогами*) tax haven

дипломатическое ~ diplomatic asylum
политическое ~ political asylum
территориальное ~ territorial asylum

УБИВАТЬ, убить *гл* to kill; murder; slaughter; slay; take smb's life; (*особ зверски*) to massacre; (*о заказном убийстве*) to assassinate

~ **время** to kill time

УБИЙСТВ‖О *сущ* homicidal offence; homicide; killing; manslaughter; murder; (*особ нескольких человек одновременно*) slaughter; (*заказное, особ по политическим мотивам*) assassination ◊ **совершать** ~ to commit a homicide (a murder); (*массовое*) to massacre; slaughter; (*заказное, особ по политическим мотивам*) to assassinate; **покушение на** ~ attempted murder; **предупреждение** ~**a** prevention of a murder

~ **брата** (*братоубийство*) fratricide

~ **в состоянии аффекта** heat of passion homicide (killing, manslaughter)

~ **женщины** femicide

~ **из корыстных побуждений** homicide (murder) for mercenary motives

~ **из чувства мести** homicide (murder) for revenge

~**, квалифицируемое как фелония** felony murder

~ **матери** matricide

~ **матерью новорождённого ребёнка** (*детоубийство*) infanticide

~ **отца** (*отцеубийство*) patricide

~ **по небрежности** negligent homicide (killing, manslaughter)

~ **по неосторожности** involuntary (reckless) homicide (killing, manslaughter)

~ **по политическим мотивам** assassination for political reasons

~ **по суду** (*о несправедливом смертном приговоре*) judicial murder

~ **при оправдывающих** (*вину*) **обстоятельствах** excusable (justifiable) homicide

~ **со злым умыслом** homicide with a malice

заказное ~ assassination

злоумышленное ~ homicide with a malice

квалифицированное умышленное ~ first-degree murder; murder in the first degree

массовое ~ massacre; (*нескольких человек одновременно тж*) slaughter

неосторожное ~ involuntary (reckless) homicide (killing, manslaughter)

непреднамеренное (непредумышленное) ~ excusable homicide (killing); homicide by misadventure; manslaughter; unpremeditated murder

преднамеренное (предумышленное, умышленное) ~ calculated (felonious, intentional, wilful) homicide (murder);

(premeditated) murder
простое ~ manslaughter; second-degree murder; murder in the second-degree; (*в результате виновного бездействия*) manslaughter by a culpable omission
случайное ~ homicide (killing) by misadventure
умышленное ~ **при отягчающих** (*вину*) **обстоятельствах** first-degree murder; murder in the first degree
умышленное ~ **при смягчающих** (*вину*) **обстоятельствах** second-degree murder; murder in the second-degree

УБИЙЦА *сущ* cutthroat; homicide; killer; manslayer; murderer; slayer; [*особ политического или общественного деятеля*] assassin
~-садист sadistic killer
наёмный ~ assassin; hired killer; mercenary
привычный ~ habitual killer
профессиональный ~ professional killer

УБЫТ‖ОК *сущ* (*утрата чего-л*) loss(es); (*ущерб*) damage(s); (*вред*) lesion ◊ **взыскивать ~ки** to recover damages; **возмещать ~ки** to indemnify; make amends; repair damages (losses); **заявлять ~ки** to lay damages; **нести (понести) ~ки** to bear (incur, suffer, sustain) damages (losses); **оплачивать ~ки** to pay damages; **определять ~ки** to assess damages; **покрывать ~ки** to cover damages; **получать право на возмещение ~ков** to be awarded damages; **принимать на себя ~ки** to accept damages; **присуждать ~ки** to award damages; **причинять ~ки** to cause (inflict) damages (losses); **терпеть ~ки** to bear (incur, suffer, sustain) damages (losses); **требовать возмещения ~ков** to claim damages; (*через суд тж*) to sue for damages; **устанавливать размер ~ков** to ascertain (assess) the extent of damages

взыскание ~ков recovery of damages; (*в гражданском порядке*) civil damages; (*в уголовном порядке*) penal damages; **возмещение ~ков** compensation for damage(s); damages; indemnity; indemnification; (*репарация*) reparation; **общая сумма понесённых ~ков** aggregate damage; damages at large; **ответственность за ~ки** liability for damages; **покрытие ~ков** damage(s) settlement; **размер ~ков** extent of damages (of losses); **распределение ~ков** distribution of damages (of losses) (*between*); **установление размера ~ков** ascertainment (assessment) of the extent of damages (of losses)
~ки, понесённые вследствие чрезвычайных расходов damages caused (incurred) by extraordinary expenditure (expenses)
~ки по общей аварии [*мор*

страх] general average loss
~ки по частной аварии [*мор страх*] particular average loss
ближайшие (непосредственные) ~ки proximate damages
будущие ~ки anticipatory (prospective) damages
вероятные ~ки speculative damages
возможные ~ки eventual damages
временные ~ки temporary damages
денежные ~ки financial (pecuniary) losses
косвенные ~ки consequential (indirect) damages
многократные ~ки multiple damages
невозмещаемые ~ки irrecoverable damages
неизбежные ~ки necessary damages
обыкновенные ~ки general damages
ожидаемые ~ки anticipatory (prospective) damages
отдалённые ~ки remote damages
предельные ~ки marginal damages
прямые ~ки direct damages
согласованные ~ки agreed damages
фактические ~ки actual damages
штрафные ~ки added (exemplary, punitive, vindictive) damages

УВАЖАТЬ, уважить *гл* to have respect (*for*); honour; respect
~ законы и обычаи страны to respect the laws and customs of a country
~ нормы международного права to respect the norms (rules) of international law
~ положения договора to honour (respect) the provisions of a treaty

УВАЖЕНИ‖Е *сущ* respect ◊ **завоевать всеобщее ~** to win the respect of all; **относиться (к кому-л) с ~м** to have respect (*for*); **пользоваться ~м** to be held in respect; command respect; **достойный ~я** worthy of respect
~ государственного суверенитета respect for state sovereignty
~ закона respect for law
~ международно признанных границ respect for internationally recognized borders (boundaries, frontiers)
~ тайны переписки respect for privacy of correspondence
~ территориальной целостности и нерушимости границ respect for territorial integrity and inviolability of frontiers
всеобщее ~ прав человека и основных свобод universal respect for human rights and fundamental freedoms

УВЕДОМЛЕНИ‖Е *сущ* information; notice; notification; [*комм тж*] advice; advice note; letter of advice ◊ **без последующего ~я** without further notice (notification); **за исключением случаев ~я о противном** except for any notice (notification) to the contrary; **с последующим ~м** under further notice (notification)

~ об иске notice of a claim

~ об отказе в акцепте (*векселя*) *или* **в платеже** (*по векселю*) notice of dishonour

~ об отправке (*груза*) advice of dispatch; notification of shipment

~ о назначении дела к слушанию notice of a trial

~ о намерении notice of intention

~ о подаче заявки notice of application

~ о получении (*чего-л*) acknowledgement of (the) receipt (*of*)

~ о проведении общего собрания (*акционеров и т.п.*) notice of a general meeting

встречное ~ counter-notice

заблаговременное ~ [*преим дип*] advance notification

конструктивное ~ constructive notice

личное ~ personal notice

надлежащее ~ proper notice

незамедлительное ~ [*преим дип*] prompt notification

официальное ~ formal (official) notice

повторное ~ renewed notice

предварительное ~ preliminary notice; [*преим дип*] prior notification

специальное ~ special notice

статутное ~ statutory notice

УВЕДОМЛЯТЬ, уведомить *гл* to give notice (*of*); inform (*of*); notify (*of*); [*комм тж*] to advise

~ (*кого-л*) **о своих намерениях** to notify (*smb*) of one's intention(s)

УВЕРЕННОСТЬ *сущ* assurance; certainty; confidence ◊ **поколебать чью-л ~** to shake (shatter) smb's confidence

~ в себе self-confidence

УВЕРЕННЫЙ *прил* certain; confident; sure

УВЕРЯТЬ, уверить *гл* to assure (*of*); (*убеждать тж*) to convince; persuade

УВЕЧЬ∥Е *сущ* injury; maim; mutilation ◊ **наносить (причинять) ~** to maim; mutilate; (*самому себе*) to maim oneself; **получить ~я** to sustain injuries; **нанесение ~я** maiming

УВИЛИВАТЬ, увильнуть *гл* (*от чего-л*) to dodge; evade; shirk

~ от выполнения (исполнения) долга to shirk one's duty

~ от ответственности to shirk responsibility

~ от работы to shirk one's work

~ от уплаты налогов to dodge (evade) taxation (taxes)

УВОЛЬНЕНИЕ *сущ* dismissal (*from*); layoff; sacking; (*отстранение от должности тж*) removal (*from*); [*воен*] discharge (*from*)

~ из армии discharge from the army

~ по причине непригодности [*воен*] discharge for unfitness

~ по служебному несоответствию discharge (dismissal)

for inaptitude
~ **по сокращению штатов** redundancy

УВОЛЬНЯТЬ, уволить *гл* to dismiss (*from*); give the sack; lay off; sack; (*отстранять от должности тж*) to remove (*from*); [*амер*] to fire; [*воен*] to discharge

~ **в запас** [*воен*] to transfer to the reserve

УГОЛОВНИК *сущ* (*уголовный преступник*) criminal; criminal offender; perpetrator (of a crime); (*опасный*) felon

УГОЛОВНО-НАКАЗУ-ЕМ‖ЫЙ *прил* criminally liable (punishable)

~**ое деяние** (criminally) punishable act (offence)

УГОЛОВНО-ОТВЕТСТВЕННЫЙ *прил* criminally responsible

УГОЛОВНО-ПРОЦЕССУАЛЬН‖ЫЙ *прил* of criminal procedure

~**ое право** law of criminal procedure

~ **кодекс** code of criminal (penal) procedure

УГОЛОВН‖ЫЙ *прил* criminal; penal

~**ая ответственность** criminal liability (responsibility)

~**ая статистика** criminal statistics

~**ая юрисдикция** criminal (penal) jurisdiction

~**ое дело** criminal case (proceeding)

~**ое деяние** criminal act (offence)

~**ое обвинение** criminal charge

~**ое право** criminal law

~**ое преследование** (criminal) prosecution

~**ое преступление** criminal offence; felony

~**ое расследование** criminal investigation

~**ое судопроизводство** criminal justice; criminal procedure (process, proceeding|s)

~ **закон** criminal (penal) law (statute)

~ **кодекс** criminal (penal) code

~ **преступник** criminal; criminal offender; perpetrator (of a crime)

~ **процесс** criminal procedure (process, proceeding|s)

~ **розыск** crime detection; (*отдел*) Criminal Investigation Department

~ **суд** criminal court

УГОН *сущ* (*любого транспортного средства*) hijacking; (*автотранспорта тж*) auto theft; carjacking; car theft; (*воздушного транспорта тж*) skyjacking

УГОНЩИК *сущ* hijacker; carjacker; skyjacker

УГРОЖАТЬ *гл* to menace; threaten; (*представлять опасность, угрозу тж*) to endanger; imperil; jeopardize; pose a threat (*to*)

~ **оружием** to threaten with a gun

~ **убийством** to make a threat to kill

УГРОЗ‖А *сущ* menace; threat;

(*опасность тж*) danger; jeopardy; peril ◊ **поставить под ~у (представлять ~у)** to endanger; imperil; jeopardize; pose a threat (*to*); (*угрожать тж*) to menace; threaten **письмо, содержащее ~у** threatening letter; **под ~ой штрафа** on pain of a fine (of a forfeiture); **предотвращение ~ы** prevention of a threat (*to*); **устранение ~ы** removal of a threat (*to*)

~ возбуждением тяжбы menace (threat) of litigation

~ войны menace (threat) of war

~ всеобщему миру menace (threat) to universal (world) peace

~ международной безопасности menace (threat) to international security

~ нанесением физического увечья menace (threat) of a bodily harm

~ насилием menace (threat) of violence; physical menace (threat); (*женщине*) indecent assault (*on a female*)

~ причинением вреда menace (threat) of an injury

~ силой или её применение threat or use of force

~ физическим насилием женщине indecent assault on a female

непосредственная ~ immediate (imminent) menace (threat); (*опасность тж*) instant danger

отдалённая ~ remote menace (threat)

потенциальная ~ potential menace (threat)

презюмируемая ~ implicit (implied, presumptive) menace (threat)

реальная ~ justifiable menace (threat)

УДАВИТЬ *гл* (*задушить*) to choke to death; strangulate; strangle

УДАВИТЬСЯ *гл* to hang oneself

УДАЛЕНИЕ *сущ* (*кого-л*) removal; sending away; (*временное прекращение работы*) recess

~ присяжных на заседание recess of the jury

УДАЛЯТЬСЯ, удалиться *гл* to leave; move away; move off; retire; withdraw; (*делать перерыв в работе*) to recess

~ на совещание (*о присяжных, суде*) to recess (retire) for deliberations

УДАР *сущ* blow; stroke; (*пощёчина*) slap in the face ◊ **наносить ~** to administer (deal, deliver, strike) a blow; inflict a stroke; hit; strike; (*колющим оружием*) to stab; (*по лицу*) to slap in the face; **подставлять спину под ~** [*перен*] to risk a stab in the back

умышленное нанесение ~ов intentional infliction of blows

~ в спину stab in the back

запрещённый ~ [*спорт*] illegal blow

ответный ~ retaliatory blow; retaliation

УДАРЯТЬ, ударить гл to administer (deal, deliver, strike) a blow; inflict a stroke; hit; strike; (*колющим оружием*) to stab; (*по лицу*) to slap in the face

УДЕРЖАНИ∥Е сущ (*налога, процента и т.п.*) deduction (*from*); withholding (*from*); (*прибыли от распределения*) retention; (*имущества в обеспечение долга*) distraint; retention; (*задержание судна и т.п. сверх срока*) detention ◊ **до ~я налога** before a tax; **подлежащий ~ю** deductible; **после ~я налога** after a tax; **право ~я** (*имущества*) lien **~ вещи во владении** retention of possession of property **незаконное ~** (*имущества*) detainer

УДЕРЖИВАТЬ, удержать гл to detain; retain; (*налог, процент и т.п.*) to deduct (*from*); withhold (*from*); (*имущество в обеспечение долга*) to distrain; hold back; retain; (*отпугивать*) to deter

УДОВЛЕТВОРЕНИ∥Е сущ (*возмещение*) recovery; redress; relief; satisfaction; (*вознаграждение*) gratification ◊ **давать ~** to afford (give) satisfaction; redress; **отмечать с ~м** to note with satisfaction **в ~ претензии** to satisfy a claim; **за встречное ~** for value; **к ~ю всех заинтересованных сторон** to the satisfaction of all (the) parties concerned
~ апелляции allowance of an appeal
~ иска (претензии) allowance (redress) of a claim
встречное ~ consideration; inducement; (*денежное*) money (pecuniary) satisfaction; (*надлежащее*) valuable consideration; (*подразумеваемое*) implied consideration; (*противоправное*) illegal consideration; (*соразмерное*) adequate consideration; (*за полученный эквивалент*) consideration for the value received
денежное встречное ~ money (pecuniary) satisfaction
законное ~ legal redress
надлежащее встречное ~ valuable consideration
противоправное встречное ~ illegal consideration
соразмерное встречное ~ adequate consideration

УДОВЛЕТВОРЯТЬ, удовлетворить гл (*потребности, спрос и т.п.*) to meet; satisfy; (*давать возмещение*) to redress; (*соответствовать*) to agree (*with*); answer; meet; satisfy
~ апелляцию to allow an appeal
~ иск (претензию) to allow (redress) a claim
~ потребности to meet (satisfy) the needs (*of*)
~ требования to meet (satisfy) the requirements

УДОСТОВЕРЕНИ∥Е сущ (*действие*) acknowledgement; attestation; authentication; certification; verification; (*документ*) certificate ◊

выдача ~я certification
~ личности certificate of identity (of identification); identity (identification) card
~ о приобретении вещи (*на торгах*) certificate of purchase (of sale)
~ о регистрации certificate of registration
~ подлинности authentication
водительское ~ driver's (driving) licence
служебное ~ certificate of employment

УДОСТОВЕРЯТЬ, удостоверить *гл* (*документ*) to attest; authenticate; certificate; certify; verify; witness; (*личность*) identify
~ подлинность подписи to attest (authenticate, legalize, witness) a signature
~ правильность перевода (*документа*) to certify the accuracy of translation

УДОЧЕРЯТЬ, удочерить *гл* to adopt; affiliate

УДУШЕНИЕ *сущ* strangulation

УДУШИТЬ *гл* to choke to death; strangle; strangulate

УЖАС *сущ* horror; terror ◊ приводить в ~ to horrify

УЗАКОНЕНИЕ, узаконивание *сущ* legalization; legitimation; legitimization; legislative enactment (regulation)

УЗАКОНЕННЫЙ *прил* legalized; legitimized

УЗАКОНИВАТЬ, узаконить *гл* to legalize; legitimatize; legitimize; provide for by law; (*ребёнка*) to legitimate (*a child*)

УЗНИК *сущ* inmate; prisoner

УЗУРПАТОР *сущ* usurper

УЗУРПАЦИЯ *сущ* (*власти*) unlawful seizure of power; usurpation

УЗУРПИРОВАТЬ *гл* (*власть*) to usurp

УЗЫ *сущ* bonds; links; ties
~ брака bonds of wedlock
~ дружбы bonds of friendship
семейные ~ family bonds (ties)

УКАЗ *сущ* (*постановление*) decree; edict; order; ordinance ◊ издавать ~ to issue a decree
~ президента decree of the President

УКАЗАНИ∥Е *сущ* (*сведение о чём-л*) indication; (*инструкция, предписание*) direction; directive; instruction ◊ выполнять чьи-л ~я to carry out (comply with) smb's instructions; давать ~я to instruct; give instructions (*to*); в ожидании ~й pending further instructions
~ происхождения товара indication of the origin of goods
~ (*судьи*) присяжным charge (direction|s) to the jury

УКЛОНЕНИЕ *сущ* (*в сторону*) deviation (*from*); (*от темы разговора и т.п.*) digression (*from*); (*от выполнения долга, уплаты налогов и т.п.*) avoidance (*of*); dodging; evasion (*of*)
~ от военной (воинской) службы draft evasion; evasion of

military service

~ **от уплаты налогов** tax avoidance (dodging, evasion)

УКЛОНЧИВЫЙ *прил* evasive

~ **ответ** evasive answer

УКЛОНЯТЬСЯ, уклониться *гл* (*в сторону*) to deviate (*from*); (*от темы разговора*) to digress (*from*); (*от выполнения долга, уплаты налогов и т.п.*) to avoid; dodge; evade; shirk; (*избегать, ускользать*) to elude

~ **от военной (воинской) службы** to evade military service

~ **от выполнения своих обязанностей** to dodge (evade, shirk) one's duty (one's obligations)

~ **от ответственности** to dodge (evade, shirk) responsibility

~ **от работы** to shirk work

~ **от соблюдения договора** to elude a treaty

~ **от спора** to elude an argument

~ **от уплаты налогов** to dodge (evade) taxes (taxation)

~ **от явки в суд** to default

УКРЫВАТЕЛЬ *сущ* (*краденого имущества, преступника и т.п.*) concealer; harbourer

~ **краденого** criminal receiver; fence (for stolen goods); fence dealer in stolen goods; receiver of stolen goods

~ **преступника** harbourer of a criminal

УКРЫВАТЕЛЬСТВО *сущ* concealment; harbouring; secretion; (*недонесение о преступлении и т.п.*) misprision

~ **государственной измены** misprision of a treason

~ **краденого** adoption (receiving, secretion) of stolen goods; criminal receiving

~ **преступления** concealment (misprision) of a crime;

~ **преступника** harbouring (secretion of) a criminal; (*недонесение тж*) misprision of a criminal

УКРЫВАТЬ, укрыть *гл* (*предоставлять убежище*) to give shelter; shelter; (*прятать, скрывать*) to conceal; harbour; secrete

~ **краденое** to adopt (receive, secrete) stolen goods

~ **преступника** to harbour (secrete) a criminal

УКРЫТИЕ *сущ* cover; concealment; shelter; (*потайное место тж*) hideout; hiding-place

УЛИК∥А *сущ* evidence; damning (incriminating, inculpatory) evidence; evidence of a crime (of a guilt) ◊ **представлять (предъявлять)** ~**и** to present evidence; **представлять что-л в качестве** ~**и** to offer (produce) smth in evidence; **собирать** ~**и** to gather evidence; **уничтожать** ~**и** to destroy evidence

весомость улик weight of evidence; **недостаток улик** insufficiency (lack) of evidence; **подделка улик** tampering

with evidence; **приемлемость улик** admissibility of evidence; **сокрытие улик** concealment of evidence
достаточные ~и sufficient evidence
косвенные ~и circumstantial (collateral, indirect) evidence
неопровержимые ~и incontrovertible evidence
прямая ~ direct evidence

УЛИЧАТЬ, уличить *гл* to catch out; establish smb's guilt; prove smb guilty (*of*)
~ во лжи to catch in a deception (in a lie)
~ в совершении преступления to prove (*smb*) guilty of a crime

УЛУЧШАТЬ, улучшить *гл* ameliorate; better; improve

УЛУЧШЕНИЕ *сущ* amelioration; betterment; improvement; (*оздоровление экономики и т.п.*) recovery

УЛЬТИМАТУМ *сущ* ultimatum ◊ **предъявлять ~** to present (*smb*) with an ultimatum

УМ *сущ* intellect; mind ◊ **сходить с ~а** to go mad; [*перен*] to be crazy (*about*); **в здравом ~е и твёрдой памяти** of sound mind and memory; sane and in full control of one's mental powers; **склад ~а** (*менталитет*) mentality

УМАЛЕНИЕ *сущ* (*преуменьшение, принижение*) impairment; (*недооценка, пренебрежение тж*) depreciation; disparagement; (*ограничение прав, свобод и т.п.*) derogation; diminishing ◊ **отрицание или ~ прав и свобод человека и гражданина** negating or diminishing smb's human and civil rights and freedoms

УМАЛЯТЬ, умалить *гл* (*преуменьшать, принижать*) to belittle; impair; (*недооценивать, пренебрегать тж*) to depreciate; disparage; (*ограничивать права, свободы и т.п.*) to derogate; diminish; prejudice
~ полномочия суда to prejudice the powers of the court

УМЕНИЕ *сущ* ability (*мастерство, сноровка*) knack; skill ◊ **приобретать ~ делать что-л** to acquire (develop) an ability (a knack) of doing smth
~ вести спор skill in a debate

УМЕНЬШАТЬ, уменьшить *гл* to decrease; diminish; (*ослаблять, смягчать напряжённость и т.п.*) to ease; lessen; reduce; relax; slacken; weaken; (*боль и т.п.*) to alleviate; relieve; (*масштаб, силу*) to degrade; (*наказание, приговор*) to commute; mitigate; reduce; (*цену и т.п.*) to rebate; (*принижать, умалять*) to belittle
~ (ослаблять) международную напряжённость to decrease (ease, lessen, reduce, relax, weaken) international tension
~ (смягчать) наказание to commute (mitigate, reduce) a penalty (punishment)

~ (*сбавлять*) **скорость** to lessen speed

УМЕНЬШЕНИЕ *сущ* decreasing; diminishing; (*ослабление, смягчение напряжённости и т.п.*) easing; lessening; reduction; relaxation; slackening; weakening; (*боли и т.п.*) alleviation; relief; (*цены*) discount; rebate; (*налога тж*) relief; (*наказания, приговора*) commutation; mitigation

~ (*ослабление*) **международной напряжённости** reduction (relaxation) of international tension

~ (*смягчение*) **наказания** commutation (mitigation) of a penalty (punishment)

~ **налога (налоговой ставки)** tax relief

~ **суммы взыскиваемых убытков** mitigation of damages

~ **суммы иска** reduction in (of) a claim

УМЕРШИЙ *сущ* deceased; decedent

УМЕРЩВЛЕНИЕ *сущ* destruction; killing

УМЕРЩВЛЯТЬ, умертвить *гл* to destroy; kill

УМЕСТНОСТЬ *сущ* appropriateness; relevance

УМЕСТНЫЙ *прил* appropriate, relevant

УМЕТЬ, суметь *гл* to be able (*to + inf*); have a knack (*of, for + ing*)

УМИРАТЬ, умереть *гл* to die

~ **насильственной смертью** to die a violent death

~ **от кровотечения (от потери крови)** to die from a haemorrhage

УМИРОТВОРЕНИ∥Е *сущ* appeasement; pacification; (*примирение тж*) reconciliation ◊ **политика ~я** policy of appeasement

УМИРОТВОРЯТЬ, умиротворить *гл* to appease; pacify; (*примирять тж*) to reconcile

УМОЗАКЛЮЧЕНИЕ *сущ* conclusion; deduction; inference

УМОЛЧАНИЕ *сущ* (*данных, сведений и т.п.*) non-disclosure; (*сокрытие тж*) reticence

УМОПОМЕШАТЕЛЬСТВО *сущ* (*невменяемость, сумасшествие*) insanity; lunacy; madness

УМСТВЕНН∥ЫЙ *прил* mental

~**ая деятельность** mental ability

~**ая недоразвитость (отсталость)** mental defectiveness (deficiency); retarded mentality

~**ое усилие** mental effort

~**ые способности** mental abilities

УМЫС∥ЕЛ *сущ* (criminal) design; forethought; (criminal, guilty) intent (intention); (*цель тж*) purpose ◊ **возыметь ~** to forejudge a guilty intent; **без ~ла** with no intent; **совершённый со злым ~лом** (*злоумышленный*) malicious; **с ~лом**

intentionally; with intent
~ **на убийство** homicidal intent; intent to kill

доказанный злой ~ established (evidenced, proved) malice

единый (общий) ~ common design (intent)

заранее обдуманный злой ~ malice (malicious) aforethought; intentional (premeditated) malice

злой ~ evil (wicked) design (intent, mind); ill will; malice; malice (malicious) aforethought (intent); spite

конкретный (определённой) ~ specific intent

косвенный ~ implied malice

неопределённый ~ general intent

основной ~ primary intent

оспоренный злой ~ challenged (contested, questioned) malice

презумптивный ~ constructive malice

преступный ~ criminal design (intent, mind); guilty intention

прямой ~ express malice

спорный злой ~ challengeable (contestable, questionable) malice

УМЫШЛЕННО *нареч* by intentional design; designedly; intentionally; premeditatedly; purposely; wilfully

~ **совершённое деяние** intentionally (wilfully) committed act

УМЫШЛЕНН‖ЫЙ *прил* (*намеренный*) aforethought; deliberate; intentional; wilful; (*преднамеренный тж*) premeditated; (*злонамеренный, злоумышленный тж*) felonious; malicious

~**ая вина** intentional fault

~**ая небрежность** wilful neglect

~**ое** (*злостное*) **банкротство** intentional (fraudulent) bankruptcy

~**ое истребление (уничтожение) или повреждение имущества** intentional (wilful) destruction of or damage to property; malicious mischief

~**ое преступление** intentional crime

~**ое причинение вреда** malicious damage (mischief)

~**ое убийство** calculated (felonious, intentional, wilful) homicide (murder); (premeditated) murder

УМЫШЛЯТЬ *гл* to intend (wrongfully)

~ **государственную измену** to intend treasonably (treacherously)

~ **зло** to intend maliciously

~ **мошенничество** to intend fraudulently

~ **последствия** to intend consequences

~ **тяжкое убийство** to intend murderously

~ **убийство** to intend homicidally

~ **фелонию** to intend feloniously

УНАСЛЕДОВАТЬ, наследовать *гл* to become heir (*to*);

inherit; succeed (*to*)
~ **корону** to succeed to the Crown
~ **по завещанию** to inherit by a will
~ **по закону** to inherit (take) by a descent
~ **престол** to succeed to the throne

УНИЖАТЬ, унизить *гл* to abase; humble; humiliate; (*умалять тж*) to belittle; degrade; lower

УНИЖАЮЩ∥ИЙ *прил* degrading; humiliating ◊ **бесчеловечное или ~ее достоинство обращение** inhuman or degrading treatment

УНИЖЕНИЕ *сущ* abasement; degradation; humiliation
~ **достоинства человека** abasement of human dignity

УНИТАРН∥ЫЙ *прил* unitary
~**ое государство** unitary state

УНИФИКАЦИЯ *сущ* unification

УНИФИЦИРОВАТЬ *гл* to unify

УНИЧТОЖАТЬ, уничтожить *гл* to annihilate; crush; destroy; eliminate; (*искоренять тж*) to eradicate; (*ликвидировать*) to liquidate; (*вычёркивать, стирать*) to delete; obliterate
~ **следы** to obliterate one's footprints

УНИЧТОЖЕНИ∥Е *сущ* annihilation; destruction; elimination; (*искоренение тж*) eradication; (*ликвидация*) liquidation; (*вычёркивание, стирание*) deletion; obliteration ◊ **оружие массового ~я** weapons of mass annihilation (destruction)
~ **имущества** destruction of property; property destruction
~ **ребёнка** child destruction; destruction of a child
преднамеренное ~ (*или искажение*) **документа** intentional destruction of a document; spoliation
умышленное ~ или повреждение имущества граждан intentional (wilful) destruction of or damage to the property of citizens

УПЛАТ∥А *сущ* payment ◊ **уклоняться от ~ы налога** to evade a tax; **свободный от ~ы налогов** tax-free
~ **взятки** bribery
~ **в рассрочку** instal(l)ment payment; payment by instal(l)ments
~ (*погашение*) **долга** discharge (liquidation, payment, redemption, satisfaction, settlement) of a debt
~ (*платёж*) **против документов** payment against documents
~ **процентов** payment of interest
~ **судебных издержек** payment of costs

УПЛАЧИВАТЬ, уплатить *гл* to pay

УПОЛНОМОЧЕННЫЙ *сущ* (*полномочный представитель*) authorized agent; plenipotentiary; (*комиссар*, *специальный уполномоченный*) commissioner

УПОЛНОМОЧЕНН‖ЫЙ *прич* authorized; empowered; entitled; entrusted ◊ **быть ~ым** to be authorized (empowered *etc*) (to + *inf*); **должным образом** ~ duly authorized
~ **агент** authorized agent

УПОЛНОМОЧИВАТЬ, уполномочить *гл* to authorize; empower; entitle; entrust; invest with authority (with full powers)

~ **кого-л действовать от чьего-л имени** to authorize smb to act (*for*)

УПРАВЛЕНИ‖Е *сущ* (*руководство кем-л*) administration; management; (*приборами и т.п.*) control; operation; (*административный орган*) administration; board; department; (*учреждение*) head-office ◊ **принимать** ~ to take charge (*of*); **органы местного ~я** local authorities; **расходы по ~ю** administrative (management) expenses

~ **автомобилем** driving; (*в состоянии наркотической интоксикации*) drug-impaired driving; (*в состоянии опьянения*) drunken-driving; (*в состоянии опьянения или наркотической интоксикации*) driving under the influence (while intoxicated)

~ **государственными делами** administration of state affairs
~ **государством** government of a state

~ **имуществом (несостоятельного) должника** administration of a bankrupt's estate; management of the property of a debtor

~ **кадрами** personnel department (management)

~ **материально-техническим снабжением** inventory (material) management

~ **наследственным имуществом** administration of an estate

~ **общим имуществом** administration of common property; general administration

~ **производством** production management

~ **собственностью** administration of property; (*по доверенности*) trust

административное ~ administration

государственное ~ state administration

налоговое ~ fiscal (tax) administration

полицейское ~ police department

совместное ~ joint management

таможенное ~ the Customs
финансовое ~ financial administration (management)

Центральное разведывательное ~ **США** (*ЦРУ*) Central Intelligence Agency

УПРАВЛЕНЧЕСК‖ИЙ *прил* administrative; managerial

~ **аппарат (персонал)** administrative (executive) personnel (staff)

~ие расходы administrative (management) expenses

УПРАВЛЯТЬ *гл* to administer; conduct; direct; govern; manage; run; (*руководить предприятием*) to direct; manage; run; (*приборами*) to operate; (*имуществом*) to administer; (*контролировать*) to control; (*государством*) to govern; rule; run; (*быть ответственным за*) to be in charge (*of*); (*стоять во главе*) to be at the head (*of*); lead

~ автомобилем to drive a car

~ государственными делами to administer state affairs

~ имуществом to administer property

УПРАВЛЯЮЩИЙ *сущ* manager; (*директор тж*) managing director

~ банком bank manager

~ делами business manager; (chief) executive officer (CEO)

~ имением estate manager

~ кадрами personnel manager

главный ~ general manager

УПРАВОМОЧЕНН‖ЫЙ *прил* authorized; empowered; entitled ◊ **(не) будучи (должным образом) ~м** with (without) (due) authority

~ по закону authorized by law

положительно ~ affirmatively authorized

УПРАВОМОЧИВАТЬ, управомочить *гл* to authorize; empower; entitle; invest with authority (with full powers)

УПРАВОМОЧИЕ *сущ* authorization; power

положительно выраженное ~ affirmative authorization

УПРАЗДНЕНИЕ *сущ* (*аннулирование, отмена*) abolition; annulment; cancellation; (*отзыв закона и т.п. тж*) revocation

УПРАЗДНЯТЬ, упразднить *гл* (*аннулировать, отменять*) to abolish; annul; cancel; repeal; rescind; (*отзывать закон тж*) to revoke

УПРЕКАТЬ, упрекнуть *гл* to rebuke; reproach; (*делать выговор*) to reprove

УПРЕЧНЫЙ *прил* (*о поведении*) blameful; blameworthy

УПРЁК *сущ* rebuke; reproach; reproof

УПРОЧЕНИЕ *сущ* consolidation; strengthening

~ единства и сплочённости consolidation of unity and cohesion

УПРОЧИВАТЬ, упрочить *гл* to consolidate; strengthen

УПРОЩАТЬ, упростить *гл* to simplify; (*облегчать тж*) to ease; facilitate

~ процедуру to ease (facilitate, simplify) a procedure

~ формальности to ease (facilitate, simplify) the formalities

УПРОЩЕНИЕ *сущ* simplification; (*облегчение тж*) easement; facilitation

УПРОЩЁНН‖ЫЙ *прил* facilitated, simplified

~ая процедура facilitated (simplified) procedure

~ые формальности facilitated (simplified) formalities

УПРЯМСТВО *сущ* stubbornness; (*упорство тж*) obstinacy

УПУСКАТЬ, упустить *гл* (*бездействовать*) to fail; neglect; omit

УПУЩЕНИЕ *сущ* (*бездействие*) failure; neglect; omission; (*нарушение обязанности*) dereliction

виновное ~ culpable neglect (omission)

УРЕГУЛИРОВАНИЕ *сущ* (*улаживание конфликта, спора и т.п.*) adjustment; settlement

~ **в судебном порядке** judicial settlement

~ (*погашение*) **долгов** settlement of debts

~ **посредством (путём) переговоров** negotiated settlement; settlement by (through) negotiations

~ **разногласий (споров) мирным путём** pacific (peaceful) settlement of differences (of disputes); settlement of differences (of disputes) by peaceful means

~ **расчётов** settlement of accounts

~ **спора в арбитражном порядке** settlement of a dispute by (through) arbitration

~ **территориальных притязаний** settlement of territorial claims

временное ~ interim settlement

всеобщее (всеобъемлющее, всестороннее) ~ all-embracing (comprehensive, universal) settlement

двустороннее ~ bilateral settlement

длительное ~ durable settlement

долговременное ~ (*платёжного баланса и т.п.*) long-run adjustment (*of a balance of payments etc*)

комплексное ~ package deal

кратковременное ~ (*платёжного баланса и т.п.*) short-run adjustment (*of a balance of payments etc*)

международное ~ international settlement

мирное ~ разногласий (споров) pacific (peaceful) settlement of differences (of disputes); settlement of differences (of disputes) by peaceful means

мировое (дружественное) ~ amicable (friendly) adjustment (settlement)

обязательное судебное ~ compulsory judicial settlement

окончательное ~ final settlement

пограничное ~ boundary settlement

политическое ~ political settlement

справедливое ~ just settlement

УРЕГУЛИРОВАТЬ, регулировать *гл* to adjust; reach a settlement; regulate; settle

~ **пограничный спор** to settle a border (boundary) conflict (dispute)

~ **претензию (притязание)** to adjust (settle) a claim

~ **разногласие (спор)** to adjust (settle) a difference (a dispute); arrange a difference

~ **расчёты** to settle accounts

~ **сделку** (*рассчитаться по сделке*) to settle a transaction

УРОВ‖ЕНЬ *сущ* level; (*степень чего-л*) degree; rate; (*масштаб*) rate; scale; (*стандарт*) standard ◊ **повышать** ~ to raise the level (*of*); **понижать** ~ to lower (reduce) the level (*of*) **встреча (совещание) на высшем** ~**не** (*в верхах*) meeting at the highest (top) level; summit meeting; **на всех** ~**нях** at all levels; **на высоком (низком)** ~**не** at a high (low) level; **на** ~**не министров** at the ministerial level; **на** ~**не послов** at the ambassadorial level; **на** ~**не современных требований** up-to-date

~ **алкоголя в крови** blood alcohol level

~ **безработицы** unemployment rate

~ **жизни** living standard(s); standard(s) of living

~ **потребления** consumption level

~ **преступности** crime rate

~ **производства** level (rate) of production; production level (rate)

~ **смертности** death rate

высокий ~ (*развития и т.п.*) high level (*of development etc*)

жизненный ~ living standard(s); standard(s) of living

культурный ~ cultural standard; standard of culture

минимальный ~ **жизни** subsistence level

низкий ~ (*развития и т.п.*) low level (*of development etc*)

средний ~ (*заработной платы и т.п.*) average level (rate) (*of wages etc*)

технический ~ technical (technological) level

экономический ~ economic level

УРОЖЕНЕЦ *сущ* native (*of*)
УРОЖЕНКА *сущ* native (*of*)
УСИЛИ‖Е *сущ* effort ◊ **не щадить** ~**й** to spare no effort; **объединять** ~**я** to combine (join, unite) one's efforts; **предпринимать (прилагать)** ~**я** to exert (make) efforts **совместные** ~**я** combined (joint) efforts

согласованные ~**я** agreed (concerted) action (efforts)

УСЛОВИ‖Е *сущ* condition; (*положение договора, соглашения и т.п.*) clause; provision; term; (*оговорка тж*) proviso; stipulation ◊ **выполнять** ~ to fulfil a condition; **договариваться об** ~**ях** to settle the terms; **нарушать** ~**я** (*договора, соглашения и т.п.*) to infringe (violate) the terms (and conditions) (*of*); **нарушать** ~**я платежа** to infringe (violate) the terms of payment; **обеспечивать благоприятные** ~**я** (*для*) to provide favourable conditions (*for*); **пересматривать** ~**я** (*договора,*

соглашения и т.п.) to revise the terms (and conditions) (*of*); **принимать ~я** to accept the terms; to come (submit) to terms; **соблюдать ~я** (*положения договора, соглашения и т.п.*) to abide by (adhere to, keep to, observe) the provisions (*of*); **ставить ~я** to make conditions (terms); **удовлетворять ~я** to comply with (meet, satisfy) the conditions (terms) (*of*)
на льготных ~ях on easy (favourable, preferential) terms; **на следующих ~ях** subject to the following conditions; **на ~ях взаимности** on condition of reciprocity; **при наличии указанных ~й** under the afore-mentioned conditions; **при соответствующих (определённых) ~ях** under appropriate (certain) conditions; **при ~и, что** on condition that; provided that; **с ~м** (*с оговоркой*), **что** with a proviso that
~я договора (контракта) contractual terms; terms of a contract; (*положения договора тж*) provisions (terms) of a treaty
~я жизни living conditions
~я капитуляции terms of surrender
~я найма terms of employment
~я об арбитраже arbitration clauses
~я освобождения под залог conditions for release on bail
~я платежа terms of payment
~я поставки terms of delivery
~я продажи terms of sale
~я торговли terms of trade
~я труда labour (working) conditions
благоприятные ~я favourable conditions
взаимовыгодные ~я mutually advantageous (beneficial) terms
договорные ~я contractual terms
дополнительные ~я additional (auxiliary) conditions; (*контракта, соглашения и т.п.*) collateral terms
исключительные ~я exceptional conditions
льготные ~я easy (favourable, preferential) terms
надлежащие ~я appropriate conditions
неблагоприятные ~я unfavourable conditions
необходимые ~я indispensable (requisite) conditions; prerequisites
неприемлемые ~я unacceptable terms
общие ~я general conditions
объективные ~я objective conditions
обычные ~я normal (ordinary, usual) conditions (terms)
обязательные ~я compulsory conditions; (*положения договора, соглашения и т.п.*) binding provisions
ограничительные ~я limiting (restrictive) conditions
отлагательные ~я suspensive

conditions
отрицательные ~я negative conditions
подразумеваемые ~я implied conditions (terms)
предварительные ~я precedent (prior) conditions; preconditions; (*договора, соглашения и т.п.*) preliminary provisions (stipulations)
простые ~я (*особ в договоре купли-продажи*) warranties
противозаконные ~я unlawful conditions (terms)
прочие ~я other terms and conditions
прямовыраженные ~я (*договора, соглашения и т.п.*) express provisions (terms)
существенные ~я essential (material) conditions (terms)
типовые ~я standard (standardized) conditions (terms)
транспортные ~я transportation terms
требуемые ~я indispensable (requisite) conditions; prerequisites
явновыраженные ~я (*договора, соглашения и т.п.*) express provisions (terms)

УСЛОВНО *нареч* conditionally; on condition; provisionally; subject to a condition; (*относительно*) relatively ◊ **освобождать ~** (*из заключения, от наказания*) to discharge (release) conditionally (on condition, subject to a condition)
~-досрочное освобождение conditional early discharge (release); (*под честное слово*) parole
~ осуждённый probationer

УСЛОВН‖ЫЙ *прил* conditional; provisional; (*относительный*) relative; (*символический*) symbolic; (*произвольный*) arbitrary
~ое водворение (*под стражу и т.п.*) conditional placement (*into custody etc*)
~ое освобождение conditional discharge (release)
~ое осуждение (*пробация*) probation
~ое помилование conditional pardon
~ое решение conditional judgement
~ приговор conditional (suspended) sentence

УСЛУГ‖А *сущ* service; (*одолжение тж*) favour ◊ **оказывать** (*кому-л*) **~у** to do (*smb*) a favour (a service); render (*smb*) a service; **предлагать свои ~и** to offer one's services (*to*); **предоставлять ~и** to render services; **к чьим-л ~м** at smb's service
банковские ~и banking accommodation(s) (facilities, services)
бесплатные ~и free (gratis) services
бытовые ~и personal services
взаимные ~и reciprocal services
добрая ~ good turn
добрые ~и [*межд право*] (*посредничество*) good offices
коммунальные ~и public

services (utilities)

комплексные ~и comprehensive services

консультативные ~и advisory (consultative) services

медицинские ~и health (medical) services

незаконные ~и illegal (illicit) services

платные ~и paid services

посреднические ~и intermediary (mediatory) services; [*межд право*] good offices

потребительские ~и consumer services

рекламные ~и advertising services

транспортные ~и transportation services

юридические ~и legal services

УСМИРЕНИЕ *сущ* (*подавление*) crackdown (*on*); repression; suppression; (*умиротворение*) appeasement; pacification

УСМИРЯТЬ, усмирить *гл* (*подавлять*) to crack down (*on*); put down; repress, suppress; (*умиротворять*) to appease; pacify

УСМОТРЕНИ‖Е *сущ* discretion ◊ **действовать по своему ~ю** to use one's own discretion; **освобождать** (*из заключения, от наказания*) **по ~ю суда** to release on discretion; **оставлять на чьё-л ~** to leave (*smth*) to smb's discretion

злоупотребление ~м abuse of discretion; **по ~ю** at pleasure; at one's own discretion; (*по выбору тж*) for choice

~ в отношении меры наказания sentencing discretion

~ суда discretion of the court; judicial (legal) discretion

неограниченное ~ unrestrained (unrestricted) discretion

ограниченное ~ restrained (restricted) discretion

разумное ~ reasonable (sound) discretion

справедливое ~ equitable discretion

УСТАВ *сущ* by-law(s); charter; constitution; covenant; regulations; rules; statute(s); [*воен*] manual

~ акционерного общества articles of association (of incorporation); by-law(s) (charter, statute|s) of a joint-stock company; memorandum of association

~ банка rules (and regulations) of a bank

~ биржи rules of the (stock-)exchange

~ военно-полевой службы field manual; field service regulations

~ корпорации corporate (corporation) by-law(s) (charter)

~ Лиги Наций Covenant of the League of Nations

~ Организации Объединённых Наций (ООН) Charter of the United Nations; UN Charter

~ партии party rules

~ полиции law enforcement manual

~ Совета Европы Statute of

~ суда court (judicial) statute
~ судопроизводства rules of (legal) procedure
~ уголовного производства rules of criminal procedure
~ ЮНЕСКО UNESCO Constitution
~ юридического лица (*акционерного общества*) articles of association (of incorporation); by-law(s) (charter, statute|s) of a joint-stock company; memorandum of association
военно-полевой ~ field manual; field service regulations
воинский ~ army rules; military manual (regulations)
судебный ~ court (judicial) statute
таможенный ~ customs regulations

УСТАЛОСТЬ *сущ* fatigue; tiredness; weariness; (*изнеможение*) exhaustion

УСТАНАВЛИВАТЬ, установить *гл* (*воздвигать, ставить*) to mount; put up; set up; (*монтировать тж*) to arrange; fix; install; (*учреждать*) to establish; institute; set up; (*выяснять, удостоверяться*) to ascertain; find; (*делать вывод, заключение*) to establish; infer; (*доказывать*) to prove; show; substantiate; (*закреплять, предусматривать в законе и т.п.*) to lay down; prescribe; provide (*for*); set forth; stipulate; (*вводить в действие тарифы, цены и т.п.*) to fix; introduce; set; (*назначать время, срок*) to fix

~ алиби to establish an alibi
~ блокаду to establish a blockade
~ в законодательном порядке to enact
~ вину (виновность) to ascertain (determine, establish, find) smb's guilt
~ деловое сотрудничество to establish business-like cooperation
~ день выборов to fix the date of the election(s)
~ дипломатические отношения to establish diplomatic relations
~ добрососедские отношения to establish good-neighbourly relations
~ истину to establish the truth; (*по делу тж*) to establish the issue
~ комендантский час to impose a curfew
~ личность to establish (infer) smb's identity
~ мотив to establish (infer) a motive
~ (*предусматривать*) наказание (*в законе*) to provide for punishment
~ невиновность to ascertain (determine, establish, find) smb's innocence
~ невменяемость to ascertain (determine, establish, find) insanity
~ норму to lay down (prescribe) a rule
~ патентоспособность to determine patentability

~ (*что-л*) **посредством показаний** to establish (*smth*) by evidence

~ **правила судопроизводства** to lay down (prescribe) the rules of (legal) procedure

~ **право собственности** to establish ownership (*of*)

~ **правовые нормы** to lay down the law

~ **причину** (*чего-л*) to determine (establish) the cause (*of*)

~ **размер убытка** to ascertain (assess, determine) the extent of damage

~ **факт** to ascertain (establish, substantiate) the fact; (*совершения преступления*) to establish a crime

~ **характер и объём прав и обязанностей** to determine the nature and extent of smb's rights and obligations

~ **цену** to fix (set) a price

УСТАНОВЛЕНИЕ *сущ* (*монтаж*) fixing; installation; (*учреждение чего-л*) establishment; institution; (*выяснение чего-л*) ascertainment; finding; (*закрепление в законе и т.п.*) laying down; setting forth; (*введение в действие тарифов, цен и т.п.*) fixing; setting; (*назначение сроков*) fixing (*the date etc*) ◊ **воспрепятствовать ~ю истины** to obstruct establishment of the truth

~ **алиби** establishment of an alibi

~ **бэйла** setting a bail

~ **вины (виновности)** ascertainment (determination, establishment) of smb's guilt

~ **делового сотрудничества** establishment of businesslike cooperation

~ **дипломатических отношений** establishment of diplomatic relations

~ **добрососедских отношений** establishment of good-neighbourly relations

~ **идентичности** (*документа и т.п.*) identification

~ **истины** establishment of the truth

~ **личности** establishment of identity; identification of a person

~ **материнства** establishment of maternity

~ **невиновности** ascertainment (determination, establishment, finding) of smb's innocence

~ **нового международного экономического порядка** establishment of a new international economic order

~ **отцовства** affiliation; establishment of paternity

~ **полезности** determination of utility

~ **размера убытка** ascertainment (assessment, determination) of (the extent of) damage

~ **расовой принадлежности** racial test

~ **социальной принадлежности** social test

~ **факта** ascertainment (establishment, substantiation) of the fact; (*по делу тж*) finding of the fact; (свидетельскими показаниями) testimonial proof

повторное ~ в законодательном порядке re-enactment

судебное ~ личности judicial (legal) identity

судебное ~ фактов judicial (legal) ascertainment (establishment) of facts

УСТНО *нареч* by word of mouth; orally

УСТН‖ЫЙ *прил* oral; parol; verbal

~ая договорённость verbal arrangement

~ое заявление oral application (statement)

~ое производство (*в суде*) oral examination of a case; verbal process

~ое соглашение oral (parol, verbal) agreement; (*тж джентльменское соглашение – в устной форме, без соблюдения формальностей*) gentlemen's agreement

~ое сообщение verbal communication

~ое состязание (*сторон – в суде*) argument(s); oral pleading(s) (*of the parties*)

~ые свидетельские показания oral evidence (testimony)

~ые указания verbal directions (instructions)

~ договор oral (parol, verbal) contract

УСТРАНЕНИЕ *сущ* elimination; eradication; removal; (*ликвидация*) liquidation

~ дефектов (недостатков) elimination of defects; removal of shortcomings

~ ошибок elimination of errors

~ противоречий elimination of contradictions

~ угрозы removal of a threat (*to*)

УСТРАНЯТЬ, устранить *гл* to eliminate; remove; (*ликвидировать*) to liquidate

~ недостатки to eliminate defects; remove shortcomings

~ опасность войны to remove the danger of war

~ ошибки to eliminate errors

~ преграды (препятствия) to remove obstacles

~ разногласия to settle differences

УСТРОЙСТВО *сущ* (*механизм*) apparatus; appliance; device; (*конструкция*) construction; (*приготовление к чему-л, организация чего-л*) arrangement; organization; (*система, строй*) system, structure

взрывное ~ explosive device

вычислительное ~ calculator; (*ЭВМ*) computer

государственное ~ state structure (system)

измерительное ~ measuring device

общественное ~ social structure

подслушивающее ~ tap; (*электронное тж*) bug

разрушительное ~ destructive device

электронное ~ electronic de-

УСТУПАТЬ, уступить гл (*право, территорию*) to cede (*to*); (*право, привилегию тж*) to concede (*to*); (*переуступать право*) to assign (*to*); (*собственность*) to surrender (*to*); transfer (*to*); (*подчиняться, соглашаться*) to give way (*to*); make a concession (*to*); yield (*to*); (*сдаваться тж*) to give in (*to*); surrender (*to*)

УСТУПК∥А *сущ* (*права, территории*) cession; (*передача права тж*) assignment; (*собственности*) surrender; transfer; (*компромисс*) compromise; concession; (*скидки в цене и т.п.*) concession; discount; rebate ◊ **делать ~у** to compromise; make a concession; **идти на взаимные ~и** to make mutual (reciprocal) concessions; meet smb halfway

~ (*скидка*) **в цене** discount; price concession (reduction); rebate

~ (*передача*) **патента** cession of a patent

~ (*передача*) **права** assignment (cession) of a right

взаимные ~и give and take; mutual (reciprocal) concessions

обратная ~ (*ретроцессия*) retrocession

противоправная ~ unlawful concession

УСЫНОВЛЕНИЕ *сущ* adoption; affiliation

фиктивное ~ sham adoption (affiliation)

УСЫНОВЛЯТЬ, усыновить гл to adopt; affiliate

УТАИВАНИЕ *сущ* (*сокрытие данных, сведений и т.п.*) concealment; non-disclosure; (*присвоение чего-л*) appropriation

~ с целью обмана fraudulent concealment

УТАИВАТЬ, утаить гл (*скрывать данные, сведения и т.п.*) to conceal; (*скрывать намерения, чувства*) to camouflage; disguise; (*умалчивать тж*) to keep (*smth*) secret; withhold; (*присваивать что-л*) to appropriate; steal

УТВЕРЖДА∥ТЬ, утвердить гл (*уверять в чём-л*) to affirm; assert; confirm; hold; maintain; (*заявлять*) to state; (*необоснованно тж*) to allege; claim; (*приводить доводы тж*) to argue; (*в споре*) to contend; (*одобрять, принимать законопроект, решение и т.п.*) to adopt; approve; pass; (*санкционировать*) to authorize; sanction; (*удостоверять тж*) to certify; (*ратифицировать*) to ratify; validate; (*устанавливать господство, власть и т.п.*) to establish ◊ **как ~ется** (*якобы*) allegedly

~ бюджет to approve the budget

~ завещание to probate a will

~ кого-л в должности to confirm smb's appointment (smb's tenure of office)

~ **повестку дня** to adopt (approve) the agenda
~ **решение** to affirm (confirm) a decision (a judgement)

УТВЕРЖДЕНИЕ *сущ* (*уверение в чём-л*) affirmation; assertion; confirmation; (*заявление*) statement; (*голословное тж*) allegation; claim; (*приведение довода*) argument; (*одобрение, принятие законопроекта, решения и т.п.*) adoption; approval; passage; (*санкционирование*) authorization; sanction; sanctioning; (*удостоверение чего-л тж*) certification; (*ратификация*) ratification; validation; (*установление господства, власти и т.п.*) establishment ◊ **представлять на** ~ to submit (*to*) for approval
~ **ассигнований** authorization of allocations (of appropriations)
~ **бюджета** approval of the budget
~ **завещания** probate of a will
~ (*установление*) **нового международного экономического порядка** establishment of a new international economic order
~ **повестки дня** adoption (approval) of the agenda
~ **решения** affirmation (confirmation) of a decision (of a judgement)
~ **свидетеля при даче показаний** testimonial assertion
внесудебное ~ out-of-court assertion
голословное ~ allegation; mere (naked) assertion; claim
законодательное ~ legislative authorization (*of*)
повторное ~ restatement
положительное ~ positive statement

УТОМЛЕНИЕ *сущ* fatigue; tiredness; weariness; (*изнеможение*) exhaustion
умственное ~ intellectual exhaustion

УТОПЛЕНИЕ *сущ* drowning ◊ **смерть через** ~ death by drowning

УТРАТА *сущ* loss; (*имущества, права тж*) forfeit
~ **багажа** loss of luggage (baggage)
~ **гражданства** loss of citizenship (of nationality)
~ **дееспособности** loss of legal capacity
~ **имущества** forfeit (loss) of property
~ **права** forfeit of a right
~ (**полной**) **трудоспособности** (total) disability (disablement, incapacity)
~ **юридической силы** loss of (legal) effect

УТРАЧИВАТЬ, утратить *гл* to lose; (*имущество, право тж*) to forfeit

УЧАСТВОВАТЬ *гл* to participate (*in*); take part (*in*); (*в договоре, в переговорах и т.п. тж*) to be a party (*to*)
~ **в выборах** to participate in elections
~ **в допросе подозреваемого** (*или* **обвиняемого**) to participate (take part) in the in-

terrogation of the suspect (of the accused)

~ **в заседании суда** to participate (take part) in the session of the court; sit with the court

~ **в прибылях** to participate (share) in the profits

~ **в производстве дознания** to participate (take part) in the immediate (initial) investigation

~ **в следственных действиях** to participate (take part) in investigative actions

~ **в судебном разбирательстве** to participate (take part) in judicial (legal) proceeding(s) (in the trial)

УЧАСТИ‖**Е** *сущ* participation (*in*); taking part (*in*); (*в деле и т.п. тж*) concern (interest, share) (*in*): (*партнёрство*) partnership ◊ **быть заподозренным в ~и в преступлении** to be suspected of privity to the crime; **принимать ~** (*в*) to participate (*in*); take part (*in*); (*в договоре, переговорах и т.п. тж*) to be a party (*to*); **с ~м** with the participation (*of*)

~ **в деле** concern (interest, share) in a business; (*партнёрство*) partnership

~ **в общественной жизни** participation in public (social) life

~ **в прибылях** participation (share) in the profits; profit-sharing

активное ~ в выборах (в голосовании) heavy poll

УЧАСТНИК *сущ* participant (*in* | *of*); (*партнёр*) partner; (*член организации и т.п.*) member; (*сторона в договоре, переговорах и т.п.*) party (*to*) ◊ **государство-~ настоящего Статута** state-party to this Statute; **не ~ договора (контракта)** stranger to a contract

~ **договора** party to a contract (to a treaty)

~ **конфликта (спора)** party to a conflict; person in a dispute

~ **переговоров** negotiator; participant in (of) the negotiations (talks); (*сторона тж*) (negotiating) party; party to the negotiations

~ (*соучастник*) **по иску** (co)party to a claim

~ **правоотношения** privy; (*основанного на законе*) privy in law; (*основанного на родстве*) privy in blood; (*по имуществу*) privy in estate

~ **прелюбодеяния** adulterer

~ (*соучастник*) **преступления** accessory (accomplice) to a crime; criminal participant; (*добровольный, сознательный*) voluntary (wilful) participant in a crime; (*подстрекатель, пособник*) abettor in a crime; criminal promoter

~ (*соучастник*) **преступного сговора (сообщества)** (co)conspirator; member of a conspiracy

~ **сделки** bargainer; participant in (of) a bargain (deal, transaction)

непосредственные ~ дого-

вора (контракта) principals to a contract

УЧАСТОК *сущ* area; part; section; (*земли*) lot; parcel (plot, strip) of land; (*административно-территориальное деление*) area; district; zone; (*полицейский*) police station; precinct; (*сфера деятельности*) domain; field; sphere
~ **для застройки** building plot (site)
~ **полицейского патрулирования** beat
земельный ~ parcel (plot, strip) of land
избирательный ~ electoral district (ward); (*помещение*) polling station
полицейский ~ police station; precinct; (*патрулирования*) beat
приусадебный ~ personal plot of land
строительный ~ building plot (site)

УЧАСТЬ *сущ* destiny; fate; lot
◊ **решать чью-л** ~ to decide (settle) smb's destiny

УЧЁТ *сущ* [*бухг*] accounting; calculation; [*фин*] discount (discounting) (*of a bill etc*); (*товаров*) inventory; inventory-(stock-)taking; (*регистрация*) record; registration; (*принятие во внимание*) taking account (note) (*of*); taking into account (into consideration) ◊ **вести** ~ to keep records; record; (*товаров и т.п.*) to take stock (*of*); **с должным ~ом** (*чего-л*) with due account (*of*)
~ **векселя** discount (negotiation) of a bill
~ **населения** population registration
~ **преступлений** crime reporting
бухгалтерский ~ accountancy; accounting; book-keeping

УЧИТЫВАТЬ, учесть *гл* [*фин*] (*ценные бумаги*) to discount; (*товары и т.п.*) to make (take) an inventory (*of*); take stock (*of*); (*принимать во внимание, к сведению*) to consider; note; take account (note) (*of*); take into account (into consideration)
~ **вексель** to discount a bill; negotiate a bill (*to a bank*)

УЧРЕДИТЕЛЬ *сущ* (*основатель*) founder; (*акционерного общества тж*) promoter; (*доверительной собственности*) settler of trust; trustor; (*заповедного имущества, ограниченного в порядке наследования*) entailer ◊ **банк-**~ parent bank; **государство-**~ founder (founding) nation (state); **компания-**~ parent company; (*холдинговая тж*) holding company
~ **компании** company promoter

УЧРЕДИТЕЛЬН∥ЫЙ *прил* constituent; constitutive
~ое собрание constituent assembly; (*компании*) meeting of the founders
~ **акт** constituent (constitutive) act; basic (constitutive)

instrument; (*акционерного общества тж*) memorandum of association; (*о доверительной собственности*) settlement

~ **договор** (*акционерного общества, корпорации*) articles of association (of incorporation)

~ **съезд** inaugural (constituent) congress

УЧРЕДИТЕЛЬСК‖ИЙ *прил* promotional; [*амер тж*] deferred

~**ая прибыль** promotional profit

~**ие акции** bonus shares (stock); founder's (promoter's) shares (stock); [*амер тж*] deferred stock

УЧРЕЖДАТЬ, учредить *гл* (*основывать, создавать*) to constitute; establish; found; institute; set up; (*вводить*) to institute; introduce; [*юр*] (*заповедное имущество, ограниченное в порядке наследования*) to entail

~ **акционерное общество (компанию)** to float a (joint-stock) company

~ **организацию** to establish an organization

УЧРЕЖДЕНИ‖Е *сущ* (*основание, создание чего-л*) establishment; formation; founding; setting up; (*акционерного общества и т.п. тж*) floating; promotion; (*введение чего-л*) institution; introduction; (*организация*) agency; body; establishment; institution; organization; (*заведение тж*) facility ◊ **расходы по ~ю** (*акционерного общества и т.п.*) expenses of promotion; promotion money

~ **акционерного общества (компании)** floating of a (joint-stock) company

~**я-вкладчики** institutional investors

~**я общественного пользования** public facilities

административное ~ administrative agency

государственное ~ government (governmental, state) agency (institution)

законодательное ~ legislative body (institution)

исправительное ~ correction (correctional) facility (institution); rehabilitation facility; (*для несовершеннолетних правонарушителей*) juvenile correction

карательное (пенитенциарное) ~ penal facility (institution)

карательно-исправительное ~ penal and corrective facility (institution)

консульское ~ consular office (post)

кредитное ~ credit agency; credit (lending, loan) institution

кредитно-финансовое ~ (*институт*) financial institution

лечебное (медицинское) ~ medical institution

международное ~ international agency (institution)

муниципальное ~ local au-

научное ~ research institution; scientific establishment (institution)
общественное ~ community agency; social institution
правительственное ~ government (governmental) agency (office)
представительное ~ representative institution
специализированное ~ ООН UN specialized agency
судебное ~ legal agency
таможенное ~ customs office

УЩЕМЛЕНИЕ *сущ* (*ограничение*) interference (*with*); limitation; restriction; (*посягательство на права, суверенитет и т.п.*) encroachment; infringement; (*умаление прав тж*) derogation
~ национальных интересов infringement of national interests

УЩЕМЛЯТЬ, ущемить *гл* (*ограничивать*) to interfere (*with*); limit; restrict; (*посягать на права, суверенитет и т.п.*) to encroach (*on | upon*); infringe (*on | upon*); (*умалять права тж*) to derogate
~ законные права to encroach (infringe) on (upon) smb's legitimate rights
~ суверенитет государства to encroach (infringe) on (upon) the sovereignty of a state

УЩЕРБ *сущ* damage; (*вред тж*) detriment; harm; injury; lesion; (*убыток, утрата чего-л тж*) loss ◊ **взыскивать ~** to recover damage (loss); **возмещать ~** to indemnify; make amends; redress (repair) damage (loss); **наносить (причинять) ~** to aggrieve; damage; damnify; do (cause, inflict) damage (*to*); (*вред тж*) to harm; hurt; inflict harm (injury) (*to*); (*денежный ущерб тж*) to cause a financial loss (*to*); **определять ~** to assess damage; **покрывать ~** to cover damage; **понести (потерпеть) ~** to bear (incur, suffer, sustain) damage (loss); **требовать возмещения ~а** (*убытков*) to claim damages; (*через суд*) to sue smb for damages; **устанавливать размер понесённого ~** to ascertain (assess) the extent of the damage done
без ~а (*для*) without detriment (prejudice) (*to*); **взыскание ~а** recovery of damage; **возмещение ~а** (*убытков*) compensation for damage(s); damages; indemnity; indemnification; **в ~** (*чему-л*) in prejudice (*of*); to the detriment (*of*); **нанесение (причинение) ~а** damnification; impairment; infliction of damage (of loss); (*вреда тж*) infliction of injury (of harm); **общая сумма ~а** (*убытков*) aggregate damage; damages at large; **покрытие ~а** (*убытков*) damage(s) settlement; **ответственность за ~** liability for damage(s)
~, заявленный истцом clai-

med damage (injury)
~, причинённый невыполнением обязательства lesion
большой ~ great damage (loss)
действительный ~ actual damage (injury)
денежный ~ money (monetary) damage; pecuniary injury (loss)
заявленный ~ claimed damage (injury)
значительный ~ heavy damage (loss)
материальный ~ damage to property; material damage (loss); (*денежный тж*) money (monetary) damage; pecuniary injury (loss)
моральный ~ moral damage
непоправимый ~ irreparable (irreversible) damage
неумышленный (случайный) ~ accidental damage (harm)
побочный ~ incidental damage
понёсший (потерпевший) ~ aggrieved; damaged; grieved
преднамеренный (умышленный) ~ intentional (wilful) damage
причинённый ~ damage done
фактически причинённый ~ actual damage (injury)
физический ~ physical damage (injury)
УЯЗВИМОСТЬ *сущ* vulnerability
УЯЗВИМЫЙ *прил* vulnerable

ФАБРИКАЦИЯ *сущ* fabrication; manufacture; (*фальсификация тж*) distortion; falsification; simulation; (*подделка документа, подписи и т.п. тж*) fake; forgery; (*особ подделка денег*) counterfeit
~ ложных доказательств fabrication (manufacture) of false evidence
ФАБРИКОВАТЬ, сфабриковать *гл* to fabricate; manufacture; (*фальсифицировать тж*) to distort; falsify; simulate; twist; [*разг*] cook up; (*подделывать документ, подпись и т.п. тж*) to fake; forge; tamper (*with*); (*особ подделывать деньги*) to counterfeit
~ ложные доказательства to fabricate (manufacture) false evidence
ФАКСИМИЛЕ *сущ* (*точная копия*) facsimile; identical copy
ФАКТ *сущ* fact; matter; (*доказательство, свидетельство чего-л тж*) evidence; proof ◊ **излагать ~ы** to relate; **искажать ~ы** to distort (twist) facts; **оспаривать ~** to challenge (meet) a fact; **подтасовывать ~ы** to juggle with (manipulate) facts; **показывать о ~е под присягой** to swear to a fact; **раскрыть ~** to discover a fact; **скрывать ~** to suppress a fact

вопрос ~а issue (matter, point) of fact; доказывание ~а proof of a fact; перечисление ~ов (*в документе*) recital(s); приведение излишних ~ов prolixity; установление ~ов ascertainment of facts; fact-finding

~, не относящийся к делу irrelevant fact

~, не требующий доказательств non-evidence fact; (*по закону*) legislative fact

~, относящийся к делу (к предмету спора) fact relevant to the issue (matter, point); relevant (substantive) fact

~, подтверждаемый документально matter in deed

~ преступления fact of a crime

~, рассматриваемый судом fact on trial

~, служащий доказательством evidential (evidentiary, probative) fact (matter)

~, требующий доказательств fact requiring a proof

~, являющийся предметом (судебного) спора fact in contest (in dispute)

бесспорный ~ incontestable (incontrovertible, indisputable, irrefutable, undeniable) fact

голые ~ы crude (naked) facts

доказанный ~ ascertained (established) fact (matter); fact in evidence; proved (proven) fact

доказательственный ~ (*имеющий силу доказательства*) evidential (evidentiary, probative) fact (matter)

документально подтверждённый ~ matter of record

дополнительный ~ ancillary fact (matter)

инкриминируемый ~ incriminated fact

инкриминирующий ~ damning (incriminating, incriminatory) fact

неопровержимый (неоспоримый) ~ incontestable (incontrovertible, indisputable, irrefutable, undeniable) fact

неподтверждённый ~ unconfirmed fact

нерелевантный ~ irrelevant fact

общеизвестный ~ commonly (generally) known fact; fact (matter) of common knowledge

опровергнутый ~ disproved fact (matter)

основной ~ basic fact; fact at (in) issue

отрицаемый ~ denied fact (matter)

побочный ~ collateral fact (matter)

презюмируемый ~ presumed (presumptive) fact

расследованный ~ investigated fact (matter)

релевантный ~ relevant fact

совершившийся ~ [*франц*] fait accompli

сопутствующий ~ accompanying fact

спорный ~ contestable (disputable, questionable) fact (matter); fact (matter) in contest (in dispute)

существенный ~ material (substantial) fact
уличающий ~ damning (incriminating, incriminatory) fact
установленный ~ ascertained (established) fact (matter); fact in evidence; proved (proven) fact (matter)
фальсифицированный ~ fabricated (false, simulated) fact
юридический ~ jural (juridical) fact

ФАКТИЧЕСКИ *нареч* actually; as a matter of fact; indeed (and not in name); in fact; virtually; [*лат*] (*де-факто*) de facto

ФАКТИЧЕСК‖ИЙ *прил* actual; factual; real; virtual; [*лат*] de facto
~**ая ошибка** error in (of) fact; factual error
~**ая сторона дела** facts (factual aspects) of a case
~**ая сторона преступления** facts of a crime
~**ие обстоятельства** actual facts
~ **состав** set of facts
~**ое владение** (*чем-л*) factual possession (*of*)
~**ое доказательство** actual (factual) evidence
~ **положение дел** actual state of affairs
~ **признание** [*межд право*] de facto recognition

ФАКТОР *сущ* factor
~**ы внешнего порядка** external effects; externalities
~**ы преступности** factors of crime (of criminality)

ФАКТУР‖А *сущ* (*накладная*) bill (of parcels); invoice ◊ **выписывать** ~**у** to invoice; issue an invoice; make out a bill; **счёт-**~ invoice
коммерческая ~ commercial invoice
консульская ~ consular invoice
предварительная (примерная) ~ pro forma (preliminary, provisional) invoice

ФАКУЛЬТАТИВН‖ЫЙ *прил* (*необязательный*) facultative; optional
~**ая юрисдикция** optional jurisdiction
~**ое положение** (*договора, устава и т.п.*) optional provision
~**ое решение** optional decision (judgement, ruling)
~ **протокол** [*дип*], [*межд право*] optional protocol

ФАЛЬСИФИКАЦИЯ *сущ* fabrication; falsification; frame-up; simulation; (*искажение данных, фактов и т.п. тж*) distortion; misrepresentation; twisting; (*подделка документа, подписи и т.п. тж*) fake; forgery; tampering (*with*); (*особ подделка денег*) counterfeit
~ **документов** forgery; forging of (tampering with) documents
~ **свидетельских показаний** falsification of (tampering with) evidence

ФАЛЬСИФИЦИРОВАННЫЙ *прил* distorted; falsified; misrepresented; simulated; twisted; (*сфабрикованный тж*) fabricated; framed-up

ФАЛЬСИФИЦИРОВАТЬ, сфальсифицировать *гл* to fabricate; falsify; frame up; simulate; (*искажать данные, факты и т.п. тж*) to distort; misrepresent; twist; [*разг*] cook up; (*подделывать документ, подпись и т.п. тж*) to fake; forge; tamper (*with*)

~ **свидетельские показания** to falsify (tamper with) evidence

ФАЛЬШИВКА *сущ* (*подделка документа и т.п.*) fake; forgery; (*особ денег*) counterfeit

ФАЛЬШИВОМОНЕТНИЧЕСТВО *сущ* coinage offence; counterfeiting (of coins) ◊ **заниматься ~м** to counterfeit coins

ФАЛЬШИВОМОНЕТЧИК *сущ* counterfeiter; coiner (of false money); (false) coiner; forger (of bank-notes)

ФАЛЬШИВ‖ЫЙ *прил* counterfeit; fake; false; forged; (*неестественный тж*) false; insincere; (*поддельный, фиктивный*) bogus; fictitious; (*ложный, притворный тж*) mock ◊ **сбывать ~ые деньги** to utter counterfeit (false) money

~**ая монета** counterfeit; false coin

~**ые документы** forged documents

ФАМИЛИЯ *сущ* family (last) name

ФАНАТИЗМ *сущ* fanaticism; (*изуверство*) bigotry; zealotry

ФАНАТИК *сущ* fanatic; (*изувер*) bigot; zealot

ФАНАТИЧНЫЙ *прил* fanatic; fanatical; (*изуверский*) bigoted

ФЕДЕРАЛЬН‖ЫЙ *прил* federal

~**ое правительство** federal government

~**ые власти** federal authorities

~ **судья** federal judge

ФЕДЕРАТИВН‖ЫЙ *прил* federate; federated; federative

~**ое государство** federate(d) (federative) state

ФЕДЕРАЦИ‖Я *сущ* federation; federate(d) (federative) state ◊ **выходить из состава** ~**и** to secede (withdraw) from the federation

ФЕЛОНИ‖Я *сущ* (*тяжкое преступление*) felony ◊ **совершать** ~**ю** to commit a felony; **содействовать совершению** ~**и** to facilitate commission of a felony

~, **караемая смертной казнью** capital felony

~, **не караемая смертной казнью** non-capital felony

изменническая ~ treason felony

насильственная ~ felony with violence

ФИДУЦИАРИЙ *сущ* (*доверенное лицо*) fiduciary

ФИЗИЧЕСК‖ИЙ *прил* physical

~**ая опасность** physical danger

~ая подготовленность physical fitness
~ая сила physical force (strength)
~ие (*телесные*) повреждения physical injuries
~ие последствия physical effect(s)
~ие свойства physical properties
~ недостаток physical defect (disability)
~ труд manual labour; physical work
~ое воспитание physical education
~ое давление physical oppression
~ое развитие physical development
~ое лицо individual; natural (physical, private) person
~ое страдание physical suffering
~ое участие в преступлении physical participation in a crime

ФИКТИВН‖ЫЙ *прил* bogus; fake; fictitious; sham; simulated
~ая продажа simulated sale
~ брак fictitious marriage

ФИЛАНТРОП *сущ* philanthrope; philanthropist

ФИЛАНТРОПИЯ *сущ* philanthropy

ФИНАНСИРОВАНИ‖Е *сущ* financing; funding ◊ система дополнительного ~я supplementary financing facility
банковское ~ bank financing
государственное ~ state financing
совместное ~ joint financing

ФИНАНСИРОВАТЬ *гл* to finance; fund; sponsor

ФИНАНСИСТ *сущ* financier

ФИНАНСОВ‖ЫЙ *прил* financial
~ая дисциплина financial discipline
~ая инспекция financial inspectorate
~ая операция financial operation (transaction)
~ая отчётность financial accountability
~ая поддержка financial backing (support)
~ое законодательство financial legislation
~ое право financial law
~ые затруднения (трудности) financial difficulties
~ год financial (fiscal) year

ФИНАНСЫ *сущ* (*мн*) finance(s)

ФИНКА *сущ* Finnish knife

ФИРМА *сущ* agency; company; firm
~, выпускающая широкий ассортимент товаров full-line company
~-изготовитель manufacturer; manufacturing company
~, имеющая запасы готовой продукции stockist
~-исполнитель contracting firm
~-посредник intermediary (intermediator) firm
~-поставщик supplier firm
брокерская ~ broker firm;

commission company
внешнеторговая ~ foreign trade company
коммерческая ~ business (commercial) firm
конкурирующая ~ rival firm
посредническая ~ intermediary (intermediator) firm
торговая ~ commercial (trading) firm
транспортно-экспедиторская ~ forwarding firm
юридическая ~ law firm

ФИСКАЛЬНЫЙ *прил (финансовый)* fiscal

ФЛАГ *сущ* flag ◊ **поднимать** ~ to hoist a flag; **приспускать** ~ to fly a flag at half-mast; lower a flag; **закон** ~**а** law of a flag; **право плавания под морским** ~**ом** right to fly a maritime flag
государственный ~ national flag
торговый ~ trading flag
удобный ~ flag of convenience

ФОБ *сокр (франко-борт)* free on board (F.O.B., f.o.b.)

ФОНД *сущ* fund; *(активы тж)* assets; *(ресурсы тж)* reserves; resources; stock; *(организация)* foundation; fund ◊ **распоряжаться** ~**ом** to administer a fund; **распределять** ~**ы** to allocate funds; **создавать (учреждать)** ~ to establish (set up) a fund; **изъятие** ~**ов** withdrawal of funds

~ **валютных отчислений** currency fund

~ **заработной платы** payroll (wages) fund

~ **капиталовложений** investment fund

~ **накопления** accumulation fund

~ **потребления** consumption fund

благотворительный ~ charitable foundation (fund)
валютный ~ currency fund
доверительный ~ trust fund
инвестиционный ~ investment fund
оборотные ~**ы** current (working) capital; circulating (current, floating, working) assets
основные ~**ы** basic (capital) funds; fixed assets (capital)
основные производственные ~**ы** capital funds; basic (fixed) production assets
пенсионный ~ pension fund
попечительский ~ trustee fund
производственные ~**ы** production assets
резервный ~ emergency (reserve) fund
специальный ~ special fund
страховой ~ insurance fund
частный ~ private fund

ФОНДООТДАЧА *сущ* [*экон*] capital productivity; returns on assets; yield of capital investments

ФОРМАЛЬНОСТ‖Ь *сущ* formality; technicality ◊ **обходиться без** ~**ей** to dispense with formalities; **соблюдать** ~**и** to comply with formalities; **очистка от таможенных** ~**ей** customs formalities clearance

ФОРМАЛЬН‖ЫЙ *прил* formal

~ое право adjective law

ФОРМУЛИРОВАТЬ, сформулировать *гл* to formulate; phrase; render; (*излагать*) to state; word; (*давать определение*) to define

~ **спорные вопросы по делу** to state a case

ФОРМУЛИРОВК‖А *сущ* formulation; phrasing; (*изложение чего-л*) statement; wording; (*определение*) definition ◊ **в новой** ~**е** redrafted

~ **договора** wording of a contract (of a treaty)

~ **закона** statutory wording

неправильная ~ miswording

окончательная ~ final wording

юридическая ~ legal wording

ФОРМУЛЯР *сущ* blank; (blank) form

ФОРС-МАЖОР *сущ* (*непреодолимая сила*) act of God (of Providence); force majeure

ФОРУМ *сущ* forum (*мн* – fora)

ФОТОАППАРАТ *сущ* camera

ФОТОГРАФИРОВАТЬ, сфотографировать *гл* to photograph; take smb's photo (photograph, picture)

ФОТОГРАФИРОВАТЬСЯ, сфотографироваться *гл* to be photographed; have one's photo (photograph, picture) taken

ФОТОГРАФИЯ *сущ* (*снимок*) photo; photograph; picture; (*вид искусства*) photography; (*ателье*) photographer's (studio)

~, **предъявленная для опознания** identification photo (photograph)

~ **с близкого расстояния** (*крупный план*) close-up photo (photograph)

ФОТОКОПИЯ *сущ* photostat (copy)

ФОТОРОБОТ *сущ* photofit; photofit picture

~ **подозреваемого** photofit (picture) of the suspect

ФРАКЦИОНЕР *сущ* factionary; factioneer; factionist

ФРАКЦИОННОСТЬ *сущ* factionalism

ФРАКЦИОНН‖ЫЙ *прил* factional; factionary

~**ая деятельность** factionalism; factional activity

ФРАКЦИЯ *сущ* faction

парламентская ~ parliamentary faction (splinter-group)

ФРАНКО-БАРЖА *неизм* free into barge (F.I.B., f.i.b.)

ФРАНКО-БОРТ *неизм* free on board (F.O.B., f.o.b.); [*амер*] free on board a vessel

~ **самолёта** free on board an airplane

~ **со штивкой** (*с укладкой на палубе или в трюме*) free on board and stowed

~ **с укладкой в бункер** free on board and trimmed (F.O.B.& T., f.o.b.& t.)

ФРАНКО-ВАГОН *неизм* free on car (F.O.C., f.o.c.); free on wagon (F.O.W., f.o.w.); [*амер*] free on board (F.O.B., f.o.b.); free on rail (F.O.R.,

ФРАНКО ВДОЛЬ БОРТА СУДНА *неизм* free alongside ship (F.A.S., f.a.s.)

ФРАНКО-ГРУЗОВИК *неизм* free on lorry (F.O.L., f.o.l.); [*амер*] free on truck (F.O.T., f.o.t.)

ФРАНКО-ДОК *неизм* free dock (f.d.)

ФРАНКО-ДОСТАВКА *неизм* free delivery

ФРАНКО-ЗАВОД *неизм* ex factory (mill, plant, works) (EXW)

ФРАНКО-ЛИХТЕР *неизм* ex lighter

ФРАНКО-МЕСТО НАЗНАЧЕНИЯ *неизм* carriage free; ex place of destination

ФРАНКО-МЕСТО НАХОЖДЕНИЯ *неизм* (*товара*) ex location; [*лат*] loco

ФРАНКО-НАБЕРЕЖНАЯ *неизм* ex (free on) quay (F.O.Q., f.o.q.)

ФРАНКО-ПЕРЕВОЗЧИК *неизм* free carrier (F.C.A., f.c.a.)

ФРАНКО-ПЛАТФОРМА *неизм* free on truck (F.O.T., f.o.t.)

ФРАНКО-ПОРТ НАЗНАЧЕНИЯ *неизм* ex ship (+ *название порта*)

ФРАНКО-ПРЕДПРИЯТИЕ *неизм* ex factory (mill, plant, works) (EXW)

ФРАНКО-ПРИСТАНЬ *неизм* ex (free on) quay (F.O.Q., f.o.q.)

ФРАНКО-СКЛАД *неизм* ex (free) warehouse

ФРАНКО-СУДНО *неизм* free on board (F.O.B., f.o.b.)

ФРАНШИЗА *сущ* [*страх*] (*освобождение страховщика от возмещения убытков, предусмотренное условиями страхования*) franchise **безусловная** ~ unconditional franchise

ФРАХТ *сущ* freight; freightage ◊ **взыскивать** ~ to collect a freight; **оплачивать** ~ to pay a freight (charges); **требовать уплаты** ~а to claim a freight **дополнительная уплата** ~а additional (extra) freight; **прибавка к** ~у (*за пользование грузовыми устройствами судна*) primage; **размер** ~а amount of a freight; **твёрдая сумма** ~а lump freight; **условие об уплате** ~а freight clause

~ **в оба конца** out-and-home freight

~ **в один конец** outgoing freight

~ **и демередж** (*оплата за простой*) freight and demurrage (f.& d.)

~ **и страхование оплачены** (*до*) carriage and insurance paid (*to*) (C.I.P)

~ **оплачен** (*до*) carriage paid (*to*) (C.P.T.)

~ **оплачен до отправки** freight prepaid (F.P., f.p.)

~, **оплачиваемый в порту назначения** freight forward; freight payable at a destination

~ **по чартеру** charter freight
воздушный ~ air freight
дополнительный ~ additional (extra) freight
мёртвый ~ dead freight
морской ~ sea freight
обратный ~ back (home, homeward, return) freight
предварительный ~ prepaid freight
ФРАХТОВАНИ‖Е *сущ* affreightment; chartering; freight; freightage ◊ **договор** ~**я** contract of affreightment
срочное ~ prompt (spot) chartering
ФРАХТОВАТЕЛЬ *сущ* (*лицо, нанимающее судно*) charterer; freighter
ФРАХТОВАТЬ, зафрахтовать *гл* to affreight; charter; freight
ФРАХТОВЩИК *сущ* (*перевозчик*) carrier
ФРИГОЛЬД *сущ* (*безусловное право собственности на недвижимость*) freehold; free tenure
ФРИГОЛЬДЕР *сущ* freeholder
ФУНКЦИОНИРОВАНИЕ *сущ* functioning; operation; performance
ФУНКЦИ‖Я *сущ* function ◊ **выполнять чьи-л** ~**и** to act as (in the capacity of); **осуществлять** ~**и** to exercise one's functions; **при выполнении своих** ~**й** in the exercise of one's functions
~**и административного порядка** administrative functions
~**и судебного порядка** judicial functions
внешняя ~ external function
внутренняя ~ internal function
вспомогательная ~ auxiliary function
универсальная ~ universal function
целевая ~ target function
штрафная ~ penalty function

ХАЛАТНОСТЬ *сущ* (*неисполнение обязанности*) dereliction of a duty; neglect (negligent performance) of a duty; (*небрежность тж*) carelessness; negligence
грубая ~ grievous dereliction (neglect) of a duty
должностная ~ neglect (in the discharge) of an official duty
преступная ~ (*небрежность*) criminal negligence
ХАМСКИЙ *прил* boorish; loutish
ХАМСТВО *сущ* boorishness; loutishness
ХАРАКТЕРИСТИКА *сущ* character; reference
~ **с места работы** reference from one's place of work
ХАРТИЯ *сущ* charter
~ **экономических прав и обязанностей государств** (*ООН*) Charter of Economic Rights and Duties of States

Великая ~ вольностей [ист] Magna C(h)arta

Парижская ~ для новой Европы Charter of Paris for a New Europe

ХЕДЖ сущ [бирж] (*срочная сделка, заключённая с целью страхования от возможного падения цены*) hedge

ХЕДЖИРОВАТЬ гл [бирж] (*страховать от возможного падения цены*) to hedge

ХИТРОСТЬ сущ craft; cunning; guile; (*обыкн мн*) wiles

ХИТРЫЙ прил crafty; cunning; sly; wily

ХИЩЕНИЕ сущ (*кража имущества*) larceny; stealing; theft; (*неправомерное присвоение тж*) misappropriation; (*растрата имущества*) embezzlement; (*растрата чужих денег*) peculation

~ **государственного имущества** stealing of state property

~ **имущества в крупных размерах** grand larceny

~ **имущества при отягчающих обстоятельствах** aggravated larceny

мелкое ~ minor larceny; (*из отдельных мест груза*) pilferage

ХЛАДНОКРОВИЕ сущ cold-bloodedness; composure; coolness; presence of mind

ХЛАДНОКРОВНО нареч cold-bloodedly; in cold blood

ХЛАДНОКРОВНЫЙ прил cold-blooded; composed; cool

ХОДАТАЙСТВ‖О сущ (*заявление*) application; (*просьба*) plea; solicitation; (*запрос*) request; (*прошение*) petition; (*в суде тж*) motion; prayer ◊ **заявлять ~** to enter (make) a motion; file an application (a petition); **отказать в ~е (отклонить ~)** to defeat (deny, reject) a motion; **подтверждать своё ~** to confirm one's petition; **рассматривать ~** to consider an application (a motion, petition, request); **удовлетворять ~** to grant (satisfy) an application (a motion, petition, request); (*о передаче на поруки*) to grant a bail; (*о помиловании*) to approve a clemency application; grant an appeal (for pardon)

~, **заявленное в суде** motion in court

~, **заявленное до вынесения вердикта (приговора)** pre-verdict (pre-sentence) motion

~, **заявленное до вынесения судебного решения** pre-judgement motion

~, **заявленное до начала судебного разбирательства** pre-trial motion

~, **заявленное после вынесения вердикта (приговора)** post-verdict (post-sentence) motion

~, **заявленное после предъявления обвинения** motion after arraignment

~, **заявленное после судебного разбирательства** post-trial motion

~ **об истребовании дела вышестоящим судом** (*из произ-*

водства нижестоящего суда) motion (petition) for certiorari
~ **об освобождении до суда** motion for a pre-trial release
~ **об освобождении из заключения** motion (prayer) for a discharge
~ **об освобождении из-под стражи** motion for a release from custody (from detention)
~ **об отклонении иска** (или **обвинения**) motion for a dismissal
~ **о пересмотре дела** motion for a new trial
~ **о пересмотре судебного решения** appeal
~ **о помиловании** appeal (suit) for pardon; clemency application; plea for (of) mercy
~ **о признании чего-л недействительным** plea of nullity
~ **о рассмотрении дела судом присяжных** petition for examining the case by a jury trial
~ **сторон** petition by litigants
возобновлённое ~ renewed motion
письменное ~ written motion
устное ~ verbal motion

ХОДАТАЙСТВОВАТЬ, походатайствовать гл to apply (for); make a motion (for); move (for); petition (for); plead (for); request; solicit (for)
~ **о назначении (проведении) нового судебного разбирательства** to move for a new trial

ХОЛДИНГ-КОМПАНИЯ сущ (владеющая контрольным пакетом акций других компаний) [фин] holding company

ХОЛОСТЯК сущ bachelor; single man

ХОРОНИТЬ, захоронить гл to bury

ХРАНЕНИ‖Е сущ (safe) custody (keeping); (товаров тж) storage; storing; (охрана, попечение тж) custody ◊ **брать на** ~ to take charge (of); **сдавать на** ~ (в банк) to deposit; (товар) to put in storage; store; (в камеру хранения) to leave in a left-luggage office; (депонировать в | у) to deposit (in | with); **на** ~**и** in custody
~ **документов** custody (keeping) of documents
~ **краденого** possession of stolen goods
длительное ~ indefinite (long-term) storage
надёжное ~ safe custody (keeping)
надлежащее ~ (документов) proper custody (keeping)

ХРАНИТЕЛЬ сущ custodian; keeper; (музея тж) curator; (депозитарий) depositary
~ **залога** bailee
~ **наследственного имущества** collector of a decedent's estate
главный ~ principal custodian (keeper)

ХРАНИТЬ, сохранить гл (складировать) to keep in store; store; (сохранять тж) to preserve; (сдавать на хранение

депозитарию) to deposit (*with*)
ХУЛИГАН *сущ* hooligan; rowdy; ruffian; [*амер тж*] hoodlum; (*громила*) vandal
мелкий ~ petty hoodlum
уличный ~ street hoodlum (ruffian); member of a street gang
ХУЛИГАНСКИЙ *прил* ruffian-like; ruffianly
ХУЛИГАНСТВО *сущ* hooliganism; rowdyism; ruffianism; vandalism
злостное ~ malicious hooliganism
мелкое ~ disorderly conduct

Ц

ЦЕДЕНТ *сущ* (*лицо, передающее право или имущество*) alienator; alienor; assignor; grantor; transferor
ЦЕЛИБАТ *сущ* (*воздержание от вступления в брак*) celibacy
ЦЕЛОСТНОСТЬ *сущ* integrity
территориальная ~ государств territorial integrity of states
ЦЕЛ||Ь *сущ* aim; end(s); goal; object; objective; purpose; target; (*намерение*) intent ◊ **добиваться ~и** to achieve (attain, reach) one's aim (goal, objective); **служить ~и** to serve the aim (goal, purpose) (*of* + *-ing*); **ставить перед собой ~** to set (before) oneself the aim (goal) (*of* + *-ing*)
в благотворительных ~ях for charitable purposes; **достижение общих ~ей** achievement (attainment) of common aims (goals, ends); **с корыстной ~ю** with a mercenary motive; **с ~ю** in order to; to this effect (end); to these ends; with the aim (goal, purpose) (*of* + *-ing*); with a view (*to* + *-ing*); with that end in view
~ иска object of an action (of a claim)
~ преступления criminal intent; target of a crime
высшая ~ highest (paramount) aim (goal)
главная ~ chief aim (goal); main purpose
долгосрочная ~ long-term objective
достижимая ~ attainable aim (goal)
конечная ~ final (ultimate) aim (goal)
краткосрочная ~ short-term objective
определённая ~ definite (specific) aim (goal)
основные ~и и принципы ООН fundamental purposes and principles of the UNO
преступная ~ criminal intent
ЦЕН||А *сущ* price; (*стоимость*) cost; value ◊ **договариваться о ~е** to agree on (negotiate, settle) a price; **завышать ~у** to overestimate a price; **назначать ~у** to charge (fix, quote, set) a price;

повышать ~у to advance (boost, put up, raise) a price; **поддерживать стабильные** ~ы to maintain stable prices; **понижать (снижать)** ~у to bring (cut, put, scale) down a price; digress (reduce) a price; **устанавливать** ~у to charge (fix, quote, set) a price **изменчивость цен** volatility of prices; **назначение** ~ы quotation; **по договорной** ~е at the agreed (negotiated) price; at the contract (contractual) rate; **по сниженной** ~е at a discount; at the reduced price; **рост цен** rise in prices

~, **близкая к рыночной** market-related price

~ **валюты** price of currency

~ **в долларах** dollar price

~ **выше номинала** premium price

~ **единицы продукции (товара)** unit price

~ **иска** amount in a controversy (in a dispute); amount (value) of a claim; amount sued (*for*)

~, **предложенная на торгах** tender price

~ **продавца** asked (offered, seller's) price

~ **со скидкой** discount (discounted) price

~ **товара с выгрузкой на берег** landed price

~, **устанавливаемая на свободном рынке** arm's length price

аукционная ~ auction (tender) price

биржевая ~ quotation; (stock) exchange price

бросовая ~ dumping price

высокая ~ heavy (high, stiff) price; (*на аукционе*) high bid

высшая ~ top price; (*на аукционе*) highest bid

гарантированная ~ guaranteed price

гибкая ~ flexible (sensitive) price

договорная ~ agreed (contract, contractual, negotiated) price

доступная ~ moderate (popular, reasonable) price

завышенная ~ overcharge; overestimated price; surcharge

заключительная ~ closing price (value)

закупочная ~ purchase (purchasing, procurement) price

заниженная ~ undercharge; underestimated price

коммерческая ~ commercial (free market) price

конкурентная (конкурентоспособная) ~ competitive price

контрактная ~ contract (contractual) price

максимальная ~ ceiling (highest, maximum, peak) price; price ceiling

минимальная ~ bottom (floor, keenest, lowest, minimum) price

мировые ~ы world prices

монопольная ~ monopoly price

назначенная ~ quoted price

нарицательная ~ face value; nominal cost (price); par value

начальная ~ initial (starting) price
недоступная ~ prohibitive price
низкая ~ keen (low) price
низшая ~ bottom (floor, keenest, lowest, minimum) price
номинальная ~ face value; nominal cost (price); par value
обусловленная ~ agreed price
окончательная ~ final (last) price
оптовая ~ wholesale price
ориентировочная ~ approximate (guiding) price
паушальная ~ lump sum
покупная ~ buying (purchase, purchasing) price
приемлемая ~ acceptable (fair) price
продажная ~ sale (selling) price
расчётная ~ settlement price
розничная ~ retail price
рыночная ~ market price
скользящая ~ sliding price
сниженная ~ reduced price
сопоставимая ~ comparable price
спекулятивная ~ speculative price
справедливая ~ equitable (fair, just) price
средняя ~ average (mean, medium) price
сходная ~ fair (moderate, reasonable) price
тарифная ~ tariff price
твёрдая ~ firm price
текущая ~ current price
умеренная ~ fair (moderate, reasonable) price
фактическая ~ actual price
экспортная ~ export price

ЦЕНЗ *сущ* qualification; qualification requirement
~ **осёдлости** (local) residence requirement; residence (residential) qualification
~, **установленный законом** statutory qualification
возрастной ~ age qualification
избирательный ~ electoral (voting) qualification
имущественный ~ property qualification
налоговый ~ tax qualification
образовательный ~ education (educational, literacy) qualification

ЦЕНЗУР‖А *сущ* censorship; censure ◊ **вводить** ~**у** to impose (introduce) censorship (censure); **подвергать** ~**е** to censor; subject to censorship (to censure)
предварительная ~ censorship before publication; pre-publication (preventive) censorship (censure)

ЦЕННОСТ‖Ь *сущ* (*стоимость, цена*) price; value; worth; (*важность, значение*) importance; significance; value; worth; (*драгоценности – мн*) valuables; (*богатства, сокровища – мн*) riches; treasures ◊ **иметь (представлять) большую** ~ to be of great value; **определение** ~**и** valuation; **шкала** ~**ей** scale of values
~ **изобретения** value of an

invention
валютные ~и currency values
высшая ~ supreme value
действительная ~ intrinsic (real) value
духовные ~и intellectual (spiritual) values
заявленная ~ declared value
имущественная ~ property
материальные ~и material assets (values); tangibles; (*богатство*) wealth
моральные ~и moral values
наивысшая общественная ~ highest social value
объявленная ~ declared value

ЦЕНН‖ЫЙ *прил* (*дорогостоящий*) costly; expensive; (*имеющий значение*) important; significant ◊ **портфель ~ых бумаг** equity holdings
~ая бандероль registered matter
~ое предложение valuable proposal (suggestion)
~ые бумаги capital issues; gilt-edged securities (stocks); securities; (*на предъявителя*) bearer securities; securities to a bearer; (*с высоким доходом*) high yielding securities; (*с твёрдым процентом*) fixed interest securities
~ груз valuable cargo
государственные ~ые бумаги government securities
первоклассные ~ые бумаги gilt-edged securities; investment (trustee) stock(s)
процентная ~ая бумага interest bearing security

ЦЕНООБРАЗОВАНИ‖Е *сущ* price formation (setting); pricing ◊ **регулирование ~я** price control(s)
двойное ~ dual (split) pricing

ЦЕРЕМОНИАЛ *сущ* ceremonial; ceremony
государственный ~ state ceremony

ЦЕРЕМОНИ‖Я *сущ* ceremony; rite ◊ **организовывать протокольные ~и** [*дип*] to arrange official ceremonies
~ принесения присяги oath rite
протокольная ~ official ceremony
торжественная ~ solemn ceremony

ЦЕССИОНАРИЙ *сущ* (*лицо, которому передаётся право или имущество; правопреемник*) alienee; assignee; cessionary; grantee; transferee

ЦЕССИ‖Я *сущ* (*передача или переуступка имущества, права*) assignment; cession; transfer ◊ **в порядке гражданско-правовой ~и** by assignment; **объект ~и** object of a cession; **субъект ~и** subject of a cession; **форма ~и** form of a cession
~, совершённая в соответствии с нормами права справедливости equitable assignment
~ территории cession of a territory

ЦИНИЗМ *сущ* cynicism
ЦИНИК *сущ* cynic
ЦИРКУЛЯР *сущ* circular letter

Ч

ЧАРТЕР-ПАРТИЯ *сущ* (*договор о фрахтовании судна*) charter-party

ЧАСОВ‖ОЙ *сущ* [*воен*] guard; sentinel; sentry; watch ◊ **поставить ~ого** to post a sentry (a sentinel); **сменить ~ых** (*караул*) to relieve the guard (the sentries)

~ на посту sentry on guard

ЧАСТИЧНЫЙ *прил* partial

ЧАСТН‖ЫЙ *прил* private ◊ **представитель ~ого лица** private agent

~ая собственность private property

~ое лицо private individual (person)

~ое определение суда special court ruling

~ое право private law

~ое предприятие private business (enterprise)

~ые вопросы (*иска, ходатайства и т.п.*) incidental points

~ детектив private detective

~ законопроект private bill

~ предприниматель private entrepreneur

ЧЕК *сущ* (*банковский*) cheque; [*амер*] check; (*на покупку*) bill; (*кассовый талон*) receipt ◊ **выдавать ~** to issue a cheque; **выписывать ~** to draw (make out) a cheque; **выставлять ~** to draw a cheque; **погашать ~** (**оплачивать по ~у**) to honour (pay) a cheque; **предъявлять ~ к оплате** to present a cheque for payment **индоссамент на ~е** (*передаточная надпись на обороте чека*) cheque endorsement; **отзыв (отмена) ~а** revocation (stopping) of a cheque; **отказ в оплате ~а** refusal to pay a cheque; **передача ~а** transfer of a cheque

~ без покрытия flash cheque

~ на предъявителя bearer cheque; cheque (payable) to a bearer

акцептованный ~ accepted cheque

банковский ~ bank (banker's) cheque

бланковый ~ blank cheque

возвратный ~ redemption cheque

дорожный (туристский) ~ traveller's cheque

именной ~ cheque drawn (issued, payable) to a named person

кассовый ~ cash voucher

кроссированный ~ crossed cheque

неакцептованный ~ unaccepted cheque

недействительный ~ invalid cheque

неоплаченный (непогашенный) ~ dishonoured (uncancelled, unpaid) cheque

оплаченный (погашенный) ~ cancelled (honoured, paid) cheque

опротестованный ~ protes-

ted cheque
ордерный ~ order cheque
предъявительский ~ bearer cheque; cheque (payable) to a bearer
просроченный ~ overdue (stale) cheque
товарный ~ cash-memo; sale receipt
туристский (дорожный) ~ traveller's cheque
удостоверенный ~ (*с надписью банка о принятии к платежу*) certified cheque

ЧЕКОДАТЕЛЬ *сущ* [*фин*] (*трассант*) drawer of a cheque

ЧЕЛОВЕК *сущ* human being; individual; man; person; (*мн*) **ЛЮДИ** people

ЧЕЛОВЕКОЛЮБИЕ *сущ* (*филантропия*) philanthropy

ЧЕЛОВЕКОНЕНАВИСТНИК *сущ* (*мизантроп*) misanthrope

ЧЕЛОВЕКОНЕНАВИСТНИЧЕСТВО *сущ* (*мизантропия*) misanthropy

ЧЕЛОВЕЧЕСК‖ИЙ *прил* human
~**ая натура (природа)** human nature
~ **фактор** [*экон*] (*фактор субъективности*) human factor
~**ое достоинство** human dignity

ЧЕЛОВЕЧЕСТВО *сущ* humanity; humankind; mankind

ЧЕЛОВЕЧНОСТЬ *сущ* humaneness; humanity

ЧЕЛОВЕЧНЫЙ *прил* humane

ЧЕСТНОСТЬ *сущ* faith; honesty; integrity

ЧЕСТН‖ЫЙ *прил* fair; honest; upright
~**ая сделка** fair deal
~ **человек** honest man

ЧЕСТОЛЮБИВЫЙ *прил* ambitious

ЧЕСТОЛЮБИЕ *сущ* ambition

ЧЕСТ‖Ь *сущ* honour ◊ **считать за** ~ to consider it one's honour (*to+ inf*); **кодекс** ~**и** code (law) of honour

ЧИНОВНИК *сущ* officer; official; (*функционер тж*) functionary
высокопоставленный ~ high-ranking official
государственный ~ civil servant; government official; (*рассматривающий жалобы частных лиц на государственные учреждения*) [*в Великобритании*] Ombudsman
налоговый ~ assessor
полицейский ~ officer of the police; police officer
судебный ~ officer of justice
таможенный ~ customs officer

ЧЛЕН *сущ* (*организации*) member ◊ **государство-**~ (*организации*) member-state; (*сторона в договоре и т.п.*) party (*to a treaty etc*)
~ **Верховного суда США** Associate Justice of the US Supreme Court
~ **Европейского парламента** member of the European Parliament (MEP)

~ **кабинета министров** cabinet minister
~ **комиссии (комитета)** member of the commission (of the committee); committeeman
~ **конгресса** (*США*) congressman
~-**корреспондент** (*академии*) corresponding member (*of the Academy*)
~ **палаты представителей** (*США*) representative
~ **парламента** member of parliament (MP)
~ **правления** director; member of the board
~ **преступного сообщества** conspirator; member of the conspiracy
~ **профсоюза** trade-union member
~ **совета директоров** (*банка*) director (*of a bank*); member of the board of directors (*of a bank*)
~ **суда** associate justice
ассоциированный ~ associated member
действительный ~ (full) member
непостоянные ~ы Совета Безопасности ООН non-permanent members of the UN Security Council
первоначальные ~ы ООН original members of the UNO
пожизненный ~ life member
полноправный ~ full(-fledged) member
постоянные ~ы Совета Безопасности ООН permanent members of the UN Security Council
почётный ~ honorary member
рядовые ~ы rank-and-file (members)
ЧЛЕНОВРЕДИТЕЛЬСТВО *сущ* (*телесное повреждение*) (self-)injury; (self-)mutilation ◊ **совершать** ~ to injure (maim) oneself
ЧЛЕНСКИЙ *прил* membership
~ **билет** membership card
~ **взнос** membership fee
ЧЛЕНСТВО *сущ* membership
~ **в организации** membership in (of) the organization
постоянное ~ permanent membership
ЧРЕЗВЫЧАЙН‖ЫЙ *прил* emergency; extraordinary; special
~**ая сессия** special session
~**ое законодательство** emergency laws (legislation)
~**ое заседание (собрание)** special meeting
~**ое обстоятельство** emergency
~**ое положение** emergency state; state of emergency
~**ое происшествие** emergency
~**ые меры** emergency measures
~**ые полномочия** emergency powers
~ **и полномочный посол** Ambassador Extraordinary and Plenipotentiary
~ **посланник и полномочный министр** Envoy Extraordinary and Minister Plenipotentiary

ЧРЕЗМЕРН‖ЫЙ *прил* (*превышающий власть, полномочия и т.п.*) excessive; (*излишний – о рабочей силе*) redundant; (*о цене и т.п.*) unreasonable
~**ое насилие** excessive violence

ШАЙКА *сущ* band; (criminal) gang; ring
~ **грабителей** band (gang) of robbers
~ **делинквентов** delinquent band (gang)
~ **контрабандистов** ring of smugglers; smuggling ring
~ **преступников** criminal gang; ring
~ **торговцев наркотиками** drug (narcotics) ring
молодёжная ~ youth band (gang)
уличная ~ street gang

ШАНТАЖ *сущ* blackmail; blackmailing offence; (*рэкет*) racket; racketeering ◊ **вымогательство путём** ~**а** extortion by a blackmailer; **потерпевший от** ~**а** blackmailed

ШАНТАЖИРОВАТЬ *гл* to blackmail; (*заниматься рэкетом*) to racketeer

ШАНТАЖИСТ *сущ* blackmailer; (*рэкетир*) racketeer

ШЕРИФ *сущ* sheriff ◊ **заместитель** ~**а** (*бейлиф*) bailiff

ШЕСТВИЕ *сущ* procession
мирное ~ peaceful procession
уличное ~ street procession

ШИФР *сущ* cipher

ШИФРОВАТЬ, зашифровать *гл* to cipher

ШКАЛА *сущ* scale; schedule
~ **баллов** point scale
~ **заработной платы** scale of wages
~ **расценок** rate (rating) scale
~ **цен** price line
~ **ценностей** scale of value(s)
скользящая ~ sliding scale

ШОВИНИЗМ *сущ* chauvinism

ШОВИНИСТ *сущ* chauvinist

ШОВИНИСТИЧЕСКИЙ *прил* chauvinistic

ШОК *сущ* shock

ШПИОН *сущ* spy ◊ **разоблачить** ~**а** to unmask a spy

ШПИОНАЖ *сущ* espionage; spying; (*разведка тж*) intelligence ◊ **заниматься** ~**ем** to be engaged in espionage; spy
военный ~ military espionage (intelligence)
политический ~ political espionage (intelligence)
промышленный ~ industrial espionage (intelligence)

ШПИОНИТЬ *гл* to be engaged in espionage; spy

ШТАБ-КВАРТИРА *сущ* headquarters

ШТАТ *сущ* (*служебный персонал*) personnel; staff; (*административно-территориальная единица*) state ◊ **быть в** ~**е** to be on the staff; **сокращать** ~ to reduce the staff; **законодательный орган ~а** (*США*) state legislature; **полиция ~а** (*США*) state police **основной ~** permanent (regular) staff

ШТАТН||ЫЙ *прил* (*относительно отдельного лица*) full-time; permanent; regular; on the staff; (*относительно штата сотрудников*) staff
~ая должность established post; regular appointment
~ое расписание list of staff
~ работник full-time worker; permanent (regular) member of the staff

ШТАТСКИЙ *прил* civilian

ШТРАФ *сущ* fine; penalty; (*конфискация тж*) confiscation; forfeiture; ◊ **взыскивать ~** to exact (recover) a fine (a penalty); levy an execution (*against*); **налагать ~** (*на*) to fine; impose (inflict) a fine (a penalty) (*on | upon*); penalize; **определять размер (сумму) ~а** to determine (fix, set) the amount of a fine (of a penalty); mete out a fine (a penalty); **погашать ~** to pay (redeem) a fine (a penalty); **покрывать сумму ~** to cover the amount of a fine (of a penalty)
взыскание ~а exaction (recovery) of a fine (of a penalty); **вид ~а** type of a fine (of a penalty); **иск о взыскании ~а** action for a penalty; legal action for recovery; damages; **наложение ~а** forfeit; imposition (infliction) of a fine (of a penalty) (*on | upon*); **начисление ~а** penalty charging; **погашение ~а** payment (redemption) of a fine (of a penalty); **под угрозой ~а** on pain of a fine (of a forfeiture, penalty); **право на взыскание ~а** right to claim (demand, seek) damages (payment of a penalty); **размер ~а** size of a fine (of a penalty); **срок уплаты ~а** deadline for payment of a fine (of a penalty); **сумма ~а** amount of a fine (of a penalty); **требование уплаты ~а** claim for a penalty
~ в административном порядке administrative fine (forfeiture)
~ в уголовном порядке criminal forfeiture (penalty)
~ за просрочку в поставке товара penalty for a delay in the delivery of goods
большой ~ heavy fine (penalty)
взысканный ~ exacted (recovered) penalty
денежный ~ fine; pecuniary penalty
максимальный ~ maximum fine (penalty)
минимальный ~ minimum fine (penalty)
установленный арбитражем ~ penalty awarded by arbitration

ШТРАФН||ОЙ *прил* penal; (*карательный тж*) exemplary; punitive; vindictive; (*устанавливающий санкцию*) vindicatory

~ санкция fine; penalty; (*карательная тж*) punitive (vindicatory) sanction
~ые убытки added (exemplary, punitive, vindictive) damages

ШТРАФОВАТЬ, оштрафовать *гл* to fine; impose (inflict) a fine (a penalty) (*on | upon*); penalize

ШТРЕЙКБРЕХЕР *сущ* blackleg; strike-breaker; [*амер тж*] scab

ШТРЕЙКБРЕХЕРСТВО *сущ* blacklegging; strike-breaking

Щ

ЩАДИТЬ, пощадить *гл* to spare ◊ **не ~ сил** to spare no effort (*to + inf*)
~ чьи-л чувства to spare smb's feelings

ЩЕДРОСТЬ *сущ* generosity

ЩЕДРЫЙ *прил* generous

ЭВАКУАЦИЯ *сущ* evacuation

ЭГИД‖А *сущ* aegis; auspices ◊ **под ~ой ООН** under the aegis (auspices) of the UNO

ЭГОИЗМ *сущ* egoism

ЭГОИСТ *сущ* egoist

ЭГОИСТИЧЕСКИЙ *прил* egoistic

ЭГОИСТИЧНЫЙ *прил* egoistic

ЭКЗЕКВАТУР‖А *сущ* [*дип*] (*удостоверение, выдаваемое иностранному консулу*) exequatur ◊ **аннулировать (отзывать) ~у** to revoke (withdraw) an exequatur; **выдавать ~у** to grant (issue) an exequatur; **отказывать в выдаче ~ы** to refuse to grant an exequatur; **получать ~у** to obtain (receive) an exequatur
аннулирование (отзыв) ~ы revocation (withdrawal) of an exequatur; **выдача ~ы** delivery (issuance, issue) of an exequatur; **до выдачи ~ы** pending delivery (issuance, issue) of an exequatur; **до получения ~ы** before obtaining (receiving) an exequatur

ЭКЗЕКУЦИЯ *сущ* execution

ЭКЗЕМПЛЯР *сущ* copy; specimen ◊ **в двух ~ах** in duplicate; in two copies; **в трёх ~ах** in a set of three (copies); in three copies; in triplicate
~ коносамента copy of a bill of lading
~ тратты single bill (of exchange)
второй ~ duplicate copy
дарственный ~ presentation copy
действительный ~ negotiable copy
депонируемый ~ depository copy
дополнительный ~ added

copy
единственный ~ single copy
заверенный ~ (*копия*) authenticated (certified, true) copy
контрольный ~ check (specimen) copy
обязательный ~ compulsory copy
первый ~ (*тратты*) First of Exchange
последний ~ last copy
рабочий ~ work copy
рукописный ~ manuscript copy
сигнальный ~ advance copy
судовой ~ коносамента ship's bill of lading
черновой ~ rough copy
чистовой ~ fair copy

ЭКОНОМИКА *сущ* economics; economy

ЭКОНОМИЧЕСКИЙ *прил* economic

ЭКСГУМАЦИЯ *сущ* disinterment; exhumation

ЭКСГУМИРОВАТЬ *гл* to disinter; exhume

ЭКСПАНСИОНИЗМ *сущ* expansionism

ЭКСПАНСИОНИСТ *сущ* expansionist

ЭКСПАНСИОНИСТ-СКИЙ *прил* expansionist
~ая политика expansionist policy; policy of expansion

ЭКСПАНСИЯ *сущ* expansion

ЭКСПАТРИАНТ *сущ* expatriate

ЭКСПАТРИАЦИЯ *сущ* expatriation

ЭКСПАТРИИРОВАТЬ *гл* to expatriate

ЭКСПЕДИТОР *сущ* (*агент по доставке*) forwarder; forwarding (shipping) agent

ЭКСПЕРИМЕНТ *сущ* experiment
следственный ~ investigative experiment

ЭКСПЕРИМЕНТАЛЬ-НЫЙ *прил* experimental
~е данные experimental data

ЭКСПЕРТ *сущ* examiner; expert; surveyor ◊ **назначить ~а** to appoint an expert
группа ~ов commission (team) of experts; **заключение (мнение) ~а** expert advice (finding, opinion); expert's report; **помощник ~а** assistant examiner
~-консультант суда assizer
~, назначенный следствием investigation expert
~, назначенный судом court-appointed (judicially appointed) expert
~-патентовед patent expert
~ по правовым вопросам law (legal) expert
~ по промышленным образцам design expert
~ по ходатайству защиты expert by (for) the defence
~ по ходатайству обвинения expert by (for) the prosecution
~-юрист law (legal) expert
ведущий ~ leading expert
военный ~ military expert
государственный ~ state examiner (expert)
коммерческий (торговый) ~ commercial expert

независимый ~ independent expert
правительственный ~ government expert
судебный ~ court (forensic, legal) expert
судовой ~ ship's surveyor
технический ~ technical examiner (expert)

ЭКСПЕРТИЗ‖**А** *сущ* expertise; expert appraisal (examination); (*заключение эксперта тж*) expert advice (finding, opinion); expert's report ◊ **проводить ~у** to carry out (conduct, make) an examination; examine; give one's expert opinion (*on*); survey; (*заявки*) to examine an application; (*на новизну*) to examine as to novelty; (*на полезность*) to examine as to usefulness (utility); (*на патентоспособность*) to examine as to patentability; **проводить повторную ~у** to re-examine

акт ~ы act (certificate) of appraisal (of expert examination); **заключение ~ы** (*экспертов*) expert advice (finding, opinion); experts' report; **показание ~ы** expert evidence (testimony); **порядок проведения ~ы** procedure of examination; **результаты ~ы** results of examination; **свидетельство об ~е** certificate of appraisal (of examination)

~ для установления психического состояния inquest of lunacy

~ заявки examination of an application
~ на новизну examination as to novelty; novelty examination
~ на осуществимость examination as to practicability
~ на полезность examination as to usefulness (utility)
беспристрастная ~ fair (expert) appraisal (examination)
выборочная ~ selective (expert) appraisal (examination)
графическая (графологическая) ~ handwriting expertise
дактилоскопическая ~ fingerprint identification
заключительная ~ final (expert) appraisal (examination)
контрольная ~ control (expert) appraisal (examination)
научная ~ scientific expertise
независимая ~ independent (expert) appraisal (examination)
объективная ~ fair (expert) appraisal (examination)
отсроченная ~ deferred (postponed, suspended) (expert) appraisal (examination)
патентная ~ patent examination
повторная ~ follow-up examination; reconsideration; reexamination
полная ~ complete (full) appraisal (examination)
предварительная ~ pre-examination; preliminary (expert) appraisal (examination)
специальная ~ specialized (expert) appraisal (examination)

срочная ~ prompt (urgent) appraisal (examination)
судебная ~ court (legal) expertise; expert testimony in court; forensic inquiry
судебно-медицинская ~ forensic medical (expert) examination; medical evidence in court
техническая ~ technical (expert) examination
ускоренная ~ accelerated (expert) appraisal (examination)

ЭКСПЕРТН∥ЫЙ *прил* expert
~ая комиссия commission (team) of experts
~ое заключение expert advice (finding, opinion); expert's report
~ый совет council of experts

ЭКСПЛУАТАТОР *сущ* exploiter

ЭКСПЛУАТАЦИЯ *сущ* exploitation

ЭКСПОРТ *сущ* export ◊ **производить на ~** to produce for export
~ капитала export of a capital
~ сельскохозяйственной продукции agricultural export; produce export(s)
~ товаров export of goods
~ услуг export of services
бросовый ~ (*демпинг*) dumping
невидимый ~ (*в балансе*) invisible export(s)

ЭКСПОРТЁР *сущ* exporter

ЭКСПОРТИРОВАТЬ *гл* to export

ЭКСПОРТН∥ЫЙ *прил* export
~ая пошлина export duty
~ая торговля export sale(s)

ЭКСПРОПРИАЦИЯ *сущ* expropriation

ЭКСТЕРРИТОРИАЛЬНОСТЬ *сущ* exterritoriality

ЭКСТРАДИЦИ∥Я *сущ* (*выдача преступника иностранному государству*) extradition ◊ **подлежать ~и** to be eligible for extradition; **договор об ~и** extradition treaty; **закон об ~и** extradition law; **подлежащий ~и** extraditable; **юридическое основание для ~и** legal basis for extradition

ЭКСТРЕМИЗМ *сущ* extremism

ЭКСТРЕМИСТ *сущ* extremist

ЭКСЦЕСС *сущ* excess

ЭМАНСИПАЦИЯ *сущ* emancipation
~ женщин women's emancipation (liberation)

ЭМАНСИПИРОВАТЬ *гл* to emancipate

ЭМБАРГО *сущ* embargo ◊ **вводить (налагать) ~** to impose (lay, place, put) an embargo (*on*); **снимать ~** to lift (raise, take off) an embargo

ЭМБЛЕМА *сущ* emblem

ЭМИГРАНТ *сущ* emigrant; emigre; exile; (*беженец тж*) refugee

ЭМИГРАНТСК∥ИЙ *прил* emigrant; emigre
~ие круги emigrant circles
~ое правительство govern-

ment in exile
ЭМИГРАЦИЯ *сущ* emigration
ЭМИГРИРОВАТЬ *гл* to emigrate; go into exile
ЭМИССИЯ *сущ* [*фин*] emission; issue
~ **денег** currency issue; emission (issue) of money
ЭМИТЕНТ *сущ* [*фин*] emitter; issuer
ЭМОЦИОНАЛЬНЫЙ *прил* emotional
ЭМОЦИЯ *сущ* emotion
ЭНТУЗИАЗМ *сущ* enthusiasm
ЭНТУЗИАСТ *сущ* enthusiast
ЭПИДЕМИЧЕСК‖ИЙ *прил* [*мед*] epidemic
~**ое заболевание** epidemic disease
ЭПИДЕМИЯ *сущ* [*мед*] epidemic
ЭПОХА *сущ* age; epoch; era
ЭСКАЛАЦИЯ *сущ* escalation
~ **конфликта** escalation of a conflict
ЭСКОРТ *сущ* escort
почётный ~ escort of honour
ЭТАП *сущ* stage; (*раунд переговоров тж*) round
завершающий ~ closing stage
начальный ~ initial (opening) stage
ЭТНИЧЕСК‖ИЙ *прил* ethnic
~**ая проблема** ethnic problem
ЭФФЕКТ *сущ* effect; impact; (*результат*) result
желаемый ~ desired effect

обратный ~ boomerang (reverse) effect
отрицательный ~ negative effect
побочный ~ by-effect; side-effect; spillover
положительный ~ positive effect
экономический ~ economic effect
ЭФФЕКТИВНОСТЬ *сущ* efficiency; effectiveness
~ **изобретения** efficiency (effectiveness) of an invention
~ **информации** efficiency (effectiveness) of information
~ **лицензирования** efficiency (effectiveness) of licensing
~ **производства** efficiency (effectiveness) of production; industrial efficiency (effectiveness)
ЭФФЕКТИВН‖ЫЙ *прил* effective; efficient
~**ые меры** effective measures
~ **контроль** effective control

Ю

ЮРИДИЧЕСКИ *нареч* juridically; legally; [*лат*] (*де юре*) de jure ◊ **быть** ~ **обоснованным** to hold good in law
~ **безразличный факт** fact without a legal effect (without consequences)
~ **гарантированный** legally guaranteed (warranted)
~ **действительный** effective;

(legally) operative (valid); valid in law
~ **значимый** relevant in law
~ **недействительный** invalid
~ **обоснованный** founded in law
~ **обязанный** legally obliged
~ **обязательный** legally binding
~ **порочный** defective

ЮРИДИЧЕСК‖ИЙ *прил* jural; juridical; juristic; legal; [*лат*] (*де юре*) de jure ◊ **иметь ~ую силу** to be valid in law; have a legal force; **лишать ~ой силы** to disable; invalidate; make (render) invalid (void); void; **не иметь ~ой силы** to be invalid (void); have no legal force; **предоставлять ~ую помощь** to provide legal aid (assistance, back-up) (*to*)
~**ая действительность** validity in law
~**ая допустимость** legal admissibility (permissibility)
~**ая значимость** relevance in law
~**ая консультация** legal advice; (*учреждение*) law firm; lawyer's office; legal advice (aid) agency (office)
~**ая мотивировка решения** reason(s) for a decision
~**ая наука** juridical (legal) science; jurisprudence; science of law
~**ая невозможность** (*исполнения*) legal impossibility
~**ая недействительность** invalidity
~**ая неправильность** legal irregularity
~**ая обязанность** legal obligation
~**ая ответственность** legal liability (responsibility)
~**ая ошибка** ignorance of law; legal error
~**ая помощь** judicial (legal) aid (assistance)
~**ая правильность** legal propriety
~**ая предпосылка** legal prerequisite
~**ая профессия** legal profession
~**ая сделка** juridical act; legal transaction
~**ая сила** legal force; validity; vigour
~**ая теория** juristic theory
~**ая терминология** juristic (legal) terminology
~**ая формулировка** legal wording
~**ие институты (учреждения)** juristic (legal) institutions
~**ие ограничения** legal restraints (restrictions)
~**ие отношения** legal relations (relationship)
~**ие последствия** legal effect (consequences)
~**ие события** jural acts; legal events
~ **адрес** legal address
~ **акт** legal act (enactment, instrument)
~ **вопрос** legal problem (question)
~ **вуз** law school; college of law
~ **комитет** legal committee
~ **обычай** juridical custom

~ **отдел** legal department
~ **смысл** legal sense
~ **статус** legal status
~ **термин** law (legal) term
~ **факт** jural (juridical, legal) fact
~ **факультет** department (faculty) of law; law department (faculty); law school
~ **язык** legal language (parlance)
~**ое действие** juristic (legal) act
~**ое лицо** artificial (incorporated) person; corporate body (person); juridical (juristic) person (party); legal entity (personality, party, unit)
~**ое образование** legal education
~**ое основание** legal ground
~**ое положение** legal position (status)
~**ое представительство** legal representation
~**ое признание** legal recognition
~**ое равенство** legal equality
~**ое учреждение** juristic (legal) institution

ЮРИСДИКЦИОННЫЙ *прил* (*подпадающий под юрисдикцию, относящийся к юрисдикции*) jurisdictional

ЮРИСДИКЦИ∥Я *сущ* competence; judicature; judicial cognizance; jurisdiction ◊ **осуществлять ~ю** to exercise jurisdiction; **передавать под чью-л ~ю** to transfer to the jurisdiction (*of*); **подпадать под ~ю** to come (fall) within (under) the jurisdiction (*of*); **рассматривать дело** (*в суде*) **в порядке суммарной ~и** to try a case summarily

в пределах ~и within the jurisdiction (*of*); **нарушение ~и** jurisdictional irregularity (violation); **не относящийся к ~и** (*суда*) extrajudicial; **ограничение ~и** jurisdictional restriction; restriction of jurisdiction; **отсутствие ~и** lack of jurisdiction; **подпадающий под ~ю** judicable; jurisdictional; **право ~и** adjudicatory authority (power); right of jurisdiction; **признание обязательной ~и Международного Суда** acceptance of the compulsory jurisdiction of the International Court of Justice; **территория, находящаяся под ~ей** territory under the jurisdiction (*of*)

~ **органов обвинения** prosecutive (prosecutorial) jurisdiction

~ **суда общего права** common law jurisdiction

~ **суда первой инстанции** original jurisdiction

~ **суда права справедливости** equity jurisdiction

административная ~ administrative jurisdiction

апелляционная ~ appellate jurisdiction

государственная ~ state jurisdiction

гражданская ~ civil jurisdiction

дополнительная ~ ancillary

(auxiliary, incidental, supplementary) jurisdiction
законодательная ~ legislative (prescriptive) jurisdiction
иностранная ~ foreign jurisdiction
исключительная ~ exclusive jurisdiction
исполнительная ~ enforcement jurisdiction
консульская ~ consular jurisdiction
консультативная ~ advisory jurisdiction
надзорная ~ supervisory jurisdiction
надлежащая ~ competent (due, proper) jurisdiction
ненадлежащая ~ incompetent (undue, unproper) jurisdiction
общая ~ general jurisdiction
обязательная ~ compulsory (obligatory) jurisdiction
ограничительная ~ limited (restrictive) jurisdiction
оспоренная ~ challenged (questioned) jurisdiction
охранительная ~ protective jurisdiction
специальная ~ special (specialized) jurisdiction
спорная ~ contestable jurisdiction
судебная ~ court (judicial, trial) jurisdiction
суммарная ~ summary jurisdiction
существующая ~ actual jurisdiction
территориальная ~ territorial jurisdiction
уголовная ~ criminal (penal) jurisdiction
факультативная ~ optional jurisdiction
экстерриториальная ~ foreign jurisdiction

ЮРИСКОНСУЛЬТ *сущ* jurisconsult; jurist; legal adviser (counsel); [*амер тж*] solicitor; (*в компании тж*) company lawyer; (*законодательного органа*) legislative lawyer
главный ~ general counsel

ЮРИСПРУДЕНЦИЯ *сущ* jurisprudence

ЮРИСТ *сущ* jurist; lawyer; legal expert; (*адвокат тж*) attorney; barrister; solicitor; (*правовед тж*) jurisprudent; jurist ◊ **консультация** ~**а** legal advice

~ **исправительного учреждения** correctional lawyer
~**-международник** international jurist (lawyer)
~**-практик** lawyer; legal practitioner; practising lawyer
~**-специалист по общему праву** common lawyer
квалифицированный ~ qualified lawyer
практикующий ~ lawyer; legal practitioner; practising lawyer

ЮСТИЦИ∥Я *сущ* justice; (*система судебных учреждений*) judicature; judicial (legal) system ◊ **орган** ~**и** law enforcement agency (body)
военная ~ military justice
мировая ~ lay justice

уголовная ~ penal (punitive) justice

Я

ЯВК‖А *сущ* (*присутствие*) attendance; presence; (*в суд*) appearance; presence in court ◊ **обеспечивать ~у свидетеля** to assure the appearance of a witness; obtain (procure) a witness; **регистрировать ~у** to enter the appearance (*of*); **день ~и** appearance day (*in court*)

~ **адвоката** appearance by a counsel

~ **свидетеля** witness appearance in court

~ **с повинной** giving oneself up (*to*); surrender

личная ~ (*в суд*) corporal appearance

ЯВЛЕНИЕ *сущ* phenomenon (*мн – па*)

ЯВЛЯТЬСЯ, явиться *гл* to appear ◊ **не ~ в суд** to be absent from the court; (*о выпущенном на поруки*) to forfeit one's bail

~ **в суд** to appear before the court; make one's appearance in court; (*о выпущенном на поруки*) to surrender a bail

~ **на работу** to report for work

~ **по вызову** to appear when summoned

ЯВНЫЙ *прил* evident; explicit; manifest; obvious; patent

ЯД *сущ* poison

ЯДЕРН‖ЫЙ *прил* nuclear

~**ое оружие** nuclear arms (weapons)

~ **арсенал** nuclear arsenal

~ **век** nuclear age

ЯДОВИТ‖ЫЙ *прил* poisonous

~**ое вещество** poisonous substance

ЯЗЫК *сущ* language ◊ **на юридическом ~е** in legal parlance

~ **закона** language of law (of the statute)

дипломатический ~ diplomatic language

национальный ~ national language

официальный ~ (*конференции, симпозиума и т.п.*) official language

рабочий ~ working language

родной ~ mother tongue; native language

ЯРОСТНЫЙ *прил* fierce; frenzied; furious; (*свирепый*) savage

ЯРОСТ‖Ь *сущ* frenzy; fury; rage ◊ **в припадке ~и** (*в порыве гнева*) in a fit of rage

Список наиболее употребительных латинских слов и устойчивых словосочетаний

ab abrupto – внезапно, сразу
ab dato recessi – с момента совершения действия
ab initio (ab init.) – с начала чего-л., с возникновения
ab intestato – без завещания
ab ovo – с самого начала
abrupto – внезапно, сразу
a contrario – от противного (*о доказательстве*)
actu – в действительности, на деле
ad arbitrium – произвольно, по усмотрению
a dato – со дня подписи
ad exemplum – по образцу, по примеру
ad extra – до крайней степени
ad finem (ad fin.) – до конца (*страницы и т.п.*)
ad hoc – специальный, для данного случая
ad idem – тот же
a die – от сего дня
ad interim (ad int., a.i.) – в течение некоторого времени, временный; на время
ad legem – по закону
ad libitum – на выбор, по желанию
ad litteram – буквально, дословно
ad maximum – до высшей степени
ad meliorem fortunam – до более благоприятных обстоятельств
ad memorandum – для памяти
ad minimum – до низшей степени
ad modum – по образцу
ad normam – по образцу, по предписанию
ad notam – к сведению, для памяти
ad notata – примечание; отметка

ad oculos – наглядно, воочию
ad probandum – для доказательства
ad ratificandum – к утверждению
ad referendum – для дальнейшего рассмотрения (согласования); при условии одобрения вышестоящей инстанцией
ad rei veritatem – из объективных оснований
ad rem – по существу дела
ad usum – для употребления, к употреблению
ad valorem – "ад валорем"; в соответствии с ценностью; по стоимости
ad verbum – буквально, дословно
ad vocem – к слову (сказать); по поводу, что касается
a fortiori – тем более, ещё в большей мере
alieno nomine – от чужого имени; под чужим именем
alieni juris – несамостоятельный, находящийся под властью другого
aliorum – иначе; точнее говоря
anni currentis (a.c.) – сего года
anni futuri (a.f.) – будущие годы
Anno Domini (A.D.) – в такой-то год нашей эры
ante diem – до этого дня
ante factum – заранее, до факта
ante meridiem (a.m.) – до полудня
a posteriori – на основании опыта; задним числом
a prima facie – на первый взгляд
a priori – априори; заранее; до

опыта
argumenta adversaria – доводы противной стороны
auctoritas rei judicatae – прецедент судебного решения
calumnia – ложное обвинение; клевета
casus – случай, происшествие
casus belli – повод к войне; случай, оправдывающий войну
casus conscientiae – обстоятельства осведомлённости
casus foederis – обстоятельства, при которых вступают в силу обязательства по союзному договору
causa activa – действующая причина
causa civilis – повод для гражданского судебного спора
causa criminalis – повод к обвинению; уголовное дело
causa obligationis – обязательство
compos sui – в полном сознании; контролирующий своё поведение
confirmatio – доказательство; обоснование, подтверждение
consensus – единодушие; консенсус; согласие
contra – против
contra pacem – против мира
copia vera – верная копия
corpus delicti – состав преступления; вещественное доказательство
corpus juris – свод законов
corrigenda – исправления, поправки
cui prodest? – кому выгодно?
cuique suum – каждому своё

cum hoc – после этого
curriculum vitae – краткие биографические данные
de dato – датированный
de facto – в действительности; на деле; фактически
de jure – в силу закона; де юре; по праву; юридически
de lege ferenda – с точки зрения законодательного предположения
de lege lata – с точки зрения действующего закона
de nomine – по формальному основанию
de rigore juris – по букве закона
de visu – воочию; как очевидец
dicis causa – ради формы
dictum | ta – афоризм; изречение; мнение судьи
dura lex, sed lex – суров закон, но закон
eo ipso – в силу этого; тем самым
errata – ошибки, опечатки
error facti – ошибка в факте
error in re – ошибка по существу
error juris – ошибка в праве; юридическая ошибка
et alia (et al.) – и так далее, и тому подобное
et alii (et al.) – и другие
et cetera (etc.) – и так далее; и прочее; и тому подобное
et multa alia – и многое другое
ex abrupto – внезапно, сразу
ex adverso – от противного
ex aequo – наравне; поровну; равным образом
ex analogia – по аналогии (сходству)
ex commodo – в удобное время; по усмотрению

ex condigno – на основании достоинств
ex congruo – по договору
ex consensu – по согласию, с согласия
ex consilio – в результате обсуждения; по совету
ex contrario – из противоречия
exempli gratia (e.g.) – например
ex eventu – после случая (происшествия)
ex fide bona – по чистой совести
ex fontibus – в первоисточниках
ex jure – по праву
ex lege – в соответствии с правом; по закону
ex locato – обоснованно
ex mero motu – по своему желанию
ex more – по обычаю
ex necessitate rei – в силу необходимости
ex nihilo – из ничего
ex officio – по должности; по долгу службы; по служебному положению
ex parte – в пользу одной стороны
explicite – открыто, ясно
ex post – задним числом; после, позже
ex post facto – после свершившегося факта
expressis verbis – категорически; решительно
ex professio – по специальности
exprompto – внезапно, неожиданно
expromptu – сразу, без подготовки; экспромтом
ex proposito – нарочно; с умыслом
ex proprio motu – по собственному побуждению
ex proprio sinu – из самой сути; из самого существа
ex re – по поводу, по случаю
ex silentio – от умолчания
ex tempore – без приготовления; немедленно, экспромтом
ex termino facto – немедленно; сразу
extra ordinem – вне обычного порядка
ex vi termini – в силу буквы; формально
ex voto – по обещанию
gratis – безвозмездно, даром; бескорыстно
habeas corpus – закон о неприкосновенности личности
hoc loco – здесь, на этом месте
hoc sensu – в этом смысле
ibidem (ib., ibid.) – там же (*в сносках*)
idem quod (i.q.) – так же, как
id est (i.e.) – то есть
id quod erat demonstrandum – то, что и требовалось доказать
in absentia – без личного присутствия; в отсутствие
in abstracto – вообще, отвлечённо
in actu – в действии
in aequilibrio – в равновесии
in brevi – вкратце, кратко
in carne – лично; собственной персоной
in casum – в случае
in casum casus – при возникновении новых подробностей в деле
in contumaciam – заочно
in corpore – все без исключения, в полном составе
in crudo – в первоначальном

виде, в оригинале
inde – отсюда, поэтому
in deposito – на хранение
in diem – на день
in dubio – в сомнении
in effectu – в действии; на деле
in esse – действительный, существующий
in eventum – в результате
in extenso – полностью; подробно
in extracto – в сокращённом изложении
in extremis – в крайности; в последний момент
in facsimile – в точном воспроизведении
in facto – в действительности; на деле
in favorem – в пользу, для пользы
in fidem – по договорённости; по доверию
in fine (in f.) – в конце (*страницы и т.п.*)
in flagrante delicto – на месте преступления, с поличным
in foro – перед судом
in foro conscientiae – перед судом совести
infra (inf.) – дальше; ниже
in futuro – в будущем
in genere – в общем, вообще
in grosso – в большом количестве, оптом
in hoc casu – в этом (данном) случае
in honorem – в честь
in jure – на законном основании
in limine – в самом начале чего-л
in limine litis – перед началом разбора судебного дела
in loco – на месте
in loco delicti – на месте преступления
in margine (i.m.) – на полях
in materia – по существу
in medias res – в самую суть; прямо к делу
in medio – в середине; посредине
in mente – в сознании; в уме
in natura – в естественном состоянии
in optima forma – в лучшем виде; по всей форме
in ordine successivorum – в порядке последовательности
in originali – в подлиннике
in pace – в мире, в покое
in perpetuum – навсегда
in persona – лично, собственной персоной
in praesenti – в настоящее время, теперь
in praxi – в употреблении; на деле
in prima instantia – в первой инстанции
in publico – всенародно
in puncto – относительно, что касается
in puncto puncti – в главном; в самом существенном пункте
in puris naturalibus – в естественном состоянии; в чистом виде
in quali – по существу дела
in re – в действительности; фактически
in rebus – на деле
in residuo – в итоге; в остатке
in salvo – в безопасности; в надёжном месте
in situ – в месте нахождения
in situ criminis – на месте совершения преступления
in solidum – с общей ответст-

венностью
in specie – в разновидности; в частности
in statu mortis – на смертном одре
in statu nascendi – в момент зарождения (образования)
in statu quo – без изменений; в одном и том же (прежнем) состоянии
in statu quo ante – в прежнем состоянии
in status quo – в состоянии, существующем теперь
in summa – кратко; одним словом
in suspenso – в неопределённости; в подвешенном состоянии
inter – между
inter alia – между прочим
in terminis – в последней инстанции
inter partes – между сторонами
inter se – между собой
intra vires – в пределах полномочий
in toto – в полном составе; в целом; без пропусков (*о тексте*)
in una persona – в одном лице
in usu – для употребления
in usum et abusum – в пользу и во вред
in vacuis locis – в свободных местах
in via juris – законным путём
invicem – попеременно, поочерёдно
ipsissima verba – слово в слово; совершенно точно
ipso facto – в силу самого факта; на деле; по этой причине
ipso jure – в силу самого закона; на законном основании
ipso verbo – бесспорно, неоспоримо
jannis clausis – при закрытых дверях
jus advalitium mutuum – право пожизненного пользования
jus aggratiandi – право помилования
jus bonumque – право и справедливость
jus canonicum – каноническое право
jus circa sacra – государственное церковное право
jus civile – гражданское право
jus cogens – общеобязательное право
jus commune – общее право
jus constitutionarium – закон политического и общественного устройства (*в государстве*)
jus criminale – уголовное право
jus dicere – право творить суд и толковать законы
jus dominii – право собственности
jus generis humani – естественное право человека
jus gentium – международное право
jus haereditatis – право наследования
jus humanum – человеческое право
jus in re – законное право на владение
jus judiciarium – закон, определяющий устройство и деятельность судов
jus naturae – закон природы
jus naturale – естественное право
jus optionis – право избрания
jus possessionis – право независимого владения

jus possidendi – право временного владения
jus praecedentiae – право первенства (преимущества)
jus primi possidentis – право первого владельца
jus privatum – частное право
jus proprietatis – право собственности
jus protectionis – право защиты
jus publicum – международное право; публичное право (*государственное и уголовное*)
jus puniendi – право наказания
jus quaestionis – право судебного следствия
jus repraesentationis – право представительства
jus respondendi – право давать заключения (*по судебным делам*)
jus retorsionis – право мести (возмездия)
jus romanum – римское право
jus scriptum – буква закона; писаный закон
jus strictum – строгая законность; строгое право
jus suffragii – право голоса
justa causa – законная причина; справедливый повод
jus talionis – право на равное возмездие
justus titulus – законное основание (*чего-л*), правооснование
jus utendi et abutendi – право употребления и злоупотребления (*т.е. полной собственности*)
jus vitae ac necis – право распоряжения жизнью и смертью
lege et consuetudine – по закону и по обычаю
lege ferenda – в соответствии с обычным пониманием (*или толкованием*)
lege lata – в широком смысле слова
lege necessitatis – по закону необходимости
lex – закон
lex abrogata – отменённый закон
lex civilis – гражданский закон
lex mercatoria – обычное торговое право
lex naturalis – естественный закон
lex non scripta – неписаный закон
lex posterior derogat legi priori – более ранний закон отменяется позднейшим
lex propria – частное право
lex prospicit, non respicit – закон не имеет обратной силы
lex scripta – писаный закон
lex specialis – специальный закон
liberum arbitrium – свобода выбора (воли)
litterae procuratoriae – доверенность, полномочие; представительство
loco citato (loc.cit.; l.c.) – в цитированном месте
locus delicti – место, где совершено преступление
locus sigilli (l.s.) – место печати
mala fides – недобросовестность, нечестные намерения
mandatum cum libera – неограниченное полномочие
manu armata – силой оружия
manu brevi – безотлагательно; скоро
manu forti – силой принуждения

medias res – существо дела
mens legis – дух (смысл) закона
modus operandi – способ действия
modus vivendi – временное соглашение или урегулирование (*между спорящими сторонами*); образ жизни
mutatis mutandis – с соответствующими изменениями (оговорками)
ne varietur – изменению не подлежит
nomen juris – юридический термин
nomine et re – на словах и в действительности
nota bene (NB) – заметь хорошо (*отметка на полях книги и т.п.*)
nudis verbis – голословно, без достаточных оснований
omnium consensu – по общему согласию
optima fide – с полным доверием
opus citatum (op.cit.; op.c.) – цитированное сочинение
pacta sunt servanda – договоры должны соблюдаться
pactum pacis – мирный договор
pars pro toto – часть вместо целого
per aliud – при посредстве (с помощью) другого
per alium – через другого, не непосредственно
per analogiam – по аналогии (сходству)
per annum – в год; ежегодно
per capita – на душу населения
per consequention – по следствию, вытекающему из данного высказывания

per contra – с другой стороны
per contrario – в противоположность (*кому-л., чему-л.*)
per diem – в день
per exemplum – например
per idem – посредством того же
per legem terrae – по закону страны
per procurationem – по доверенности; через посредство кого-л.
per se – в чистом виде; само по себе
persona non grata – нежелательное лицо, персона нон грата
persona publica – должностное лицо; общественный деятель
persona sui juris – самостоятельная (независимая) особа
per tacitum consensum = tacito consensu – по молчаливому согласию
per vota secreta – закрытым голосованием
pleno jure – с полным правом
post bellum – после войны; послевоенный
post factum – после совершения факта; задним числом
post hominum memoriam – с незапамятных времён
post meridiem (p.m.) – пополудни, после полудня
post mortem – после смерти, посмертно
post scriptum (p.s.) – после написанного
prima facie – на первый взгляд; с первого раза
pro anno – в настоящее время
pro et contra – за и против
pro forma – для видимости, формально
pro interim – временно

pro memoria – для памяти; в память о ком-л
pro numo – в данный момент; в настоящее время
pro rata – соответственно, соразмерно
pro tanto – соответственно
pro tempore (pro tem.) – временно, пока что
quaestio facti – вопрос факта
quaestio juris – вопрос права
qui pro quo – одно вместо другого; путаница; смешение понятий
quod demonstrandum est – что и требуется доказать
quod erat demonstrandum (Q.E.D., q.e.d.) – что и требовалось доказать; само собой разумеется
quod vide (q.v.) – смотри это (*там - то*)
ratio decidendi – основание решения; решающий довод
ratio legis – дух и цель закона; основание закона
rebus sic distantibus – при таком положении дел
rebus sic stantibus – при неизменном положении вещей
regula juris – правовая норма
res communis – общее имущество
res communis omnium – объект общего пользования
res controversa – спорное имущество
res extra commercium – вещь, не могущая быть объектом торговли
res fungibilis – заменимая вещь
res habilis – вещь во владении
res integra – нерешённое дело

res inter alios acta – дело между двумя сторонами
res inter commercium – предмет торговли
res judicata – решённое дело
res mobilis – движимое имущество
restitutio in integrum – восстановление в первоначальном виде
scilicet (scil.; sc.) – а именно, то есть
scriptus heres – наследник по завещанию
semper idem – всегда то же самое; одно и то же
sensu stricto – в узком смысле
sequens, sequentes (seq., sq., seqq., sqq.) – следующее(ие) место(а) и т.п.
sic dicta – так сказать
sigillum veri – доказательство истинности (*чего-л*)
sine anno et loco (s.a.e.l.) – без указания года и места
sine die (s.d.) – без указания даты
sine dubio – вне сомнения
sine jure – без права; незаконно
sine letigima prole – без законного потомства
sine loco (s.l.) – без указания места
sine loco, anno, vel nomine – без указания места, года и даже наименования
sine loco et anno – без указания места и года издания
sine qua non – необходимое (обязательное) условие
species facti – установление состава преступления, обстоятельства дела
sponte sua, sine lege – добровольно, по собственному желанию

stare decisis – придерживаться прежних решений
status juridicus – правовое положение лица (или государства)
status quo – статус-кво; существующее положение вещей
status quo ante – положение, существовавшее прежде
status quo ante bellum – положение до войны
status quo post bellum – положение, сложившееся после войны
stricto jure – строго по закону
stricto, strictissimo sensu – в строгом (узком), строжайшем смысле (слова)
sub conditione – при условии
sub consensu – с чьего-л согласия
sub modo – при условии
sub poena – под угрозой наказания
sub ratione – с точки зрения
sub specie – с точки зрения; под углом зрения
supra scriptum – выше написано
supra vide – смотри выше (по тексту)
supressio veri – сокрытие истины
tacito consensu – с молчаливого согласия
tacitus consensus – молчаливое согласие
terra incognita – неизвестная земля; что-л неизвестное, непонятное или непостижимое
testantibus actis – доверенность на ведение судебного процесса
toto corpore – всецело, полностью
ubi non est lex, ibi non est transgressio – где нет закона, там нет и нарушения
ubi periculum, ibi lex – где есть (угрожает) опасность, там и закон
ultra vires – вне компетенции; за пределами полномочий
unum et idem – одно и то же
usus fori – судебный обычай
ut infra – как сказано ниже
uti possidetis – формула взаимного признания прав воюющих сторон на занятые ими территории
uti possidetis ante bellum – формула взаимного признания прав по положению, существовавшему до войны
ut supra – как сказано выше (раньше)
verbatim – дословно, слово в слово
verso folio – на обратной стороне листа
versus – против, в противовес; по отношению к чему-л
verte – смотри на обороте (*помета на рукописи*)
via – через, при чьём-л посредстве
via facti – самовольно, явочным порядком
vice versa (v.v.) – наоборот, обратно
vide (v.) – обратись к; смотри там
videlicet (viz) – а именно, то есть; например
vide supra (v.s.) – смотри выше (*помета*)
vi mandati – по предписанию; по приказу
vi praesidii – по праву председателя
vis legis – сила закона
viva voce – в устной форме
voluntas ultima – завещание; последняя воля
votum separatum – особое мнение

Лексикографические источники

BBC English Dictionary. – L., 1993.
Bird, Roger. Osborne's Concise Law Dictionary. 7-th ed. – L., 1983.
Black's Law Dictionary. 5-th ed. – N.Y., 1979.
Gifis, Steven H. Law Dictionary. 2nd ed. – N.Y. – L. – T.–S., 1984.
Jowitt, Earl. The Dictionary of English Law. – L., 1959.
Mamulyan A., Kashkin S. English-Russian Comprehensive Law Dictionary. – M., 1993.
McFarlane, Gavin. The Layman's Dictionary of English Law. – L., 1980.
Merriam Webster's Collegiate Thesaurus. – Springfield, Mass., 1993.
Simmonds, Kenneth R. International Encyclopaedia of Comparative Law. – L., 1987
Walker, David. The Oxford Companion to Law. – L., 1990.

Андрианов С.Н., Берсон А.С. и др. Англо-русский юридический словарь. – М., 1993.
Аничкина-Платонова А.Е., Израилевич Е.Е. и др. Англо-русский экономический словарь. Под ред. Аничкина А.В. – М., 1997.
Бабкин А.М., Шендецов В.В. Словарь иноязычных выражений и слов. В 2-х томах – Л., 1987.
Березовенко Ю.Ф., Березовенко Е.Н. и др. Новый англо-русский юридический словарь. – К., 1993.
Волкова Н.О., Гераскина Н.П. и др. Англо-русский дипломатический словарь. – М., 1989.
Воскресенская И.В., Митрохина В.И.и др. Русско-английский внешнеторговый словарь. – М., 1986.
Загорская А.П., Петроченко Н.П. Большой англо-русский, русско-английский словарь по бизнесу. – М., 1993.
Новый большой англо-русский словарь. В 3-х томах. Под общим руковод. Э.М.Медниковой и Ю.Д.Апресяна. – М., 1993.
Словарь иностранных слов. – 12-е изд. стереотип. – М., 1985.
Янушков В.Н., Янушкова Т.П. и др. Русско-английский словарь делового человека. В 2-х томах. – Минск, 1994.

Издательство «Р У С С О»,
выпускающее научно-технические словари,

предлагает:

Англо-русский словарь по авиационно-космической медицине, психологии и эргономике

Англо-русский биологический словарь

Англо-русский медицинский словарь

Англо-русский медицинский словарь-справочник «На приёме у английского врача»

Англо-русский словарь по парфюмерии и косметике

Англо-русский словарь по полиграфии и издательскому делу

Англо-русский словарь по психологии

Англо-русский словарь по радиоэлектронике

Англо-русский словарь по рекламе и маркетингу с Указателем русских терминов

Англо-русский словарь по электротехнике и электроэнергетике

Англо-русский юридический словарь

Большой англо-русский политехнический словарь в 2-х томах

Русско-английский геологический словарь

Русско-английский словарь по нефти и газу

Русско-английский политехнический словарь

Русско-английский физический словарь

Англо-русский и русско-английский автомобильный словарь

Англо-русский и русско-английский лесотехнический словарь

Англо-русский и русско-английский медицинский словарь

Англо-русский и русско-английский словарь ресторанной лексики

Англо-русский и русско-английский словарь по солнечной энергетике

Англо-немецко-французско-итальянско-русский медицинский словарь

Русско-англо-немецко-французский металлургический словарь

Немецко-русский словарь по автомобильной технике и автосервису

Немецко-русский словарь по атомной энергетике

Немецко-русский ветеринарный словарь

Немецко-русский металлургический словарь в 2-х томах

Немецко-русский словарь по пищевой промышленности и кулинарной обработке

Немецко-русский политехнический словарь

Адрес: 117071, Москва, Ленинский пр-т, д. 15, офис 323.
Тел./факс: 955-05-67, 237-25-02.
Web-страница: http://www.aha.ru/~russopub/
E-mail: russopub@aha.ru

Издательство «Р У С С О»,
выпускающее научно-технические словари,
предлагает:

Немецко-русский словарь по психологии
Немецко-русский сельскохозяйственный словарь
Немецко-русский словарь по судостроению и судоходству
Немецко-русский словарь по химии и химической технологии
Немецко-русский электротехнический словарь
Немецко-русский юридический словарь
Новый немецко-русский экономический словарь (Габлер)
Новый русско-немецкий экономический словарь (Габлер)
Русско-немецкий автомобильный словарь
Русско-немецкий и немецко-русский медицинский словарь
Французско-русский математический словарь
Французско-русский медицинский словарь
Французско-русский технический словарь
Французско-русский словарь по химии и химической технологии
Французско-русский юридический словарь
Русско-французский словарь (с транскрипцией)
Русско-французский юридический словарь
Французско-англо-русский банковско-биржевой словарь
Самоучитель французского языка (с кассетой). «Во Франции — по-французски»
Итальянско-русский автомобильный словарь
Итальянско-русский политехнический словарь
Русско-итальянский политехнический словарь
Латинско-англо-немецко-русский словарь лекарственных растений
Словарь названий животных. Насекомые (латинский, русский, английский, немецкий, французский).
Словарь сокращений испанского языка
Шведско-русский горный словарь
Русско-китайский разговорник
Стрелковое оружие. Терминологический словарь
Тематический словарь сокращений русского языка

Адрес: 117071, Москва, Ленинский пр-т, д. 15, офис 223.
Тел./факс: 955-05-67, 237-25-02.
Web-страница: http://www.aha.ru/~russopub/
E-mail: russopub@aha.ru

СПРАВОЧНОЕ ИЗДАНИЕ

БОРИСЕНКО
Инна Ивановна
САЕНКО
Владимир Владимирович

**РУССКО-
АНГЛИЙСКИЙ
ЮРИДИЧЕСКИЙ
СЛОВАРЬ**

Ответственный за выпуск
ЗАХАРОВА Г.В.

Лицензия ИД № 00179
от 28.10.1999 г.

Подписано в печать 08.06.2000. Формат 84х108/32. Бумага офсетная № 1. Печ. л. 19, усл. печ. л. 32,3. Тираж 1060. Зак. 150.

«РУССО», 117071, Москва, Ленинский пр-т, д. 15, офис 323.
Тел./факс: 955-05-67, 237-25-02.
Web: http: //www.aha.ru/~russopub/
E-mail: russopub@aha.ru

Отпечатано в ГУП «Облиздат», г. Калуга, пл. Старый Торг, 5.